Matthias Premer
Grundzüge der Volkswirtschaftslehre

Matthias Premer

Grundzüge der Volkswirtschaftslehre

Makroökonomik und Mikroökonomik

2., aktualisierte Auflage

ISBN 978-3-486-76378-2
e-ISBN (PDF) 978-3-11-041391-5
e-ISBN (EPUB) 978-3-11-042376-1

Library of Congress Cataloging-in-Publication Data
A CIP catalog record for this book has been applied for at the Library of Congress.

Bibliografische Information der Deutschen Nationalbibliothek
Die Deutsche Nationalbibliothek verzeichnet diese Publikation in der Deutschen Nationalbibliografie; detaillierte bibliografische Daten sind im Internet über http://dnb.dnb.de abrufbar.

© 2015 Walter de Gruyter GmbH, Berlin/Boston
Druck und Bindung: CPI books GmbH, Leck
♾ Gedruckt auf säurefreiem Papier
Printed in Germany

www.degruyter.com

Vorwort zur 2. Auflage

Für die zweite Auflage des vorliegenden Lehrbuches wurden lediglich einige wenige Umstellungen und sprachliche Anpassungen vorgenommen. Einige Passagen wurden etwas klarer formuliert, die empirischen Angaben im Kapitel 2 zur quantitativen Erfassung volkswirtschaftlicher Aktivitäten wurden aktualisiert und konzeptionelle sowie methodische Änderungen aus dem Jahre 2014, die sowohl die Volkswirtschaftlichen Gesamtrechnungen einschließlich der gesamtwirtschaftlichen Finanzierungsrechnung als auch die Zahlungsbilanz betroffen haben, wurden eingearbeitet. Der Abschnitt zur Ex post-Identität von Sparen und Investieren wurde von Kapitel 4 auf Kapitel 2 vorgezogen und in der ersten Auflage leider, wenn auch in geringem Maße, vorhandene Druckfehler wurden, so weit sie erkannt wurden, korrigiert. Ansonsten waren in dieser relativ kurzen Zeit seit dem Erscheinen der ersten Auflage keine größeren Änderungen an dem Konzept und dem Aufbau dieses Lehrbuchs erforderlich.

Ein herzliches Dankeschön ist an den Verlag de Gruyter Oldenbourg für die erneut unkomplizierte und konstruktive Zusammenarbeit gerichtet.

Sigmaringen, im Juli 2015   *Matthias Premer*

Vorwort zur 1. Auflage

Das gegenwärtige Studienangebot in den Wirtschaftswissenschaften ist, anders als noch vor einigen Jahren, geprägt von zweistufigen Bachelor- und Master-Studiengängen in Volkswirtschaftslehre und Betriebswirtschaftslehre. Standen vor der Umsetzung des Bologna-Prozesses noch regelmäßig acht (an den ehemaligen Fachhochschulen, heute Hochschulen für Angewandte Wissenschaften) oder zehn Semester (an den Universitäten) vor dem jeweiligen Diplom-Abschluss an, so sind es heute vielfach nur sechs oder sieben Semester bis zum ersten, dem Bachelor-Abschluss. Mit der Umstellung der Studienangebote war eine Umstellung des Lehrangebotes verbunden. Auch die Veranstaltungen in der Volkswirtschaftslehre wurden überdacht und modifiziert. So ist häufig der Zeitrahmen, der gerade für einführende Veranstaltungen zur Verfügung stand, gekürzt worden, oder Veranstaltungen wurden neu zugeschnitten, um in das modulare System der Lehrveranstaltungen eingepasst zu werden. Damit wurden viele am Markt befindliche Lehrbücher dem aktuellen Studienangebot insofern nicht mehr gerecht, als sie entweder zu umfangreich und tiefgehend oder zu knapp und oberflächlich gehalten sind.

Hier versucht das vorliegende Lehrbuch, Abhilfe zu schaffen. Einerseits ist es insofern knapp gehalten, als dass auf ausschmückende und plastische Darstellungen oder Beispiele weitgehend verzichtet wird. Andererseits ist es so umfassend angelegt, dass auf die für eine Einführung in die Volkswirtschaftslehre wichtigen Ansätze und Überlegungen eingegangen wird, und zwar so detailliert, dass sie nicht nur erwähnt, sondern auch dezidiert und ausführlich dargestellt werden. In kompakter Form werden so die zentralen Grundzüge der Volkswirtschaftslehre vermittelt. Dabei werden die dargestellten Zusammenhänge regelmäßig nicht nur grafisch dargestellt (was für viele Studierende oft intuitiv eingängiger ist), sondern es wird parallel dazu auch formal argumentiert, um die Studierenden im Umgang mit dieser Methodik ebenso vertraut zu machen. Gleichwohl ist keine fortgeschrittene Mathematik zum Verständnis notwendig.

Das Lehrbuch ist zweigeteilt. Nach einem einführenden ersten Kapitel folgen die Kapitel, die der Makroökonomik gewidmet sind. Dies mag unüblich erscheinen, aber die Lehrerfahrung zeigt, dass die Studierenden zu makroökonomischen Zusammenhängen einen leichteren Zugang finden als zu den mikroökonomischen Überlegungen. Begründet mag dies darin liegen, dass in der Makroökonomik Größen und ihre Bestimmungsgründe im Mittelpunkt der Betrachtung stehen, die den Studierenden aus den Medien vertraut sind. Die Kapitel des zweiten Teils befassen sich mit der Mikroökonomik. Die dabei verwendeten Instrumentarien gerade formaler Art sind bei einem kompletten Gang durch das Lehrbuch nun den Studierenden vertraut und ihr gegenüber der Makroökonomik häufigerer Einsatz ist nun eine geringere Hürde beim Verstehen der Zusammenhänge.

Durch den Aufbau und den Zuschnitt des Lehrbuches bieten sich verschiedene Einsatzmöglichkeiten in der Lehre in wirtschaftswissenschaftlichen Bachelor-Studiengängen an. Das Lehrbuch kann einerseits in einer einführenden Vorlesung zur Volkswirtschaftslehre mit vier Semesterwochenstunden mit beiden Teilen durchgängig verwendet werden. Aufgrund des knappen Zeitbudgets bietet es sich dann an, einzelne Kapitel und Abschnitte wie die zum Wirtschaftswachstum (3.4), zur offenen Volkswirtschaft (4.3.2, 4.3.3, 6.2, 8.4 sowie Kap. 9) und zu komplexeren Themen der Mikroökonomik (Kap. 18 und 19) auszulassen. Gegebenenfalls kann der hierbei ausgeblendete Stoff Basis einer später im Curriculum angesiedelten weiterführenden Veranstaltung zur Volkswirtschaftslehre sein. Andererseits bietet dieses Lehrbuch aber auch genügend Material, um zwei Veranstaltungen mit jeweils vier Semesterwochenstunden zu füllen, eine zur Makroökonomik (Kap. 1 mit Kap. 2 bis 10), die andere zur Mikroökonomik (Kap. 1 mit 11 bis 19). Die Vorgehensweise in den einzelnen Kapiteln ist darauf abgestimmt, dass alle genannten Varianten möglich sind.

Ergänzt wird die vorliegende Print-Ausgabe durch ein Online-Angebot, in dem die Grafiken dieses Buches didaktisch aufbereitet sind, so dass der Studierende nicht nur die „fertige"

Abbildung zur grafischen Analyse vor sich hat, sondern auch interaktiv die Grafiken nachvollziehen kann.

Bleibt am Ende nur, meiner Frau und meinen beiden Kindern für ihr Verständnis zu danken, die während der Erstellungszeit dieses Buches auf viele ansonsten gemeinsam verbrachte Wochenenden und Abende verzichten mussten. Auch dem Oldenbourg-Verlag möchte ich an dieser Stelle für die reibungslose und effiziente Zusammenarbeit danken.

Sigmaringen, im März 2011
Matthias Premer

Inhalt

Vorwort zur 2. Auflage		V
Vorwort zur 1. Auflage		V
Inhalt		IX
Abbildungsverzeichnis		XIII
Tabellenverzeichnis		XXI
1	**Einleitung**	**1**
1.1	Knappheit, Arbeitsteilung und Tausch	1
1.2	Zur Methodik der Volkswirtschaftslehre	13
2	**Ex post-Analyse gesamtwirtschaftlicher Aktivitäten**	**17**
2.1	Die Volkswirtschaftlichen Gesamtrechnungen	18
2.2	Die Zahlungsbilanz	36
2.3	Die gesamtwirtschaftliche Finanzierungsrechnung	42
2.4	Input-Output-Analyse	49
2.5	Die Ex post-Identität von Sparen und Investieren	51
3	**Güterangebot, Arbeitsmarkt und Beschäftigung**	**55**
3.1	Die gesamtwirtschaftliche Produktionsfunktion	55
3.2	Arbeitsnachfrage, Arbeitsangebot und Arbeitsmarktgleichgewicht	58
3.3	Beschäftigung, Output und Vollbeschäftigungsoutput	66
3.4	Wachstum	68
4	**Güternachfrage, Gütermarkt und Kapitalmarkt**	**75**
4.1	Die Nachfrage nach Gütern	75
4.2	Gütermarktgleichgewicht und Kapitalmarktgleichgewicht	84
4.2.1	Gütermarktgleichgewicht/Kapitalmarktgleichgewicht in der geschlossenen Volkswirtschaft	84

4.2.2	Gütermarktgleichgewicht/Kapitalmarktgleichgewicht in der kleinen offenen Volkswirtschaft	94
4.2.3	Gütermarktgleichgewicht/Kapitalmarktgleichgewicht in der großen offenen Volkswirtschaft	106
5	**Geldmarkt**	**115**
5.1	Geldfunktionen, Geldarten und Geldmengenkonzepte	115
5.2	Geldangebot und Geldschöpfung	118
5.3	Geldnachfrage	123
5.4	Geldmarktgleichgewicht und der gleichgewichtige Wert des Geldes	125
5.5	Geldmarkt und Wertpapiermarkt	129
6	**Simultanes Gleichgewicht in der langen Frist**	**131**
6.1	Simultanes langfristiges Gleichgewicht in der geschlossenen Volkswirtschaft	131
6.2	Simultanes langfristiges Gleichgewicht in der offenen Volkswirtschaft	133
7	**Der Zusammenhang zwischen kurzer und langer Frist**	**141**
7.1	Das Problem kurzfristiger realwirtschaftlicher Schwankungen	141
7.2	Ein einfaches Modell der gesamtwirtschaftlichen Nachfrage und des gesamtwirtschaftlichen Angebots	146
8	**Kurzfristige Analyse der geschlossenen Volkswirtschaft**	**155**
8.1	Das Einnahmen-Ausgaben-Modell und der Multiplikatorprozess	155
8.2	Das Gütermarktgleichgewicht/Kapitalmarktgleichgewicht in der kurzen Frist und die IS-Kurve	163
8.3	Das Geldmarktgleichgewicht in der kurzen Frist und die LM-Kurve	170
8.4	Simultanes Gleichgewicht in der geschlossenen Volkswirtschaft	174
9	**Kurzfristige Analyse der offenen Volkswirtschaft**	**179**
9.1	Kurzfristiges Gleichgewicht in der kleinen offenen Volkswirtschaft	179
9.1.1	Modellrahmen für die kleine offene Volkswirtschaft	179
9.1.2	Flexible Wechselkurse	184
9.1.3	Feste Wechselkurse	188
9.2	Kurzfristiges Gleichgewicht in der großen offenen Volkswirtschaft	192
10	**Totalmodell**	**199**
10.1	Das IS/LM-Modell und die gesamtwirtschaftliche Nachfragekurve	199
10.2	Das Mundell-Fleming-Modell und die gesamtwirtschaftliche Nachfragekurve	205

10.3	Unvollkommene Märkte und die kurzfristige gesamtwirtschaftliche Angebotskurve	208
10.3.1	Ein Arbeitsmarktmodell für die kurze Frist	209
10.3.2	Die kurzfristige gesamtwirtschaftliche Angebotskurve	212
10.4	Kurzfristiges Gleichgewicht, langfristiges Gleichgewicht und Anpassungsdynamik	214
10.5	Nachfrageschocks und Angebotsschocks	218
11	**Märkte für einzelne Güter**	**225**
11.1	Zur Abgrenzung verschiedener Marktformen	225
11.2	Angebot und Nachfrage auf einem Markt	228
11.2.1	Die Güterangebotsfunktion	228
11.2.2	Die Güternachfragefunktion	233
11.3	Das Marktgleichgewicht	238
11.3.1	Existenz, Eindeutigkeit und Stabilität des Marktgleichgewichts	238
11.3.2	Effizienz des Marktgleichgewichts	243
11.3.3	Auswirkungen einer Verschiebung von Angebots- oder Nachfragekurve	246
Exkurs: Elastizitäten		248
12	**Ausgewählte Anwendungen in der Preistheorie**	**257**
12.1	Höchstpreise und Mindestpreise	257
12.2	Steuern	261
12.3	Anpassungsprozesse an das Marktgleichgewicht: Das Spinngewebe-Theorem	266
13	**Theorie der Unternehmung**	**273**
13.1	Die Produktionsfunktion	273
13.2	Von der Produktionsfunktion zur Kostenfunktion	283
13.3	Herleitung der Güterangebotsfunktion	291
14	**Theorie des Haushalts**	**303**
14.1	Budgetrestriktion, Präferenzen und Nutzenfunktion	303
14.2	Die optimale Konsumentscheidung	313
14.3	Einkommensänderungen, Preisänderungen und die Güternachfragefunktion	316
15	**Vollständige Konkurrenz**	**325**
15.1	Kurzfristiges Gleichgewicht bei vollständiger Konkurrenz	325
15.2	Langfristiges Gleichgewicht bei vollständiger Konkurrenz	328
15.3	Die langfristige Marktangebotskurve bei vollständiger Konkurrenz	332

16	**Monopol**	**335**
16.1	Gleichgewicht beim Angebotsmonopol	335
16.2	Wohlfahrtsökonomische Beurteilung des Monopols	339
16.3	Monopolistische Preisdifferenzierung	341
16.4	Das natürliche Monopol	347
17	**Monopolistische Konkurrenz**	**351**
17.1	Kurzfristiges Gleichgewicht bei monopolistischer Konkurrenz	351
17.2	Langfristiges Gleichgewicht bei monopolistischer Konkurrenz	353
18	**Oligopol auf dem vollkommenen Markt**	**355**
18.1	Oligopolistische Interdependenz	355
18.2	Einführendes Beispiel	356
18.3	Verschiedene Lösungsansätze für die Preisbildung beim Oligopol	359
19	**Zu verschiedenen Formen des Marktversagens**	**377**
19.1	Externalitäten	377
19.2	Öffentliche Güter	398
19.3	Asymmetrische Information	405
Literaturverzeichnis		**409**

Abbildungsverzeichnis

Abbildung 1.1:	Transformationskurve oder Produktionsmöglichkeitenkurve	3
Abbildung 1.2:	Transformationskurve von Robinson Crusoe	4
Abbildung 1.3:	Gemeinsame Transformationskurve für Robinson und Freitag bei absoluten Kostenunterschieden	7
Abbildung 1.4:	Marktdiagramm und Marktgleichgewicht	12
Abbildung 2.1:	Zahlungsströme einer Volkswirtschaft ohne Staat und Ausland	20
Abbildung 2.2:	Sektorkonten nach dem ESVG und Saldenzusammenhang der sektoralen Funktionskonten	22
Abbildung 2.3:	Ursprungsdaten und saison- und kalenderbereinigte Quartalsdaten für das Bruttoinlandsprodukt Deutschlands in konstanten Preisen	35
Abbildung 2.4:	Stilisierte Bilanz eines Wirtschaftssubjekts	43
Abbildung 2.5:	Schema einer Input-Output-Tabelle	51
Abbildung 3.1:	Neoklassische Produktionsfunktion: Ertragsfunktion für den Faktor Arbeit	56
Abbildung 3.2:	Grenzproduktivität des Faktors Arbeit bei einer neoklassischen Produktionsfunktion	57
Abbildung 3.3:	Auswirkungen eines positiven Angebotsschocks auf die Produktionsfunktion	58
Abbildung 3.4:	Herleitung der Arbeitsnachfragefunktion auf der Grundlage einer neoklassischen Produktionsfunktion	61
Abbildung 3.5:	Arbeitsnachfragefunktion	62
Abbildung 3.6:	Arbeitsangebotsfunktion	64
Abbildung 3.7:	Arbeitsmarktgleichgewicht	65
Abbildung 3.8:	Auswirkungen eines positiven Angebotsschocks auf das Arbeitsmarktgleichgewicht	66
Abbildung 3.9:	Vollbeschäftigung und Vollbeschäftigungsoutput	67
Abbildung 3.10:	Steady-state-Gleichgewicht im Solow-Modell	71
Abbildung 3.11:	Auswirkungen einer höheren Sparquote auf das Steady-state-Gleichgewicht im Solow-Modell	72
Abbildung 4.1:	Keynesianische Konsumfunktion	76
Abbildung 4.2:	Investitionsfunktion	79
Abbildung 4.3:	Funktion der Nettoexporte	80
Abbildung 4.4:	Bestimmung des gleichgewichtigen realen Wechselkurses	84
Abbildung 4.5:	Kapitalmarktgleichgewicht in der geschlossenen Volkswirtschaft bei keynesianischer Konsumfunktion	87

Abbildung 4.6:	Kapitalmarktgleichgewicht in der geschlossenen Volkswirtschaft bei neoklassischer Konsumfunktion	87
Abbildung 4.7:	Staatsausgabenerhöhung in der geschlossenen Volkswirtschaft	89
Abbildung 4.8:	Steuersenkung in der geschlossenen Volkswirtschaft	91
Abbildung 4.9:	Anstieg der zinsunabhängigen Investitionsgüternachfrage in der geschlossenen Volkswirtschaft bei einer keynesianischen Konsumfunktion	92
Abbildung 4.10:	Anstieg der zinsunabhängigen Investitionsgüternachfrage in der geschlossenen Volkswirtschaft bei einer neoklassischen Konsumfunktion	93
Abbildung 4.11:	Kapitalmarktgleichgewicht in der kleinen offenen Volkswirtschaft	96
Abbildung 4.12:	Devisenmarktgleichgewicht in der kleinen offenen Volkswirtschaft	96
Abbildung 4.13:	Staatsausgabenerhöhung in der kleinen offenen Volkswirtschaft, Auswirkungen auf das Kapitalmarktgleichgewicht	99
Abbildung 4.14:	Staatsausgabenerhöhung in der kleinen offenen Volkswirtschaft, Auswirkungen auf das Devisenmarktgleichgewicht	100
Abbildung 4.15:	Erhöhung der zinsunabhängigen Investitionen in der kleinen offenen Volkswirtschaft, Auswirkungen auf das Kapitalmarktgleichgewicht	101
Abbildung 4.16:	Erhöhung der zinsunabhängigen Investitionen in der kleinen offenen Volkswirtschaft, Auswirkungen auf das Devisenmarktgleichgewicht	101
Abbildung 4.17:	Erhöhung der Staatsausgaben im Ausland, Auswirkungen auf das Kapitalmarktgleichgewicht der kleinen offenen Volkswirtschaft	103
Abbildung 4.18:	Erhöhung der Staatsausgaben im Ausland, Auswirkungen auf das Devisenmarktgleichgewicht der kleinen offenen Volkswirtschaft	104
Abbildung 4.19:	Protektionistische Außenhandelspolitik in der kleinen offenen Volkswirtschaft, Auswirkungen auf das Devisenmarktgleichgewicht	105
Abbildung 4.20:	Funktion der Nettoauslandsinvestitionen	107
Abbildung 4.21:	Gütermarkt- resp. Kapitalmarktgleichgewicht und Devisenmarktgleichgewicht in der großen offenen Volkswirtschaft	108
Abbildung 4.22:	Erhöhung der Staatsausgaben in der großen offenen Volkswirtschaft	110
Abbildung 4.23:	Erhöhung der zinsunabhängigen Investitionsgüternachfrage in der großen offenen Volkswirtschaft	111
Abbildung 4.24:	Expansive Fiskalpolitik im Ausland bei einer großen offenen Volkswirtschaft	112
Abbildung 4.25:	Protektionistische Außenhandelspolitik der großen offenen Volkswirtschaft	114
Abbildung 5.1:	Bilanzen der Zentralbank, des Geschäftsbankensektors sowie des Sektors aus privaten Haushalten, nichtfinanziellen Unternehmen und Staat	119
Abbildung 5.2:	Konsolidierte Bilanz der Zentralbank und der Geschäftsbanken	120
Abbildung 5.3:	Geldmarktgleichgewicht und die Bestimmung des gleichgewichtigen Preisniveaus	126
Abbildung 5.4:	Ausweitung der nominalen Geldmenge	127
Abbildung 7.1:	Entwicklung des realen Bruttoinlandsprodukts in der Bundesrepublik Deutschland in den Jahren 1991 bis 2015	142

Abbildungsverzeichnis XV

Abbildung 7.2: Stilisierter Konjunkturzyklus 143
Abbildung 7.3: Entwicklung des realen Bruttoinlandsprodukts und des Produktionspotenzials in der Bundesrepublik Deutschland in den Jahren 1999 bis 2014 144
Abbildung 7.4: Die gesamtwirtschaftliche Nachfragekurve (mit Verschiebung) 147
Abbildung 7.5: Die langfristige gesamtwirtschaftliche Angebotskurve 148
Abbildung 7.6: Die kurzfristige gesamtwirtschaftliche Angebotskurve 148
Abbildung 7.7: Gesamtwirtschaftliches Gleichgewicht in der langen Frist – Auswirkungen eines Anstiegs der gesamtwirtschaftlichen Nachfrage .. 149
Abbildung 7.8: Gesamtwirtschaftliches Gleichgewicht in der kurzen Frist – Auswirkungen eines Anstiegs der gesamtwirtschaftlichen Nachfrage . 150
Abbildung 7.9: Langfristiges gesamtwirtschaftliches Gleichgewicht 151
Abbildung 7.10: Auswirkungen eines positiven Nachfrageschocks 152
Abbildung 7.11: Auswirkungen eines negativen Angebotsschocks 153
Abbildung 7.12: Auswirkungen eines das Produktionspotenzial erhöhenden Angebotsschocks 154
Abbildung 8.1: Gesamtwirtschaftliches Gleichgewicht im Einnahmen-Ausgaben-Modell 156
Abbildung 8.2: Gesamtwirtschaftliches Gleichgewicht im Einnahmen-Ausgaben-Modell aus der Kapitalmarktperspektive 158
Abbildung 8.3: Anstieg der Investitionsausgaben im Einnahmen-Ausgaben-Modell 159
Abbildung 8.4: Der Zusammenhang zwischen dem Einnahmen-Ausgaben-Modell und dem Modell der gesamtwirtschaftlichen Nachfrage und des gesamtwirtschaftlichen Angebots 162
Abbildung 8.5: Gütermarkt- resp. Kapitalmarktgleichgewicht und IS-Kurve 164
Abbildung 8.6: Kapitalmarktgleichgewicht und IS-Kurve 165
Abbildung 8.7: Einfluss der Einkommenselastizität der gesamtwirtschaftlichen Ersparnis auf die Steigung der IS-Kurve 167
Abbildung 8.8: Einfluss der exogenen Größen, hier der Staatsausgaben, auf die Lage der IS-Kurve in der Kapitalmarktperspektive 168
Abbildung 8.9: Auswirkungen der exogenen Größen, hier der Staatsausgaben, auf die Lage der IS-Kurve in der Gütermarktperspektive 169
Abbildung 8.10: Geldmarktgleichgewicht und LM-Kurve 172
Abbildung 8.11: Einfluss der exogenen Größen, hier der Geldmenge, auf die Lage der LM-Kurve 174
Abbildung 8.12: Simultanes Gütermarkt- und Geldmarkt-Gleichgewicht in der geschlossenen Volkswirtschaft 175
Abbildung 8.13: Auswirkungen einer Erhöhung der Staatsausgaben 176
Abbildung 8.14: Auswirkungen einer Ausweitung der nominalen Geldmenge 177
Abbildung 9.1: Herleitung der IS*-Kurve aus dem Gütermarkt 181
Abbildung 9.2: Herleitung der LM*-Kurve 183
Abbildung 9.3: Simultanes Gleichgewicht auf Güter- resp. Kapitalmarkt und Geldmarkt in der kleinen offenen Volkswirtschaft bei vollkommener Kapitalmobilität 184

Abbildung 9.4:	Auswirkungen einer Erhöhung der Staatsausgaben bei flexiblen Wechselkursen	185
Abbildung 9.5:	Auswirkungen einer Ausweitung der nominalen Geldmenge bei flexiblen Wechselkursen	187
Abbildung 9.6:	Auswirkungen einer protektionistischen Außenhandelspolitik bei flexiblen Wechselkursen	188
Abbildung 9.7:	Auswirkungen einer Erhöhung der Staatsausgaben bei festen Wechselkursen	190
Abbildung 9.8:	Auswirkungen einer Ausweitung der nominalen Geldmenge bei festen Wechselkursen	191
Abbildung 9.9:	Auswirkungen einer Importrestriktion bei festen Wechselkursen	192
Abbildung 9.10:	Gleichgewicht in der großen offenen Volkswirtschaft	194
Abbildung 9.11:	Auswirkungen einer Erhöhung der Staatsausgaben in der großen offenen Volkswirtschaft	196
Abbildung 9.12:	Auswirkungen einer Erhöhung der nominalen Geldmenge in der großen offenen Volkswirtschaft	197
Abbildung 9.13:	Auswirkungen einer Importrestriktion in der großen offenen Volkswirtschaft	198
Abbildung 10.1:	Herleitung der gesamtwirtschaftlichen Nachfragekurve aus dem IS/LM-Modell	200
Abbildung 10.2:	Verschiebung der AD-Kurve durch expansive Fiskalpolitik	201
Abbildung 10.3:	Verschiebung der AD-Kurve durch expansive Geldpolitik	202
Abbildung 10.4:	Kurzfristiges und langfristiges Gleichgewicht in der geschlossenen Volkswirtschaft	204
Abbildung 10.5:	Herleitung der gesamtwirtschaftlichen Nachfragekurve aus dem IS*/LM*-Modell	206
Abbildung 10.6:	Kurzfristiges und langfristiges Gleichgewicht in der kleinen offenen Volkswirtschaft	208
Abbildung 10.7:	Arbeitsmarktgleichgewicht in der kurzen Frist	211
Abbildung 10.8:	Die kurzfristige gesamtwirtschaftliche Angebotskurve	213
Abbildung 10.9:	Kurzfristiges und langfristiges gesamtwirtschaftliches Gleichgewicht	215
Abbildung 10.10:	Anpassungsdynamik an das langfristige gesamtwirtschaftliche Gleichgewicht	216
Abbildung 10.11:	Kurz- und langfristige Auswirkungen einer Erhöhung der Staatsausgaben im Totalmodell	220
Abbildung 10.12:	Kurz- und langfristige Auswirkungen einer Erhöhung der nominalen Geldmenge im Totalmodell	221
Abbildung 10.13:	Auswirkungen eines Anstiegs des Zuschlagsfaktors auf die natürliche Arbeitslosenquote	222
Abbildung 10.14:	Auswirkungen eines Anstiegs des Zuschlagsfaktors auf gesamtwirtschaftliches Angebot und gesamtwirtschaftliche Nachfrage	224
Abbildung 11.1:	Angebotskurve für ein bestimmtes Gut	229
Abbildung 11.2:	Verschiebungen der Angebotskurve	230
Abbildung 11.3:	Marktangebot als Summe der individuellen Angebote	231

Abbildung 11.4:	Angebotskurve und Produzentenrente	232
Abbildung 11.5:	Auswirkungen eines Anstiegs des Güterpreises auf die Produzentenrente	232
Abbildung 11.6:	Nachfragekurve für ein bestimmtes Gut	234
Abbildung 11.7:	Verschiebungen der Nachfragekurve	235
Abbildung 11.8:	Marktnachfrage als Summe der individuellen Nachfragemengen	236
Abbildung 11.9:	Nachfragekurve und Konsumentenrente	237
Abbildung 11.10:	Gleichgewicht auf dem Markt für ein bestimmtes Gut	238
Abbildung 11.11:	Nichtexistenz eines Marktgleichgewichts	239
Abbildung 11.12:	Nichteindeutiges Marktgleichgewicht bei atypischer Angebotskurve bzw. atypischer Nachfragekurve	239
Abbildung 11.13:	Stabilität des Marktgleichgewichts	241
Abbildung 11.14:	Instabilität und Stabilität bei atypischer Angebotsfunktion	241
Abbildung 11.15:	Instabilität und Stabilität bei atypischer Nachfragefunktion	242
Abbildung 11.16:	Stabile und instabile Marktgleichgewichte bei Nichteindeutigkeit des Gleichgewichts	242
Abbildung 11.17:	Effizienz des Marktgleichgewichts	244
Abbildung 11.18:	Auswirkungen eines positiven Angebotsschocks auf das Marktgleichgewicht	247
Abbildung 11.19:	Auswirkungen eines positiven Nachfrageschocks auf das Marktgleichgewicht	248
Abbildung 11.20:	Auswirkungen eines positiven Angebotsschocks bei relativ steiler und bei relativ flacher Nachfragekurve	249
Abbildung 11.21:	Auswirkungen eines positiven Angebotsschocks bei relativ steiler und bei relativ flacher Angebotskurve	250
Abbildung 11.22:	Elastizität entlang einer linearen Nachfragekurve	252
Abbildung 11.23:	Elastische und unelastische sowie vollkommen elastische und vollkommen unelastische Marktnachfragefunktion	253
Abbildung 11.24:	Eine einfache Regel zur grafischen Bestimmung der Elastizität	254
Abbildung 11.25:	Elastische und unelastische sowie vollkommen elastische und vollkommen unelastische Marktangebotsfunktion	255
Abbildung 12.1:	Auswirkungen einer Höchstpreiseinführung	258
Abbildung 12.2:	Auswirkungen einer Mindestpreiseinführung	260
Abbildung 12.3:	Einführung einer Steuer	262
Abbildung 12.4:	Einfluss der Angebotselastizität auf Nettowohlfahrtsverlust und Inzidenz einer Steuer	264
Abbildung 12.5:	Einfluss der Nachfrageelastizität auf Nettowohlfahrtsverlust und Inzidenz einer Steuer	264
Abbildung 12.6a-c:	Nettowohlfahrtsverlust und Steueraufkommen bei variierendem Steuersatz I	265
Abbildung 12.7:	Nettowohlfahrtsverlust und Steueraufkommen bei variierendem Steuersatz II	266
Abbildung 12.8:	Stabilität im Cobweb-Modell	269
Abbildung 12.9:	Entwicklung von Preis und Mengen im Zeitverlauf im Cobweb-Modell bei Stabilität	269

Abbildung 12.10:	Instabilität im Cobweb-Modell	270
Abbildung 12.11:	Entwicklung von Preis und Mengen im Zeitverlauf im Cobweb-Modell bei Instabilität	270
Abbildung 13.1:	Ertragsgesetzliche Produktionsfunktion	276
Abbildung 13.2:	Neoklassische Produktionsfunktion	277
Abbildung 13.3:	Isoquanten einer neoklassischen Produktionsfunktion	278
Abbildung 13.4:	Linear-limitationale Produktionsfunktion	281
Abbildung 13.5:	Isoquanten einer linear-limitationalen Produktionsfunktion	281
Abbildung 13.6:	Isoquanten für eine Produktionsfunktion mit perfekt substituierbaren Produktionsfaktoren	282
Abbildung 13.7:	Substitutionselastizitäten entlang einer beliebigen Isoquante	283
Abbildung 13.8:	Isokostengerade	284
Abbildung 13.9:	Minimalkostenkombination	285
Abbildung 13.10:	Expansionspfad	288
Abbildung 13.11:	Eine beliebige Kostenfunktion K(x)	288
Abbildung 13.12:	Dualität von Produktionsfunktion und Kostenfunktion	290
Abbildung 13.13:	Typischer Kostenverlauf	292
Abbildung 13.14:	Typische Kostenkurve und zugehörige DTK-, DVK-, DF- und GK-Kurve	293
Abbildung 13.15:	Gewinnmaximum eines einzelnen Unternehmens bei gegebenem Absatzpreis	295
Abbildung 13.16:	Herleitung der Angebotskurve eines einzelnen Unternehmens	297
Abbildung 13.17:	Marktangebotskurve durch horizontale Aggregation der individuellen Angebotskurven	298
Abbildung 13.18:	Lineare Kostenfunktion und zugehörige Durchschnitts- und Grenzkostenkurven	299
Abbildung 13.19:	Gewinnmaximierende Ausbringungsmenge bei linearer Kostenfunktion	300
Abbildung 13.20:	Einzelwirtschaftliche kurzfristige Angebotskurve bei linearer Kostenfunktion	301
Abbildung 13.21:	Aggregation der einzelwirtschaftlichen Angebotskurven bei linearer Kostenfunktion	301
Abbildung 14.1:	Budgetgerade	304
Abbildung 14.2:	Budgetgerade für das Beispiel Kinobesuche und Konzertbesuche	305
Abbildung 14.3:	Indifferenzkurve mit normalem Verlauf	306
Abbildung 14.4:	Konvexe Präferenzen	307
Abbildung 14.5:	Grenzrate der Substitution	308
Abbildung 14.6:	Indifferenzkurve für das Beispiel Kinobesuche und Konzertbesuche	309
Abbildung 14.7:	Indifferenzkurven von perfekten Substituten und von perfekten Komplementen	310
Abbildung 14.8:	Indifferenzkurven bei einem neutralen Gut und bei einem Ungut	310
Abbildung 14.9:	Haushaltsoptimum	314
Abbildung 14.10:	Auswirkungen eines höheren Haushaltseinkommens auf das Haushaltsoptimum bei normalen Gütern	317

Abbildung 14.11:	Auswirkungen eines höheren Haushaltseinkommens auf das Haushaltsoptimum bei einem inferioren Gut 2	318
Abbildung 14.12:	Einkommens-Konsum-Kurve und Einkommens-Nachfrage-Kurve	319
Abbildung 14.13:	Auswirkungen eines Rückgangs des Preises von Gut 1 auf das Haushaltsoptimum bei normalen Gütern	319
Abbildung 14.14:	Preis-Konsum-Kurve, Nachfragekurve und Kreuznachfragekurve	320
Abbildung 14.15:	Zerlegung der Auswirkungen eines Preisrückgangs bei Gut 1 auf die Güternachfrage in Einkommens- und Substitutionseffekt	321
Abbildung 14.16:	Preisrückgang bei einem Giffen-Gut	322
Abbildung 15.1:	Nachfragekurve aus Sicht des einzelnen Anbieters bei vollständiger Konkurrenz	326
Abbildung 15.2:	Gewinn und Verlust eines einzelnen Unternehmens im kurzfristigen Gleichgewicht	329
Abbildung 15.3:	Vergrößerung des Marktangebots durch neu in den Markt eintretende Unternehmen	330
Abbildung 15.4:	Langfristiges Gleichgewicht bei vollständiger Konkurrenz	331
Abbildung 15.5:	Langfristige Marktangebotskurve bei vollständiger Konkurrenz	332
Abbildung 15.6:	Auswirkungen einer dauerhaften Nachfragesteigerung auf das langfristige Gleichgewicht	334
Abbildung 16.1:	Gewinnmaximum eines Monopolisten	337
Abbildung 16.2:	Nettowohlfahrtsverlust durch ein Monopol	340
Abbildung 16.3:	Monopolistische Preisdifferenzierung ersten Grades	342
Abbildung 16.4:	Alles-oder-nichts-Preis	343
Abbildung 16.5:	Preisdifferenzierung zweiten Grades, Ausgangssituation	344
Abbildung 16.6:	Preisdifferenzierung zweiten Grades, Gewinnsteigerung und Gewinnmaximum	345
Abbildung 16.7:	Preisdifferenzierung dritten Grades, Gewinnmaximum bei konstanten Grenzkosten	346
Abbildung 16.8:	Permanent fallende Stückkosten implizieren Kostenvorteile bei monopolistischem Angebot	348
Abbildung 16.9:	Gewinnmaximum beim natürlichen Monopol	348
Abbildung 17.1:	Nachfragekurve aus Sicht eines einzelnen Anbieters bei monopolistischer Konkurrenz und zugehörige Grenzerlöskurve	352
Abbildung 17.2:	Kurzfristiges Gleichgewicht bei monopolistischer Konkurrenz, einmal mit streng positivem Gewinn und einmal mit Verlust des einzelnen Anbieters	353
Abbildung 17.3:	Langfristiges Gleichgewicht bei monopolistischer Konkurrenz	354
Abbildung 18.1:	Nash-Bertrand-Gleichgewicht	360
Abbildung 18.2:	Gleichgewicht bei Preisstrategie und großen Grenzkostenunterschieden	361
Abbildung 18.3:	Gleichgewicht bei Preisstrategie und kleinen Grenzkostenunterschieden	361
Abbildung 18.4:	Geknickte Preis-Absatz-Funktion eines Oligopolisten	364
Abbildung 18.5:	Gewinnmaximierende Menge eines einzelnen Oligopolisten bei Mengenfestsetzung	366

Abbildung 18.6:	Reaktionskurve im Cournot-Modell	367
Abbildung 18.7:	Nash-Cournot-Gleichgewicht im Duopol	368
Abbildung 18.8:	Nash-Gleichgewicht im Von-Stackelberg-Modell	372
Abbildung 18.9:	Gewinnmaximierende Angebotsmenge eines Mengenführers im Vergleich zur Angebotsmenge eines Oligopolisten im Cournot-Modell	373
Abbildung 18.10:	Gewinnmaximum des Preisführers	376
Abbildung 19.1:	Auswirkungen eines negativen externen Effekts in der Produktion	379
Abbildung 19.2:	Die optimale Emissionsmenge	381
Abbildung 19.3:	Auswirkungen eines positiven externen Effekts in der Produktion	384
Abbildung 19.4:	Auswirkungen eines negativen externen Effekts im Konsum	385
Abbildung 19.5:	Auswirkungen eines positiven externen Effekts im Konsum	386
Abbildung 19.6:	Optimale vertragliche Emissionsmenge nach Coase	388
Abbildung 19.7:	Standard-Preis-Ansatz	393
Abbildung 19.8:	Vergleich zwischen Mengenvorgabe und Pigou-Steuer	394
Abbildung 19.9:	Versteigerung von Umweltzertifikaten	395
Abbildung 19.10:	Gleichgewicht am Markt für Umweltzertifikate	396
Abbildung 19.11:	Pigou-Steuer und Zertifikatelösung im Vergleich	397
Abbildung 19.12:	Effiziente Menge eines öffentlichen Gutes bei Lindahl-Steuern	403
Abbildung 19.13:	Effiziente Menge eines öffentlichen Gutes bei einheitlichen Steuern	404

Tabellenverzeichnis

Tabelle 1.1:	Produktionsmengen und Konsummengen von Robinson und Freitag ohne Arbeitsteilung (1)	5
Tabelle 1.2:	Spezialisierungsmuster, Tauschmengen und Konsummengen von Robinson und Freitag bei absoluten Kostenvorteilen	8
Tabelle 1.3:	Produktionsmengen und Konsummengen von Robinson und Freitag ohne Arbeitsteilung (2)	9
Tabelle 1.4:	Spezialisierungsmuster, Tauschmengen und Konsummengen von Robinson und Freitag bei relativen Kostenvorteilen	10
Tabelle 2.1:	Bruttoinlandsprodukt in Deutschland im Jahre 2014 nach der Entstehungsrechnung	26
Tabelle 2.2:	Bruttoinlandsprodukt in Deutschland im Jahre 2014 nach der Verwendungsrechnung	30
Tabelle 2.3:	Bruttoinlandsprodukt in Deutschland im Jahre 2014 nach der Verteilungsrechnung	33
Tabelle 2.4:	Bruttoinlandsprodukt in laufenden und in konstanten Preisen für Deutschland in den Jahren 2000 bis 2014.	34
Tabelle 2.5:	Zahlungsbilanz Deutschlands für das Jahr 2014.	41
Tabelle 2.6:	Vermögensbildung der Sektoren und ihre Finanzierung in Deutschland im Jahr 2014 (konsolidiert)	48
Tabelle 2.7:	Geldvermögen und Verbindlichkeiten der Sektoren in Deutschland im Jahr 2014 (konsolidiert).	49
Tabelle 5.1:	Geldmengenaggregate im Euro-Währungsgebiet, Bestände zum Ende des 1. Quartals 2015	118
Tabelle 8.1:	Multiplikatorprozess im Einnahmen-Ausgaben-Modell	160
Tabelle 11.1:	Marktformenschema unter der Gültigkeit der Symmetrieannahme	226
Tabelle 12.1:	Wohlfahrtswirkungen einer Höchstpreiseinführung	259
Tabelle 12.2:	Wohlfahrtswirkungen einer Mindestpreiseinführung	260
Tabelle 12.3:	Wohlfahrtswirkungen der Einführung einer Steuer	263
Tabelle 13.1:	Primal- und Dualproblem bei der optimalen Produktionsentscheidung	289
Tabelle 16.1:	Wohlfahrtswirkungen eines Monopols	340
Tabelle 19.1:	Wohlfahrtswirkungen eines negativen externen Effekts	379

1 Einleitung

Volkswirtschaftslehre ist ein Fach oder eine wissenschaftliche Disziplin, die durch (mindestens) zwei charakteristische Wesenszüge geprägt ist. Zum einen sind wir alle, egal ob wir Volkswirtschaftslehre studieren bzw. studiert haben oder nicht, unmittelbar und tagtäglich betroffen von ökonomischen Entscheidungen und treffen permanent welche. Sei es beim Kauf von Gütern, bei der Entscheidung, ob wir unsere Zeit dazu verwenden, durch das Angebot von Arbeitsleistungen Einkommen zu erzielen (und wenn ja, durch welche Aktivitäten), oder ob wir sie als Freizeit genießen, mit der Höhe unseres Vermögens in Abhängigkeit von der Zinsentwicklung am Kapitalmarkt und der Kursentwicklung am Aktienmarkt. Auch gesamtwirtschaftliche Phänomene, wie die Entwicklung des Preisniveaus, die Lage am Arbeitsmarkt, das allgemeine technologische Niveau einer Volkswirtschaft oder die wirtschaftliche und rechtliche Rahmenordnung eines Landes beeinflussen die ökonomischen Entscheidungen und das wirtschaftliche Wohlergehen von uns allen. Insofern sind alle Menschen direkt involviert in den Gegenstand dessen, was Volkswirtschaftslehre genannt wird; und viele meinen deshalb auch, von Volkswirtschaftslehre etwas zu verstehen. Zum andern erscheint die Volkswirtschaftslehre als „trockene" Wissenschaft, weil sie viele ihrer Aussagen auf formalem Weg gewinnt, und wirkt insofern abschreckend. Gerade Studierende der Betriebswirtschaftslehre oder benachbarter wirtschaftswissenschaftlicher Fächer sehen die Volkswirtschaftslehre nur als interessantes, aber eigentlich lästiges Nebenfach, das mit ihrem eigentlichen Studienfach und späteren Berufsfeld nur wenig tun habe. Insbesondere der Abstraktionsgrad volkswirtschaftlicher Argumentationen erscheint problematisch. Wir werden hierzu aber später bei der Methodik der Volkswirtschaftslehre noch einige Ausführungen machen.

1.1 Knappheit, Arbeitsteilung und Tausch

Zunächst wollen wir den **Gegenstand** der Volkswirtschaftslehre näher und systematisch betrachten. Die Volkswirtschaftslehre geht drei grundlegenden Fragen nach und versucht dabei, Antworten auf die drei Probleme, die in jeder Volkswirtschaft unabhängig von ihrer institutionellen Ausgestaltung oder ihrem (technologischen) Entwicklungsstand zu lösen sind, zu finden: Was, also welche Güter in welchen Mengen und Qualitäten, soll produziert werden (Produktionsproblem)? Wie, unter Einsatz welcher Produktionsfaktoren und mit welcher Produktionstechnologie, sollen diese Güter produziert werden (Allokationsproblem)? Und: Für wen soll produziert werden, oder: wer soll die produzierten Güter erhalten (Distributionsproblem)?

Ausgangspunkt für diese drei Fragestellungen ist die unbestreitbare Tatsache, dass wir, die menschliche Gesellschaft, grundsätzlich in einer Situation der **relativen Knappheit** leben. Gemessen an den Bedürfnissen der Menschen sind die zur Verfügung stehenden Ressourcen und Güter knapp. Eine Situation wie im Schlaraffenland gibt es nicht (und wird es wohl für eine menschliche Gesellschaft nie geben). Die Volkswirtschaftslehre versucht herauszuarbeiten, wie das Zusammenleben der Menschen so gestaltet werden kann, dass angesichts dieser relativen Knappheit das Beste für die Menschen erreicht werden kann. Die nur begrenzt vorhandenen Ressourcen sollen also so eingesetzt werden, dass die Wünsche und Bedürfnisse der Menschen bestmöglich befriedigt werden, man spricht in diesem Zusammenhang auch von **Effizienz**.

Der Grundtatbestand der relativen Knappheit der Güter im Vergleich zu den Bedürfnissen der Menschen macht es unumgänglich, dass die Menschen immer wieder wirtschaftliche Entscheidungen treffen müssen. Die relative Knappheit stellt die Menschen immer wieder in eine Situation der **Wahl zwischen Alternativen**. Diese Alternativenwahl gilt für Individuen, aber auch für menschliche Gesellschaften wie bspw. Staaten. Ein Abiturient muss sich entscheiden, ob er die nächsten dreieinhalb Jahre zum Absolvieren eines Bachelor-Studiums, zur Einkommenserzielung in einem Ausbildungsberuf oder für eine ausgedehnte Weltreise nutzt. Ein Pkw-Konzern muss sich entscheiden, ob er mit den ihm verfügbaren Produktionsfaktoren und der ihm geläufigen Technologie Limousinen, Kombis, Cabrios oder Kleinwagen (und in welchen Mengen) herstellt. Eine Gesellschaft, verfasst in einem Staat, muss sich entscheiden, ob die Verkehrsinfrastruktur oder das Bildungswesen oder beides (aber dann in geringerem Umfang) stärker ausgebaut werden soll. Die Entscheidung für die eine Alternative bedeutet immer auch den Verzicht auf die andere Möglichkeit. Der Wert dieser nicht gewählten zweitbesten Alternative wird auch als **Opportunitätskosten** der gewählten Alternative bezeichnet. Ein Instrument in der Volkswirtschaftslehre, diese Alternativenwahl vor dem Hintergrund begrenzter Ressourcen zum Ausdruck zu bringen, ist die **Transformationskurve** oder **Produktionsmöglichkeitenkurve**. Sie gibt an, wie viele Güter bei einem gegebenen Bestand an Ressourcen und bei gegebener Produktionstechnologie hergestellt werden können. Nehmen wir vereinfachend an, dass nur zwei Alternativen zur Wahl stehen – die grundsätzliche Problematik, sich entscheiden zu müssen, bleibt durch diese Vereinfachung unberührt; sie ist qualitativ die gleiche, unabhängig davon, ob genau zwei oder ob zwei Millionen Alternativen zur Wahl stehen. Die beiden Alternativen nennen wir Gut 1 und Gut 2 und unterstellen, was plausibel ist, dass die Mehr-Produktion von Gut 2 und damit der Verzicht auf die Produktion von Gut 1 immer höhere Opportunitätskosten mit sich bringt, mithin die Transformationskurve, wie sie in Abb. 1.1 abgetragen ist, eine zum Ursprung des Koordinatensystems konkave Krümmung aufweist.

1.1 Knappheit, Arbeitsteilung und Tausch

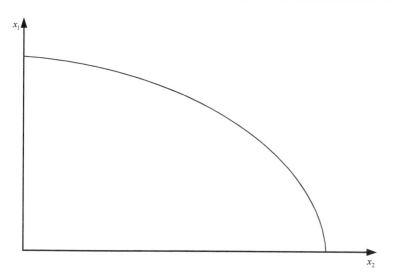

Abbildung 1.1: Transformationskurve oder Produktionsmöglichkeitenkurve

Ein vielfach beliebtes Beispiel in ökonomischen Lehrbüchern, um diese Zusammenhänge deutlich zu machen, ist eine Robinson Crusoe-Ökonomie[1]. Die betrachtete Ökonomie besteht nur aus einer Person, dem Schiffbrüchigen Robinson Crusoe. Robinson kann mit seiner Arbeitskraft entweder Fische fangen oder Kokosnüsse ernten. Nehmen wir an, er könnte mit einem der Arbeitszeit von einem halben Monat entsprechendem Arbeitseinsatz entweder 90 Fische fangen oder 60 Kokosnüsse ernten. Wenn er in einem Monat nur Fische fängt, kann er somit 180 Fische „produzieren"; wenn er nur Kokosnüsse sammelt, kann er mit der ihm zur Verfügung stehenden Ressource „1 Monat Arbeitskraft" 120 Kokosnüsse „herstellen". Seine und damit die Transformationskurve der Insel-Ökonomie sieht dann wie in Abb. 1.2 dargestellt aus.[2] Er kann in einem Monat alle Mengenkombinationen von Fischen und Kokosnüssen „produzieren", die auf oder unterhalb dieser Transformationskurve liegen; die Kombinationen, die durch Punkte oberhalb bzw. außerhalb der Transformationskurve repräsentiert werden, kann Robinson mit dem ihm zur Verfügung stehenden Ressourcenbestand nicht realisieren. Punkte, die unterhalb der Transformationskurve liegen, sind dadurch gekennzeichnet, dass Robinson seine ihm zur Verfügung stehenden Ressourcen, seine Arbeitszeit, nicht voll ausnutzt, sie sind ineffizient: Mit der ihm in einem Monat zur Verfügung stehenden Arbeitszeit könnte er mehr Fische fangen und oder Kokosnüsse sammeln, als durch die Punkte unterhalb der Transformationskurve repräsentiert werden. Wenn Robinson seine Res-

---

[1] In Anlehnung an den weithin bekannten Roman von Daniel Defoe (1659-1731), in dem das Schicksal eines Schiffbrüchigen auf einer einsamen Insel beschrieben wird.

[2] Die in Abb. 1.2 dargestellte Transformationskurve von Robinson ist linear, weil so, wie wir hier dieses Beispiel formuliert haben, die Opportunitätskosten konstant sind: Um einen Fisch mehr fangen zu können, muss Robinson die Arbeitszeit aufwenden, die er sonst für das Sammeln von zwei Kokosnüssen verwendet hätte, und umgekehrt. Wir haben der Vereinfachung halber unterstellt, dass dieses Verhältnis konstant ist, unabhängig davon, wie viele Fische Robinson bereits gefangen oder wie viele Kokosnüsse er bereits gesammelt hat.

sourcen, also seine Arbeitskraft, effizient einsetzt, kann er in einem Monat 180 Fische, 120 Kokosnüsse oder alle Kombinationen von Fischen und Kokosnüssen, die durch Punkte auf seiner Transformationskurve repräsentiert werden, konsumieren. Konsumiert er bspw. 63 Fische in einem Monat, so reicht seine ihm zur Verfügung stehende Arbeitszeit aus, noch genau 78 Kokosnüsse in dem betrachteten Monat zu sammeln. Möchte er einen Fisch zusätzlich konsumieren, so muss er hierfür Arbeitszeit aufbringen, die er ansonsten für das Sammeln von Kokosnüssen hätte einsetzen können. Der zusätzliche Fisch kostet ihn zwei Drittel (120/180) Kokosnüsse. Die Opportunitätskosten eines Fisches belaufen sich also für Robinson auf zwei Drittel Kokosnüsse, die Opportunitätskosten für eine Kokosnuss betragen entsprechend anderthalb Fische.

Wie viele Fische und wie viele Kokosnüsse Robinson letztendlich in einem Monat „produzieren" und konsumieren möchte, hängt von seinem Geschmack, seinen Vorlieben ab. Nehmen wir an, seine Präferenzen sei dergestalt, dass er möglichst doppelt so viele Kokosnüsse wie Fische essen möchte. Dann wird er seine Arbeitszeit so auf die beiden Möglichkeiten verteilen, dass er in einem Monat 45 Fische und 90 Kokosnüsse „produziert", die er dann auch konsumieren kann.

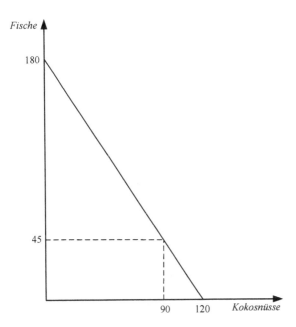

Abbildung 1.2: Transformationskurve von Robinson Crusoe

Nun ist es aber nicht so, dass Menschen so wie Robinson Crusoe die Güter, die sie zum (Über-)Leben brauchen, alle selber herstellen. Vielmehr ist das Wirtschaftsleben dadurch gekennzeichnet, dass verschiedene Menschen verschiedene Güter herstellen; in der Regel erfolgt dabei die Produktion von Gütern auch in größeren Organisationen und einzelne Menschen tragen gegebenenfalls nur einen kleinen Teil zum Endprodukt bei. Die von den ver-

1.1 Knappheit, Arbeitsteilung und Tausch

schiedenen Produzenten hergestellten Güter werden auf Märkten angeboten, und Menschen, die diese Güter erwerben wollen, fragen diese Güter auf diesen Märkten nach, wobei sie die erworbenen Güter dann entweder konsumieren oder als Vorprodukte wieder zur Herstellung eines anderen Gutes verwenden. Das ökonomische Handeln, und das schon sehr lange, ist also geprägt von **Arbeitsteilung** und vom **Tausch** von Gütern auf Märkten. Das Phänomen der Arbeitsteilung hat schon Adam Smith, der als Gründervater der Volkswirtschaftslehre gilt, beschrieben, und er hat hierin eine entscheidende Ursache für den Wohlstand menschlicher Gesellschaften gesehen.[3]

Wir können unsere Robinson Crusoe-Modellökonomie etwas weiter treiben, um an diesem Beispiel auch noch die Vorteile der Arbeitsteilung zu demonstrieren. Bekanntermaßen tritt nach einiger Zeit ein Eingeborener in das Leben von Robinson Crusoe, und da er an einem Freitag auftauchte, gab ihm Robinson den Namen Freitag. Nehmen wir an, Freitag kann besser Fische fangen als Robinson, ist dafür aber im Sammeln von Kokosnüssen schlechter: Freitag fängt bei gleichem Arbeitseinsatz wie Robinson im Monat 200 Fische, konzentriert er sich dagegen ausschließlich auf das Sammeln von Kokosnüssen, beträgt die Ausbeute eines Monats 100 Kokosnüsse. Nehmen wir auch für Freitag an, dass er in einem Monat doppelt so viele Kokosnüsse wie Fische verzehren möchte, so wird er seine Arbeitszeit so aufteilen, dass er 40 Fische fängt und 80 Kokosnüsse sammelt. In Tabelle 1.1 sind die Produktions- und Konsummengen von Robinson und Freitag bei Selbstversorgung, also bei sogenannter Subsistenzwirtschaft zusammengestellt.

	Produktionsmenge	*Konsummenge*
Robinson	45 Fische	45 Fische
	90 Kokosnüsse	90 Kokosnüsse
Freitag	40 Fische	40 Fische
	80 Kokosnüsse	80 Kokosnüsse
Gesamtmenge	85 Fische	85 Fische
	170 Kokosnüsse	170 Kokosnüsse

Tabelle 1.1: Produktionsmengen und Konsummengen von Robinson und Freitag ohne Arbeitsteilung (1)

Beide könnten sich aber besser stellen, wenn jeder sich, so wie es Adam Smith vorschlägt, auf die „Produktion" des Gutes spezialisieren würde, bei dem er einen absoluten Kostenvorteil hat, und wenn sie dann die beiden Güter tauschen würden. Die Kostenvor- und -nachteile bringen die Opportunitätskosten zum Ausdruck. Wenn Freitag einen Fisch mehr haben möch-

---

[3] Adam Smith (1723-1790), schottischer Ökonom und Philosoph, beschrieb in seinem im Jahre 1776 erschienenen Werk „An Inquiry into the Nature and Causes of the Wealth of Nations", wie die Arbeitsteilung und die Existenz funktionsfähiger Märkte den Wohlstand menschlicher Gesellschaften steigern. Dabei zeigte er auch auf, wie der Marktmechanismus die Wohlfahrt der Gesellschaft maximiert, auch wenn der Einzelne nur sein eigenes Wohl verfolgt.

te, muss er auf eine halbe Kokosnuss verzichten (Robinson wie gesehen auf zwei Drittel Kokosnüsse), und umgekehrt: möchte Freitag eine Kokosnuss mehr, stehen ihm letztlich zwei Fische weniger zum Verzehr zur Verfügung (Robinson muss dagegen für eine Kokosnuss auf anderthalb Fische verzichten). Freitag hat also Robinson gegenüber einen **absoluten Kostenvorteil** in der „Produktion" von Fischen, dagegen einen absoluten Kostennachteil bei der „Produktion" von Kokosnüssen. Robinson sollte sich also auf das Sammeln von Kokosnüssen spezialisieren und Freitag auf den Fischfang.

Nehmen wir an, Robinson und Freitag würden sich darauf verständigen, dass Freitag so viele Fische fängt, wie sie bisher in der Summe konsumiert haben, also 85 Stück. In der restlichen Zeit eines Monats soll Freitag dann wie Robinson auch Kokosnüsse sammeln. Bei der ihm noch zur Verfügung stehenden Zeit wird er dann rein rechnerisch 57,5 Kokosnüsse sammeln können, die zu den 120 Kokosnüssen, die Robinson in einem Monat sammelt, hinzukommen. Insgesamt stehen den beiden dann 85 Fische und 177,5 Kokosnüsse zum Verzehr zur Verfügung; das sind genau so viele Fische, aber 25,5 Kokosnüsse mehr als zuvor. Arbeitsteilung und anschließender Tausch führen also dazu, dass bei gleichem Arbeitseinsatz den Beteiligten eine größere Gütermenge zur Verfügung steht. Wie diese größere Gütermenge dann konkret aussieht, hängt von den Präferenzen der Beteiligten ab. In unserem Beispiel würden sich Robinson und Freitag, da sie ja möglichst doppelt so viele Kokosnüsse wie Fische konsumieren möchten, darauf einigen, dass sie nicht nur 85 Fische, sondern 88 Fische in der Summe produzieren und konsumieren möchten, was bedeutet, dass Freitag dann anderthalb Kokosnüsse weniger produziert. Zusammen könnten sie durch Spezialisierung und Arbeitsteilung also insgesamt 88 Fische und 176 Kokosnüsse produzieren. Wie diese Gütermenge dann zwischen Robinson und Freitag aufgeteilt wird, hängt von der Verhandlungsmacht und dem Verhandlungsgeschick der beiden ab. Prinzipiell ist es auf jeden Fall möglich, dass jeder mehr Güter erhält, als es ohne Arbeitsteilung der Fall ist. In Abb. 1.3 ist die Transformationskurve für unsere Modellökonomie dargestellt. Es ist offensichtlich, dass die Gesamtgütermenge, die ohne Arbeitsteilung realisiert wird, ineffizient ist.

1.1 Knappheit, Arbeitsteilung und Tausch

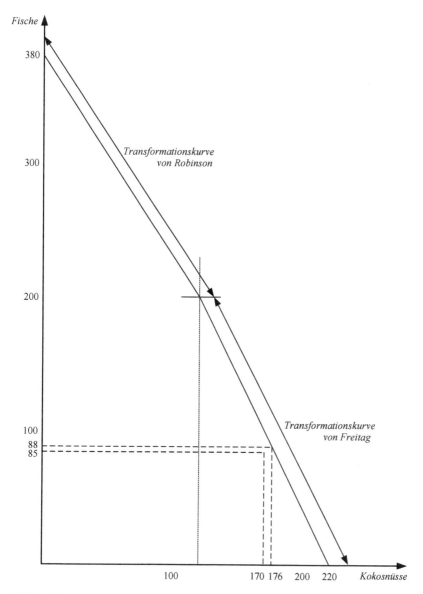

Abbildung 1.3: Gemeinsame Transformationskurve für Robinson und Freitag bei absoluten Kostenunterschieden

Die folgende Tabelle 1.2 zeigt das Produktions- und Spezialisierungsmuster von Robinson und Freitag an, wenn sie die gemäß ihren Präferenzen optimale Gesamtgütermenge in Arbeitsteilung produzieren; ebenso ist in der Tab. 1.2 angegeben, welche Menge an Fischen und an Kokosnüssen jedem zum Verzehr zur Verfügung steht, wenn die beiden die Gesamtmengen gleichmäßig unter sich aufteilen, und welche Tauschmengen damit einhergehen.

	Produktionsmenge	Konsummenge	Tauschmenge
Robinson	0 Fische	44 Fische	erhält 44 Fische
	120 Kokosnüsse	88 Kokosnüsse	gibt 32 Kokosnüsse ab
Freitag	88 Fische	44 Fische	gibt 44 Fische ab
	56 Kokosnüsse	88 Kokosnüsse	erhält 32 Kokosnüsse
Gesamtmenge	88 Fische	88 Fische	
	176 Kokosnüsse	176 Kokosnüsse	

Tabelle 1.2: *Spezialisierungsmuster, Tauschmengen und Konsummengen von Robinson und Freitag bei absoluten Kostenvorteilen*

Arbeitsteilung und Tausch über Märkte ist aber nicht nur dann vorteilhaft für alle Beteiligten, wenn zwischen den einzelnen Beteiligten absolute Kostenunterschiede und damit wechselseitige Kostenvorteile vorliegen. Arbeitsteilung ist auch dann vorteilhaft, wenn zwischen den Beteiligten lediglich **komparative Kostenvorteile** bestehen. David Ricardo hat die Vorteile der Arbeitsteilung und Spezialisierung gemäß den komparativen Vorteilen wohl als Erster explizit herausgearbeitet und gezeigt, dass Spezialisierung und Arbeitsteilung auch dann vorteilhaft sind, wenn einer der beiden Beteiligten (absolute) Kostenvorteile in der Herstellung beider Güter besitzt.[4] Einzige Bedingung für die Vorteilhaftigkeit von Arbeitsteilung und Spezialisierung auch bei einseitigen Kostenvorteilen ist, dass sich die Opportunitätskosten zwischen den Beteiligten unterscheiden, also relative Kostenunterschiede bestehen.

Nehmen wir anders als zuvor an, Freitag sei Robinson nicht nur im Fischfang, sondern auch im Sammeln von Kokosnüssen überlegen: In einem Monat gelingt es ihm, entweder 200 Fische zu fangen oder 160 Kokosnüsse zu sammeln. Das Produktions- und Konsummuster wird sich im Fall der Subsistenzwirtschaft dann, wenn beide nach wie vor doppelt so viele Kokosnüsse wie Fische konsumieren möchten, wie in der Tabelle 1.3 abgebildet darstellen.[5]

---

[4] David Ricardo (1772-1823), englischer Ökonom, vor seiner wissenschaftlichen Tätigkeit Börsenmakler, studierte auch Mathematik, Chemie und Mineralogie. Wichtigstes wirtschaftswissenschaftliches Werk „On the Principles of Political Economy and Taxation", erschienen 1817.

[5] Genau genommen könnte Freitag in der ihm zur Verfügung stehenden restlichen Zeit eines Monats 114,4 Kokosnüsse sammeln. Freitag kann, genauso wenig wie Robinson, natürlich keine halben oder sonstigen Teilstücke von Fischen fangen und von Kokosnüssen sammeln. Daher gehen wir der Anschaulichkeit halber von der Nicht-Teilbarkeit der beiden hier betrachteten Güter aus und beachten als Nebenbedingung die Ganzzahligkeit für die Mengeneinheiten. Damit liegt der Optimalpunkt dann aber gegebenenfalls minimal unter der Transformationskurve, die wir in den Abbildungen 1.2 und 1.3 unter der Annahme der beliebigen Teilbarkeit der beiden Güter gezeichnet haben.

1.1 Knappheit, Arbeitsteilung und Tausch

	Produktionsmenge	Konsummenge
Robinson	45 Fische	45 Fische
	90 Kokosnüsse	90 Kokosnüsse
Freitag	57 Fische	57 Fische
	114 Kokosnüsse	114 Kokosnüsse
Gesamtmenge	102 Fische	102 Fische
	204 Kokosnüsse	204 Kokosnüsse

Tabelle 1.3: Produktionsmengen und Konsummengen von Robinson und Freitag ohne Arbeitsteilung (2)

In einem solchen Kontext scheint es keinen Sinn zu machen, dass es zu einer Spezialisierung kommt, denn Freitag kann ja beides besser und wird kein Interesse an einem Tausch haben. Der Blick auf die Opportunitätskosten zeigt aber, dass hier relative Kostenunterschiede vorliegen. Die Opportunitätskosten eines Fisches belaufen sich nun für Freitag auf vier Fünftel Kokosnüsse (für Robinson nach wie vor auf zwei Drittel), die einer Kokosnuss entsprechend auf eineinviertel Fische (bei Robinson liegen diese bei anderthalb). Die „Produktion" eines zusätzlichen Fisches bedeutet, wenn Freitag ihn fangen würde, den Verzicht auf eine größere Menge an Kokosnüssen, als wenn Robinson ihn fangen würde; dagegen ist es günstiger, wenn eine zusätzliche Kokosnuss durch Freitag „produziert" wird, da hierfür dann auf eine kleinere Menge an Fischen verzichtet werden muss, als wenn Robinson diese zusätzliche Kokosnuss „produzieren" würde. Nach Ricardo kann es zu einer Wohlfahrtssteigerung kommen, wenn sich bei relativen Kostenunterschieden die Beteiligten darauf verständigen würden, sich gemäß ihrer relativen Kostenvorteile zu spezialisieren. Für unsere Modellökonomie heißt das, dass Freitag im Vergleich zur Subsistenzsituation vermehrt Kokosnüsse produziert und Robinson sich um das Fangen der Fische kümmert. Unterstellen wir, dass sich die beiden darauf einigen, dass Robinson zunächst alle Fische fängt, also 102 an der Zahl, und in der verbleibenden Zeit des jeweiligen Monats dann wie Freitag, der dies ausschließlich tut, Kokosnüsse sammelt; er wird dann noch 52 Kokosnüsse sammeln können. Ihnen stünden dann in einem Monat nach wie vor 102 Fische, aber 212 Kokosnüsse, somit acht mehr, zum Verzehr zur Verfügung. Auch wenn also einer der Beteiligten in der Produktion aller in Rede stehenden Güter schlechter ist als der andere, lohnt sich für beide die Arbeitsteilung und die Spezialisierung gemäß ihrer jeweiligen komparativen Kostenvorteile. Da Robinson und Freitag jeweils doppelt so viele Kokosnüsse verzehren wollen wie Fische, werden sie sich darauf verständigen, dass Freitag 105 Fische im Monat fangen soll, so dass sie in der Summe neben den 105 Fischen noch 210 Kokosnüsse „produzieren". Unter der Annahme, dass sie wieder das Produktionsergebnis gleichmäßig aufteilen, ergeben sich die in Tabelle 1.4 angeführten Produktions-, Konsum- und Tauschmengen:

	Produktionsmenge	Konsummenge	Tauschmenge
Robinson	105 Fische	52½ Fische	gibt 52½ Fische ab
	50 Kokosnüsse	105 Kokosnüsse	erhält 55 Kokosnüsse
Freitag	0 Fische	52½ Fische	erhält 52½ Fische
	160 Kokosnüsse	105 Kokosnüsse	gibt 55 Kokosnüsse ab
Gesamtmenge	105 Fische	105 Fische	
	210 Kokosnüsse	210 Kokosnüsse	

Tabelle 1.4:   *Spezialisierungsmuster, Tauschmengen und Konsummengen von Robinson und Freitag bei relativen Kostenvorteilen*

Das Vorliegen komparativer Kostenunterschiede reicht also aus, damit sich Arbeitsteilung und Spezialisierung für alle Beteiligten lohnen.[6] Das gilt im Fall von zwei Beteiligten, die zwei Güter mit nur einem Produktionsfaktor herstellen, wie in unserem Beispiel von Robinson Crusoe und Freitag,[7] das gilt aber genauso auch für eine menschliche Gesellschaft mit einer Vielzahl von Beteiligten, einer Vielzahl von Gütern und einer Vielzahl von Produktionsfaktoren.

Nun ist die Modellökonomie von Robinson und Freitag relativ überschaubar und die beiden werden sich wahrscheinlich schnell darauf verständigen können, wer was in welcher Menge „produziert" und wie sie den gemeinsam hergestellten Güterberg zwischen sich aufteilen. In der Realität stellt sich dieses **Koordinationsproblem** aber in verschärfter Form. Nicht nur, dass die Zahl der beteiligten Produzenten und Konsumenten, der Güter und der Produktionsfaktoren im globalen Maßstab, aber auch schon auf nationaler Ebene um einen erheblichen Faktor größer ist. Auch die vereinfachenden Annahmen unseres Beispiels – Robinson und Freitag unterscheiden sich zwar in ihrer Produktivität, diese Produktivität ist aber unabhängig davon, wie viel sie bereits an Fischen gefangen oder an Kokosnüssen gesammelt haben; sie arbeiten beide gleich lange; sie wollen die beiden zur Verfügung stehenden Güter in einem gleichen und zudem noch konstanten Mengenverhältnis konsumieren – sind in der Realität nicht gegeben. Damit geht mit dem Koordinationsproblem auch noch ein **Informati-**

---

[6] Es ist leicht zu zeigen, dass die Spezialisierung keinen Vorteil bringen würde, wenn in unserem Zahlenbeispiel Freitag mit dem Arbeitseinsatz von einem Monat beispielsweise 210 Fische fangen und 140 Kokosnüsse sammeln könnte. Die Opportunitätskosten eines Fisches beliefen sich dann bei Freitag wie bei Robinson auf zwei Drittel Kokosnüsse (und die einer Kokosnuss auf anderthalb Fische).

[7] Ricardo hat den Wohlfahrtsgewinn, der für die Beteiligten aus der Ausnutzung komparativer Kostenvorteile resultiert, nachgewiesen mithilfe eines Zahlenbeispiels für den internationalen Handel zwischen England und Portugal mit den Gütern Wein und Tuch. Nach dem Theorem der komparativen Kostenvorteile, einem zentralen Theorem der Außenhandelstheorie, lohnt sich Freihandel für ein Land auch dann, wenn es absolute Kostennachteile in allen Produktionsbereichen gegenüber den Partnerländern aufweist; einzige Voraussetzung für die Vorteilhaftigkeit des Außenhandels sind relative Kostenunterschiede.

1.1 Knappheit, Arbeitsteilung und Tausch

onsproblem einher. Es gilt nicht nur, die verschiedenen Produktions- und Konsumpläne der Vielzahl von Menschen oder Zusammenschlüssen von Menschen (wir wollen allgemein von Wirtschaftssubjekten als wirtschaftlich entscheidenden und handelnden Einheiten sprechen) zu koordinieren, es gilt auch, diese Pläne zu kennen, bzw. sie müssen offengelegt werden, damit eine Koordination erfolgen kann.

Grundsätzlich können das Informationsproblem und das Koordinationsproblem durch den Marktmechanismus oder durch zentrale Planung gelöst werden. **Zentrale Planung** bedeutet die Koordination der verschiedenen Pläne in **Hierarchien**. Auf gesamtwirtschaftlicher Ebene wurde dies intensiv im 20. Jahrhundert versucht; die Geschichte hat offenbart, dass diese Art der Lösung des Informations- und Koordinationsproblems, auch wenn man zeigen kann, dass diese Lösungsmöglichkeit der Lösung prinzipiell zum gleichen Ergebnis wie der Marktprozess führen kann, an der Fülle der zu verarbeitenden Informationen (sowohl was ihre Beschaffung als auch was ihre Verarbeitung betrifft) und an dem Anreizproblem (Wie erfährt die zentrale Planungsinstanz die Produktionsmöglichkeiten, aber auch die Präferenzen der Wirtschaftssubjekte? Wie werden die Wirtschaftssubjekte dazu gebracht, das Planergebnis umzusetzen?) auf gesamtwirtschaftlicher Ebene zum Scheitern verurteilt ist.

Auf niedrigeren Ebenen kann die Lösung des Informations- und Koordinationsproblems durch hierarchische Strukturen aber sehr wohl Sinn machen. In unserem Beispiel von Robinson Crusoe und Freitag haben wir implizit unterstellt, dass die Tauschvorgänge ohne weitere Kosten durchgeführt werden, es also keine Transaktionskosten gibt. Tatsächlich fallen aber bei Tauschvorgängen Kosten für die Transaktion selber an, und zwar sowohl vor dem Vertragsabschluss als auch nach dem Vertragsabschluss. Dazu zählen die Kosten der Informationsbeschaffung (Wer bietet welches Gut zu welchen Konditionen an bzw. fragt es nach?), Kosten des Vertragsabschlusses i.e.S., ggf. Kosten der Überprüfung, Durchsetzung und Anpassung des Vertrages (es können in Verträgen i.d.R. nicht alle denkbaren Eventualitäten bereits berücksichtigt werden), Transportkosten u.Ä. Ronald Coase hat sich bereits im Jahre 1937 mit der Frage auseinandergesetzt, warum Unternehmen existieren und nicht alle Transaktionen über Märkte abgewickelt werden, und hat als eine Ursache hierfür die Kosten ausgemacht, die mit der Nutzung des Marktmechanismus in Form der Transaktionskosten verbunden sind.[8] In Abhängigkeit von der Höhe und der Art der Transaktionskosten ist in einem Fall die Lösung des Informations- und Koordinationsproblems über Hierarchien (Unternehmen sind nichts anderes als Organisationen, bei denen die Allokation von Produktionsfaktoren auf bestimmte Tätigkeiten durch Anweisungen „von oben" erfolgt), in einem anderen Fall dagegen über den Markt, bei dem die Preissignale die Faktorallokation steuern, vorzunehmen.

Die zweite grundsätzliche Möglichkeit, das Informations- und Koordinationsproblem zu lösen, besteht in der Nutzung des **Preismechanismus** auf **Märkten**. Es gilt, wie wir gesehen haben, die Produktions- und Konsumpläne der Wirtschaftssubjekte zu koordinieren. Nehmen wir an, für jedes Gut wird ein Marktmacher bestimmt, wie wir ihn bspw. von der Börse her kennen, der verschiedene Preise für das betrachtete Gut stellt und den die Wirtschaftssubjek-

---

[8] Ronald H. Coase (1910-2013), britischer Wirtschaftswissenschaftler, legte mit seinem 1937 erschienenen Aufsatz „The Nature of the Firm" die Grundlage für die Neue Institutionenökonomik.

te wissen lassen, wie viel sie bei den einzelnen Preisen bereit sind, von dem betrachteten Gut anzubieten oder zu kaufen. Dabei wollen wir unterstellen, dass die einzelnen Wirtschaftssubjekte einen so geringen Marktanteil am Gesamtmarkt dieses Gutes haben, dass ihre Angebots- oder Nachfragemenge nicht auf den Marktpreis durchschlägt. Mit steigendem Preis wird die angebotene Gesamtmenge des betrachteten Gutes steigen und die nachgefragte Gesamtmenge zurückgehen. In einem Preis-Mengen-Diagramm lassen sich diese Zusammenhänge durch eine Marktangebotskurve mit positiver Steigung und einer Marktnachfragekurve mit negativer Steigung darstellen (Abb. 1.4).

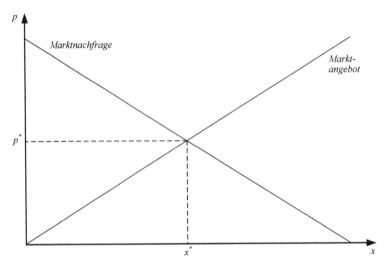

Abbildung 1.4:   Marktdiagramm und Marktgleichgewicht

Es gibt genau einen Preis, bei dem die Produktions- und Angebotspläne und die Nachfragepläne sich entsprechen. Dieser Preis und die dazugehörige Menge sind der Gleichgewichtspreis und die Gleichgewichtsmenge, das Marktgleichgewicht für das betrachtete Gut. Bei diesem (und nur bei diesem) Preis und dieser Menge stimmen Angebots- und Nachfragepläne überein. Der Marktmacher kann ihn sehr leicht, nämlich ohne genau über die Produktionsbedingungen der Anbieter oder die Präferenzen der Nachfrager Informationen zu sammeln und zu verarbeiten, bestimmen als den Preis, bei dem weder zu viel noch zu wenig angeboten oder nachgefragt wird, bei dem der Markt also geräumt wird. Er gibt den Wirtschaftssubjekten diesen Preis bekannt, und alle, die zu diesem Preis eine bestimmte Menge des betrachteten Gutes herstellen und anbieten wollen, werden dies tun, und alle, die zu diesem Preis eine bestimmte Menge dieses Gutes nachfragen wollen, werden dies tun. An die Stelle der zentralen Planung und der Koordination über Hierarchien tritt so im Marktmechanismus die dezentrale Koordination der Produktions- und Konsumpläne durch den Preismechanismus. Das Informationsproblem entsteht in der Koordination über den Markt erst gar nicht, und das Anreizproblem wird insofern gelöst, als dass die einzelnen Individuen genau das tun werden, was sie auch aus eigenem Antrieb und eigener Motivation heraus tun wollen.

1.2 Zur Methodik der Volkswirtschaftslehre

An dem Robinson Crusoe-Beispiel und seiner Interpretation werden bereits die Grundmuster der Methodik in der Volkswirtschaftslehre klar. Grundlegendes Kennzeichen der Erkenntnisgewinnung in der Volkswirtschaftslehre ist die Methode der **Abstraktion** und damit einhergehend das Denken in Modellen. Abstraktion bedeutet, dass viele Einzelheiten der komplexen Realität ausgeblendet werden und man sich auf wichtige Kernpunkte konzentriert. Abstraktion bedeutet also die Reduktion von Komplexität. Dadurch ist es möglich, sich zentrale Dinge und Zusammenhänge klarzumachen. Dabei bedient man sich verschiedener **Modelle**, wobei ein Modell nichts anderes ist als ein Abbild der Realität, aber wohlgemerkt nur ein Abbild. Dieses Vorgehen ist nichts Ungewöhnliches, und auch im Alltag begegnen wir immer wieder Modellen als Abbilder der Realität. Wenn jemand sein Studium an der Hochschule in einem ihm bislang unbekannten Ort begonnen hat und er am ersten Wochenende nach Vorlesungsbeginn eine Sehenswürdigkeit oder ein Sportereignis in der näheren Umgebung besuchen möchte, ist es sicherlich nicht unüblich, dass er sich anhand einer Straßenkarte, sei es in einer traditionellen Form oder online, über die Gegend informiert. Die von ihm dazu verwendete Karte ist sicherlich nicht im Maßstab 1:1, denn ein genaues Abbild der Realität würde ihm für sein konkretes Problem nicht weiterhelfen. Und wenn er Mountainbiken gehen wird, verwendet er sicherlich eine Landkarte mit einem genaueren Maßstab, als wenn er das Wochenende nutzt, um zum Segeln an einen nur eine Autostunde entfernten See zu gehen, und er hierfür die kürzeste Anfahrtstrecke sucht. Diese kleine Analogie macht uns zwei Dinge klar, die für das Denken in Modellen wichtig sind. Zum einen muss ein Modell nicht alle Dinge enthalten, die in der Realität existieren; vielmehr gewinnt ein Modell dadurch, dass Unwichtiges weggelassen wird. Zum anderen muss ein Modell nicht alles zeigen oder erklären können; für unterschiedliche Fragestellungen sind verschiedene Modelle unterschiedlich gut geeignet.

Modelle haben noch einen weiteren Vorteil, sie organisieren das Denken. Wenn man sich mit volkswirtschaftlichen Fragestellungen auseinandersetzt, ist man oft versucht, viele verschiedene Gründe für bestimmte Phänomene heranzuziehen und viele verschiedene Ursache-Wirkungs-Zusammenhänge für relevant zu halten. Wenn man sich dagegen in seiner Argumentation auf ein Denken in Modellen stützt, wird sehr viel schneller klar, unter welchen Annahmen man eigentlich diskutiert und welche Annahmen oder Einflussgrößen tatsächlich für einen Sachverhalt wichtig oder auch nicht wichtig sind. Diese Klarheit der Argumentation wird auch gefördert, wenn man sich der formalen Sprache der Mathematik bedient. Das mag zwar für manche zunächst abschreckend wirken, hat aber den unschätzbaren Vorteil, dass die Aussagen sehr viel präziser formuliert werden können, als wenn man sich allein auf die verbale Ausdrucksform verlässt. Gleichwohl darf die Verwendung formaler Modelle nicht zu der Vorstellung verführen, das Verhalten der Wirtschaftssubjekte und das von aggregierten Größen einer Volkswirtschaft verhalte sich ähnlich planbar und steuerbar wie die Vorgänge in der Newton'schen Mechanik. Gegenstand der Volkswirtschaftslehre ist das Verhalten von Menschen und von Gruppen oder Zusammenschlüssen von Menschen, und dies ist in vielen Aspekten nicht immer vorhersehbar.

Aufgrund von theoretischen Überlegungen auf logischem Weg gewonnene Aussagen gehören so lange zum Bestand einer Wissenschaft, solange sie durch eine empirische Überprüfung nicht falsifiziert sind. Eine empirische Überprüfung ist in der Volkswirtschaftslehre nicht so einfach wie beispielsweise die Überprüfung der Gesetze der schon angesprochenen Newton'schen Mechanik in der Physik. Beliebig oft wiederholbare Experimente sind in der Volkswirtschaftslehre in der Regel nicht möglich, auch wenn im Rahmen der Experimentellen Ökonomik diverse Hypothesen auch über Experimente bestätigt oder auch verworfen werden. Insofern ist die Volkswirtschaftslehre darauf angewiesen, ökonomische Zusammenhänge und Gesetzmäßigkeiten in erster Linie gedanklich und damit theoretisch zu erfassen und zu durchdringen. Um die Auswirkungen einer bestimmten Größe bzw. deren Veränderung auf die anderen Größen klar herauszuarbeiten, werden, wie auch vielfach in naturwissenschaftlichen Experimenten, die übrigen Größen konstant gehalten; man spricht in diesem Zusammenhang auch von der **Ceteris paribus-Klausel**, die zum Ausdruck bringt, dass der Einfluss einer Größe auf andere Größen bestimmt wird, indem dieser Einfluss isoliert betrachtet wird und andere Einflüsse ausgeblendet werden. Die empirische Überprüfung theoretisch gewonnener Aussagen ist in der Volkswirtschaftslehre auch deshalb so schwer, weil in der Realität sich häufig viele Einflüsse auf das ökonomische Geschehen überlagern und insofern eine Falsifizierung von Hypothesen durch die Analyse empirischer Daten häufig unmöglich erscheint.

Zwei Vorgehensweisen können dabei prinzipiell unterschieden werden. Die **Mikroökonomik** beschäftigt sich mit dem Verhalten von einzelnen Wirtschaftssubjekten wie den Haushalten und den Unternehmen und mit der Koordination ihres Verhaltens auf den Märkten sowie mit der Preisbildung für Güter und Produktionsfaktoren, aber auch mit der Rolle des Staates in diesem Prozess. In der **Makroökonomik** sind die einzelnen Wirtschaftssubjekte zu Sektoren zusammengefasst, dem Haushaltssektor, dem Unternehmenssektor, dem Sektor Staat und dem Sektor Ausland, und das gesamtwirtschaftliche Geschehen, wie z.B. das Entstehen von Arbeitslosigkeit, von Inflation oder auch die Auswirkungen bestimmter wirtschaftspolitischer Aktivitäten des Staates, steht hier im Mittelpunkt des Interesses. Die Klassiker der Volkswirtschaftslehre haben eher in mikroökonomischen Kategorien argumentiert, während das explizite Denken in aggregierten Größen, die Makroökonomik, in ihrer heutigen Form von John Maynard Keynes[9] begründet wurde.

Diesen makroökonomischen Fokus werden wir zunächst einnehmen, im zweiten Teil, ab Kapitel 11, werden wir uns dann mit der mikroökonomischen Analyse auseinandersetzen. Im folgenden, dem zweiten Kapitel werden wir auf die Erfassung makroökonomischer Aktivitäten eingehen und dabei darstellen, wie die wirtschaftlichen Aktivitäten der verschiedenen, zu Aggregaten zusammengefassten Wirtschaftssubjekte erfasst werden, sprich: wie ökonomische Aktivitäten aus einer **Ex post**-Perspektive, also nachdem sie bereits erfolgt sind, analysiert werden können. In den weiteren Kapiteln dieses Lehrbuchs werden wir fast ausschließ-

---

[9] John Maynard Keynes (1883-1946), englischer Ökonom und Mathematiker, der sich auch stark in der Politikberatung engagierte. Mit seinem 1936 erschienenen Hauptwerk „The General Theory of Employment, Interest and Money" begründete er ein neues Paradigma in der Volkswirtschaftslehre, indem er den Blick auf makroökonomische Aggregate lenkte und sich mit der Frage auseinandersetzte, ob die auf mikroökonomischer Ebene beobachtbare Effizienz des Marktmechanismus auch auf gesamtwirtschaftlicher Ebene gilt.

lich **Ex ante**-Analyse betreiben, d.h. wir werden uns damit auseinandersetzen, welches die Bestimmungsgründe der verschiedenen wirtschaftlichen Aktivitäten der Wirtschaftssubjekte, sei es auf makroökonomischer oder auf mikroökonomischer Ebene, sind, welche Ergebnisse aus welchem Verhalten zu erwarten sind und welche Erklärungsansätze für bestimmte ökonomische Phänomene gefunden werden können.

2 Ex post-Analyse gesamtwirtschaftlicher Aktivitäten

Zur Erfassung der Aktivitäten in einer Volkswirtschaft existieren mehrere Rechenwerke. Zum einen gibt es die Volkswirtschaftlichen Gesamtrechnungen, mit deren Hilfe die ökonomischen Tätigkeiten innerhalb eines geografisch abgegrenzten Gebietes in einem Zeitraum aus einer güterwirtschaftlichen Perspektive heraus erfasst werden, wobei diese Erfassung auf drei verschiedene Arten – die Entstehungsrechnung, die Verwendungsrechnung und die Verteilungsrechnung – vorgenommen wird. Zum anderen wird über die Finanzierungsrechnung dargestellt, wie diese ökonomischen Aktivitäten finanziert werden und wie die in der betrachteten Volkswirtschaft vorhandenen Finanzmittel auf die verschiedenen Anlageformen aufgeteilt werden. Das dritte Rechenwerk ist die Zahlungsbilanz, in der die grenzüberschreitenden Transaktionen, seien sie güterwirtschaftlicher Natur oder seien sie Kapitalbewegungen, abgebildet werden. Und Details über die wirtschaftlichen Verflechtungen zwischen einzelnen Sektoren und Branchen werden mit Hilfe von Input-Output-Tabellen dargestellt.

Die Erfassung der ökonomischen Aktivitäten in einem dieser Rechenwerke (oder auch in weiteren, auf die hier nicht weiter eingegangen werden soll) erfolgt selbstverständlich immer im Rückblick auf diese Aktivitäten, es liegt also mit diesen Rechenwerken eine **Ex post-Analyse** vor. Dabei werden die einzelnen Wirtschaftssubjekte, natürliche und juristische Personen, private oder staatliche Institutionen, zusammengefasst zu Sektoren. Die Abgrenzung dieser Sektoren erfolgt nach definitorischen Kriterien, so dass die Wirtschaftssubjekte, die in den einzelnen Sektoren zusammengefasst sind, jeweils übereinstimmende Merkmale aufweisen. Die Kriterien sind dabei so gefasst, dass es zum einen keine Überschneidungen gibt und die Zuordnung eines Wirtschaftssubjekts zu einem Sektor eindeutig ist und zum andern alle in Rede stehenden Wirtschaftssubjekte erfasst werden, die Zuordnung der betrachteten Wirtschaftssubjekte also vollständig ist.

Für die praktische Umsetzung dieser Rechenwerke, die von der Idee her ein vollständiges Abbild der jeweils erfassten ökonomischen Aktivitäten liefern, ist allerdings zu berücksichtigen, dass die Erfassung der ökonomischen Aktivitäten und der Wirtschaftssubjekte nie umfassend sein kann. Zwei gewichtige Gründe stehen dem entgegen: Die Erhebung von Daten ist immer mit Kosten verbunden, seien es direkte Kosten oder auch Opportunitätskosten, so dass ein Abwägen zwischen den mit der Datenerhebung verbundenen Kosten und dem zusätzlichen Nutzen aus den gewonnenen Daten erforderlich ist, was im Ergebnis zu einem zumindest teilweise unvollständigen Abbild der Realität führen muss. Und: Eine umfassende

Erhebung aller Daten in einer Volkswirtschaft würde einhergehen mit einer unmittelbaren Kontrolle der Wirtschaftssubjekte, und dies kann in einer demokratischen Gesellschaft nicht gewollt sein.

2.1 Die Volkswirtschaftlichen Gesamtrechnungen

Die Volkswirtschaftlichen Gesamtrechnungen sind das zentrale Rechenwerk zur Erfassung und Abbildung des wirtschaftlichen Geschehens in einer Volkswirtschaft. In der Bundesrepublik Deutschland werden die Volkswirtschaftlichen Gesamtrechnungen vom Statistischen Bundesamt erstellt. Aufgabe der Volkswirtschaftlichen Gesamtrechnungen ist, „für einen bestimmten Zeitraum ein möglichst umfassendes, übersichtliches, hinreichend gegliedertes, quantitatives Gesamtbild des wirtschaftlichen Geschehens in einer Volkswirtschaft zu geben".[10]

Die Volkswirtschaftlichen Gesamtrechnungen, so wie sie heute praktiziert werden, gehen auf zwei Wurzeln zurück: auf kreislaufanalytische Überlegungen, deren Ursprünge bei François Quesnay[11] zu finden sind, und auf statistische Bemühungen zur Erfassung des Volkseinkommens als Abbild der wirtschaftlichen Leistungsfähigkeit, deren Anfänge im 17. Jahrhundert anzusiedeln sind[12].

Ein **Kreislauf** besteht aus Kreislaufpolen (für den Wirtschaftskreislauf: Wirtschaftssubjekte oder Zusammenfassungen von Wirtschaftssubjekten) und aus Kreislaufströmen (hier: wirtschaftliche Transaktionen). Die Ströme verlaufen von einem Pol zum andern, können aber auch In-sich-Ströme sein, wenn sie zu dem Pol direkt zurückfließen, von dem sie ausgegangen sind. Kreislaufströme haben eine also Richtung, daneben besitzen sie auch eine bestimmte Stärke und sind auf eine bestimmte, gleiche Periode bezogen. Die Darstellung eines Kreislaufs kann grafisch, in Konten, in Gleichungen und in Tabellen erfolgen. Die Volkswirtschaftlichen Gesamtrechnungen verwenden die Kontendarstellung. Man spricht von einem geschlossenen Kreislauf, wenn alle Ströme in einem Kreislaufpol beginnen und enden; ist dies nicht der Fall, kommt es also zu Zu- oder Abflüssen aus dem Kreislauf als Ganzem (existieren also sog. Quellen oder Senken), so lässt sich ein solcher offener Kreislauf durch die Einführung eines Saldenpols in einen geschlossenen Kreislauf überführen. Die Volkswirtschaftlichen Gesamtrechnungen stellen einen geschlossenen Kreislauf dar. Ist die Summe der Zuflüsse zu einem Pol gleich der Summe der Abflüsse aus diesem Pol und gilt dies für

---

[10] Statistisches Bundesamt (2015a), S. 3.

[11] François Quesnay (1694-1774), Leibarzt der Madame Pompadour am Hofe Ludwigs XV., versuchte zu erkennen, welche Bedingungen für die Wiederholbarkeit einer Wirtschaftsperiode im damals vorherrschenden landwirtschaftlichen Kontext gelten müssen. In seinem „tableau économique", für das er in der zweiten Auflage bereits Konten verwendete, legte er dar, dass Ausgaben nicht einfach nur ausgegeben werden, sondern an anderer Stelle als Einnahmen wieder auftauchen.

[12] Zu nennen sind hier Sir William Petty (1623-1687), britischer Ökonom, Wissenschaftler und Philosoph, und Pierre le Pesant Sieur de Boisguillebert (1646-1714), französischer Ökonom, die sich in ihren Schriften mit der Entstehung, Verwendung und Verteilung von Einkommen und Vermögen in einer Volkswirtschaft auseinandersetzten.

2.1 Die Volkswirtschaftlichen Gesamtrechnungen

jeden Pol eines Kreislaufs, so befindet sich der Kreislauf im Gleichgewicht. Die Volkswirtschaftlichen Gesamtrechnungen erfüllen aufgrund des bei ihnen angewandten Prinzips der doppelten Buchführung dieses sog. **Kreislaufaxiom**.[13]

Zur Verdeutlichung des Kreislaufgedankens soll eine Volkswirtschaft betrachtet werden, deren Wirtschaftssubjekte zu den Sektoren Private Haushalte und Unternehmen zusammengefasst werden; in dieser einfachen Volkswirtschaft soll keine Staatsaktivität stattfinden und es sollen auch keine wirtschaftlichen Beziehungen zum Ausland bestehen. Der Sektor der privaten Haushalte bietet Arbeit und Kapital als Produktionsfaktoren an und fragt Güter nach; aus dem Angebot der Produktionsfaktoren beziehen die Privathaushalte Einkommen, das sie zur Bezahlung der Güterkäufe einsetzen oder sparen können. Der Unternehmenssektor setzt die Produktionsfaktoren zur Güterproduktion ein und entlohnt die Leistungen dieser Faktoren Arbeit und Kapital. Die im Unternehmenssektor hergestellten Güter werden entweder als Konsumgüter an die privaten Haushalte verkauft oder sie werden als Investitionsgüter im Unternehmenssektor verwendet. Dabei dienen die Investitionsgüter entweder als Ersatz der während der Produktion verschlissenen Teile des Kapitalstocks (in Höhe der Abschreibungen) oder sie führen als Nettoinvestitionen zu einer Erweiterung des Kapitalstocks. Mögliche Differenzen bei der Summe an Zu- und Abflüssen an einem dieser beiden Pole werden durch die Einführung des Saldenpols Vermögensänderungskonto ausgeglichen. Die einzelnen Transaktionen sind, zur Veranschaulichung mit Zahlenwerten unterlegt, in der Abb. 2.1 aufgeführt.

---

[13] Hier wird die Unterscheidung zwischen ex post und ex ante wichtig. Ex ante sind die Budgetgleichungen der einzelnen Sektoren als Gleichgewichtsbedingungen eines Kreislaufmodells zu interpretieren, die erfüllt sein können (dann liegt Gleichgewicht vor), es realiter aber nicht müssen. Aufgrund der definitorischen Abgrenzungen in der Methodik der Volkswirtschaftlichen Gesamtrechnungen sind die Budgetgleichungen aber stets erfüllt, sie sind in der Ex post-Betrachtung also als Identitäten zu interpretieren, die immer gelten. Vgl. Wagner (2009), S. 62-65.

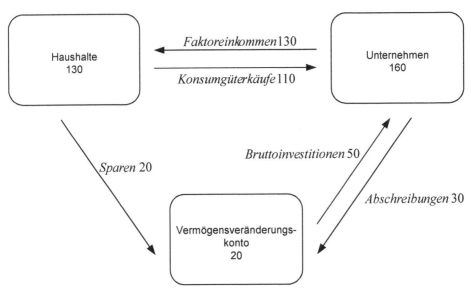

Abbildung 2.1:   Zahlungsströme einer Volkswirtschaft ohne Staat und Ausland

Die Volkswirtschaftlichen Gesamtrechnungen in der Bundesrepublik Deutschland erfolgen heute nach den Maßgaben des **ESVG**, des Europäischen Systems Volkswirtschaftlicher Gesamtrechnungen, das im Jahre 1996 in der Fassung des ESVG 1995 durch eine Verordnung der EU für die Mitgliedstaaten der EU ab dem Jahre 1999 verbindlich gemacht worden ist.[14] Ab September 2014 ist für die Volkswirtschaftlichen Gesamtrechnungen in der Europäischen Union das ESVG 2010 maßgeblich, das auf dem System of National Accounts (SNA) 2008 der Vereinten Nationen basiert und einige konzeptionelle Neuerungen umfasst.[15]

Die inländischen Wirtschaftseinheiten werden im ESVG zu fünf Sektoren zusammengefasst, auf der obersten Aggregationsebene unterscheidet es somit folgende sieben Sektoren:

- Gesamte Volkswirtschaft (S.1)
- Nichtfinanzielle Kapitalgesellschaften (S.11): Hierzu zählen die Kapitalgesellschaften, wie AG und GmbH, sowie die Personengesellschaften, wie OHG und KG, die rechtlich unselbstständigen Eigenbetriebe des Staates und der privaten Organisationen ohne Erwerbszweck, wie Krankenhäuser und Pflegeheime, sowie die Wirtschaftsverbände.
- Finanzielle Kapitalgesellschaften (S.12): Das sind im Wesentlichen die Zentralbank, Kredit- und Finanzinstitute, Versicherungen, Pensionskassen sowie das entsprechende

---

[14] Europäische Gemeinschaft (1996), vgl. hierzu auch Statistisches Bundesamt (2007).
[15] Vereinte Nationen (2008), Europäische Union (2013), vgl. hierzu auch Räth/Braakmann (2014) und Statistisches Bundesamt (2014).

2.1 Die Volkswirtschaftlichen Gesamtrechnungen

Hilfsgewerbe (Effekten- und Warenterminbörsen, Versicherungsmakler, Versicherungsvertreter usw.).

- Staat (S.13): Bund, Länder und Gemeinden sowie die Sozialversicherung.
- Private Haushalte (S.14): Zu den privaten Haushalten zählen Einzelpersonen und Gruppen von Einzelpersonen als Konsumenten und gegebenenfalls auch als Produzenten, wie selbstständige Landwirte, Einzelunternehmer, Händler, Gastwirte, selbstständige Verkehrsunternehmer, selbstständige Versicherungsvertreter, „Freiberufler" usw.
- Private Organisationen ohne Erwerbszweck (S.15): Hierzu gehören beispielsweise Forschungseinrichtungen, Gewerkschaften, Kirchen, politische Parteien, Stiftungen, Vereine und Wohlfahrtsverbände.
- Übrige Welt (S.2): Die Gesamtheit der Wirtschaftseinheiten, die ihren ständigen Sitz (Wohnsitz) außerhalb des Wirtschaftsgebietes haben.

Wie in der Beschreibung der einzelnen Sektoren deutlich wird, ist die Abgrenzung der einzelnen Sektoren nicht unmittelbar anknüpfend an die konzeptionellen Überlegungen, wie sie oben in Abb. 2.1 zum Ausdruck gebracht wurden. So gibt es im ESVG, anders als beispielsweise in den vorher in der Bundesrepublik verwendeten Festlegungen zu den Volkswirtschaftlichen Gesamtrechnungen, keinen geschlossenen Unternehmenssektor, vielmehr sind die Unternehmen auf verschiedene Sektoren aufgeteilt.

Die ökonomischen Aktivitäten der Wirtschaftssubjekte werden nach ihren ökonomischen Funktionen erfasst. Dabei wird unterschieden zwischen Produktion und Einkommensentstehung, Einkommensverteilung, -umverteilung und -verwendung sowie Vermögensbildung. Vom Grundsatz her werden daher alle Transaktionen der Wirtschaftssubjekte auf drei Konten, dem Produktionskonto, dem Einkommenskonto und dem Vermögensänderungskonto, abgebildet. Dabei können diese funktionell abgegrenzten Konten auf unterschiedlich hohem Aggregationsgrad dargestellt werden, vom höchsten Aggregationsgrad auf Ebene der gesamten Volkswirtschaft über die einzelnen Sektoren der Volkswirtschaft bis hin zum einzelnen Wirtschaftssubjekt. In Abb. 2.2 sind das Kontensystem, so wie es vom Statistischen Bundesamt auf der Basis des ESVG für Deutschland geführt wird, und der Saldenzusammenhang aufgrund der Kreislaufbeziehungen zwischen den einzelnen funktionellen Konten dargestellt.

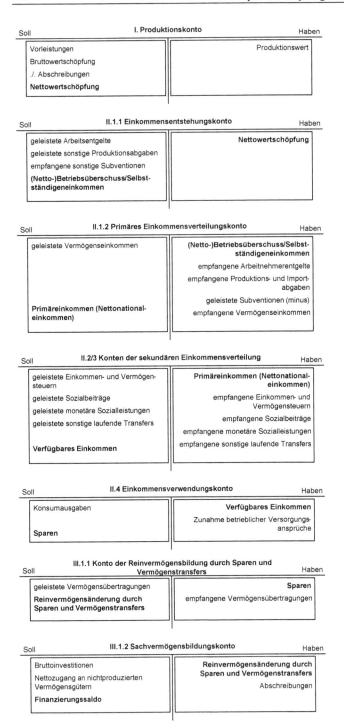

Abbildung 2.2: Sektorkonten nach dem ESVG und Saldenzusammenhang der sektoralen Funktionskonten

Daneben gibt es im Kontensystem des Statistischen Bundesamtes noch weitere Konten für die gesamte Volkswirtschaft, nämlich Konto „0. Güterkonto mit den Aufkommens- und Verwendungsaggregaten des Güterkreislaufs" und das Konto „V. Außenkonto" mit den Unterkonten „VI. Außenkonto der Gütertransaktionen", „V.II Außenkonto der Primäreinkommen und Transfers", „V.III Außenkonten der Vermögensveränderungen" (mit Unterkonten) sowie „V.IV Außenkonto für Vermögen und Verbindlichkeiten" (mit Unterkonten).

Dies ist aber nur die „Oberfläche" der Volkswirtschaftlichen Gesamtrechnungen. Diese Oberfläche ist Ergebnis eines mehrstufigen Aggregationsprozesses, bei dem die einzelnen Daten sowohl sektoral als auch funktional zusammengefasst werden. Auch tiefer gegliederte Daten und niedrigere Aggregationsstufen werden vom Statistischen Bundesamt in seinen Publikationen veröffentlicht. Als Ergebnis auf der höchsten Aggregationsstufe ergibt sich als zentrale Größe das Bruttoinlandsprodukt mit den hieraus abgeleiteten Einkommensgrößen.

Bei der Bewertung der Produktion wird im ESVG in allen Sektoren zwischen Marktproduktion und Nichtmarktproduktion unterschieden, wobei letztere nochmals unterteilt wird in Nichtmarktproduktion für die Eigenverwendung und Sonstige Nichtmarktproduktion. Marktproduktion liegt definitionsgemäß dann vor, wenn die Güter für den Markt produziert werden und die Verkaufserlöse mindestens fünfzig Prozent der Produktionskosten decken. Gilt dies nicht, so liegt Nichtmarktproduktion vor, wie bspw. bei vielen vom Staat bereitgestellten Gütern wie Schulbildung, öffentliche Infrastruktur, Rechtssicherheit u.a. oder wie es für die Eigennutzung von Wohnimmobilien im Sektor Private Haushalte gilt. Aus der Zuordnung zur Marktproduktion oder Nichtmarktproduktion folgt, ob die jeweilige Transaktion zu Herstellungspreisen (Marktproduktion) oder zu Produktionskosten (Nichtmarktproduktion) bewertet wird.

In sektoraler Hinsicht gab es mit dem ESVG 2010 einige konzeptionelle Änderungen bzw. Verfeinerungen. So sind nun die Kriterien zur Abgrenzung des Staatssektors weiter präzisiert worden: der bisherige 50%-Schwellenwert zur Unterscheidung von Markt- und Nichtmarktproduzenten ist durch die Einbeziehung der Zinseinnahmen und -ausgaben verschärft worden, es sind zusätzlich qualitative Kriterien für die Zuordnung von Einheiten zum Staatssektor eingeführt worden und für die Zuordnung von Privaten Organisationen zum Staatssektor ist nur noch die staatliche Kontrolle über diese Einheit maßgebend, nicht mehr gleichzeitig die überwiegende staatliche Finanzierung einer solchen Einheit. Im finanziellen Sektor erfolgte mit dem Übergang zum ESVG 2010 eine neue und differenziertere Untergliederung in jetzt neun (statt vormals fünf) Teilsektoren. Darüber hinaus sind mit dem ESVG 2010 sämtliche auch nichtfinanzielle Holdinggesellschaften als firmeneigene Finanzierungseinrichtungen und Kapitalgeber dem finanziellen Sektor zugeordnet.

Aus der Kreislaufbetrachtung des gesamtwirtschaftlichen Geschehens ergibt sich, dass es mehrere Möglichkeiten gibt, das gesamte Einkommen bzw. die gesamte Produktion in einer Volkswirtschaft in einer bestimmten Periode zu erfassen. Konkret betrachtet kann die Berechnung des Bruttoinlandsprodukts über die Einkommensentstehungsrechnung, die Einkommensverwendungsrechnung und die Einkommensverteilungsrechnung erfolgen; das ESVG unterscheidet dementsprechend zwischen dem **Produktionsansatz**, dem **Ausgabenansatz** und dem **Einkommensansatz**. Die in den folgenden Abschnitten gemachten Angaben für Deutschland sind durchweg in Mrd. € und, falls nicht anders vermerkt, in jeweiligen Preisen angegeben; der Veröffentlichungsstand ist Juli 2015.[16]

Die **Einkommensentstehungsrechnung** setzt an der Produktion der Güter an. Ausgangspunkt der Entstehungsrechnung ist der Produktionswert, der in den verschiedenen Sektoren geschaffen wird und der sich wie folgt ergibt:

	Verkäufe von Waren und Dienstleistungen (aus eigener Produktion sowie von Handelsware), einschließlich der Vermietung von Wohnungen und gewerblichen Anlagen sowie der Eigenkonsum der Unternehmen
+	Wert der Bestandsveränderungen an Halb- und Fertigwaren aus eigener Produktion
+	Wert der selbsterstellten Anlagen
=	Produktionswert (PW)

Vom Produktionswert sind die Vorleistungen abzuziehen. Vorleistungen sind Güter, die in der gleichen Periode, in der sie erzeugt wurden, wieder in die Produktion als Inputfaktor eingehen oder verbraucht werden. Würde man sie nicht herausrechnen, käme es Mehrfachzählungen und das Bruttoinlandsprodukt würde überhöht ausgewiesen werden. Die Größe, die nach Abzug der Vorleistungen vom Produktionswert ermittelt wird, wird als Bruttowertschöpfung bezeichnet. Teil der Vorleistungen jedes einzelnen Wirtschaftssubjekts sind seit der Revision der Volkswirtschaftlichen Gesamtrechnungen im Jahr 2005 die Finanz-Serviceleistungen (indirekte Messung), die FISIM, die zuvor nur pauschal ausgewiesen wurden als unterstellte Bankgebühr und die Differenz zwischen bereinigter und unbereinigter Bruttowertschöpfung ausmachten.

	Produktionswert (PW)	5.307,693
-	Vorleistungen (einschließlich FISIM)	2.696,380
=	Bruttowertschöpfung (FISIM aufgeteilt)	2.611,313

Nach dem ESVG ist die Bruttowertschöpfung (und damit auch der Produktionswert) einer Wirtschaftseinheit zu Herstellungspreisen zu bewerten. Das bedeutet, dass die Bruttowertschöpfung und die Produktionswerte der Wirtschaftssubjekte abzüglich der auf den Gütern lastenden Steuern, den sog. Gütersteuern, aber zuzüglich der empfangenen Gütersubventionen dargestellt werden.

Die Summe der Bruttowertschöpfungen aller Wirtschaftssubjekte ergibt dann das Bruttoinlandsprodukt zu Herstellungspreisen.

	Summe der Bruttowertschöpfung (ΣBWS)	2.611,313
=	Bruttoinlandsprodukt zu Herstellungspreisen (BIP_{HP})	2.611,313

---

[16] Entnommen sind die Grunddaten aus Statisches Bundesamt (2015b) und Dasselbe (2015c).

2.1 Die Volkswirtschaftlichen Gesamtrechnungen

Addiert man nun die absatzpreiserhöhenden Gütersteuern hinzu und subtrahiert die absatzpreismindernden Gütersubventionen, so erhält man das Bruttoinlandsprodukt zu Marktpreisen und damit die Ausprägung des Bruttoinlandsprodukts, die in der Regel gemeint ist, wenn vom Bruttoinlandsprodukt die Rede ist.

	Bruttoinlandsprodukt zu Herstellungspreisen	2.611,313
+	Gütersteuern	299,230
-	Gütersubventionen	6,753
=	Bruttoinlandsprodukt zu Marktpreisen (BIP_{MP})	2.903,790

Somit ergibt sich das Bruttoinlandsprodukt einer Volkswirtschaft als der Wert der in einer Periode in diesem Land für den Endverbrauch hergestellten Güter.

Mit den methodischen und konzeptionellen Änderungen des ESVG 2010 gab es auch hier verschiedene Neuerungen. Die quantitativ bedeutsamste war die geänderte Behandlung von Forschung und Entwicklung. Bisher wurde Forschung und Entwicklung als laufender Aufwand für die Produktion der jeweiligen Periode betrachtet. Mit dem ESVG 2010 werden Forschung und Entwicklung nun als Investition behandelt, was unmittelbar auf die Bruttowertschöpfung durchwirkt. Die Nutzung der FuE-Leistung für den jeweiligen Zeitraum wird jetzt anhand der zeitanteiligen Abschreibung hierauf erfasst. Weitere größere BIP-wirksame Änderungen betrafen das Versicherungsgewerbe. Zum einen gilt nun eine modifizierte Berechnung des Produktionswertes von Versicherungsunternehmen, nach dem von den Prämieneinnahmen nicht mehr wie zuvor die tatsächlich fälligen Leistungen abgezogen werden, sondern die bereinigten fälligen Leistungen, die neben den tatsächlich fälligen Leistungen auch die Veränderung der versicherungstechnischen Rückstellungen berücksichtigen. Dagegen werden nach dem ESVG 2010 nun Katastrophen aus der Produktionswertermittlung herausgenommen werden und als Vermögenstransfer gebucht werden, was aber in den Volkswirtschaftlichen Gesamtrechnungen für Deutschland bislang nur für wenige Jahre Auswirkungen besitzt. Zum andern wurde mit dem ESVG 2010 die bisherige konsolidierte Behandlung von Erst- und Rückversicherungsunternehmen abgelöst durch eine nun getrennte Rechnung für beide Arten von Versicherern. Darüber hinaus entfiel mit dem ESVG 2010 die bis dahin gültige Wertschwelle für geringwertige Wirtschaftsgüter für die Erfassung als Anlagegut. Das jetzt entscheidende Kriterium ist nun, dass das jeweilige Gut mehr als ein Jahr im Produktionsprozess eingesetzt werden kann, ausgenommen davon sind Kleinwerkzeuge, die als Vorleistungen erfasst werden. Von nur geringer quantitativer Bedeutung sind im Zuge der Revision geänderte Vorgaben zur Einbeziehung bestimmter illegaler Aktivitäten (Drogen, Schmuggel und Prostitution) und Änderungen bei den Übergangspositionen Gütersteuern und Gütersubventionen. Harmonisiert wurde zudem die Verbuchung der Umweltprämie an die Automobilindustrie (Pkw-Abwrackprämie) in den Jahren 2009 und 2010 im Zuge Finanz- und Wirtschaftskrise, die in den Mitgliedstaaten nun einheitlich als Gütersubvention erfasst wird und nicht, wie teilweise geschehen, als sonstiger laufender Transfer bei den Ausgaben des Staates.

Einen Überblick über die Bruttowertschöpfung der einzelnen Wirtschaftsbereiche und damit über deren Beitrag zum Bruttoinlandsprodukt als Summe der Bruttowertschöpfung in der Bundesrepublik Deutschland im Jahre 2014 gibt die folgende Tabelle:

	Mrd €	Anteil am Bruttoinlandsprodukt (zu Herstellungskosten)
Land- und Forstwirtschaft, Fischerei	19,624	0,8 %
Produzierendes Gewerbe ohne Baugewerbe	677,071	25,9 %
darunter: Verarbeitendes Gewerbe	(581,265)	(22,3%)
Baugewerbe	124,428	4,8 %
Handel, Verkehr, Gastgewerbe	404,145	15,5 %
Information und Kommunikation	122,220	4,7 %
Erbringung von Finanz- und Versicherungsleistungen	104,823	4,0 %
Grundstück- und Wohnungswesen	290,097	11,1 %
Unternehmensdienstleister	284,101	10,9 %
Öffentliche Dienstleister, Erziehung, Gesundheit	477,179	18,3 %
Sonstige Dienstleister	107,625	4,1 %
Insgesamt	2.611,313	100 %

Tabelle 2.1:   Bruttoinlandsprodukt in Deutschland im Jahre 2014 nach der Entstehungsrechnung

Mit der Entstehungsrechnung wird das Bruttoinlandsprodukt von der Produktionsseite, der Güterangebotsseite, erfasst. Genauso gut kann der Wert der in einer Volkswirtschaft in einer Periode hergestellten Gesamtmenge an Gütern auch über die Verwendung dieser Güter, also die Nachfrageseite, erfasst werden. Die Güter, die produziert wurden, werden zu Konsumzwecken oder zu Investitionszwecken eingesetzt. Dabei können Private (Haushalte und Unternehmen) oder auch staatliche Institutionen diese Güter verwenden, darüber hinaus wird ein Teil der in einem Land hergestellten Güter vom Ausland nachgefragt, umgekehrt wird ein Teil der im Inland verwendeten Güter aus dem Ausland importiert. Demgemäß unterscheidet das ESVG im Ausgabenansatz der **Verwendungsrechnung** drei Kategorien:

2.1 Die Volkswirtschaftlichen Gesamtrechnungen

	Konsumausgaben	2.166,645
+	Bruttoinvestitionen	550,628
+	Außenbeitrag (Export – Import)	186,517
=	Bruttoinlandsprodukt zu Marktpreisen	2.903,790

Kurz[17]: $Y = C + I^{brutto} + G + (Ex - Im)$

Dabei wird die Summe aus Konsumausgaben und Bruttoinvestitionen auch als **(Letzte) Inländische Verwendung** bezeichnet, addiert man hierzu noch die Exporte hinzu, erhält man die sog. **Letzte Verwendung**.

Bei den einzelnen Verwendungskategorien werden weitere Teilkategorien unterschieden. Der Konsum wird gegliedert in:

Private Konsumausgaben: Hierbei handelt es sich um die Käufe von Waren und Dienstleistungen der inländischen privaten Haushalte einschließlich der Einzelunternehmer (wie Gastwirte, Freiberufler, Landwirte). Zu den privaten Konsumausgaben zählen auch die Käufe von langlebigen Gütern wie Autos oder Möbeln, auch wenn deren Verwendung über die eine betrachtete Periode hinausgeht, ebenso wie der Eigenverbrauch der Unternehmer. Nicht dazu zählen der Erwerb von Grundstücken und Gebäuden sowie der Neubau von Häusern und Wohnungen, jedoch wird die Wohnungsnutzung durch den Eigentümer als fiktive Mietausgabe behandelt.

Konsumausgaben der privaten Organisationen ohne Erwerbszweck: Dies ist der Eigenverbrauch dieser Organisationen, wie Kirchen, Gewerkschaften, Wohlfahrtsverbände und politische Parteien. Diese Ausgaben sind von ihrer Größenordnung so gering, dass sie in manchen Darstellungen den privaten Konsumausgaben zugeschlagen werden.

Konsumausgaben des Staates: Die Konsumausgaben des Staates umfassen den Wert der Güter, die vom Staat erstellt werden (abzüglich selbst erstellter Anlagen und Verkäufe) sowie Ausgaben für Güter, die als soziale Sachtransfers den privaten Haushalten für deren Konsum zur Verfügung gestellt werden. Diese Ausgaben werden auch als Staatsverbrauch bezeichnet. Da für diese Güter kein Marktpreis existiert, werden zur Erfassung des Wertes dieser Güter die sog. Erstellungskosten angesetzt, also die Kosten aller Inputfaktoren, die der Staat zur Erstellung dieser Güter einsetzt. Güter, die vom Staat produziert und an Private verkauft werden, werden in den entsprechenden Nachfragekomponenten verbucht. Ergänzend wird im sogenannten Verbrauchskonzept hierbei noch unterschieden zwischen dem Individualkonsum des Staates und seinem Kollektivkonsum.

---

[17] Y steht für das Bruttoinlandsprodukt zu Marktpreisen, C für die Konsumausgaben der privaten Haushalte und der privaten Organisationen ohne Erwerbszweck, I^{brutto} für die Bruttoinvestitionen, G für die Ausgaben des Staates (government) und Ex naheliegenderweise für die Exporte und Im für die Importe.

Bei den Bruttoanlageinvestitionen wird zwischen Anlageinvestitionen in Sachanlagen, Anlageinvestitionen in geistiges Eigentum, die Werterhöhung nichtproduzierter Vermögensgüter, den Nettozugang an Wertsachen sowie die Vorratsveränderungen unterschieden. Dabei werden die Anlageinvestitionen in Sachvermögen noch gegliedert in Ausgaben für Ausrüstungen und militärische Waffensysteme, für Bauten sowie für Nutztiere und Nutzpflanzungen; die in geistiges Eigentum werden untergliedert in die für Forschung und Entwicklung, für Suchbohrungen, für Software und Datenbanken sowie für Urheberrechte.

Ausrüstungsinvestitionen und militärische Waffensysteme: Ausrüstungsinvestitionen sind eine Komponente der materiellen Anlagen, hierzu zählen alle Ausgaben für Ausrüstungsgüter wie Maschinen, Fahrzeuge und Ähnliches. Die Ausgaben für militärische Waffensysteme werden aus Geheimhaltungsgründen nur aggregiert mit denen für Ausrüstungsinvestitionen ausgewiesen.

Bauinvestitionen: Hier werden der Erwerb von Grundstücken und Gebäuden sowie die Ausgaben für den Neubau von Häusern und Wohnungen erfasst. Dabei wird weiter unterschieden in Ausgaben für Wohnbauten und Nichtwohnbauten, letztere nochmals unterteilt in Hoch- und Tiefbau.

Nutztiere und Nutzpflanzungen: Diese bilden aufgrund ihrer Spezifika eine eigene Kategorie.

Forschung und Entwicklung: Die Behandlung der Ausgaben für FuE ist die quantitativ bedeutsamste methodische Änderung, die mit dem Übergang zum ESVG 2010 vorgenommen wurde. Wie oben beschrieben, werden sie nun als Bestandteil der Investitionen ausgewiesen. In diesem Zuge wurde die bisherige Kategorie „Sonstige Anlagen" geändert in die Kategorie „Geistiges Eigentum", in der die Ausgaben für FuE, aber auch die Ausgaben für

Suchbohrungen,

Software und Datenbanken sowie

Urheberrechte gesondert ausgewiesen sind, die bislang nur aggregiert als „Sonstige Anlagen" dargestellt wurden.

Nettozugang an Wertsachen und **Vorratsveränderungen**: In einer Periode hergestellte, aber nicht verkaufte Güter sind in der Berechnung des Bruttoinlandsprodukts zu berücksichtigen. Um rein preisbedingte Veränderungen auszuklammern, werden die Vorratsbestände mit ihren jahresdurchschnittlichen Preisen bewertet.

Außenbeitrag: Der Außenbeitrag ergibt sich als Saldo von Export und Import, von den Ausgaben des Auslands für im Inland hergestellte Waren und Dienstleistungen werden also die Ausgaben für im Ausland produzierte und an das Inland gelieferte Waren und Dienstleistungen abgezogen. Der Außenbeitrag entspricht dem Saldo der Handels- und Dienstleistungsbilanz[18].

---

[18] Vgl. hierzu das folgende Unterkapitel 2.2 zur Zahlungsbilanz.

Auch bei dem Ausweis der Verwendung des Bruttoinlandsprodukts erfolgten mit dem Übergang zum ESVG 2010 verschiedene Veränderungen. Die nun gültige Behandlung von Forschung und Entwicklung als Investition hat unmittelbare Auswirkungen auf die Bruttoinvestitionen, die nun nicht nur um diese Ausgaben erweitert, sondern wie beschrieben auch in einer geänderten Untergliederung dargestellt werden. Gleichzeitig betrifft die Kapitalisierung von FuE auch den Staatskonsum, weil dort nun einerseits die selbsterstellte Forschung und Entwicklung, andererseits aber auch die staatlichen Abschreibungen auf FuE anfallen. Zudem sind die Konsumausgaben des Staates auch von der ebenfalls bereits beschriebenen Modifikation der Staatsabgrenzung berührt. Die geänderte Abgrenzung geringwertiger Wirtschaftsgüter ist für die Höhe der Investitionsausgaben ebenfalls von Bedeutung und schlägt sich bei den Ausrüstungen nieder. Innerhalb der Investitionen erfuhren die Grundstücksübertragungskosten für unbebaute Grundstücke eine Umgruppierung: sie werden nun nicht mehr als Werterhöhung bei den nichtproduzierten Vermögensgütern als Teil der Investitionen in sonstige Anlagen verbucht, sondern bilden jetzt ein Element der Bauinvestitionen.

Neben den bereits erwähnten methodischen Änderungen mit dem Übergang zum ESVG 2010 gibt es aber weitere Neuerungen, die gravierende Auswirkungen bei der Verwendung des Bruttoinlandsprodukts nach sich zogen. So wurde mit dem ESVG 2010 die bisherige Unterscheidung von militärischen Waffensystemen einerseits, die als Vorleistungen des Staates behandelt wurden, sowie zivilnutzbaren Anlagen andererseits (wie Flugplätze, Hafenanlagen, Straßen oder Lazarette), die als Investition zu buchen war, aufgehoben. Bisher wurden militärische Waffensysteme in der Verwendungsrechnung als Staatskonsum behandelt, nun werden sie als Investitionsgüter des Staatssektors bzw. des Wirtschaftsbereichs „Öffentliche Verwaltung" gebucht und den Ausrüstungsinvestitionen zugerechnet, wobei aus Geheimhaltungsgründen ein separater Ausweis nicht erfolgt. Ebenso gab es wichtige bedeutende konzeptionelle Änderungen in der Erfassung und Darstellung des Außenhandels, die sich v.a. durch die konsequente Umsetzung des Prinzips des Eigentumsübergangs beim Waren- und Dienstleistungshandel ergeben. So wurden im Transithandel bislang nur die Erträge hieraus als Dienstleistungserträge erfasst und der Wert der Handelsware blieb unberücksichtigt. Im ESVG 2010 dagegen werden die Käufe von Waren im Transithandel als negative Warenexporte gebucht und die Verkäufe dieser Waren als positive Warenexporte. Damit wird zwar nicht das Niveau der gesamten Exporte und des Außenbeitrags verändert, jedoch ändert sich die Zusammensetzung der Exporte nach Waren und Dienstleistungen. Bei der grenzüberschreitenden Lohnveredelung werden die Güterströme nicht mehr den Warenimporten und Warenexporten zugerechnet, vielmehr wird nun das Entgelt für die Fertigungsdienstleistung als Dienstleistungsexport bzw. -import gebucht. Darüber hinaus gab es Anpassungen bei der Buchungspraxis beim grenzüberschreitenden Handel mit Strom und Gas an international übliche Methoden sowie quantitativ weniger bedeutsame Änderungen bei grenzüberschreitenden Versicherungsdienstleistungen und grenzüberschreitenden Bauleistungen sowie in der Abbildung von grenzüberschreitendem Schmuggel und Drogenhandel und des grenzüberschreitenden Onlinehandels.

Nach der Einkommensverwendungsrechnung bzw. dem Ausgabenansatz ergibt sich für das Bruttoinlandsprodukt Deutschlands folgendes Bild:

	Mrd €	Anteil am BIP_{MP}
Konsumausgaben	2.166,645	74,6 %
der privaten Haushalte	1.558,918	(53,7 %)
der privaten Organisationen ohne Erwerbszweck	45,420	(1,6 %)
Individualkonsum des Staates	363,809	(12,5 %)
Kollektivkonsum des Staates	198,498	(6,8 %)
Bruttoinvestitionen	550,628	19,0 %
Ausrüstungsinvestitionen (einschl. militärischer Waffensysteme)	185,559	(6,4 %)
Bauinvestitionen	293,623	(10,1 %)
Sonstige Anlagen (Geistiges Eigentum sowie Nutztiere und Nutzpflanzungen)[19]	102,071	(3,5 %)
Vorratsveränderung und Nettozugang an Wertsachen	-30,625	
Außenbeitrag	186,517	6,4 %
Exporte	1.325,025	(45,6 %)
Importe	1.138,508	(39,2 %)
Bruttoinlandsprodukt	2.903,790	100 %

Tabelle 2.2: Bruttoinlandsprodukt in Deutschland im Jahre 2014 nach der Verwendungsrechnung

---

[19] Der nach neuem Rechenstand gegliederte Ausweis der Bruttoanlageinvestitionen liegt derzeit (Juli 2015) nur bis zum Jahr 2013 vor. Um einen Eindruck der Größenordnungen zu geben, seien daher ergänzend diese Werte hier nachrichtlich angegeben: Ausrüstungsinvestitionen (einschl. militärischer Waffensysteme) 177,851 Mrd. €, Nutztiere und Nutzpflanzungen 0,319 Mrd. €, Geistiges Eigentum: Forschung und Entwicklung 70,652 Mrd. €, Geistiges Eigentum: Software und Datenbanken 22,839 Mrd. €.

2.1 Die Volkswirtschaftlichen Gesamtrechnungen

Mit der Produktion der Güter entsteht, wie aus der Kreislaufbetrachtung ersichtlich, bei den hierbei eingesetzten Produktionsfaktoren Einkommen. Ebenso ergibt sich aus den Kreislaufüberlegungen, dass den Ausgaben für die produzierten Güter auch ein entsprechend hohes **Einkommen** gegenüberstehen muss. Insofern ergibt sich zwingend, dass man das Bruttoinlandsprodukt einer Volkswirtschaft auch anhand der Faktoreinkommen bestimmen kann. Die im Produktionsprozess entstandenen Faktoreinkommen fließen als Arbeitnehmerentgelte sowie als Einkommen aus Unternehmertätigkeit und Vermögen den Haushalten als Eigentümer der Produktionsfaktoren zu. Dabei gehören zu den Arbeitnehmerentgelten auch die Arbeitgeberbeiträge zu den Sozialversicherungen, und zu den Unternehmens- und Vermögenseinkommen zählen nicht nur die eigentlichen Unternehmensgewinne als Betriebsüberschüsse der Kapitalgesellschaften, sondern auch die an private Haushalte und private Organisationen ohne Erwerbszweck gezahlten Zinsen, die im Ausland reinvestierten Gewinne der Kapitalgesellschaften sowie die Unternehmens- und Vermögenseinkommen des Staates. Die Summe aller Faktoreinkommen wird üblicherweise als Volkseinkommen bezeichnet, in der Nomenklatur des ESVG ist es das Nettonationaleinkommen zu Faktorkosten.[20]

	Arbeitnehmerentgelt (Inländer) (AN)	1.481,968
+	Unternehmens- und Vermögenseinkommen (UV)	699,475
=	Volkseinkommen (VE), Nettonationaleinkommen zu Faktorkosten (NNE_{FK})	2.181,443

Das Volkseinkommen als Summe der von den Inländern empfangenen Einkommen aus Produktionstätigkeit stellt somit eine Größe dar, die auf Faktorkosten abstellt. Um zum Bruttoinlandsprodukt als einer Größe zu Marktpreisen zu gelangen, sind zum Volkseinkommen die vom Staat empfangenen Produktions- und Importabgaben hinzuzuaddieren und die vom Staat geleisteten Subventionen zu subtrahieren. Die Größe, die man dann erhält, ist das Nettonationaleinkommen zu Marktpreisen, das auch als Primäreinkommen bezeichnet wird.

	Volkseinkommen (VE bzw. NNE_{FK})	2.181,443
+	Produktions- und Importabgaben (T^{ind})	313,808
-	Subventionen (Z)	26,387
=	Nettonationaleinkommen zu Marktpreisen (NNE_{MP}), Primäreinkommen (PE)	2.468,864

Zum Primäreinkommen sind die Abschreibungen hinzuzuaddieren, man erhält dadurch das Bruttonationaleinkommen. Ein Teil der Produktion der Güter in einem Jahr wird dazu verwendet, die durch den Einsatz im Produktionsprozess abgenutzten und verschlissenen Anlagegüter zu ersetzen. Abschreibungen sind der Gegenwert dieser Abnutzung, und zu den im Produktionsprozess entstandenen Faktoreinkommen ist dieser Gegenwert hinzuzuaddieren,

---

[20] Für die Verteilung des Bruttoinlandsprodukts bzw. des Bruttonationaleinkommens brachte der Übergang auf das ESVG 2010 keine nennenswerten methodischen oder konzeptionellen Änderungen mit sich. Gleichwohl gab es infolge verbesserter und aktualisierter Ausgangsstatistiken im Rahmen der Generalrevision der Volkswirtschaftlichen Gesamtrechnungen 2014 gewisse Anpassungen z.B. bei den Erwerbstätigenzahlen und den geleisteten Arbeitsstunden.

da diese Güter zwar produziert wurden, aber dieser Teil der Produktion nicht als Einkommen zur Verfügung stand:

	Primäreinkommen (PE bzw. NNE_{MP})	2.468,864
+	Abschreibungen (D)	512,964
=	Bruttonationaleinkommen (BNE_{MP})	2.981,828

Das Bruttonationaleinkommen umfasst alle Faktoreinkommen, die Inländern (definiert über das Wohnsitzprinzip) zufließen, also auch solche Einkommen, die von Inländern im Ausland, bspw. in Form von Dividendenzahlungen ausländischer Unternehmen oder dergestalt, dass Personen mit Wohnsitz im Inland in Unternehmen im Ausland beschäftigt sind und daraus ein Arbeitsentgelt beziehen, erzielt wurden. Um das Bruttoinlandsprodukt als Wert der im Inland hergestellten Güter zu bestimmen, ist es also notwendig, vom Bruttonationaleinkommen die Faktoreinkommen abzuziehen, die zwar Inländern zugeflossen sind, aber im Ausland entstanden sind. Entsprechend sind die Faktoreinkommen, die Ausländern (nach Wohnsitz) zufließen, aber durch Produktion im Inland entstanden sind, hinzuzuzählen. Die Differenz zwischen den vom Ausland empfangenen und den an das Ausland geleisteten Faktoreinkommen wird als Saldo der Primäreinkommen zwischen Inländern und der übrigen Welt (Primäreinkommenssaldo) bezeichnet und ist vom Bruttonationaleinkommen zu subtrahieren, so dass man über die Verteilungsseite das Bruttoinlandsprodukt bestimmen kann:

	Bruttonationaleinkommen (BNE_{MP})	2.981,828
+	Primäreinkommen an die übrige Welt	129,064
-	Primäreinkommen aus der übrigen Welt	207,102
=	Bruttoinlandsprodukt (BIP_{MP})	2.903,790

Kurz: $Y = BNE - PES$

2.1 Die Volkswirtschaftlichen Gesamtrechnungen

Das Bruttoinlandsprodukt Deutschlands nach der Verteilungsrechnung (Einkommensansatz) setzt sich somit aus folgenden Aggregaten zusammen:

		Mrd €	Anteil am Volkseinkommen
	Arbeitnehmerentgelt (Inländer) (AN)	1.481,968	67,9 %
+	Unternehmens- und Vermögenseinkommen (UV)	699,475	32,1 %
+	Produktions- und Importabgaben an den Staat (T^{ind})	313,808	
-	Subventionen an den Staat (Z)	26,387	
+	Abschreibungen (D)	512,964	
-	Saldo der Primäreinkommen mit der übrigen Welt (PES)	78,038	
=	Bruttoinlandsprodukt (BIP)	2903,790	

Tabelle 2.3: Bruttoinlandsprodukt in Deutschland im Jahre 2014 nach der Verteilungsrechnung

Das Bruttoinlandsprodukt wird für Deutschland jeweils quartalsweise erhoben. Dabei wird, wie oben beschrieben, diese Größe als Maß der ökonomischen Aktivitäten in Deutschland auf der Basis von Marktpreisen ermittelt. Für viele Zwecke interessiert aber nicht nur die absolute Höhe des Bruttoinlandsprodukts, sondern ebenso seine Veränderung. Eine Wertgröße wie das Bruttoinlandsprodukt kann sich nun aber ändern, weil entweder die dahinterstehende Menge sich geändert hat oder die Preise hierfür sich geändert haben oder sowohl Preis- als auch Mengenänderungen stattgefunden haben. Wichtig ist es daher, zwischen Preis- und Mengeneffekten zu unterscheiden. Das Bruttoinlandsprodukt wird daher sowohl in nominaler Rechnung (**zu laufenden Preisen**) als auch in realer Rechnung ausgewiesen. Das **reale Bruttoinlandsprodukt** wird berechnet, indem man ein Jahr als Basisjahr wählt und die Güterpreise dieses Jahres als gültig auch in den anderen betrachteten Jahren unterstellt. Verwendete das Statistische Bundesamt noch bis vor wenigen Jahren hierfür den Laspeyres-(Mengen-)Index, bei dem die Preise eines Basisjahres, z.B. des Jahres 2000, zur Bewertung auch für die ökonomischen Transaktionen späterer Jahre, bspw. für das Berichtsjahr 2005, verwendet werden, so verwendet es seit dem Jahr 2005 zur Preisbereinigung das Verkettungsverfahren, bei dem die Preisbasis jährlich wechselt. Zur Bewertung der Gütermengen des Berichtsjahres werden die Preise des jeweiligen Vorjahres verwendet, d.h. die preisbereinigten Ergebnisse werden in Preisen des jeweiligen Vorjahres ausgedrückt. Damit wird zwar ein gravierender Nachteil des Laspeyres-Verfahrens vermieden, nämlich die zunehmend mangelnde Aussagefähigkeit der preisbereinigten Ergebnisse sowohl in absoluter als auch in relativer Hinsicht mit zunehmendem Abstand vom Basisjahr, erkauft wird dies jedoch durch eine fehlende Vergleichbarkeit der preisbereinigten Ergebnisse der einzelnen Jahre. Zwar kann man dies weitgehend heilen, indem man neben der Bestimmung der Realwerte mittels der Vorjahrespreise darüber hinaus zunächst Volumenindizes berechnet und auf deren Basis dann sog. Kettenindizes berechnet. Mit diesen Kettenindizes kann man dann die Veränderungsraten der jeweiligen Größe im Zeitablauf ausdrücken. Es entstehen aber dadurch neue Probleme dergestalt, dass nun nicht nur eine Preisbezugsbasis verwendet wird, sondern auch Mengen in die Bezugsbasis eingehen mit der Konsequenz der Nichtadditivität der so preisbereinigten Größen. Konkret heißt dies, dass die auf diese Art und Weise preisbereinigten Komponenten des Bruttoinlandsprodukts in der Summe nicht mehr dem auf gleiche Art und Weise als Aggregat preisbereinigtem Bruttoinlandsprodukt entsprechen. Daher weist das Statistische Bundesamt in seinen allgemein zugänglichen Veröffentlichungen seit dem Jahr 2005 auch keine Ergebnisse der Volkswirtschaftlichen Gesamtrechnungen in konstanten Preisen aus, sondern neben den Ergebnissen in jeweiligen Preisen (also nominale Größen, in Preisen des Berichtsjahres) nur noch die Kettenindizes.

In der Tab. 2.4 sind die Werte für das nominale und das reale Bruttoinlandsprodukt für die Jahre 2000 bis 2014 gegenübergestellt:

Jahr	*Bruttoinlandsprodukt, in jeweiligen Preisen*		*Bruttoinlandsprodukt, preisbereinigt*	
	Mrd €	Veränderung in % ggü. Vj.	Kettenindex 2010 = 100	Veränderung in % ggü. Vj.
2000	2.113,500	2,5	91,43	3,0
2001	2.176,810	3,0	92,98	1,7
2002	2.206,280	1,4	92,99	0,0
2003	2.217,050	0,5	92,32	-0,7
2004	2.267,580	2,3	93,41	1,2
2005	2.297,820	1,3	94,07	0,7
2006	2.390,200	4,0	97,56	3,7
2007	2.510,110	5,0	100,75	3,3
2008	2.558,020	1,9	101,81	1,1
2009	2.456,660	-4,0	96,07	-5,6
2010	2.576,220	4,9	100,00	4,1
2011	2.699,100	4,8	103,59	3,6
2012	2.749,900	1,9	103,98	0,4
2013	2.809,480	2,2	104,09	0,1
2014	2.903,790	3,4	105,76	1,6

Tabelle 2.4: Bruttoinlandsprodukt in laufenden und in konstanten Preisen für Deutschland in den Jahren 2000 bis 2014. Quelle: Statistisches Bundesamt (2015b).

2.1 Die Volkswirtschaftlichen Gesamtrechnungen

Neben der Bereinigung um die Effekte von Preisänderungen ist es sinnvoll, die ursprünglichen Daten des Bruttoinlandsprodukts um sogenannte **Saison- und Kalendereffekte** zu bereinigen. So liegt es auf der Hand, dass die Höhe des für ein bestimmtes Quartal ausgewiesenen Bruttoinlandsprodukts auch beeinflusst wird durch Saisoneinflüsse wie auch von der Zahl an Arbeitstagen. Die Produktion im Baugewerbe wird im ersten Quartal eines Jahres aufgrund der winterlichen Witterungsbedingungen typischerweise deutlich niedriger sein als in den Frühlings- und Sommermonaten, und auch im Tourismus- und Gaststättengewerbe schwankt die Höhe der erbrachten Dienstleistungen im Jahresverlauf in einem typischen Muster. Ebenso beeinflussen Kalendereffekte wie die konkrete Lage von Feiertagen die Höhe des Bruttoinlandsprodukts. Liegt Ostern bspw. im März eines Jahres, so wird für das betreffende Jahr die gesamtwirtschaftliche Produktion im ersten Quartal deutlich niedriger sein, als wenn Ostern Mitte April gelegen hätte; aber auch über das Gesamtjahr sind Kalendereffekte auszumachen in Abhängigkeit davon, ob Feiertage wie z.B. der Nationalfeiertag am 3. Oktober oder auch die Weihnachtsfeiertage auf einen Werktag oder auf das Wochenende fallen. Mithilfe der Saison- und Kalenderbereinigung gelingt es, aus stark schwankenden Quartalsdaten für das (reale) Bruttoinlandsprodukt die saisonal und Kalender bedingten Schwankungen herauszurechnen und so ein klareres Bild für die Entwicklung der ökonomischen Aktivitäten im Zeitablauf zu erhalten.

In der folgenden Abbildung sind für die Jahre ab 1991 die unbereinigte und die saison- sowie kalenderbereinigte Zeitreihe für das reale Bruttoinlandsprodukt in Deutschland gegenübergestellt:

Abbildung 2.3:   *Ursprungsdaten und saison- und kalenderbereinigte Quartalsdaten für das Bruttoinlandsprodukt Deutschlands in konstanten Preisen. Quelle: Statistisches Bundesamt (2015c)*

2.2 Die Zahlungsbilanz

In der Zahlungsbilanz werden die außenwirtschaftlichen Güter- und Kapitalströme einer Volkswirtschaft in einem Zeitraum erfasst. Sie wird monatlich erstellt und veröffentlicht, in der Bundesrepublik ist hierfür die Deutsche Bundesbank verantwortlich. Im Jahr 2014 erfolgte die jüngste relativ umfangreiche Überarbeitung der Methodik und Systematik der Zahlungsbilanz, die zwar die grundlegende Struktur der Zahlungsbilanz beibehielt, sie aber durch neue Zuordnungen zu den Teilbilanzen, detailliertere Untergliederungen und die Berücksichtigung bisher nicht erfasster Transaktionen weiter entwickelte. Dabei folgt die Systematik der Zahlungsbilanz Deutschlands der sechsten Auflage des Handbuchs zur Zahlungsbilanz und zum Auslandsvermögen des Internationalen Währungsfonds (IWF)[21] und einer Verordnung der Europäischen Kommission (EU-Kommission)[22]. Damit wurde eine nun vollständige Angleichung zwischen den Konzepten der Volkswirtschaftlichen Gesamtrechnungen und denen der Zahlungsbilanz vollzogen und die in den Volkswirtschaftlichen Gesamtrechnungen üblichen Gliederungen und Bezeichnungen der Sektoren sowie der finanziellen Forderungen und Verbindlichkeiten wurden größtenteils übernommen.[23]

Die Zahlungsbilanz besteht aus den drei Teilbilanzen Leistungsbilanz, Vermögensänderungsbilanz und Kapitalbilanz, die wiederum weiter untergliedert sind. In der **Leistungsbilanz** werden der Export und Import von Waren und Dienstleistungen, die Primäreinkommen sowie die Sekundäreinkommen ausgewiesen. Die erste Teilbilanz ist die **Handelsbilanz**. In ihr werden die Ausfuhr und die Einfuhr von Waren erfasst, und zwar nach dem Prinzip des Eigentumsübergangs zwischen einem Inländer und einem Gebietsfremden.[24] Für Deutschland weist die Handelsbilanz in der Regel einen deutlichen Überschuss auf.

Die zweite Teilbilanz ist die **Dienstleistungsbilanz**, in der die grenzüberschreitenden Transaktionen in Form von Fertigungsdienstleistungen, Transportdienstleistungen, Reiseverkehr, Versicherungs- und Altersvorsorgeleistungen, Finanzdienstleistungen sowie die Gebühren für die Nutzung von geistigem Eigentum wie Lizenzgebühren für die Nutzung von Forschungsergebnissen oder von gewerblichen Schutzrechten erfasst sind. Traditionellerweise sind für Deutschland hier die Ausgaben im Reiseverkehr die größte Position, fast annähernd so groß sind die Ausgaben und die Einnahmen bei Transportdienstleistungen. Insgesamt betrachtet weist die Dienstleistungsbilanz Deutschlands aufgrund der hohen Ausgaben für Reisen ins

---

[21] International Monetary Fund (2009).
[22] Europäische Union (2012).
[23] Vgl. Deutsche Bundesbank (2014a).
[24] Die Bezugnahme auf das Prinzip des Eigentumsübergangs ist eine von mehreren zum Juli 2014 vorgenommenen Änderungen in der Methodik in der Systematik der Zahlungsbilanz. Damit ist der Transithandel nun eine spezielle Form des Warenhandels, zuvor war er als Dienstleistung verbucht worden. Für den Saldo der Leistungsbilanz hat dies keine Konsequenzen, sehr wohl aber für die geografische Aufgliederung der Exporte und Importe. Eine weitere Konsequenz der Anwendung des Prinzips des Eigentumsübergangs ist eine Vergrößerung der konzeptionellen Unterschiede zwischen der Zahlungsbilanz und der Außenhandelsstatistik. Abgebildet werden diese konzeptionellen Unterschiede in der Position „Ergänzungen zum Außenhandel".

2.2 Die Zahlungsbilanz

Ausland regelmäßig ein Defizit auf. Zusammen mit dem Handelsbilanzsaldo bildet der Dienstleistungsbilanzsaldo den **Außenbeitrag**.

Die dritte Teilbilanz der Leistungsbilanz ist die **Bilanz der Primäreinkommen**[25]. In ihr werden vornehmlich die grenzüberschreitenden Arbeitnehmerentgelte und Vermögenseinkommen erfasst, nun aber auch die Produktions- und Importabgaben an die EU sowie die Subventionen von der EU und die Pachteinkommen. Mit der neuen Systematik werden zudem, wie in den Volkswirtschaftlichen Gesamtrechnungen, unterstellte Bankdienstleistungen (die bereits ober erwähnten FISIM) ermittelt, um die die Zinseinkommen zwischen Inländern und Gebietsfremden bereinigt werden und die nun unter den Finanzdienstleistungen in der Dienstleistungsbilanz erfasst und ausgewiesen werden. Die Vermögenseinkommen wiederum werden nun in einer feineren Systematik und entsprechend der Gliederung des Kapitalverkehrs ausgewiesen, d.h. zunächst in den Funktionalkategorien Direktinvestitionen, Wertpapieranlagen, übrige Vermögenseinkommen und Währungsreserven, und dann innerhalb dieser Kategorien weiter auf die jeweiligen Finanzierungsinstrumente aufgeschlüsselt.

Die vierte und letzte Teilbilanz der Leistungsbilanz ist die **Bilanz der Sekundäreinkommen**, die die laufenden Übertragungen, also unentgeltliche Leistungen zwischen Inländern und Gebietsfremden, erfasst[26]. Dabei wird unterschieden zwischen den grenzüberschreitenden Einnahmen und Ausgaben des Staates, vornehmlich sind das laufende Übertragungen im Rahmen von internationaler Zusammenarbeit, laufende Steuern auf Einkommen, Vermögen u.a. sowie Sozialleistungen, und den grenzüberschreitenden Einnahmen und Ausgaben aller Sektoren ohne Staat wie laufende Übertragungen zwischen inländischen und ausländischen Haushalten, bspw. Heimatüberweisungen, oder Sozialbeiträge.

Diese vier Bilanzen machen zusammen die **Leistungsbilanz** aus. Der zusammengefasste Saldo wird als Leistungsbilanzsaldo bezeichnet; ist dieser Saldo positiv, spricht man auch von einem Leistungsbilanzüberschuss, ist er negativ, von einem Leistungsbilanzdefizit.

In der **Vermögensänderungsbilanz**[27] werden die nicht direkt in das Einkommen oder den Verbrauch eingehenden unregelmäßigen oder einmaligen unentgeltlichen Leistungen erfasst. Dabei wird zwischen den Einnahmen und Ausgaben bei nicht produzierten Sachvermögen und den Einnahmen und Ausgaben aus Vermögensübertragungen unterschieden, wobei bei letzteren ebenfalls ein getrennter Ausweis von Transfers des Staates und Transfers aller Sek-

---

[25] Die vorherige Bezeichnung in der bis 2014 gültigen Abgrenzung lautete Bilanz der Erwerbs- und Vermögenseinkommen.

[26] Die vorherige Bezeichnung in der bis 2014 gültigen Abgrenzung lautete Bilanz der laufenden Übertragungen. Mit der Umstellung auf die neue Systematik enthalten die privaten Einnahmen und Ausgaben nun die Nettoprämien (ohne Versicherungsdienstleistungen) und Schadensauszahlungen der Versicherungen (ohne Lebensversicherungen), damit trat eine deutliche Bilanzverlängerung gegenüber der bisherigen Abgrenzung der laufenden Übertragungen ein.

[27] Die vorherige Bezeichnung in der bis 2014 gültigen Abgrenzung lautete Bilanz der Vermögensübertragungen. Ein systematisch bedingter Unterschied besteht bspw. in der Behandlung des Erwerbs oder der Veräußerung geistiger Eigentumsrechte, die, sofern sie produziertes Sachvermögen wie Patente oder Urheberrechte sind, wie dargestellt in der Dienstleistungsbilanz erfasst werden, sofern sie jedoch nichtproduziertes Sachvermögen wie Markenrechte oder Emissionszertifikate sind, nun in der Vermögensänderungsbilanz verbucht werden.

toren ohne Staat erfolgt. Zu den Vermögensübertragungen zählen z.B. Erbschaften und Schenkungen aus dem oder an das Ausland sowie internationale Schuldenerlasse.

Die dritte Bilanz der Zahlungsbilanz ist die **Kapitalbilanz**. Die im Jahre 2014 erfolgten methodischen Änderungen brachten für die Kapitalbilanz eine neue Vorzeichenkonvention, wodurch eine vollständige Übereinstimmung der Vorzeichenkonvention in der Zahlungsbilanz mit der der Volkswirtschaftlichen Gesamtrechnungen erzielt wurde. Bis 2013 einschließlich war die Richtung des unterstellten Zahlungsstroms einer Transaktion entscheidend, wobei Kapitalexporte mit einem Minus und Kapitalimporte mit einem Plus verbucht wurden. Nach der nun geltenden Systematik ist dagegen die Veränderung der zugrunde liegenden Bestände ausschlaggebend, so dass eine Zunahme bei den Forderungen und Verbindlichkeiten nun ein Plus und Abnahmen ein Minus erhalten. Der Saldo der Kapitalexport ändert daher mit dem neuen Konzept ebenfalls sein Vorzeichen: Anders als bislang zeigt ein positives Vorzeichen des Kapitalbilanzsaldos einen Netto-Kapitalexport ins Ausland an, weil damit eine Zunahme des Netto-Auslandsvermögens einhergeht, und ein negatives Vorzeichen des Kapitalbilanzsaldos signalisiert nun einen Netto-Kapitalimport aus dem Ausland, weil damit eine Abnahme des Netto-Auslandsvermögens verbunden ist.

Die erste Teilbilanz der Kapitalbilanz ist die Bilanz der **Direktinvestitionen**. Sie gibt an, in welchem Umfang sich Inländer an ausländischen Unternehmen beteiligt haben, und umgekehrt. Dabei gelten als Direktinvestitionen Finanzbeziehungen zu in- und ausländischen Unternehmen, sofern dem Kapitalgeber 10 % oder mehr der Anteile oder Stimmrechte unmittelbar bzw. unmittelbar oder mittelbar zusammen mehr als 50 % zuzurechnen sind, einschließlich Zweigniederlassungen und Betriebsstätten. Als Direktinvestitionen gelten auch kurzfristige Finanzkredite und Handelskredite, alle Anlagen in Grundbesitz sowie (seit 2014) Baustellen mit einer Dauer über einem Jahr. Im Jahr 2014 gab es zudem zwei grundlegende Änderungen bei der Behandlung der Erträge aus Direktinvestitionen: Zum einen erfolgte eine Angleichung an den Ausweis in der Finanzierungs- und Geldvermögensrechnung durch den Übergang vom Directional- zum Asset-Liability-Prinzip, so dass nun Forderungen und Verbindlichkeiten aller inländischen Einheiten unabhängig von der Art der Direktinvestitionsbeziehung ausgewiesen werden, zuvor wurden die Kredite mit den Forderungen bzw. Verbindlichkeiten der Direktinvestitionen lediglich saldiert ausgewiesen. Die andere wichtige Änderung ist der nun separate Ausweis von Kreditbeziehungen zwischen Schwestergesellschaften, die untereinander keine Direktinvestitionsbeziehung aufweisen, wohl aber zum gleichen Konzern gehören.

In einer zweiten Teilbilanz werden **Wertpapieranlagen** verbucht, also die inländischen Anlagen in Wertpapieren ausländischer Emittenten und die ausländischen Anlagen in Wertpapieren inländischer Emittenten. Dabei werden die Käufe und Verkäufe von Wertpapieren unterschieden nach den Finanzierungsinstrumenten Aktien einschließlich Genussscheinen (unterhalb des Schwellenwertes für Direktinvestitionen), Investmentfondsanteilen (einschließlich reinvestierter Erträge), langfristige (ursprüngliche Laufzeit länger als ein Jahr oder ohne Laufzeitbegrenzung) sowie kurzfristige (ursprüngliche Laufzeit bis zu einem Jahr) Schuldverschreibungen.

Die dritte Teilbilanz ist die der **Finanzderivate**, die noch bis 2013 in einer gemeinsamen Teilbilanz mit den Wertpapieranlagen ausgewiesen wurden. In dieser Teilbilanz werden die

2.2 Die Zahlungsbilanz

Transaktionen mit Optionen und Finanztermingeschäften sowie Mitarbeiteraktienoptionen erfasst.

Der **Übrige Kapitalverkehr**, der sowohl Finanz- und Handelskredite (soweit sie nicht den Direktinvestitionen zuzurechnen sind) als auch Bankguthaben und sonstige Anlagen umfasst, wird in einer vierten Teilbilanz ausgewiesen. Dabei erfolgt der Ausweis gegliedert in die vier Sektoren Monetäre Finanzinstitute (ohne Bundesbank), Unternehmen und Privatpersonen, Staat und Bundesbank. Für die drei erstgenannten Sektoren erfolgt dann in der Darstellung eine Differenzierung noch zwischen langfristigen (ursprüngliche Laufzeit länger als ein Jahr oder ohne Laufzeitbegrenzung) und kurzfristigen (ursprüngliche Laufzeit bis zu einem Jahr) Krediten (einschließlich Bankguthaben).

Separat ausgewiesen in der Kapitalbilanz werden zudem die **Währungsreserven** (ohne die Zuteilung von Sonderziehungsrechten und bewertungsbedingten Änderungen). Diese Teilbilanz der Kapitalbilanz wird auch kurz als Devisenbilanz bezeichnet.

Der Erfassung der grenzüberschreitenden Transaktionen in den einzelnen Teilbilanzen der Zahlungsbilanz erfolgt nach dem Grundsatz, dass Transaktionen, die zu einem Mittelzufluss führen, auf der Soll-Seite, der Credit-Seite, verbucht werden, Transaktionen, die zu einem Mittelabfluss führen, entsprechend auf der Haben-Seite, der Debet-Seite. Dies bedeutet, dass z.B. der Verkauf einer Werkzeugmaschine an das Ausland als Warenexport auf der Credit-Seite der Handelsbilanz erscheint, der Export von Kapital, bspw. in Form einer Direktinvestition durch Beteiligung an einem ausländischen Unternehmen, auf der Debet-Seite der Bilanz der Direktinvestitionen gebucht wird. Die Buchung der einzelnen Transaktionen erfolgt zudem nach dem Prinzip der doppelten Buchführung. Jede Transaktion löst also zwei Buchungen aus und berührt, in der Regel, zwei Teilbilanzen.[28]

Damit ergibt sich ein buchhalterischer Zusammenhang zwischen den drei Teilbilanzen der Zahlungsbilanz. Nimmt man die Leistungsbilanz und die Vermögensänderungsbilanz zusammen, so geht ein Überschuss in dieser zusammengefassten Bilanz einher mit einer Zunahme von Auslandsforderungen beziehungsweise mit einer Abnahme von Auslandsverbindlichkeiten in der Kapitalbilanz. Ein Defizit in der Leistungs- und Vermögensänderungsbilanz bedeutet umgekehrt eine Abnahme von Forderungen beziehungsweise Zunahme von Verbindlichkeiten gegenüber dem Ausland.

Als Konsequenz daraus muss der zusammengefasste Saldo von Leistungsbilanz und Vermögensänderungsbilanz dem Saldo der Kapitalbilanz entsprechen.

Vernachlässigt man den Saldo der Bilanz der Vermögensänderungsbilanz aufgrund seiner geringen Größenordnung, so folgt, dass der Leistungsbilanzsaldo dem Kapitalbilanzsaldo entspricht.

---

[28] Eine Ausnahme sind bspw. sog. Bartergeschäfte oder Tauschgeschäfte, bei denen im internationalen Kontext die Bezahlung exportierter Waren durch importierte Waren erfolgt. Ein Beispiel hierfür ist das spektakuläre Mannesmann Röhrengeschäft in den siebziger Jahren des vergangenen Jahrhunderts, als die Mannesmann AG Röhren für den Pipeline-Bau in die damalige UdSSR lieferte, die mit Erdgaslieferungen an die Ruhrgas AG bezahlt wurden. Hier erfolgten Buchung und Gegenbuchung in der gleichen Teilbilanz, nämlich der des Warenhandels.

Leistungsbilanzsaldo = Kapitalbilanzsaldo

Kurz: $LBsaldo = KBsaldo$

bzw., wenn man unterstellt, dass der Saldo der Primäreinkommen ebenso wie der der Sekundäreinkommen zwischen Inländern und der übrigen Welt einen Saldo von null aufweisen: Nettoexport von Gütern = Nettokapitalexport (oder: Nettoauslandsinvestitionen, net foreign investment),

kurz: $NX = NKX \ (= NFI)$

Eine periodengerechte Zuordnung der Transaktionen ist aber nicht immer möglich. Darüber hinaus bestehen in allen Teilbilanzen (mit Ausnahme der der Währungsreserven und der Sonstigen Aktiva und Passiva der Bundesbank) statistische Erfassungslücken. So werden manche Transaktionen nicht aufgeführt, da sie aufgrund ihrer geringen Größenordnung unterhalb der Meldeschwellen liegen und nur hinzugeschätzt werden können. Aber auch Gründe, die im Bereich der kriminellen Energie angesiedelt sind (Schmuggel, Steuerflucht u.Ä.), verhindern die komplette Erfassung der grenzüberschreitenden Güter- und Kapitalströme. Insofern weist die Zahlungsbilanz neben den genannten Teilbilanzen auch einen **Saldo der statistisch nicht aufgliederbaren Transaktionen** aus, der sich aus der unten geschilderten Buchungstechnik der Zahlungsbilanz rechnerisch ergibt und als statistischer Restposten die Differenz zwischen dem Saldo der Leistungs- und Vermögensänderungsbilanz und dem Saldo der Kapitalbilanz abbildet.

2.2 Die Zahlungsbilanz

Den Aufbau der Zahlungsbilanz mit den einzelnen Werten für das Jahr 2014 gibt folgende Übersicht wieder:

			Mrd. €
Leistungsbilanz	Warenhandel (fob/fob)	Ausfuhr	1.123,764
		Einfuhr	894,463
		Saldo	+229,301
		darunter: Ergänzungen zum Außenhandel	-6,351
	Dienstleistungen (fob/fob)	Einnahmen	209,335
		Ausgaben	248,446
		Saldo	-39,112
	Primäreinkommen	Einnahmen	195,594
		Ausgaben	128,675
		Saldo	+66,919
	Sekundäreinkommen	Einnahmen	57,752
		Ausgaben	95,173
		Saldo	-37,421
Saldo der Leistungsbilanz			+219,680
Saldo der Vermögensänderungsbilanz			+2,826
Kapitalbilanz (Zunahme an Nettoauslandsvermögen: +, Abnahme an Nettoauslandsvermögen: -)	Saldo der Direktinvestitionen		+83,209
	Saldo der Wertpapieranlagen		+127,747
	Saldo der Finanzderivate und Mitarbeiteraktienoptionen		+31,783
	Saldo des übrigen Kapitalverkehrs		+3,051
	darunter: langfr. Kredite der Monetären Finanzinstitute		+4,407
	darunter: kurzfr. Kredite der Monetären Finanzinstitute		-12,307
	Währungsreserven		-2,564
Saldo der Kapitalbilanz			+243,226
Saldo der statistisch nicht aufgliederbaren Transaktionen			+20,713

Tabelle 2.5: Zahlungsbilanz Deutschlands für das Jahr 2014. Quelle: Deutsche Bundesbank (2015a).

2.3 Die gesamtwirtschaftliche Finanzierungsrechnung

In der gesamtwirtschaftlichen Finanzierungsrechnung werden die Vermögensbildung und deren Finanzierung in einer Volkswirtschaft erfasst. Während die Volkswirtschaftlichen Gesamtrechnungen an den güterwirtschaftlichen Transaktionen ansetzen und mit ihrer Hilfe das in einem Land in einer Periode entstandene Einkommen ermittelt wird, setzt die gesamtwirtschaftliche Finanzierungsrechnung an den Finanztransaktionen an und zeigt auf, wie hoch das Vermögen einer Volkswirtschaft, das sog. **Volksvermögen**, ist und welcher Sektor in welchem Umfang und in welcher Form finanzielle Mittel beansprucht oder bereitgestellt hat und welche Finanzintermediäre involviert waren. Letztendlich ergänzt die gesamtwirtschaftliche Finanzierungsrechnung also die aggregierte Darstellung realwirtschaftlicher Transaktionen einer Volkswirtschaft um die parallel ablaufenden Vorgänge in der finanziellen Sphäre. Für die Bundesrepublik wird die gesamtwirtschaftliche Finanzierungsrechnung von der Deutschen Bundesbank erstellt; die erste Publikation der Ergebnisse der gesamtwirtschaftlichen Finanzierungsrechnung erfolgte im Jahre 1955, seit 2007 veröffentlicht die Bundesbank laufende Quartalsdaten für die Sektoren Private Haushalte und Nichtfinanzielle Unternehmen. Die vollständigen Jahresergebnisse der gesamtwirtschaftlichen Finanzierungsrechnung erscheinen jeweils als statistische Sonderveröffentlichung der Bundesbank.[29]

Die gesamtwirtschaftliche Finanzierungsrechnung ist Teil der Volkswirtschaftlichen Gesamtrechnungen, und somit gab es auch hier die jüngsten methodischen Änderungen im Jahre 2014. In diesem Zuge wurden insbesondere der bestehende Datensatz und der Datenausweis ausgeweitet, aber auch einige wenige Veränderungen in der Definition von Sektoren und Instrumenten sind erfolgt. So werden seit 2014 nicht nur Angaben über Forderungen und Verbindlichkeiten der jeweiligen Sektoren gemacht, sondern erstmals auch umfassende Informationen darüber gegeben, gegenüber welchem Sektor diese bestehen (sogenannte Schuldner-Gläubiger-Beziehungen). Ebenso werden seitdem die privaten Haushalte und die privaten Organisationen ohne Erwerbszweck, die zuvor nur gemeinsam ausgewiesen wurden, nun getrennt erfasst. Auch der finanzielle Sektor erfährt nun, durch eine Aufteilung in neun Teilsektoren, einen deutlich differenzierteren Umgang. Die bedeutsamste konzeptionelle Änderung besteht in einer erweiterten Definition des finanziellen Sektors, der nun mit Einheiten wie finanzielle Zweckgesellschaften nun auch Akteure umfasst, die ihre Finanzdienstleistungen ausschließlich einer bestimmten Unternehmensgruppe anbieten und nicht nur wie bisher ausschließlich einer breiten Öffentlichkeit. Die differenziertere Zuordnung sogenannter Holdinggesellschaften und Hauptverwaltungen, die im ESVG 1995 so nicht gegeben war, führt mit dem ESVG 2010 zu einer Verschiebung hin zum finanziellen Sektor. Auf der instrumentellen Ebene gibt es vor allem Neuerungen in Form zusätzlicher Instrumente wie auch in der Form des Ausweises. Ebenso wird die Bargeldhaltung erstmals separat von den Einlagen ausgewiesen. Eine weitere gravierende Neuerung ist mit der separaten und detaillierten Erhebung und dem entsprechenden Ausweis von Bewertungs- sowie sonstiger Volu-

---

[29] Zu den methodischen Grundlagen und den hier angegebenen Daten vgl. Deutsche Bundesbank (2014b) und Dieselbe (2015b).

2.3 Die gesamtwirtschaftliche Finanzierungsrechnung

men- und Klassifikationsänderungen erfolgt und stellt eine deutliche Erweiterung des Datensatzes dar.

Die Vermögenskategorien, die zum Volksvermögen zählen und hier erfasst werden, sind das Sachvermögen und das Geldvermögen der einzelnen Sektoren; andere Kategorien, die eigentlich auch Vermögen einer Volkswirtschaft darstellen, wie natürliche Ressourcen oder auch Humankapital in Form vorhandenen Wissens und Bildung, werden aufgrund der hier auftretenden Erfassungs- und Bewertungsproblematik in der gesamtwirtschaftlichen Finanzierungsrechnung nicht aufgeführt.

Bei den finanzwirtschaftlichen Transaktionen ist grundsätzlich zwischen den Kategorien Einzahlung/Auszahlung, Einnahmen/Ausgaben und Erträge/Aufwand zu unterscheiden. Zwar gibt es Finanztransaktionen, die sowohl Einzahlung, Einnahme als auch Ertrag sind, wie auch solche, die sowohl Auszahlung, Ausgabe als auch Aufwand darstellen, aber es gibt auch Einzahlungen, die keine Einnahmen und/oder kein Ertrag sind; entsprechendes gilt für Auszahlungen, Ausgaben und Aufwand. Ein- und Auszahlungen verändern den Bestand an Zahlungsmitteln, Einnahmen und Ausgaben berühren das Geldvermögen und Ertrag und Aufwand das Reinvermögen als Summe aus Geldvermögen und Sachvermögen eines Wirtschaftssubjekts.

Ebenso ist für die Analyse und Interpretation der Daten der gesamtwirtschaftlichen Finanzierungsrechnung die Unterscheidung zwischen **Bestandsgrößen** und **Stromgrößen** wichtig. Stromgrößen beziehen sich auf einen Zeitraum, Bestandsgrößen auf einen Zeitpunkt. So stellen bspw. Einnahmen eine Stromgröße dar (Einnahmen (in Euro) im vierten Quartal 2014). Das Geldvermögen ist jedoch eine Bestandsgröße (Euro-Bestand zum 31.12.2014). Von einem Anfangsbestand zu Beginn einer Periode ausgehend erhöhen also Zuströme in der betrachteten Periode diesen Bestand, Abflüsse reduzieren ihn, so dass sich der am Ende der Periode einstellende Endbestand einer Größe als Ergebnis von Zu- und Abflüssen zu dieser Größe ergibt.

In einer stilisierten Bilanz stellen sich die Zusammenhänge der einzelnen Vermögenskategorien wie folgt dar:

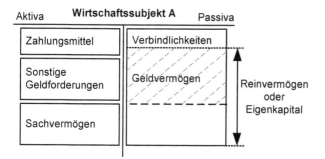

Abbildung 2.4: Stilisierte Bilanz eines Wirtschaftssubjekts

An dieser stilisierten Bilanz werden folgende Zusammenhänge für die Vermögensbestandteile eines beliebigen Wirtschaftssubjekts deutlich:

	Zahlungsmittelbestand
+	sonstige Geldforderungen
-	Verbindlichkeiten
=	Geldvermögen

Und:

	Geldvermögen
+	Sachvermögen
=	Reinvermögen

Vermögen wird gebildet, wenn das Einkommen einer Periode nicht vollständig für Konsumausgaben verwendet wird und wenn die Forderungen, die in einer Periode entstehen, nicht durch gleich hohe Verbindlichkeiten kompensiert werden.

In einer geschlossenen Volkswirtschaft, also in einer Volkswirtschaft, die keine wirtschaftlichen Transaktionen mit der übrigen Welt tätigt, ist das Geldvermögen in der Summe gleich null. Dies resultiert zwangsläufig daraus, dass jeder Forderung eines Wirtschaftssubjekts in dieser Volkswirtschaft eine beitragsgleiche Verbindlichkeit innerhalb dieser Volkswirtschaft gegenübersteht und sich so beide Größen zu null saldieren. Nur in einer offenen Volkswirtschaft, also einer Volkswirtschaft, die über Güterströme und Kapitalströme mit der übrigen Welt in Beziehung steht, kann das Geldvermögen insgesamt größer oder kleiner null sein. Die Summe der Forderungen der Inländer gegenüber den Ausländern abzüglich der Verbindlichkeiten der Inländer gegenüber den Ausländern stellt also das Geldvermögen einer Volkswirtschaft dar.

Das Geldvermögen einer Volkswirtschaft wird sich daher dann ändern, wenn es zu Einnahmen aus dem Ausland und zu Ausgaben an das Ausland kommt. Grenzüberschreitende Einnahmen und Ausgaben entstehen mit dem Export bzw. dem Import von Gütern. Insofern wird sich also das Geldvermögen einer Volkswirtschaft erhöhen, wenn die Einnahmen aus dem Güterexport die Ausgaben aus dem Güterimport übersteigen, und umgekehrt:

	Einnahmen aus dem Ausland
-	Ausgaben an das Ausland
=	Δ Geldvermögen
=	Saldo der Leistungsbilanz

Ein positiver Leistungsbilanzsaldo erhöht somit die Nettoauslandsposition einer Volkswirtschaft, da damit die Forderungen an das Ausland stärker zugenommen haben als die Verbind-

2.3 Die gesamtwirtschaftliche Finanzierungsrechnung

lichkeiten gegenüber dem Ausland; umgekehrt geht entsprechend die Nettoauslandsposition zurück, wenn die Leistungsbilanz ein Defizit aufweist, dann sinkt das Vermögen der Volkswirtschaft.

Die zweite Komponente des Reinvermögens, des Gesamtvermögens, ist das Sachvermögen. Das Sachvermögen, der Kapitalstock oder auch Anlagevermögen, einer Volkswirtschaft ändert sich, wenn diesem Kapitalstock in einer Periode mehr an Vermögensgegenständen hinzugefügt wird, als durch Abnutzung entwertet wird. Die Sachvermögensbildung entspricht somit den Nettoinvestitionen, also den Bruttoinvestitionen abzüglich der Abschreibungen.

Also ergeben sich für die Änderung des Reinvermögens einer Volkswirtschaft folgende Zusammenhänge:

Δ Reinvermögen = Δ Sachvermögen + Δ Geldvermögen
Δ Reinvermögen = Nettoinvestitionen + Saldo der Leistungsbilanz

Diese Änderung des Reinvermögens ist gleichzeitig die **gesamtwirtschaftliche Ersparnis** S. Gebildet wird die gesamtwirtschaftliche Ersparnis aus dem Bruttonationaleinkommen als dem in einem Land in einer Periode den Inländern zugeflossenen Einkommen. Von diesem Bruttonationaleinkommen sind allerdings zunächst die Abschreibungen zu subtrahieren, da sie den Gegenwert des in der betrachteten Periode aufgetretenen Verschleißes des Kapitalstocks der Volkswirtschaft darstellen und somit für Ersatzinvestitionen zur Erhaltung des Status quo aufgebracht werden müssen und nicht zur Vermögensbildung zur Verfügung stehen. Das Nettonationaleinkommen steht für Konsumzwecke und ggf. für Übertragungen an Ausländer (von denen hier aufgrund ihrer geringen Größenordnung abgesehen werden soll, was letztendlich bedeutet, dass der Sekundäreinkommenssaldo und der Vermögensänderungsbilanzsaldo in der Zahlungsbilanz jeweils null sind) zur Verfügung. Der nicht konsumierte (und auch nicht ans Ausland übertragene) Teil des Nettonationaleinkommens stellt die gesamtwirtschaftliche Ersparnis dar. Sie setzt sich zusammen aus der Ersparnis der privaten Haushalte und Unternehmen und des Staates.

$$S = S_{pr} + S_{St} = (BNE - D) - C - G$$

Indem man an dieser Identitätsgleichung einige wenige Umformungen vornimmt[30], erhält man folgenden Zusammenhang:

$$S = I^{netto} + NX + PES$$

---

[30] Folgende Schritte wurden hier durchgeführt:
$S = (BNE - D) - C - G$
$S = (Y + PES - D) - C - G$
$S = (C + I^{bruttto} + G + NX + PES - D) - C - G$
$S = I^{netto} + NX + PES$

Bei gleichzeitiger Vernachlässigung des Primäreinkommenssaldos zwischen Inländern und Gebietsfremden macht der Nettoexport von Waren und Dienstleistungen den Leistungsbilanzsaldo aus und es ergibt sich:

$$S = I^{netto} + NX$$

bzw. unter Berücksichtigung der bei der Darstellung der Zahlungsbilanz gezeigten Übereinstimmung von Leistungsbilanzsaldo und Kapitalbilanzsaldo bei Vernachlässigung des Vermögensänderungsbilanzsaldos:

$$S = I^{netto} + NFI$$

Die gesamtwirtschaftliche Ersparnis wird also verwendet für Investitionen im Inland oder für Investitionen im Ausland, mit anderen Worten: Finanzielle Mittel, die von den inländischen Sektoren zur Vermögensbildung bereitgestellt werden, werden entweder für eine Ausweitung des Kapitalstocks im Inland oder für eine Kapitalstockerhöhung im Ausland eingesetzt.

Subtrahiert man von beiden Seiten dieser Gleichung die staatliche Ersparnis S_{St} und berücksichtigt man, dass in den Nettoinvestitionen sowohl die des privaten Sektors als auch die des Staates enthalten sind, so ergibt sich folgender Zusammenhang:

$$S_{pr} = I^{netto}_{pr} + \left(I^{netto}_{St} - S_{St}\right) + NFI \quad \text{bzw.} \quad S_{pr} = I^{netto}_{pr} + \left(I^{netto}_{St} - S_{St}\right) + LBsaldo$$

Die Ersparnis des privaten Sektors wird somit für drei Alternativen verwendet: zur Finanzierung der privaten Nettoinvestitionen im Inland, zur Finanzierung des staatlichen Budgetdefizits und zur Finanzierung von Auslandsinvestitionen. Berücksichtigt man darüber hinaus, dass sich Kapitalbilanzsaldo und Leistungsbilanzsaldo einander entsprechen, so sieht man auch, dass bei einem positiven Kapitalbilanzsaldo und damit auch gleich hohem positiven Leistungsbilanzsaldo (die Zahlungen aus dem Güterexport und den Faktoreinkommen aus dem Ausland übersteigen die Ausgaben für Güterimport und Faktoreinkommen an das Ausland) sich Ausländer entweder von Sparern im Inland finanzielle Mittel leihen oder an inländische Sparer Vermögensgegenstände verkaufen müssen, um die Differenz abzudecken. Insofern stellt der Leistungsbilanzsaldo auch eine Verwendung der inländischen Ersparnis dar.

2.3 Die gesamtwirtschaftliche Finanzierungsrechnung

Für die Bundesrepublik ergeben sich für das Jahr 2014 folgende Daten (in Mrd. €) aus der gesamtwirtschaftlichen Finanzierungsrechnung für die Vermögensbildung und ihre Finanzierung:

	Nichtfinanzielle Kapitalgesellschaften	Inländische finanzielle Sektoren	Staat	Private Haushalte	Private Organisationen ohne Erwerbszweck	Übrige Welt	Sektoren insgesamt
Sachvermögensbildung und Sparen							
Nettoinvestitionen (1)	13,71	-0,88	-2,21		25,42	..	36,04
Nettozugang an nichtproduzierten Vermögensgütern (2)	-1,84	..	-1,40		0,94	2,30	..
Sparen und Vermögensübertragungen (3)	76,91	-2,01	14,43		166,06	-219,36	36,04
Finanzierungsüberschuss/ -defizit = (3) − [(1)+(2)]	65,05	-1,13	18,04		139,70	-221,79	-
Statistische Differenz = (7) − (3)	-187,48	..	..		..	187,48	-
Geldvermögensbildung							
Währungsgold und Sonderziehungsrechte	..	-0,35	..	..	..	0,35	..
Bargeld und Sichteinlagen	10,43	36,69	1,75	87,42	3,20	36,89	176,38
Termineinlagen und Spareinlagen	-25,38	33,91	9,75	-3,62	-0,08	-8,18	6,40
Schuldverschreibungen	-1,63	62,62	-4,85	-18,00	-2,31	28,27	64,11
Kurzfristige Kredite	16,85	-53,84	-0,70	..	..	-18,24	-55,93
Langfristige Kredite	0,80	44,35	6,35	..	..	-0,36	51,14
Anteilsrechte	14,28	41,10	10,52	12,17	0,23	26,54	104,83
Anteile an Investmentfonds	-10,38	112,02	1,16	24,70	1,80	-7,82	121,47
Versicherungstechnische Rückstellungen	2,95	0,08	0,02	75,73	..	-3,17	75,60
Finanzderivate und Mitarbeiteraktienoptionen	6,01	187,55	1,51	..	..	159,18	354,26
Sonstige Forderungen	-73,62	31,92	-2,34	-21,11	..	96,90	31,76
Insgesamt (4)	-59,68	496,04	23,18	157,28	2,83	310,36	930,01

	Nichtfinanzielle Kapitalgesellschaften	Inländische finanzielle Sektoren	Staat	Private Haushalte	Private Organisationen ohne Erwerbswerbszweck	Übrige Welt	Sektoren insgesamt
Außenfinanzierung							
Bargeld und Sichteinlagen	..	148,79	1,63	..	..	25,96	176,38
Termineinlagen und Spareinlagen	..	-48,11	..	..	..	54,50	6,40
Schuldverschreibungen	1,26	-29,24	21,15	..	..	70,93	64,11
Kurzfristige Kredite	-21,73	20,23	-1,05	-1,98	-0,19	-51,19	-55,93
Langfristige Kredite	31,88	7,61	-18,17	21,87	0,36	7,59	51,14
Anteilsrechte	23,88	7,76	..	..	..	73,19	104,83
Anteile an Investmentfonds	..	88,81	..	..	..	32,66	121,47
Versicherungstechnische Rückstellungen	6,00	71,01	0,08	..	..	-1,48	75,60
Finanzderivate und Mitarbeiteraktienoptionen	16,75	190,45	..	..	-0,03	147,08	354,26
Sonstige Verbindlichkeiten	-2,87	47,46	1,50	0,38	..	-14,70	31,76
Insgesamt (5)	55,15	504,77	5,14	20,27	0,14	344,54	930,01
Nettogeldvermögen (7) = (4) - (5)	-114,81	-8,72	18,04	137,01	2,69	-34,19	0,00

Tabelle 2.6:   *Vermögensbildung der Sektoren und ihre Finanzierung in Deutschland im Jahr 2014 (konsolidiert). Quelle: Deutsche Bundesbank (2015b).*

Für den Bestand an Vermögen und Verbindlichkeiten zum Jahresende 2014 ergeben sich folgende Größenordnungen (in Mrd. €):

	Nichtfinanzielle Kapitalgesellschaften	Inländische finanzielle Sektoren	Staat	Private Haushalte	Private Organisationen ohne Erwerbswerbszweck	Übrige Welt	Sektoren insgesamt
Geldvermögen							
Währungsgold und Sonderziehungsrechte	..	107,4	..	..	..	..	107,4
Bargeld und Sichteinlagen	344,6	426,6	55,7	1.120,2	28,2	769,5	2.734,8
Termineinlagen und Spareinlagen	61,8	1.356,9	219,9	887,4	29,6	510,4	3.066,0
Schuldverschreibungen	47,5	2.697,3	119,4	162,2	35,7	2.098,7	5.160,7
Kurzfristige Kredite	178,0	1.018,8	37,3	..	..	358,8	1.593,0

Langfristige Kredite	73,2	3.162,9	141,3	..	..	522,1	3.899,5
Anteilsrechte	1.745,6	1.024,0	357,7	508,9	10,7	1.110,9	4.757,5
Anteile an Investmentfonds	135,5	1.259,0	16,2	442,5	55,2	143,5	2.051,9
Versicherungstechnische Rückstellungen	49,2	1,7	0,8	1.924,9	..	85,1	2.061,8
Finanzderivate und Mitarbeiteraktienoptionen	22,8	927,2	-15,3	..	..	689,7	1.624,4
Sonstige Forderungen	346,1	283,6	118,1	36,3	..	160,4	944,5
Insgesamt (4)	3.004,3	12.265,4	1,051,0	5.072,4	159,4	6.449,2	28.001,5
Verbindlichkeiten							
Bargeld und Sichteinlagen	..	2.408,7	13,8	..	..	312,3	2.734,8
Termineinlagen und Spareinlagen	..	2.141,4	..	..	..	924,6	3.066,0
Schuldverschreibungen	150,9	1.374,9	1.794,9	..	..	1.840,0	5.160,7
Kurzfristige Kredite	273,1	314,8	125,7	64,6	0,9	814,1	1.593,0
Langfristige Kredite	918,6	398,1	453,6	1.504,5	15,1	609,6	3.899,5
Anteilsrechte	2.535,1	612,7	..	..	..	1.609,7	4.757,5
Anteile an Investmentfonds	..	1.604,7	..	..	..	447,2	2.051,9
Versicherungstechnische Rückstellungen	249,5	1.810,6	1,7	..	..	..	2.061,8
Finanzderivate und Mitarbeiteraktienoptionen	54,0	846,8	..	..	0,5	723,1	1.624,4
Sonstige Verbindlichkeiten	487,9	202,5	3,5	15,3	..	235,4	944,5
Insgesamt (5)	4.669,1	11.715,1	2.393,2	1.584,4	16,4	7.516,0	28.001,5
Nettogeldvermögen (7) = (4) - (5)	-1.664,8	550,3	-1.342,2	3.488,0	143,0	-1.066,9	107,3

Tabelle 2.7: Geldvermögen und Verbindlichkeiten der Sektoren in Deutschland im Jahr 2014 (konsolidiert). Quelle: Deutsche Bundesbank (2015b).

2.4 Input-Output-Analyse

Mit der Input-Output-Rechnung erfolgt eine besondere Form der Darstellung der Volkswirtschaftlichen Gesamtrechnungen, nämlich in Matrix-Darstellung. Diese Darstellungsform ermöglicht die Beschreibung und Analyse der güter- und produktionsmäßigen Verflechtung zwischen den einzelnen Produktionsbereichen einer Volkswirtschaft und der übrigen Welt.

Insbesondere die Abbildung der Liefer- und Bezugsverflechtungen durch Zwischenprodukte und Vorleistungen im Unternehmensbereich sollen detailliert dargestellt werden. Die erste umfassende Input-Output-Tabelle wurde im Jahre 1936 von Leontief[31] für die USA veröffentlicht.[32]

Die Input-Output-Tabelle, wie sie heute üblich ist, besteht aus drei Quadranten, wobei der zentrale Quadrant der erste Quadrant mit den Vorleistungsverflechtungen ist. In diesem Quadranten werden die Vorleistungsströme der Waren und Dienstleistungen der k, $k = 1,..,n$, Produktionsbereiche erfasst, sofern sie von den empfangenden Produktionsbereichen in der Herstellung ihrer Produkte eingesetzt werden. Er wird daher auch als Vorleistungsmatrix bezeichnet. Der zweite Quadrant erfasst den Beitrag der einzelnen Produktionsbereiche zur Endnachfrage, und im dritten Quadranten wird der Aufwand an Primärinput der einzelnen Produktionsbereiche ausgewiesen. Die Zeilen der Input-Output-Tabelle geben also den Beitrag jedes Produktionsbereichs zu den Vorleistungen und zur Endnachfrage, somit also deren Bruttoproduktionswert zu Herstellungspreisen, an; die Spalten zeigen die Aufteilung des Bruttoproduktionswertes auf die einzelnen Produktionsbereiche.

Erstellt wird die Input-Output-Rechnung für die Bundesrepublik vom Statistischen Bundesamt. Sie ist integraler Bestandteil der Volkswirtschaftlichen Gesamtrechnungen und wird jährlich veröffentlicht. Die Abgrenzung der einzelnen Produktionsbereiche erfolgt gemäß der Klassifikation der Wirtschaftszweige 2008 (WZ 2008), bei der zunächst 21 Abschnitte (Abschnitte A-U) unterschieden werden, die dann in weitere 88 Abteilungen, 272 Gruppen, 615 Klassen und 839 Unterklassen gegliedert werden. Auf der untersten Ebene erhält man so z.B. die Unterklassen 01.13.1 Anbau von Gemüse und Melonen, 23.20.0 Herstellung von feuerfesten keramischen Werkstoffen und Waren, 47.91.1 Versand- und Internet-Einzelhandel mit Textilien, Bekleidung, Schuhen und Lederwaren, 64.92.1 Spezialkreditinstitute (ohne Pfandkreditgeschäfte) und 90.04.3 Varietés und Kleinkunstbühnen.

---

[31] Wassily Leontief (1905-1999), russischer Ökonom, geboren in München, aufgewachsen in Russland, arbeitete in Deutschland und den USA. Leontief (1936) und derselbe (1941).

[32] Vorläufer der Input-Output-Tabelle waren das schon erwähnte „tableau économique" von Quesnay und die 1925 veröffentlichte „Volkswirtschaftsbilanz" der UdSSR.

2.5 Die Ex post-Identität von Sparen und Investieren

Eine Übersicht über das Grundschema einer Input-Output-Tabelle gibt Abb. 2.5:

Input \ Output		Vorleistungen an Wirtschaftszweige				Zwischen-nachfrage	Endnachfrage Sektoren				End-nachfrage	Gesamter Output
	von	1	2	...	n		C	I^{brutto}	G	Ex		
Vorleistungen Wirtschaftszweige	1	VL_{11}	VL_{12}		VL_{1n}	$VL_{1.}$	C_1	I^{br}_1	G_1	Ex_1	EN_1	PW_1
	2	VL_{21}	...									PW_2
	...											...
	n	VL_{n1}					C_n	I^{br}_n	G_n	Ex_n	EN_n	PW_n
	Intermediäre Inputs	VL_1				$VL_{..}$	C	I^{brutto}	G	Ex	EN	PW
Primäre Inputs Primärinputsektoren	Im	Im_1			Im_n	Im						
	D	D_1			D_n	D						
	$(T^{ind}-Z)$	$(T^{ind}-Z)_1$			$(T^{ind}-Z)_n$	$(T^{ind}-Z)$						
	L	L_1			L_n	L						
	UV	UV_1			UV_n	UV						
	Primäre Inputs	PI_1			PI_n	PI						
Gesamte Inputs		PW_1			PW_n	PW						

Abbildung 2.5: Schema einer Input-Output-Tabelle

2.5 Die Ex post-Identität von Sparen und Investieren

Auf Basis der Überlegungen in den vorangegangenen Abschnitten dieses Kapitels soll nun abschließend gezeigt werden, dass zum einen ex post, also im Nachhinein, nach Abschluss der Betrachtungsperiode, die gesamtwirtschaftliche Ersparnis und das gesamtwirtschaftliche Investitionsvolumen gleich groß sein müssen und dass zum andern Gütermarkt und Kapitalmarkt zwei Seiten einer Medaille sind, mit diesen Begrifflichkeiten somit derselbe Sachverhalt und die gleichen Zusammenhänge beschrieben werden.

Wie in Abschnitt 2.1 bei der Darstellung der Volkswirtschaftlichen Gesamtrechnungen und den dort diskutierten Kreislaufzusammenhängen gezeigt, muss der Wert des Outputs einer Volkswirtschaft in einer Periode den Ausgaben, die von den verschiedenen Wirtschaftssubjekten getätigt werden, entsprechen:

(2.1) $Y = C_i + I_i + G_i + Ex$

wobei das Suffix i anzeigen soll, dass es die entsprechende Nachfragekategorie für im Inland hergestellte Güter ist.

Die Ausgaben der jeweiligen Nachfragekategorie entfallen jedoch nicht nur auf im Inland, sondern auch auf im Ausland (Suffix a) hergestellte Güter:

(2.2a) $C = C_i + C_a$

(2.2b) $I = I_i + I_a$

(2.2c) $G = G_i + G_a$

Gl. (2.2) in Gl. (2.1) eingesetzt, ergibt:

(2.3) $Y = (C - C_a) + (I - I_a) + (G - G_a) + Ex$

Fasst man die Nachfragekomponenten der im Ausland hergestellten Güter zusammen, so erhält man dadurch die Importnachfrage als Ganzes. Die Gesamtausgaben abzüglich dieser Importnachfrage stellt nach wie vor die Identität zwischen Output und Ausgaben dar:

(2.4a) $Y = C + I + G + Ex - (C_a + I_a + G_a)$

Mit dem Nettoexport NX als der Differenz zwischen Export und Import, $Im = C_a + I_a + G_a$, kann die obige Identitätsgleichung (2.4a) auch geschrieben werden als:

(2.4b) $Y = C + I + G + NX$

Die Ausgaben für die inländische Produktion entsprechen also der Summe aus den Konsumausgaben, den Investitionsausgaben, den Ausgaben für staatliche Güterkäufe und dem Nettoexport.

Die Äquivalenzumformung der Gl. (2.4b) nach dem Nettoexport legt den Zusammenhang offen, dass die Differenz zwischen inländischer Produktion und inländischen Gesamtausgaben sich im Nettoexport zeigt. So ist der Nettoexport positiv, wenn die inländische Produktion größer ist als die inländischen Ausgaben; entsprechend ist er negativ, wenn die inländischen Ausgaben die inländische Produktion übersteigen:

(2.5) $NX = Y - (C + I + G)$

Aus der Identität in Gl. (2.4b) folgt unter Berücksichtigung, dass

(2.6) $S = Y - C - G$

die gesamtwirtschaftliche Ersparnis darstellt, zudem ein weiterer Zusammenhang:

(2.7) $NX = S - I$

Aus der Darstellung der Zahlungsbilanz in Abschnitt 2.2 ist bekannt, dass der Nettoexport, wenn man die Salden bei den Primäreinkommen und den Sekundäreinkommen aufgrund

2.5 Die Ex post-Identität von Sparen und Investieren

ihrer geringen Größenordnung vernachlässigt, dem Leistungsbilanzsaldo entspricht. Vernachlässigt man ebenfalls den Saldo der Vermögensänderungsbilanz, so ergibt sich die Entsprechung von Leistungsbilanzsaldo und Kapitalbilanzsaldo. Damit lässt sich Gl. (2.7) auch schreiben als:

(2.8a) $NFI = S - I$ bzw.

(2.8b) $S = I + NFI$

wobei *NFI* wie erwähnt für die Nettoauslandsinvestitionen (net foreign investments) steht.

Weist also eine Volkswirtschaft einen positiven Leistungsbilanzüberschuss auf, ist also die inländische Produktion größer als die inländischen Ausgaben, so bedeutet dies gleichzeitig, dass im Inland mehr gespart als Kapital für Investitionen im Inland verwendet wird. Der Überschuss der inländischen Ersparnis über die inländische Investition wird als (Netto-) Kredit an das Ausland gegeben, d.h. die Inländer legen mehr Kapital im Ausland an als Ausländer im Inland anlegen. Daher ist der Kapitalbilanzsaldo bei einem Leistungsbilanzüberschuss ebenfalls positiv. Positiver Leistungsbilanzsaldo und positiver Kapitalbilanzsaldo müssen sich zudem in ihrer Höhe entsprechen, weil das Ausland genau diesen Betrag benötigt, um sein Leistungsbilanzdefizit zu finanzieren, da es selber zu wenig exportiert, um aus den Exporterlösen seine Importe zu finanzieren. Internationaler Güterstrom und internationaler Kapitalstrom sind also zwei Seiten der gleichen Medaille.

3 Güterangebot, Arbeitsmarkt und Beschäftigung

Nachdem im vorangegangenen Kapitel 2 die Konzepte zur Erfassung der ökonomischen Aktivitäten in einer Volkswirtschaft dargestellt wurden, sollen in den nun folgenden Kapiteln 3 bis 10 die gesamtwirtschaftlichen Aktivitäten modelltheoretisch betrachtet werden. Anders als zuvor geht es nun nicht mehr um die Ex-post-Beschreibung gesamtwirtschaftlicher Zusammenhänge – also um die Darstellung dieser Zusammenhänge, nachdem die verschiedenen Aktivitäten abgeschlossen sind –, sondern um eine **Ex-ante-Analyse** der gesamtwirtschaftlichen Zusammenhänge. Es soll in den folgenden Kapiteln erklärt werden, wie die verschiedenen Größen zustande kommen und welche Wirkungszusammenhänge zwischen den einzelnen Größen bestehen. Dabei wird zunächst eine eher langfristige Sichtweise an den Tag gelegt, erst in Kapitel 6 wird eine kurz- bis mittelfristige Perspektive gewählt. In diesem Kapitel 3 nun wird zunächst die Angebotsseite einer Volkswirtschaft betrachtet, es werden also Überlegungen angestellt, wie man das Entstehen des Güterbergs, des Güterangebots in einer Volkswirtschaft, erklären kann.

3.1 Die gesamtwirtschaftliche Produktionsfunktion

Der Güterberg, der innerhalb einer Volkswirtschaft in einer bestimmten Periode hergestellt wird, den man als gesamtwirtschaftlichen Output bezeichnet und der in den Volkswirtschaftlichen Gesamtrechnungen als reales Bruttoinlandsprodukt erfasst wird, hängt ab von der Menge der eingesetzten Produktionsfaktoren. Der funktionale Zusammenhang zwischen der Menge der eingesetzten Produktionsfaktoren und der Höhe des gesamtwirtschaftlichen Outputs Y lässt sich mit einer **gesamtwirtschaftlichen Produktionsfunktion** abbilden, wobei auf gesamtwirtschaftlicher Ebene üblicherweise von nur zwei Inputfaktoren, Arbeit L und Kapital K, ausgegangen wird:

(3.1) $Y = f(L, K)$

Folgende, nicht unplausible Eigenschaften soll diese gesamtwirtschaftliche Produktionsfunktion aufweisen:

(1) Mit zunehmendem Einsatz eines der beiden Produktionsfaktoren nimmt der gesamtwirtschaftliche Output zu.

(2) Der Outputzuwachs infolge eines steigenden Faktoreinsatzes wird immer kleiner, je größer die Einsatzmenge dieses Produktionsfaktors bereits ist.

(3) Der Outputzuwachs infolge eines steigenden Faktoreinsatzes ist umso größer, je größer die Einsatzmenge des anderen Inputfaktors ist.

Der Outputzuwachs, also die Zunahme des gesamtwirtschaftlichen Outputs infolge einer (genau genommen unendlich kleinen) Erhöhung der Einsatzmenge eines Produktionsfaktors, wird auch als **Grenzproduktivität** dieses Produktionsfaktors bezeichnet. Für den Produktionsfaktor Arbeit lässt sich somit wie folgt formulieren: Die Grenzproduktivität des Faktors Arbeit ist positiv (1), aber abnehmend (2), und sie ist umso größer, je größer die Einsatzmenge des Faktors Kapital ist (3). Algebraisch formuliert:

$$\frac{\delta Y}{\delta L} > 0; \quad \frac{\delta^2 Y}{\delta L^2} < 0; \quad \frac{\delta^2 Y}{\delta L \cdot \delta K} > 0$$

Grafisch dargestellt, ergibt sich folgende Ertragsfunktion für den Produktionsfaktor Arbeit bei einer gesamtwirtschaftlichen Produktionsfunktion mit diesen Eigenschaften[33]:

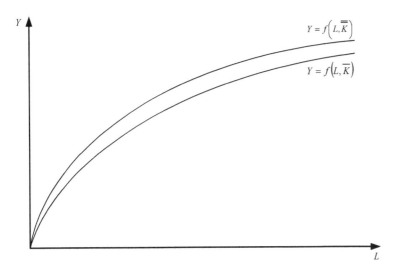

Abbildung 3.1:   *Neoklassische Produktionsfunktion: Ertragsfunktion für den Faktor Arbeit*

---

[33] Der Querbalken über einer Variablen wie hier bei dem Kapitaleinsatz K steht für die Konstanz, das gegebene Niveau dieser Größe.

3.1 Die gesamtwirtschaftliche Produktionsfunktion

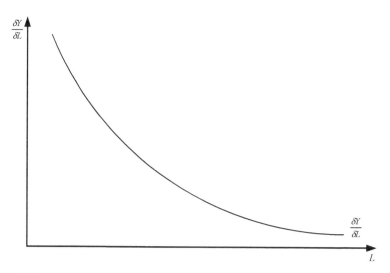

Abbildung 3.2: Grenzproduktivität des Faktors Arbeit bei einer neoklassischen Produktionsfunktion

Für den Produktionsfaktor Kapital gilt entsprechend das gleiche.

Eine Produktionsfunktion mit diesen Eigenschaften wird als **neoklassische Produktionsfunktion** bezeichnet. Sie findet Anwendung in vielen theoretischen makroökonomischen Ansätzen, aber auch in vielen empirischen Studien[34]. Die konkrete Gestalt einer solchen gesamtwirtschaftlichen Produktionsfunktion, also die konkrete funktionale Form der Funktion *f*, wird sich von Volkswirtschaft zu Volkswirtschaft, aber auch von untersuchtem Zeitraum zu untersuchtem Zeitraum unterscheiden. Ein Beispiel für eine solche Produktionsfunktion ist die sogenannte **Cobb-Douglas-Produktionsfunktion**[35]:

(3.2) $Y = a \cdot L^{\alpha} \cdot K^{1-\alpha}$ mit $0 < \alpha < 1, a > 0$

Eine Verschiebung der gesamtwirtschaftlichen Produktionsfunktion kann infolge eines sogenannten **Angebotsschocks** eintreten, wobei ein solcher Angebotsschock positiv, aber auch negativ sein kann. Ein positiver Angebotsschock ist bspw. die Zunahme der gesamtwirtschaftlichen Produktivität durch neue Technologien oder durch eine verbesserte Qualifikation der Arbeitskräfte. Ein positiver Angebotsschock erhöht die Grenzproduktivität des Faktors Arbeit. In der Grafik verschiebt sich daher die gesamtwirtschaftliche Produktionsfunktion nach oben:

---

[34] So verwendet bspw. die Deutsche Bundesbank in ihrem makroökonometrischen Modell eine gesamtwirtschaftliche Produktionsfunktion dieses Typs, vgl. z.B. Deutsche Bundesbank (2000), und auch der Sachverständigenrat greift bei der Schätzung des Produktionspotenzials auf eine Cobb-Douglas-Produktionsfunktion zurück, vgl. z.B. Sachverständigenrat zur Begutachtung der gesamtwirtschaftlichen Entwicklung (2007), S. 442ff.

[35] Benannt nach dem amerikanischen Ökonomen Paul H. Douglas (1892-1976) und dem Mathematiker Charles W. Cobb (1875-1949), die eine Funktion dieses Typs für eine empirische Untersuchung der US-Wirtschaft angewendet haben; Cobb/Douglas (1928).

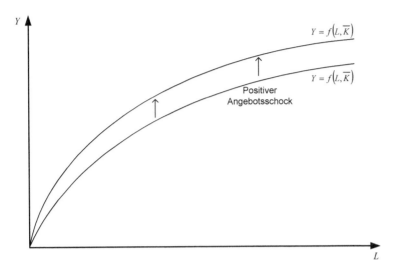

Abbildung 3.3: Auswirkungen eines positiven Angebotsschocks auf die Produktionsfunktion

Ein negativer Angebotsschock, bspw. infolge von Naturkatastrophen, aber auch in Form verschlechterter Rahmenbedingungen für die Unternehmen, führt entsprechend zu einer Verschiebung der gesamtwirtschaftlichen Produktionsfunktion nach unten.

Eine Veränderung bei dem gesamtwirtschaftlichen Kapitalstock K der Volkswirtschaft führt somit zu einer Verschiebung der Produktionsfunktion für den Faktor Arbeit, L, - wie in Abb. 3.3 dargestellt (dort ist K also Lageparameter der Kurve). Eine Veränderung bei dem Arbeitseinsatz L wird sich dagegen in einer Bewegung auf oder entlang der Kurve in Abb. 3.3 niederschlagen.

3.2 Arbeitsnachfrage, Arbeitsangebot und Arbeitsmarktgleichgewicht

Die **Nachfrage nach Arbeit**, genauer formuliert die Nachfrage der Unternehmen nach dem Produktionsfaktor Arbeit, lässt sich aus der gesamtwirtschaftlichen Produktionsfunktion herleiten.

Dazu betrachten wir ein einzelnes Unternehmen, das repräsentativ für den gesamten Unternehmenssektor der betrachteten Volkswirtschaft sein soll. Die Produktionsbedingungen dieses Unternehmens sollen sich durch eine neoklassische Produktionsfunktion abbilden lassen, und dieses Unternehmen hat als Ziel, seinen Gewinn zu maximieren, wobei es aber den Absatzpreis seines Produkts ebenso als vom Markt gegeben akzeptieren muss wie auch die Preise für die von ihm eingesetzten Produktionsfaktoren. Es ist zu klären, welche Menge an Arbeit dieses Unternehmen einsetzen wird, um seinen Gewinn zu maximieren.

3.2 Arbeitsnachfrage, Arbeitsangebot und Arbeitsmarktgleichgewicht

Die Antwort liefert die Ableitung der Gewinnfunktion dieses Unternehmens nach dem Faktor Arbeit[36] und das Gleich-null-Setzen dieser Ableitung:

(3.3) $G = p \cdot x - [w \cdot L + i \cdot K]$

(3.4) $\dfrac{\delta G}{\delta L} = p \cdot \dfrac{\delta x}{\delta L} - w = 0$

wobei G für den Gewinn steht, p für den Preis des hergestellten Gutes, x für die Menge des hergestellten Gutes, w für den Nominallohnsatz, L für die Einsatzmenge des Produktionsfaktors Arbeit, i für den Nominalzinssatz und K für die Einsatzmenge des Produktionsfaktors Kapital.[37] Das Unternehmen wird im Hinblick auf das Gewinnmaximum dann die optimale Einsatzmenge des Faktors Arbeit gewählt haben, wenn gerade so viel vom Faktor Arbeit eingesetzt wird, dass die Grenzproduktivität von Arbeit, $\delta x/\delta L$, dem Reallohn, w/p, entspricht. Dies ergibt sich unmittelbar aus Gl. (3.4):

(3.5) $\dfrac{\delta x}{\delta L} = \dfrac{w}{p} \Leftrightarrow p \cdot \dfrac{\delta x}{\delta L} = w$

Man kann sich dies leicht an einem Beispiel klarmachen: Betrachten wir eine Schreinerei, die Stühle herstellt und diese Stühle zu jeweils 100,- € verkauft. Einziger Produktionsfaktor sei der Faktor Arbeit. Die einzelne Arbeitsstunde koste 50,- €. In der folgenden Tabelle sind die Arbeitsstunden abgetragen, die zusätzliche Menge an Stühlen, die ein Schreinergeselle in dieser Stunde hergestellt hat (also dessen Grenzproduktivität), der zusätzliche Erlös, der aus dem Verkauf der in der betreffenden Stunde produzierten Menge an Stühlen erzielt wird, das sog. Wertgrenzprodukt, und die Kosten der jeweiligen Arbeitsstunde. Bei der Interpretation der Daten ist es übrigens unerheblich, ob ein einzelner Schreinergeselle diese sieben Arbeitsstunden anbietet oder ob es sieben Schreinergesellen sind, die jeweils eine Stunde Arbeit anbieten.

---

[36] Da für das Unternehmen die optimale Einsatzmenge des Faktors Arbeit bestimmt werden soll, ist die Gewinnfunktion des Unternehmens (nur) nach der Variable dieses Produktionsfaktors zu differenzieren; man spricht daher hierbei von einer partiellen Ableitung.

[37] Gl. (3.4) ist die notwendige Bedingung für ein Gewinnmaximum. Die hinreichende Bedingung für ein Gewinnmaximum fordert, dass die zweite Ableitung der Gewinnfunktion nach der Faktoreinsatzmenge kleiner als null sein muss:

$\dfrac{\delta^2 G}{\delta L^2} = p \cdot \dfrac{\delta^2 x}{\delta L^2} < 0$

ist erfüllt, da wir eine neoklassische Produktionsfunktion unterstellt haben und für den Güterpreis angenommen werden kann, dass er nicht negativ ist.

Arbeits-stunde	Anzahl der in der jeweiligen Arbeitsstunde hergestellten Stühle (Grenzproduktivität) $\frac{\delta x}{\delta L}$	Wert der in der jeweiligen Arbeitsstunde hergestellten Stühle (Wertgrenzprodukt) $p \cdot \frac{\delta x}{\delta L}$	Kosten der jeweiligen Arbeitsstunde (Faktorkosten) w	Gewinn in der jeweiligen Arbeitsstunde $\frac{\delta G}{\delta L}$	kumulierter Gewinn bis zu dieser Arbeits-stunde (ein-schließlich) ΣG
1.	2 Stühle	200,- €	50,- €	150,- €	150,- €
2.	1,4 Stühle	140,- €	50,- €	90,- €	240,- €
3.	1 Stuhl	100,- €	50,- €	50,- €	290,- €
4.	0,7 Stühle	70,- €	50,- €	20,- €	310,- €
5.	0,5 Stühle	50,- €	50,- €	0,- €	310,- €
6.	0,35 Stühle	35,- €	50,- €	-15,- €	295,- €
7.	0,25 Stühle	25,- €	50,- €	-25,- €	270,- €

Es ist unschwer zu erkennen, dass der Schreinerbetrieb fünf Stunden Arbeit nachfragen wird. Jede weitere Einsatzmenge des Faktors Arbeit, und sei sie auch noch so klein, würde mehr kosten, als durch den Verkauf der Stühle, die durch diesen zusätzlichen Arbeitseinsatz mehr hergestellt werden, verdient werden könnte.

Ein gewinnmaximierendes Unternehmen wird also genau die Menge an Arbeit nachfragen, bei der die Grenzproduktivität der Arbeit dem Reallohnsatz entspricht bzw. bei dem das Wertgrenzprodukt gleich dem Nominallohnsatz ist.

Die Arbeitsnachfrage wird somit bestimmt von der Grenzproduktivität der Arbeit und dem Reallohnsatz. Bei positiver, aber mit steigendem Faktoreinsatz abnehmender Grenzproduktivität der Arbeit gilt: Je höher die Grenzproduktivität des Faktors Arbeit ist, umso größer ist, bei einem gegebenen, beliebigen Reallohnsatz, die Nachfrage nach Arbeit. Und: Je höher der Reallohnsatz ist, umso kleiner ist, bei gegebener Grenzproduktivität, die Nachfrage nach Arbeit (Abb. 3.4).

Darüber hinaus ist die Einsatzmenge des Produktionsfaktors Kapital ebenfalls von Bedeu-tung für die Nachfrage nach Arbeit. Je mehr vom Faktor Kapital eingesetzt wird, umso höher ist die Grenzproduktivität der Arbeit und umgekehrt. Die Einsatzmenge von Kapital ist also Lageparameter der Grenzproduktivitätskurve von Arbeit.

3.2 Arbeitsnachfrage, Arbeitsangebot und Arbeitsmarktgleichgewicht

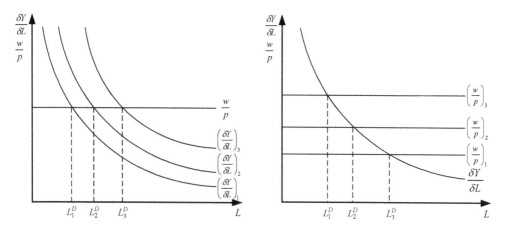

Abbildung 3.4: Herleitung der Arbeitsnachfragefunktion auf der Grundlage einer neoklassischen Produktionsfunktion

Da wir das betrachtete Unternehmen als repräsentativ für den Unternehmenssektor einer Volkswirtschaft angenommen haben, gelten diese Zusammenhänge auch auf gesamtwirtschaftlicher Ebene.

Die gesamtwirtschaftliche Arbeitsnachfragefunktion[38] lässt sich somit formulieren als:

(3.6) $L^D = L^D\left(\dfrac{w}{p}, K\right)$ mit $\dfrac{\delta L^D}{\delta(w/p)} < 0,\ \dfrac{\delta L^D}{\delta K} > 0$

Umgesetzt in die grafische Darstellung ergibt sich die **gesamtwirtschaftliche Arbeitsnachfragefunktion** L^D:

---

[38] Das Suffix D steht hier und im Folgenden für Nachfrage (demand).

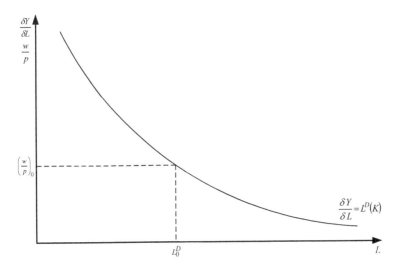

Abbildung 3.5: Arbeitsnachfragefunktion

Das **Angebot an Arbeit** resultiert letztendlich aus der Entscheidung der Privathaushalte über die Verwendung ihrer Zeit. Die Haushalte entscheiden sich zwischen der Möglichkeit, Freizeit im weitesten Sinne zu genießen, und der Möglichkeit, ihre Arbeitskraft anzubieten, dadurch Einkommen zu erzielen und mit diesem Einkommen Güter zu erwerben, deren Konsum ihnen Nutzen und Wohlbefinden stiftet.

Betrachten wir hierzu wieder ein einzelnes Wirtschaftssubjekt, in diesem Fall einen einzelnen Haushalt, der repräsentativ für alle Haushalte in der betrachteten Volkswirtschaft sein soll. Der Haushalt hat die Wahl, die ihm zur Verfügung stehende Zeit aufzuteilen zwischen Arbeitszeit und Freizeit. Entscheidet er sich dafür, seine Arbeitskraft anzubieten, so erzielt er ein Einkommen, abhängig vom Lohnsatz und der geleisteten Arbeitszeit. Dieses Einkommen ermöglicht ihm, nutzenstiftende Güter zu konsumieren. Entscheidet er sich dafür, seine Arbeitskraft nicht anzubieten, so hat er einen Nutzen aus der so gewonnenen Freizeit, in der er anderen, ihm ebenfalls nutzenstiftenden Aktivitäten nachgehen kann. Wenn der Haushalt seinen Nutzen aus der Arbeitszeit, respektive dem Konsum von Gütern, und den Freizeitaktivitäten maximieren möchte, wird er genau so viel Arbeit, sprich Arbeitszeit, anbieten, dass der Nutzen aus dem Konsum der mit dem Einkommen aus einer zusätzlichen Zeiteinheit erwerbbaren Gütern gleich ist dem Nutzen aus den Aktivitäten aus einer zusätzlichen Zeiteinheit Freizeit. Das Arbeitsangebot des Haushalts hängt somit ab von dem Reallohnsatz, also der Menge an Gütern, die er mit dem Einkommen aus einer zusätzlichen Arbeitsstunde erwerben kann. Denn diese Menge an Gütern erhält er, wenn er seine Arbeitskraft anbietet, und auf diese Menge an Gütern muss er verzichten, wenn er seine Arbeitskraft nicht anbietet und stattdessen Freizeit wählt.

Es bleibt noch zu klären, wie der Zusammenhang zwischen Arbeitsangebot und Reallohnsatz ist. Mit anderen Worten: Wie wird der Haushalt mit seinem Arbeitsangebot reagieren, wenn sich der Reallohnsatz ändert? Nehmen wir an, der Reallohn steigt. Dies löst bei dem Haus-

3.2 Arbeitsnachfrage, Arbeitsangebot und Arbeitsmarktgleichgewicht

halt zwei Effekte aus: einen Substitutionseffekt und einen Einkommenseffekt.[39] Dass er für eine Arbeitsstunde nun eine größere Menge an Gütern bekommt, veranlasst ihn einerseits, mehr Arbeit anzubieten. Es kostet ihn nun eine größere Menge an Gütern, wenn er sich für Freizeit entscheidet. Freizeit wird im Vergleich zur Arbeitszeit teurer, und er wird die relativ teurer gewordene Alternative Freizeit durch die relativ billiger gewordene Alternative Arbeitszeit ersetzen. Dies ist der Substitutionseffekt. Gleichzeitig braucht er andererseits nun für eine bestimmte Menge an Gütern weniger Arbeitszeit aufzubringen, er hat bei gleichem Arbeitseinsatz ein höheres Realeinkommen. Dies veranlasst ihn, sein Arbeitsangebot einzuschränken. Dies ist der Einkommenseffekt. Der Substitutionseffekt wirkt also bei einem Reallohnanstieg auf eine Ausweitung des Arbeitsangebots hin, der Einkommenseffekt auf eine Reduktion des Arbeitsangebots. Es hängt von den individuellen Präferenzen des Haushalts ab, welcher der beiden Effekte dominiert und wie die Reaktion dieses Haushalts auf den Reallohnanstieg letztendlich aussieht.

Da wir von einem Haushalt ausgegangen sind, den wir als repräsentativ für den Haushaltssektor unterstellt haben, können wir diese Überlegungen ebenfalls auf die gesamtwirtschaftliche Ebene übertragen. Auch für das gesamtwirtschaftliche Arbeitsangebot gilt die Abhängigkeit vom Reallohnsatz, wobei eine Reallohnänderung einen Substitutionseffekt und einen Einkommenseffekt auslöst. Typischerweise lässt sich auf gesamtwirtschaftlicher Ebene beobachten, dass der Substitutionseffekt stärker ist als der Einkommenseffekt und dass daher der Zusammenhang zwischen Arbeitsangebot und Reallohn positiv ist: Auf eine Reallohnerhöhung reagieren die Haushalte mit einer Ausweitung ihres Arbeitsangebots, auf eine Reallohnsenkung mit einer Reduktion ihres Arbeitsangebots.

Umgesetzt in die grafische Darstellung ergibt sich für die **gesamtwirtschaftliche Arbeitsangebotsfunktion** L^S folgendes Aussehen:

---

[39] Die Entscheidung eines Haushalts zwischen Arbeitszeit und Freizeit ist vergleichbar der Entscheidung eines Haushalts zwischen zwei Gütern. Im mikroökonomischen Teil dieses Lehrbuches diskutieren wir in Kapitel 14.3 den Einkommens- und den Substitutionseffekt bei einer Konsumentscheidung nochmals ausführlich.

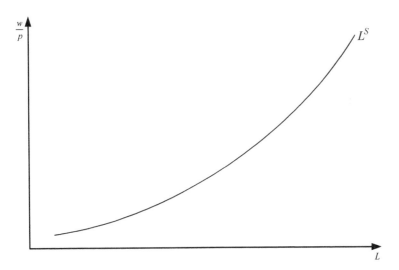

Abbildung 3.6: Arbeitsangebotsfunktion

Die Arbeitsangebotsfunktion[40] lässt sich somit formulieren als:

(3.7) $L^S = L^S\left(\dfrac{w}{p}\right)$ mit $\dfrac{\delta L^S}{\delta(w/p)} > 0$

Gleichgewicht herrscht **auf dem Arbeitsmarkt,** wenn alle Haushalte, die zu einem bestimmten Reallohnsatz Arbeit anbieten, auch einen Arbeitsplatz finden und gleichzeitig alle Unternehmen, die zu einem bestimmten Reallohnsatz Arbeit nachfragen, auch ihre Arbeitsplätze besetzen können. Mit anderen Worten: Gleichgewicht herrscht dann auf dem Arbeitsmarkt, wenn zu einem bestimmten Reallohnsatz der Arbeitsmarkt geräumt ist. In der grafischen Darstellung sieht man unmittelbar, dass es bei dem hier hergeleiteten Verlauf von Arbeitsnachfrage- und Arbeitsangebotsfunktion nur einen Reallohnsatz gibt, bei dem Arbeitsmarktgleichgewicht herrscht.

---

[40] Das Suffix S steht hier und im Folgenden für Angebot (supply).

3.2 Arbeitsnachfrage, Arbeitsangebot und Arbeitsmarktgleichgewicht

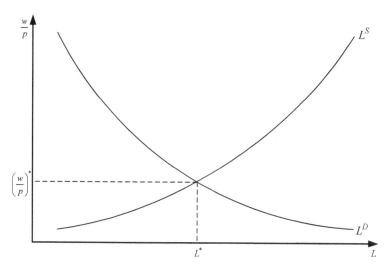

Abbildung 3.7:   Arbeitsmarktgleichgewicht

Der gleichgewichtige Reallohnsatz ist mit $(w/p)^*$ bezeichnet, die Beschäftigung im Arbeitsmarktgleichgewicht mit L^*.

Unter der Annahme, dass der Reallohnsatz flexibel ist, wird dieses Gleichgewicht auch erreicht und ist stabil.[41] Übersteigt bei einem bestimmten Reallohnsatz das Arbeitsangebot die Arbeitsnachfrage, so werden die Arbeitnehmer, in der Absicht, überhaupt ein Einkommen zu erzielen, mit Reallohnzugeständnissen um die in nicht ausreichender Zahl vorhandenen Arbeitsplätze konkurrieren. Und umgekehrt: Ist die Arbeitsnachfrage größer als das Arbeitsangebot, werden die Unternehmen Reallohnerhöhungen bieten, um die Haushalte zu einer Ausweitung ihres Arbeitsangebots zu animieren.

Das Zusammenspiel von Arbeitsangebot und Arbeitsnachfrage, beide reallohnabhängig, führt also bei Flexibilität des Reallohns wie gesehen zum Arbeitsmarktgleichgewicht. Alle Menschen, die zum herrschenden Reallohn ihre Arbeitskraft anbieten, finden Beschäftigung; und alle Unternehmen, die zu diesem Reallohn Arbeitskräfte suchen, können ihre Arbeitsplätze besetzen. Menschen, die in dieser Situation keinen Arbeitsplatz haben, sind freiwillig arbeitslos. Die Beschäftigungshöhe im Arbeitsmarktgleichgewicht wird daher auch als **natürliche Arbeitslosigkeit** bezeichnet und es liegt **Vollbeschäftigung** vor.

Das hier entwickelte Modell für den Arbeitsmarkt ist das **klassische** oder **neoklassische Arbeitsmarktmodell**, das geeignet ist, die in der langen Frist geltenden Zusammenhänge und Anpassungsprozesse abzubilden.

---

[41] Auf die weiteren Annahmen, die hier implizit unterstellt werden (Homogenität der Arbeit, vollständige Markttransparenz, Vollkommenheit des Marktes und eine große Anzahl von Arbeitsanbietern und Arbeitsnachfragern sowie die Annahmen bezüglich der Anpassungsreaktionen bei Marktungleichgewichten) soll hier nicht eingegangen werden, da dies die Argumentation an dieser Stelle zu sehr überlagern würde.

Nehmen wir an, es käme zu einem positiven Angebotsschock, bspw. durch einen markanten Anstieg der gesamtwirtschaftlichen Produktivität wie er in den neunziger Jahren des 20. Jahrhunderts in den USA zu beobachten war. Welche Auswirkungen hat ein solcher Produktivitätsanstieg auf die Beschäftigung? Mithilfe unseres Modells können wir die Auswirkungen dieses Impulses, dieser Datenänderung, analysieren. Der Anstieg der Produktivität des Faktors Arbeit schlägt sich in der Produktionsfunktion und damit in der Arbeitsnachfragefunktion nieder: Eine höhere Arbeitsproduktivität führt im $(w/p, L)$-Diagramm zu einer Verschiebung der Arbeitsnachfragefunktion nach rechts: Zu jedem Reallohnsatz wird nun mehr Arbeit nachgefragt. Im neuen Arbeitsmarktgleichgewicht ist dann der Reallohn höher, ebenso die Beschäftigung. Ein positiver Angebotsschock wie z.B. ein Anstieg der Arbeitsproduktivität führt also zu einem Anstieg der Beschäftigung und einem Anstieg des Reallohns.

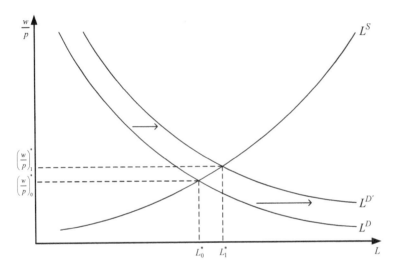

Abbildung 3.8: Auswirkungen eines positiven Angebotsschocks auf das Arbeitsmarktgleichgewicht

3.3 Beschäftigung, Output und Vollbeschäftigungsoutput

Auf dem Arbeitsmarkt wird – in neoklassischer Sicht – die Beschäftigungshöhe festgelegt. Zu jedem Beschäftigungsniveau, z.B. L_0 in Abb. 3.9, gehört bei gegebenem Kapitaleinsatz eine bestimmte Höhe des gesamtwirtschaftlichen Outputs, in Abb. 3.9 Y_0, gemäß der in der gesamtwirtschaftlichen Produktionsfunktion abgebildeten produktionstechnischen Zusammenhänge. Insbesondere gehört zur gleichgewichtigen Beschäftigung L^*, der Vollbeschäftigung, ebenfalls ein bestimmter Output, der daher als **Vollbeschäftigungsoutput** oder auch als **Produktionspotenzial** Y^* bezeichnet wird:

(3.8) $Y^* = f(L^*, \overline{K})$

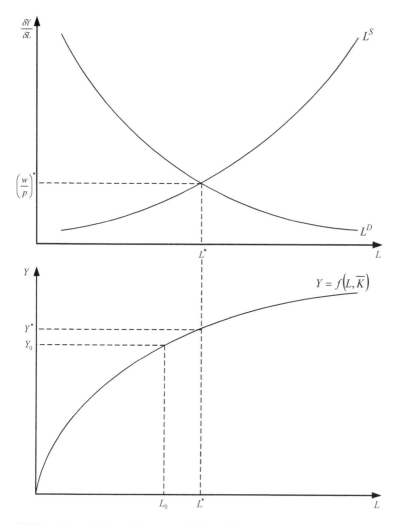

Abbildung 3.9:   Vollbeschäftigung und Vollbeschäftigungsoutput

Es ist unmittelbar einsichtig, dass Veränderungen, die die Arbeitsnachfrage, das Arbeitsangebot oder die Produktionsbedingungen beeinflussen, Auswirkungen auf die Höhe dieses Vollbeschäftigungsoutputs besitzen. So wird eine Ausweitung des Arbeitsangebots bei unverändertem Reallohnsatz, bspw. aufgrund einer erhöhten Arbeitsmotivation, und damit einhergehend eine Rechtsverschiebung der Arbeitsangebotskurve im Arbeitsmarktdiagramm der

Abb. 3.7, zu einem neuen Arbeitsmarktgleichgewicht bei niedrigerem Reallohn und größerer Beschäftigung führen. Und die höhere Vollbeschäftigung führt zu einem größeren Vollbeschäftigungsoutput. Ebenso wird eine Produktivitätssteigerung und damit eine Verschiebung des gesamtwirtschaftlichen Produktionsfunktion nach oben, wie sie bereits diskutiert wurde, nicht nur zu einer höheren Produktion bei jedem, also auch beim bisherigen Vollbeschäftigungsniveau führen (direkter Effekt), sondern über den gerade mithilfe von Abb. 3.8 erläuterten Anstieg des gleichgewichtigen Reallohnsatzes und des Vollbeschäftigungsniveaus kommt es darüber hinaus zu einem weiteren, indirekten Anstieg des Vollbeschäftigungsoutputs.

Selbstverständlich sind Güterpreise und (nominale) Faktorpreise (insbesondere Löhne) nicht immer vollständig flexibel. Aber es gilt zu beachten, dass wir hier ein Modell für die lange Frist aufgestellt haben. Und mittel- bis langfristig sind sowohl Güter- als auch Faktorpreise variabel. Insofern kann uns dieses hier formulierte Modell gute Hinweise und Einsichten geben, wie der Arbeitsmarkt vom Grundsatz her funktioniert und wie Arbeitsmarkt und gesamtwirtschaftliche Produktion bzw. gesamtwirtschaftliches Realeinkommen zusammenhängen.

3.4 Wachstum

Bislang haben wir untersucht und Modellannahmen darüber getroffen, wie sich der gesamtwirtschaftliche Output einer Volkswirtschaft in einer bestimmten Periode ergibt. Nun lässt sich aber beobachten, dass der gesamtwirtschaftliche Output bzw. das Realeinkommen einer Volkswirtschaft, wenn man lange Zeiträume betrachtet, über die Jahre hinweg im Trend zunimmt.

Ein Modell, um diese Zunahme des gesamtwirtschaftlichen Outputs im Zeitablauf zu erklären, ist das **Solow-Modell**, das zentrale Modell der neoklassischen Wachstumstheorie, das hier in seinen Grundzügen skizziert werden soll.[42] Dabei wollen wir, wie Solow und anders als bislang, die einzelnen Größen in Pro-Kopf-Größen ausdrücken. Schließlich ist es sinnvoller, das Wachstum einer Volkswirtschaft nicht am absoluten Niveau des Güterbergs resp. des Realeinkommens zu messen, sondern an der Gütermenge bzw. dem Realeinkommen, das dem einzelnen Mitglied dieser Volkswirtschaft zur Verfügung steht.

Die Güterangebotsseite wird im Solow-Modell durch eine neoklassische Produktionsfunktion mit konstanten Skalenerträgen[43] abgebildet:

---

[42] Robert M. Solow (geb. 1924), US-amerikanischer Ökonom, dessen Aufsatz „A Contribution to the Theory of Economic Growth" aus dem Jahre 1956 grundlegend für die neoklassische Wachstumstheorie ist.

[43] Konstante Skalenerträge bedeuten, dass eine proportionale Erhöhung des Einsatzes aller Produktionsfaktoren um einen Faktor k, $k > 0$, eine gleich große Erhöhung des Outputs, also eine Steigerung des Outputs ebenfalls um den Faktor k, nach sich zieht. Für die neoklassische Produktionsfunktion wie sie unter der Gleichung (3.2) angegeben ist, bedeutet dies, dass die Exponenten α und β sich in der Summe zu eins ergänzen. Man bezeichnet eine solche Funktion auch als linear-homogen. In Kap. 13.1.1 wird auf diese Eigenschaft einer bestimmten Klasse von Produktionsfunktionen nochmals ausführlich eingegangen.

3.4 Wachstum

(3.9) $Y^s = f(L, K)$

Die Annahme konstanter Skalenerträge erlaubt es uns, diese Produktionsfunktion wie angesprochen in Pro-Kopf-Größen (wofür wir Kleinbuchstaben verwenden) zu schreiben:[44]

(3.10a) $Y^s/L = f(K/L, 1)$ bzw.

(3.10b) $y^s = f(k)$

Gl. (3.10b) zeigt, dass das Pro-Kopf-Realeinkommen vom Pro-Kopf-Kapitaleinsatz, der Kapitalintensität, abhängt.

Die Güternachfrage (pro Kopf) setzt sich im Solow-Modell einer geschlossenen Volkswirtschaft ohne Staatsaktivität zusammen aus dem Pro-Kopf-Konsum der privaten Haushalte und den Pro-Kopf-Investitionen.

(3.11) $y^D = c + i$

Im Gleichgewicht von gesamtwirtschaftlichem Güterangebot und gesamtwirtschaftlicher Güternachfrage,

(3.12) $y^s = y^D = y$

muss daher für den Pro-Kopf-Output y gelten:

(3.13) $y = c + i$

Es wird angenommen, dass die Menschen in jeder Periode einen Teil s, $0 < s < 1$, ihres Realeinkommens sparen, der andere Teil $1-s$ wird konsumiert. Als Konsumhypothese lässt sich also für den Pro-Kopf-Konsum c formulieren:

(3.14) $c = (1-s) \cdot y$

Wird diese Konsumfunktion in die Gleichgewichtsbedingung (3.13) eingesetzt, ergibt sich

(3.15a) $y = (1-s) \cdot y + i$ bzw.

(3.15b) $i = s \cdot y$

Im Gleichgewicht stimmen also Investition und Ersparnis miteinander überein.

Diese Gleichungen – Pro-Kopf-Produktionsfunktion, Konsumfunktion und Gleichgewichtsbedingung – beschreiben unsere Modell-Volkswirtschaft zu jedem Zeitpunkt: Für jeden Kapitalstock ergibt sich eine bestimmte Höhe des Pro-Kopf-Outputs und des Pro-Kopf-Realeinkommens, und die Sparquote bestimmt die Aufteilung des Outputs auf Konsum und

---

[44] Dies wird klar, wenn man sich klarmacht, dass als beliebiger Faktor k insbesondere der Faktor $k = 1/L$ gewählt werden kann. Die Zahl Eins in Gl. (3.10a) kann als Konstante vernachlässigt werden.

Investition bzw. die Aufteilung des Realeinkommens auf Ersparnis und Konsum. Wenn also der Pro-Kopf-Kapitalstock k bekannt ist, sind alle anderen Größen des Modells bestimmbar.

Der Kapitalstock ändert sich im Zeitverlauf. Durch Investitionen wird er erhöht, durch die Abnutzung, ausgedrückt in den Abschreibungen, wird er verringert. Unter der Annahme, dass die Abnutzung des Kapitalstocks proportional zu seiner Höhe ist, also in jeder Periode jeweils ein bestimmter Anteil δ des Kapitalstocks abgeschrieben wird, ergibt sich für die Abschreibungen pro Kopf

(3.16) $d = \delta \cdot k$ mit $0 < \delta < 1$

und die Änderung des Kapitalstocks lässt sich ausdrücken durch

(3.17a) $\Delta k = i - \delta \cdot k$ oder für unendlich kleine Zeiteinheiten:

(3.17b) $\dot{k} = i - \delta \cdot k$

Unter Berücksichtigung der aus den obigen Überlegungen resultierenden Beziehung (3.15b) ergibt sich aus Gl. (13.17)

(3.18a) $\Delta k = s \cdot f(k) - \delta \cdot k$ bzw.

(3.18b) $\dot{k} = s \cdot f(k) - \delta \cdot k$

Diese Gl. (3.18b) ist eine Differenzialgleichung. Sie gibt die Veränderung der Variablen k in der Zeit an, zeigt also, wie sich die Höhe des Pro-Kopf-Kapitalstocks von einer Periode zur nächsten verändert. Und wenn k bekannt ist, sind alle weiteren Größen des Modells bestimmbar.

Eine Situation, in der die Variable einer Differenzialgleichung sich nicht mehr verändert, wird als **stationärer Zustand** oder auch **Steady-state-Niveau** dieser Variablen bezeichnet. Man erkennt unmittelbar, dass sich die Variable k unseres Modells dann nicht mehr verändert, also $\Delta k = 0$ bzw. $\dot{k} = 0$ ist, wenn in einer Periode genauso viel investiert wird, wie in der gleichen Periode abgeschrieben wird. Bei diesem Steady-state-Niveau der Kapitalintensität k, k^*, wird, gemäß Gl. (3.10), auch das Steady-state-Niveau des Pro-Kopf-Realeinkommens, y^*, erreicht. Man bezeichnet diese Situation des stationären Zustands auch als **langfristiges Gleichgewicht**. In diesem langfristigen Gleichgewicht verharren die zeitabhängigen Variablen auf ihrem nun erreichten Niveau. Im Umkehrschluss gilt aber ebenso, dass bei einer Kapitalstockhöhe kleiner als k^* mehr investiert als abgeschrieben wird, der Pro-Kopf-Kapitalstock und damit der gesamtwirtschaftliche Pro-Kopf-Output bzw. das Pro-Kopf-Realeinkommen somit wachsen, und umgekehrt bei einer Kapitalstockhöhe größer k^* der Pro-Kopf-Kapitalstock und damit der Pro-Kopf-Output bzw. das Pro-Kopf-Realeinkommen zurückgehen.

3.4 Wachstum 71

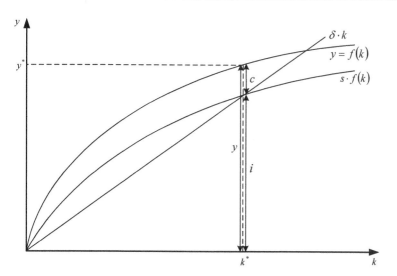

Abbildung 3.10: Steady-state-Gleichgewicht im Solow-Modell

Aus dem Solow-Modell folgen somit zwei Konsequenzen im Hinblick auf Wirtschaftswachstum: Zum einen wird eine Volkswirtschaft wachsen, das Pro-Kopf-Einkommen in dieser Volkswirtschaft wird zunehmen, solange die Investitionstätigkeit in dieser Volkswirtschaft größer ist als die Höhe der Abnutzung des Kapitalstocks, solange also der Kapitalstock wächst. Zum anderen gibt es eine bestimmte Höhe des Kapitalstocks, bei der das Wachstum zum Erliegen kommt.

Das Solow-Modell hat darüber hinaus weitere Implikationen. Eine ist, dass die Höhe des gleichgewichtigen Kapitalstocks k^* abhängig ist von den Parametern des Modells, insbesondere der Höhe der Sparquote s. Eine höhere Sparquote geht einher mit einem höheren Pro-Kopf-Kapitalstock im langfristigen Gleichgewicht. Eine höhere Sparquote s' impliziert also c.p.,[45] unter sonst gleichen Bedingungen, einen länger anhaltenden Wachstumsprozess.

---

[45] c.p. steht für ceteris paribus. Die Ceteris paribus-Klausel wird häufig verwendet und stellt klar, dass nur ein Aspekt oder ein Einflussfaktor geändert wird und die sonstigen Einflussfaktoren unverändert gelten und bei diesen keine Variation unterstellt wird.

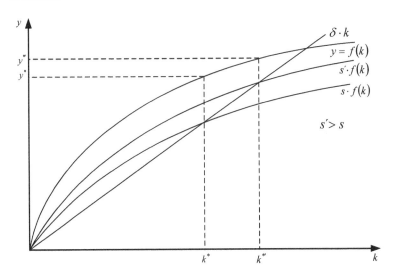

Abbildung 3.11: Auswirkungen einer höheren Sparquote auf das Steady-state-Gleichgewicht im Solow-Modell

Eine höhere Sparquote kann beispielsweise durch eine höhere Ersparnis privater Haushalte aufgrund einer stärkeren privaten Altersvorsorge hervorgerufen sein. Oder die gesamtwirtschaftliche Sparquote steigt, weil die staatliche Ersparnis zunimmt oder in Form niedrigerer Defizite des Staatshaushalts zumindest weniger stark negativ ist.[46]

Eine weitere Implikation des Solow-Modells liegt darin, dass es zu einem dauerhaften Wirtschaftswachstum, wie es im mittelfristigen Trend in den Industriestaaten seit mehreren Jahrzehnten beobachtet werden kann, im Solow-Modell nur dann kommt, wenn man unterstellt, dass es technischen Fortschritt gibt. Nur dann, wenn man in diesen Modellrahmen technischen Fortschritt einführt, lässt sich hiermit dauerhaftes Wachstum erklären. Dieser technische Fortschritt wird aber im Modell selbst nicht erklärt. Aus diesem Grund sind in der jüngeren Vergangenheit mit der **Neuen Wachstumstheorie** Modelle entwickelt worden, in denen der technische Fortschritt endogen erklärt wird und nicht, wie im Solow-Modell, eine exogen gegebene Größe darstellt.[47] Zentral bei den Modellen der Neuen Wachstumstheorie ist, dass bei diesen nicht ausschließlich konstante Skalenerträge in der Produktion auftreten, sondern die gesamtwirtschaftliche Produktionsfunktion oder zumindest die Produktionsfunktion eines Sektors der Volkswirtschaft steigende Skalenerträge aufweist, was mit den Eigenschaften von Wissen und von Innovationen begründet wird. Treten in der Volkswirtschaft insgesamt oder in einem ihrer Sektoren steigende Skalenerträge auf, so lässt sich zeigen, dass dann in einem Gleichgewicht die Wachstumsrate des Pro-Kopf-Einkommens größer null ist.

---

[46] Wobei in der hier ausgeführten Modellvariante der Staatssektor und damit ein mögliches Defizit in Staatshaushalt nicht explizit abgebildet sind.

[47] Der Zweig dieser Forschungsrichtung wird daher auch als Endogene Wachstumstheorie bezeichnet. Grundlegende Arbeiten sind hier Lucas (1988), Romer (1986), derselbe (1990) sowie Grossman/Helpman (1991). Vgl. auch den Überblick in Acemoglu (2008).

Aber unabhängig davon, ob der technische Fortschritt im Modell als gegeben angenommen oder modellendogen erklärt wird, bleibt als Quintessenz sowohl aus der traditionellen neoklassischen Wachstumstheorie als auch aus der Neuen Wachstumstheorie festzuhalten, dass eine oder vielleicht sogar die entscheidende Größe für Wirtschaftswachstum der technische Fortschritt ist.

4 Güternachfrage, Gütermarkt und Kapitalmarkt

Im folgenden Kapitel 4 soll nun die Nachfrageseite einer Volkswirtschaft betrachtet werden und diese dann mit Rückgriff auf die Bestimmung des Güterangebots in Kapitel 3 zur Betrachtung des Gütermarkt- resp. Kapitalmarktgleichgewichts (man erinnere sich an die Diskussion im Abschnitt 2.5) zusammengeführt werden. Es werden die Verhaltenshypothesen zu den einzelnen makroökonomischen Nachfragekomponenten zunächst vorgestellt und begründet, bevor dann die explizite Betrachtung des Gütermarktgleichgewichts und des Kapitalmarktgleichgewichts erfolgt. Diese wird in verschiedenen Abgrenzungen vorgenommen, beginnend mit der geschlossenen Volkswirtschaft als Grundlage, dann für eine kleine offene Volkswirtschaft und abschließend für eine große offene Volkswirtschaft. Dabei werden auch verschiedene wirtschaftspolitische Maßnahmen und ihre Auswirkungen auf die jeweils betrachtete Volkswirtschaft analysiert.

4.1 Die Nachfrage nach Gütern

Die gesamtwirtschaftliche Güternachfrage ist definiert als

(4.1) $Y^D = C + I + G + NX$

Für jede dieser Komponenten ist eine Verhaltenshypothese aufzustellen, um so zu einem volkswirtschaftlichen Modell für eine Ex ante-Analyse gesamtwirtschaftlicher Zusammenhänge und Wirkungsketten zu kommen.

Wir unterstellen, dass die **Konsumgüternachfrage** des Sektors der privaten Haushalte vom verfügbaren Einkommen des Haushaltssektors, also dem Einkommen Y abzüglich der Steuern T, abhängt. Dabei nehmen wir an, dass der Zusammenhang zwischen den Konsumausgaben der privaten Haushalte und ihrem verfügbaren Einkommen positiv ist, d.h. je höher das verfügbare Einkommen der privaten Haushalte ist, umso höher wird auch die private Konsumgüternachfrage sein:

(4.2) $C = C(Y-T)$ mit $\dfrac{\delta C}{\delta(Y-T)} > 0$

Genauer spezifizieren können wir diesen Zusammenhang zwischen privater Konsumgüternachfrage und verfügbarem Einkommen, indem wir unterstellen, dass ein Teil der Konsumgüternachfrage in seiner Höhe von dem verfügbaren Einkommen unabhängig ist und der andere Teil dergestalt vom verfügbaren Einkommen abhängt, dass von einer zusätzlichen Geldeinheit, die als verfügbares Einkommen dem Haushaltssektor zufließt, ein Anteil c konsumiert und der andere Anteil $s = 1-c$ gespart wird.

(4.3) $C = \overline{C} + c \cdot (Y - T)$ mit $0 < c < 1$

Gl. (4.3) wird auch als **keynesianische Konsumfunktion** bezeichnet.[48] Die Ableitung dieser Funktion nach dem verfügbaren Einkommen, also $\delta C / \delta (Y - T)$, ist gleich dem Koeffizienten c und gibt an, um wie viel die Konsumgüternachfrage ansteigt, wenn das verfügbare Einkommen um eine Geldeinheit, genau genommen um eine unendlich kleine Geldeinheit, steigt. Man bezeichnet c daher auch als **marginale Konsumquote**, s entsprechend als **marginale Sparquote**. Davon zu unterscheiden ist die **durchschnittliche Konsumquote** $C/(Y-T)$, die den Anteil der Konsumausgaben am verfügbaren Einkommen angibt und im Fall der Gl. (4.3) $(\overline{C} + c(Y-T))/(Y-T)$ beträgt. Die keynesianische Konsumfunktion umgesetzt in die grafische Darstellung zeigt Abb. 4.1:

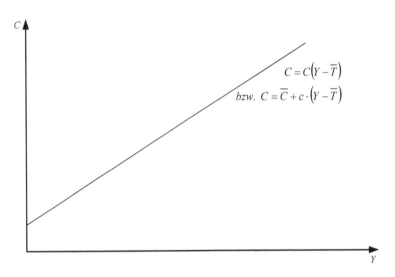

Abbildung 4.1: Keynesianische Konsumfunktion

Aus dem definitorischen Zusammenhang, dass der Sektor der privaten Haushalte sein verfügbares Einkommen entweder für Konsumzwecke ausgeben kann oder sparen,

---

[48] Benannt nach John Maynard Keynes (1883-1946), englischer Ökonom und Mathematiker, der sich auch stark in der Politikberatung engagierte. In seinem 1936 erschienen Hauptwerk „The General Theory of Employment, Interest and Money" wies er dem Staat eine deutlich gewichtigere Rolle als die Neoklassik zu, da dieser die gesamtwirtschaftliche Nachfrage zu stabilisieren habe, wenn die sog. effektive Nachfrage zu gering sei, um Vollbeschäftigung zu realisieren. Nach seiner Auffassung tendiert das marktwirtschaftliche System auch bei vollständiger Preis- und Lohnflexibilität nicht zwangsläufig zur Vollbeschäftigung.

4.1 Die Nachfrage nach Gütern

(4.4) $(Y-T) = C + S_{pr}$

ergibt sich die **Verhaltenshypothese für die private Ersparnis** S_{pr} aus der Konsumfunktion. Für die keynesianische Konsumfunktion folgt somit:

(4.5) $S_{pr} = S_{pr}(Y-T)$ mit $\dfrac{\delta S_{pr}}{\delta(Y-T)} > 0$ bzw.

(4.6) $S_{pr} = -\overline{C} + (1-c) \cdot (Y-T)$ mit $0 < c < 1$

Eine andere Hypothese bezüglich der Konsumgüternachfrage der privaten Haushalte bezieht den Realzinssatz r als Argument in die Konsumfunktion mit ein. Die Begründung hierfür ist, dass die Höhe der Verzinsung der Ersparnisse den Umfang der Ersparnisse beeinflusst. Je höher der erzielbare Realzins ist, umso mehr wird gespart werden, entsprechend weniger wird konsumiert werden (können). Der Zusammenhang zwischen Konsumgüternachfrage und Realzins ist daher negativ.

(4.7) $C = C((Y-T), r)$ mit $\dfrac{\delta C}{\delta(Y-T)} > 0$ und $\dfrac{\delta C}{\delta r} < 0$

Theoretisch stringent lässt sich dieser Zusammenhang herleiten aus einem intertemporalen, mikroökonomischen Optimierungsansatz: Ein für den Haushaltssektor repräsentativer Haushalt maximiert seinen aus dem Konsum von Gütern resultierenden Nutzen. Er hat zu entscheiden, wie er seinen Konsum über zwei Perioden, Gegenwart t und Zukunft $t+1$, aufteilt. Dabei verfügt er über ein Anfangsvermögen W_t und es fließt ihm in den beiden Perioden Einkommen zu, was ggf. durch Steuern vermindert wird. Gibt er Anfangsvermögen und verfügbares Einkommen der Gegenwartsperiode nicht vollständig für Konsumzwecke aus, sondern spart einen Teil für die Zukunft, so erhält er für diesen Konsumverzicht Zinsen, was wiederum die Konsummöglichkeiten der Zukunft erhöht. In diesem Kontext ergibt sich eine Konsumfunktion, die neben dem Anfangsvermögen und den verfügbaren Einkommen in der Gegenwart und in der Zukunft den Realzins als Argument der Konsumfunktion enthält. Dabei kann, anders als Gl. (4.7) postuliert, die Abhängigkeit der privaten Konsumnachfrage vom Realzins negativ, aber auch positiv sein. Diese nicht eindeutige Richtung ist begründet in dem mit einer Realzinsänderung einhergehenden Einkommenseffekt und Substitutionseffekt, die entgegengesetzte Wirkungsrichtungen aufweisen können. Bei einem Realzinsanstieg hat der Haushalt für jede Einheit Konsumverzicht in der Gegenwart ein entsprechend höheres Einkommen über beide Perioden (Einkommenseffekt). Er kann, sofern er ein Überschusshaushalt ist, in beiden Perioden seinen Konsum ausweiten. Falls der Haushalt ein Defizithaushalt ist, der in der Gegenwart Kredit aufnehmen muss, um seinen Gegenwartskonsum zu finanzieren, wird ein Realzinsanstieg seine Konsummöglichkeiten insgesamt einschränken und er wird in der Gegenwartsperiode weniger konsumieren. Gleichzeitig hat der Realzinsanstieg zur Folge, dass sich das Preisverhältnis von Gegenwartskonsum und Zukunftskonsum verändert. Zukunftskonsum wird relativ zum Gegenwartskonsum billiger (Substitutionseffekt). Der Haushalt, egal ob Überschuss- oder Defizithaushalt, erhält für den Verzicht auf eine Einheit Gegenwartskonsum eine größere Menge an Zukunftskonsum und wird daher den Zukunftskonsum zulasten des Gegenwartskonsums ausweiten; er wird in der Gegenwart mehr sparen und weniger konsumieren. Für einen Defizithaushalt wirken Einkommens- und Substitutionseffekt also in die gleiche Richtung und ein solcher Haushalt wird bei einem Realzinsanstieg seinen Gegenwartskonsum einschränken; für einen Überschusshaushalt jedoch sind Einkommens- und Substitutionseffekt entgegengesetzt und die Wirkung eines Realzinsanstiegs auf dessen Gegenwartskonsum ist daher unklar. Da wir jedoch den Konsum des privaten Sektors betrachten und sich bei der Konsolidierung über alle privaten Haushalte die Überschüsse und die Defizite der einzelnen Haushalte gerade ausgleichen, spielt makroökonomisch nur der Substitutionseffekt eine Rolle. Daher kann als alternative Konsumfunktion die mikroökonomisch fundierte **neoklassische Konsumfunktion** formuliert werden:

(4.8) $C_t = C(W_t, (Y-T)_t, (Y-T)_{t+1}, r_t)$

mit $\frac{\delta C_t}{\delta(Y-T)_t} > 0$, $\frac{\delta C_t}{\delta(Y-T)_{t+1}} > 0$, $\frac{\delta C_t}{\delta W_t} > 0$ und $\frac{\delta C_t}{\delta r_t} < 0$

Als Gleichung für die Ersparnis des privaten Sektors ergibt sich hier:

(4.9) $S_{pr,t} = S_{pr}(W_t, (Y-T)_t, (Y-T)_{t+1}, r_t)$

mit $\frac{\delta S_{pr,t}}{\delta(Y-T)_t} > 0$, $\frac{\delta S_{pr,t}}{\delta(Y-T)_{t+1}} < 0$, $\frac{\delta S_{pr,t}}{\delta W_t} > 0$ und $\frac{\delta S_{pr,t}}{\delta r_t} > 0$

Im Folgenden werden wir überwiegend mit der keynesianischen Konsumfunktion arbeiten, an verschiedenen Stellen wird jedoch auf die Konsequenzen aus der Verwendung einer neoklassischen Konsumfunktion auch eingegangen werden.

Für die **Investitionsgüternachfrage** gehen wir davon aus, dass sie, zumindest teilweise, vom Realzins abhängig ist, und zwar negativ. Je höher der Realzinssatz ist, umso weniger rentabel wird eine Sachinvestition sein und umso weniger Investitionsgüter werden die Unternehmen dann nachfragen. Dabei ist es unerheblich, ob eine Investition fremdfinanziert, also durch die Aufnahme von Krediten, oder durch Eigenkapital finanziert wird. Wird das Investitionsobjekt durch die Aufnahme von Fremdkapital finanziert, so wird der Investor die Rendite aus dem Investitionsobjekt mit den Zinsen, die er für den Kredit zahlen muss, vergleichen. Und wenn der Investor genügend Kapital besitzt, um das Investitionsobjekt eigenzufinanzieren, so wird er die Rendite aus dem Investitionsobjekt mit dem Zinssatz vergleichen, den er für die Anlage seiner Mittel sonst am Kapitalmarkt erzielen könnte. In beiden Fällen wird also das Investitionsvolumen, die Nachfrage nach Investitionsgütern, zurückgehen, wenn der Zinssatz am Kapitalmarkt steigt.

(4.10) $I = I(r)$ mit $\frac{\delta I}{\delta r} < 0$

Berücksichtigen wir darüber hinaus noch, dass manche Investitionen unabhängig vom Realzinsniveau getätigt werden, lässt sich die Investitionsfunktion auch wie folgt spezifizieren:

4.1 Die Nachfrage nach Gütern

(4.11) $I = \bar{I} + I(r)$ mit $\frac{\delta I}{\delta r} < 0$

Gl. (4.11) umgesetzt in die grafische Darstellung zeigt die Abb. 4.2:

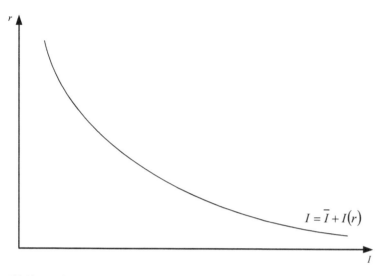

Abbildung 4.2: Investitionsfunktion

Die **Staatsausgaben** G und die **Staatseinnahmen** T werden vom Parlament festgelegt, sind also für unser Modell exogen gegebene und damit konstante Größen.

(4.12) $G = \bar{G}$

(4.13) $T = \bar{T}$

Die **staatliche Ersparnis** S_{St} resultiert aus dem Überschuss der Einnahmen über die Ausgaben des Staates,

(4.14) $S_{St} = T - G$

wobei ein Budgetdefizit BuD eine negative staatliche Ersparnis widerspiegelt.

(4.15) $BuD = -S_{St} = G - T$

Die **gesamtwirtschaftliche Ersparnis** S ist die Summe aus privater und staatlicher Ersparnis.

(4.16) $S = S_{pr} + S_{St}$

Berücksichtigt man, dass die private Ersparnis als Differenz zwischen verfügbarem Einkommen und Konsumnachfrage der privaten Haushalte definiert ist, Gl. (4.4), und die staatliche Ersparnis als Differenz zwischen Staatseinnahmen und Staatsausgaben, Gl. (4.14), so ergibt sich für die gesamtwirtschaftliche Ersparnis

(4.17) $S = [(Y-T)-C] + [T-G] = Y - C - G$

Die gesamtwirtschaftliche Ersparnis lässt sich also auch als Outputmenge verstehen, die verbleibt, wenn die Güternachfrage der privaten Haushalte und des Staates befriedigt ist.

Als letzte Nachfragekomponente bleibt noch der **Nettoexport** eines Landes, für den ebenfalls eine Verhaltenshypothese aufzustellen ist. Der Nettoexport als Differenz zwischen Export und Import eines Landes hängt ab vom Preisverhältnis zwischen inländischen und ausländischen Gütern. Sind inländische Güter relativ billig im Vergleich zu im Ausland hergestellten Gütern, so werden im Inland hergestellte Güter eher und im Ausland hergestellte Güter weniger stark nachgefragt werden. Ausländer werden inländische Güter (anstelle der in ihrem Land, dem Ausland, produzierten Güter) erwerben, der Export wird zunehmen; ebenso werden Inländer nur wenige ausländische Güter, sondern vielmehr inländische Güter kaufen, der Import wird geringer sein. Der Nettoexport eines Landes wird also umso größer sein, je niedriger das Preisverhältnis von inländischen zu ausländischen Gütern ist. Und umgekehrt wird der Nettoexport eines Landes umso kleiner sein, je höher das Verhältnis des Preises inländischer Güter in Relation zu dem ausländischer Güter ist. Dieses relative Preisverhältnis zwischen inländischen Gütern und ausländischen Güter wird als reales Austauschverhältnis, als terms-of-trade (tot) oder als **realer Wechselkurs** Wk_{real} bezeichnet. Der Nettoexport hängt also negativ vom so definierten realen Wechselkurs ab.

(4.18) $NX = NX(Wk_{real})$ mit $\dfrac{\delta NX}{\delta Wk_{real}} < 0$

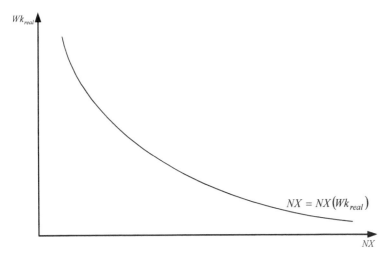

Abbildung 4.3: Funktion der Nettoexporte

Der reale Wechselkurs ist ein relativer Preis (und wir haben bis hierher von nominalen Größen und absoluten Preisen noch gar nicht gesprochen, schließlich wurde Geld als solches noch gar nicht eingeführt). Er gibt das Verhältnis, die Relation, an, zu dem Waren und Dienstleistungen eines Landes oder Währungsraums gegen Waren und Dienstleistungen eines anderen Landes oder Währungsraums getauscht werden können.

Anders verhält es sich mit dem **nominalen Wechselkurs**. Der nominale Wechselkurs ist das Verhältnis, zu dem eine Währung gegen eine andere getauscht wird, also bspw. Euro gegen Dollar, Euro gegen Schweizer Franken oder Yen gegen Norwegische Kronen. Dabei kann der nominale Wechselkurs in Mengennotierung oder in Preisnotierung angegeben sein. Der nominale Wechselkurs in **Mengennotiz** gibt an, wie viele Einheiten der ausländischen Währung man für eine Einheit der inländischen Währung erhält, also bspw. 1,20 US-Dollar für einen Euro. Dies ist die Kursnotiz, wie sie seit der Einführung des Euro auch in Deutschland üblich ist. Die **Preisnotiz** dagegen gibt an, wie viele Einheiten der inländischen Währung man benötigt, um eine Einheit der ausländischen Währung zu erwerben; sie ist damit der Kehrwert der Mengennotiz. Bei einem Wechselkurs in Mengenotierung von 1,25 US-\$/€ ist der Wechselkurs in Preisnotierung 0,80 €/US-\$.[49] Solange wir in unser Modell noch kein Geld und somit auch keine nominalen Größen und deren mögliche Veränderung eingeführt haben, sind nominaler und realer Wechselkurs proportional zueinander.

Wie stehen aber nominaler und realer Wechselkurs genau zueinander? Betrachten wir dazu ein Beispiel, an dem auch deutlich wird, dass für die grenzüberschreitenden Güterströme, den Export und den Import, der reale Wechselkurs von Bedeutung ist und nicht der nominale. Ein Pkw koste in Deutschland 30.000,- €, ein vergleichbares Fahrzeug koste in den USA 40.000,- US-\$. Der nominale Wechselkurs zwischen Euro und US-Dollar betrage 1,20 USD/EUR. Damit liegt der Euro-Preis für den US-Pkw bei 33.333,33 €; der US-\$-Preis für den deutschen Pkw in USA liegt bei 36.000,- US-\$. Für den deutschen Autokäufer wie auch für den US-amerikanischen Autokäufer ist der deutsche Pkw relativ billiger als der in den USA hergestellte Pkw. Deutschland wird Pkw in die USA exportieren, oder – aus Sicht der USA – die USA werden Pkw aus Deutschland importieren. Grund hierfür ist letztendlich, dass ein deutscher Pkw der betrachteten Kategorie für den Nachfrager nur ein Bruchteil dessen kostet, was ein US-Pkw der gleichen Kategorie kostet. Der relative Preis eines deutschen Pkw bezogen auf einen US-Pkw, der reale Wechselkurs oder das Austauschverhältnis zwischen einem deutschen und einem US-Pkw, entscheidet über Richtung und Volumen der internationalen Güterströme bei Pkws.

$$Wk_{real} = \frac{(1{,}20\ USD/EUR) \cdot 30\,000\ EUR/deutscher\ Pkw}{40\,000\ USD/amerikanischer\ Pkw} = 0{,}9 \cdot \frac{amerikanischer\ Pkw}{deutscher\ Pkw}$$

Ein deutscher Pkw ist damit 0,9-mal so teuer wie ein US-Pkw; umgekehrt ist ein US-Pkw gut 1,1-mal so teuer wie ein vergleichbarer Pkw aus deutscher Produktion. Daher werden sowohl

---

[49] Die Preisnotiz wird vielfach in weiterführenden ökonomischen Lehrbüchern verwendet und war in Deutschland in DM-Zeiten üblich. Wir verwenden der besseren Anschaulichkeit halber aber in diesem Lehrbuch den nominalen Wechselkurs in Mengennotierung.

die Bundesbürger als auch die Bürger der USA bei einem Fahrzeugkauf bei sonst identischen Fahrzeugen den deutschen Pkw erwerben.

Auch der reale Wechselkurs kann also ebenfalls in Mengennotiz oder in Preisnotiz verwandt werden. In Mengennotierung gibt er an, wie viele Einheiten des ausländischen Gutes (oder eines ausländischen Warenkorbs) man zum Erwerb einer Einheit des inländischen Gutes (oder des inländischen Warenkorbs) benötigt. Die Preisnotierung (als Kehrwert zur Mengennotierung) gibt entsprechend an, wie viele Einheiten des inländischen Gutes (oder Warenkorbs) man benötigt, um eine Einheit des ausländischen Gutes (oder Warenkorbs) zu erwerben. So wie er oben in der Begründung der Verhaltenshypothese in Gl. (4.18) eingeführt wurde, ist er also in Mengennotiz verwendet.

Der reale Wechselkurs (in Mengennotierung) Wk_{real} errechnet sich, wie im Beispiel gesehen, aus dem nominalen Wechselkurs Wk_{nom} (ebenfalls in Mengennotierung)[50], dem inländischen Preisniveau p_i und dem ausländischen Preisniveau p_a und gibt an, in welchem Verhältnis Waren und Dienstleitungen eines Landes gegen Waren und Dienstleistungen eines anderen Landes getauscht werden:

$$(4.19) \quad tot = Wk_{real} = Wk_{nom} \cdot \frac{p_i}{p_a}$$

Sinkt der reale Wechselkurs (in Mengennotierung), so spricht man von einer realen Abwertung, steigt er, von einer realen Aufwertung. Hintergrund hiervon ist, dass bei konstanten Preisen eines Gutes (oder eines Warenkorbs) im Inland wie auch im Ausland Veränderungen beim nominalen Wechselkurs sich proportional im realen Wechselkurs niederschlagen. Sinkt der nominale Wechselkurs des Euro gegenüber dem US-Dollar bspw. von 1,20 USD/EUR auf 1,15 USD/EUR, so erhält man für einen Euro statt 1,20 US-Dollar jetzt nur noch 1,15 US-Dollar; der Euro ist weniger wert geworden und es hat eine Abwertung des Euro stattgefunden. Steigt umgekehrt der Wechselkurs zum Beispiel auf 1,25 USD/EUR von zuvor 1,20 USD/EUR, so spricht man von einer Aufwertung des Euro. Für unser Zahlenbeispiel würde eine Abwertung des Euro von 1,20 USD/EUR auf 1,15 USD/EUR bedeuten, dass der in Deutschland produzierte Pkw mit einem Preis von 30.000,- € nunmehr für den Nachfrager in den USA 34.500,- US-$ kostet. Während sich der Preis in Euro nicht geändert hat, ist der Preis in US-Dollar gesunken. Die nominale Abwertung des Euro hat bei konstanten Güterpreisen also eine entsprechende reale Abwertung des Euro zur Folge – der reale Wechselkurs, das reale Austauschverhältnis, würde im Beispiel dann auf 0,8625 US-Pkw/dt. Pkw zurückgehen. Gleichermaßen würde die Aufwertung des Euro von 1,20 USD/EUR auf 1,25 USD/EUR dazu führen, dass sich der Preis des deutschen Pkw in Euro nicht verändert, jedoch der Preis in US-Dollar durch die Änderung des nominalen Wechselkurses auf 37.500,- US-$ steigt. Der reale Wechselkurs steigt dann auf 0,9375 US-Pkw/dt. Pkw.

Bestimmt wird der reale Wechselkurs aus dem Angebot von und der Nachfrage nach inländischer Währung relativ zu Angebot und Nachfrage der ausländischen Währung. Ausländische

---

[50] Auf die Bestimmungsgründe des nominalen Wechselkurses wird in Kapitel 6, nachdem in Kapitel 5 Geld eingeführt wurde, eingegangen werden.

Nachfrager benötigen inländische Währung, wenn sie im Inland hergestellte Güter kaufen wollen, Inländer benötigen ausländische Währung, wenn sie im Ausland hergestellte Güter kaufen wollen. Die Netto-Nachfrage nach inländischer Währung spiegelt also den Nettoexport von Gütern wider. Das Netto-Angebot an inländischer Währung, das zur Befriedigung dieser Netto-Nachfrage nach inländischer Währung zur Verfügung steht, resultiert aus dem Überschuss der inländischen Ersparnis über die inländische Investition. Die inländische Ersparnis ergibt sich als Summe der Ersparnis der privaten Haushalte und der Ersparnis des staatlichen Sektors eines Landes. Der Teil dieser inländischen Ersparnis, der nicht für Investitionen im Inland benötigt wird, steht für (Netto-)Auslandsinvestitionen zur Verfügung und stellt somit das Netto-Angebot an inländischer Währung zum Erwerb von Auslandsaktiva dar. Aus den oben formulierten Hypothesen zur Ersparnisbildung und Investitionstätigkeit, den Gl. (4.5) bzw. (4.6) und Gl. (4.10) bzw. (4.11), folgt, dass die Ersparnis und die Investitionen anders als der Nettoexport unabhängig sind vom realen Wechselkurs. Der reale Wechselkurs wird sich so einstellen, dass das Angebot von inländischer Währung mit der Nachfrage nach inländischer Währung übereinstimmt. Der reale Wechselkurs, bei dem dies gilt, wird als **gleichgewichtiger realer Wechselkurs** Wk^*_{real} bezeichnet.

Die Abb. 4.4 gibt den Markt für Auslandswährungen, den **Devisenmarkt**, wieder. Abgetragen sind jedoch das Angebot an und die Nachfrage nach inländischer Währung. Denn es gilt, dass das Angebot an inländischer Währung, resultierend aus dem Überschuss der inländischen Ersparnis über die inländischen Investitionsgüternachfrage, gleichzeitig die Nachfrage nach ausländischer Währung ist, die die inländischen Kapitalanleger benötigen, um Aktiva im Ausland zu erwerben. Die Nachfrage nach inländischer Währung wiederum, resultierend aus dem Nettoexport, spiegelt gleichermaßen das Angebot an ausländischer Währung wider, das die ausländischen Nachfrager inländischer Waren an den Devisenmarkt bringen, um im Gegenzug inländische Währung für ihre Käufe im Inland zu erhalten. Wie oben gesehen, ist das Angebot an inländischer Währung (und damit die Nachfrage nach ausländischer Währung) unabhängig vom realen Wechselkurs, und die Nachfrage nach inländischer Währung (und damit das Angebot an ausländischer Währung) hängt negativ vom realen Wechselkurs (in Mengennotierung) ab. Folglich verläuft in dem Devisenmarktdiagramm die Angebotskurve an inländischer Währung vertikal und die Nachfragekurve nach inländischer Währung mit negativer Steigung.

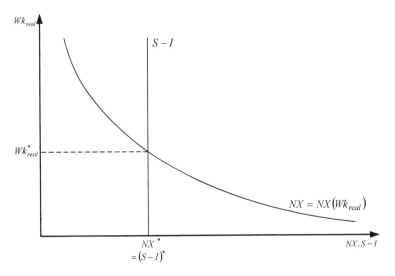

Abbildung 4.4: Bestimmung des gleichgewichtigen realen Wechselkurses

Liegt der reale Wechselkurs (in Mengennotierung) über seinem gleichgewichtigen Wert, so ist die Angebotsmenge an inländischer Währung größer als die Nachfragemenge und der Angebotsmengenüberschuss wird zu einem Rückgang des realen Wechselkurses führen, es kommt zu einer Abwertung der inländischen Währung. Entsprechend kommt es zu einer Aufwertung der inländischen Währung, wenn die Nachfrage nach dieser größer ist als das Angebot, also wenn der reale Wechselkurs unterhalb des gleichgewichtigen realen Wechselkurses liegt. Der reale Wechselkurs bringt also das Angebot an inländischer Währung zum Erwerb von Auslandsaktiva (im Inland) und die Nachfrage nach inländischer Währung zum Erwerb von Nettoexporten (durch Ausländer) in Übereinstimmung.

4.2 Gütermarktgleichgewicht und Kapitalmarktgleichgewicht

4.2.1 Gütermarktgleichgewicht/Kapitalmarktgleichgewicht in der geschlossenen Volkswirtschaft

Beginnen wollen wir unsere Analyse des Gütermarkt- bzw. Kapitalmarktgleichgewichts mit der Betrachtung einer geschlossenen Volkswirtschaft. Eine Volkswirtschaft wird als **geschlossene Volkswirtschaft** bezeichnet, wenn bei ihr keine grenzüberschreitenden Güter- oder Kapitalströme auftreten, der Nettoexport NX und damit auch die Nettoauslandsinvestitionen NFI somit gleich null sind.

Die Güternachfragefunktion aus Gl. (4.1) ergibt sich dann zu:

4.2 Gütermarktgleichgewicht und Kapitalmarktgleichgewicht

(4.20) $Y^D = C + I + G$

Die Güterangebotsfunktion ist mit Gl. (3.1) formuliert:

(3.1) $Y^S = f(L, K)$

Mit den oben formulierten Verhaltenshypothesen ergeben sich die Güternachfragefunktion und die Güterangebotsfunktion zu:

(4.21) $Y^D = \overline{C} + c \cdot (Y - \overline{T}) + \overline{I} + I(\overset{(-)}{r}) + \overline{G}$ mit $0 < c < 1$

(4.22) $Y^S = f(\overline{L^*}, \overline{K}) = Y^*$

Gütermarktgleichgewicht liegt dann vor, wenn Güterangebot und Güternachfrage sich entsprechen. Als Gleichgewichtsbedingung lässt sich also formulieren:

(4.23) $Y^S = Y^D$

Im langfristigen Gleichgewicht wird das gleichgewichtige Realeinkommen Y^*, die gleichgewichtige gesamtwirtschaftliche Outputmenge, realisiert. Durch Einsetzen der Gl. (4.21) und (4.22) in die Gleichgewichtsbedingung (4.23) ergibt sich dieses gleichgewichtige Realeinkommen zu:

(4.24) $Y^* = \overline{C} + c \cdot (Y^* - \overline{T}) + \overline{I} + I(\overset{(-)}{r}) + \overline{G}$

Betrachten wir diese Gl. (4.24) und die dahinterstehenden Beziehungen im Detail: Das gleichgewichtige Niveau von Realeinkommen und gesamtwirtschaftlichem Output ist mit dem Vollbeschäftigungsoutput vom Arbeitsmarkt her über die gesamtwirtschaftliche Produktionsfunktion determiniert. Damit ist auch der Konsum der privaten Haushalte bestimmt, da die Steuern exogen gegeben sind und das Einkommen dem Vollbeschäftigungseinkommen entspricht. Auch die Staatsnachfrage ist exogen gegeben. Es bleibt die Investitionsnachfrage als einzige Nachfragekomponente, die sich so anpassen kann, dass auf dem Gütermarkt Gleichgewicht, also Übereinstimmung von Angebot und Nachfrage, herrscht. Die Investitionsnachfrage wiederum wird vom Realzins bestimmt. Das heißt, der Realzins ist die einzige variable Größe und muss sich so anpassen, dass Gütermarktgleichgewicht eintritt. Nur der Realzins kann Gütermarktgleichgewicht herbeiführen, Güterangebot und Güternachfrage werden durch den Realzins in Übereinstimmung gebracht. Nur beim gleichgewichtigen Realzins herrscht Gütermarktgleichgewicht.

Dass der Realzins den Gütermarkt ins Gleichgewicht bringt, lässt sich möglicherweise leichter verstehen, wenn wir die Perspektive wechseln und den Kapitalmarkt einer geschlossenen Volkswirtschaft näher betrachten.

Die Kapitalnachfrage resultiert aus der Nachfrage nach Kapital für Investitionen. Das Kapitalangebot ergibt sich aus der gesamtwirtschaftlichen Ersparnis. Kapitalmarktgleichgewicht herrscht, wenn Kapitalangebot und Kapitalnachfrage übereinstimmen. Die Gleichgewichtsbedingung für den Kapitalmarkt lautet also:

(4.25) $I = S$

Mit den oben formulierten Verhaltenshypothesen und der Definitionsgleichung (4.16) ergibt sich somit die Gleichgewichtsbedingung (4.25) zu:[51]

(4.26a) $\overline{I} + I(r) = Y^* - C(Y^* - \overline{T}) - \overline{G}$ bzw.

(4.26b) $\overline{I} + I(r) = \overline{S}$

Dadurch, dass das Realeinkommen über den Arbeitsmarkt und die gesamtwirtschaftliche Produktionsfunktion bestimmt ist, sowie durch die exogene Vorgabe von Staatseinnahmen und Staatsausgaben ergibt sich, dass die gesamtwirtschaftliche Ersparnis und damit das Kapitalangebot determiniert ist. Kapitalmarktgleichgewicht kann sich nur dadurch einstellen, dass die Kapitalnachfrage sich an dieses außerhalb des Kapitalmarkts bestimmte Kapitalangebot anpasst. Da die Kapitalnachfrage aus der Investitionsgüternachfrage resultiert und diese vom Realzinssatzniveau abhängt, kann, so zeigt auch diese Betrachtung, nur der Realzins für ein Gleichgewicht sorgen.

Oberhalb des gleichgewichtigen Realzinssatzes ist die Ersparnis und damit das Kapitalangebot größer als die Investitionsgüternachfrage und damit die Kapitalnachfrage. Der Angebotsüberschuss an Kapital wird durch einem Rückgang des Realzinses führen, wodurch die Investitionsgüternachfrage steigt. Und umgekehrt wird es bei Realzinssätzen unterhalb des gleichgewichtigen Realzinssatzes zu einem Anstieg des Realzinssatzes kommen, und zwar so lange, bis die dort herrschende Überschussnachfrage nach Kapital abgebaut ist. Bei den unterstellten Verhaltenshypothesen kann es zudem nur genau einen Realzinssatz geben, bei dem Gütermarkt- respektive Kapitalmarktgleichgewicht herrscht.

Grafisch sind diese Zusammenhänge in der Abb. 4.5 zusammengefasst:

---

[51] Im Text wurde über Gl. (4.24) der Ausdruck in Gl. (4.26) aus Gl. (4.25) hergeleitet. Man erhält Gl. (4.26) genauso, wenn man an Gl. (4.16) ansetzt und dann mit Gl. (4.24) fortfährt:

$$S = S_{pr} + S_{St}$$
$$= \left[-\overline{C} + (1-c) \cdot (Y^* - \overline{T})\right] + \left[\overline{T} - \overline{G}\right]$$
$$= (Y^* - \overline{T}) - (\overline{C} + c \cdot (Y^* - \overline{T})) + \overline{T} - \overline{G}$$
$$= Y^* - \overline{T} - C(Y^* - \overline{T}) + \overline{T} - \overline{G}$$
$$= Y^* - C(Y^* - \overline{T}) - \overline{G}$$

4.2 Gütermarktgleichgewicht und Kapitalmarktgleichgewicht

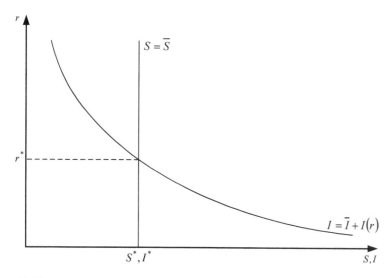

Abbildung 4.5: Kapitalmarktgleichgewicht in der geschlossenen Volkswirtschaft bei keynesianischer Konsumfunktion

Auch wenn wir anstelle der keynesianischen Konsumfunktion eine neoklassische Konsumfunktion unterstellen, die eine Abhängigkeit des privaten Konsums auch vom Realzinssatz postuliert, bleibt das Ergebnis insofern das gleiche, als dass nur der Realzinssatz Kapitalangebot und Kapitalnachfrage in Übereinstimmung bringt und dadurch für Kapitalmarktgleichgewicht sorgt, was aufgrund der definitorischen Zusammenhänge auch Gleichgewicht auf dem Gütermarkt bedeutet. Grafisch ergäbe sich dann folgendes Bild:

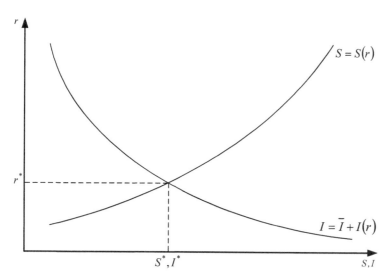

Abbildung 4.6: Kapitalmarktgleichgewicht in der geschlossenen Volkswirtschaft bei neoklassischer Konsumfunktion

Bleiben wir im Folgenden bei der einfachen keynesianischen Konsumfunktion und untersuchen wir, wie bestimmte wirtschaftspolitische Maßnahmen auf das langfristige Gleichgewicht in unserem Modell einer geschlossenen Volkswirtschaft wirken. Wirtschaftspolitische Maßnahmen zeigen sich in unserem Modell in einer Veränderung der einzelnen, exogen gegebenen Variablen. Dieser exogene Impuls wird sich in der Regel in einer Veränderung der modellendogenen Variablen niederschlagen. Wir analysieren im Folgenden nur jeweils gleichgewichtige Zustände in der Ausgangssituation und nach Abschluss aller Anpassungsvorgänge; mit anderen Worten: Wir vergleichen das Gleichgewicht vor dem Impuls mit dem Gleichgewicht nach dem Impuls. Diese Art der Analyse bezeichnet man auch als **komparative Statik**. Mit den Anpassungsvorgängen zwischen den beiden Gleichgewichtszuständen werden wir uns hier nicht oder allenfalls am Rande beschäftigen.[52] Da abgesehen von dem Impuls keine weiteren Veränderungen in die jeweilige Analyse eingehen, argumentieren wir bei der Analyse der einzelnen wirtschaftspolitischen Maßnahmen mit der c.p.-Klausel (Ceteris paribus-Klausel).

Beginnen wir mit einer **Variation der Staatsausgaben**. Allgemein werden Variationen von Staatsausgaben oder auch von Staatseinnahmen als **Fiskalpolitik** bezeichnet; von expansiver Fiskalpolitik spricht man, wenn Staatsausgaben erhöht oder Steuern gesenkt werden, von kontraktiver Fiskalpolitik im umgekehrten Fall. Wir unterstellen, dass der Staat seine Ausgaben um einen Betrag ΔG erhöht, also expansive Fiskalpolitik betreibt. Mit der Erhöhung der Staatsausgaben sinkt bei gegebenen Staatseinnahmen die staatliche Ersparnis. Das Realeinkommen ist vom Arbeitsmarkt und der gesamtwirtschaftlichen Produktionsfunktion her determiniert und liegt auf dem Vollbeschäftigungsniveau; insofern ist die private Ersparnis gegeben und von diesem Impuls nicht betroffen. Die gesamtwirtschaftliche Ersparnis als Summe aus diesen beiden Größen sinkt also. Bei dem bisherigen Niveau der Investitionen ist das Kapitalangebot nun zu niedrig, um die unveränderte Kapitalnachfrage zu befriedigen. Damit der Kapitalmarkt wieder in ein Gleichgewicht kommt, muss die Kapitalnachfrage zurückgehen. Diese geht aber nur zurück, wenn die Investitionen sinken, was aber nur bei einem steigenden Realzinssatz der Fall ist. Im neuen Kapitalmarktgleichgewicht wird bei, infolge des Anstiegs bei den Staatsausgaben, niedrigerer gesamtwirtschaftlicher Ersparnis das Investitionsvolumen niedriger sein und der Realzinssatz höher.

Verdeutlichen kann man sich diese Überlegungen an der oben angeführten Gleichgewichtsbedingung für den Kapitalmarkt bei den hier unterstellten Verhaltenshypothesen:

(4.26a) $\quad \overline{I} + I(\overset{(-)}{r}) = Y^* - C(\overset{(+)}{Y^* - \overline{T}}) - \overline{G}$

Mit der Zunahme der Staatsausgaben um ΔG wird die rechte Seite dieser Gleichung kleiner, alle sonstigen Variablen der rechten Seite sind exogen gegeben und, da bei ihnen keine Variation vorgenommen wurde, konstant. Einzig der Summand $I(r)$ auf der linken Seite ist varia-

---

[52] Die Methodik der komparativen Statik vergleicht die Auswirkungen von Änderungen exogener Größen auf die endogenen Variablen zwischen zwei (statischen) Gleichgewichtszuständen. Damit ist keine Betrachtung des Prozesses oder Pfades zwischen den beiden Gleichgewichten verbunden, dies bleibt der dynamischen Analyse vorbehalten.

bel, da vom Realzins abhängig. Damit rechte und linke Seite der Gleichung wieder gleich groß sind, muss $I(r)$ sinken, denn dann wird auch die linke Seite dieser Gleichung kleiner. Hierzu ist ein Anstieg von r erforderlich. Im neuen Gleichgewicht sind also beide Seiten dieser Gleichung, Investition und gesamtwirtschaftliche Ersparnis, um den gleichen Betrag, nämlich um ΔG, niedriger, und der Realzinssatz ist höher als im Ausgangsgleichgewicht.

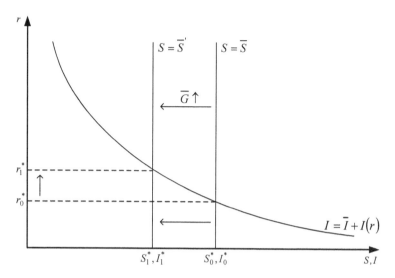

Abbildung 4.7:   Staatsausgabenerhöhung in der geschlossenen Volkswirtschaft

Zum gleichen Ergebnis führt auch (zwangsläufig) die Betrachtung des Gütermarkts und der Gleichgewichtsbedingung für den Gütermarkt, Gl. (4.24). Die Erhöhung der Staatsausgaben um ΔG führt zu einer entsprechenden Erhöhung der Güternachfrage. Bei vom Arbeitsmarkt her determiniertem Güterangebot in Höhe von Y^* liegt dann kein Gütermarktgleichgewicht mehr vor. Um wieder Gütermarktgleichgewicht zu erreichen, muss eine andere Komponente der Güternachfrage kompensatorisch sinken. Die private Konsumgüternachfrage ist nur vom verfügbaren Einkommen abhängig; dieses ist aber nicht von diesem Impuls berührt, wird sich also nicht anpassen. Bleibt nur die Investitionsgüternachfrage, die sich anpassen kann. Die Investitionsgüternachfrage wird zurückgehen, wenn der Realzinssatz steigt. Im neuen Gleichgewicht auf dem Gütermarkt wird also infolge des Anstiegs der Staatsausgaben das Investitionsvolumen geringer sein bei einem höheren Realzinssatz. Aufgrund des unveränderten Güterangebots verdrängt die zusätzliche staatliche Nachfrage über steigende Realzinsen private Investitionsgüternachfrage in gleichem Umfang. Man spricht in diesem Zusammenhang auch von vollständigem **Crowding Out**.

Eine Erhöhung der Staatsausgaben führt also in unserem Modell langfristig zu einem höheren Realzins und einer geringeren gesamtwirtschaftlichen Ersparnis sowie einer geringeren Investitionstätigkeit bei unverändertem gesamtwirtschaftlichem Output bzw. Realeinkommen.

Entsprechend lässt sich auch eine Reduktion der Staatsausgaben, also eine kontraktive Fiskalpolitik, analysieren. Die Wirkungszusammenhänge sind die gleichen, die Auswirkungen natürlich entsprechend umgekehrt: Infolge der Reduktion der Staatsausgaben werden im neuen Gleichgewicht der Realzinssatz niedriger und gesamtwirtschaftliche Ersparnis sowie Investitionsgüternachfrage größer sein.

Als Nächstes wollen wir eine **Variation der Steuern** betrachten. Nehmen wir an, der Staat senke die Steuern um einen Betrag ΔT. Damit sinkt bei konstanten Staatsausgaben die staatliche Ersparnis. Die private Ersparnis, die vom verfügbaren Einkommen abhängt, steigt jedoch. Beide Effekte sind gegeneinander abzuwägen, um den Netto-Effekt auf die gesamtwirtschaftliche Ersparnis zu ermitteln. Die staatliche Ersparnis sinkt um den kompletten Betrag der Steuersenkung ΔT; die private Ersparnis steigt jedoch nur um einen Bruchteil des Steuersenkungsbetrags ΔT – zwar erhöht sich das verfügbare Einkommen um den Betrag ΔT, aber der Teil c des zusätzlichen verfügbaren Einkommens wird zur Ausweitung des Konsums verwendet, die Ersparnis der privaten Haushalte steigt nur um den Betrag $(1-c)\Delta T$. Die gesamtwirtschaftliche Ersparnis wird also infolge der Steuersenkung zurückgehen, und zwar im Umfang von $c\Delta T$, was sich unmittelbar aus den gerade durchgeführten Überlegungen ergibt und sich auch aus Gl. (4.17) für die gesamtwirtschaftliche Ersparnis ersehen lässt. Qualitativ liegt also der gleiche Impuls vor wie bei der Erhöhung der Staatsausgaben, auch wenn der quantitative Impuls aufgrund des Faktors c kleiner ausfällt. Mit dem Rückgang der gesamtwirtschaftlichen Ersparnis sinkt das Kapitalangebot, bei unveränderter Kapitalnachfrage führt dies zu einem Anstieg des Realzinssatzes und dies wiederum zieht einen Rückgang der Investitionen nach sich. Im neuen Kapitalmarktgleichgewicht sind gesamtwirtschaftliche Ersparnis und Investitionsvolumen wieder gleich groß, aber auf niedrigerem Niveau, der Realzinssatz ist höher und im Ergebnis sind private Investitionen verdrängt worden. Die grafische Analyse der qualitativen Auswirkungen ist – abgesehen vom Impuls – die gleiche wie die der Erhöhung der Staatsausgaben.

4.2 Gütermarktgleichgewicht und Kapitalmarktgleichgewicht

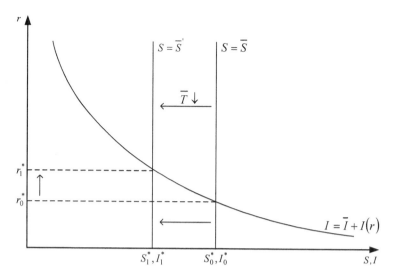

Abbildung 4.8: Steuersenkung in der geschlossenen Volkswirtschaft

Auf dem Gütermarkt führt die Steuersenkung zu folgenden Effekten: Die Steuersenkung erhöht zunächst das verfügbare Einkommen der privaten Haushalte. Dies wird die privaten Haushalte dazu bewegen, ihre Konsumnachfrage auszudehnen, und zwar um den Betrag $c\Delta T$. Bei unverändertem Güterangebot – da determiniert durch das gegebene Angebot an Produktionsfaktoren, Vollbeschäftigungsgleichgewicht und Produktionsfunktion – muss eine andere Nachfragekomponente um den gleichen Betrag zurückgehen, um wieder Gütermarktgleichgewicht herzustellen. Von den beiden anderen Nachfragekomponenten verbleibt nur die Investitionsnachfrage als Variable, die reagieren kann, da das Niveau der Staatsausgaben modellexogen vorgegeben ist. Ein Rückgang der Investitionsnachfrage erfordert aber einen Anstieg des Realzinsniveaus. Im neuen Gütermarktgleichgewicht wird also bei unverändertem gesamtwirtschaftlichem Output und Realeinkommen der Realzinssatz höher sein, die Konsumgüternachfrage ist gestiegen und hat in gleichem Umfang private Investitionen verdrängt.

Eine kontraktive Fiskalpolitik in Form einer Steuererhöhung hätte die umgekehrten Auswirkungen auf die gesamtwirtschaftlichen Größen im neuen Gütermarkt- bzw. Kapitalmarktgleichgewicht.

Abschließend für die geschlossene Volkswirtschaft wollen wir untersuchen, wie eine **Variation der Investitionsnachfrage** das Kapitalmarkt- bzw. Gütermarktgleichgewicht dieser Modellökonomie beeinflusst. Nehmen wir an, der Teil der Investitionsnachfrage, der zinsunabhängig ist, nimmt zu, d.h. $\Delta \bar{I} > 0$. Ein Anstoß hierfür kann bspw. darin liegen, dass sich die Gewinnaussichten der Unternehmen aus irgendwelchen Gründen, seien es verbesserte Abschreibungsbedingungen, steuerliche Entlastungen für Unternehmen oder technologische und organisatorische Innovationen, verbessert haben. Mit dem Anstieg der zinsunabhängigen Investitionsnachfrage nimmt die Kapitalnachfrage zu. Das Kapitalangebot, die gesamtwirtschaftliche Ersparnis, ist aber durch diesen Impuls nicht berührt. Bei unverändertem Kapitalangebot kann nur dann wieder Gleichgewicht auf dem Kapitalmarkt herrschen, wenn andere Teile der Kapitalnachfrage kompensatorisch zurückgehen. Die einzige Variable, die hier reagieren kann, ist die zinsabhängige Investitionsnachfrage. Damit die Kapitalnachfrage wieder auf das unveränderte Niveau des Kapitalangebots zurückgeht, muss der Realzinssatz steigen, so dass die zinsabhängige Investitionsnachfrage gerade im Umfang des Anstiegs der zinsunabhängigen Investitionsnachfrage zurückgeht. Im neuen Kapitalmarktgleichgewicht sind somit das Investitionsvolumen insgesamt und die gesamtwirtschaftliche Ersparnis unverändert, der Realzins ist jedoch gestiegen.

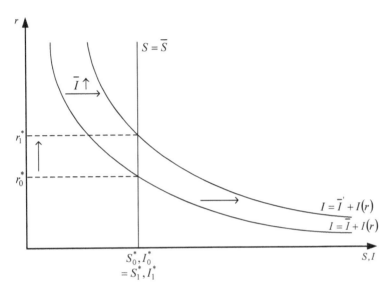

Abbildung 4.9: *Anstieg der zinsunabhängigen Investitionsgüternachfrage in der geschlossenen Volkswirtschaft bei einer keynesianischen Konsumfunktion*

Dieses Ergebnis einer unveränderten Investitionsgüternachfrage bei höherem gleichgewichtigem Realzinssatz lässt sich auch aus einer Analyse des Gütermarkts herleiten. Der Anstieg der zinsunabhängigen Investitionsnachfrage führt zu einer Ausweitung der Güternachfrage, die aber auf ein aus den genannten Gründen unverändertes Güterangebot trifft. Ein neues Gütermarktgleichgewicht erfordert somit, dass eine andere Komponente der Güternachfrage kompensatorisch zurückgeht. Die Konsumgüternachfrage ist vom verfügbaren Einkommen bestimmt und somit unverändert, die Staatsnachfrage ist ebenfalls unverändert; bleibt wiederum nur der zinsabhängige Teil der Investitionsgüternachfrage, der sich anpassen kann. Damit dieser zurückgeht, muss der Realzinssatz steigen. Im Ergebnis werden also im neuen Gütermarktgleichgewicht der gesamtwirtschaftliche Output resp. das Realeinkommen, die Konsumgüternachfrage, die Staatsnachfrage sowie die Investitionsgüternachfrage insgesamt unverändert sein, allerdings liegt der Realzins auf einem höheren Niveau.

Für diesen letzten Fall, eine Variation der zinsunabhängigen Investitionsgüternachfrage, wollen wir ergänzend unser Modell abändern, indem wir anstelle der keynesianischen Kons-

4.2 Gütermarktgleichgewicht und Kapitalmarktgleichgewicht

umfunktion die neoklassische Konsumfunktion verwenden. Wie oben beschrieben, unterstellt die neoklassische Konsumfunktion eine negative Abhängigkeit des Konsums vom Realzinsniveau und damit eine positive Abhängigkeit der privaten Ersparnis und somit auch der Ersparnis insgesamt vom Realzins. Wenn in diesem Modellrahmen nun die zinsunabhängige Investitionsnachfrage und damit die Kapitalnachfrage ansteigen, so führt der dadurch ausgelöste Zinsanstieg zu einer Ausweitung der privaten und damit auch der gesamtwirtschaftlichen Ersparnis. Mit dem Realzinsanstieg geht aber auch die zinsabhängige Investitionsgüternachfrage zurück. Da aber das Kapitalangebot gestiegen ist, muss der Rückgang der zinsabhängigen Investitionen nicht den kompletten Anstieg bei den zinsunabhängigen Investitionen kompensieren. Im neuen Gleichgewicht auf dem Kapitalmarkt werden Investitionsvolumen und gesamtwirtschaftliche Ersparnis wieder übereinstimmen, aber ihr Niveau wird höher sein als zuvor, gleichzeitig wird auch der Realzins gestiegen sein.

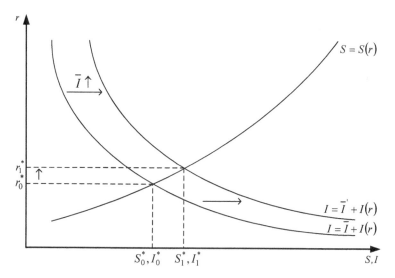

Abbildung 4.10: *Anstieg der zinsunabhängigen Investitionsgüternachfrage in der geschlossenen Volkswirtschaft bei einer neoklassischen Konsumfunktion*

Für den Gütermarkt ergeben sich folgende Überlegungen: Der Anstieg der zinsunabhängigen Investitionen erhöht die Güternachfrage. Da das Güterangebot vom Arbeitsmarkt und der Produktionsfunktion her gegeben ist, kann Gütermarktgleichgewicht nur dann wieder erreicht werden, wenn andere Komponenten der Güternachfrage sich entsprechend anpassen. Die Staatsnachfrage ist zwar exogen gegeben, aber bei der hier unterstellten neoklassischen Konsumfunktion ist neben dem zinsabhängigen Teil der Investitionsgüternachfrage auch die private Konsumgüternachfrage variabel, da sie neben dem gegebenen verfügbaren Einkommen und dem ebenfalls gegebenen Anfangsvermögen auch vom Realzinssatz abhängt, der modellendogen bestimmt wird. Diese beiden variablen Nachfragekomponenten werden zurückgehen, wenn der Realzins steigt. Um nach dem Anstieg der Güternachfrage bei gegebenem Güterangebot nun wieder Gütermarktgleichgewicht zu erreichen, muss der Realzins steigen, damit die Konsumnachfrage der privaten Haushalte und die zinsabhängigen Investitionen sinken. Da nun zwei Nachfragekomponenten reagieren (können), wird der Rückgang bei den zinsabhängigen Investitionen nicht den vollen Anstieg der zinsunabhängigen Investitionen kompensieren müssen. Im neuen Gütermarktgleichgewicht werden bei unverändertem gesamtwirtschaftlichem Output resp. Realeinkommen die Konsumgüternachfrage zurückgegangen, die Investitionsgüternachfrage angestiegen (aber in geringerem Umfang als der auslösende Anstieg bei den zinsunabhängigen Investitionen) und die Staatsnachfrage unverändert sein; der gleichgewichtige Realzinssatz wird höher sein als zuvor.

Ein Rückgang der zinsunabhängigen Investitionsgüternachfrage wäre entsprechend zu analysieren.

4.2.2 Gütermarktgleichgewicht/Kapitalmarktgleichgewicht in der kleinen offenen Volkswirtschaft

In diesem Abschnitt wollen wir von der zuvor gemachten Annahme, dass es keine grenzüberschreitenden Güter- und Kapitalströme gibt, wieder abrücken. Gleichfalls verwenden wir wieder die keynesianische Konsumfunktion. Wir untersuchen in diesem Abschnitt eine **kleine offene Volkswirtschaft**. Dabei bedeutet kleine offene Volkswirtschaft, dass die betrachtete Volkswirtschaft so klein ist, dass ihr Angebot und ihre Nachfrage auf dem Weltmarkt für Güter und auf dem für Kapital so klein sind, dass Veränderungen von Güterangebot und Güternachfrage sowie von Kapitalangebot und Kapitalnachfrage dieser Volkswirtschaft auf dem Weltmarkt nicht spürbar sind. Darüber hinaus unterstellen wir vollkommene Güter- und Kapitalmobilität, also freie, ungehinderte grenzüberschreitende Transaktionen.

Für eine kleine offene Volkswirtschaft mit vollkommener Kapitalmobilität ist der Realzinssatz durch den Weltmarktzinssatz vorgegeben: Sollte der Inlandszinssatz in dieser Volkswirtschaft über dem Weltmarktzinssatz liegen, würden sofort Kapitalströme aus dem Ausland in dieses Land einsetzen, das Kapitalangebot im Inland ausweiten und somit zu einem Rückgang des Inlandszinssatzes führen. Würde dagegen der Inlandszinssatz unter dem Weltmarktzinssatz liegen, so würde Kapital aus dieser Volkswirtschaft abfließen, damit das Kapitalangebot im Inland reduzieren und dadurch einen Anstieg des Inlandszinssatzes herbeiführen. Der Realzinssatz im Inland, r, wird immer mit dem Weltmarktzinssatz, r_W, übereinstimmen.

(4.27) $r = r_W$

Der Weltmarktzinssatz wiederum wird bestimmt vom globalen Angebot an Kapital, der Weltersparnis, und der globalen Nachfrage nach Kapital, der weltweiten Investitionsgüternachfrage. Der Weltkapitalmarkt ist nichts anderes als der Kapitalmarkt für eine geschlossene Volkswirtschaft, nur mit dem Unterschied, dass diese Volkswirtschaft die ganze Welt umfasst.

Unsere sonstigen Modellannahmen behalten wir bei. Für das Güterangebot gilt nach wie vor

(3.1) $Y^S = f(L, K)$

mit den oben diskutierten Verhaltenshypothesen.

4.2 Gütermarktgleichgewicht und Kapitalmarktgleichgewicht

Für die Güternachfrage gilt

(4.1) $Y^D = C + I + G + NX$

mit den oben diskutierten Verhaltenshypothesen, insbesondere mit Gl. (4.18) und Gl. (4.27).

Für das Güterangebot und die Güternachfrage gelten somit:

(4.28) $Y^D = \overline{C} + c \cdot (Y - \overline{T}) + \overline{I} + I(\overset{(-)}{r_W}) + \overline{G} + NX(\overset{(-)}{Wk_{real}})$

(4.22) $Y^S = Y^* = f(L^*, \overline{K})$

Geschlossen wird das Modell durch die Gleichgewichtsbedingung

(4.23) $Y^S = Y^D$

Setzt man die Definitionsgleichung für die Güternachfrage, Gl. (4.1), und die Gleichung für das Güterangebot, Gl. (4.22), in die Gütermarkt-Gleichgewichtsbedingung der Gl. (4.23) ein, so ergibt sich unmittelbar nach einer kleinen Äquivalenzumformung:

(4.29) $NX = (Y^* - C - G) - I = S - I$

Mit den oben eingeführten Verhaltenshypothesen wird diese Gleichung zu:

(4.30a) $NX(\overset{(-)}{Wk_{real}}) = (Y^* - \overline{C} - c \cdot (Y^* - \overline{T}) - \overline{G}) - (\overline{I} + I(\overset{(-)}{r_W}))$ bzw.

(4.30b) $NX(\overset{(-)}{Wk_{real}}) = \overline{S} - (\overline{I} + I(\overset{(-)}{r_W}))$

womit wir die entsprechende Gleichgewichtsbedingung für den Gütermarkt- resp. Kapitalmarkt der kleinen offenen Volkswirtschaft mit vollkommener Kapitalmobilität erhalten haben. An dieser Gleichung erkennt man zudem unmittelbar, dass die einzige Größe, die sich in diesem Modell der kleinen offenen Volkswirtschaft anpassen kann, um Gleichgewicht auf dem Gütermarkt resp. Kapitalmarkt herbeizuführen, der reale Wechselkurs ist.

Grafisch lässt sich das Modell in den beiden folgenden Abbildungen zusammenfassen:

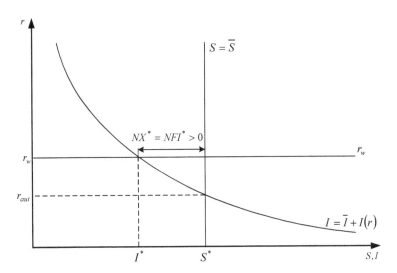

Abbildung 4.11: Kapitalmarktgleichgewicht in der kleinen offenen Volkswirtschaft

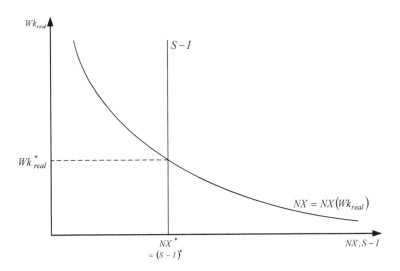

Abbildung 4.12: Devisenmarktgleichgewicht in der kleinen offenen Volkswirtschaft

Für die kleine offene Volkswirtschaft ist bei vollkommener Kapitalmobilität der Zinssatz im Inland nicht mehr als Ergebnis von inländischem Kapitalangebot und inländischer Kapitalnachfrage bestimmt, sondern ist, wie oben gesehen, mit dem Weltmarktzinssatz vorgegeben. Nur zufällig würde der Inlandszinssatz, der sich für die betrachtete Volkswirtschaft einstellen würde, wenn sie eine geschlossene Volkswirtschaft wäre, mit dem Weltmarktzinssatz übereinstimmen. In der Regel wird der Weltmarktzinssatz auf einem anderen Niveau liegen als der Inlandszinssatz der betrachteten Volkswirtschaft bei Autarkie, also ohne grenzüberschreitende Transaktionen. Liegt der Weltmarktzinssatz über dem gleichgewichtigen Zinssatz bei Autarkie der betrachteten Volkswirtschaft, so wird die aus den oben diskutierten Gründen

4.2 Gütermarktgleichgewicht und Kapitalmarktgleichgewicht

exogen gegebene inländische gesamtwirtschaftliche Ersparnis das bei diesem, dem Weltmarktzinssatz sich einstellende inländische Investitionsvolumen übersteigen. Die „überschüssige" Ersparnis wird im Ausland angelegt werden, die Nettoauslandsinvestitionen sind größer null, die Kapitalbilanz weist dann einen positiven Saldo auf. Damit ist aber auch der Nettoexport, der ja gerade den Nettoauslandsinvestitionen entspricht, größer null, und der Leistungsbilanzsaldo als Spiegelbild der Kapitalbilanz ist in gleicher Höhe ebenfalls positiv.[53] Die Differenz zwischen inländischer gesamtwirtschaftlicher Ersparnis und inländischem Investitionsvolumen bestimmt den Leistungsbilanzsaldo und damit auch den Kapitalbilanzsaldo. Ist die inländische Ersparnis größer als das inländische Investitionsvolumen, so wird das im Inland nicht nachgefragte Kapital als Nettoauslandsinvestition das Inland verlassen und der Leistungsbilanzsaldo als Differenz zwischen Einnahmen und Ausgaben des Inlands mit dem Ausland wird positiv sein (Abb. 4.11). Umgekehrt werden, wenn die inländische Ersparnis kleiner ist als das Investitionsvolumen im Inland, die Einnahmen aus dem Ausland auch kleiner sein als die Ausgaben an das Ausland und die Leistungsbilanz sowie die Kapitalbilanz werden ein Defizit (notwendigerweise in gleicher Höhe) aufweisen.

Das Angebot an inländischer Währung, als Nettoauslandsinvestition resultierend aus der Differenz zwischen inländischer Ersparnis und inländischem Investitionsvolumen, trifft auf die aus dem Nettoexport, der Differenz aus dem Export und dem Import an Waren und Dienstleistungen, resultierende Nachfrage nach inländischer Währung. Hieraus bestimmt sich der gleichgewichtige reale Wechselkurs am Devisenmarkt (Abb. 4.12).

Betrachten wir in diesem Modell einer kleinen offenen Volkswirtschaft mit vollkommener Kapitalmobilität nun verschiedene Politikmaßnahmen und Parameteränderungen und ihre Auswirkungen auf das Gütermarkt- bzw. Kapitalmarktgleichgewicht sowie auf Leistungs- und Kapitalbilanz und auf den realen Wechselkurs.

Beginnen wir erneut mit der Fiskalpolitik; zunächst wollen wir die **Fiskalpolitik in der betrachteten Volkswirtschaft** analysieren, später die Fiskalpolitik im Ausland, die ja ebenfalls Rückwirkungen auf das Gleichgewicht in der betrachteten Volkswirtschaft besitzt oder zumindest besitzen kann. Wie oben wollen wir als Erstes den Fall untersuchen, dass der Staat seine Ausgaben erhöht. Dies führt zu einer Reduktion der inländischen gesamtwirtschaftlichen Ersparnis. Das inländische Kapitalangebot sinkt. Die Kapitalnachfrage im Inland ist jedoch nach wie vor gleich hoch, das Investitionsvolumen ist vom Realzinssatz abhängig und dieser ist vom Weltmarkt vorgegeben und daher konstant – schließlich haben Kapitalangebot und Kapitalnachfrage der betrachteten kleinen Volkswirtschaft ja keinen Einfluss auf das Weltmarktzinsniveau. Infolgedessen ist die Kapitalnachfrage im Inland nun größer als das Kapitalangebot. Damit der inländische Kapitalmarkt wieder in ein Gleichgewicht kommt, muss aus dem Ausland Kapital importiert werden, und zwar mehr, als ins Ausland abfließt. Im neuen Gleichgewicht werden also die Nettoauslandsinvestitionen und damit auch der

---

[53] Dies gilt freilich nur bei Vernachlässigung der von der Größenordnung her nicht so bedeutenden und hier nicht im Fokus des Interesses stehenden Salden in der Bilanz der Primäreinkommen, der Bilanz der Sekundäreinkommen und der Vermögensänderungsbilanz.

Nettoexport negativ oder zumindest niedriger sein als zuvor. Die Erhöhung der Staatsausgaben führt also zu einer Verschlechterung der Kapitalbilanz und der Leistungsbilanz.[54]

Argumentieren wir aus der Gütermarktperspektive, so bedeutet die Ausweitung der Staatsausgaben einen Anstieg der Güternachfrage und damit eine Überschussnachfrage am Gütermarkt. Für ein neues Gütermarktgleichgewicht muss entweder das Güterangebot ebenfalls steigen oder die Güternachfrage wieder zurückgehen. Ein Anstieg des Güterangebots ist nicht möglich, da dieses im langfristigen Gleichgewicht dem Produktionspotenzial entspricht, das durch die Vollbeschäftigung auf dem Arbeitsmarkt determiniert ist. Ein Rückgang der Güternachfrage könnte ggf. bei der Konsumgüternachfrage erfolgen. Diese ist aber vom verfügbaren Einkommen abhängig und damit mit dem Vollbeschäftigungseinkommen und der exogen festgelegten Steuerhöhe ebenfalls fix. Die Investitionsgüternachfrage ist vom Realzinssatz abhängig, dieser wiederum wird auf dem Weltmarkt determiniert, auf den die hier betrachtete kleine offene Volkswirtschaft definitionsgemäß keinen Einfluss hat. Bleibt als veränderliche und damit grundsätzlich anpassungsfähige Nachfragekomponente nur der Nettoexport, der negativ vom realen Wechselkurs abhängig ist. Für das Erreichen einen neuen Gleichgewichts muss als der Nettoexport zurückgehen, was der Fall sein wird, wenn der reale Wechselkurs steigt. Nicht überraschend führt also auch die Argumentation über den Gütermarkt zu dem Ergebnis, dass die Ausweitung der Staatsausgaben zu einer Verschlechterung der Kapitalbilanz und der Leistungsbilanz bei höherem realen Wechselkurs führt.

In Abb. 4.13 werden die Auswirkungen der Staatsausgabenerhöhung analysiert unter der Annahme, dass im Ausgangsgleichgewicht der Saldo der Kapitalbilanz und damit auch der der Leistungsbilanz null sind. Dadurch werden die Auswirkungen dieser Politikmaßnahme auf die Kapitalbilanz und die Leistungsbilanz klar; andere Ausgangssituationen im Hinblick auf die Salden lassen sich entsprechend darstellen, ohne dass die Wirkungsrichtung dadurch eine andere wäre. Falls in der Ausgangssituation, wie hier unterstellt, die Leistungsbilanz und damit auch die Kapitalbilanz einen Saldo von null aufweisen, wird eine expansive Fiskalpolitik im Inland zu einem Defizit in der Kapitalbilanz und in der Leistungsbilanz führen.

---

[54] Im Sprachgebrauch hat sich der Begriff Verschlechterung der Leistungsbilanz (oder auch der Kapitalbilanz) eingebürgert für das Entstehen oder die Zunahme eines Leistungsbilanzdefizits (Kapitalbilanzdefizits) oder die Verringerung eines Überschusses in der Leistungsbilanz (Kapitalbilanz). Im umgekehrten Fall spricht man dementsprechend von einer Verbesserung der Leistungsbilanz (Kapitalbilanz). Damit sind aber keine normativen Wertungen verbunden.

4.2 Gütermarktgleichgewicht und Kapitalmarktgleichgewicht

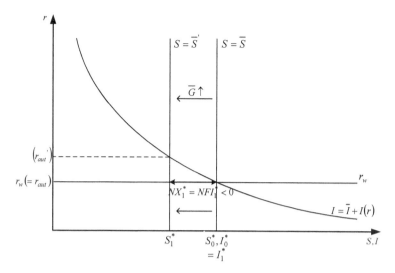

Abbildung 4.13: Staatsausgabenerhöhung in der kleinen offenen Volkswirtschaft, Auswirkungen auf das Kapitalmarktgleichgewicht

Die Reduktion der gesamtwirtschaftlichen Ersparnis im Zuge der Erhöhung der Staatsausgaben führt zu einer Differenz zwischen inländischer Ersparnis und inländischem Investitionsvolumen und damit sinkt das Angebot an inländischer Währung am Devisenmarkt. Bei unveränderter Nachfrage nach inländischer Währung steigt damit der gleichgewichtige reale Wechselkurs. Damit werden aber die im Inland hergestellten Güter teurer im Vergleich zu den im Ausland hergestellten Gütern. Die Exporte werden zurückgehen und die Importe werden steigen; beides führt zu einem Rückgang der Nettoexporte.

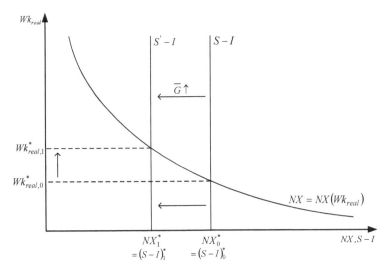

Abbildung 4.14: *Staatsausgabenerhöhung in der kleinen offenen Volkswirtschaft, Auswirkungen auf das Devisenmarktgleichgewicht*

Würde die expansive Fiskalpolitik nicht in Form einer Erhöhung der Staatsausgaben, sondern als Steuersenkung erfolgen, so würde sich das qualitativ gleiche Ergebnis im Hinblick auf Gütermarkt- bzw. Kapitalmarktgleichgewicht, Leistungsbilanz und Kapitalbilanz sowie realen Wechselkurs einstellen, was sich leicht anhand der Tatsache ableiten lässt, dass auch eine Senkung der Steuereinnahmen, wie oben gesehen, zu einer Reduktion der inländischen Ersparnis führt und so die gleichen Wirkungen auslöst wie eine Erhöhung der Staatsausgaben.

Eine kontraktive Fiskalpolitik, also eine Reduktion der Staatsausgaben oder eine Erhöhung der Steuereinnahmen, hätte die entsprechenden umgekehrten Folgen auf die gesamtwirtschaftlichen Größen im neuen Gleichgewicht.

Auch für die kleine offene Volkswirtschaft wollen wir untersuchen, wie eine **Variation der zinsunabhängigen Investitionsausgaben** auf die verschiedenen gesamtwirtschaftlichen Größen wirkt. Exemplarisch wird wieder der Fall einer Erhöhung der zinsunabhängigen Investitionen betrachtet, ein Rückgang der zinsunabhängigen Investitionen wäre entsprechend zu behandeln. Bei jedem Niveau des Realzinssatzes wird dann mehr investiert als zuvor, also auch beim gleichgewichtigen Weltmarktzinssatz. Bei unveränderter inländischer Ersparnis muss das größere inländische Investitionsvolumen durch Ersparnisse aus dem Ausland, sprich: durch Kreditaufnahme im Ausland, finanziert werden. Der Kapitalimport steigt, die Nettoauslandsinvestitionen gehen somit zurück. Zum gleichen Ergebnis führt die Argumentation über den Gütermarkt: Die erhöhte Investitionstätigkeit hat eine Überschussnachfrage am Gütermarkt zur Folge; bei unverändertem Güterangebot muss dann der Nettoexport zurückgehen, damit wieder Gütermarktgleichgewicht herrscht. Mit einer Verschlechterung der Kapitalbilanz und dieser entsprechend auch der Leistungsbilanz sinkt das Angebot inländischer Währung am Devisenmarkt. Der reale Wechselkurs der inländischen Währung ist im neuen Gleichgewicht höher, und mit dieser realen Aufwertung der inländischen Wäh-

4.2 Gütermarktgleichgewicht und Kapitalmarktgleichgewicht

rung gehen ein Rückgang der Exporte und ein Anstieg der Importe und somit ein Rückgang der Nettoexporte des Inlands einher. Im Ergebnis wird also der Anstieg der zinsunabhängigen Investitionen zu einer Verschlechterung der Kapitalbilanz und einer gleich großen Verschlechterung der Leistungsbilanz sowie zu einem höheren realen Wechselkurs führen.

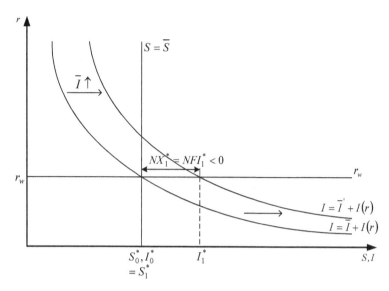

Abbildung 4.15: Erhöhung der zinsunabhängigen Investitionen in der kleinen offenen Volkswirtschaft, Auswirkungen auf das Kapitalmarktgleichgewicht

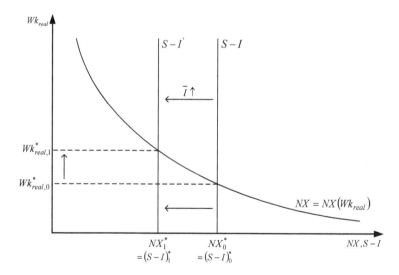

Abbildung 4.16: Erhöhung der zinsunabhängigen Investitionen in der kleinen offenen Volkswirtschaft, Auswirkungen auf das Devisenmarktgleichgewicht

Neben den bisher diskutierten exogenen Schocks können auf offene Volkswirtschaften weitere Impulse einwirken, die bei geschlossenen Volkswirtschaften per definitionem nicht auftreten können.

Wie die Auswirkungen **fiskalpolitischer Maßnahmen im Ausland** auf die gesamtwirtschaftlichen Größen der inländischen Volkswirtschaft sind, soll als Nächstes untersucht werden. Diskutieren wir wieder eine expansive Fiskalpolitik in Form einer Staatsausgabenerhöhung und unterstellen, dass sich die inländische Volkswirtschaft in der Ausgangssituation in einem Gleichgewicht mit einem Leistungsbilanzsaldo und einem Kapitalbilanzsaldo von jeweils null befindet. Die Analyse kann für eine kontraktive Fiskalpolitik, für eine Variation der Steuereinnahmen oder für ein Ausgangsgleichgewicht mit einem Überschuss oder einem Defizit in der Leistungsbilanz und der Kapitalbilanz entsprechend durchgeführt werden.

Zunächst ist zu überlegen, ob es sich bei dem die Staatsausgabenerhöhung durchführenden Ausland um eine kleine offene oder eine große offene Volkswirtschaft handelt. Falls es sich um eine kleine Volkswirtschaft handelt, reduziert die Erhöhung der ausländischen Staatsausgaben zwar die gesamtwirtschaftliche Ersparnis im Ausland, diese Reduktion der ausländischen Ersparnis beeinflusst aber – per definitionem, da es sich um eine kleine Volkswirtschaft handelt – nicht die globale Ersparnis und damit das Angebot und die Nachfrage auf dem Weltkapitalmarkt. Oder wenn man über den globalen Gütermarkt argumentiert: Die erhöhte Nachfrage des Staates in der kleinen ausländischen Volkswirtschaft ist auf dem globalen Gütermarkt nicht spürbar. Der Realzinssatz, der mit einem Gleichgewicht auf dem Weltkapitalmarkt und dem Weltgütermarkt einhergeht, ist daher unverändert und es kommt zu keinerlei Auswirkungen auf die inländische Volkswirtschaft.

Anders stellt sich die Situation dar, wenn das Ausland eine große offene Volkswirtschaft ist. Geht in einem solchen Fall die gesamtwirtschaftliche Ersparnis des Auslands zurück, so verringert sich dadurch das Angebot auf dem Weltkapitalmarkt bzw. die globale Nachfrage nach Gütern wird ausgeweitet, und der gleichgewichtige Realzinssatz auf dem Weltkapitalmarkt steigt.[55] Das Inland als kleine offene Volkswirtschaft ist nun mit einem höheren Weltmarktzinssatz konfrontiert, an dem sich die inländischen Investoren mit ihrem Investitionskalkül orientieren. Die Investitionstätigkeit im Inland wird infolge des Realzinsanstiegs zurückgehen. Bei unveränderter inländischer Ersparnis ist nun die inländische Kapitalnachfrage zu gering, um das Gleichgewicht auf dem inländischen Kapitalmarkt beizubehalten. Ein Teil der inländischen Ersparnis wird nach Anlagemöglichkeiten im Ausland suchen. Der Saldo der Kapitalbilanz wird im neuen Gleichgewicht einen Überschuss aufweisen. In gleichem Umfang wird auch der Saldo der Leistungsbilanz positiv sein. Auf dem Gütermarkt führt der Rückgang der Investitionsnachfrage zu einem Angebotsüberschuss, der bei unverändertem Realeinkommen resp. Inlandsprodukt nur durch einen entsprechenden Anstieg der Nettoexporte wieder ausgeglichen werden kann. Die Verbesserung der Kapitalbilanz und der Leistungsbilanz vergrößert das Angebot an inländischer Währung am Devisenmarkt. Der gleichgewichtige reale Wechselkurs der inländischen Währung wird daher zurückgehen, die inlän-

---

[55] Man kann sich dies leicht klarmachen, wenn man sich die Analyse, die oben für die geschlossene Volkswirtschaft durchgeführt wurde, nochmals vor Augen führt. Schließlich kann die Welt als Ganzes auch als eine geschlossene Volkswirtschaft verstanden werden.

dische Währung wertet also real ab, inländische Güter werden relativ zu ausländischen Gütern billiger und im neuen Gleichgewicht sind die Nettoexporte höher als zuvor. Im Ergebnis wird das Inland als Konsequenz der expansiven Fiskalpolitik des Auslands ein niedrigeres Niveau der inländischen Investitionen und eine Verbesserung der Leistungsbilanz und der Kapitalbilanz sowie einen niedrigeren realen Wechselkurs der inländischen Währung im neuen Gleichgewicht aufweisen.

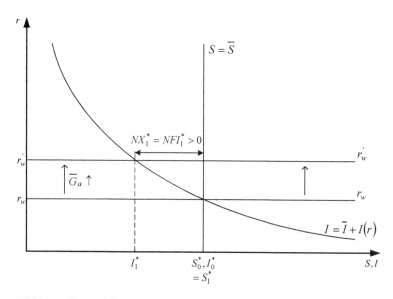

Abbildung 4.17: Erhöhung der Staatsausgaben im Ausland, Auswirkungen auf das Kapitalmarktgleichgewicht der kleinen offenen Volkswirtschaft

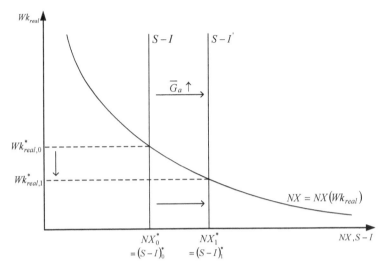

Abbildung 4.18: Erhöhung der Staatsausgaben im Ausland, Auswirkungen auf das Devisenmarktgleichgewicht der kleinen offenen Volkswirtschaft

Als weitere wirtschaftspolitische Maßnahme soll nun noch die **Außenhandelspolitik** diskutiert werden. Mit dem Begriff Außenhandelspolitik werden alle Maßnahmen des Staates bezeichnet, die den grenzüberschreitenden Güterverkehr beeinflussen. Insbesondere greifen Regierungen immer wieder zu Maßnahmen, mit denen sie die inländische Produktion vor Konkurrenz aus dem Ausland schützen wollen, daher auch der Begriff **protektionistische Maßnahmen**. Zu solchen protektionistischen Maßnahmen zählen beispielsweise das Erheben von Zöllen oder die Einführung von Importkontingenten sowie das Implementieren anderer nichttarifärer Handelshemmnisse. Exportfördernde Maßnahmen wie Exportsubventionen greifen ebenfalls in den freien internationalen Handel ein und führen zu entgegengesetzten Auswirkungen wie die im Folgenden behandelten importbeschränkenden Maßnahmen. Nehmen wir beispielsweise an, die Regierung einer kleinen offenen Volkswirtschaft führt ein Importkontingent für Stahl ein, um den Import von ausländischem Stahl zu verringern. Bei jedem beliebigen realen Wechselkurs führt dies infolge des Importrückgangs bei Stahl zu einem Anstieg der Nettoexporte. Auf dem Devisenmarkt ist bei dem ursprünglichen Niveau des realen Wechselkurses nun die Nachfrage nach inländischer Währung größer als das Angebot an inländischer Währung, wie es sich aus dem Überschuss der inländischen Ersparnis über das inländische Investitionsvolumen ergibt. Da durch die wirtschaftspolitische Maßnahme der Einführung eines Importkontingents weder die inländische Ersparnis, in unserem Modell nur vom (verfügbaren) Realeinkommen abhängig, das in der hier durchgeführten langfristigen Betrachtung durch den Bestand an Produktionsfaktoren und der vorhandenen Technologie (sowie durch die exogen festgelegte Steuerhöhe) gegeben ist, noch die Investitionstätigkeit, die von der Höhe des inländischen Realzinses abhängt, der wiederum vom Weltmarktzins bestimmt ist, berührt sind, wird die Überschussnachfrage nach inländischer Währung zu einem Anstieg des realen Wechselkurses führen. Dieser Anstieg des realen Wechselkurses bringt es wiederum mit sich, dass die im Inland produzierten Güter im Ver-

4.2 Gütermarktgleichgewicht und Kapitalmarktgleichgewicht

gleich zu den im Ausland hergestellten Gütern teurer werden. Der Export der kleinen offenen Volkswirtschaft geht zurück, der Import steigt. Im Ergebnis wird der Nettoexport aufgrund des Anstiegs des realen Wechselkurses genau um den Betrag zurückgehen, um den er aufgrund der Importbeschränkung (hier: bei Stahl) gestiegen ist. Diese genaue Entsprechung von Anstieg und Rückgang der Nettoexporte liegt im unveränderten Angebot von inländischer Währung am Devisenmarkt begründet, was der Grund dafür ist, dass nicht mehr Güter per Saldo exportiert werden können, als mit an Ausländer zur Verfügung gestellter inländischer Währung von diesen gekauft werden können. Die Abb. 4.19 zeigt diese Zusammenhänge grafisch auf.[56]

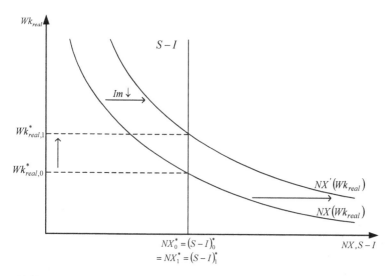

Abbildung 4.19: Protektionistische Außenhandelspolitik in der kleinen offenen Volkswirtschaft, Auswirkungen auf das Devisenmarktgleichgewicht

Im Ergebnis führt eine protektionistische Außenhandelspolitik also nicht zu einer Verbesserung des Leistungsbilanzsaldos, im neuen Gleichgewicht ist lediglich der reale Wechselkurs höher als zuvor. Dies bringt jedoch mit sich, dass – auch wenn der Leistungsbilanzsaldo unverändert ist – das Handelsvolumen niedriger ist als im alten Gleichgewicht. Das Inland exportiert bei dem höheren realen Wechselkurs weniger, und bei unverändertem Leistungsbilanzsaldo ist dann auch das Importvolumen insgesamt niedriger als zuvor (auch wenn der Anstieg des realen Wechselkurses die nicht beschränkten Importe anderer Güter begünstigt). Die Importbeschränkung, hier im Beispiel gegenüber ausländischem Stahl, mag zwar die

---

[56] Da die protektionistische Außenhandelspolitik wie dargelegt weder die inländische Ersparnis und die inländische Investitionsgüternachfrage noch den gleichgewichtigen Weltmarktzinssatz berührt, ist eine explizite Analyse von Güter- bzw. Kapitalmarkt, wie sie bei den anderen oben diskutierten wirtschaftspolitischen Maßnahmen durchgeführt wurde, hier nicht notwendig. Konkret: In der entsprechenden Grafik des $(r, S$ und $I)$-Diagramms verschiebt sich infolge der protektionistischen Außenhandelspolitik keine Kurve. Es ergibt sich also infolge einer protektionistischen Außenhandelspolitik keine Änderung zwischen altem und neuem Gütermarkt- bzw. Kapitalmarktgleichgewicht.

inländische Stahlproduktion geschützt haben, makroökonomisch zieht die inländische Volkswirtschaft daraus aber keinen Vorteil, vielmehr geht das Exportvolumen zurück und die Importe der nicht-beschränkten Güter werden zunehmen, so dass andere Branchen durch diese protektionistische Außenhandelspolitik in Form geringerer Produktion und Beschäftigung Schaden nehmen werden.[57]

4.2.3 Gütermarktgleichgewicht/Kapitalmarktgleichgewicht in der großen offenen Volkswirtschaft

Im vorangegangenen Abschnitt hatten wir unterstellt, dass die betrachtete Volkswirtschaft eine kleine offene Volkswirtschaft ist, dass also Güterangebot und Güternachfrage sowie Kapitalangebot und Kapitalnachfrage dieser Volkswirtschaft das Angebot und die Nachfrage am globalen Gütermarkt bzw. Kapitalmarkt nicht beeinflussen. Von dieser Annahme wollen wir in diesem Abschnitt nun abrücken. Das Inland sei so groß, dass Angebot und Nachfrage des Inlands auf dem Weltkapital- und Weltgütermarkt spürbar sind. Die betrachtete Volkswirtschaft ist eine **große offene Volkswirtschaft**.

Dies hat bestimmte Implikationen für unser Modell. Ist das Inland ein großes Land, so ist der Realzinssatz im Inland nicht mehr vom Weltmarktzins her vorgegeben. Inländisches Kapitalangebot und inländische Kapitalnachfrage respektive inländisches Güterangebot und inländische Güternachfrage beeinflussen Angebot und Nachfrage auf dem Weltmarkt für Kapital bzw. für Güter und damit den gleichgewichtigen realen Weltmarktzinssatz. Wenn dies der Fall ist, ist eine Hypothese darüber aufzustellen, wovon die grenzüberschreitenden Kapitalströme abhängen. Plausibel ist, dass inländische Anleger verstärkt Kapital am Weltmarkt anlegen werden, wenn der Inlandszinssatz eher niedrig ist, und umgekehrt. Das Gleiche gilt für die Anleger aus dem Ausland: Ist der inländische Realzins eher hoch, werden sie im Inland anlegen, ist er eher niedrig, werden sie eine Anlage im Inland eher nicht in Betracht ziehen. Mit steigendem Realzinssatz im Inland fließt also ein geringerer Teil der inländischen Ersparnis ins Ausland und es fließt mehr Kapital aus dem Ausland zu. Im Ergebnis werden also die Nettoauslandsinvestitionen des Inlands als Saldo aus der Kapitalanlage der Inländer im Ausland und der Kapitalanlage der Ausländer im Inland umso höher sein, je niedriger der Realzinssatz im Inland ist:[58]

---

[57] Zu den negativen gesamtwirtschaftlichen Auswirkungen einer protektionistischen Außenhandelspolitik, wie sie mithilfe des wohlfahrtsökonomischen Instrumentariums analysiert werden, vgl. z.B. Krugman/Obstfeld/Melitz (2012), S. 273ff., oder Rose/Sauernheimer (2006), S. 599ff.

[58] Ein weiterer Grund für eine negative Abhängigkeit zwischen Nettoauslandsinvestitionen des Inlands und inländischem Realzinssatz würde sich ergeben, wenn man die bisher gemachte Annahme der vollkommenen internationalen Kapitalmobilität aufgeben würde: Wenn die inländischen und die ausländischen Kapitalanleger eine Präferenz für die Anlage am jeweiligen heimischen Markt haben, bspw. aufgrund von Informationsdefiziten über die jeweiligen ausländischen Märkte, oder wenn es staatlicherseits verfügte Hemmnisse im internationalen Kapitalverkehr gibt wie bspw. eine Besteuerung internationaler Kapitalströme, so muss der Realzinssatz im Inland gegenüber dem Weltmarktzinssatz relativ niedrig sein, damit inländische Kapitalanleger ihre Ersparnisse am Weltmarkt anlegen, und er muss dann entsprechend hoch sein, um ausländische Anleger zur Anlage im Inland zu bewegen. In einem solchen Fall wäre das in diesem Kapitel diskutierte Modell einer

(4.31) $NFI = NFI(r)$ mit $\dfrac{\delta NFI}{\delta r} < 0$

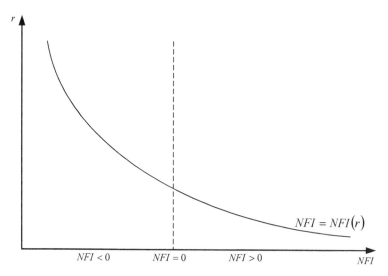

Abbildung 4.20: Funktion der Nettoauslandsinvestitionen

Ansonsten behalten wir unsere Modellgleichungen bei. Aus den bislang verwendeten Definitionsgleichungen und Verhaltenshypothesen ergibt sich damit als Gleichgewichtsbedingung für den Gütermarkt resp. Kapitalmarkt:[59]

(4.32a) $NX\left(W\overset{(-)}{k_{real}}\right) = \left(Y^* - \overline{C} - c \cdot \left(Y^* - \overline{T}\right) - \overline{G}\right) - \left(\overline{I} + I\overset{(-)}{(r)}\right)$ bzw.

(4.32b) $NX\left(W\overset{(-)}{k_{real}}\right) = \overline{S} - \left(\overline{I} + I\overset{(-)}{(r)}\right)$

Die Nachfrage nach inländischer Währung, die sich aus dem Nettoexport ergibt, muss im Gleichgewicht gleich sein dem Angebot an inländischer Währung, wie es aus dem Überschuss der inländischen Ersparnis über das inländische Investitionsvolumen, den Nettoauslandsinvestitionen, resultiert. Für die Übereinstimmung von Angebot an und Nachfrage nach inländischer Währung sorgt der reale Wechselkurs. Im Gleichgewicht muss also am Devisenmarkt gelten:

---

großen offenen Volkswirtschaft auch auf eine kleine offene Volkswirtschaft anzuwenden, selbst wenn diese keinen Einfluss auf Angebot und Nachfrage auf dem Weltkapital- bzw. Weltgütermarkt hat.

[59] Der einzige, aber gravierende Unterschied der Gl. (4.32a) und (4.32b) zu den Gl. (4.30a) und (4.30b) liegt darin, dass die inländische Investitionstätigkeit vom Inlandszinssatz abhängig ist, der hier nicht mehr notwendigerweise dem realen Weltmarktzinssatz entspricht.

(4.33) $NX(\overset{(-)}{Wk_{real}}) = NFI(\overset{(-)}{r})$

Somit lässt sich die Gütermarkt- resp. Kapitalmarktgleichgewichtsbedingung (4.32) auch schreiben als:

(4.34a) $NFI(\overset{(-)}{r}) = \overline{S} - \left(\overline{I} + I(\overset{(-)}{r})\right)$ bzw.

(4.34b) $\overline{S} = \left(\overline{I} + I(\overset{(-)}{r})\right) + NFI(\overset{(-)}{r})$

Grafisch lässt sich das Modell der großen offenen Volkswirtschaft zusammenfassen in der folgenden Abbildung:

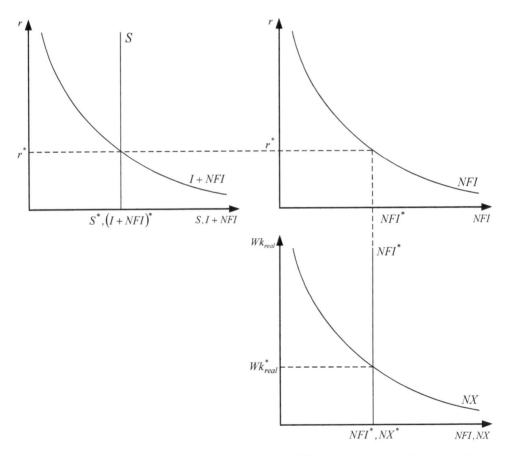

Abbildung 4.21: *Gütermarkt- resp. Kapitalmarktgleichgewicht und Devisenmarktgleichgewicht in der großen offenen Volkswirtschaft*

4.2 Gütermarktgleichgewicht und Kapitalmarktgleichgewicht

In der großen offenen Volkswirtschaft bestimmen also das Kapitalangebot, die inländische Ersparnis, und die Kapitalnachfrage, sei es für Investitionen im Inland oder – saldiert mit dem Kapitalangebot aus dem Ausland – im Ausland, die Höhe des gleichgewichtigen inländischen Realzinssatzes. Von dessen Höhe wiederum hängt der Umfang der grenzüberschreitenden Kapitalströme ab. Dieser Saldo der Kapitalströme zwischen Inland und Ausland stellt wiederum das Angebot an inländischer Währung am Devisenmarkt dar; im Zusammenspiel mit der Nachfrage nach inländischer Währung, die aus dem Saldo zwischen inländischem Güterexport und inländischem Güterimport resultiert, wird sich damit der gleichgewichtige reale Wechselkurs einstellen.

Auch in diesem Modellkontext wollen wir wieder verschiedene wirtschaftspolitische Maßnahmen diskutieren und beginnen wie oben mit der **Fiskalpolitik im Inland**. Im Fall einer expansiven Fiskalpolitik – Erhöhung der Staatsausgaben oder Verminderung der Steuern – kommt es, wie oben gesehen, zu einer Reduktion der gesamtwirtschaftlichen Ersparnis. Nun betrachten wir aber hier eine Volkswirtschaft, deren Kapitalangebot und Kapitalnachfrage wie auch deren Güterangebot und Güternachfrage den Weltkapital- und den Weltgütermarkt beeinflussen und für die als große offene Volkswirtschaft der inländische Realzinssatz nicht vom Weltmarkt vorgegeben ist. Der Rückgang der inländischen gesamtwirtschaftlichen Ersparnis und damit die Reduktion des inländischen Kapitalangebots führt auch zu einem Rückgang des Angebots am Weltkapitalmarkt. Im Inland kommt es bei unveränderter inländischer Kapitalnachfrage im hier betrachteten Fall eines großen Landes aufgrund der geringeren inländischen Ersparnis zu einem Anstieg des inländischen Realzinses. Der höhere Realzinssatz führt zu einem Rückgang der Investitionsgüternachfrage im Inland. Bei höherem Realzinssatz im Inland werden die Inländer aber auch ihr Kapitalangebot an das Ausland einschränken und verstärkt im Inland anlegen; ebenso werden die ausländischen Kapitalanleger ihre finanziellen Mittel eher im Inland und weniger im Ausland anlegen. Beides führt zu einem Rückgang der Nettoauslandsinvestitionen. Mit den niedrigeren Nettoauslandsinvestitionen geht aber auch das Angebot an inländischer Währung am Devisenmarkt zurück, bei unveränderter Nachfrage nach inländischer Währung wird der Preis hierfür, der reale Wechselkurs, steigen. Der höhere reale Wechselkurs wiederum verteuert die im Inland hergestellten Güter relativ zu den im Ausland hergestellten und führt zu einem Rückgang der Exporte und zu einem Anstieg der Importe des Inlands, was beides den Nettoexport des Inlands vermindert. Die expansive Fiskalpolitik führt also zu einer geringeren gesamtwirtschaftlichen Ersparnis, einem Anstieg des Realzinssatzes, einem geringen Investitionsvolumen, reduzierten Nettoauslandsinvestitionen und Nettoexporten sowie einer realen Aufwertung der inländischen Währung.

Eine kontraktive Fiskalpolitik in Form einer Reduktion der Staatsausgaben oder einer Erhöhung der Steuern ist entsprechend zu analysieren und hätte die entgegengesetzten Auswirkungen auf die verschiedenen makroökonomischen Größen.

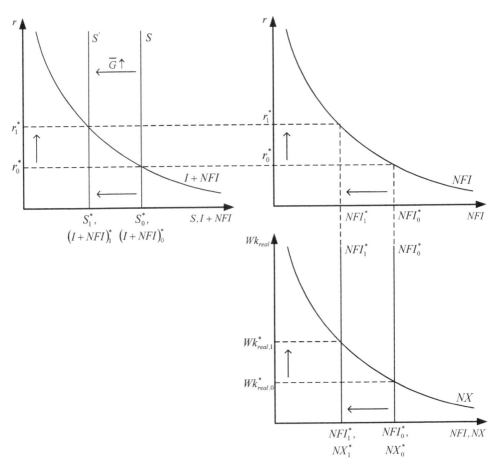

Abbildung 4.22: Erhöhung der Staatsausgaben in der großen offenen Volkswirtschaft

Als zweite wirtschaftspolitische Maßnahme soll auch hier die **Variation der zinsunabhängigen Investitionsnachfrage** untersucht werden. Unterstellen wollen wir wieder eine Erhöhung der zinsunabhängigen Investitionen, ein Rückgang wäre entsprechend zu behandeln. Eine Zunahme der zinsunabhängigen Investitionsgüternachfrage zieht einen Anstieg des inländischen Realzinssatzes nach sich. Dies macht für Inländer wie für Ausländer die Anlage finanzieller Mittel im Ausland weniger attraktiv, die grenzüberschreitenden Investitionen der Inländer werden zurückgehen, die der Ausländer zunehmen, so dass der Saldo der Auslandsinvestitionen insgesamt geringer wird. Niedrigere Nettoauslandsinvestitionen bedeuten ein auch niedrigeres Angebot an inländischer Währung am Devisenmarkt, damit wird bei unveränderter Nachfrage nach inländischer Währung der reale Wechselkurs steigen, was zu einem Rückgang der Nettoexporte führt.

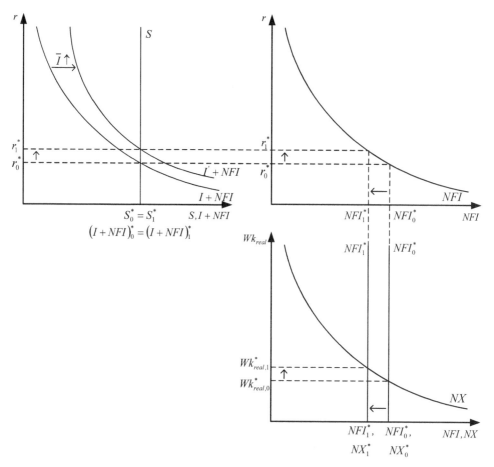

Abbildung 4.23: Erhöhung der zinsunabhängigen Investitionsgüternachfrage in der großen offenen Volkswirtschaft

Auch hier wollen wir untersuchen, wie eine expansive **Fiskalpolitik des Auslands** auf die betrachtete Volkswirtschaft wirkt. Dabei gehen wir davon aus, dass das Ausland ebenfalls eine große Volkswirtschaft ist; wäre sie eine kleine Volkswirtschaft, so wären – wie oben diskutiert – die vom Ausland ergriffenen wirtschaftspolitischen Maßnahmen per definitionem nicht für das Inland spürbar. Wird vom Ausland (als großem Land) eine expansive Fiskalpolitik durchgeführt, so steigt der Realzinssatz im Ausland – die gerade durchgeführten Überlegungen zur expansiven Fiskalpolitik einer großen offenen Volkswirtschaft brauchen hier nur angewendet werden, um dies zu sehen. Angesichts des gestiegenen Realzinssatzes im Ausland ist es für inländische wie für ausländische Anleger attraktiver, ihre finanziellen Mittel im Ausland anzulegen, was einen Anstieg der Nettoauslandsinvestitionen des Inlands mit sich bringt. Mit den höheren Nettoauslandsinvestitionen steigt die Nachfrage am Kapitalmarkt des Inlands, bei unveränderter gesamtwirtschaftlicher Ersparnis steigt der inländische Realzinssatz. Gleichzeitig wird mit den höheren Nettoauslandsinvestitionen das Angebot an inländischer Währung am Devisenmarkt zunehmen. Bei unveränderter Nachfrage nach inländischer Währung sinkt dann der reale Wechselkurs der inländischen Währung. Die reale Abwertung wiederum führt zu einem Anstieg der Nettoexporte.

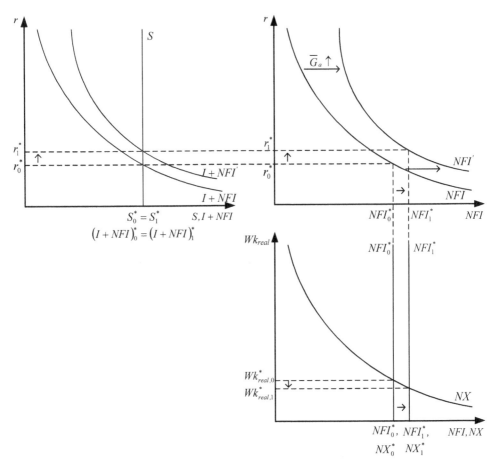

Abbildung 4.24: Expansive Fiskalpolitik im Ausland bei einer großen offenen Volkswirtschaft

Anders als im Fall der kleinen offenen Volkswirtschaft wirkt die ausländische Fiskalpolitik im hier betrachteten Fall der großen offenen Volkswirtschaft nicht über den Weltmarktzinssatz, sondern über die zinssatzabhängigen grenzüberschreitenden Kapitalströme.[60] Im Ergebnis werden infolge einer expansiven Fiskalpolitik des Auslands in der großen offenen Volks-

---

[60] Auch andere Ereignisse, wie z.B. Stimmungsumschwünge in der Anlegermeinung an den internationalen Kapitalmärkten oder politische Ereignisse, können zu einem exogenen Impuls auf die Nettoauslandsinvestitionen führen und sind entsprechend der hier durchgeführten Analyse zu behandeln.

4.2 Gütermarktgleichgewicht und Kapitalmarktgleichgewicht

wirtschaft die Nettoauslandsinvestitionen, die Nettoexporte und der Realzinssatz des Inlands höher sein als zuvor.

Eine kontraktive Fiskalpolitik im Ausland hätte für das Inland entgegengesetzte Konsequenzen.

Zuletzt sollen noch die Auswirkungen der **Außenhandelspolitik** des Inlands betrachtet werden. Ergreift das Inland protektionistische Maßnahmen, wird bei gleichem realem Wechselkurs weniger importiert und bei unveränderten Exporten nimmt der Nettoexport zu. Damit steigt die Nachfrage nach inländischer Währung. Das Angebot an inländischer Währung, das aus den Nettoauslandsinvestitionen resultiert, ist aber unverändert. Dadurch steigt der reale Wechselkurs der inländischen Währung. Die reale Aufwertung hat eine relative Verteuerung der im Inland hergestellten Güter zur Folge, so dass der Export heimischer Güter zurückgehen, der Import ausländischer Güter, sofern nicht von der Importrestriktion betroffen, steigen wird. Dies wirkt der anfangs angelegten Verbesserung der Leistungsbilanz entgegen, und da die Nettoauslandsinvestitionen unverändert sind, werden im Ergebnis der Nettoexport und damit der Leistungsbilanzsaldo der gleiche sein wie zuvor.

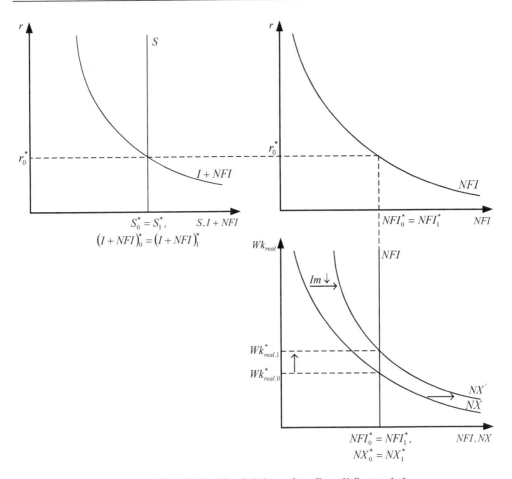

Abbildung 4.25: Protektionistische Außenhandelspolitik der großen offenen Volkswirtschaft

5 Geldmarkt

5.1 Geldfunktionen, Geldarten und Geldmengenkonzepte

Geld war in den bisherigen Kapiteln, außer in dem zu den volkswirtschaftlichen Rechenwerken, nicht vorgekommen. Bislang arbeiteten wir immer mit realen Größen. In diesem Kapitel wollen wir uns nun dem Geld widmen, und damit werden neben den realen Größen auch **nominale** Größen in die Analyse einfließen. Verbunden sind nominale und reale Größen über das Preisniveau p, von dem wir zunächst annehmen wollen, dass es konstant ist. Multipliziert man eine reale Größe mit dem Preisniveau p, so ergibt sich die entsprechende nominale Größe.

Zunächst ist aber die Frage zu stellen, was „Geld" eigentlich ist. Bei dem Begriff Geld denkt man zunächst naheliegenderweise an Euro-Münzen und Euro-Scheine, auch an Dollar-Noten und Ähnliches. Also an Dinge, mit denen man Güter kaufen und bezahlen kann. Aber wie sieht es aus mit Kreditkarten? Mit ihnen kann man auch Güter erwerben. Oder mit dem Guthaben auf Girokonten, die man auch für Güterkäufe einsetzen kann?

Orientieren wir uns an den Münzen und Geldscheinen und überlegen wir, wie es zur Einführung von Münzen und Geldscheinen gekommen ist, um uns dem Begriff Geld zu nähern.

Geld hat drei Funktionen. Die erste Funktion des Geldes ist die **Tauschmittelfunktion**. Prinzipiell könnte man ja in einer Tauschwirtschaft auch Gut gegen Gut tauschen und nicht den Zwischenschritt über ein allgemein akzeptiertes Tauschmittel gehen. Das würde aber bedeuten, dass bspw. ein Steuerberater, der ein Brot kaufen möchte, einen Bäcker finden müsste, der gerade, und zwar zu diesem Zeitpunkt, die Dienstleistung der Steuerberatung in Anspruch nehmen möchte. Hinzu käme, dass der Umfang der Steuerberatung, die er braucht, vielleicht nicht der Brotmenge entspricht, die der Steuerberater benötigt. Gibt es dagegen ein allgemein akzeptiertes Tauschmittel, so würde der Steuerberater dieses allgemein akzeptierte Tauschmittel hergeben, um ein Brot zu erhalten, und der Bäcker würde dieses allgemein akzeptierte Tauschmittel verwenden, um irgendein Gut zu erwerben, das er kaufen möchte. Würde man also in einer arbeitsteiligen Volkswirtschaft den Weg des direkten Tausches gehen, so wäre dies – das Beispiel zeigt es unmittelbar – viel aufwändiger als der indirekte Tausch mithilfe eines allgemein akzeptierten Tauschmittels. Was sich zunächst aufwändiger anhört – der indirekte Tausch –, ist tatsächlich effizienter. Ein allgemein akzeptiertes Tauschmittel nimmt also eine der Geldfunktionen wahr. Ein solches allgemein akzeptiertes Tauschmittel kann ein in einer bestimmten Art und Weise gestaltetes Stück Papier sein, das per Gesetzeskraft zum allgemeinen und gesetzlichen Zahlungsmittel erklärt wird, es kann aber auch ein beliebiges anderes Gut sein, das von allen oder zumindest dem überwiegenden Teil der Bevölkerung eines Landes als Gegenleistung für die Hergabe eines Gutes akzeptiert wird, so wie es bspw. in bestimmten Zeiten in Deutschland auch eine Stange Zigaretten war.

Die zweite Funktion ist die der **Recheneinheit**. In Geldeinheiten – im Euroraum in Euro, in den USA in US-Dollar und in der Schweiz in Schweizer Franken – wird der Wert von Gütern angegeben. Durch die Verwendung einer einheitlichen Recheneinheit für den Wert von Gütern, aber auch von Forderungen und Schulden, wird das Wirtschaftsleben ebenfalls enorm vereinfacht. Nehmen Sie nur wieder in unserem obigen Beispiel an, der Bäcker verkaufe sein Brot nicht nur an den erwähnten Steuerberater und erhält dafür im Gegenzug eine bestimmte Anzahl an Steuerberatungsminuten, sondern er verkauft sein Brot auch an Software-Entwickler, Architekten, Gas- und Wasserinstallateure, Kfz-Mechaniker u.v.m. Man müsste dann den Wert eines Brotes nicht nur in Minuten Steuerberatungsleistungen angeben, sondern auch in Anteile Programmierstunden, Planungs- und Bauaufsichtseinheiten etc. Die Verwendung von Geld als einheitlichem Wertmaßstab erhöht also die Transparenz im Wirtschaftsleben und ist somit auch auf diesem Weg effizienzsteigernd.

Die dritte Funktion des Geldes ist die der **Wertaufbewahrung**. Mithilfe von Geld kann Kaufkraft in die Zukunft transferiert werden. Der Bäcker in unserem Beispiel muss bei der Existenz eines allgemein akzeptierten Tauschmittels, das seinen Wert behält, nicht im Gegenzug für die Hergabe eines Brotes ebenfalls eine Ware oder eine Dienstleistung erhalten, sondern kann die Gegenleistung dann in Güter umwandeln, wenn er es möchte und er einen bestimmten Bedarf hat. Geld hat also eine Wertaufbewahrungsfunktion. Wenn Geld seine Wertaufbewahrungsfunktion verliert, wie bspw. in der Hyperinflation in Deutschland nach dem Ersten Weltkrieg, werden andere Güter, die als wertstabiler angesehen werden – damals die Zigaretten –, als allgemeines Tauschmittel verwendet. Diese dritte Geldfunktion erklärt auch, warum sich in der Geschichte nicht Tierhälften oder sonstige Lebensmittel als Geld durchgesetzt haben, sondern man schon ab dem 18. Jahrhundert fast nur noch Metall als (Waren-)Geld verwendet hat und man im modernen Wirtschaftsleben fast ausschließlich Papiergeld als physisches Geld kennt.

Wie die Betrachtung der Geldfunktionen zeigt, muss nicht unbedingt ein in einer bestimmten Art und Weise bedrucktes Stück Papier Geld sein, auch ganz andere Güter können die Geldfunktion wahrnehmen. Daher ist es auch nicht verwunderlich, dass in der Geschichte immer wieder andere Güter als Geld verwendet wurden. Man unterscheidet zwischen Warengeld und Rechengeld. Früher war Geld häufig **Warengeld**, auch Natural- oder Sachgeld genannt. Es wurden Güter als Geld verwendet, die selber einen eigenen Wert hatten und die Geldfunktionen besonders gut übernehmen konnten, bspw. Gold, aber auch Güter wie Wein, Olivenöl oder Rinder. Von **Rechengeld** oder auch Papiergeld oder fiduziarischem Geld spricht man, wenn das Geld selbst keinen eigenen Wert hat. Ein Gut wird dann deshalb zu Geld, weil es per Gesetz hierzu erklärt wird (gesetzliches Zahlungsmittel).

Bleibt noch die Frage zu klären, ob Kreditkarten oder das per ec-Karte zum Kauf von Gütern einsetzbare Guthaben auf einem Girokonto nun zum Geld zählen oder nicht. Beginnen wir mit den Kreditkarten. Mit Kreditkarten kann man zwar Güter erwerben, aber sie stellen kein Zahlungsmittel dar. Die Kreditkartengesellschaft begleicht zunächst für den Kunden die Rechnung; sie gibt dem Kreditkarteninhaber also einen Kredit, den dieser früher oder später

5.1 Geldfunktionen, Geldarten und Geldmengenkonzepte

begleichen muss. Kreditkarten sind also nicht zum Geld zu zählen. Etwas anders gelagert ist der Kauf mit der ec-Karte. Beim Einsatz der ec-Karte wird Geld vom Girokonto des Kunden auf das Konto des Verkäufers transferiert. Die ec-Karte selbst ist also kein Geld, sehr wohl stellt aber das Guthaben auf dem Girokonto Geld dar.

Damit kommen wir zu den **Geldmengenkonzepten**, also der Abgrenzung, was zum Geld in einer Volkswirtschaft letztlich zählt. Zur Erfassung der Geldmenge in einer Volkswirtschaft werden verschiedene Geldmengenkonzepte verwendet. Die am engsten gefasste Geldmenge ist die sog. Geldbasis oder **Zentralbankgeldmenge**. Zu ihr zählen das Bargeld und die Sichtguthaben der Geschäftsbanken bei der Zentralbank, das sog. Zentralbankgiralgeld. Letzteres entsteht dadurch, dass die Geschäftsbanken für die Abwicklung des Zahlungsverkehrs untereinander und mit der Zentralbank Girokonten bei der Zentralbank unterhalten, und diese Sichtguthaben können die Geschäftsbanken jederzeit in Bargeld umtauschen. Daher sind diese Sichtguthaben der Geschäftsbanken bei der Zentralbank wie Bargeld anzusehen.

Neben dieser Zentralbankgeldmenge werden die Geldmengenaggregate M1, M2 und M3 unterschieden. Dabei liegt eine gewisse Orientierung an der Tauschmittelfunktion und der Wertaufbewahrungsfunktion des Geldes vor. Die **Geldmenge M1** umfasst die Komponenten der Geldmenge, die eine besonders große Nähe zu den Transaktionen aufweisen: das Bargeld in Form von Scheinen und Münzen bei den Nichtbanken sowie die Sichteinlagen der Privaten bei den Geschäftsbanken. Etwas weiter gefasst ist die **Geldmenge M2**. Sie umfasst neben den Komponenten von M1 zusätzlich Einlagen auf Sparkonten und kurzfristige Termineinlagen, also Komponenten der Geldmenge, die nicht unmittelbar, aber mit relativ geringem Aufwand oder in absehbarer Zeit zu Transaktionszwecken eingesetzt werden können und bei denen die Wertaufbewahrungsfunktion an Gewicht gewonnen hat. Am weitesten abgegrenzt ist die **Geldmenge M3**, zu der neben den Komponenten von M2 mit Wertpapierpensionsgeschäften, Geldmarktfondsanteilen und kurz- bis mittelfristigen Schuldverschreibungen auch Aktiva zählen, bei denen die Tauschmittelfunktion zugunsten der Wertaufbewahrungsfunktion ein deutlich geringeres Gewicht aufweist. Eine Übersicht über die Geldmenge in Mrd. € in der Europäischen Währungsunion in den verschiedenen Aggregaten gibt Tab. 5.1:

Geldmengenaggregat	Komponenten	Bestand in Mrd. € zum Ende des 1. Quartals 2015	Bestand in % von M3
Geldmenge M1	Bargeldumlauf	993,7	9,5
	+ täglich fällige Einlagen	5.174,3	49,4
Geldmenge M2	M1	(6.168,0)	(58,8)
	+ Einlagen mit vereinbarter Laufzeit von bis zu 2 Jahren	1.529,2	14,6
	+ Einlagen mit vereinbarter Kündigungsfrist von bis zu 3 Monaten	2.133,5	20,3
Geldmenge M3	M2	(9.830,7)	(93,8)
	+ Repogeschäfte (Wertpapierpensionsgeschäfte)	125,9	1,2
	+ Geldmarktfondsanteile (netto)	436,5	4,2
	+ Schuldverschreibungen mit einer Laufzeit bis zu 2 Jahren	91,0	0,9
		(10.484,1)	(=100)

Tabelle 5.1: *Geldmengenaggregate im Euro-Währungsgebiet, Bestände zum Ende des 1. Quartals 2015. Quelle: Europäische Zentralbank (2015)*

5.2 Geldangebot und Geldschöpfung

Nachdem wir uns über das Wesen des Geldes Gedanken gemacht haben, wollen wir in diesem Abschnitt untersuchen, wie Geld in der Volkswirtschaft verankert ist und wie wir die Existenz von Geld in einem makroökonomischen Modell berücksichtigen können.

Modernes Geld als Papiergeld hat, wie gesehen, keinen intrinsischen Wert. Aber wie kommt es, dass in bestimmter Art und Weise bedruckte Papierscheine als Geld akzeptiert und benutzt werden? Dazu ist es hilfreich, wenn wir uns vergegenwärtigen, dass Geld nur eine Form von vielen möglichen Vermögensanlagen darstellt. Einer Finanzanlage steht aber immer eine Verbindlichkeit gegenüber. Betrachten wir also **Geld im Bilanzzusammenhang** einer modernen Volkswirtschaft mit einer Zentralbank, einem Geschäftsbankensektor und dem Rest der Volkswirtschaft, dem nichtfinanziellen privaten Sektor (nichtfinanzielle Unternehmen und Haushalte) und dem Staat.

Die konsolidierten Bilanzen dieser drei Sektoren stellen sich wie folgt dar:

5.2 Geldangebot und Geldschöpfung

Abbildung 5.1: Bilanzen der Zentralbank, des Geschäftsbankensektors sowie des Sektors aus privaten Haushalten, nichtfinanziellen Unternehmen und Staat

Die Geldmenge – Banknoten und Einlagen (Sichtguthaben und weitere Einlagen) des nichtfinanziellen privaten Sektors bei den Geschäftsbanken – ist zum einen ein Aktivum, ein Asset, bei dem nichtfinanziellen privaten Sektor und dem Staat. Zum anderen stellt sie aber gleichzeitig eine Verbindlichkeit der Zentralbank und der Geschäftsbanken gegenüber dem Sektor der restlichen Mitglieder der Volkswirtschaft dar. Diesen Verbindlichkeiten bei Zentralbank und Geschäftsbanken stehen jeweils deren Vermögensgegenstände gegenüber, die zur Deckung dieser Verbindlichkeiten herangezogen werden können. Die Banknoten sind, neben den anderen Verbindlichkeiten der Zentralbank, gedeckt durch ihren Bestand an Währungsreserven (Forderungen an die Zentralbanken anderer Länder), die von ihr vergebenen Kredite an die Geschäftsbanken und den Staat sowie durch sonstige Vermögensgegenstände. Die Einlagen bei den Geschäftsbanken sind gedeckt durch ihre Forderungen gegenüber der Zentralbank in Form von Einlagen bei dieser sowie durch ihre Forderungen gegenüber dem Staat, bspw. in Form von Staatsanleihen, und dem nichtfinanziellen privaten Sektor in Form von an diesen vergebene Kredite.

Was letztendlich hinter dem Geld steht, zeigt sich, wenn man die Bilanz von Zentralbank und Geschäftsbankensektor zur konsolidierten Bilanz des Bankensektors zusammenfasst:

Abbildung 5.2:   *Konsolidierte Bilanz der Zentralbank und der Geschäftsbanken*

Es wird deutlich, dass das (Papier-)Geld einer Volkswirtschaft gedeckt ist durch die Kredite des Bankensystems (Zentralbank und Geschäftsbanken) an das Ausland, den Staat und den nichtfinanziellen Sektor. Daraus folgt aber auch unmittelbar, dass das Geld einer Volkswirtschaft nur so gut ist, wie die Fähigkeit der verschiedenen Schuldner ist, ihren Verbindlichkeiten auch nachzukommen. Wird diese Fähigkeit in großem Umfang beeinträchtigt oder auch nur bezweifelt (wie in der Finanzkrise der Jahre 2007 bis 2009 und in der Schuldenkrise in einigen Ländern im Euroraum, v.a. in Griechenland seit 2010), so gerät auch das Finanzsystem als Ganzes in Gefahr.

5.2 Geldangebot und Geldschöpfung

Die Geldmenge und damit das **Geldangebot** in einer Volkswirtschaft werden letztendlich durch die Zentralbank bestimmt. Die Zentralbank weitet die Geldmenge aus, man spricht dann von **Geldschöpfung**, indem sie Geld in Umlauf bringt. Und sie kann die Geldmenge reduzieren (**Geldvernichtung**), indem sie der Volkswirtschaft Geld entzieht. Der heute üblicherweise von den verschiedenen Zentralbanken hierbei beschrittene Weg ist die sogenannte **Offenmarktpolitik**. Dabei kauft die Zentralbank am offenen Markt Wertpapiere von den Geschäftsbanken und bezahlt diese mit dem Geld, das sie vorher gedruckt hat, oder sie verkauft Wertpapiere an die Geschäftsbanken und erhält dafür Geld, das damit der Volkswirtschaft entzogen wird. Die heutzutage am weitesten verbreitete Form der Offenmarktgeschäfte ist aber nicht die des gerade beschriebenen definitiven Kaufs und Verkaufs von Wertpapieren, sondern die Form der **(Wertpapier-)Pensionsgeschäfte** oder **Repogeschäfte**. Wertpapierpensionsgeschäfte sind Offenmarktgeschäfte, bei denen von der Zentralbank Wertpapiere an die Geschäftsbanken verkauft werden und gleichzeitig vereinbart wird, dass die Zentralbank die Wertpapiere nach einer festen Frist zu einem festgelegten Preis wieder zurückkauft. Im Ergebnis ist dies ein Kredit der Zentralbank an die Geschäftsbanken, bei dem die Wertpapiere als Sicherheiten dienen. Der Zinssatz, den die Zentralbank für diese Kreditvergabe verlangt, ist der **Refinanzierungssatz**. Refinanzierungssatz deshalb, weil zu diesem Zinssatz sich die Geschäftsbanken refinanzieren. Die Europäische Zentralbank, EZB, hat zwei Refinanzierungssätze: Der Hauptrefinanzierungssatz ist der Zinssatz, zu dem die EZB den Geschäftsbanken den überwiegenden Teil der von ihnen benötigten Liquidität zur Verfügung stellt. Der Hauptrefinanzierungszinssatz wird auch als Leitzins der EZB bezeichnet. Die Hauptrefinanzierungsgeschäfte finden wöchentlich statt, und die Frist der Wertpapierpensionsgeschäfte beträgt zwei Wochen. Darüber hinaus können die Geschäftsbanken kurzfristigen Liquiditätsbedarf im Rahmen der Spitzenrefinanzierungsfazilität abdecken, zum Spitzenrefinanzierungszinssatz wird den Geschäftsbanken über Nacht Liquidität zur Verfügung gestellt.[61]

Neben der Zentralbank haben aber auch die Geschäftsbanken Einfluss auf das Geldangebot. Wie dieser Einfluss entsteht, wollen wir uns an einem Beispiel in mehreren Schritten klarmachen. Zunächst betrachten wir eine Volkswirtschaft ohne Geschäftsbanken. In dieser Volkswirtschaft besteht die Geldangebotsmenge ausschließlich aus Bargeld. Nehmen wir an, die Zentralbank hätte zehn 100-€-Scheine gedruckt und ausgegeben, dann beträgt die Geldmenge in dieser Volkswirtschaft 1.000,- €. Nun wird eine Bank, nennen wir sie Bank A, eröffnet, die als reines Einlageninstitut betrieben wird, d.h. die Bürger dieser Volkswirtschaft können ihr Bargeld zu dieser Bank bringen, um es in deren Tresor sicher aufbewahren zu lassen, was sie auch tun. Die Bank belässt die Einlagen als Reserven in ihrem Tresor, und bei Bedarf können die Bürger über diese Guthaben verfügen. Die Bankbilanz dieser Bank sieht dann wie folgt aus:

---

[61] Das Gegenstück zur Spitzenrefinanzierungsfazilität ist die Einlagenfazilität. Hier können die Geschäftsbanken zum von der EZB festgelegten Einlagenzinssatz Liquidität über Nacht bei der EZB anlegen.

Aktiva	Bank A	Passiva
Reserven 1.000 €		Einlagen 1.000 €

Das Geldangebot, die Geldmenge, beträgt in dieser Volkswirtschaft nach wie vor 1.000,- €, zuvor vollständig als Bargeld, nun vollständig als Sicht- oder Giroeinlage. Bei vollständiger oder 100%iger Reservehaltung besitzen die Geschäftsbanken also keinen Einfluss auf das Geldangebot.

Anders sieht es aus, wenn die Geschäftsbanken nur eine partielle Reservehaltung vornehmen. Nehmen wir an, die Inhaber dieser Bank A machen die Erfahrung, dass sie nicht die gesamten Einlagen als Reserve vorhalten müssen, sondern dass es ausreicht, lediglich 5 % der Einlagen für Abhebungen der Kunden vorzuhalten. Sie entschließen sich, die anderen 95 % der Einlagen als Kredite an Haushalte oder Unternehmen dieser Volkswirtschaft zu vergeben. Bei einem Reservesatz von 5 % stellt sich die Bilanz der Bank A dann wie folgt dar:

Aktiva	Bank A	Passiva
Reserven 50 €		Einlagen 1.000 €
Kredite 950 €		

Wenn die Geschäftsbank einen Teil der Einlagen als Kredite wieder ausleiht, steigt die Geldmenge. Die Geldmenge in unserer Volkswirtschaft umfasst nun die 1.000,- € Sichteinlagen der Kunden bei der Bank A und die 950,- €, die (andere) Kunden als Kredite von der Bank A ausgezahlt bekommen haben, insgesamt also 1.950,- €. Bringen nun die Kreditnehmer der Bank A ihre 950,- € zu einer Bank B und legen sie dort als Einlage an und Bank B wiederum gibt einen Teil dieser Einlagen erneut als Kredite an (weitere) Kunden, so setzt sich dieser Prozess der Geldschöpfung immer weiter fort. Mit dem Begriff **Geldschöpfungsmultiplikator** wird der Betrag bezeichnet, den die Geschäftsbanken mit jeder Geldeinheit an ursprünglichem Zentralbankgeld schöpfen können. Bei einem einheitlichen Reservesatz aller beteiligten Geschäftsbanken ist der Geldschöpfungsmultiplikator der Kehrwert des Reservesatzes. In unserem Beispiel eines Reservesatzes von 5 % beträgt er also $1/0{,}05 = 20$, durch die nur partielle Reservehaltung im Geschäftsbankensystem können die Geschäftsbanken aus den ursprünglichen 1.000,- € Zentralbankgeld ein Geldangebot von 20.000,- € schöpfen.

Indem die Geschäftsbanken an ihre Kunden Kredite gewähren oder auch Vermögensteile kaufen und dabei mit Geld zahlen, das sie selber schaffen (Sichteinlagen bei ihnen), findet **Geldschöpfung durch die Geschäftsbanken** statt. Formal ist dies das Gleiche wie die Geldschöpfung durch die Zentralbank. Qualitativ besteht jedoch dadurch ein Unterschied, dass diese Geldschöpfung durch die Geschäftsbanken, die wie gesehen bei nur partieller Reservehaltung der Geschäftsbanken möglich ist, immer die Verfügbarkeit von Zentralbankgeld voraussetzt. Letztendlich bleibt somit das Geldangebot nach wie vor in der Verantwortung der Zentralbank, auch wenn die Möglichkeit der Geldschöpfung durch die Geschäftsbanken ihr die Aufgabe der Geldangebotssteuerung erschwert.[62]

Im Ergebnis können wir somit als **Verhaltenshypothese für das Geldangebot** M die Gleichung

(5.1) $M = \overline{M}$

formulieren, die zum Ausdruck bringt, dass die Geldmenge exogen durch die Zentralbank festgelegt wird und für die sonstigen Wirtschaftsakteure gegeben ist. Zu beachten ist, dass mit der Variablen M die nominale Geldmenge bezeichnet wird. Die reale Geldangebotsmenge ergibt sich, indem die nominale Geldmenge durch das Preisniveau p dividiert wird:

(5.2) $\dfrac{M}{p} = \dfrac{\overline{M}}{p}$

Es folgt unmittelbar, dass bei konstantem Preisniveau, wie wir es zunächst unterstellen wollen, die reale Geldangebotsmenge genauso wie die nominale exogen von der Zentralbank vorgegeben ist.

5.3 Geldnachfrage

Wenden wir uns nun der Frage zu, welche Einflussgrößen die nominale wie auch die reale Geldnachfrage bestimmen. Anknüpfen wollen wir dabei an der Tauschmittel- und der Wertaufbewahrungsfunktion des Geldes. Dabei betrachten wir zunächst die **reale Geldnachfrage**, L_R, also die Geldnachfrage in Gütereinheiten, man bezeichnet dies auch als die Nachfrage nach Realkasse.

Betrachten wir zunächst die Tauschmittelfunktion des Geldes. Menschen wollen Geld halten, fragen also Geld nach, um damit Güter zu kaufen. Die Nachfrage nach Geld in einer Volkswirtschaft hängt somit ab vom Umfang der Transaktionen, die in dieser Volkswirtschaft getätigt werden. Annäherungsweise können wir für das Transaktionsvolumen in einer Volkswirtschaft den gesamtwirtschaftlichen Output bzw. das Realeinkommen Y in dieser Volkswirtschaft nehmen. Je größer der Output bzw. das Realeinkommen ist, umso höher wird die reale Geldnachfrage sein. Die Geldnachfrage aus Transaktionsmotiven heraus wird auch als **Transaktionskassenhaltung** $L_{R,Tr}$ bezeichnet:

(5.3) $L_{R,Tr} = L_{R,Tr}(Y)$ mit $\dfrac{\delta L_{R,Tr}}{\delta Y} > 0$

---

[62] Durch das Instrument der Mindestreservepolitik, also der Festlegung einer Mindesthöhe von Reserven, die eine Geschäftsbank auf ihre Einlage halten muss, kann die Zentralbank Einfluss auf die Reservehaltung der Banken nehmen. Auch die EZB hat dieses Instrument in ihrem Instrumentenkoffer.

Reale Geldnachfrage resultiert aber nicht nur aus der Tauschmittelfunktion des Geldes. Geld ist auch eine Anlageform neben vielen anderen, nichtmonetären Anlagen wie festverzinsliche Wertpapiere, Aktien oder Immobilien. Anders als die nichtmonetären Anlageformen bringt das Halten von Geld keinen Ertrag. Entsprechend kann man also zinstragende und nicht zinstragende Vermögensgegenstände („Assets") unterscheiden. Wenn die erwartete Rendite der alternativen nichtmonetären Anlageformen steigt, werden die Menschen weniger Geld und ihr Vermögen lieber in diesen anderen, nichtmonetären und zinstragenden Anlageformen halten wollen. Und umgekehrt: Wenn die erwartete Rendite der anderen Anlageformen zurückgeht, werden die Menschen mehr Geld halten wollen und ihre Anlage in alternativen Anlagen reduzieren. Man spricht auch von der **Haltung von Spekulationskasse**. Die reale Geldnachfrage ist also des Weiteren negativ von der erwarteten Rendite der anderen, nichtmonetären Anlageformen abhängig.[63] Die erwarteten Renditen der verschiedenen nichtmonetären Anlagen unterscheiden sich. Wir unterstellen aber zur Vereinfachung eine einheitliche Verzinsung der nichtmonetären Anlageformen zum Nominalzinssatz i, von dem die **Spekulationskassenhaltung** $L_{R,Sp}$ negativ abhängig ist:

(5.4) $\quad L_{R,Sp} = L_{R,Sp}(i) \quad \text{mit} \quad \dfrac{\delta L_{R,Sp}}{\delta i} < 0$

Nominalzinssatz und Realzinssatz unterscheiden sich um die erwartete Inflationsrate $\dot{p}^{erw}$. Nehmen wir an, der gleichgewichtige Realzinssatz liege bei 3 % und es gebe keine Inflation, die Inflationsrate liegt also bei null Prozent. Menschen, die Teile ihres Vermögens nicht im gegenwärtigen Zeitpunkt für Güter ausgeben wollen, sondern erst in späteren Perioden, werden für ihre Vermögensanlage in nichtmonetäre Anlageformen mit einer Nominalverzinsung von 3 % als Preis für den Konsumverzicht einverstanden sein. Wenn die Menschen aber eine Inflationsrate von bspw. 2 % erwarten, so werden sie für ihre Anlage nicht eine Nominalverzinsung von 3 %, sondern von 5 % fordern, denn nur dann können sie nach Ausgleich der Vermögensverluste infolge der Inflation die gleiche Gütermenge in der Zukunft kaufen wie im Fall von Preisniveaustabilität. Es gilt also:

(5.5) $\quad i = r + \dot{p}^{erw}$

Wenn man vereinfachend annimmt, dass die erwartete Inflationsrate $\dot{p}^{erw}$ gleich ist der gegenwärtig vorliegenden Inflationsrate $\dot{p}$, wird aus Gl. (5.5) die Gleichung

(5.6) $\quad i = r + \dot{p}$

die auch als Fisher-Gleichung[64] bezeichnet wird.

---

[63] Die Überlegungen zur Aufteilung eines Vermögens auf verschiedene Anlageformen sind Gegenstand der Asset Allocation und Portfolio-Selection.

[64] Benannt nach dem amerikanischen Ökonomen Irving Fisher (1867-1947), der sich intensiv mit dem Preisniveau, seinen Bestimmungsgründen und seinen Auswirkungen auf reale und nominale Größen beschäftigte.

Fasst man die Gl. (5.3) bis (5.5) zusammen, so erhält man als Funktion für die reale Geldnachfrage die Gleichung

(5.7) $L_R = L_{R,Tr} + L_{R,Sp} = L_R(Y,i) = L_R(Y, r + \dot{p}^{erw})$

mit $\frac{\delta L_R}{\delta Y} > 0, \frac{\delta L_R}{\delta i} < 0$ bzw. $\frac{\delta L_R}{\delta Y} > 0, \frac{\delta L_R}{\delta r} < 0, \frac{\delta L_R}{\delta \dot{p}^{erw}} < 0$

Die **nominale Geldnachfrage** L, also die Geldnachfrage in Geldeinheiten, bspw. in Euro, ergibt sich aus der Multiplikation der realen Geldnachfrage L_R mit dem Preisniveau p:

(5.8) $L = p \cdot L_R(Y,i) = p \cdot L_R(Y, r + \dot{p}^{erw})$

Die nominale Geldnachfrage ist somit proportional zur realen Geldnachfrage, wobei der Proportionalitätsfaktor das Preisniveau ist. Steigt das Preisniveau auf das Doppelte, bspw. von einem Indexwert von 100 auf einen von 200, werden also alle Güter doppelt so teuer wie zuvor, so benötigen die Menschen für den Kauf der gleichen Gütermenge die doppelte Menge an Geld. Steigt das Preisniveau um 5 % (von im Bsp. 100 auf 105), so benötigen die Menschen eine um 5 % größere nominale Geldmenge zum Erwerb einer unveränderten Gütermenge.

5.4 Geldmarktgleichgewicht und der gleichgewichtige Wert des Geldes

Der gleichgewichtige Wert des Geldes ergibt sich aus dem Angebot an und der Nachfrage nach Geld. Beides haben wir oben diskutiert. Das Zusammenspiel von Geldangebot und Geldnachfrage führt zum gleichgewichtigen Wert des Geldes. Der Wert des Geldes ist aber nichts anderes als der Kehrwert oder der reziproke Wert des Preisniveaus: Das gesamtwirtschaftliche Preisniveau p gibt den Preis des Güterberges in einer Volkswirtschaft in Form eines Indexes an. Man benötigt also p Geldeinheiten, um den entsprechend abgegrenzten Warenkorb zu erwerben. Die Menge an Gütern, die mit einer einzigen Geldeinheit gekauft werden kann, entspricht dann $1/p$. Mit anderen Worten: Wenn p der in Geld gemessene Preis der Güter ist, dann ist $1/p$ der in Gütern gemessene Wert des Geldes. Nicht nur, dass damit Geldangebot und Geldnachfrage auch das gesamtwirtschaftliche Preisniveau bestimmen, sondern dies impliziert auch, dass, wenn das Preisniveau steigt, also Inflation herrscht, der Wert des Geldes zurückgeht.

Der gleichgewichtige Wert des Geldes bzw. das gleichgewichtige Preisniveau ergibt sich aus der Übereinstimmung von Geldangebot und Geldnachfrage, dem **Geldmarktgleichgewicht**:

(5.9) $M = L$

Die oben formulierten Verhaltenshypothesen (5.1) und (5.8) eingesetzt in Gl. (5.9) führt zu:

(5.10a) $\overline{M} = p \cdot L_R \left(\overset{(+)}{Y}, \overset{(-)}{i} \right)$

(5.10b) $\overline{M} = p \cdot L_R \left(\overset{(+)}{Y}, \overset{(-)}{r} + \overset{(-)}{\dot{p}^{erw}} \right)$

Bei gegebenem Output bzw. Realeinkommen sowie gegebenem Realzinssatz und gegebener erwarteter Inflationsrate wird sich das gesamtwirtschaftliche Preisniveau so einstellen, dass das durch die Zentralbank exogen vorgegebene Geldangebot und die Geldnachfrage miteinander übereinstimmen.

In Abb. 5.3 sind diese Zusammenhänge grafisch dargestellt:

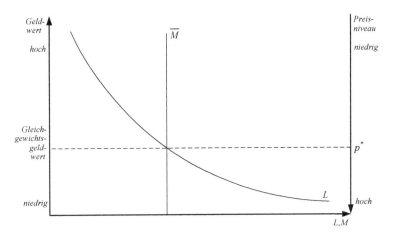

Abbildung 5.3: *Geldmarktgleichgewicht und die Bestimmung des gleichgewichtigen Preisniveaus*

Mithilfe von Gl. (5.10) und Abb. 5.3 lässt sich unmittelbar erkennen, dass die Zentralbank mit ihrem Geldangebot letztendlich das Preisniveau bestimmt. Weitet die Zentralbank die Geldmenge M aus, so wird beim bisherigen Preisniveau kein Geldmarktgleichgewicht mehr herrschen: Das nominale Geldangebot, die linke Seite in der Gleichgewichtsbedingung von Gl. (5.10), ist größer als die nominale Geldnachfrage, die rechte Seite der Gleichung. Bei unverändertem Output Y sowie unverändertem Realzinssatz r und unveränderten Inflationserwartungen $\dot{p}^{erw}$ ist die reale Geldnachfrage konstant, lediglich ein Anstieg beim Preisniveau p kann wieder zur Übereinstimmung von Geldangebot und Geldnachfrage führen. Grafisch stellt eine Ausweitung der nominalen Geldmenge eine Rechtsverschiebung der Geldangebotskurve dar, bei gleichem Geldwert ist die nominale Geldmenge größer. Abb. 5.4 zeigt, dass dann Geldangebot und Geldnachfrage erst wieder bei einem niedrigeren Geldwert, also einem höheren Preisniveau, übereinstimmen.

5.4 Geldmarktgleichgewicht und der gleichgewichtige Wert des Geldes

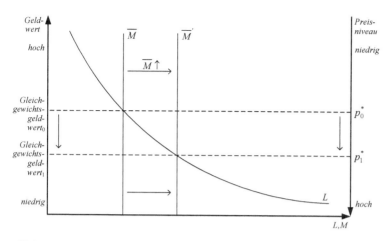

Abbildung 5.4:   Ausweitung der nominalen Geldmenge

Damit haben wir den Kern der **Quantitätstheorie** dargestellt: Die in einer Volkswirtschaft umlaufende Geldmenge bestimmt das Preisniveau, das in dieser Volkswirtschaft herrscht. Inflation, der anhaltende Anstieg des gesamtwirtschaftlichen Preisniveaus, ist somit immer auf eine Ausweitung der Geldangebotsmenge zurückzuführen.

Die Quantitätstheorie steht in einem engen Zusammenhang zur **Quantitätsgleichung**. Die Quantitätsgleichung ist eine Identitätsgleichung, also eine Aussage, die per definitionem immer gilt. Sie besagt, dass in einer Volkswirtschaft das bewertete Transaktionsvolumen, also die Menge der mit ihren jeweiligen Preisen bewerteten Güter, gleich ist der bei den Transaktionen eingesetzten Geldmenge, multipliziert mit der Umlaufgeschwindigkeit des Geldes, also mit der Häufigkeit, mit der das Geld in der betrachteten Periode eingesetzt wird. Betrachten wir hierzu ein einfaches Beispiel, eine Volkswirtschaft, in der nur Hamburger produziert und verkauft werden. Der Preis für einen Hamburger sei 1,- €. Wenn in dieser Volkswirtschaft in einem Jahr 1000 Hamburger hergestellt und verkauft werden und die Zentralbank dieses Landes ein Geldangebot von 1.000,- € zur Verfügung stellt, dann wird jeder Euro genau einmal in diesem Jahr benutzt werden. Nehmen wir an, die Zentralbank hätte nur 500,- € bereitgestellt. Dann hätten die Bürger dieser Volkswirtschaft jeden Euro zweimal benutzt, um die 1000 Hamburger in diesem betrachteten Jahr zu kaufen. Es gilt also:

(5.11) $M \cdot v = p \cdot Y$

wobei v für die Umlaufgeschwindigkeit des Geldes steht. Diese Identitätsgleichung gilt, wie bereits gesagt, immer in einer Volkswirtschaft für eine betrachtete Periode.[65]

---

[65] Üblicherweise setzt man für das Transaktionsvolumen das reale Bruttoinlandsprodukt an. Dabei ist jedoch zu beachten, dass aufgrund von Erfassungsproblemen das reale Bruttoinlandsprodukt einer Volkswirtschaft in der Regel vom tatsächlichen Transaktionsvolumen, dem tatsächlichen realwirtschaftlichen Output, abweicht. Streng genommen gilt die Identität daher bei Verwendung des realen Bruttoinlandsprodukts als Maß für das Transaktionsvolumen nur mit Abstrichen.

Der Übergang von der Quantitätsgleichung zur Quantitätstheorie erfolgt durch die Bildung von Hypothesen bezüglich der einzelnen Variablen der Gl. (5.11). Wir haben in Kap. 3 gesehen, dass der Output bzw. das Realeinkommen einer Volkswirtschaft Y von der Menge der eingesetzten Produktionsfaktoren und der verwendeten Technologie bestimmt wird, insofern für die hier betrachteten Zusammenhänge exogen vorgegeben ist. Ebenso haben wir gesehen, dass die Geldangebotsmenge M von der Zentralbank gesteuert wird. Bleiben noch die Variablen p und v. Wenn man für die Umlaufgeschwindigkeit v die Hypothese aufstellt, dass sie konstant ist, bspw. deshalb, weil sie vom Verhalten der Menschen abhängt und dieses sich nur sehr langsam ändert, dann erhält man die oben bereits formulierte Aussage der Quantitätstheorie, dass das Preisniveau von der vorhandenen Geldmenge abhängt, das Preisniveau ist proportional zur Geldmenge:

$$(5.12) \quad p = \frac{M \cdot \bar{v}}{\bar{Y}} = \frac{\bar{v}}{\bar{Y}} \cdot M$$

Die Zentralbank bestimmt also über die Festlegung der Geldmenge das Preisniveau. Nehmen wir in unserem Beispiel an, dass die Zentralbank im folgenden Jahr 1.100,- € zur Verfügung stellt. Die Produktionsmenge an Hamburgern sei nach wie vor 1000 Stück. Die Bürger verfügen nun insgesamt über 1.100,- €. Wenn nun jeder Euro wie zuvor einmal in dem betrachteten Jahr eingesetzt wird (Konstanz der Umlaufgeschwindigkeit des Geldes), so werden die Bürger für einen einzelnen Hamburger nun 1,10 € zahlen. Man kann sich das, auch wenn die folgende Argumentation etwas ungenau ist, wie folgt klarmachen: Die Bürger werden zunächst die 1000 Hamburger zu wiederum 1,- € kaufen wollen. Einige Konsumenten hätten dann aber noch Geld übrig, und wenn sie, wie es die Konstanz der Umlaufgeschwindigkeit impliziert, wieder jeden vorhandenen Euro einmal im Jahr zu Käufen verwenden, dann werden sie weitere Hamburger kaufen wollen, was aber aufgrund der produktionstechnischen Umstände und der vorhandenen Produktionsfaktoren nicht möglich ist. Die Konsumenten werden also ihr Geld einsetzen, um für die Hamburger einen höheren Preis zu bieten. Letztlich werden dann die tausend in diesem Jahr hergestellten Hamburger zu einem Preis von 1,10 € verkauft werden.

Aus der Quantitätstheorie folgt unmittelbar, dass das Geldmengenwachstum die Inflation in einer Volkswirtschaft bestimmt. In unserem Beispiel folgt aus einer 10-prozentigen Ausweitung der Geldangebotsmenge bei konstanter Gütermenge und konstanter Umlaufgeschwindigkeit des Geldes ein Anstieg des Preises von Hamburgern (die das einzige Gut in dieser Beispiel-Ökonomie sind) und damit eine Inflationsrate von ebenfalls 10 Prozent. Um dies auch allgemein zu sehen, ist lediglich die Quantitätsgleichung (5.11) in Veränderungsraten zu formulieren. Näherungsweise gilt, dass das Produkt zweier Größen, möchte man es in Veränderungsraten dieser Größen ausdrücken, als Summe der Veränderungsraten dieser beiden Größen zu schreiben ist.[66]

---

[66] Der Veränderungsfaktor einer Größe X ist X_{t+1}/X_t, die prozentuale Veränderungsrate einer Größe X ist $(X_{t+1}/X_t) \cdot 100$. Mathematisch exakt wäre die multiplikative Verknüpfung der Veränderungsfaktoren der Größen auf der rechten bzw. der linken Seite von Gl. (5.11). Nun der „Trick": Durch Logarithmieren ergibt sich aus einer multiplikativen Verknüpfung zweier Größen eine additive. In der Umgebung von 1 (da $ln 1 = 0$) sind die

(5.13a) $\dot{M} + \dot{v} = \dot{p} + \dot{Y}$ bzw.

(5.13b) $\dot{p} = \dot{M} + \dot{v} - \dot{Y}$

Damit sieht man unmittelbar, dass bei gegebener Wachstumsrate des gesamtwirtschaftlichen Outputs bzw. des Realeinkommens und gegebener Veränderungsrate der Umlaufgeschwindigkeit des Geldes das Geldmengenwachstum die Inflationsrate bestimmt.

Wenn die Zentralbank eine bestimmte Inflationsrate in einer Volkswirtschaft ansteuern möchte, muss sie, aufgrund dieser Zusammenhänge, lediglich das Wachstum des gesamtwirtschaftlichen Outputs bzw. des Realeinkommens und die Veränderungsrate der Umlaufgeschwindigkeit des Geldes kennen, um durch eine entsprechende Geldpolitik das Inflationsziel zu erreichen. So hat bspw. die Europäische Zentralbank ein Inflationsziel von nahe bei, aber unter 2 %. Sie rechnet mit einem trendmäßigen Rückgang der Umlaufgeschwindigkeit von 0,5 % bis 1 % und unterstellt für das trendmäßige Wachstum des realen Bruttoinlandsprodukts im Euroraum eine Rate von 2 % bis 2,5 %. Für ihre Geldpolitik ergibt sich daraus als Ziel ein Geldmengenwachstum von rund 4,5 %.[67]

(5.14) $\dot{M} = \dot{p} + \dot{Y} - \dot{v} = 2\% + 2\% - (-0,5\%) = 4,5\%$

Diese Zusammenhänge gelten aber nur, wenn, wie es die Quantitätstheorie unterstellt, die Umlaufgeschwindigkeit des Geldes relativ stabil und vorhersehbar ist. Insofern überrascht es nicht, wenn es immer wieder Untersuchungen über die Stabilität der Geldnachfrage gibt. Insbesondere war es für die Europäische Zentralbank in den Anfangsjahren ihres Bestehens schwierig, hier empirisch abgesicherte Aussagen zu machen, da nicht ausgeschlossen werden konnte, dass sich mit der Vergrößerung des Währungsraums die bislang in den nationalen Währungsgebieten festgestellten Verhaltensmuster ändern würden.[68]

5.5 Geldmarkt und Wertpapiermarkt

Wir haben oben gesehen, dass die Nachfrage nach Geld zusammenhängt mit der Nachfrage nach sonstigen, zinstragenden nichtmonetären Vermögensgegenständen. Mit der erwarteten Rendite dieser sonstigen, nichtmonetären Vermögensgegenstände geht die Nachfrage nach Geld zurück, weil im Gegenzug die Nachfrage nach diesen nichtmonetären Vermögensgegenständen zunimmt. Dahinter steht die Überlegung, dass die Menschen ihr finanzielles Vermögen in Geld, in nichtmonetären Vermögensgegenständen oder in beiden halten. Letzt-

---

natürlichen Logarithmen der Veränderungsfaktoren aber ungefähr gleich den durch 100 geteilten Veränderungsraten, so dass für realitätsnahe Größenordnungen der hier in Rede stehenden Variablen Gl. (5.13) näherungsweise aus Gl. (5.11) folgt.

[67] Vgl. z.B. Europäische Zentralbank (2004), S. 68.

[68] Exemplarisch für die Vielzahl an Studien zur Stabilität der Geldnachfrage in der Europäischen Währungsunion, die im Vorfeld oder in den frühen Jahren der Währungsunion durchgeführt wurden, vgl. z.B. Sachverständigenrat (2001), S. 279-295.

lich werden die Menschen entweder Geld nachfragen oder nichtmonetäre Vermögensgegenstände. Eine dritte Gruppe von Vermögensgegenständen gibt es nicht. Die gesamte Nachfrage nach Vermögensgegenständen setzt sich also zusammen aus der Nachfrage nach Geld, L, und der Nachfrage nach zinstragenden nichtmonetären Vermögensgegenständen, B^D, die wir zusammenfassend als Wertpapiere (Bonds) bezeichnen wollen, auch wenn andere Vermögensgegenstände neben den Wertpapieren i.e.S. ebenfalls hierzu zählen. Das gesamte finanzielle Vermögen (Wealth) W wird also aufgeteilt auf monetäre Vermögensgegenstände, Geld, oder nichtmonetäre Vermögensgegenstände, Bonds:

(5.15) $W^D = L + B^D$

Dieser Nachfrage nach monetären und nichtmonetären Vermögensgegenständen ist das Angebot an finanziellen Vermögensgegenständen gegenüberzustellen. Da auch das Angebot an Vermögensgegenständen nur monetär oder nichtmonetär sein kann, ergibt sich für die Angebotsseite:

(5.16) $W^S = M + B^S$

Da sich die Gesamtheit der angebotenen und die der nachgefragten finanziellen Vermögenswerte in einer Volkswirtschaft gegenseitig immer entsprechen und somit $W^S = W^D = W$ gilt, stimmen auch die rechten Seiten der Gl. (5.15) und (5.16) miteinander überein und es ergibt sich:

(5.17a) $L + B^D = M + B^S$ bzw.

(5.17b) $(L - M) + (B^D - B^S) = 0$

Aus Gl. (5.17b) ergibt sich unmittelbar, dass, wenn auf dem Geldmarkt eine Überschussnachfrage vorliegt, L also größer als M ist, auf dem Wertpapiermarkt ein Überschussangebot, B^S ist größer als B^D, vorliegen muss und umgekehrt. Es folgt aber ebenso, dass, wenn der Geldmarkt im Gleichgewicht ist, auch der Wertpapiermarkt im Gleichgewicht sein wird. Daher reicht es für die weitere Betrachtung, bei der Gleichgewichtssituationen im Mittelpunkt stehen, aus, wenn wir nur einen der beiden Märkte betrachten, wobei wir uns für den Geldmarkt entscheiden.

6 Simultanes Gleichgewicht in der langen Frist

6.1 Simultanes langfristiges Gleichgewicht in der geschlossenen Volkswirtschaft

Nachdem wir uns in den vorausgegangenen Kapiteln 3 bis 5 mit den einzelnen Märkten – Arbeitsmarkt, Gütermarkt (resp. Kapitalmarkt), Geld- und Wertpapiermarkt – beschäftigt haben, wollen wir nun die einzelnen Überlegungen zusammenführen und in einer Gesamtschau des bisher Gesagten zusammentragen, was wir an Erkenntnissen über die ökonomischen Zusammenhänge und die Bestimmungsgründe der einzelnen gesamtwirtschaftlichen Variablen gewonnen haben. Zunächst beschränken wir uns auf die Betrachtung einer geschlossenen Volkswirtschaft.

Ausgegangen sind wir von der Annahme, dass sich die Produktionsbedingungen einer Volkswirtschaft durch eine gesamtwirtschaftliche Produktionsfunktion neoklassischen Typs abbilden lassen. Die Überlegungen über die Bedingungen, die Menschen dazu bringen, ihre Arbeitskraft anzubieten, und Unternehmen dazu veranlassen, Arbeitskraft nachzufragen, führten zu den Verhaltenshypothesen über Arbeitsangebot und Arbeitsnachfrage, wie wir sie in den Gl. (3.6) und (3.7) formuliert haben und die eine positive Abhängigkeit des Arbeitsangebots und eine negative Abhängigkeit der Arbeitsnachfrage vom Reallohn postulieren. Unter der Annahme flexibler Preise und Löhne, was wir für eine in der langen Frist zutreffende Annahme halten, wird sich auf dem Arbeitsmarkt das gleichgewichtige Beschäftigungsniveau einstellen, das wir als Vollbeschäftigung bezeichnet haben. Über die gesamtwirtschaftliche Produktionsfunktion ist dann der zu diesem Vollbeschäftigungsniveau korrespondierende gesamtwirtschaftliche Output determiniert, das Produktionspotenzial bzw. das Vollbeschäftigungs-Realeinkommen Y^*. Somit ist das Güterangebot über das gleichgewichtige Beschäftigungsniveau vom Arbeitsmarkt her bestimmt.

Diesem vom Arbeitsmarkt her gegebenen Güterangebot steht auf dem Gütermarkt die Güternachfrage gegenüber. Die Nachfrage nach Gütern resultiert aus der Nachfrage nach Konsumgütern und Investitionsgütern der privaten Haushalte und Unternehmen sowie des Staates und des Auslands. Für die einzelnen Komponenten der gesamtwirtschaftlichen Güternachfrage haben wir die Einflussgrößen herausgearbeitet. Bei der geschlossenen Volkswirtschaft sind dies namentlich das verfügbare Einkommen für die Konsumnachfrage der privaten Haushalte gemäß der keynesianischen Konsumfunktion (und für die neoklassische Konsumfunktion zusätzlich neben dem Anfangsvermögen und dem verfügbaren Einkommen in der

Zukunft insbesondere der Realzinssatz) sowie der Realzinssatz für die Investitionsgüternachfrage der Unternehmen; für die Variablen der staatlichen Eingriffe in den Wirtschaftsablauf, Staatsausgaben und Steuereinnahmen, haben wir unterstellt, dass sie modellexogen, von außen durch parlamentarischen Beschluss, für die Wirtschaftsakteure vorgegeben sind. Wenn nun das Güterangebot und damit das Realeinkommen auf dem Arbeitsmarkt bestimmt wird, so bleibt als die Größe, die Güterangebot und Güternachfrage in Übereinstimmung bringen kann, nur der Realzinssatz. Unterstrichen wird dieses Ergebnis auch durch den oben durchgeführten Perspektivwechsel, die Investitionsgüternachfrage als Kapitalnachfrage zu interpretieren, dem die Ersparnis der Privaten und des Staates, das Residuum von Realeinkommen und Konsumgüternachfrage der privaten Haushalte und Staat, als Kapitalangebot gegenübersteht. Bei vom Arbeitsmarkt vorgegebenem gesamtwirtschaftlichem Output bzw. Realeinkommen wird der gleichgewichtige Realzinssatz r^* in der geschlossenen Volkswirtschaft also auf dem Gütermarkt resp. Kapitalmarkt bestimmt.

Der Geldmarkt ist im Gleichgewicht, wenn Geldangebot und Geldnachfrage übereinstimmen. Wenn nun, aufgrund der o.a. Überlegungen, das Realeinkommen auf dem Arbeitsmarkt und der Realzinssatz auf dem Güter- resp. Kapitalmarkt bestimmt werden und wir der Einfachheit halber annehmen, dass die Inflationserwartungen modellexogen gegeben sind, so ergibt sich damit die Gleichgewichtsbedingung für den Geldmarkt zu:

(6.1a) $M = p \cdot L_R\left(Y^*, r^* + \overline{\dot{p}^{erw}}\right)$ bzw.

(6.1b) $\dfrac{M}{p} = L_R\left(Y^*, r^* + \overline{\dot{p}^{erw}}\right)$

Damit bleiben nur zwei der fünf Variablen in Gl. (6.1), die modellendogen sind, die sich also so anpassen können, dass ein Geldmarktgleichgewicht simultan zum Arbeitsmarktgleichgewicht und Gütermarkt- resp. Kapitalmarktgleichgewicht realisiert wird. Dies sind die nominale Geldmenge M und das Preisniveau p. Die anderen Variablen werden außerhalb des Geldmarktes festgelegt und damit ist auch die Nachfrage nach Realkasse, die reale Geldnachfrage L_R festgelegt. Da in der geschlossenen Volkswirtschaft die Zentralbank die nominale Geldangebotsmenge festlegt, also $M = \overline{M}$ gilt, bleibt nur das Preisniveau, das für eine Übereinstimmung von realem Geldangebot mit der gegebenen realen Geldnachfrage sorgen kann. In einer geschlossenen Volkswirtschaft wird sich also das Preisniveau so einstellen, dass das reale Geldangebot der vom Arbeitsmarkt und Güter- resp. Kapitalmarkt gegebenen realen Geldnachfrage entspricht. Das Preisniveau ist in der geschlossenen Volkswirtschaft im simultanen Gleichgewicht also proportional zu der von der Zentralbank gesteuerten nominalen Geldmenge:

(6.2) $p = \dfrac{M}{L_R\left(Y^*, r^* + \overline{\dot{p}^{erw}}\right)}$

Dies ist auch ein Ergebnis der im vorhergehenden Kapitel behandelten Quantitätstheorie. Dort waren wir von gegebenem gesamtwirtschaftlichem Output bzw. Realeinkommen und gegebenem Realzinssatz ausgegangen, hier haben wir nun die anderen Märkte explizit in die Analyse miteinbezogen. Die Gesamtschau hat deutlich gemacht, dass sich der gesamtwirtschaftliche Output bzw. das Realeinkommen und der Realzinssatz aus dem Arbeitsmarktgleichgewicht bzw. dem Güter- resp. Kapitalmarktgleichgewicht ergeben und dass das Preisniveau bei exogen gegebener nominaler Geldmenge aus dem Geldmarktgleichgewicht resultiert.

Dieses Ergebnis für das langfristige Gleichgewicht einer geschlossenen Volkswirtschaft spiegelt die **klassische Dichotomie** wider und ist ein wichtiger, wenn nicht sogar zentraler Bestandteil der klassischen makroökonomischen Theorie. Wir haben auf der einen Seite reale Variablen, also Variablen, die entweder in Mengeneinheiten oder als relative Preise angegeben werden. Dazu zählen bspw. der gesamtwirtschaftliche Output bzw. das Realeinkommen Y, der Arbeitseinsatz bzw. die Beschäftigung L, der Kapitaleinsatz K, das reale Geldangebot M/p, der Realzins r und der Reallohn w/p. Auf der anderen Seite haben wir nominale Variablen, also Variablen, die in Geldeinheiten ausgedrückt werden, wie die nominale Geldmenge M, das Preisniveau p, der Nominallohn w und der Nominalzinssatz i. Wenn wir nun mit dieser Separierung der ökonomischen Größen in reale und nominale Variablen nochmals unsere oben durchgeführte Analyse rekapitulieren, stellen wir fest, dass die realen Variablen auf den realwirtschaftlichen Märkten bestimmt werden, die nominalen auf dem Geldmarkt. Reale Sphäre und nominale Sphäre der Volkswirtschaft sind getrennt. Veränderungen der Geldmenge wirken sich nur auf die nominalen Größen, insbesondere das Preisniveau, aus, aber auf keine der realen Größe. Da die realen Größen auf den realwirtschaftlichen Märkten bestimmt werden, werden über die dort bestimmten realen Variablen Realzins und Reallohn die nominalen Größen Nominalzins und Nominallohn sich gemäß dem auf dem Geldmarkt determinierten Preisniveau entwickeln. Auf die realen Größen im langfristigen Gleichgewicht einer geschlossenen Volkswirtschaft hat die nominale Geldmenge keinen Einfluss. Diese Irrelevanz von Geldmengenveränderungen hinsichtlich der realen Größen wird als **Neutralität des Geldes** bezeichnet.

6.2 Simultanes langfristiges Gleichgewicht in der offenen Volkswirtschaft

Es stellt sich nun natürlich die Frage, ob das für die geschlossene Volkswirtschaft hergeleitete Ergebnis der Neutralität des Geldes auch für das langfristige Gleichgewicht einer offenen Volkswirtschaft gilt. Wenn eine Volkswirtschaft grenzüberschreitende Güterströme und grenzüberschreitende Kapitalströme zulässt, dann hängt das Güter- resp. Kapitalmarktgleichgewicht dieser Volkswirtschaft nicht mehr ausschließlich von der inländischen Güternachfrage und dem inländischen Güterangebot respektive von der inländischen Kapitalnachfrage und dem inländischem Kapitalangebot ab. Vielmehr können Güterexporte und -importe resp. Kapitalexporte und -importe das Gütermarkt- resp. Kapitalmarktgleichgewicht im Inland beeinflussen. Wir haben in den vorhergehenden Kapiteln argumentiert, dass die Höhe der Nettoexporte NX negativ vom realen Wechselkurs Wk_{real} abhängt und dass die Nettoauslandsinvestitionen NFI einer Volkswirtschaft (zumindest bei einer großen offenen Volkswirtschaft) umso höher sind, je niedriger der inländische Realzins r im Vergleich zum Realzinssatz im Ausland ist. Der reale Wechselkurs als die terms-of-trade ist gemäß Gl. (4.19) definiert als:

(4.19) $Wk_{real} = Wk_{nom} \cdot \dfrac{p_i}{p_a}$

Damit haben wir für die offene Volkswirtschaft vier weitere Größen, die im simultanen Gleichgewicht zu bestimmen sind. Wie wir oben gesehen haben, wird der gleichgewichtige reale Wechselkurs auf dem Devisenmarkt bestimmt. Der gleichgewichtige reale Wechselkurs bringt das Angebot an inländischer Währung, das für Nettoauslandsinvestitionen und damit zum Erwerb von Auslandsaktiva zur Verfügung steht, und die Nachfrage nach inländischer Währung, die aus der Nettoexportnachfrage resultiert, in Übereinstimmung.

Bleiben noch drei offene Variablen, die nominale Größen darstellen. Wenn wir für das ausländische Preisniveau p_a die plausible Annahme unterstellen, dass es für die betrachtete Volkswirtschaft exogen ist, so bleibt zu klären, wie die Gleichgewichtswerte für das inländische Preisniveau p_i und den nominalen Wechselkurs Wk_{nom} bestimmt werden.

Aus Gl. (4.19) folgt unmittelbar für den nominalen Wechselkurs:

(6.3) $Wk_{nom} = Wk_{real} \cdot \dfrac{p_a}{p_i}$

Der nominale Wechselkurs ist also bestimmt von der Höhe des realen Wechselkurses sowie von dem inländischen Preisniveau und dem ausländischen Preisniveau.

In Veränderungsraten lässt sich Gl. (6.3) näherungsweise schreiben als:[69]

(6.4) $\dot{Wk}_{nom} = \dot{Wk}_{real} + (\dot{p}_a - \dot{p}_i)$

Gl. (6.4) besagt, dass die Veränderungsrate des nominalen Wechselkurses bestimmt wird von der Veränderungsrate des realen Wechselkurses und der Differenz zwischen der Inflationsrate im Ausland und der im Inland. Bei unverändertem realem Wechselkurs, was gleichbedeutend ist mit konstanten terms-of-trade, wird sich der nominale Wechselkurs also gemäß der Inflationsratendifferenz zwischen Ausland und Inland entwickeln. Weist bspw. das Inland eine niedrigere Inflation auf als das Ausland, so wird bei konstanten terms of trade der nominale Wechselkurs der inländischen Währung steigen, die Währung des Inlandes wird eine nominale Aufwertung erfahren.

In diesem Zusammenhang spielt die **Kaufkraftparitätentheorie** zur Erklärung der Höhe des nominalen Wechselkurses eine Rolle. Die Kaufkraftparitätentheorie, engl.: Purchasing Power Parity, PPP, besagt, dass die Preisniveaus von Inland und Ausland identisch sind, wenn sie in derselben Währung gemessen werden. Die Kaufkraftparitätentheorie bezieht sich somit streng genommen auf das Preisniveau von Warenkörben, wir können sie aber zur Verdeutli-

---

[69] Siehe die Anmerkungen in Kap. 5, Fn. 66.

6.2 Simultanes langfristiges Gleichgewicht in der offenen Volkswirtschaft

chung auf einzelne Güter beziehen, wobei dann die Aussage wäre, dass der Preis eines Gutes, in einheitlicher Währung gerechnet, in jedem Währungsraum der gleiche ist. Gl. (6.5a) bringt diesen Zusammenhang zum Ausdruck:

(6.5a) $\quad p_i = p_a \cdot \dfrac{1}{Wk_{nom}}$

Oder, um den Begriff der Kaufkraftparität explizit aufzugreifen: Mit einer Einheit der inländischen (oder auch ausländischen) Währung lässt sich im Ausland genau die gleiche Menge an Gütern kaufen wie im Inland. Im Inland herrscht das Preisniveau p_i, eine Einheit der inländischen Währung besitzt also die Kaufkraft $1/p_i$. Eine Einheit der inländischen Währung kann zum nominalen Wechselkurs Wk_{nom} in Wk_{nom} Einheiten der ausländischen Währung getauscht werden. Im Ausland besitzt die eine Mengeneinheit der inländischen Währung also eine Kaufkraft von Wk_{nom}/p_a. Ist die Kaufkraft der inländischen Währungseinheit im Ausland gleich groß wie im Inland, dann gilt

(6.5b) $\quad \dfrac{1}{p_i} = \dfrac{Wk_{nom}}{p_a}$

Man sieht unmittelbar, dass die in Gl. (6.5b) ausgedrückte Beziehung äquivalent ist zu der in Gl. (6.5a), was sich ja unmittelbar aus dem inversen Zusammenhang zwischen Preisniveau in einem Land und Kaufkraft der Währung dieses Landes ergibt.

Nehmen wir an, ein MP3-Player kostet in den USA 120,- US-$ und in Deutschland 150,- €. Wenn der Wechselkurs des Euro 1,20 USD/EUR beträgt[70], würde es sich für einen Bundesbürger lohnen, den MP3-Player in den USA und nicht in Deutschland einzukaufen, denn er zahlt dann (ohne Berücksichtigung etwaiger Transaktionskosten) 100,- €. Wenn dies in großem Stil geschieht und viele Bundesbürger ihre MP3-Player in den USA kaufen und möglicherweise auch Handelshäuser ihre MP3-Player aus den USA importieren und nicht die in Deutschland hergestellten in ihre Produktpalette nehmen, dann benötigen diese Käufer für ihren Einkauf von MP3-Playern in den USA entsprechend viele US-Dollar und geben dafür ihre inländische Währung, den Euro, her. Die Nachfrage nach US-Dollar steigt, das Angebot an Euro ebenso. Im Ergebnis kommt es zu einer Aufwertung des US-Dollar gegenüber dem Euro, der nominale Wechselkurs des Euro wird dementsprechend zurückgehen. Dieser Prozess wird so lange anhalten, bis der Wechselkurs des Euro zum US-Dollar bei 0,80 USD/EUR liegt. Dann kostet ein MP3-Player aus den USA 150,- €, genauso viel wie der aus Deutschland; in US-$ gerechnet kostet der MP3-Player aus den USA 120,- US-$, der aus Deutschland 120,- US-$.[71]

Gl. (6.5) in Wachstumsraten formuliert führt zu:

---

[70] Der Wechselkurs wird, wie oben bereits ausgeführt, in diesem Lehrbuch, anders als in verschiedenen anderen Lehrbüchern, in der Mengennotiz verwendet, die auch in den Medien üblich ist. Die Alternative, die Preisnotiz, ist der Kehrwert zur Mengennotiz.

[71] Anstelle des einzelnen Gutes, des MP3-Players im Beispiel, können wir genauso mit einem Warenkorb argumentieren, der 120,- US-$ bzw. 150,- € kostet.

(6.6) $\dot{Wk}_{nom} = \dot{p}_a - \dot{p}_i$

Wenn die Beziehung in Gl. (6.6), also die Kaufkraftparität in Veränderungsraten – man spricht auch von der relativen Kaufkraftparität[72] –, gilt, so wird der reale Wechselkurs konstant sein. Anders gewendet: Wenn der reale Wechselkurs konstant ist, wird eine Änderung des nominalen Wechselkurses dann eintreten, wenn sich die Inflationsraten im In- und Ausland unterschiedlich entwickeln. Eine Änderung des nominalen Wechselkurses spiegelt dann die Inflationsdifferenz wider.

Neben den grenzüberschreitenden Güterströmen, die zu identischen Preisen (in einheitlicher Währung) im In- und Ausland im langfristigen Gleichgewicht führen, treten bei offenen Volkswirtschaften auch grenzüberschreitende Kapitalströme auf. Inländer können ihre Ersparnisse nicht nur in inländischen Finanztiteln anlegen, sondern auch in ausländischen. Entscheidendes Kriterium bei der Kapitalanlage wird die im Inland und die im Ausland erzielbare Verzinsung sein. Bei vollkommener Kapitalmobilität zwischen In- und Ausland kommen aus Sicht des Kapitalanlegers inländische und ausländische Finanztitel gleichermaßen als Anlageobjekt infrage, in- und ausländische Finanztitel sind vollkommene Substitute. Die **Zinsparitätentheorie** besagt, dass eine Kapitalanlage in jedem Währungsraum den gleichen nominalen Ertrag bringt, gemessen in einheitlicher Währung.

Zur Verdeutlichung diene folgendes Beispiel: Ein Investor aus Deutschland möchte 1.000,- € für die Dauer eines Jahres anlegen. Er hat die Wahl zwischen einer Euro-Anlage in Frankfurt/M. und einer Anlage in US-Dollar in New York. Die Anlage in Frankfurt bringt ihm 3 % Zinsen, die Anlage in New York 4,5 %. Der aktuelle Wechselkurs stehe bei 1,50 USD/EUR. Legt der Investor sein Kapital von 1.000,- € in Frankfurt an, so erhält er nach einem Jahr 1.030,- €. Legt er sein Kapital in New York an, so muss er zunächst die 1.000,- € in US-Dollar tauschen. Bei einem aktuellen Wechselkurs von, wie unterstellt, 1,50 USD/EUR legt er also 1.500 US-$ an und erhält am Ende des Anlagezeitraums von einem Jahr 1.567,50 US-$ ausgezahlt. Da er in Deutschland lebt und er hier sein Geld bspw. für Konsumzwecke nun ausgeben möchte, muss er diesen Dollarbetrag in Euro zurücktauschen. Für den Anlageerfolg spielt also der für das Ende des Anlagezeitraums erwartete Wechselkurs ebenfalls eine Rolle. Stünde der Wechselkurs nach einem Jahr unverändert bei 1,50 USD/EUR, so würde der Anleger einen Betrag von 1.045,- € ausgezahlt bekommen. Die Anlage in den USA hätte sich für ihn gegenüber der Anlage im Euroraum gelohnt. Nehmen wir an, der Wechselkurs stünde am Ende des Jahres bei 1,55 USD/EUR, es wäre also zu einer leichten Abwertung des US-Dollars gegenüber dem Euro gekommen, so erhielte der Anleger aus Deutschland dann aus der Anlage in den USA eine Rückzahlung von 1.011,29 €. Der Ertrag der Anlage in den USA würde dann also bei 11,29 € liegen im Vergleich zu 30,- € bei einer Anlage in Deutschland; die Anlage in den USA wäre dann schlechter als die in Deutschland. Würde dagegen der Wechselkurs des Euro zum US-Dollar am Ende des Anlagejahres bei 1,45 USD/EUR liegen, der US-Dollar würde also leicht gegenüber dem Euro aufwerten, so hätte der Anleger aus der Anlage der 1.000,- € in den USA einen Ertrag von 81,03 €. Der erwartete Ertrag aus der Anlage dieser 1.000,- € wäre dann zwischen den beiden Währungsräumen, gerechnet in

---

[72] Hinter den Veränderungsraten stehen ja prozentuale Änderungen, s. Fn. 66 bzw. Fn. 69.

6.2 Simultanes langfristiges Gleichgewicht in der offenen Volkswirtschaft

einheitlicher Währung, gleich hoch, wenn für den Ende des Anlagezeitraums ein Wechselkurs von 1,52184466 USD/EUR erwartet wird. Dann würde die Anlage, unabhängig davon, ob in Frankfurt oder in New York getätigt, einen Zinsertrag von 30,- € bringen.

Neben den Zinssätzen im Inland und im Ausland entscheidet, wie gesehen, der Wechselkurs zu Beginn und am Ende des Anlagezeitraums über die relative Vorteilhaftigkeit einer Kapitalanlage im Inland oder im Ausland. Um die beiden Anlagealternativen zu vergleichen, muss der Anleger also auch eine Vorstellung darüber haben, wie der Wechselkurs des Euro zum US-Dollar am Ende der Laufzeit der Anlage steht – je nach Wechselkurserwartung wird er sein Kapital im Inland oder im Ausland anlegen. Wenn sich bei bestimmten Wechselkurserwartungen die Erträge der Anlage im Inland von denen der Anlage im Ausland unterscheiden, wird es zu Kapitalströmen zwischen den Währungsräumen kommen. Würde in unserem Beispiel an den Märkten die Erwartung eines auf einen Wechselkurs von 1,55 USD/EUR abwertenden US-Dollars vorliegen, so würden die Kapitalanleger mit einem höheren Ertrag bei einer Anlage im Euroraum rechnen und US-Dollar verkaufen und Euro kaufen, um ihr Kapital im Euroraum anzulegen. Die Nachfrage nach Euro würde steigen, die nach US-Dollar zurückgehen, und der aktuelle Wechselkurs des Euro zum US-Dollar würde steigen. Würden sie dagegen einen unveränderten oder leicht aufwertenden Dollar erwarten, so würden sie bei der unterstellten Zinssituation verstärkt Anlagen im Dollarraum vornehmen und nicht im Euroraum anlegen mit der Konsequenz eines im aktuellen Zeitpunkt zum US-Dollar abwertenden Euro. Der aktuelle nominale Wechselkurs des Euro zum US-Dollar wird sich also so einstellen, dass der erwartete Ertrag einer Kapitalanlage im Euroraum mit dem erwarteten Ertrag einer Anlage in den USA identisch ist. Formal ausgedrückt muss also gelten:

$$(6.7a) \quad (1+i_i) = (1+i_a) \cdot \frac{Wk_{nom,t}}{Wk_{nom,t+1}^{erw}}$$

Damit ergibt sich der nominale Wechselkurs zum Anlagezeitpunkt also zu

$$(6.7b) \quad Wk_{nom,t} = \frac{1+i_i}{1+i_a} \cdot Wk_{nom,t+1}^{erw}$$

Aus Gl. (6.7) ergibt sich annäherungsweise:[73]

$$(6.8) \quad i_a = i_i + \frac{Wk_{nom,t+1}^{erw} - Wk_{nom,t}}{Wk_{nom,t}}$$

Im langfristigen Gleichgewicht ist der Nominalzinssatz im Ausland gleich dem Nominalzinssatz im Inland zuzüglich der Veränderungsrate der inländischen Währung gegenüber der ausländischen Währung.

---

[73] Die erwartete Rendite i_a der Anlage eines Kapitalbetrags im Ausland beträgt, vgl. Gl. (6.7),
$i_a = (1+i_i) \cdot Wk_{nom,t+1}^{erw} / Wk_{nom,t} - 1$. Durch Umformung ergibt sich hieraus
$i_a = i_i + (Wk_{nom,t+1}^{erw} - Wk_{nom,t})/Wk_{nom,t} + i_i \cdot (Wk_{nom,t+1}^{erw} - Wk_{nom,t})/Wk_{nom,t+1}^{erw}$.
Wenn der dritte und letzte Summand sehr klein ist, folgt unmittelbar Gl. (6.8).

In unserem Beispiel eines Zinssatzes von 3 % im Inland, im Euroraum, und eines Zinssatzes von 4,5 % im Ausland, in den USA, impliziert ein aktueller Wechselkurs von 1,50 USD/EUR die Erwartung einer Abwertung des US-Dollars um 1,45 % auf 1,5218 USD/EUR. Ansonsten würden die Anleger unterschiedliche Renditen im Euroraum und in den USA erzielen und es würden Arbitragegeschäfte ausgelöst, die den aktuellen nominalen Wechselkurs verändern würden, so dass es letztendlich wieder zu identischen Renditen zwischen der Anlage im Euroraum und in den USA, gemessen in einheitlicher Währung, käme.

Für das langfristige Gleichgewicht, das ja hier im Mittelpunkt des Interesses steht, können wir unterstellen, dass die Kapitalanleger für den nominalen Wechselkurs keine Veränderungen erwarten, dass also

(6.9) $Wk_{nom,t+1}^{erw} = Wk_{nom,t}$

gilt. Wenn dies jedoch gilt, dann stimmt der Nominalzinssatz im Inland mit dem im Ausland überein:

(6.10) $i_i = i_a$

Nach diesen Überlegungen können wir uns nun dem simultanen langfristigen Gleichgewicht einer offenen Volkswirtschaft zuwenden. Wir beginnen mit dem Geldmarkt. Der Geldmarkt ist im Gleichgewicht, wenn Geldangebot und Geldnachfrage miteinander übereinstimmen. Das nominale Geldangebot wird von der Zentralbank festgelegt, die nominale Geldnachfrage ist das Produkt aus Preisniveau und Nachfrage nach Realkasse, die wiederum vom gesamtwirtschaftlichen Output bzw. Realeinkommen und dem Nominalzinssatz abhängt. Der gesamtwirtschaftliche Output bzw. das Realeinkommen wird, wie oben gesehen, vom Arbeitsmarkt her in Höhe des Vollbeschäftigungsoutputs determiniert. Für die offene Volkswirtschaft müssen wir aber nun aufgrund unserer Überlegungen zur Zinsparität davon ausgehen, dass der inländische Zinssatz dem Auslandszinssatz entspricht. Darüber hinaus haben wir zu beachten, dass im langfristigen Gleichgewicht die Kaufkraftparität gilt, das inländische Preisniveau also über den nominalen Wechselkurs vom ausländischen Preisniveau abhängt. Die Geldmarktgleichgewichtsbedingung (5.9) bzw. (5.10) wird dann für die offene Volkswirtschaft zu:

(6.11) $M = \dfrac{p_a}{Wk_{nom}} \cdot L_R\left(Y^*, i_a\right)$

Auslandszinssatz und Auslandspreisniveau werden im Ausland determiniert. Der inländische Zinssatz und das inländische Preisniveau sind somit für eine offene Volkswirtschaft nicht mehr unabhängig von den Bedingungen im Ausland. Gl. (6.11) zeigt, dass für die offene Volkswirtschaft nur noch die nominale Geldmenge M und der nominale Wechselkurs Wk_{nom} unbestimmte Variablen sind. Es ist für die Bestimmung dieser beiden verbleibenden Größen und für die Kausalitäten nun entscheidend, welches Wechselkursregime für die betrachtete Volkswirtschaft vorliegt.

Grundsätzlich kann eine Volkswirtschaft sich für ein System flexibler Wechselkurse oder für ein System fester Wechselkurse entscheiden. Heute dominieren die flexiblen Wechselkurse.

6.2 Simultanes langfristiges Gleichgewicht in der offenen Volkswirtschaft

Insbesondere die Wechselkurse zwischen den wichtigsten Währungen US-Dollar, Euro und Yen können frei schwanken; die Nachfrage nach den einzelnen Währungen und das Angebot der Währungen entscheiden über die Höhe des Wechselkurses, wie er sich dann am Devisenmarkt bildet. Bis zum Zusammenbruch des Systems von Bretton Woods, in dem die Wechselkurse zwischen den wichtigsten Währungen der Welt festgelegt waren und es nur zu periodischen Anpassungen kam, dominierten jedoch feste Wechselkurse. Auch heute gibt es noch vereinzelt vertraglich fixierte Paritäten zwischen einzelnen Währungen.

Wenn in einem **System flexibler Wechselkurse** die inländische Zentralbank die Geldangebotsmenge festlegt, so wird sich im langfristigen Gleichgewicht der nominale Wechselkurs – der Preis, zu dem inländische Währung und ausländische Währung am Devisenmarkt getauscht werden – so einstellen, dass der inländische Geldmarkt im Gleichgewicht ist. Aus Gl. (6.11) folgt mit der Annahme einer von der Zentralbank festgelegten Geldangebotsmenge:

$$(6.12) \quad Wk_{nom} = \frac{p_a}{M} \cdot L_R\left(Y^*, i_a\right)$$

Über den Wechselkurs wird sich das inländische Preisniveau so anpassen, dass das Angebot an Realkasse der Nachfrage nach Realkasse entspricht. Weitet die Zentralbank die Geldmenge aus, steigt also M, dann wird der nominale Wechselkurs sinken, die inländische Währung wird abwerten und das inländische Preisniveau p_i steigen. Über die Gl. (6.5) mit Gl. (6.12) sieht man unmittelbar, dass das inländische Preisniveau proportional zur inländischen Geldmenge ist. Damit gilt für die offene Volkswirtschaft mit flexiblen Wechselkursen im Ergebnis das Gleiche wie für die geschlossene Volkswirtschaft.

Bei einem **System fester Wechselkurse** gilt dies so nicht mehr. In einem System fester Wechselkurse sind die Zentralbanken verpflichtet, zu dem vertraglich festgelegten nominalen Wechselkurs die inländische Währung gegen ausländische Währung zu kaufen oder zu verkaufen. Um diese Politik durchführen zu können, müssen die Zentralbanken nicht nur über inländische Währung, sondern auch über einen Bestand ausländischer Währungen, die Währungs- oder Devisenreserven, verfügen. Ist zum vertraglich festgelegten nominalen Wechselkurs die Nachfrage nach ausländischer Währung größer als das Angebot, so muss die Zentralbank die Differenz bereitstellen und den Devisenmarktteilnehmern Auslandswährung verkaufen. Umgekehrt: Ist bei dem fixierten Wechselkurs das Angebot an ausländischer Währung größer als die Nachfrage, so muss die Notenbank Auslandswährung zum festgelegten Wechselkurs kaufen. Mit dem Verkauf von ausländischer Währung entzieht die Zentralbank aber dem Wirtschaftskreislauf inländische Währung, mit dem Kauf gibt sie inländische Währung nach außen ab. Die inländische Geldmenge wird durch den Kauf und Verkauf von Auslandswährung also beeinflusst. Dies sieht man auch unmittelbar an Gl. (6.11). Wenn man dort den nominalen Wechselkurs als vertraglich vorgegeben berücksichtigt, sind alle Größen der rechten Seite der Gleichung und damit die nominale Geldnachfrage festgelegt. Die nominale Geldmenge M ist damit im langfristigen Gleichgewicht auch festgelegt:

$$(6.13) \quad M = \frac{p_a}{Wk_{nom}} \cdot L_R\left(Y^*, i_a\right)$$

In einem System fester Wechselkurse kann die Zentralbank also nicht mehr autonom die Geldangebotsmenge festlegen, vielmehr wird sich die Geldmenge im langfristigen Gleichgewicht endogen so einstellen, dass Geldangebot und Geldnachfrage übereinstimmen. Mit der Fixierung des nominalen Wechselkurses ist auch das inländische Preisniveau exogen. Die inländische Zentralbank kann, da sie die Steuerungsmöglichkeit der Geldmenge abgegeben hat, das inländische Preisniveau nicht mehr steuern.

Zu beachten ist, dass bei einem System fester Wechselkurse die nominalen Paritäten festgelegt sind. Der reale Wechselkurs zwischen inländischer und ausländischer Währung ist damit nicht fixiert. Sind die Preise flexibel – was wir ja für die lange Frist, die wir hier betrachten, unterstellen –, so hat die Festlegung eines nominalen Wechselkurses keinen Einfluss auf irgendwelche reale Größen, insbesondere auch nicht auf den realen Wechselkurs. Die klassische Dichotomie gilt auch hier.

7 Der Zusammenhang zwischen kurzer und langer Frist

7.1 Das Problem kurzfristiger realwirtschaftlicher Schwankungen

Bei unserer bisherigen Analyse der ökonomischen Zusammenhänge haben wir die Annahme unterstellt, dass die Preise der Güter und Produktionsfaktoren in der betrachteten Volkswirtschaft flexibel sind. Vor diesem Hintergrund konnten wir das Vollbeschäftigungsgleichgewicht auf dem Arbeitsmarkt und damit zusammenhängend das Produktionspotenzial bestimmen. Die Höhe des Produktionspotenzials und des gleichgewichtigen gesamtwirtschaftlichen Realeinkommens waren bei einer gegebenen Produktionstechnologie vom Bestand an Produktionsfaktoren determiniert. Solange der Faktorbestand unverändert war, änderte sich auch der gleichgewichtige gesamtwirtschaftliche Output bzw. das Realeinkommen in der Volkswirtschaft nicht. Wir haben diese Situation als langfristiges Gleichgewicht bezeichnet.

Die Beobachtung und Erfassung der gesamtwirtschaftlichen Aktivitäten zeigt aber, dass das Niveau der gesamtwirtschaftlichen Aktivitäten, wie es im realen Bruttoinlandsprodukt gemessen wird, von Jahr zu Jahr schwankt. Und diese Schwankungen sind nur teilweise auf Änderungen des Faktorbestands und auf technologischen Fortschritt zurückzuführen. In der Geschichte der Bundesrepublik Deutschland, und auch in der anderer Volkswirtschaften, gab es immer wieder Phasen, in denen das reale Bruttoinlandsprodukt relativ stark zunahm, und Phasen, in denen es weniger stark anstieg oder sogar zurückging. Einen Eindruck vom Ausmaß dieser Schwankungen der gesamtwirtschaftlichen Aktivitäten vermittelt Abb. 7.1, in der die Entwicklung des realen Bruttoinlandsprodukts in der Bundesrepublik Deutschland zusammen mit den jeweilgen Veränderungsraten abgetragen ist.

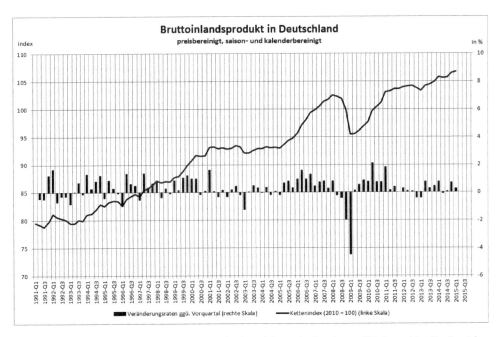

Abbildung 7.1: Entwicklung des realen Bruttoinlandsprodukts in der Bundesrepublik Deutschland in den Jahren 1991 bis 2015, Quelle für die Grunddaten: Statistisches Bundesamt (2015c)

Man erkennt unmittelbar ein im Zeitverlauf mit Wellenbewegungen ansteigendes reales Bruttoinlandsprodukt. Die Wellenbewegungen werden als **Konjunkturzyklen** bezeichnet. Ein einzelner Konjunkturzyklus besteht aus einer Aufschwungphase und einer Abschwungphase, wobei die einzelnen Phasen nochmals unterteilt werden können in konjunkturelle Erholung, Aufschwung oder Boom, Normalisierung und Rezession bzw. Depression.[74] Stilisiert dargestellt ist der Konjunkturzyklus in Abb. 7.2.

---

[74] Der Begriff Depression wird in der Regel nur für tief gehende und länger anhaltende Schwächephasen der gesamtwirtschaftlichen Entwicklung verwendet, so z.B. für die sog. Große Depression oder Weltwirtschaftskrise Ende der zwanziger, Anfang der dreißiger Jahre des 20. Jahrhunderts.

7.1 Das Problem kurzfristiger realwirtschaftlicher Schwankungen

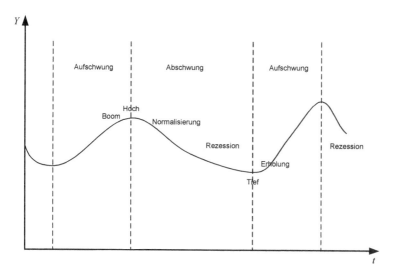

Abbildung 7.2: Stilisierter Konjunkturzyklus

Definiert und voneinander abgegrenzt werden können die einzelnen Zyklen und Zyklenphasen entweder anhand der Veränderungsrate des realen Bruttoinlandsprodukts oder anhand des Auslastungsgrads des Produktionspotenzials bzw. anhand der sogenannten Output-Lücke. Weit verbreitet ist die sog. technische Definition einer Rezession, die besagt, dass eine Volkswirtschaft sich dann in einer Rezession befindet, wenn das saisonbereinigte reale Bruttoinlandsprodukt zwei Quartale in Folge zurückgeht. Der Vorteil dieser Definition liegt in ihrer Klarheit und Eindeutigkeit, inhaltlich kann man jedoch kritisch anmerken, dass diese Definition auch in die Irre führen kann. Zum einen ist die Abschwächung des Wachstums des realen Bruttoinlandsprodukts, wie sie nach einem Boom unvermeidlich eintritt, z.B. nach dem Boom der deutschen Vereinigung, kaum als Rezession zu bezeichnen, auch wenn diese Abschwächung mit im Vorquartalsvergleich negativen Veränderungsraten des realen Bruttoinlandsprodukts einhergeht. In solchen Fällen erscheint die Bezeichnung Normalisierung in der Tat treffender. Zum anderen ist die wirtschaftliche Entwicklung einer Volkswirtschaft, deren reales Bruttoinlandsprodukt sich von einem Quartal zum nächsten mit Raten von bspw. +0,1 %, -1,2 %, +0,2 % und -0,7 % verändert hat, hinsichtlich des Wirtschaftswachstums sicherlich weniger gut zu beurteilen als die einer Volkswirtschaft mit Veränderungsraten von bspw. +2,0 %, -0,3 %, -0,1 % und +0,5 %. Neben der Wachstumsrate des realen Bruttoinlandsprodukts und deren Veränderung können auch der Auslastungsgrad des Produktionspotenzials zur Abgrenzung von Konjunkturzyklen und die Output-Lücke herangezogen werden. Während der Auslastungsgrad das tatsächliche reale Bruttoinlandsprodukt auf das maximal mögliche reale Bruttoinlandsprodukt bezieht, also eine relative Größe darstellt, misst die Output-Lücke den absoluten Abstand zwischen Produktionspotenzial und tatsächlichem realem Bruttoinlandsprodukt, kann aber durch den Bezug auf das reale Bruttoinlandsprodukt auch in ein relatives Maß überführt werden. In einem Aufschwung steigt der Auslastungsgrad bzw. die Output-Lücke wird kleiner, in einem Abschwung wird der Auslastungsgrad sinken bzw. die Output-Lücke größer. Problematisch ist hier vor allem die Bestimmung des Produktionspotenzials, das ja als fiktive Größe nicht direkt erfasst werden kann. Zur Bestimmung des Produktionspotenzials eignen sich zum einen produktionstheoretische Ansätze, die über die empirische Schätzung einer gesamtwirtschaftlichen Produktionsfunktion dann über die Verwendung des maximal möglichen Faktoreinsatzes das Produktionspotenzial bestimmen, und zum anderen ökonometrische Filterverfahren, die über die Eliminierung kurzfristiger Schwankungen einen Trend in der Entwicklung des realen Bruttoinlandsprodukts berechnen, der dann als Grundlage für die Schätzung des Produktionspotenzials dient.[75] Für Deutschland ergeben die Berechnungen des Sachverständigenrates zur Begutachtung der gesamtwirtschaftlichen Entwicklung folgendes Bild für die Entwicklung des Produktionspotenzials und der Output-Lücke (Abb. 7.3):

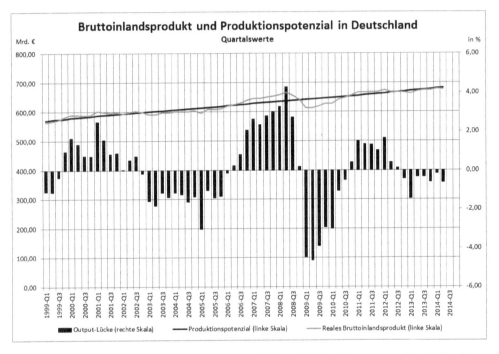

Abbildung 7.3:   *Entwicklung des realen Bruttoinlandsprodukts und des Produktionspotenzials in der Bundesrepublik Deutschland in den Jahren 1999 bis 2014, Quelle für die Grunddaten: Sachverständigenrat (2014)*

Eine ausgeprägte konjunkturelle Schwächephase liegt nach der Definition des Sachverständigenrates dann vor, wenn ein Rückgang der relativen Output-Lücke um mindestens zwei Drittel der jeweiligen Potenzialwachstumsrate mit einer aktuell negativen Output-Lücke einhergeht. Diese so definierte Grenze wurde mit der Finanz- und Wirtschaftskrise in den

---

[75] Eine Darstellung der vom Sachverständigenrat zur Begutachtung der gesamtwirtschaftlichen Entwicklung für Deutschland angewandten Methode und deren Einordnung in weitere Ansätze zur Potenzialschätzung findet sich in Sachverständigenrat (2007), S. 439-454, zuletzt Sachverständigenrat (2014), S. 114-118.

7.1 Das Problem kurzfristiger realwirtschaftlicher Schwankungen

Jahren 2008 und 2009 markant überschritten, aber auch weiter zurückliegende Rezessionsphasen in Deutschland lassen sich so eindeutig und klar abgrenzen.

Wenn man die Konjunkturzyklen verschiedener Volkswirtschaften und in verschiedenen Zeiträumen analysiert, stellt man folgende Gemeinsamkeiten fest, die auch als stilisierte Fakten von Konjunkturzyklen bezeichnet werden.

1. Wirtschaftliche Schwankungen sind unregelmäßig sowohl in ihrer Intensität wie auch in ihrer zeitlichen Dauer und daher nicht genau prognostizierbar.

2. Viele makroökonomische Größen, insbesondere die, die mit Produktion, Einkommen oder Ausgaben zusammenhängen, weisen einen Gleichlauf auf, sie schwanken gemeinsam.

3. Ein Rückgang oder ein relativ schwacher Anstieg der gesamtwirtschaftlichen Produktion ist mit einem Anstieg der Arbeitslosigkeit verknüpft.

4. In einer konjunkturellen Aufschwungphase steigen mit geringer Verzögerung Zinsen und Preisniveau.

Der empirische Befund im Zeitablauf schwankender makroökonomischer Größen zwingt uns, die zuvor gemachten Annahmen, die gerade dies nicht implizieren, zu hinterfragen. Wir hatten die Ergebnisse der vorherigen Kapitel 3 bis 6 unter der Annahme flexibler Güter- und Faktorpreise hergeleitet. Grundsätzlich kann man davon ausgehen, dass in einer langfristigen Betrachtung diese Annahme auch zulässig ist. Für eine Betrachtung kurzfristiger Zusammenhänge muss diese Annahme jedoch wohl aufgegeben werden. Das, was bislang hergeleitet wurde, kann als Referenzmodell und Beschreibung für die lange Frist gelten. Das oben bestimmte und analysierte langfristige Gleichgewicht ist Kristallisationspunkt und beschreibt die langfristig geltenden Zusammenhänge. Zur Analyse kurzfristiger Zusammenhänge rücken wir jedoch von der Annahme flexibler Güter- und Faktorpreise ab und unterstellen Preisstarrheiten.

Zu beachten ist, dass die Unterscheidung zwischen kurzer und langer Frist also nicht getroffen wird über die Definition eines bestimmten Zeitraums, sondern anhand des Kriteriums Preisflexibilität.

Im Folgenden wollen wir ein Modell entwickeln, das es erlaubt, kurzfristige Schwankungen zu analysieren. In diesem Modell wird die klassische Dichotomie nicht gelten, vielmehr wird sich zeigen, dass in der kurzen Frist, also bei relativ starren Preisen, reale Größen wie gesamtwirtschaftlicher Output und Beschäftigung und nominale Größen wie Geldmenge und Preisniveau sich gegenseitig beeinflussen.

7.2 Ein einfaches Modell der gesamtwirtschaftlichen Nachfrage und des gesamtwirtschaftlichen Angebots

Beginnen wollen wir mit einem einfachen Modell der gesamtwirtschaftlichen Nachfrage und des gesamtwirtschaftlichen Angebots. Obwohl es ziemlich kompakt ist, erlaubt es bereits vielfältige Einblicke gerade im Hinblick auf die Konsequenzen der Unterscheidung zwischen langer Frist und kurzer Frist.

Die **gesamtwirtschaftliche Nachfragekurve** AD (aggregate demand) gibt an, welche Menge an Gütern bei einem beliebigen gegebenen Preisniveau nachgefragt wird. Zur Ableitung und Begründung der Gestalt der gesamtwirtschaftlichen Nachfragekurve greifen wir hier zunächst auf die Quantitätstheorie zurück. Die Quantitätsgleichung stellt ja einen Zusammenhang zwischen gesamtwirtschaftlichem Output bzw. Realeinkommen und gesamtwirtschaftlichem Preisniveau her. Gemäß Gl. (5.11)

(5.11) $M \cdot v = p \cdot Y$

besteht zwischen dem gesamtwirtschaftlichem Preisniveau p und dem gesamtwirtschaftlichem Output Y bei gegebener Geldmenge M und gegebener Umlaufgeschwindigkeit des Geldes v ein negativer Zusammenhang. Bei höherem Preisniveau muss der gesamtwirtschaftliche Output niedriger sein und umgekehrt, damit bei gegebenem Produkt von Geldmenge und Umlaufgeschwindigkeit die Identität der Gl. (5.11) gewahrt bleibt.

Ökonomisch kann man sich dies wie folgt klarmachen: Bei der unterstellten Konstanz der Umlaufgeschwindigkeit des Geldes bestimmt gemäß Gl. (5.11) die Geldangebotsmenge den in Geldeinheiten ausgedrückten Wert der Transaktionen pY. Bei einem höheren Preisniveau muss für jede Transaktion im Durchschnitt ein höherer Geldbetrag aufgewandt werden. Damit dann trotzdem der Wert aller Transaktionen konstant bleiben kann, muss die Anzahl der Transaktionen und somit die Gütermenge kleiner sein. Ähnlich kann man über die Geldmarktgleichgewichtsbedingung Gl. (5.9) bzw. (5.10) argumentieren. Ein höheres Preisniveau reduziert das reale Geldangebot M/p. Bei geringerem Angebot an Realkasse muss für ein (neues) Geldmarktgleichgewicht die Nachfrage nach Realkasse L_R ebenfalls kleiner sein. Die Nachfrage nach Realkasse ist dann kleiner, wenn der gesamtwirtschaftliche Output bzw. das Realeinkommen kleiner ist. In einem (p, Y)-Diagramm weist die gesamtwirtschaftliche Nachfragekurve also eine negative Steigung auf (Abb. 7.4).

Aus diesen Überlegungen folgt auch, dass Veränderungen der nominalen Geldangebotsmenge die Lage der gesamtwirtschaftlichen Nachfragekurve bestimmen. Steigt die Geldmenge an, so ist bei konstanter Umlaufgeschwindigkeit des Geldes die linke Seite der Gl. (5.11) größer. Damit die Identität wieder gilt, muss bei jedem Preisniveau der gesamtwirtschaftliche Output größer sein. Oder, mit Geldangebot und Geldnachfrage argumentiert: Eine größere nominale Geldmenge impliziert bei jedem gesamtwirtschaftlichen Preisniveau ein größeres reales Geldangebot. Für ein Geldmarktgleichgewicht muss die Nachfrage nach Realkasse dann ebenfalls größer sein, was dann der Fall ist, wenn der gesamtwirtschaftliche Output

7.2 Ein einfaches Modell

steigt. Ein Anstieg der Geldmenge M führt also zu einer Rechtsverschiebung der AD-Kurve im (p, Y)-Diagramm, eine Reduktion der Geldmenge zu einer Linksverschiebung.

Neben Veränderungen der nominalen Geldmenge können auch andere Faktoren zu einer Verschiebung der AD-Kurve im (p, Y)-Diagramm führen. Veränderungen, die sich in einer Erhöhung der Umlaufgeschwindigkeit des Geldes niederschlagen, führen ebenfalls zu einer Rechtsverschiebung der AD-Kurve; Veränderungen, die zu einer niedrigeren Umlaufgeschwindigkeit führen, verschieben die AD-Kurve nach links (Abb. 7.4).

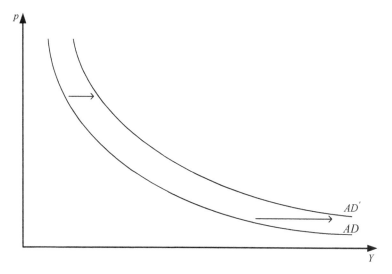

Abbildung 7.4: Die gesamtwirtschaftliche Nachfragekurve (mit Verschiebung)

Die **gesamtwirtschaftliche Angebotsfunktion** AS (aggregate supply) gibt an, welche Menge an Gütern die Produzenten beim jeweiligen gesamtwirtschaftlichen Preisniveau herstellen und anbieten. In der **langen Frist**, so haben wir oben gesehen, ist das gesamtwirtschaftliche Güterangebot von den vorhandenen Produktionsfaktoren und der angewandten Technologie abhängig. Das Preisniveau spielt für die Höhe des Güterangebots in der langen Frist keine Rolle. Daher verläuft die langfristige gesamtwirtschaftliche Angebotskurve AS_{lfr} vertikal im (p, Y)-Diagramm (Abb. 7.5).

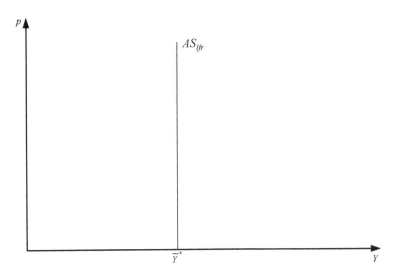

Abbildung 7.5:   Die langfristige gesamtwirtschaftliche Angebotskurve

Für die **kurze Frist** wollen wir den Extremfall unterstellen, dass die Preise vollkommen starr sind, das Preisniveau also fix ist. In diesem Fall verläuft die gesamtwirtschaftliche Angebotskurve AS_{lfr} im (p, Y)-Diagramm horizontal. Die Unternehmen sind zu diesem Preisniveau bereit und in der Lage, jede Gütermenge, die die Nachfrager abnehmen wollen, auch herzustellen und anzubieten (Abb. 7.6).

Abbildung 7.6:   Die kurzfristige gesamtwirtschaftliche Angebotskurve

7.2 Ein einfaches Modell

Mit diesem Instrumentarium können wir nun das **gesamtwirtschaftliche Gleichgewicht** in diesem einfachen Modell bestimmen. Betrachten wir zunächst die **lange Frist**. Gesamtwirtschaftliches Gleichgewicht liegt bei der Kombination von gesamtwirtschaftlichem Output und gesamtwirtschaftlichem Preisniveau vor, bei der sich die langfristige gesamtwirtschaftliche Angebotsfunktion AS_{lfr} und die gesamtwirtschaftliche Nachfragefunktion AD schneiden. Bei diesem Punkt, (p^*, Y^*) im (p, Y)-Diagramm der Abb. 7.7, und nur bei diesem Punkt, stimmen die Wünsche der Nachfrager und die Pläne der Anbieter überein.

Ebenso können wir mithilfe dieses Instrumentariums unmittelbar erkennen, dass Veränderungen der gesamtwirtschaftlichen Nachfrage und damit Verschiebungen der AD-Kurve nur Auswirkungen auf das Preisniveau besitzen, aber die Höhe des gesamtwirtschaftlichen Outputs bzw. Realeinkommens nicht beeinflussen. Bei einem Anstieg der gesamtwirtschaftlichen Nachfrage verschiebt sich die gesamtwirtschaftliche Nachfragekurve im (p, Y)-Diagramm nach rechts bzw. oben, und im neuen langfristigen Gleichgewicht wird das Preisniveau höher sein bei unverändertem gesamtwirtschaftlichem Output. Umgekehrt wird eine geringere gesamtwirtschaftliche Nachfrage zu einem niedrigeren Preisniveau bei unverändertem gesamtwirtschaftlichem Output im langfristigen Gleichgewicht führen.

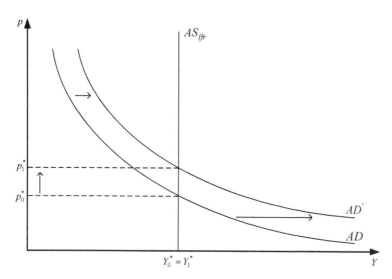

Abbildung 7.7: Gesamtwirtschaftliches Gleichgewicht in der langen Frist – Auswirkungen eines Anstiegs der gesamtwirtschaftlichen Nachfrage

Analysieren wir nun das **kurzfristige Gleichgewicht**. Das kurzfristige Gleichgewicht liegt im Schnittpunkt der kurzfristigen gesamtwirtschaftlichen Angebotskurve und der gesamtwirtschaftlichen Nachfragekurve. Auf das gesamtwirtschaftliche Outputniveau im kurzfristigen Gleichgewicht hat eine Veränderung der gesamtwirtschaftlichen Nachfrage im Gegensatz zum langfristigen Gleichgewichtsniveau sehr wohl Auswirkungen: Ein Anstieg der gesamtwirtschaftlichen Nachfrage und damit verbunden eine Rechtsverschiebung der gesamtwirtschaftlichen Nachfragekurve im (p, Y)-Diagramm führt in der kurzen Frist zu einem höheren gesamtwirtschaftlichen Output und Realeinkommen bei unverändertem Preisniveau (Abb. 7.8). Umgekehrt führt in kurzfristiger Betrachtung eine Verringerung der gesamtwirtschaftlichen Nachfrage zu einem Rückgang des gesamtwirtschaftlichen Outputniveaus bei unverändertem Preisniveau. Die Güterangebotsmenge passt sich also an die Güternachfrage an. Änderungen der gesamtwirtschaftlichen Nachfrage führen zu einer Änderung des gesamtwirtschaftlichen Angebots. Der gesamtwirtschaftliche Output und das Realeinkommen werden, und das ist ein entscheidender Unterschied zum langfristigen Fall, nicht mehr vom Arbeitsmarkt her, sondern von der gesamtwirtschaftlichen Nachfrage bestimmt.

Begründet liegt diese diametral entgegengesetzte Reaktion von gleichgewichtigem gesamtwirtschaftlichem Output und Preisniveau in der für die kurze Frist unterstellten Starrheit der Preise. Verringert sich die gesamtwirtschaftliche Nachfrage, so werden die Absatzmenge und der Umsatz der Unternehmen zurückgehen, da diese, wie unterstellt, die Preise unverändert lassen und auf den Nachfragerückgang nicht mit Preissenkungen reagieren. Der Nachfragerückgang wird dann voll auf die Gütermenge durchschlagen. Und bei einem Nachfrageanstieg werden die Unternehmen ihr Angebot entsprechend ausdehnen (können), so dass es nicht zu einem Preisanstieg kommt.

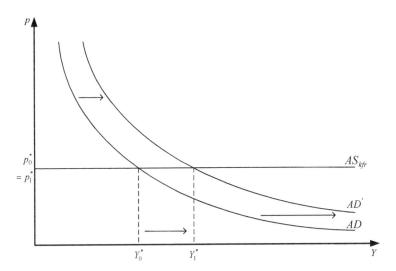

Abbildung 7.8:   *Gesamtwirtschaftliches Gleichgewicht in der kurzen Frist – Auswirkungen eines Anstiegs der gesamtwirtschaftlichen Nachfrage*

Konjunkturelle Schwankungen, Schwankungen der gesamtwirtschaftlichen Aktivität, können also erklärt werden mit Veränderungen der gesamtwirtschaftlichen Nachfrage bei starren Preisen, so wie wir sie hier für die kurze Frist angenommen haben.

Betrachten wir nun den Zusammenhang zwischen kurzfristigem Gleichgewicht und langfristigem Gleichgewicht. Im langfristigen Gleichgewicht schneiden sich nicht nur die langfristige gesamtwirtschaftliche Angebotskurve und die gesamtwirtschaftliche Nachfragekurve, sondern auch die kurzfristige gesamtwirtschaftliche Angebotskurve verläuft durch diesen

7.2 Ein einfaches Modell

Schnittpunkt. Denn die Preise haben sich so angepasst, dass dieses gesamtwirtschaftliche Gleichgewicht erreicht wird. Kurzfristige und langfristige Gleichgewichtswerte von gesamtwirtschaftlichem Output bzw. Realeinkommen und Preisniveau sind identisch. In diesem Gleichgewicht gibt es keinen Anlass mehr, Produktions- oder Nachfragepläne zu ändern. Abb. 7.9 zeigt das langfristige Gleichgewicht:

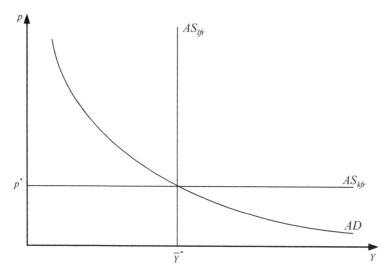

Abbildung 7.9:   *Langfristiges gesamtwirtschaftliches Gleichgewicht*

Was geschieht, wenn dieses langfristige Gleichgewicht gestört wird? Eine Störung dieses Gleichgewichts wird als Schock bezeichnet und spiegelt sich in der Verschiebung einer der drei Kurven in Abb. 7.9 wider. Als Erstes wollen wir einen **Nachfrageschock** analysieren. Ein Nachfrageschock betrifft die gesamtwirtschaftliche Nachfragekurve, ein solcher Nachfrageschock ist beispielsweise die Ausweitung der Geldmenge. In der Ausgangssituation herrsche langfristiges Gleichgewicht, die Volkswirtschaft befinde sich im Punkt E_0 im (p, Y)-Diagramm der Abb. 7.10. Nun wird die Geldmenge ausgeweitet. Wir haben oben gesehen, dass eine Ausweitung der Geldmenge zu einer Rechtsverschiebung der gesamtwirtschaftlichen Nachfragekurve führt. Das neue kurzfristige Gleichgewicht liegt nun im Punkt E_1, dem Schnittpunkt der kurzfristigen gesamtwirtschaftlichen Angebotskurve AS_{kfr} und der neuen gesamtwirtschaftlichen Nachfragekurve AD'. Zu den bisherigen Preisen können die Unternehmen mehr verkaufen und werden ihre Produktion ausdehnen. In der kurzen Frist steigt der gesamtwirtschaftliche Output, das Preisniveau ist konstant. Der Anstieg der gesamtwirtschaftlichen Nachfrage, hier im Beispiel hervorgerufen durch die Ausweitung der Geldmenge, führt zu einem Aufschwung mit höherer gesamtwirtschaftlicher Produktion und damit verbunden höherer Beschäftigung. Im Verlauf der Zeit werden aber die Löhne und die Preise steigen. Die kurzfristige gesamtwirtschaftliche Angebotskurve wird sich in unserem Diagramm sukzessive nach oben verlagern. Mit dem Anstieg der Preise und Löhne geht die gesamtwirtschaftliche Nachfrage wieder zurück. Entlang der neuen kurzfristigen gesamtwirtschaftlichen Nachfragekurve kommt es zu einer Abfolge kurzfristiger gesamtwirtschaftlicher

Gleichgewichte, bis letztendlich wieder ein langfristiges Gleichgewicht erreicht wird, in dem sich alle drei Kurven – langfristige gesamtwirtschaftliche Angebotskurve, (im Anpassungsprozess verschobene) kurzfristige gesamtwirtschaftliche Angebotskurve und (durch den Schock verschobene) gesamtwirtschaftliche Nachfragekurve – schneiden. In Abb. 7.10 ist dies der Punkt E_n. Im neuen langfristigen Gleichgewicht liegen gesamtwirtschaftlicher Output bzw. Realeinkommen und damit auch die Beschäftigung wieder auf dem langfristigen gleichgewichtigen oder natürlichen Niveau, das Preisniveau ist jedoch gestiegen.

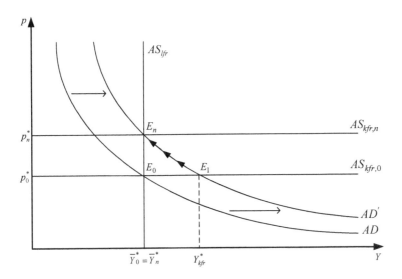

Abbildung 7.10: *Auswirkungen eines positiven Nachfrageschocks*

Ebenso können auf der Angebotsseite Schocks auftreten. Ein negativer **Angebotsschock** ist ein exogener Impuls, der die Kosten und damit die Preise der Anbieter in die Höhe treibt, bspw. ein markanter Anstieg von Rohstoffpreisen, deutliche Lohnerhöhungen, steigende Lohnzusatzkosten oder auch umweltpolitisch oder sozialpolitisch motivierte Gesetze, die zu Kostensteigerungen bei den Unternehmen führen. Entsprechend kommt es zu einem positiven Angebotsschock, wenn exogen ausgelöste Kostensenkungen von den Anbietern in niedrigeren Preisen an die Nachfrager weitergegeben werden. Wir wollen wieder davon ausgehen, dass sich die betrachtete Volkswirtschaft in der Ausgangssituation im langfristigen Gleichgewicht befindet. Kommt es nun bspw. zu einem drastischen Anstieg der Rohstoffpreise, so werden die Unternehmen ihre gestiegenen Kosten zumindest teilweise in höhere Preise überwälzen. Die kurzfristige gesamtwirtschaftliche Angebotskurve verschiebt sich nach oben. Die Volkswirtschaft hat sich vom kurzfristigen Gleichgewicht in Punkt E_0 der Abb. 7.11 zum kurzfristigen Gleichgewicht E_1 bewegt. Das gesamtwirtschaftliche Produktionsniveau bzw. das Realeinkommen und damit die Beschäftigung sind zurückgegangen, die Volkswirtschaft befindet sich in einer Rezession. Darüber hinaus ist das Preisniveau gestiegen. Eine solche Situation wird auch als Stagflation bezeichnet. Im neuen kurzfristigen Gleichgewicht sind der gesamtwirtschaftliche Output und damit auch die Beschäftigung unter ihrem jeweiligen natürlichen Niveau. Im Lauf der Zeit wird es daher zu Lohn- und Preisrückgängen kommen, die kurzfristige gesamtwirtschaftliche Angebotskurve verschiebt sich sukzessive nach unten. Am Ende des Anpassungsprozesses wird sich die Volkswirtschaft wieder im Ausgangsgleichgewicht E_0 befinden, gesamtwirtschaftlicher Output und Realeinkommen sowie das Preisniveau sind wieder auf ihrem ursprünglichen Niveau.

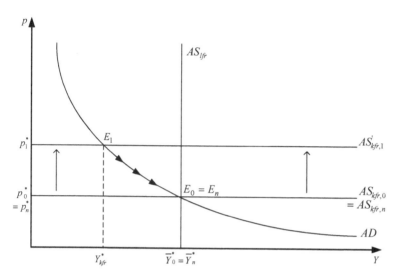

Abbildung 7.11: *Auswirkungen eines negativen Angebotsschocks*

Prinzipiell denkbar sind auch Schocks, die die langfristige gesamtwirtschaftliche Angebotskurve betreffen, auch wenn diese sicherlich seltener sind als die beiden eben diskutierten Varianten. Ein negativer Angebotsschock dieser Art wäre bspw. ein Krieg mit seinen verheerenden Folgen. Infolge der Zerstörung von Produktionsstätten und der Dezimierung der Bevölkerung würde sich das Produktionspotenzial der betroffenen Volkswirtschaft verkleinern, die langfristige gesamtwirtschaftliche Angebotskurve würde im (p, Y)-Diagramm weiter links liegen. Ein positiver Angebotsschock wäre bspw. eine durchschlagende technische Innovation, die zu einer Erhöhung der gesamtwirtschaftlichen Produktivität führt und damit eine Rechtsverschiebung der AS_{lfr} führt. Nehmen wir an, was nicht ganz abwegig ist, die Einführung der Informationstechnologie in vielen oder fast allen Bereichen der Volkswirtschaft stelle einen solchen positiven Angebotsschock dar. In der Ausgangssituation befinde sich die betrachtete Volkswirtschaft im langfristigen Gleichgewicht, Punkt E_0 in Abb. 7.12. Nun kommt es zu der angesprochenen informationstechnologischen Revolution, die sich in unserem Modell als Erhöhung des langfristigen gleichgewichtigen Outputs, des Produktionspotenzials, und damit in einer Rechtsverschiebung der langfristigen gesamtwirtschaftlichen Angebotskurve niederschlägt. Das kurzfristige Gleichgewicht liegt nach wie vor im Punkt E_0, ist aber nun nicht mehr identisch mit dem langfristigen Gleichgewicht, das nun durch den Punkt E_n markiert wird. Im Punkt E_0 sind die gesamtwirtschaftlichen Kapazitäten nicht ausgelastet, das dort realisierte gesamtwirtschaftliche Produktionsniveau ist niedriger als das neue potenzielle Niveau. Infolge des Produktivitätsanstiegs sind Preissenkungen möglich, die im Lauf der Zeit auch stattfinden werden. Die kurzfristige gesamtwirtschaftliche Angebotskurve verschiebt sich sukzessive nach unten. Bei den niedrigeren Preisen wird die gesamtwirtschaftliche Nachfrage zunehmen. Es kommt zu einer Abfolge kurzfristiger Gleichgewichte, bis das neue langfristige gesamtwirtschaftliche Gleichgewicht in Punkt E_n erreicht wird.

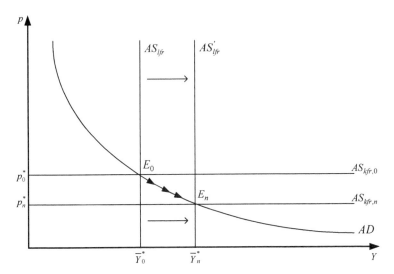

Abbildung 7.12: Auswirkungen eines das Produktionspotenzial erhöhenden Angebotsschocks

8 Kurzfristige Analyse der geschlossenen Volkswirtschaft

Im vorangegangenen Kapitel haben wir die Unterschiede zwischen kurzer und langer Frist diskutiert und wir haben einen ersten Einblick in die Ursachen und das Wesen konjunktureller Schwankungen gewonnen. Darüber hinaus haben wir analysiert, wie sich der Zusammenhang zwischen lang- und kurzfristigen Gleichgewichten darstellt und wie die Anpassung zwischen den verschiedenen Gleichgewichten erfolgt. In diesem Kapitel nun wollen wir das im vorhergehenden Kapitel eingeführte Modell der gesamtwirtschaftlichen Nachfrage und des gesamtwirtschaftlichen Angebots näher betrachten und aus einer weiteren Perspektive analysieren.

8.1 Das Einnahmen-Ausgaben-Modell und der Multiplikatorprozess

In der kurzen Frist können, so wie wir es im vorhergehenden Kapitel gesehen haben, der tatsächliche gesamtwirtschaftliche Output und das tatsächliche Realeinkommen vom gleichgewichtigen Vollbeschäftigungsoutput und dem potenziellen Realeinkommen abweichen. Eine einfache und erste Erklärung hierfür liefert das **Einnahmen-Ausgaben-Modell** zur Bestimmung des gesamtwirtschaftlichen Gleichgewichts. Kernpunkt dieses Modells ist die explizite Unterscheidung zwischen tatsächlichen und geplanten Ausgaben der Wirtschaftssubjekte, wobei der Übersichtlichkeit halber zunächst von einer geschlossenen Volkswirtschaft ausgegangen wird. Haushalte haben bestimmte Konsumwünsche und planen auf dieser Basis ihre Konsumausgaben, Unternehmen haben gewisse Investitionsabsichten und planen vor diesem Hintergrund ihre Investitionsausgaben, und auch der Staat hat Pläne bezüglich der Höhe seiner Ausgaben. Nun kann es aber sein, dass diese Pläne nicht realisiert werden können und die tatsächlichen Ausgaben der einzelnen Wirtschaftssubjekte, wie sie sich im Bruttoinlandsprodukt widerspiegeln, höher oder niedriger sind, als sie ursprünglich geplant waren. Die **geplanten Ausgaben** (expenditure) insgesamt wollen wir mit E^{gepl} bezeichnen, sie sind die Summe aus geplanten Konsumausgaben, geplanten Investitionsausgaben und geplanten Staatsausgaben:

(8.1) $E^{gepl} = C + I + G$

Für die geplanten Konsumausgaben wollen wir wiederum eine positive Abhängigkeit der Konsumausgaben vom verfügbaren Einkommen (Gl. (4.2) bzw. (4.3)) unterstellen, von den beiden anderen Komponenten nehmen wir an, dass sie konstant sind. Damit ergibt sich:

(8.2) $E^{gepl} = \overline{C} + c \cdot (Y - \overline{T}) + \overline{I} + \overline{G}$

Den geplanten Ausgaben und damit der geplanten Güternachfrage steht ein Güterangebot gegenüber, dessen Produktion von den Unternehmen geplant wird. Ein gesamtwirtschaftliches Gleichgewicht ist dadurch charakterisiert, dass **geplantes Güterangebot** und geplante Güternachfrage übereinstimmen. Wenn die Pläne aller Beteiligten erfüllt werden, besteht für keinen der Akteure ein Anlass, seine Pläne und damit seine Aktivitäten zu verändern. Im **Gleichgewicht** entsprechen die tatsächlichen Ausgaben dann auch den geplanten Ausgaben, es gilt:

(8.3) $Y = E^{gepl}$

Grafisch lässt sich das gesamtwirtschaftliche Gleichgewicht dann wie in Abb. 8.1 ermitteln, bei der die Summe der geplanten Ausgaben dem gesamtwirtschaftlichen Output gegenübergestellt wird. Die Winkelhalbierende oder 45°-Grad-Linie im positiven Quadranten[76] ist die geometrische Abbildung der Gleichgewichtsbedingung bzgl. der auf den beiden Achsen abgetragenen Größen geplante Ausgaben und tatsächliche Ausgaben resp. gesamtwirtschaftlicher Output.

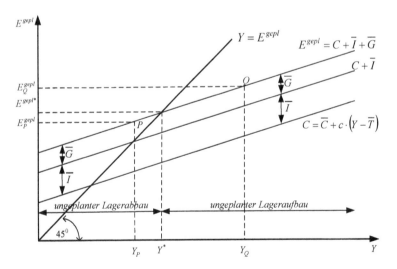

Abbildung 8.1: Gesamtwirtschaftliches Gleichgewicht im Einnahmen-Ausgaben-Modell

---

[76] Die Winkelhalbierende bzw. 45°-Grad-Linie repräsentiert selbstverständlich nur dann die Gleichgewichtsbedingung, wenn die Achsen gleich skaliert sind.

Im Schnittpunkt der Kurve für die geplanten Gesamtausgaben mit der 45°-Grad-Linie, und nur in diesem, stimmen geplante Ausgaben und gesamtwirtschaftliche Produktion miteinander überein, dieser Punkt repräsentiert also das gesamtwirtschaftliche Gleichgewicht. In allen anderen Punkten der Kurve der geplanten Ausgaben sind diese entweder größer oder kleiner als die gesamtwirtschaftliche Produktion und damit die tatsächlichen Ausgaben. Sind die geplanten Ausgaben bspw. höher als die geplante Produktion wie im Punkt P, so wollen die Menschen mehr Güter kaufen, als gerade produziert werden. Es liegt kein Gleichgewicht vor. Das Gleiche gilt, wenn wie in Punkt Q die Unternehmen mehr Güter produzieren, als die Konsumenten, die Unternehmen oder der Staat bereit sind zu kaufen.

In solchen Ungleichgewichtssituationen kommt es aber zu Anpassungsreaktionen. Übersteigen die geplanten Ausgaben den gesamtwirtschaftlichen Output wie in Punkt P, so werden die Unternehmen zunächst ungeplant, entgegen ihren ursprünglichen Absichten, ihre Lager reduzieren, um so die höhere Nachfrage zu befriedigen. Letztlich werden sie ihre Produktion ausdehnen bis zu dem Punkt, bei dem die geplanten Ausgaben wieder vollständig realisiert werden können. Umgekehrt werden die Unternehmen in dem Fall, in dem der gesamtwirtschaftliche Output wie in Punkt Q die geplanten Ausgaben übersteigt, zu viel hergestellte Güter ungeplant auf Lager nehmen müssen und in der Folge mit Produktionseinschränkungen reagieren. In beiden Fällen werden die Reaktionen der Unternehmen wieder zu einem neuen Gleichgewicht führen. Die Höhe der geplanten Ausgaben, die geplante Güternachfrage, bestimmt hier also die Höhe des gesamtwirtschaftlichen Outputs.

Das einfache Einnahmen-Ausgaben-Modell können wir auch unter dem Blickwinkel des Kapitalmarkts betrachten. Im Gleichgewicht muss die geplante gesamtwirtschaftliche Ersparnis, das Kapitalangebot, gleich sein den geplanten Investitionsausgaben, der Kapitalnachfrage. Bei den hier unterstellten Verhaltensannahmen lässt sich dann dieses einfache Modell unter der Kapitalmarktperspektive wie in Abb. 8.2 darstellen. Dabei wird unmittelbar klar, dass die Abweichung zwischen geplanten Ausgaben und gesamtwirtschaftlichem Output als Lagerinvestition in der Erfassung der tatsächlichen Ausgaben im Rahmen der Volkswirtschaftlichen Gesamtrechnungen auftaucht.

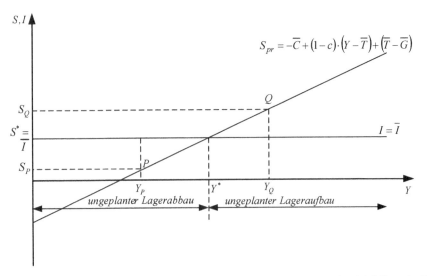

Abbildung 8.2:   Gesamtwirtschaftliches Gleichgewicht im Einnahmen-Ausgaben-Modell aus der Kapitalmarktperspektive

Mit diesem Modell lässt sich leicht verdeutlichen, was als **Multiplikatorprozess** bezeichnet wird. Kommt es zu einem exogenen Impuls, d.h. ändert sich der Wert einer der exogen gegebenen Größen, so ändert sich das gleichgewichtige Niveau des gesamtwirtschaftlichen Outputs und des Realeinkommens um ein Vielfaches der Höhe dieses Impulses. Nehmen wir an, dass in der betrachteten Volkswirtschaft gesamtwirtschaftliches Gleichgewicht in der Ausgangssituation vorliegt. Nun steige aus irgendwelchen Gründen, bspw. aufgrund verbesserter Abschreibungsbedingungen, das Niveau der als konstant angenommenen geplanten Investitionsausgaben $\bar{I}$ um einen Betrag $\Delta \bar{I}$. In der Grafik der Abb. 8.1 bedeutet dies eine Verschiebung der E^{gepl}-Kurve um den Betrag $\Delta \bar{I}$ nach oben (Abb. 8.3). Das gesamtwirtschaftliche Gleichgewicht verschiebt sich vom ursprünglichen Punkt E_0 zum neuen Gleichgewichtspunkt E_1. Der Anstieg der Investitionsausgaben führt zu einem neuen gesamtwirtschaftlichen Gleichgewicht mit einem größeren gesamtwirtschaftlichen Output und Realeinkommen. Die grafische Analyse in Abb. 8.3 zeigt, dass der Anstieg des gesamtwirtschaftlichen Outputs bzw. Realeinkommens größer ist als der diesen Anstieg auslösende Anstieg der Investitionsausgaben.[77]

---

[77] Eine grafische Analyse auf der Basis der Abb. 8.2 würde (natürlich) zum gleichen Ergebnis führen. Der Impuls in Form eines Anstiegs der exogen gegebenen Investitionsausgaben bedeutet hier eine Parallelverschiebung der horizontalen $\bar{I}$-Kurve nach oben.

8.1 Das Einnahmen-Ausgaben-Modell und der Multiplikatorprozess

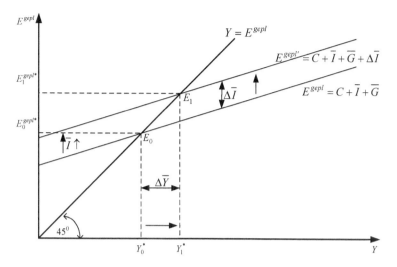

Abbildung 8.3: Anstieg der Investitionsausgaben im Einnahmen-Ausgaben-Modell

Es stellt sich die Frage, um wie viel der Anstieg des gesamtwirtschaftlichen Outputs größer ist als der Anstieg bei den hier exogen gegebenen Investitionsausgaben. Dies wollen wir uns an einem Zahlenbeispiel klarmachen. Nehmen wir an, es werden in einer Volkswirtschaft für 1 Mrd. € mehr Maschinen gekauft als zuvor, $\Delta \bar{I} = 1$ Mrd. €. Diese zusätzlichen Ausgaben für Investitionsgüter führen bei den Produzenten dieser Maschinen zu zusätzlichen Einnahmen, die in Form von Löhnen den an der Herstellung beteiligten Arbeitnehmern oder als Gewinne den Besitzern der Maschinenbauunternehmen zufließen. Diese zusätzlichen Einkommen werden von den Arbeitnehmern und den Unternehmenseignern zu einem Teil, nehmen wir an zu 90 %, wieder verausgabt, z.B. für Kleidung, für Kraftfahrzeuge, für Urlaubsreisen etc. Dann fließen den Produzenten und den an der Herstellung von Kleidung und Kraftfahrzeugen beteiligten Arbeitnehmern sowie den Anbietern der mit den Urlaubsreisen verbundenen Dienstleistungen auch zusätzliche Einkommen zu, und zwar 0,9 Mrd. €. Auch diese werden einen Teil, nehmen wir erneut an 90 %, dieses zusätzlichen Einkommens wieder für Güter ausgeben. Und so kann man diesen Prozess immer weiter fortspinnen. Tab. 8.1 zeigt die Zunahme der Ausgaben in den einzelnen Runden und die Gesamterhöhung der Ausgaben:

Runde	Zusätzliche Ausgaben	Anstieg des gleichgewichtigen Realeinkommens		Zusätzliche Ausgaben	Anstieg des gleichgewichtigen Realeinkommens	
	in Mio €	in Mio. €	in Mio. € kumuliert	allgemein	allgemein	allgemein, kumuliert
1	1.000,-	1.000,-	1.000,-	$\Delta \bar{I}$	$\Delta \bar{I}$	$\Delta \bar{I}$
2	900,-	900,-	1.900,-	$c\Delta \bar{I}$	$c\Delta \bar{I}$	$\Delta \bar{I} + c\Delta \bar{I} = (1+c)\Delta \bar{I}$
3	810,-	810,-	2.710,-	$c^2\Delta \bar{I}$	$c^2\Delta \bar{I}$	$(1+c+c^2)\Delta \bar{I}$
4	720,-	720,-	3.430,-	$c^3\Delta \bar{I}$	$c^3\Delta \bar{I}$	$(1+c+c^2+c^3)\Delta \bar{I}$
...						
n	0,-	0,-	10.000,-	$c^{n-1}\Delta \bar{I}$	$c^{n-1}\Delta \bar{I}$	$(1+c+c^2+...+c^{n-1})\Delta \bar{I}$

Tabelle 8.1: *Multiplikatorprozess im Einnahmen-Ausgaben-Modell*

In den Zeilen der letzten Spalte steht jeweils eine geometrische Reihe, wenn c zwischen null und eins liegt (was wir ja für die marginale Konsumquote unterstellt haben). Für $n \to \infty$ gilt dann $1+c+c^2+...+c^{n-1} = 1/(1-c)$. Dieser Ausdruck $1/(1-c)$ ist somit der Einkommensmultiplikator der exogen gegebenen oder autonomen Investitionsausgaben. Er ist der Faktor, um den die Änderung des gleichgewichtigen gesamtwirtschaftlichen Outputs bzw. Realeinkommens die auslösende Änderung der exogen gegebenen Investitionen übersteigt. Da der Anteil des zusätzlichen verfügbaren Einkommens, der für Konsumzwecke verwendet wird, die marginale Konsumneigung c, zwischen null und eins liegt, ist der Einkommensmultiplikator der autonomen Investitionsausgaben größer als eins. Liegt die marginale Konsumneigung z.B. bei 0,9, so führt ein zusätzlicher Euro an autonomen Investitionsausgaben zu einem Anstieg des gleichgewichtigen gesamtwirtschaftlichen Outputs und Realeinkommens um 10,- €.

Der Einkommensmultiplikator der autonomen Investitionen kann auch algebraisch auf dem Weg des totalen Differenzials hergeleitet werden. Um zu bestimmen, um wie viel sich der gleichgewichtige gesamtwirtschaftliche Output bzw. das gleichgewichtige Realeinkommen Y^* ändert, wenn sich die Investitionsausgaben um den Betrag $\Delta \bar{I}$ ändern, ist das totale Differenzial der Gleichgewichtsbedingung

(8.4) $Y^* = \overline{C} + c \cdot (Y^* - \overline{T}) + \overline{I} + \overline{G}$

zu bilden. Totales Differenzieren von Gl. (8.4) führt zu:

(8.5) $dY^* = d\overline{C} + c \cdot dY^* - c \cdot d\overline{T} + d\overline{I} + d\overline{G}$

Da sich annahmegemäß nur die autonomen Investitionen um den Betrag 1 Mrd. € erhöhen und die anderen exogenen Größen autonomer Konsum, Steuern und Staatsausgaben unverändert bleiben, ergibt sich Gl. (8.5) mit $d\overline{C} = 0$, $d\overline{T} = 0$ und $d\overline{G} = 0$ zu:

(8.6a) $dY^* = c \cdot dY^* + d\overline{I}$ bzw.

8.1 Das Einnahmen-Ausgaben-Modell und der Multiplikatorprozess

(8.6b) $\dfrac{dY^*}{d\overline{I}} = \dfrac{1}{1-c}$ oder $dY^* = \dfrac{1}{1-c} \cdot d\overline{I}$

Neben den autonomen Investitionsausgaben können sich natürlich auch die anderen exogen gegebenen Größen verändern. Die Auswirkungen solcher Änderungen auf den gleichgewichtigen gesamtwirtschaftlichen Output und das gleichgewichtige Realeinkommen lassen sich entsprechend analysieren. Insbesondere die Argumentation mithilfe des totalen Differenzials zeigt die entsprechenden Konsequenzen auf. Ausgehend von Gl. (8.5) ergibt sich der Einkommensmultiplikator der autonomen Konsumausgaben ebenfalls zu 1/(1-c), der Einkommensmultiplikator der Staatsausgaben zu 1/(1-c) und der für die Steuereinnahmen zu -c/(1-c). Vergleicht man die beiden letztgenannten Einkommensmultiplikatoren miteinander, so sieht man unmittelbar, dass sowohl eine Erhöhung der Staatsausgaben als auch eine Senkung der Steuern eine expansive Wirkung auf die gleichgewichtige gesamtwirtschaftliche Produktion und das gleichgewichtige Realeinkommen besitzen, eine Staatausgabenerhöhung aber expansiver wirkt als eine Steuersenkung in gleichem Umfang. Die expansive Wirkung der Steuersenkung ist um den Faktor c kleiner im Vergleich zu der einer Staatsausgabenerhöhung in gleicher Höhe. Grund hierfür ist, dass die Ausweitung der Staatsaugaben um einen Euro direkt und unmittelbar auf den gesamtwirtschaftlichen Output wirkt, kürzt dagegen der Staat seine Steuereinnahmen um einen Euro, so wird davon nur ein Teil, nämlich c, ausgaben- und nachfragewirksam.

Eine Frage, die noch zu beantworten ist, ist die nach dem Zusammenhang zwischen diesem Einnahmen-Ausgaben-Modell mit dem im vorangegangenen Kapitel diskutierten Modell der gesamtwirtschaftlichen Nachfrage und des gesamtwirtschaftlichen Angebots. Eine zentrale implizite Annahme des Einnahmen-Ausgaben-Modells ist die fixer Preise und Löhne. Die gleiche Annahme hatten wir oben getroffen bei der Herleitung der kurzfristigen gesamtwirtschaftlichen Angebotskurve. Insofern sind die Aussagen des Einnahmen-Ausgaben-Modells eher zutreffend für die kurze Frist. Für Aussagen hinsichtlich der Wirkungszusammenhänge in der langen Frist ist eine Analyse im Rahmen des Einnahmen-Ausgaben-Modells dagegen weniger gut geeignet. Eine grafische Darstellung dieser Überlegungen bietet Abb. 8.4. Dort ist im oberen Bereich der Quadrant des Einnahmen-Ausgaben-Modells abgetragen, im unteren Bereich das (p, Y^*)-Diagramm mit gesamtwirtschaftlicher Angebots- und gesamtwirtschaftlicher Nachfragekurve. Unterhalb des Produktionspotenzials, des Vollbeschäftigungsrealeinkommens $\overline{Y}^*$, sind die Kapazitäten unterausgelastet. Hier führt eine Ausweitung der gesamtwirtschaftlichen Nachfrage, bspw. durch einen Anstieg bei einer der Komponenten der geplanten Ausgaben E^{gepl}, zu einem Anstieg des gesamtwirtschaftlichen Outputs im (kurzfristigen) Gleichgewicht. Sind die Kapazitäten dagegen voll ausgelastet und es wird der potenziell mögliche Output bereits hergestellt, so wird eine Ausweitung der gesamtwirtschaftlichen Nachfrage nicht zu einer Ausweitung der gesamtwirtschaftlichen Produktion und des Realeinkommens führen.

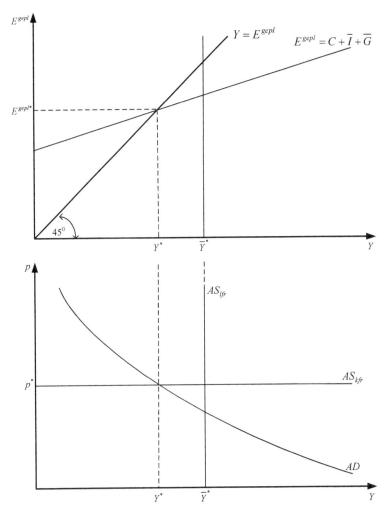

Abbildung 8.4: *Der Zusammenhang zwischen dem Einnahmen-Ausgaben-Modell und dem Modell der gesamtwirtschaftlichen Nachfrage und des gesamtwirtschaftlichen Angebots*

8.2 Das Gütermarktgleichgewicht/Kapitalmarktgleichgewicht in der kurzen Frist und die IS-Kurve

Bei der Bestimmung des Gütermarktgleichgewichts in der langen Frist hatten wir eine negative Abhängigkeit der Investitionen vom Realzins unterstellt. Dies hatten wir bei der Analyse kurzfristiger Schwankungen gesamtwirtschaftlicher Aktivitäten mithilfe des Einnahmen-Ausgaben-Modells ausgeblendet. Im Folgenden wollen wir nun untersuchen, wie eine Berücksichtigung des Zinseinflusses auf die Investitionstätigkeit das Gütermarktgleichgewicht berührt.

Dabei können wir für die anstehende Betrachtung der kurzen Frist die Unterscheidung zwischen Realzins und Nominalzins aufgeben. Wenn wir beachten, dass wir hier unterstellt haben, dass das Preisniveau konstant ist, und wenn wir ebenso beachten, dass, wie in Gl. (5.5) formuliert, sich Nominalzinssatz und Realzinssatz um die erwartete Inflationsrate unterscheiden, die aufgrund der unterstellten Konstanz des Preisniveaus aber als null angenommen werden kann, so sind Nominalzinssatz und Realzinssatz identisch. Wir können also hier kurz vom Zinssatz r sprechen.

Ein niedrigerer (Real-)Zins führt, wie in Gl. (4.10) formuliert, zu einer größeren Investitionstätigkeit – und umgekehrt. Wenn aber bei einem niedrigeren (Real-)Zins die Unternehmen planen, mehr zu investieren, steigen die geplanten Ausgaben insgesamt. Die E^{gepl}-Kurve verschiebt sich im entsprechenden Diagramm nach oben; bei einem höheren (Real-)Zinssatz wird sie sich nach unten verlagern. Zu jedem beliebigen (Real-)Zinssatz gehört also jeweils ein anderes gleichgewichtiges gesamtwirtschaftliches Outputniveau und Realeinkommen. Der Gütermarkt ist also nur bei bestimmten Kombinationen von (Real-)Zinssatz und gesamtwirtschaftlichem Produktionsniveau bzw. Realeinkommen im Gleichgewicht. Die Kurve, die alle Kombinationen von Zinssatz und gesamtwirtschaftlichem Output bzw. Realeinkommen zeigt, bei denen der Gütermarkt im Gleichgewicht ist, wird als **IS-Kurve** bezeichnet. Im (r, Y)-Diagramm weist diese Kurve eine negative Steigung auf: Wenn ausgehend von einem Gütermarktgleichgewicht der (Real-)Zins steigt, geht die Investitionstätigkeit zurück. Damit ist die Güternachfrage, sind die geplanten Ausgaben niedriger als das Güterangebot, als die tatsächliche Produktion. Damit wieder Gleichgewicht auf dem Gütermarkt herrscht, muss entweder eine andere Komponente der Güternachfrage steigen oder das Güterangebot zurückgehen. Als Komponenten der Güternachfrage, die kompensatorisch steigen könnten, kommen bei der hier untersuchten geschlossenen Volkswirtschaft nur die Konsumnachfrage, der autonome Teil der Investitionsnachfrage und die Staatsnachfrage in Betracht. Die Konsumnachfrage hängt gemäß Gl. (4.2) bzw. (4.3) positiv vom verfügbaren Einkommen ab und besitzt ggf. einen autonomen Teil, der sich aber annahmegemäß nicht ändert. Das verfügbare Einkommen wird sich, bei unveränderten, da exogen gegebenen Steuern, im betrachteten Fall nicht erhöhen. Der autonome Teil der Investitionen ist genau wie die Staatsausgaben in unserem Modellkontext exogen gegeben. Bei den anderen Komponenten der Güternachfrage ist also kein Anstieg zu erwarten, der den (real-)zinsbedingten Rückgang der zinsabhängigen Investitionsnachfrage kompensieren könnte. Bleibt also nur, dass sich das Güterangebot anpasst, damit nach dem (Real-)Zinsanstieg wieder ein Gütermarktgleichgewicht erreicht wird. Die Herleitung der IS-Kurve aus dem modifizierten Einnahmen-Ausgaben-Modell zeigt Ab. 8.5:

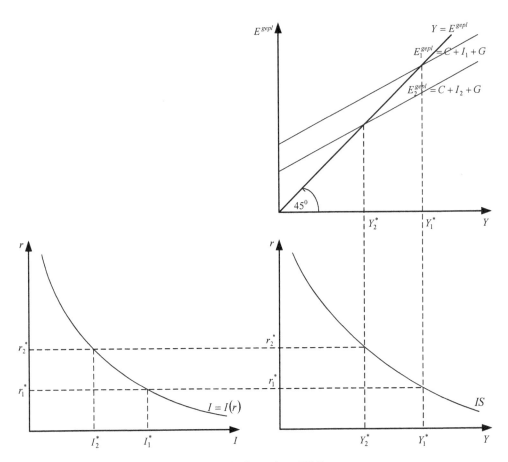

Abbildung 8.5: *Gütermarkt- resp. Kapitalmarktgleichgewicht und IS-Kurve*

Wie schon in der langfristigen Betrachtung können wir das Gütermarktgleichgewicht auch aus der Kapitalmarktperspektive betrachten. In der geschlossenen Volkswirtschaft setzt sich das Kapitalangebot, die gesamtwirtschaftliche Ersparnis, aus der Ersparnis der Privaten und der staatlichen Ersparnis zusammen. Die private Ersparnis ist vom verfügbaren Einkommen positiv abhängig, was sich unmittelbar aus bei der hier unterstellten Verhaltenshypothese für den Konsum, Gl. (4.2) bzw. (4.3), zusammen mit der Definition der privaten Ersparnis als Differenz zwischen verfügbarem Einkommen und Konsumnachfrage der privaten Haushalte, Gl. (4.4), ergibt und mit Gl. (4.5) und (4.6) bereits dargelegt wurde. Die Kapitalnachfrage resultiert aus der Investitionsgüternachfrage und ist gemäß Gl. (4.10) negativ vom (Real-)Zinssatz abhängig. Im Kapitalmarktgleichgewicht müssen Kapitalangebot und Kapitalnach-

8.2 Das Gütermarktgleichgewicht/Kapitalmarktgleichgewicht und die IS-Kurve

frage übereinstimmen. Grafisch lassen sich diese Zusammenhänge im linken Teil der Abb. 8.6 in der bekannten Art darstellen. Wenn nun in der kurzen Frist der gesamtwirtschaftliche Output, das Realeinkommen, nicht mehr als konstant angenommen werden kann, so ist zu beachten, dass zu einer bestimmten Kurve der gesamtwirtschaftlichen Ersparnis eine bestimmte Höhe des Realeinkommens gehört.[78] Ein höheres Realeinkommen schlägt sich in einer weiter rechts liegenden vertikalen Kurve für die gesamtwirtschaftliche Ersparnis in diesem Diagramm nieder: Bei einem höheren Realeinkommen ist die Ersparnis der Privaten größer, solange die Staatseinnahmen und Staatsausgaben unverändert sind; dann ist auch die gesamtwirtschaftliche Ersparnis größer, und dies bei jeder (beliebigen) Höhe des (Real-)Zinssatzes. Ein niedrigeres Realeinkommen bedeutet eine im (r, S und I)-Diagramm weiter links liegende Ersparniskurve. Damit gehört zu jedem Realeinkommen bzw. gesamtwirtschaftlichem Output ein anderer gleichgewichtiger (Real-)Zinssatz. Trägt man alle Kombinationen von Realeinkommen und Zinssatz in einem Diagramm ab, so erhält man eine Kurve, deren Punkte jeweils Kapitalmarktgleichgewichte repräsentieren, bei denen also $I = S$ gilt. Die so hergeleitete IS-Kurve ist im rechten Teil der Abb. 8.6 abgetragen.

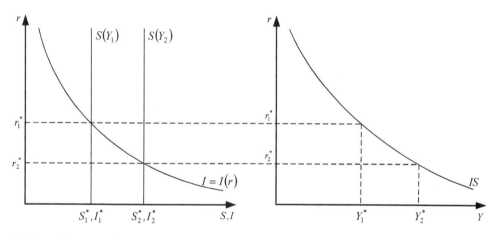

Abbildung 8.6: Kapitalmarktgleichgewicht und IS-Kurve

Interpretiert man die IS-Kurve vom Kapitalmarkt her, so ergibt sich ihre negative **Steigung** aus folgenden Überlegungen. Ein höherer (Real-)Zinssatz führt zu einem niedrigeren Investitionsvolumen, zu einer niedrigeren Kapitalnachfrage. Damit ist ein bislang herrschendes Kapitalmarktgleichgewicht gestört, es liegt auf dem Kapitalmarkt ein Überschussangebot vor. Um wieder Kapitalmarktgleichgewicht zu realisieren, muss das Kapitalangebot zurückgehen. Das Kapitalangebot geht aber nur dann zurück, wenn die private und/oder die staatliche Ersparnis sinken. Bei unveränderten Staatseinnahmen und Staatsausgaben kann sich nur die private Ersparnis anpassen. Die private Ersparnis wird, bei den von uns unterstellten Verhaltenshypothesen, nur dann abnehmen, wenn das verfügbare Realeinkommen zurück-

---

[78] Formal ausgedrückt ist das Realeinkommen, der gesamtwirtschaftliche Output, Y Lageparameter der Ersparnis-Funktion im (r, S und I)-Diagramm.

geht. Bei unveränderten Steuern muss also das Realeinkommen sinken, damit wieder Kapitalmarktgleichgewicht herrscht. Zu einem höheren Zinssatz gehört also ein niedrigeres Realeinkommen – der Zusammenhang zwischen Zinssatz und gesamtwirtschaftlichem Output bzw. Realeinkommen ist im Kapitalmarktgleichgewicht negativ.

Aus diesen Überlegungen folgt unmittelbar, dass die konkrete Steigung der *IS*-Kurve von dem Ausmaß abhängt, in dem die Investitionsgüternachfrage auf Zinsänderungen reagiert, und von dem Ausmaß, in dem die gesamtwirtschaftliche Ersparnis auf Realeinkommensänderungen reagiert.

Betrachten wir zunächst die Investitionsgüternachfrage. Geht die Investitionsgüternachfrage bei einem gegebenen Zinsanstieg relativ stark zurück, man spricht dann auch von einer zinselastischen[79] Investitionsgüternachfrage,[80] dann wird das dadurch ausgelöste Überschussangebot am Kapitalmarkt resp. am Gütermarkt entsprechend groß ausfallen. Der für das Wiedererreichen eines Kapitalmarkt- resp. Gütermarktgleichgewichts notwendige Rückgang des Realeinkommens und gesamtwirtschaftlichen Outputs muss dann entsprechend stark sein. Die IS-Kurve verläuft somit umso flacher, ihre Steigung ist absolut betrachtet umso kleiner, je stärker die Investitionsgüternachfrage auf Zinsänderungen reagiert.

Ähnlich können wir bezüglich der gesamtwirtschaftlichen Ersparnis argumentieren. Erhöht sich die gesamtwirtschaftliche Ersparnis bei einem gegebenen Anstieg des Realeinkommens und gesamtwirtschaftlichen Outputs relativ stark,[81] so kommt es zu einem relativ großen Überschussangebot am Kapitalmarkt resp. am Gütermarkt. Damit wieder ein Kapitalmarkt- resp. Gütermarktgleichgewicht realisiert wird, muss es zu einem entsprechend großen Rückgang des Zinssatzes und dadurch ausgelösten Anstieg der Investitionstätigkeit kommen. Die IS-Kurve wird umso steiler verlaufen, je stärker die gesamtwirtschaftliche Ersparnis auf eine Realeinkommensänderung reagiert. In Abb. 8.7 ist die grafische Darstellung dieser Überlegung exemplarisch wiedergegeben; für den Einfluss der Zinselastizität auf die Steigung der IS-Kurve wäre eine entsprechende Grafik anzufertigen.

---

[79] Eine ausführliche Darstellung des Elastizitätsbegriffs findet sich im Exkurs nach Kapitel 11.
[80] Grafisch drückt sich dies in einer relativ flachen *I*-Kurve im (r, S und I)-Diagramm der Abb. 8.6 aus.
[81] Im (r, S und I)-Diagramm der Abb. 8.6 verlagert sich die *S*-Kurve relativ weit nach rechts.

8.2 Das Gütermarktgleichgewicht/Kapitalmarktgleichgewicht und die IS-Kurve

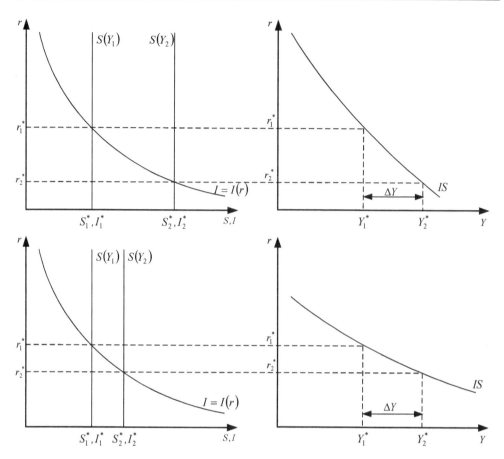

Abbildung 8.7: Einfluss der Einkommenselastizität der gesamtwirtschaftlichen Ersparnis auf die Steigung der IS-Kurve

Es bleibt noch die Frage zu klären, wovon die konkrete **Lage** der IS-Kurve im (r, Y)-Diagramm abhängt. Hinter der IS-Kurve stehen, wie gesehen, gesamtwirtschaftliche Güternachfrage und gesamtwirtschaftliches Güterangebot resp. Kapitalangebot und Kapitalnachfrage. Alle Faktoren, die neben dem (Real-)Zinssatz r und dem Realeinkommen Y Einfluss auf den Gütermarkt resp. den Kapitalmarkt haben und somit das Gütermarkt- resp. Kapitalmarktgleichgewicht beeinflussen, beeinflussen die Lage der IS-Kurve. Rein formal gesprochen sind alle Variablen, die in den zu einer Kurve gehörenden Gleichungen auftreten und nicht an den Achsen des entsprechenden Diagramms abgetragen werden, Lageparameter der jeweiligen Kurve. Lageparameter der IS-Kurve sind somit die fiskalpolitischen Variablen $\overline{G}$ und $\overline{T}$, die einkommensunabhängige Komponente der privaten Konsumnachfrage $\overline{C}$ sowie die zinsunabhängige Komponente der Investitionsnachfrage $\overline{I}$.

Exemplarisch wollen wir analysieren, welche Auswirkungen eine Erhöhung der Staatsausgaben $\overline{G}$ auf die Lage der IS-Kurve besitzt. Eine Erhöhung der Staatsausgaben führt zu einem

Rückgang der gesamtwirtschaftlichen Ersparnis $S_{St} = T - G$. Die private Ersparnis $S_{pr} = (Y - T) - C$ ist davon unberührt. Insgesamt sinkt also die geplante gesamtwirtschaftliche Ersparnis $S = S_{St} + S_{pr}$. Die S-Kurve verlagert sich im Kapitalmarktdiagramm nach links; bei jedem Zinssatz ist die gesamtwirtschaftliche Ersparnis und damit das Kapitalangebot niedriger als zuvor. Die Investitionsgüternachfrage wird von der Änderung der Staatsausgaben nicht beeinflusst – die Variable G taucht in der Gl. (4.10) nicht auf. Infolge der Staatsausgabenerhöhung kommt es somit zu einer Überschussnachfrage nach Kapital. Damit wieder Kapitalmarktgleichgewicht herrscht, muss der (Real-)Zinssatz höher sein, denn dann ist die Investitionsgüternachfrage und damit die Kapitalnachfrage niedriger. Im neuen Kapitalmarktgleichgewicht ist bei unverändertem Realeinkommen der Zinssatz höher. Die IS-Kurve verschiebt sich nach oben bzw. nach rechts (Abb. 8.8).

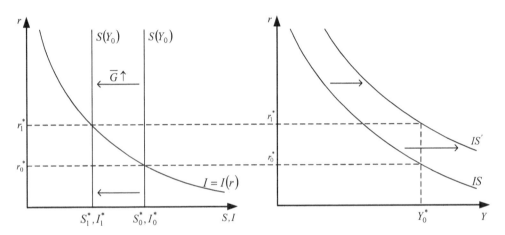

Abbildung 8.8:   *Einfluss der exogenen Größen, hier der Staatsausgaben, auf die Lage der IS-Kurve in der Kapitalmarktperspektive*

Das gleiche Ergebnis erhält man, wenn man über den Gütermarkt argumentiert: Die höhere Staatsnachfrage führt zu einem Anstieg der gesamtwirtschaftlichen Güternachfrage, im Einnahmen-Ausgaben-Diagramm verlagert sich die E^{gepl}-Kurve nach oben. Im neuen Gütermarktgleichgewicht ist bei unverändertem (Real-) Zinssatz das Realeinkommen, der gesamtwirtschaftliche Output, Y größer als zuvor. Die IS-Kurve verschiebt sich nach rechts bzw. nach oben. Grafisch veranschaulicht sind diese Überlegungen für die Argumentation über den Gütermarkt in Abb. 8.9.

8.2 Das Gütermarktgleichgewicht/Kapitalmarktgleichgewicht und die IS-Kurve

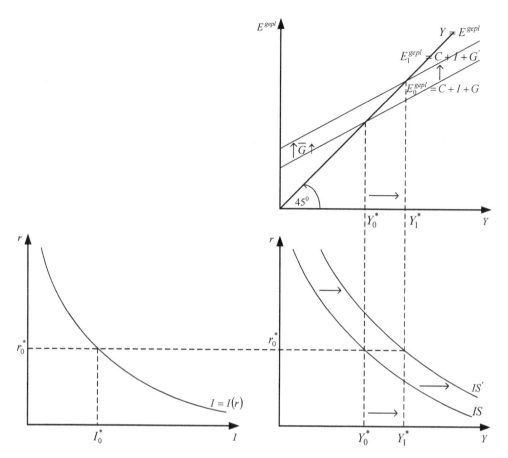

Abbildung 8.9: *Auswirkungen der exogenen Größen, hier der Staatsausgaben, auf die Lage der IS-Kurve in der Gütermarktperspektive*

Für die anderen Lageparameter lassen sich die Auswirkungen von Veränderungen bei ihnen in gleicher Weise analysieren. Allgemein lässt sich festhalten, dass jede Veränderung in den gesamtwirtschaftlichen Aktivitäten, die bei gegebener gesamtwirtschaftlicher Produktion bzw. gegebenem Realeinkommen die gesamtwirtschaftliche Ersparnis relativ zu den geplanten Investitionen reduziert, zu einem Anstieg des gleichgewichtigen Zinssatzes führt und somit die IS-Kurve nach rechts bzw. nach oben verschiebt. Umgekehrt führt jede Änderung in den gesamtwirtschaftlichen Aktivitäten, die bei gegebenem Realeinkommen die gesamtwirtschaftliche Ersparnis relativ zur Investitionsgüternachfrage erhöht, zu einem Rückgang des gleichgewichtigen Zinssatzes und damit bei der IS-Kurve zu einer Linksverschiebung bzw. einer Verlagerung nach unten.

8.3 Das Geldmarktgleichgewicht in der kurzen Frist und die LM-Kurve

In der kurzen Frist muss das Realeinkommen, der gesamtwirtschaftliche Output, nicht zwingend dem langfristigen gleichgewichtigen Realeinkommen bzw. dem Produktionspotenzial entsprechen. Anders als in der langen Frist haben wir für die kurze Frist Preisstarrheit unterstellt mit der Implikation, dass das Realeinkommen bzw. der gesamtwirtschaftliche Output von seinem gleichgewichtigen oder natürlichen Niveau abweichen kann. In der langen Frist, so haben wir in den vorangegangenen Kapiteln gesehen, wird auf dem Geldmarkt – bei einem vom Arbeitsmarkt über das Vollbeschäftigungsgleichgewicht bestimmten gesamtwirtschaftlichen Output $\overline{Y}^*$, dem auf dem Güter- resp. Kapitalmarkt bestimmten Realzins und der von der Zentralbank exogen festgelegten Geldmenge – das gleichgewichtige Preisniveau bestimmt. Hier, in der kurzfristigen Betrachtung, gehen wir von einem festen Preisniveau aus, wogegen der gesamtwirtschaftliche Output nicht seinem natürlichen Niveau entsprechen muss.

Betrachten wir unter diesen Prämissen das Geldmarktgleichgewicht. Die Geldnachfrage hängt gemäß Gl. (5.7) bzw. (5.8) positiv vom Realeinkommen und negativ vom (Nominal-)Zinssatz ab. Die nominale Geldangebotsmenge wird von der Zentralbank festgelegt und das Preisniveau ist annahmegemäß in der kurzen Frist konstant. Die Größe, die dann auf dem Geldmarkt bestimmt wird, ist somit der (Nominal-)Zinssatz. Im Gleichgewicht stimmt die Nachfrage nach Realkasse mit dem Angebot an Realkasse überein, und der (Nominal-)Zinssatz führt zu diesem Ausgleich.[82]

Um dies nachzuvollziehen, wollen wir nochmals Rekurs nehmen auf unsere Überlegung aus Kap. 5, dass den Menschen neben der Geldhaltung, der Nachfrage nach Realkasse, als Alternative noch die Möglichkeit zur Verfügung steht, ihr Vermögen in andere, zinstragende Vermögensklassen anzulegen. Diese anderen Vermögensklassen fassen wir für unsere Analyse zu einer Assetklasse zusammen und betrachten subsummarisch festverzinsliche Wertpapiere (Bonds) als die einzige Alternative zur Realkassenhaltung.[83] Für festverzinsliche Wertpapiere gilt, dass ihr Kurs und ihre Verzinsung sich entgegengesetzt bewegen: Fallende Kurse bedeuten eine steigende Verzinsung und umgekehrt.

Dies kann man sich an folgendem Beispiel klarmachen. Nehmen wir an, ein festverzinsliches Wertpapier, bspw. eine Industrieobligation, zum Nennwert 1.000,- € weist eine Nominalverzinsung von 6 % p.a. auf, der Rückzahlungskurs nach der zehnjährigen Laufzeit betrage ebenfalls 1.000,- €. Wenn der Kapitalmarktzins im zehnjährigen Bereich zum Ausgabezeit-

---

[82] Wie bereits oben in Kap. 8.2 ausgeführt, ist für die kurze Frist, für die wir ein konstantes Preisniveau unterstellt haben, die Unterscheidung zwischen Realzinssatz und Nominalzinssatz nicht zwingend zu machen, da wir in einem solchen Kontext von Inflationserwartungen von null ausgehen können.

[83] Eine beliebige zinstragende Vermögensanlage, auch wenn ihre Rendite möglicherweise im Zeitablauf schwankt oder ihr Kurs am Ende der Laufzeit nicht vorab bekannt ist, lässt sich zumindest ex post in eine äquivalente festverzinsliche Anlage mit Rückkaufkurs zum Nominalwert umrechnen. Insofern ist die Verengung der verschiedenen Anlagealternativen auf eine festverzinsliche Wertpapieranlage zulässig.

8.3 Das Geldmarktgleichgewicht in der kurzen Frist und die LM-Kurve

punkt dieser Industrieobligation bei 6 % p.a. liegt, dann wird der Emittent dieser Obligation kein Problem haben, diese am Markt zu platzieren. Die Obligation wird Käufer finden und gezeichnet werden. Überlegen wir nun, was passiert, wenn nach zwei Jahren der Kapitalmarktzins gestiegen ist und im achtjährigen Bereich bspw. bei 6,5 % p.a. liegt. Ein Inhaber der Obligation, der diese verkaufen möchte, weil er aus bestimmten Gründen den Anlagebetrag für andere Zwecke benötigt, muss nun Käufer finden, die bereit sind, ihm diese Obligation, die für die Restlaufzeit von acht Jahren 6 % p.a. bietet, abzunehmen. Dies wird dem Obligationär nur gelingen, wenn er die Obligation zu einem Kurs abgibt, der unter 1.000,- € liegt, denn nur dann kann diese Obligation eine Effektivverzinsung bieten, die der vergleichbarer festverzinslicher Wertpapiere entspricht. Mit anderen Worten: Der Gegenwartswert und damit der Kurs dieser Obligation muss dem Gegenwartswert oder Barwert vergleichbarer Wertpapiere entsprechen. Bei einem Rückzahlungskurs von 1.000,- € und einer Nominalverzinsung von 6 % p.a. wird der Kurs, zu dem der bisherige Inhaber dieser Obligation sie bei einer achtjährigen Restlaufzeit und einem Kapitalmarktzins von 6,5 % p.a. für diese Laufzeit verkaufen kann, 969,55 € betragen.[84] Ein Anstieg des Kapitalmarktzinses schlägt sich also in entsprechenden Kursabschlägen nieder, sinkende Kapitalmarktzinsen bedeuten steigende Kurse der festverzinslichen Wertpapiere.

Zurück zum Geldmarktgleichgewicht und zur Herleitung der **LM-Kurve**. Geldmarktgleichgewicht herrscht, wenn die Nachfrage nach Realkasse dem Angebot an Realkasse entspricht. Im (r, L_R und M/p)-Diagramm der Abb. 8.9[85] ist dies der Schnittpunkt der vertikalen Geldangebotskurve und der negativ geneigten Geldnachfragekurve. Das in der kurzen Frist nicht vom Arbeitsmarkt vorgegebene und daher veränderliche Realeinkommen Y ist Lageparameter der Geldnachfragekurve im (r, L_R und M/p)-Diagramm, da die Nachfrage nach Realkasse positiv vom Realeinkommen bzw. gesamtwirtschaftlichen Output abhängt. Bei einem höheren Realeinkommen ist die Geldnachfrage bei jedem Nominalzinssatz höher als zuvor, damit liegt die Geldnachfragekurve dann weiter rechts, bei einem niedrigeren Realeinkommen entsprechend weiter links im (r, L_R und M/p)-Diagramm. Damit ergeben sich für unterschiedliche Realeinkommen jeweils andere Geldmarktgleichgewichte. In Abb. 8.9 sind die Kombinationen von Realeinkommen bzw. gesamtwirtschaftlichem Output und (Nominal-)Zinssatz, bei denen Geldmarktgleichgewicht herrscht, im rechten Diagramm, dem (r, Y)-Diagramm, abgetragen. Der sich ergebende Kurvenzug wird als LM-Kurve bezeichnet.

---

[84] Der Gegenwartswert oder Barwert dieser Obligation errechnet sich durch Diskontieren der zukünftigen Zahlungen auf den Gegenwartszeitpunkt, im hier betrachteten konkreten Beispiel errechnet er sich wie folgt:

$$BW = \frac{60}{1{,}065^1} + \frac{60}{1{,}065^2} + \frac{60}{1{,}065^3} + \frac{60}{1{,}065^4} + \frac{60}{1{,}065^5} + \frac{60}{1{,}065^6} + \frac{60}{1{,}065^7} + \frac{60}{1{,}065^8} + \frac{1000}{1{,}065^8} = 969{,}55$$

[85] Da die Unterscheidung zwischen Nominalzinssatz und Realzinssatz in der kurzfristigen Betrachtung nicht zwingend ist, wird der Einheitlichkeit wegen hier und im Folgenden das Symbol r zur Bezeichnung des Zinssatzes verwendet.

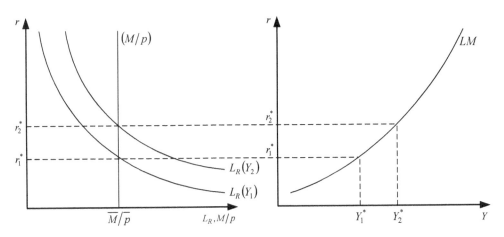

Abbildung 8.10: Geldmarktgleichgewicht und LM-Kurve

Die ökonomischen Zusammenhänge, die die positive **Steigung** der LM-Kurve begründen, sind die folgenden: Ausgangssituation sei ein Geldmarktgleichgewicht. Steigt nun, von dieser Situation aus, der gesamtwirtschaftliche Output bzw. das Realeinkommen, so geht damit eine größere Nachfrage nach Realkasse einher. Auf dem Geldmarkt herrscht nun kein Gleichgewicht mehr, sondern – bei unverändertem Angebot an Realkasse – eine Überschussnachfrage. Damit wieder Geldmarktgleichgewicht erreicht wird, muss entweder das reale Geldangebot entsprechend stark steigen oder die reale Geldnachfrage wieder zurückgehen. Das reale Geldangebot kann sich aber nicht anpassen, da die nominale Geldmenge exogen von der Zentralbank festgelegt ist und auch das Preisniveau annahmegemäß in der hier betrachteten kurzen Frist konstant ist. Bleibt als endogener Anpassungsmechanismus nur die Geldnachfrage. Die Nachfrage nach Realkasse wird zurückgehen, wenn der (Nominal-) Zinssatz steigt. Im neuen Geldmarktgleichgewicht bei höherem Realeinkommen ist also der Zinssatz ebenfalls höher, die Steigung der LM-Kurve ist also positiv.

Hinter dem Zinsanstieg bei gestiegenem Realeinkommen steht folgender Transmissionsmechanismus: In der Situation der Überschussnachfrage nach Realkasse versuchen die Menschen, mehr Geld zu bekommen. Zu diesem Zweck werden sie versuchen, einen Teil ihrer anderen, zinstragenden Vermögensgegenstände (Bonds) zu verkaufen. Damit wird das Angebot an festverzinslichen Wertpapieren zunehmen. Dadurch fällt ihr Preis, also der Kurs der festverzinslichen Wertpapiere, und, wie oben gesehen, steigt der Kapitalmarktzins. Bei gegebenem Angebot an Realkasse wird also der Versuch der Menschen, mehr Geld zu halten, zu Nominalzinssteigerungen führen. Die Nominalzinssteigerungen machen aber die Geldhaltung zunehmend unattraktiv im Vergleich zu den festverzinslichen Anlagen und die Nachfrage nach Realkasse wird wieder zurückgehen, bis die Überschussnachfrage sich vollständig abgebaut hat.

Das konkrete Ausmaß der positiven Steigung der LM-Kurve hängt ab von der Empfindlichkeit der Geldnachfrage in Bezug auf Einkommensänderungen und Zinsänderungen, also davon, wie elastisch die Nachfrage nach Realkasse auf Einkommensänderungen bzw. Zinsänderungen reagiert. Weist die Geldnachfrage eine eher hohe Einkommenselastizität auf, führt also eine gegebene Einkommensänderung zu einer relativ starken Änderung der Geldnachfrage,[86] so wird die LM-Kurve eher steil bis hin zu vertikal im (r, Y)-Diagramm verlaufen. Eine gegebene Einkommensänderung führt dann zu einem relativ starken Anstieg der Nachfrage nach Realkasse, bei einem unveränderten Angebot an Realkasse zu einem relativ großen Auseinanderfallen von Angebot und Nachfrage auf dem Geldmarkt, und für das Erreichen eines neuen Geldmarktgleichgewichts ist dann eine relativ starke Änderung des Nominalzinssatzes notwendig. Analog lässt sich bei einer hohen Zinselastizität der Geldnachfrage argumentieren. Bei einer gegebenen Einkommensänderung bedarf es dann nur einer relativ kleinen Zinsänderung, damit wieder Gleichgewicht am Geldmarkt realisiert wird. Die LM-Kurve verläuft also bei einer relativ zinselastischen Nachfrage nach Realkasse eher flach, im Extremfall einer vollkommen zinselastischen Geldnachfrage horizontal. Reagiert die Geldnachfrage dagegen nicht auf Nominalzinsänderungen, spricht man von einer vollständig zinsunelastischen Geldnachfrage und die LM-Kurve verläuft dann vertikal.[87]

Abschließend sollen auch für die LM-Kurve noch die Einflussgrößen auf ihre **Lage** diskutiert werden. Das für die IS-Kurve Gesagte gilt in übertragenem Sinn auch hier: Alle Faktoren, die die Nachfrage nach und das Angebot an Realkasse beeinflussen, beeinflussen das Geldmarktgleichgewicht; und die Parameter, die nicht an den Achsen des (r, Y)-Diagramms abgetragen werden, sind die Lageparameter der LM-Kurve. Somit sind das Preisniveau p und die nominale Geldmenge M die Einflussgrößen, die die Lage der LM-Kurve im (r, Y)-Diagramm bestimmen.

Betrachten wir beispielhaft eine Ausweitung der nominalen Geldmenge durch die Zentralbank. Eine größere nominale Geldmenge M bedeutet bei gleichem Preisniveau ein größeres Angebot an Realkasse M/p. Bei zunächst unveränderter Nachfrage nach Realkasse liegt nun ein Ungleichgewicht in Form eines Überschussangebots am Geldmarkt vor. Ein neues Geldmarktgleichgewicht kann nur dann wieder realisiert werden, wenn die Nachfrage nach Realkasse zunimmt. Die Nachfrage nach Realkasse wird nur dann zunehmen, wenn das Realeinkommen steigt oder der Nominalzinssatz zurückgeht. Bei gleichem Realeinkommen muss also der Nominalzinssatz im neuen Gleichgewicht niedriger sein, und bei unverändertem Nominalzinssatz muss das Realeinkommen höher sein. Die LM-Kurve verschiebt sich also infolge einer Ausweitung der nominalen Geldmenge nach unten bzw. nach rechts.

---

[86] Im $(r, L_R$ und $M/p)$-Diagramm wird sich die L_R-Kurve bei einer gegebenen Einkommensänderung dann relativ stark nach außen verschieben.

[87] Der (Extrem-)Fall einer horizontal verlaufenden LM-Kurve wird auch unter dem Begriff Liquiditätsfalle geführt und ist eng mit dem Namen Keynes verbunden. Der andere (Extrem-)Fall einer vertikal verlaufenden LM-Kurve wird auch als klassischer Fall bezeichnet, da die Klassiker der Nationalökonomie lediglich eine Einkommensabhängigkeit, aber keine Zinsabhängigkeit der Geldnachfrage gesehen haben.

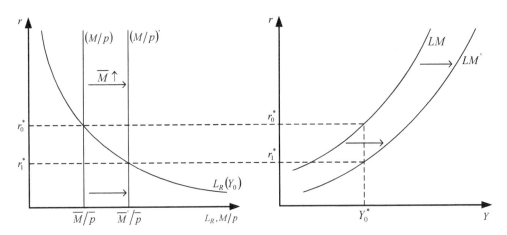

Abbildung 8.11: *Einfluss der exogenen Größen, hier der Geldmenge, auf die Lage der LM-Kurve*

8.4 Simultanes Gleichgewicht in der geschlossenen Volkswirtschaft

In den vorhergehenden Abschnitten haben wir für die kurze Frist zum einen das Gütermarkt- resp. Kapitalmarktgleichgewicht mit der IS-Kurve, zum andern das Geldmarktgleichgewicht mit der LM-Kurve in einer geschlossenen Volkswirtschaft bestimmt.

(8.7) IS: $Y = C(Y-T) + I(r) + G$

(8.8) LM: $\dfrac{M}{p} = L_R(Y,r)$

In der Gütermarkt- resp. Kapitalmarktgleichgewichtsbedingung, die hinter der IS-Kurve steht, sind die Variablen der Fiskalpolitik, G und T, in der Geldmarktgleichgewichtsbedingung sind die Variable der Geldpolitik, die nominale Geldmenge M, und das gesamtwirtschaftliche Preisniveau p exogen gegeben. Die anderen Variablen des Modells, Y, C, I und r, sind endogene Variablen.

Es gibt nur eine Kombination von Zinssatz und Realeinkommen bzw. gesamtwirtschaftlichem Output, bei der gleichzeitig sowohl Gütermarkt- resp. Kapitalmarktgleichgewicht als auch Geldmarktgleichgewicht herrscht. Dieses gesamtwirtschaftliche Gleichgewicht ist durch den Schnittpunkt der IS-Kurve und der LM-Kurve gegeben (Abb. 8.12). In diesem Punkt, also bei dem gleichgewichtigen Realeinkommen bzw. gesamtwirtschaftlichem Output Y^* und dem Zinssatz r^*, stimmen die tatsächlichen Ausgaben und die geplanten Ausgaben, resp. die Kapitalnachfrage und das Kapitalangebot, und die Nachfrage nach Realkasse und das Angebot an Realkasse simultan überein.

8.4 Simultanes Gleichgewicht in der geschlossenen Volkswirtschaft

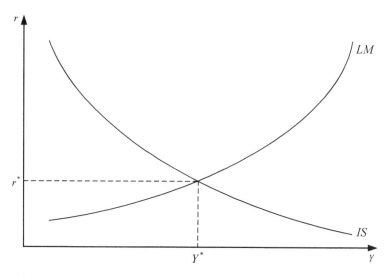

Abbildung 8.12: Simultanes Gütermarkt- und Geldmarkt-Gleichgewicht in der geschlossenen Volkswirtschaft

Von der Lage und von dem Ausmaß der Steigungen der IS-Kurve und der LM-Kurve hängt ab, welches konkrete Niveau von Realeinkommen bzw. gesamtwirtschaftlichem Output und Zinssatz im kurzfristigen Gleichgewicht realisiert wird. Änderungen in den exogenen Variablen dieses sog. IS-LM-Modells führen zu Lageverschiebungen der betroffenen Kurve und damit zu einem neuen kurzfristigen Gleichgewicht; und das Ausmaß der positiven Steigung der LM-Kurve und das der negativen Steigung der IS-Kurve bestimmen, wie stark sich gleichgewichtiges Realeinkommen und gleichgewichtiger Zinssatz infolge einer Änderung der exogenen Größen ändern.

Betrachten wir beispielhaft die Variation zweier der im IS-LM-Modell exogen gegebenen Größen. Zunächst wollen wir die Auswirkungen einer **Erhöhung der Staatsausgaben** G analysieren. Wie oben gesehen, führt eine Erhöhung der Staatsausgaben – über die damit verbundene Erhöhung der geplanten Ausgaben resp. den damit verbundenen Rückgang der gesamtwirtschaftlichen Ersparnis – zu einer Rechtsverschiebung der IS-Kurve. Im neuen simultanen Gleichgewicht von Güter- resp. Kapitalmarkt und Geldmarkt ist das Realeinkommen höher als zuvor, ebenso der Zinssatz. Anders als für die lange Frist, für die von einer vollkommenen Preisflexibilität ausgegangen wurde, hergeleitet, besitzt die Ausweitung der Staatsausgaben also expansive Auswirkungen auf das Realeinkommen in der kurzen Frist, für die wir ein gegebenes und damit konstantes Preisniveau unterstellt haben.

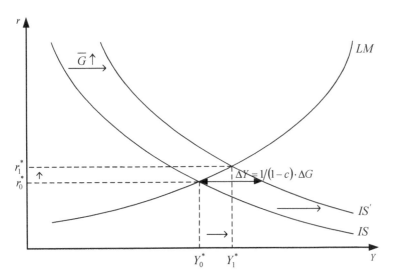

Abbildung 8.13: Auswirkungen einer Erhöhung der Staatsausgaben

Im einfachen Einnahmen-Ausgaben-Modell resultiert aus einem Anstieg der Staatsausgaben ebenfalls ein Anstieg des gleichgewichtigen Realeinkommens resp. gesamtwirtschaftlichen Outputs, und zwar um den Betrag $\Delta Y = 1/(1-c)\Delta G$. Dort blieb aber der Geldmarkt in der Betrachtung außen vor, bzw. aufgrund der Annahme eines konstanten Zinssatzes oder zinsunabhängiger Investitionen konnte es zu keinen Wechselwirkungen zwischen Güter- resp. Kapitalmarkt und Geldmarkt kommen. Wird der Geldmarkt aber in die Analyse einbezogen, so kommt es zu einem den Anstieg des Realeinkommens dämpfenden Effekt. Mit dem höheren gleichgewichtigen Realeinkommen auf dem Gütermarkt ist eine höhere Nachfrage nach Realkasse verbunden, und zwar bei jedem Zinssatz (Rechtsverlagerung der L_R-Kurve im linken Diagramm der Abb. 8.10). Bei unverändertem realem Geldangebot führt dies zu einem höheren gleichgewichtigen Zinssatz auf dem Geldmarkt. Der höhere Zinssatz wiederum geht mit einer geringeren Investitionsgüternachfrage einher und führt damit zu einem niedrigeren Niveau der geplanten Ausgaben resp. einer geringeren Kapitalnachfrage. Die gestiegene staatliche Nachfrage verdrängt also private Nachfrage, es kommt zu einem Crowding Out.

Das Ausmaß des Anstiegs von gleichgewichtigem Realeinkommen und Gleichgewichtszinssatz hängt, wie man sich anhand der Abb. 8.13 leicht klarmachen kann, von der Steigung der IS- und der LM-Kurve ab. Verläuft die IS-Kurve relativ flach, ist die Investitionsgüternachfrage also relativ zinselastisch oder die gesamtwirtschaftliche Ersparnis relativ einkommensunelastisch, so wird eine gegebene Erhöhung der Staatsausgaben einen relativ großen Anstieg des gleichgewichtigen Realeinkommens und des Gleichgewichtszinssatzes nach sich ziehen. Ebenso gilt, dass bei einer relativ flachen LM-Kurve, also bei einer relativ zinselastischen oder einer relativ einkommensunelastischen Nachfrage nach Realkasse, der Anstieg des gleichgewichtigen Realeinkommens bzw. gesamtwirtschaftlichen Outputs relativ stark, der Zinsanstieg dagegen relativ gering ausfallen wird. Das Umgekehrte gilt entsprechend, wenn die IS-Kurve oder die LM-Kurve eher steil verlaufen. Im Extremfall einer vertikalen

8.4 Simultanes Gleichgewicht in der geschlossenen Volkswirtschaft

LM-Kurve würde beispielsweise die Erhöhung der Staatsausgaben zu einem neuen kurzfristigen Gleichgewicht führen, in dem der Zinssatz gestiegen ist, aber das Realeinkommen bzw. der gesamtwirtschaftliche Output wäre unverändert. Das Crowding Out wäre also vollständig.

Als weitere Variation betrachten wir eine **Ausweitung der nominalen Geldmenge** M. Eine Ausweitung der nominalen Geldmenge bedeutet bei konstantem Preisniveau ein größeres Angebot an Realkasse, was, wie oben gesehen, mit einer weiter rechts liegenden LM-Kurve einhergeht. Bei jedem Realeinkommen, also auch bei dem bisherigen gleichgewichtigen Realeinkommen, ist der Zinssatz nun niedriger. Über den Zinssatz bestehen aber Wechselwirkungen zum Güter- resp. Kapitalmarkt. Der niedrigere Zinssatz geht mit einer gestiegenen Investitionsgüternachfrage resp. einer gestiegenen Kapitalnachfrage einher. Damit wieder Gütermarkt- resp. Kapitalmarktgleichgewicht herrscht, muss bei den hier unterstellten Verhaltenshypothesen das Realeinkommen bzw. der gesamtwirtschaftliche Output steigen. Das neue simultane Gleichgewicht weist somit ein höheres Realeinkommen bei einem niedrigeren Zinssatz auf. Das Ausmaß der Änderung von gleichgewichtigem Realeinkommen und Gleichgewichtszinssatz hängt wiederum von der konkreten Steigung der IS- und der LM-Kurve ab. Auch hier gilt, dass der Anstieg des Realeinkommens in der kurzen Frist infolge der Geldmengenausweitung begründet ist in der Annahme eines für diesen kurzfristigen Betrachtungszeitraum gegebenen und damit konstanten Preisniveaus.

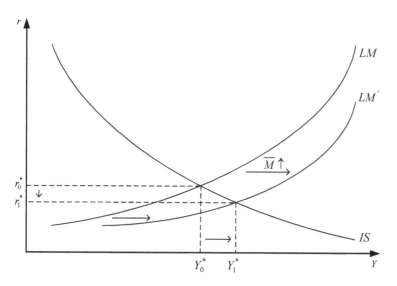

Abbildung 8.14: Auswirkungen einer Ausweitung der nominalen Geldmenge

In ähnlicher Weise lassen sich auch Änderungen der weiteren exogenen Variablen des IS-LM-Modells, nämlich der Steuern und des Preisniveaus, analysieren. Je nachdem, welche exogene Variable eine Änderung in eine bestimmte Richtung erfährt, verschiebt sich die IS-Kurve oder die LM-Kurve dementsprechend in eine neue Lage mit den dann daraus resultierenden Konsequenzen für die Werte der verschiedenen Größen im neuen simultanen Gleichgewicht von Güter- resp. Kapitalmarkt und Geldmarkt.

9 Kurzfristige Analyse der offenen Volkswirtschaft

Die kurzfristige Analyse des vorherigen Kapitels war mit dem Einnahmen-Ausgaben-Modell sowie dem IS-LM-Modell auf die geschlossene Volkswirtschaft beschränkt. In diesem Kapitel wollen wir die gesamtwirtschaftlichen Zusammenhänge mithilfe eines Modells analysieren, das auf dem IS-LM-Modell aufbaut und es um grenzüberschreitende Güter- und Kapitalströme erweitert.[88] Wie wir schon in Kapitel 4 bei der Betrachtung des Gütermarkt- resp. Kapitalmarktgleichgewichts in der langen Frist gesehen haben, ist es bei der Analyse außenwirtschaftlicher Zusammenhänge wichtig zu unterscheiden, ob es sich bei der betrachteten Volkswirtschaft um eine kleine offene Volkswirtschaft, deren Transaktionen keine Auswirkungen auf die Verhältnisse am Weltmarkt besitzen, oder um eine große offene Volkswirtschaft handelt, deren Transaktionen Einfluss auf den globalen Güter- und Kapitalmarkt haben.

9.1 Kurzfristiges Gleichgewicht in der kleinen offenen Volkswirtschaft

9.1.1 Modellrahmen für die kleine offene Volkswirtschaft

Zunächst wollen wir eine kleine offene Volkswirtschaft betrachten. Bei vollkommener Kapitalmobilität ist, wie in Gl. (4.27) formuliert, der inländische Zinssatz r durch den Weltmarktzinssatz r_W vorgegeben:[89]

(4.27) $r = r_W$

Für den Gütermarkt resp. Kapitalmarkt gilt dann im Gleichgewicht:

(9.1) $Y = C(Y - T) + I(r_W) + G + NX(Wk)$

---

[88] Das IS-LM-Modell geht auf die Darstellung Keynes'scher Gedanken durch J.R. Hicks (1937) zurück, das um außenwirtschaftliche Transaktionen erweiterte IS-LM-Modell hat seine Wurzeln in R.A. Mundell (1968) und J.M. Fleming (1962) und wird auch als Mundell-Fleming-Modell bezeichnet.

[89] Da in der kurzfristigen Analyse, wie schon oben betont, das Preisniveau als gegeben angesehen wird, ist eine Unterscheidung zwischen dem Realzinssatz und dem Nominalzinssatz nicht notwendig.

Das ist nichts anderes als die Gleichgewichtsbedingung für die geschlossene Volkswirtschaft, wie sie in Gl. (8.7) formuliert hinter der IS-Kurve steht, ergänzt um die Nettoexporte, deren Höhe gemäß den in Gl. (4.18) zusammengefassten Überlegungen negativ vom realen Wechselkurs abhängt,[90] und unter Berücksichtigung von Gl. (4.27). Die Gl. (9.1) wird also von allen Kombinationen von Realeinkommen bzw. gesamtwirtschaftlichem Output und Wechselkurs erfüllt, bei denen Gütermarkt- resp. Kapitalmarktgleichgewicht vorliegt. Aufgrund der inhaltlichen Nähe der für eine geschlossene Volkswirtschaft abgeleiteten IS-Kurve soll die in Gl. (9.1) formulierte Funktion im Folgenden als IS*-Kurve bezeichnet werden. Die grafische Darstellung der **IS*-Kurve** erfolgt dementsprechend in einem (Wk, Y)-Diagramm. Der Zusammenhang zwischen dem gleichgewichtigen Wechselkurs und dem gleichgewichtigen Realeinkommen ist negativ, da ein höherer Wechselkurs im Inland hergestellte Güter relativ zu im Ausland hergestellten Gütern verteuert und damit mit einem niedrigeren Nettoexport einhergeht. Ist der Nettoexport geringer, ist auch bei sonst unveränderten sonstigen Nachfragekomponenten die Güternachfrage geringer. Gleichgewicht auf dem Gütermarkt herrscht somit nur dann, wenn auch das Realeinkommen bzw. der gesamtwirtschaftliche Output niedriger ausfällt. Abb. 9.1 zeigt die grafische Herleitung der IS*-Kurve aus der Gütermarktbetrachtung.

---

[90] Mit der gleichen Begründung wie unter der vorherigen Fußnote ist eine Unterscheidung zwischen realem und nominalem Wechselkurs in der hier durchgeführten kurzfristigen Analyse nicht notwendig; auf die Indizierung der Variable Wk wird daher verzichtet.

9.1 Kurzfristiges Gleichgewicht in der kleinen offenen Volkswirtschaft

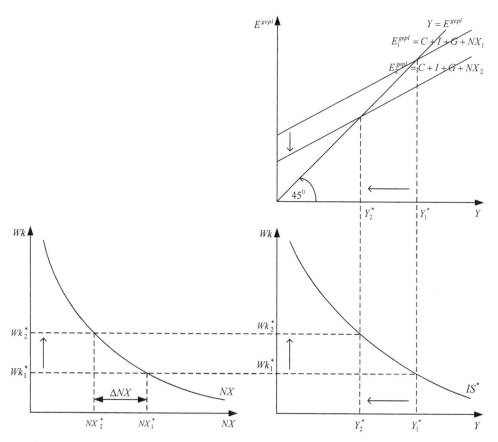

Abbildung 9.1: *Herleitung der IS*-Kurve aus dem Gütermarkt*

Ebenso hätte man die IS*-Kurve aus der Betrachtung des Kapitalmarkts herleiten können. Im Kapitalmarktgleichgewicht in der kurzen Frist muss für die kleine offene Volkswirtschaft gelten:

(9.2a) $NX(Wk) = S - I$ bzw. nach Einsetzen der hier unterstellten Verhaltenshypothesen:

(9.2b) $NX\bigl(\overset{(-)}{Wk_{real}}\bigr) = S_{pr}\overset{(+)}{(Y - \overline{T})} + (\overline{T} - \overline{G}) - \bigl(\overline{I} + I(\overset{(-)}{r_W})\bigr)$

Bei einem höheren Wechselkurs *Wk* ist der Nettoexport und damit die linke Seite der Gl. (9.2) kleiner. Damit die Kapitalmarktgleichgewichtsbedingung wieder erfüllt wird, muss die rechte Seite der Gl. (9.2) ebenfalls kleiner werden. Da der Zinssatz r_W für die kleine offene Volkswirtschaft vom Weltmarkt vorgegeben ist und daher nicht reagieren kann, kann eine Anpassung lediglich beim Realeinkommen *Y* erfolgen. Wenn nämlich das Realeinkommen niedriger ist, wird die private und damit auch die gesamtwirtschaftliche Ersparnis geringer sein und somit wird die Gleichgewichtsbedingung wieder erfüllt werden. Die IS*-Kurve als grafischer Ausdruck der Kapitalmarktgleichgewichtsbedingung muss daher eine negative Steigung besitzen.

Das konkrete Ausmaß der negativen Steigung der IS*-Kurve ist abhängig von der Wechselkurselastizität der Nettoexporte. Ist diese hoch, führt also eine gegebene Wechselkursänderung zu einer relativ großen Änderung der Nettoexporte, so ändern sich, wenn wir über den Gütermarkt argumentieren, auch die geplanten Ausgaben und damit das gleichgewichtige Realeinkommen bzw. der gleichgewichtige gesamtwirtschaftliche Output entsprechend stark. Wenn wir über den Kapitalmarkt argumentieren, so erfordert eine relativ starke Änderung der Nettoexporte eine entsprechend starke Änderung des Realeinkommens, damit die für das Gleichgewicht notwendige Anpassung der Ersparnis und damit des Kapitalangebots erfolgt. Eine relativ hohe Wechselkurselastizität der Nettoexporte impliziert also eine relativ flache IS*-Kurve. Die Lageparameter der IS*-Kurve sind wie bei der IS-Kurve die exogen gegebenen Größen autonome Konsumausgaben der privaten Haushalte, Staatsausgaben, Steuern und autonome Investitionsausgaben.

Wenden wir uns nun dem Geldmarkt zu. Der Geldmarkt ist im Gleichgewicht, wenn die Nachfrage nach Realkasse dem Angebot an Realkasse entspricht. Für die geschlossene Volkswirtschaft hatten wir zur grafischen Veranschaulichung der Zusammenhänge auf dem Geldmarkt aus den unterstellten Hypothesen die LM-Kurve hergeleitet. Für die kleine offene Volkswirtschaft mit vollkommener Kapitalmobilität ist der inländische Zinssatz jedoch nun durch den Weltmarktzinssatz vorgegeben und kann sich nicht mehr anpassen, um Geldmarktgleichgewicht zu realisieren. Der obere Teil von Abb. 9.2 bringt diese Überlegungen grafisch zum Ausdruck. Daraus folgt unmittelbar, dass es nur genau ein Realeinkommen gibt, bei dem angesichts des gegebenen Zinssatzes Geldmarktgleichgewicht in der kleinen offenen Volkswirtschaft vorliegt. Die **LM*-Kurve** als grafische Darstellung aller Kombinationen von Wechselkurs und Realeinkommen bzw. gesamtwirtschaftlichem Output, bei denen Geldmarktgleichgewicht vorliegt, verläuft also im (Wk, Y)-Diagramm vertikal.

9.1 Kurzfristiges Gleichgewicht in der kleinen offenen Volkswirtschaft

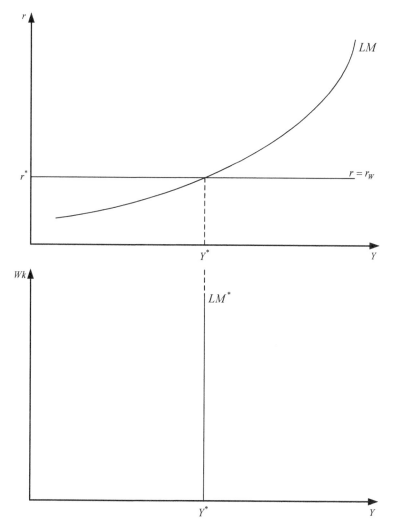

Abbildung 9.2:   *Herleitung der LM*-Kurve*

Fassen wir unsere Überlegungen zusammen in den beiden Gleichungen für die IS*-Kurve und die LM*-Kurve:

(9.1) IS*: $Y = C(Y-T) + I(r_W) + G + NX(Wk)$

(9.3) LM*: $\dfrac{M}{p} = L_R(Y, r_W)$

In Gl. (9.3) ist, wie bereits oben argumentiert, das Realeinkommen Y die einzige endogene Variable; die nominale Geldmenge wird exogen von der Zentralbank festgelegt, das Preisniveau ist annahmegemäß konstant, und der Zinssatz ist für die kleine offene Volkswirtschaft bei vollkommener Kapitalmobilität vom Weltmarkt vorgegeben. Es gibt also nur ein Realeinkommen, bei dem Geldmarktgleichgewicht herrscht. Für ein simultanes Gleichgewicht auf Güter- resp. Kapitalmarkt und Geldmarkt muss neben Gl. (9.3) auch Gl. (9.1) erfüllt sein. Im simultanen Gleichgewicht muss daher das Realeinkommen vorliegen, das Gl. (9.3) erfüllt und bei dem somit Geldmarktgleichgewicht herrscht. Insofern ist das gleichgewichtige Realeinkommen vom Geldmarkt her bestimmt, und in Gl. (9.1) ist nur noch der Wechselkurs frei und kann sich anpassen. Der Wechselkurs muss sich so anpassen, dass Güterangebot und Güternachfrage resp. Kapitalangebot und Kapitalnachfrage in Übereinstimmung kommen. Es gibt nur ein gleichgewichtiges Realeinkommen bzw. einen gleichgewichtigen gesamtwirtschaftlichen Output und einen Wechselkurs, bei dem simultan Güter- resp. Kapitalmarktgleichgewicht und Geldmarktgleichgewicht vorliegen. Endogene Variablen sind in diesem Modell Y, C, NX und Wk, exogen sind G, T, r_W (und damit auch I), M und p.

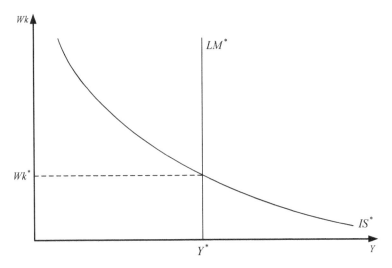

Abbildung 9.3: Simultanes Gleichgewicht auf Güter- resp. Kapitalmarkt und Geldmarkt in der kleinen offenen Volkswirtschaft bei vollkommener Kapitalmobilität

9.1.2 Flexible Wechselkurse

Wie schon für die geschlossene Volkswirtschaft wollen wir nun auch für die kleine offene Volkswirtschaft die Auswirkungen verschiedener wirtschaftspolitischer Maßnahmen auf das kurzfristige simultane Güter- und Geldmarktgleichgewicht untersuchen. Dabei ist für eine offene Volkswirtschaft, wie bereits in Kap. 6.2 betont, das Wechselkursregime von Bedeutung; mit anderen Worten: Für die Analyse (und für die gesamtwirtschaftlichen Auswirkungen) ist zu beachten, ob die betrachtete Volkswirtschaft sich in einem System flexibler oder fester Wechselkurse befindet. In diesem Abschnitt wollen wir flexible Wechselkurse unterstellen.

9.1 Kurzfristiges Gleichgewicht in der kleinen offenen Volkswirtschaft

Beginnen wir wieder mit der Analyse einer **Erhöhung der Staatsausgaben** im Inland. Eine Erhöhung der Staatsausgaben führt für sich genommen zu einer Erhöhung der geplanten Ausgaben und damit der Güternachfrage. Jedoch muss für ein simultanes Güter- und Geldmarktgleichgewicht das Realeinkommen bzw. der gesamtwirtschaftliche Output realisiert werden, bei dem auch der Geldmarkt im Gleichgewicht ist. Und wie wir oben gesehen haben, ist dies bei nur einem bestimmten Realeinkommen in einer kleinen offenen Volkswirtschaft mit vollkommener Kapitalmobilität der Fall. Das ursprüngliche Realeinkommen wird also auch im neuen simultanen Gleichgewicht realisiert werden, die geplanten Ausgaben und die Güternachfrage können also im neuen simultanen Gleichgewicht nicht höher sein als vor dem Impuls der Staatsausgabenerhöhung. Insofern muss mindestens eine der sonstigen Nachfragekomponenten kompensatorisch zum Anstieg von G zurückgehen. Dies kann nach Gl. (9.1) nur der Nettoexport sein. Die Nettoexporte werden dann zurückgehen, wenn die inländische Währung aufwertet, also der Wechselkurs steigt.

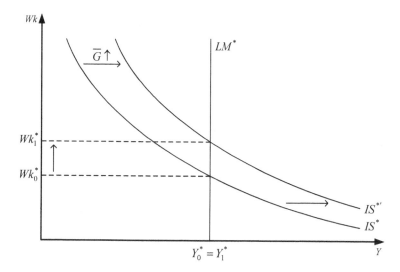

Abbildung 9.4:   *Auswirkungen einer Erhöhung der Staatsausgaben bei flexiblen Wechselkursen*

Hinter diesem aus den Modellgleichungen abgeleiteten Ergebnis stehen folgende ökonomische Zusammenhänge. Für die geschlossene Volkswirtschaft haben wir festgestellt, dass eine Erhöhung der Staatsausgaben zu einem höheren Realeinkommen und zu einem höheren Zinssatz im neuen simultanen Gleichgewicht führt. Zu diesem Zinsanstieg kommt es, weil mit dem höheren Realeinkommen die Geldnachfrage für sich genommen zunimmt. Da aber das Geldangebot unverändert ist, muss die Geldnachfrage letztlich auch konstant bleiben; der durch den Einkommensanstieg ausgelöste Anstieg der Geldnachfrage muss also durch einen entsprechenden Rückgang der Geldnachfrage infolge eines Zinsanstiegs kompensiert werden. Zu einem solchen Zinsanstieg kann es aber in der kleinen offenen Volkswirtschaft mit vollkommener Kapitalmobilität nicht kommen. Sobald der inländische Zinssatz über den Weltmarktzinssatz steigt, fließt Kapital aus dem Ausland zu. Infolge dieses Kapitalzustroms steigt die Nachfrage nach inländischer Währung am Devisenmarkt – die ausländischen Kapitalanleger benötigen die inländische Währung, um Vermögensgegenstände, Assets, im Inland zu erwerben. Der Nachfrageanstieg nach inländischer Währung am Devisenmarkt führt zu einer Aufwertung der inländischen Währung, ihr Wechselkurs steigt. Die Aufwertung verteuert die inländischen Güter relativ zu den ausländischen, der Export inländischer Güter geht zurück, der Import ausländischer Güter steigt und der Nettoexport als Saldo wird entsprechend zurückgehen. Der Rückgang der Nettoexporte wird genauso groß sein wie die Erhöhung der Staatsausgaben. Nur dann bleibt das inländische Realeinkommen unverändert; würde es auch nur leicht über das Ausgangsniveau ansteigen, käme es erneut zu den geschilderten Kapitalbewegungen mit den entsprechenden Folgen. Daher wird im neuen simultanen Gleichgewicht bei der kleinen offenen Volkswirtschaft mit vollkommener Kapitalmobilität nach einer Erhöhung der Staatsausgaben das Realeinkommen unverändert sein, der Wechselkurs aber gestiegen und die Nettoexporte niedriger als im Ausgangsgleichgewicht, wobei der Rückgang der Nettoexporte dem Anstieg der Staatsausgaben entspricht.

Dieses Ergebnis erhält man auch, wenn man über den Kapitalmarkt argumentiert. Eine Erhöhung der Staatsausgaben reduziert die gesamtwirtschaftliche Ersparnis und damit das Kapitalangebot. Bei unveränderter Kapitalnachfrage führt dies in einer geschlossenen Volkswirtschaft zu einem Zinsanstieg. Dieser Zinsanstieg wird aber in der kleinen offenen Volkswirtschaft mit vollkommener Kapitalmobilität nicht eintreten, da bei Zinsdifferenzen zugunsten des Inlands Kapitalströme aus dem Ausland ins Inland einsetzen, die zu einer Aufwertung der inländischen Währung führen mit dem Ergebnis, dass die Nettoexporte sinken.

Als nächstes betrachten wir eine **Ausweitung der nominalen Geldmenge**. Die Geldmengenerhöhung führt zu einem Überangebot auf dem Geldmarkt, und damit wieder Geldmarktgleichgewicht herrscht, muss, bei konstantem Preisniveau, die Geldnachfrage ebenfalls zunehmen. Die Nachfrage nach Realkasse nimmt zu, wenn das Realeinkommen steigt oder der (Nominal-)Zinssatz sinkt. In der kleinen offenen Volkswirtschaft bei vollkommener Kapitalmobilität kann der Zinssatz aber nicht zurückgehen. Daher muss das Realeinkommen bzw. der gesamtwirtschaftliche Output im neuen simultanen Gleichgewicht höher sein als zuvor. Auf dem Gütermarkt manifestiert sich dieses höhere Realeinkommen zu einem Bruchteil in einem gestiegenen Konsum der privaten Haushalte, der andere Teil wird durch einen Anstieg der Nettoexporte dargestellt. Ein Anstieg der Nettoexporte erfordert aber in unserem Modell einen niedrigeren Wechselkurs. Im neuen simultanen Gleichgewicht wird also das Realeinkommen gestiegen sein, ebenso der private Konsum und die Nettoexporte, bei einem niedrigeren Wechselkurs.

9.1 Kurzfristiges Gleichgewicht in der kleinen offenen Volkswirtschaft

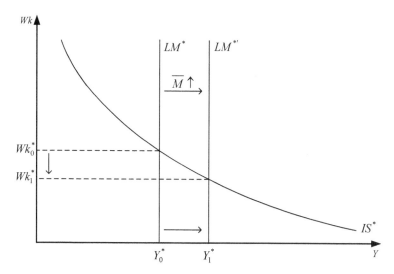

Abbildung 9.5: *Auswirkungen einer Ausweitung der nominalen Geldmenge bei flexiblen Wechselkursen*

Wie bei der geschlossenen Volkswirtschaft führt auch hier die expansive Geldpolitik zu einem Anstieg des Realeinkommens. Während jedoch die Ausweitung der nominalen Geldmenge in der geschlossenen Volkswirtschaft zu einem Zinsrückgang führt, der wiederum eine höhere Investitionsgüternachfrage auslöst, die dann zum höheren Realeinkommen beiträgt, sind in der kleinen offenen Volkswirtschaft mit vollkommener Kapitalmobilität die Wirkungsketten andere. Auch hier führt die Geldmengenausweitung zu einer Zinssenkungstendenz, die sich aber nicht manifestieren kann, da, sobald der Inlandszinssatz niedriger ist als der Weltmarktzinssatz, Kapitalabflüsse ausgelöst werden, die den Zinsrückgang nicht Wirklichkeit werden lassen und die gleichzeitig zu einer Abwertung der inländischen Währung führen. Der gesunkene Wechselkurs wiederum führt zu einem Anstieg der Nettoexporte, und dieser Anstieg der Nettoexporte schlägt sich dann in einem Anstieg des Realeinkommens nieder.

Neben den Instrumenten der Fiskal- und der Geldpolitik hat der Staat in einer offenen Volkswirtschaft auch noch die Instrumente der **Außenhandelspolitik** zur Beeinflussung der wirtschaftlichen Aktivitäten zur Verfügung. Im Folgenden wollen wir daher noch untersuchen, wie Eingriffe des Staates, die den Import von Gütern behindern, das simultane Güter- und Geldmarktgleichgewicht beeinflussen. Nehmen wir an, der Staat belegt den Import bestimmter Güter mit einem Zoll, beispielsweise mit dem Ziel, die heimische Produktion dieser Güter zu schützen. Bei jedem Wechselkurs wird jetzt von diesen mit dem Zoll belegten Gütern eine geringere Menge importiert, für sich genommen nimmt der Nettoexport also zu. Da es jedoch, wie wir oben gesehen haben, nur ein Realeinkommen gibt, bei dem der Geldmarkt im Gleichgewicht ist, kann im neuen simultanen Gleichgewicht das Realeinkommen keine andere Höhe aufweisen als zuvor. Infolgedessen muss auf der linken Seite von Gl. (9.1) bei mindestens einer Nachfragekomponente ein Rückgang auftreten, der den durch die Zollerhebung ausgelösten Anstieg der Nettoexporte kompensiert, und so nach wie vor auch der Güter- resp. Kapitalmarkt im Gleichgewicht ist. Da das Realeinkommen sich nicht ändert und keine Änderung der Steuern eingetreten ist, ist das verfügbare Einkommen und damit der private Konsum unverändert. Da der Zinssatz durch den Weltmarktzinssatz vorgegeben ist, ist auch bei der Investitionsgüternachfrage keine Anpassung möglich. Ebenso sind die Staatsausgaben konstant. Daher kann ein kompensatorischer Rückgang nur bei den Nettoexporten eintreten. Die Nettoexporte werden kleiner, wenn die inländische Währung aufwertet. Im neuen simultanen Gleichgewicht wird nach der Zollerhebung das Realeinkommen unverändert sein, aber auch der Nettoexport wird der gleiche sein wie zuvor. Der durch die Zollerhebung ausgelöste Rückgang der Importe bei den mit dem Zoll belegten Gütern wird gerade kompensiert durch einen allgemeinen Rückgang der Nettoexporte infolge der Aufwertung.

Bleibt abschließend die Frage zu klären, wie es zu dieser, zunächst aus den Gleichgewichtsbedingungen des Modells hergeleiteten, Aufwertung kommt. Mit dem durch die Zollerhebung ausgelösten Rückgang der Importe benötigen die Inländer weniger ausländische Währung, da sie weniger ausländische Güter erwerben wollen. Die Nachfrage nach ausländischer Währung am Devisenmarkt sinkt. Dies führt zu einer Abwertung der ausländischen Währung, was gleichbedeutend ist mit einer Aufwertung der inländischen Währung.

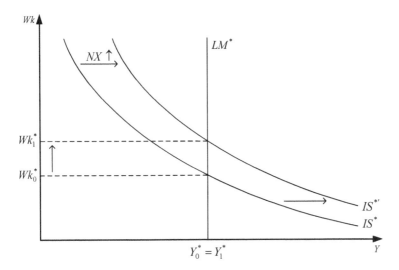

Abbildung 9.6:   *Auswirkungen einer protektionistischen Außenhandelspolitik bei flexiblen Wechselkursen*

9.1.3 Feste Wechselkurse

In Kap. 6.2 wurde bereits ausgeführt, dass bei festen Wechselkursen die Zentralbank nicht mehr autonom das inländische Geldangebot steuern kann. Da sie verpflichtet ist, zum vertraglich festgelegten Wechselkurs jede ihr angebotene Menge an ausländischer Währung zu kaufen und jede bei ihr nachgefragte Menge an ausländischer Währung zu verkaufen, wird sich die Geldmenge entsprechend verändern und eine unabhängige Festlegung der inländi-

9.1 Kurzfristiges Gleichgewicht in der kleinen offenen Volkswirtschaft

schen Geldangebotsmenge ist der Zentralbank nicht mehr möglich. Dies hat Konsequenzen für unser Modell. In den Gleichungen (9.1) und (9.3), die unsere Überlegungen für eine kleine offene Volkswirtschaft bei vollkommener Kapitalmobilität zusammenfassen, ist nun nicht mehr die nominale Geldmenge M eine exogene Variable, sondern, da die Geldmenge nicht mehr autonom von der Zentralbank festgelegt werden kann, ist M nun endogen. Dagegen wird in einem Regime fester Wechselkurse der Wechselkurs durch die Politik festgelegt und kann sich nicht frei nach den Verhältnissen auf dem Devisenmarkt anpassen, somit ist nun der Wechselkurs Wk exogen fixiert. Damit weist Gl. (9.3) bei festen Wechselkursen zwei endogene Variablen auf und der Geldmarkt kann, anders als im Fall flexibler Wechselkurse, bei unterschiedlichen Niveaus des Realeinkommens im Gleichgewicht sein.

Betrachten wir nun die Auswirkungen verschiedener wirtschaftspolitischer Maßnahmen in einem solchen Fixkurssystem, und beginnen wir wieder mit einer **Erhöhung der Staatsausgaben** im Inland. Mit der Erhöhung der Staatsausgaben steigen die geplanten Ausgaben und die Güternachfrage. Bei fixiertem Wechselkurs werden die Nettoexporte nicht reagieren können, bei vom Weltmarkt bestimmtem und damit unverändertem inländischem Zinssatz wird die Investitionsgüternachfrage nicht reagieren können, und bei konstanten Steuern wird das verfügbare Einkommen der privaten Haushalte infolge des expansiven Impulses zunehmen. Im neuen Gütermarktgleichgewicht muss das Realeinkommen bzw. der gesamtwirtschaftliche Output höher sein als zuvor. Ein höheres Realeinkommen bedeutet aber auch eine gestiegene Nachfrage nach Realkasse. Bei unverändertem Zinssatz und konstantem Preisniveau muss dann im neuen Geldmarktgleichgewicht die nominale Geldmenge höher sein als zuvor. Im Gegensatz zu einem Regime flexibler Wechselkurse wird eine expansive Fiskalpolitik bei festen Wechselkursen zu einem höheren Realeinkommen bzw. gesamtwirtschaftlichen Output im neuen simultanen Güter- resp. Kapitalmarktgleichgewicht und Geldmarktgleichgewicht führen.

Noch deutlicher werden diese Zusammenhänge, wenn man Gl. (9.1) als Kapitalmarktgleichgewichtsbedingung, wie in Gl. (9.2), interpretiert. Die Staatsausgabenerhöhung führt zu einer Reduktion der staatlichen Ersparnis, da aber aufgrund des fixierten Wechselkurses die Nettoexporte und aufgrund des vom Weltmarkt her bestimmten Zinssatzes die Investitionen konstant sind, muss die private Ersparnis steigen, damit bei unveränderter Kapitalnachfrage das Kapitalangebot dieser nach wie vor entspricht. Zu einem Anstieg der privaten Ersparnis kommt es aber nur dann, wenn das verfügbare Einkommen der privaten Haushalte zunimmt, was bei unveränderten Steuern dann der Fall ist, wenn das Realeinkommen bzw. der gesamtwirtschaftliche Output steigt.

Mithilfe der Abb. 9.7 werden die hinter dieser Gleichgewichtsargumentation stehenden ökonomischen Zusammenhänge klar. Die Ausweitung der Staatsausgaben führt zu einer Rechtsverschiebung der IS*-Kurve. Wären die Wechselkurse flexibel, würde im neuen simultanen Gleichgewicht der Wechselkurs höher sein als zuvor. Bei einem Fixkurssystem ist diese Reaktion jedoch ausgeschlossen. Die Zentralbank ist verpflichtet, den festgelegten Wechselkurs zu verteidigen. Wenn der gleichgewichtige Wechselkurs über dem fixierten liegt, es also eine Aufwertungstendenz für die inländische Währung gibt, lohnt es sich für Arbitrageure, auf dem Devisenmarkt ausländische Währung zum dort herrschenden Kurs zu kaufen und sie zum festgelegten Kurs mit Gewinn an die Zentralbank zu verkaufen, die verpflichtet ist, die ausländische Währung zum politisch festgelegten Kurs gegen inländische Währung zu tauschen. Dadurch steigt das inländische Geldangebot, die LM*-Kurve verschiebt sich nach außen, und die Differenz zwischen gleichgewichtigem und fixiertem Wechselkurs vermindert sich. Die Arbitragegeschäfte lohnen sich so lange und werden so lange anhalten, bis der gleichgewichtige Wechselkurs dem fixierten entspricht. Die LM*-Kurve wird sich also bis zur Position LM_1^* nach rechts verlagern. Dort, im Schnittpunkt der neuen IS*-Kurve IS*′ mit der Geraden für den festen Wechselkurs, ist das neue simultane Gleichgewicht.

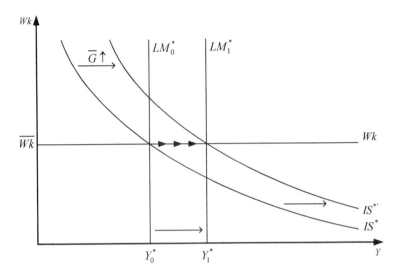

Abbildung 9.7: *Auswirkungen einer Erhöhung der Staatsausgaben bei festen Wechselkursen*

Nehmen wir als zweites an, in einem solchen Kontext, kleine offene Volkswirtschaft bei vollkommener Kapitalmobilität und festen Wechselkursen, beabsichtigt die Zentralbank, die **nominale Geldmenge** zu **erhöhen**, bspw. indem sie im Rahmen der Offenmarktpolitik Wertpapiere ankauft. Eine solche expansive Geldpolitik führt, wie oben gesehen, in einer kleinen offenen Volkswirtschaft mit flexiblen Wechselkursen zu einer Erhöhung des Realeinkommens. Bei festen Wechselkursen tritt dieser Effekt jedoch nicht ein. Gemäß Gl. (9.1) kann die Geldpolitik nicht zu einer Änderung des Realeinkommens führen, da alle Größen (außer dem Realeinkommen Y selbst) in dieser Gütermarkt- resp. Kapitalmarktgleichgewichtsbedingung bei festen Wechselkursen von geldpolitischen Maßnahmen unberührt sind. Insofern wird das Realeinkommen nicht auf geldpolitische Maßnahmen reagieren. Wird aber das Realeinkommen durch die Ausweitung der nominalen Geldmenge nicht verändert, so bleibt auch die Nachfrage nach Realkasse, die linke Seite der Gl. (9.3), unberührt. Insofern muss im Geldmarktgleichgewicht auch die nominale Geldmenge wieder die gleiche sein wie zuvor, trotz der durchgeführten Ausweitung der nominalen Geldmenge im Zuge der Offenmarktpolitik. Der Grund hierfür liegt in der Fixierung des Wechselkurses und der damit verbundenen Verpflichtung der Zentralbank, zu diesem Kurs die ausländische Währung anzukaufen bzw. zu verkaufen.

9.1 Kurzfristiges Gleichgewicht in der kleinen offenen Volkswirtschaft

Eine Ausweitung der nominalen Geldmenge, bspw. durch den Ankauf von Wertpapieren im Rahmen der Offenmarktpolitik, führt für sich genommen zu einer Rechtsverschiebung der LM*-Kurve. Mit der Ausweitung der nominalen Geldmenge geht eine Abwertungstendenz für die inländische Währung einher. Arbitrageure werden daher reagieren, inländische Währung am Devisenmarkt erwerben und der Zentralbank die inländische Währung gegen ausländische Währung verkaufen. Die Zentralbank muss diese Geschäfte zum fixierten Wechselkurs tätigen. Durch den Ankauf der inländischen Währung durch die Zentralbank verringert sich aber die inländische Geldmenge wieder, und im Ergebnis ist die Geldmenge im neuen Gleichgewicht wieder genauso groß wie vor den expansiven Maßnahmen im Rahmen der Geldpolitik (Abb. 9.8). Hier bestätigt sich, was schon oben ausgeführt wurde, dass bei festen Wechselkursen die Zentralbank die inländische Geldmenge nicht mehr steuern kann, sondern dass diese von den Verhältnissen auf dem Devisenmarkt abhängig ist.

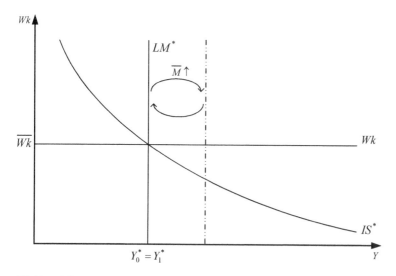

Abbildung 9.8:   *Auswirkungen einer Ausweitung der nominalen Geldmenge bei festen Wechselkursen*

Zuletzt betrachten wir wieder eine **Importrestriktion** als Beispiel für eine außenhandelspolitische Maßnahme. Greift die betrachtete Volkswirtschaft zu Importzöllen, Importkontingenten oder sonstigen protektionistischen Instrumenten, so wird der Import und damit auch der Nettoexport bei jedem Wechselkurs für sich genommen höher ausfallen als zuvor. Die linke Seite der Gütermarkt- resp. Kapitalmarktgleichgewichtsbedingung von Gl. (9.1), die gesamtwirtschaftliche Güternachfrage, nimmt zu. Für ein neues Gütermarkt- resp. Kapitalmarktgleichgewicht muss entweder eine andere Komponente der Güternachfrage zurückgehen – was aber gemäß Gl. (9.1) nicht möglich ist – oder das Güterangebot steigen. Im neuen Gleichgewicht wird also das Realeinkommen bzw. der gesamtwirtschaftliche Output gestiegen sein. Mit einem höheren Realeinkommen nimmt auch die Nachfrage nach Realkasse zu. Für ein neues Gleichgewicht muss dann, gemäß Gl. (9.3), bei annahmegemäß konstantem Preisniveau die nominale Geldmenge ebenfalls höher sein. Die Ausweitung der nominalen Geldmenge ergibt sich aus der Aufwertungstendenz bei der inländischen Währung. Der Anstieg bei den Nettoexporten erhöht das Angebot an ausländischer Währung am Devisenmarkt. Das führt für sich genommen zu einer Aufwertung der inländischen Währung. Da jedoch die Zentralbank verpflichtet ist, den Wechselkurs auf dem fixierten Niveau zu halten, kommt es zu Arbitragegeschäften. Arbitrageure werden bei der Zentralbank zu dem unter dem Gleichgewichtskurs liegenden Wechselkurs inländische Währung kaufen, um diese am Devisenmarkt wieder zu verkaufen. Mit dem Verkauf der inländischen Währung durch die Zentralbank steigt aber die im Umlauf befindliche inländische Geldmenge M. Dieser Prozess wird so lange anhalten, bis wieder ein Geldmarktgleichgewicht erreicht ist (Abb. 9.9).

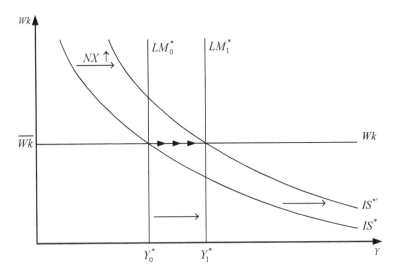

Abbildung 9.9:   *Auswirkungen einer Importrestriktion bei festen Wechselkursen*

9.2 Kurzfristiges Gleichgewicht in der großen offenen Volkswirtschaft

Wenn wir von der Betrachtung einer kleinen offenen Volkswirtschaft zu der einer großen offenen Volkswirtschaft übergehen, haben wir zu beachten, dass dann die betrachtete Volkswirtschaft so groß ist, dass ihre Güternachfrage und ihr Güterangebot sowie ihre Kapitalnachfrage und ihr Kapitalangebot den Weltmarkt beeinflussen. Konkret heißt dies, dass für eine große offene Volkswirtschaft der inländische Zinssatz nicht vom Weltmarktzinssatz abhängt. Ebenso folgt daraus, dass die negative Beziehung zwischen Nettoauslandsinvestitionen und Zinssatz, wie sie oben in Gl. (4.31) formuliert wurde, zu berücksichtigen ist. Damit ergeben sich mit den üblichen Verhaltenshypothesen folgende Modellgleichungen für die große offene Volkswirtschaft:

$$(9.4) \quad Y = C\overset{(+)}{\left(Y - \overline{T}\right)} + I\overset{(-)}{(r)} + \overline{G} + NX\overset{(-)}{\left(Wk_{real}\right)}$$

9.2 Kurzfristiges Gleichgewicht in der großen offenen Volkswirtschaft

$$(9.5) \quad \frac{M}{p} = L_R\left(\overset{(+)}{Y}, \overset{(-)}{r}\right)$$

$$(9.6) \quad NX\left(\overset{(-)}{Wk_{real}}\right) = NFI\left(\overset{(-)}{r}\right)$$

Für die Wechselkurse wollen wir unterstellen, dass die betrachtete offene Volkswirtschaft ein System flexibler Wechselkurse implementiert hat. Als endogene Größen haben wir somit in diesem Modell das Realeinkommen Y, die Konsumausgaben der privaten Haushalte C, die Investitionsgüternachfrage I, den Zinssatz r, die Nettoexporte NX, den Wechselkurs Wk und die Nettoauslandsinvestitionen NFI. Exogen sind die Staatsausgaben G, die Steuern T, die nominale Geldmenge M und das Preisniveau p.

Gl. (9.4) gibt die Gütermarkt- resp. Kapitalmarktgleichung für die offene Volkswirtschaft wieder, Gl. (9.5) die Geldmarktgleichgewichtsbedingung und Gl. (9.6) die Gleichgewichtsbedingung für den Devisenmarkt. Setzt man letztere in die erstgenannte ein, ergeben sich die Gleichungen für die IS- und die LM-Kurve:

$$(9.7) \text{ IS: } Y = C(Y - T) + I(r) + G + NFI(r)$$

$$(9.5) \text{ LM: } \frac{M}{p} = L_R(Y, r)$$

Dabei entspricht Gl. (9.5) der Gleichung der LM-Kurve für die geschlossene Volkswirtschaft, Gl. (9.7) unterscheidet sich von der Gleichung der IS-Kurve für die geschlossene Volkswirtschaft dadurch, dass der Zinssatz über zwei Kanäle die Güternachfrage beeinflusst. Neben der Investitionsgüternachfrage hängen auch die Nettoauslandsinvestitionen negativ vom Inlandszinssatz ab. Ist der Inlandszinssatz höher, so verlieren die ausländischen Investitionen im Vergleich zu Inlandsinvestitionen an Attraktivität und die Nettoauslandsinvestitionen gehen zurück. Dies bedeutet auch geringere Nettoexporte im Gleichgewicht und somit eine geringere Güternachfrage.

Im simultanen Gleichgewicht von Güter- resp. Kapitalmarkt und Geldmarkt werden das Realeinkommen bzw. der gesamtwirtschaftliche Output und der Zinssatz bestimmt (linker oberer Graph der Abb. 9.10). Zu jedem Zinssatz, also auch zu dem gleichgewichtigen Zinssatz, gehört eine bestimmte Höhe der Nettoauslandsinvestitionen (rechter oberer Graph der Abb. 9.10). Dieser Höhe der Nettoauslandsinvestitionen müssen die Nettoexporte entsprechen, damit Devisenmarktgleichgewicht herrscht, da ja aus den Nettoauslandsinvestitionen das Angebot und aus den Nettoexporten die Nachfrage nach inländischer Währung resultiert. Da die Nettoexporte negativ vom Wechselkurs der inländischen Währung abhängen, gibt es genau einen Wechselkurs, bei dem der Devisenmarkt im Gleichgewicht ist (unterer Graph der Abb. 9.10).

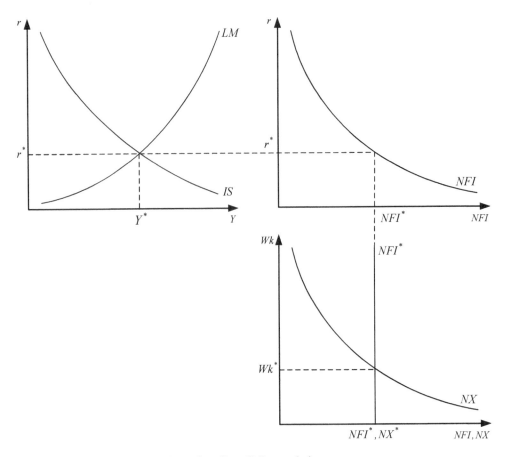

Abbildung 9.10: Gleichgewicht in der großen offenen Volkswirtschaft

Wie bereits für die kleine offene Volkswirtschaft wollen wir nun auch für die große Volkswirtschaft die Auswirkungen fiskalpolitischer, geldpolitischer und handelspolitischer Maßnahmen exemplarisch untersuchen.

Wir beginnen wieder mit der Analyse einer **Erhöhung der Staatsausgaben** im Inland. Die Erhöhung der Staatsausgaben führt zu einer Ausweitung der Güternachfrage bzw. zu einem Rückgang der gesamtwirtschaftlichen Ersparnis und damit des Kapitalangebots, Gl. (9.7). Infolgedessen steigt der Zinssatz. Der Anstieg des Zinssatzes wiederum führt zu einem Rückgang der inländischen Investitionsgüternachfrage wie auch zu einem Rückgang der Nettoauslandsinvestitionen. Niedrigere Nettoauslandsinvestitionen implizieren ein geringeres Angebot an inländischer Währung am Devisenmarkt, Gl. (9.6). Der Wechselkurs der inländischen Währung wird steigen. Infolge dieser Aufwertung werden die Nettoexporte zurückgehen. Bleibt zu klären, ob dieser Rückgang der Güternachfrage aufgrund der niedrigeren Investitionen und der geringeren Nettoexporte ihren Anstieg infolge der Staatsausgabenerhöhung überkompensiert, genau ausgleicht oder nicht voll kompensiert, ob also letztendlich im neuen Gleichgewicht das Realeinkommen bzw. der gesamtwirtschaftliche Output größer, kleiner oder unverändert gegenüber der Ausgangssituation ist. Aufschluss hierüber gibt Gl. (9.5), die als Geldmarktgleichgewichtsbedingung im neuen Gleichgewicht auch erfüllt sein muss. Wenn der Zinssatz gestiegen ist, wie gerade gesehen, so muss bei unverändertem Angebot an Realkasse die Nachfrage nach Realkasse ebenfalls unverändert sein. Da diese jedoch bei einem höheren Zinssatz zurückgeht, muss kompensatorisch das Realeinkommen zunehmen, da dieses die Nachfrage nach Realkasse positiv beeinflusst. Im neuen Gleichgewicht wird also infolge der Ausweitung der Staatsausgaben das Realeinkommen gestiegen sein, ebenso wird der Zinssatz höher sein als zuvor. Damit gleichen insoweit die Effekte einer Staatsausgabenerhöhung in einer großen offenen Volkswirtschaft denen in einer geschlossenen Volkswirtschaft. In der großen offenen Volkswirtschaft führt die expansive Fiskalpolitik darüber hinaus zu einer Aufwertung der inländischen Währung, und Nettoexporte wie auch Nettoauslandsinvestitionen sind niedriger als im Ausgangsgleichgewicht. Infolgedessen wird die expansive Wirkung einer Staatsausgabenerhöhung in der großen offenen Volkswirtschaft geringer ausfallen als in der geschlossenen Volkswirtschaft, die Fiskalpolitik wird hier aber nicht wie in der kleinen offenen Volkswirtschaft bei ebenfalls flexiblen Wechselkursen völlig wirkungslos bezüglich des Realeinkommens sein.

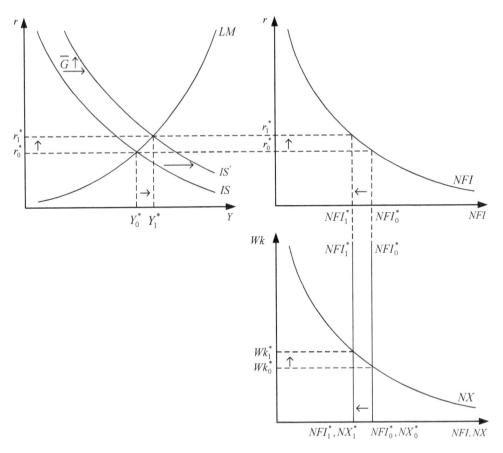

Abbildung 9.11: Auswirkungen einer Erhöhung der Staatsausgaben in der großen offenen Volkswirtschaft

Betrachten wir als Nächstes die Geldpolitik. Eine **Erhöhung der nominalen Geldmenge** erhöht bei konstanten Preisen das Angebot an Realkasse. Damit wieder Geldmarktgleichgewicht herrscht, muss auch die Nachfrage nach Realkasse steigen. Dies tritt ein, wenn das Realeinkommen steigt oder der Zinssatz zurückgeht, Gl. (9.5). Bei einem höheren Realeinkommen ist die gesamtwirtschaftliche Ersparnis, das Kapitalangebot, größer, für ein neues Kapitalmarktgleichgewicht muss die Kapitalnachfrage in Form der inländischen Investitionsgüternachfrage und der Nettoauslandsinvestitionen zunehmen. Diese nimmt nur zu, wenn der Zinssatz niedriger ist. Im neuen Kapitalmarktgleichgewicht ist gemäß Gl. (9.7) somit das Realeinkommen größer und der Zinssatz niedriger. Insofern hat eine expansive Geldpolitik in einer großen offenen Volkswirtschaft wiederum die gleichen Effekte auf Realeinkommen und Zinssatz wie in einer geschlossenen Volkswirtschaft. Hinzu kommt hier aber, dass bei einem niedrigeren Zinssatz die Nettoauslandsinvestitionen zunehmen werden, Gl. (9.6). Damit steigt das Angebot an inländischer Währung am Devisenmarkt, was zu einer Abwertung der inländischen Währung führt. Bei einem niedrigeren Wechselkurs wird der Nettoexport höher ausfallen. Insofern führt eine expansive Geldpolitik über zwei Kanäle zu einer Ausweitung des Realeinkommens bzw. des gesamtwirt-

9.2 Kurzfristiges Gleichgewicht in der großen offenen Volkswirtschaft

schaftlichen Outputs: Zum einen führen die niedrigeren Zinsen zu einer größeren Investitionstätigkeit im Inland, zum andern steigen infolge des niedrigeren Wechselkurses die Nettoexporte.

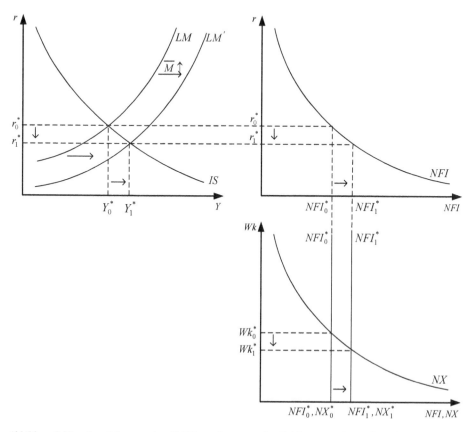

Abbildung 9.12: *Auswirkungen einer Erhöhung der nominalen Geldmenge in der großen offenen Volkswirtschaft*

Zum Schluss wollen wir auch für die große offene Volkswirtschaft noch die Auswirkung einer **Importrestriktion** analysieren. Für sich genommen führt die Importrestriktion zu einer Erhöhung der Nettoexporte und damit zu einer größeren Nachfrage nach inländischer Währung. Bei einem unveränderten Angebot an inländischer Währung wird der Wechselkurs steigen. Infolge der Aufwertung werden die inländischen Güter relativ zu den ausländischen Gütern teurer, die Nettoexporte werden wieder zurückgehen, und zwar auf ihr ursprüngliches Niveau. Zwar wird sich infolge der Importrestriktion der Import der betreffenden Güter verringern, der Saldo im Außenhandel bleibt aber unverändert und damit auch das Realeinkommen bzw. der gesamtwirtschaftliche Output in der großen offenen Volkswirtschaft.

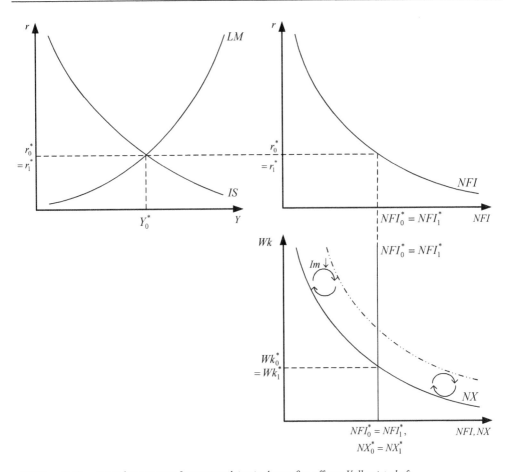

Abbildung 9.13: Auswirkungen einer Importrestriktion in der großen offenen Volkswirtschaft

10 Totalmodell

10.1 Das IS/LM-Modell und die gesamtwirtschaftliche Nachfragekurve

Aus dem in Kap. 8 dargestellten IS/LM-Modell lässt sich auch die schon in Kap. 7 eingeführte und dort aus der Quantitätstheorie begründete gesamtwirtschaftliche Nachfragekurve, die *AD*-Kurve, herleiten. Wie oben definiert, gibt die gesamtwirtschaftliche Nachfragekurve den Zusammenhang zwischen dem Realeinkommen bzw. dem gesamtwirtschaftlichen Output und dem gesamtwirtschaftlichen Preisniveau an. Der Zusammenhang zwischen dem gesamtwirtschaftlichen Preisniveau und der Nachfrage nach dem gesamtwirtschaftlichen Output ist negativ, d.h. je niedriger das Preisniveau ist, umso größer ist das Realeinkommen bzw. der gesamtwirtschaftliche Output.

Beziehen wir nun in unsere Analyse das IS/LM-Modell ein. Aus den Überlegungen zur LM-Kurve wissen wir, dass das Preisniveau p Lageparameter der LM-Kurve ist. Ein niedrigeres Preisniveau impliziert ein größeres Angebot an Realkasse und führt zu einem neuen Geldmarktgleichgewicht, bei dem bei unverändertem Nominalzinssatz das Realeinkommen Y höher ist. Infolgedessen wird bei einem niedrigeren Preisniveau die LM-Kurve weiter rechts liegen.[91] Die obere Grafik in Abb. 10.1 zeigt, dass dann im neuen simultanen Gütermarkt- resp. Kapitalmarktgleichgewicht und Geldmarktgleichgewicht das Realeinkommen höher und der (Nominal-)Zinssatz niedriger ist. Insofern gehört also zu einem niedrigeren Preisniveau ein größeres Realeinkommen, der Zusammenhang zwischen dem Realeinkommen bzw. dem gesamtwirtschaftlichen Output und dem gesamtwirtschaftlichen Preisniveau ist also negativ. Würde man die gerade durchgeführten Überlegungen für beliebig viele Preisniveaus durchführen und die sich ergebenden gleichgewichtigen Kombinationen von Realeinkommen und Preisniveau in einer entsprechenden Grafik abtragen, erhielte man mit dem in der unteren Grafik von Abb. 10.1 eingetragenen Kurvenzug die *AD*-Kurve.

---

[91] Die Gleichgewichtsargumentation verläuft entsprechend der zu einer Ausweitung der nominalen Geldmenge durch eine expansive Geldpolitik, wie sie oben geführt wurde.

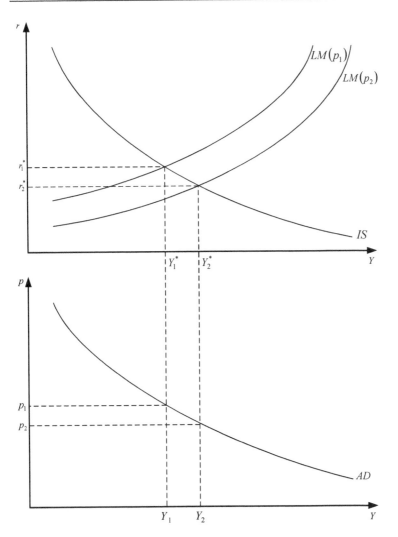

Abbildung 10.1: Herleitung der gesamtwirtschaftlichen Nachfragekurve aus dem IS/LM-Modell

Man kann die gesamtwirtschaftliche Nachfragekurve also auch als Zusammenfassung der Ergebnisse des IS/LM-Modells interpretieren. Die gesamtwirtschaftliche Nachfragekurve ist in dieser Interpretation der geometrische Ort aller Kombinationen von Realeinkommen und Preisniveau, bei denen simultan Gleichgewicht auf Gütermarkt resp. Kapitalmarkt und Geldmarkt vorliegt. Die konkrete Steigung der *AD*-Kurve hängt dann ab von der konkreten Steigung der *IS*- und der *LM*-Kurve. Eine flachere IS-Kurve impliziert eine flachere *AD*-Kurve, ebenso führt eine flachere LM-Kurve für sich genommen zu einer flacheren *AD*-Kurve. Daher wird also die *AD*-Kurve umso flacher sein, je größer die Zinsempfindlichkeit der Investitionsgüternachfrage ist und je schwächer die gesamtwirtschaftliche Ersparnis auf

10.1 Das IS/LM-Modell und die gesamtwirtschaftliche Nachfragekurve

eine Realeinkommensänderung reagiert und je kleiner die Zinsempfindlichkeit und die Einkommenssensitivität der Nachfrage nach Realkasse sind.

Ebenso führen alle Schocks, die die Lage der IS- oder der LM-Kurve verändern, zu einer Verschiebung der gesamtwirtschaftlichen Nachfragekurve. So führt eine expansive Fiskalpolitik in Form einer Staatsausgabenerhöhung oder einer Steuersenkung zu einer Rechtsverschiebung der IS-Kurve und damit auch zu einer Rechtsverschiebung der AD-Kurve (Abb. 10.2). Und eine expansive Geldpolitik durch die Ausweitung der nominalen Geldmenge führt über die Rechtsverschiebung der LM-Kurve ebenfalls zu einer Rechtsverschiebung der AD-Kurve (Abb. 10.3).

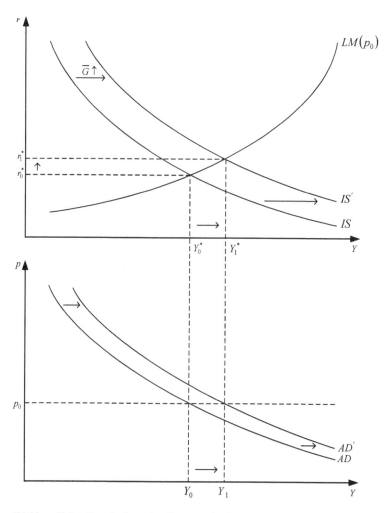

Abbildung 10.2: Verschiebung der AD-Kurve durch expansive Fiskalpolitik

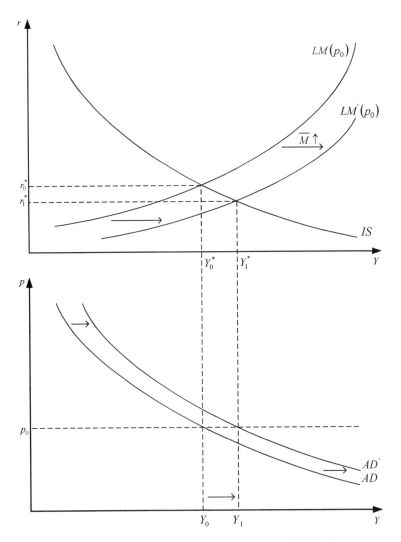

Abbildung 10.3: Verschiebung der AD-Kurve durch expansive Geldpolitik

Fügen wir nun unsere Überlegungen zur gesamtwirtschaftlichen Nachfragekurve, wie sie aus dem IS/LM-Modell hergeleitet werden kann, zusammen mit den Überlegungen, die wir in Kapitel 8 zu dem kurzfristigen und dem langfristigen Gleichgewicht in einer Volkswirtschaft angestellt haben. Für die kurze Frist haben wir, was ja auch für das IS/LM-Modell gilt, unterstellt, dass das gesamtwirtschaftliche Preisniveau exogen gegeben und konstant ist – mit der Konsequenz, dass das Realeinkommen bzw. der gesamtwirtschaftliche Output von seinem natürlichen oder gleichgewichtigen Niveau abweichen kann. Für die lange Frist dagegen unterstellen wir Preisflexibilität – diese wiederum sorgt dafür, dass sich das Realeinkommen bzw. der gesamtwirtschaftliche Output stets auf seinem natürlichen Niveau befindet. Grafisch lässt sich dies durch eine horizontal verlaufende kurzfristige gesamtwirtschaftliche Angebotskurve AS_{kfr} und durch eine vertikal verlaufende langfristige gesamtwirtschaftliche Angebotskurve AS_{lfr} ausdrücken. In Abb. 10.4 sind die kurz- und die langfristige gesamtwirtschaftliche Angebotskurve zusammen mit der mit negativer Steigung verlaufenden gesamtwirtschaftlichen Nachfragekurve in der unteren Grafik dargestellt. Im oberen Graphen ist das IS-LM-Modell zusammen mit dem Niveau des Realeinkommens im langfristigen Gleichgewicht abgetragen. Dargestellt ist der Fall, dass sich die betrachtete Volkswirtschaft in einem kurzfristigen Unterbeschäftigungsgleichgewicht E_0 befindet. In diesem Unterbeschäftigungsgleichgewicht ist das Preisniveau zu hoch bzw. die gesamtwirtschaftliche Güternachfrage zu niedrig in Relation zum natürlichen Output. Wenn es nun mittel- bis langfristig aufgrund der zu geringen gesamtwirtschaftlichen Güternachfrage zu Preissenkungen kommt, wird die gesamtwirtschaftliche Güternachfrage zunehmen. Mit dem Rückgang des gesamtwirtschaftlichen Preisniveaus nimmt das Angebot an Realkasse zu, in der Grafik verschiebt sich die LM-Kurve nach rechts. Es kommt zu einer Reihe kurzfristiger Gleichgewichte, in denen das Realeinkommen bzw. der gesamtwirtschaftliche Output zunimmt und das Preisniveau zurückgeht. Grafisch gesprochen wird sich das kurzfristige gesamtwirtschaftliche Gleichgewicht entlang der *AD*-Kurve hin zum langfristigen Gleichgewicht bewegen. In der langen Frist wird ein Gleichgewicht, in der Abb. 10.4 mit E_n bezeichnet, erreicht werden, in dem das natürliche gesamtwirtschaftliche Outputniveau bzw. Realeinkommen realisiert wird.

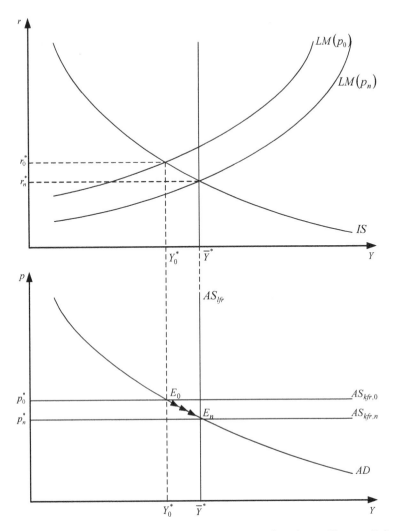

Abbildung 10.4: Kurzfristiges und langfristiges Gleichgewicht in der geschlossenen Volkswirtschaft

Klarmachen können wir uns den gravierenden Unterschied zwischen der kurzen und der langen Frist auch, wenn wir einen Blick auf die Modellgleichungen werfen. Mit Gl. (8.7) hatten wir die Bedingung für das Gütermarkt- resp. Kapitalmarktgleichgewicht und mit Gl. (8.8) die für das Geldmarktgleichgewicht formuliert:

(8.7) IS: $Y = C(Y-T) + I(r) + G$

(8.8) LM: $\dfrac{M}{p} = L_R(Y, r)$

10.2 Das Mundell-Fleming-Modell und die gesamtwirtschaftliche Nachfragekurve

In diesen beiden Gleichungen sind die Variablen Y, p und r endogen. Für die Betrachtung der kurzen Frist unterstellen wir konstante Preise. Die dritte Gleichung, die dieses Modell schließt, lautet dann:

(10.1) $p = \overline{p}$

Endogen sind also in der kurzen Frist das Realeinkommen bzw. der gesamtwirtschaftliche Output Y und der (Nominal-)Zinssatz r.

Für die lange Frist unterstellen wir Preisflexibilität, das Preisniveau p ist hier also endogen. Dagegen ist das Realeinkommen bzw. der natürliche Output exogen gegeben, nämlich mit seinem natürlichen Niveau. In der langfristigen Betrachtung wird das Modell also geschlossen durch die Gleichung

(10.2) $Y = \overline{Y}^*$

wobei neben dem Preisniveau p der (Nominal-)Zinssatz r endogen ist und das gleichgewichtige Niveau dieser beiden Variablen durch das Modell bestimmt wird.

10.2 Das Mundell-Fleming-Modell und die gesamtwirtschaftliche Nachfragekurve

In Kapitel 9 wurde das IS/LM-Modell erweitert für die offene Volkswirtschaft und in Kap. 9.1 ein Modellrahmen für die kleine offene Volkswirtschaft aufgestellt und analysiert. Für dieses sog. Mundell-Fleming-Modell lässt sich auch eine gesamtwirtschaftliche Nachfragekurve ableiten, indem man die dort postulierten Zusammenhänge entsprechend dem obigen Vorgehen für verschiedene Preisniveaus analysiert.

Bei variierendem Preisniveau ist es nun wieder wichtig, zwischen dem nominalen und dem realen Wechselkurs zu unterscheiden. Die Nettoexporte hängen, wie wir oben in Kap. 4 gesehen haben, vom realen Wechselkurs ab. Gemäß Gl. (4.19) gilt für den realen Wechselkurs:

(4.19) $Wk_{real} = Wk_{nom} \cdot \dfrac{p_i}{p_a}$

Analysieren wir nun, wie für die geschlossene Volkswirtschaft im vorhergehenden Abschnitt, auch für die kleine offene Volkswirtschaft die Auswirkungen einer Variation des gesamtwirtschaftlichen Preisniveaus. Bei einem niedrigeren Preisniveau ist das reale Geldangebot größer, nur bei einem größeren Realeinkommen ist bei einem vom Weltmarkt vorgegebenen Zinssatz dann der Geldmarkt wieder im Gleichgewicht. Ein niedrigeres Preisniveau im Inland impliziert also eine Rechtsverschiebung der LM*-Kurve. Auf die Lage der IS*-Kurve hat das Preisniveau keinen Einfluss. Im kurzfristigen Gleichgewicht bei einem niedrigeren Preisniveau ist dann der reale Wechselkurs niedriger und das Realeinkommen höher. Auch für die kleine offene Volkswirtschaft ergibt sich somit ein negativer Zusammenhang zwischen Realeinkommen bzw. gesamtwirtschaftlichem Output und gesamtwirtschaftlichem Preisniveau, ausgedrückt durch eine *AD*-Kurve mit negativer Steigung im (p, Y)-Diagramm.

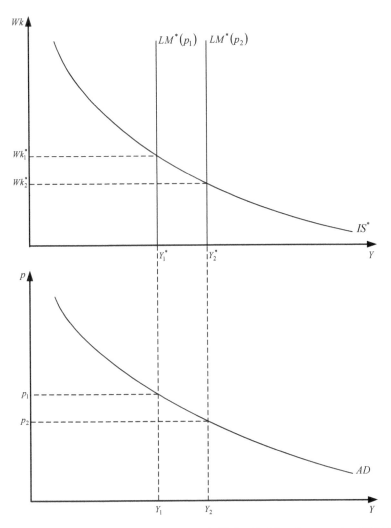

Abbildung 10.5: Herleitung der gesamtwirtschaftlichen Nachfragekurve aus dem IS*/LM*-Modell

Das Gleiche, was oben für die gesamtwirtschaftliche Nachfragekurve der geschlossenen Volkswirtschaft gesagt wurde, gilt entsprechend auch für die Kurve der gesamtwirtschaftlichen Nachfrage einer kleinen offenen Volkswirtschaft: Je flacher die IS*-Kurve verläuft, umso flacher verläuft auch die *AD*-Kurve. Und alle Einflüsse, die die Lage der IS*-Kurve oder der LM*-Kurve verändern, verändern auch die Lage der *AD*-Kurve für die kleine offene Volkswirtschaft.

10.2 Das Mundell-Fleming-Modell und die gesamtwirtschaftliche Nachfragekurve

Auch für eine kleine offene Volkswirtschaft können wir die zugehörigen Modellgleichungen aufgreifen, um den Unterschied zwischen der kurzfristigen und der langfristigen Analyse klar aufzuzeigen. Abgesehen von dem Umstand, dass wir hier explizit den realen Wechselkurs als Einflussgröße der Nettoexporte berücksichtigen (müssen), können wir die Gleichungen für das Gütermarkt- resp. Kapitalmarktgleichgewicht und für das Geldmarktgleichgewicht aus Kap. 9.1 übernehmen:

(9.1) IS*: $Y = C(Y-T) + I(r_W) + G + NX(Wk)$

(9.3) LM*: $\dfrac{M}{p} = L_R(Y, r_W)$

Für die kurze Frist gilt die Annahme konstanter Preise und damit schließt hierfür Gl. (10.1) wie oben das Modell:

(10.1) $p = \bar{p}$

In der langen Frist kann von Preisflexibilität ausgegangen werden, und die Gleichung, die dann das Modell schließt, ist wie für die geschlossene Volkswirtschaft Gl. (10.2):

(10.2) $Y = \bar{Y}^*$

Endogen sind somit in der kurzen Frist das Realeinkommen Y und der reale Wechselkurs Wk_{real}, in der langen Frist dagegen das gesamtwirtschaftliche Preisniveau p und der reale Wechselkurs Wk_{real}.

Befindet sich die betrachtete kleine offene Volkswirtschaft in einem kurzfristigen Gleichgewicht, in dem der natürliche gesamtwirtschaftliche Output, sprich das langfristige Gleichgewicht, nicht realisiert wird, bspw. in einem Unterbeschäftigungsgleichgewicht wie in Punkt E_0 der Abb. 10.6, so wird durch Preisanpassungsprozesse mittel- bis langfristig das natürliche Gleichgewicht in E_n wieder erreicht werden.

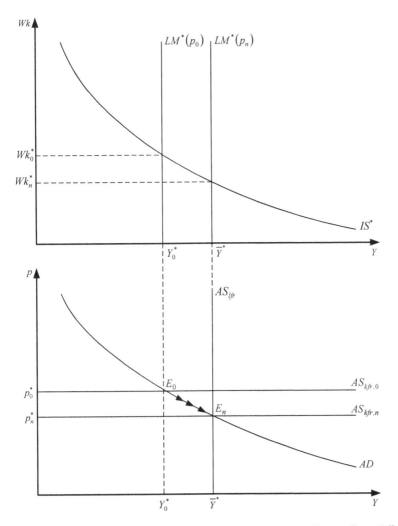

Abbildung 10.6: Kurzfristiges und langfristiges Gleichgewicht in der kleinen offenen Volkswirtschaft

10.3 Unvollkommene Märkte und die kurzfristige gesamtwirtschaftliche Angebotskurve

Bislang haben wir für die kurzfristige Analyse eine horizontal verlaufende gesamtwirtschaftliche Angebotskurve verwendet. Diese impliziert die Extremannahme vollständig fixer Preise. Im Folgenden wollen wir nun ein Modell entwickeln, in dem die Preise nicht vollkom-

10.3 Unvollkommene Märkte und die kurzfristige gesamtwirtschaftliche Angebotskurve

men starr sind, aber in dem Preisrigiditäten sehr wohl auftreten können. Aufbauend auf ein Arbeitsmarktmodell für die kurze Frist, das der sog. **neukeynesianischen** Richtung zuzuordnen ist,[92] wollen wir dann eine kurzfristige gesamtwirtschaftliche Angebotskurve herleiten.

10.3.1 Ein Arbeitsmarktmodell für die kurze Frist

Für die kurzfristige Analyse unterstellen wir, dass die Märkte nicht vollkommen sind, dass also auf Gütermärkten und Faktormärkten Unvollkommenheiten und auch Nichträumung vorliegen können. Für die Gütermärkte bedeutet dies bspw., dass die Produzenten gewisse Preissetzungsspielräume haben und nicht den Marktpreis für ihr Gut als gegeben hinnehmen müssen. Für den Arbeitsmarkt bedeutet dies u.a., dass Arbeitslosigkeit, aber auch Überbeschäftigung (im Sinne einer Beschäftigungshöhe größer als die natürliche Beschäftigungshöhe) vorliegen kann.

Um ein diese Eigenschaften abbildendes Modell zu formulieren, sind entsprechende Hypothesen über das Verhalten der Arbeitnehmer, der Arbeitsanbieter, und der Unternehmer, der Arbeitsnachfrager, aufzustellen. Ausgehen wollen wir von der Beobachtung, dass vielfach Löhne in kollektiven Tarifverhandlungen, also von Vertretern von Arbeitnehmergruppen und Vertretern von Arbeitgebergruppen, für die Mitglieder dieser Gruppen und evtl. noch darüber hinausgehende Arbeitnehmer und Arbeitgeber festgelegt werden. Dabei werden in den meist für mehrere Monate gültigen Tarifverhandlungen die Nominallöhne w festgelegt. Die dann die Arbeitsangebots- und die Arbeitsnachfrageentscheidung beeinflussende Reallohnhöhe w/p ergibt sich erst aus dem während der Laufzeit des Tarifvertrags herrschenden Preisniveau.

Von folgenden Überlegungen wollen wir bei der Formulierung der Hypothese über das **Verhalten der Arbeitnehmer**, also der Arbeitsanbieter, ausgehen: Die Arbeitnehmer erhalten einen Lohn, der über ihrem sog. Anspruchslohn liegt. Dabei ist der Anspruchslohn als der Lohnsatz definiert, bei dem ein Arbeitnehmer indifferent ist zwischen der Arbeitsaufnahme und der Nicht-Aufnahme von Arbeit. Die Arbeitnehmer erhalten also einen Lohn, der die Arbeitsaufnahme aus ihren Augen lohnenswert erscheinen lässt. Bei der Festlegung des Nominallohns in den Tarifverhandlungen werden die Arbeitnehmer das für die Laufzeit des Tarifvertrags erwartete Preisniveau einbeziehen; je höher das erwartete Preisniveau ist, umso höher wird ihre Nominallohnforderung ausfallen. Ebenso beziehen die Arbeitnehmer in ihre Lohnforderung die aktuelle Arbeitsmarktsituation mit ein. Bei hoher Arbeitslosigkeit werden sie eher niedrige Lohnforderungen stellen; ist umgekehrt die Arbeitslosigkeit niedrig, werden ihre Lohnforderungen höher ausfallen. Darüber hinaus berücksichtigen sie bei ihrer Lohnforderung auch sonstige Gegebenheiten des Arbeitsmarkts wie die Ausgestaltung des Kündigungsschutzes, die Höhe der Lohnersatzleistung im Fall der Arbeitslosigkeit oder die Höhe eines Mindestlohns. Sind bspw. die Lohnersatzleistungen relativ hoch, so sind die Anspruchslöhne entsprechend hoch und die Arbeitnehmer werden eher höhere Lohnforderungen

---

[92] Dieses neukeynesianische Arbeitsmarktmodell geht zurück auf Arbeiten von R. Layard und S. Nickell; eine umfassende Darstellung findet sich in Layard/Nickell/Jackman (1991).

stellen. Und umgekehrt: Bei nur niedrigen Lohnersatzleistungen im Fall der Arbeitslosigkeit werden die Anspruchslöhne auch niedriger sein.

Diese Überlegungen lassen sich in folgender Gleichung über das Arbeitsanbieterverhalten zusammenfassen:

(10.3) $w = p^{erw} \cdot R(ALQ, z)$ mit $\frac{\delta R}{\delta ALQ} < 0$ und $\frac{\delta R}{\delta z} > 0$

Zum einen drückt diese Gleichung aus, dass die Nominallohnforderung der Arbeitnehmer proportional zum erwarteten Preisniveau ist; ein um 3 % höheres Preisniveau bedeutet also auch eine um 3 % höhere Nominallohnforderung. Zum anderen besagt sie, dass die Reallohnhöhe negativ von der Arbeitslosenquote ALQ und positiv von der Variablen z abhängig ist, die als sog. Catch-all-Variable alle sonstigen Einflüsse auf die Lohnbestimmung erfasst.

Bezüglich des **Verhaltens der Arbeitgeber**, der Arbeitsnachfrager, nehmen wir an, dass sie die Absatzpreise für die von ihnen hergestellten Produkte im Rahmen einer Zuschlagskalkulation festlegen. Bei den im Kap. 3 für die lange Frist unterstellten vollkommenen Konkurrenzmärkten realisiert ein Unternehmen dann seinen maximalen Gewinn, wenn es die Produktionsmenge wählt, bei der die Grenzkosten gerade gleich dem für das Unternehmen gegebenen Marktpreis sind. Sind die Gütermärkte dagegen nur unvollkommen, so kann das Unternehmen Preise für sein Gut verlangen, die über den Grenzkosten der Produktion liegen. Dann ist es für das Unternehmen rational und gewinnmaximierend, wenn es so viel von seinem Produkt herstellt, wie es absetzen kann. Unterstellen wir der Einfachheit halber, dass Arbeit der einzige variable Produktionsfaktor ist, so sind die Grenzkosten der Produktion proportional zur Nominallohnhöhe und die Preissetzung ergibt sich aus diesen Überlegungen zu

(10.4) $p = (1 + \mu) \cdot w$

wobei $\mu \geq 0$ der Zuschlagsfaktor auf die Grenzkosten bzw. hier auf die Lohnkosten ist.

Gleichgewicht auf dem Arbeitsmarkt herrscht dann, wenn der von den Arbeitnehmern geforderte Reallohn gleich ist dem Reallohn, den die Unternehmen bereit sind zu zahlen. Um das Arbeitsmarktgleichgewicht zu bestimmen, sind also die oben formulierten Hypothesen über das Verhalten der Arbeitsanbieter und der Arbeitsnachfrager zueinander in Beziehung zu setzen. Unterstellen wir für einen Moment, dass das erwartete Preisniveau dem aktuellen Preisniveau entspricht, also:

(10.5) $p^{erw} = p$

gilt. Dann lässt sich Gl. (10.3) schreiben als:

(10.6) $w = p \cdot R(ALQ, z)$ bzw. $\frac{w}{p} = R(ALQ, z)$

Gl. (10.4) lässt sich äquivalent umformen in:

10.3 Unvollkommene Märkte und die kurzfristige gesamtwirtschaftliche Angebotskurve

(10.7) $\dfrac{w}{p} = \dfrac{1}{1+\mu}$

Der Arbeitsmarkt ist also im Gleichgewicht, wenn

(10.8) $\dfrac{1}{1+\mu} = R(ALQ, z)$

erfüllt ist. Die im Gleichgewicht herrschende Arbeitslosenquote ALQ^* wird wiederum auch als natürliche Arbeitslosenquote bezeichnet.

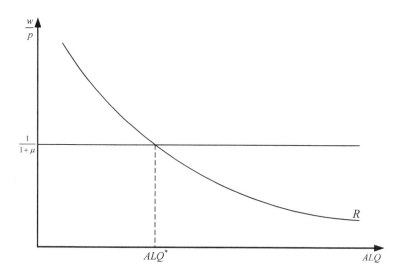

Abbildung 10.7: Arbeitsmarktgleichgewicht in der kurzen Frist

Zu der gleichgewichtigen oder natürlichen Arbeitslosenquote ALQ^* gehört ein gleichgewichtiges oder natürliches Outputniveau $\overline{Y}^*$, das Produktionspotenzial. In der kurzen Frist sind Abweichungen zwischen dem tatsächlichen und dem gleichgewichtigen gesamtwirtschaftlichem Output bzw. Realeinkommen möglich. Gemäß dem **Okun'schen Gesetz** besteht zwischen dem gesamtwirtschaftlichen Output und der Arbeitslosigkeit in einem Land ein negativer Zusammenhang.[93] Sinkt die Arbeitslosigkeit in einem Land, so impliziert dies eine Zunahme des gesamtwirtschaftlichen Outputs, und umgekehrt:

(10.9) $Y = f(ALQ)$ mit $\dfrac{\delta Y}{\delta ALQ} < 0$

---

[93] Arthur Okun (1928-1980), amerikanischer Ökonom, war der Erste, der sich explizit mit dem Zusammenhang zwischen Bruttoinlandsprodukt und Arbeitslosigkeit beschäftigte und in empirischen Studien den später nach ihm benannten negativen Zusammenhang zwischen diesen beiden gesamtwirtschaftlichen Größen aufdeckte. Okun (1962/1983).

Eine andere Version des Okun'schen Gesetzes besagt, dass zwischen der Abweichung des gesamtwirtschaftlichen Outputs von seinem natürlichen Niveau und der Abweichung der Arbeitslosenquote von ihrem natürlichen Niveau eine negative Beziehung besteht. Ist der gesamtwirtschaftliche Output bzw. das Realeinkommen größer als das Produktionspotenzial, so liegt die Arbeitslosenquote unter ihrem natürlichen Niveau. Setzt man die in Gl. (10.9) formulierte negative Beziehung zwischen Realeinkommen bzw. gesamtwirtschaftlichem Output und Arbeitslosenquote in Gl. (10.6) ein, dann ergibt sich die Gleichgewichtsbedingung für den Arbeitsmarkt in Gl. (10.8) zu:

(10.10) $\quad \frac{1}{1+\mu} = R(Y,z)$ mit $\frac{\delta R}{\delta Y} > 0$ und $\frac{\delta R}{\delta z} > 0$

10.3.2 Die kurzfristige gesamtwirtschaftliche Angebotskurve

Aus dem gerade formulierten Modell für den Arbeitsmarkt in der kurzen Frist wollen wir nun die kurzfristige gesamtwirtschaftliche Angebotskurve herleiten. Die kurzfristige gesamtwirtschaftliche Angebotskurve ist wie die gesamtwirtschaftliche Nachfragekurve eine Beziehung zwischen Realeinkommen bzw. gesamtwirtschaftlichem Output und gesamtwirtschaftlichem Preisniveau. Sie gibt zu jedem von den Unternehmen angebotenen Outputniveau das kalkulierte Preisniveau an.

Die Hypothesen über das Verhalten der Arbeitnehmer haben wir mit der Gl. (10.3) zusammengefasst. Damit haben wir auch eine Funktion für die Höhe des Nominallohns, der in die Preiskalkulation der Arbeitgeber und Produzenten eingeht, formuliert. Setzen wir diese Funktion in die Gl. (10.4), die das Verhalten der Produzenten zusammenfasst, ein, so erhalten wir:

(10.11) $\quad p = (1+\mu) \cdot p^{erw} \cdot R(ALQ, z)$

Die Berücksichtigung des Okun'schen Gesetzes und damit von Gl. (10.9) führt zu:

(10.12) $\quad p = (1+\mu) \cdot p^{erw} \cdot R(Y,z)$ bzw. $p = p^{erw} \cdot (1+\mu) \cdot R(Y,z)$

Damit haben wir eine Beziehung zwischen dem gesamtwirtschaftlichen Preisniveau p und dem Realeinkommen bzw. dem gesamtwirtschaftlichen Output Y, die auf die Güterangebotsseite abzielt und auf dem Arbeitsmarkt, so wie er für die kurze Frist modelliert wurde, basiert. Diese Gl. (10.12) ist also die Funktion der **kurzfristigen gesamtwirtschaftlichen Angebotskurve** AS_{kfr}.

Die Steigung der kurzfristigen gesamtwirtschaftlichen Angebotskurve im (p, Y)-Diagramm ist positiv. Rein formal ergibt sich dies aus der positiven Beziehung zwischen dem gesamtwirtschaftlichen Output Y und der Reallohnfunktion R. Wenn Y größer ist, ist R größer; und wenn R größer ist, ist unter sonst gleichen Umständen die rechte Seite von Gl. (10.12) größer. Dann muss für die Identität auch die linke Seite von Gl. (10.12) größer werden. Ökonomisch stehen hier folgende Zusammenhänge dahinter: Bei einem größeren gesamtwirtschaft-

10.3 Unvollkommene Märkte und die kurzfristige gesamtwirtschaftliche Angebotskurve

lichen Output ist gemäß dem Okun'schen Gesetz, Gl. (10.9), die Arbeitslosenquote niedriger. Bei einer niedrigeren Arbeitslosenquote werden die Arbeitnehmer höhere Nominallohnforderungen stellen und sie auch durchsetzen können, Gl. (10.3). Höhere Nominallöhne führen dazu, dass die Unternehmen gemäß Gl. (10.4) höhere Preise fordern. Ein höherer gesamtwirtschaftlicher Output geht also mit einem höheren gesamtwirtschaftlichen Preisniveau einher.

Neben der positiven Steigung zeigt Gl. (10.12) eine weitere Eigenschaft der kurzfristigen gesamtwirtschaftlichen Angebotskurve. Das erwartete Preisniveau p^{erw} ist Lageparameter der AS_{kfr}-Kurve. Ein Anstieg des erwarteten Preisniveaus führt zu einem gleich großen Anstieg des aktuellen Preisniveaus. Die AS_{kfr}-Kurve verschiebt sich also bei einem Anstieg des erwarteten Preisniveaus nach oben, bei einem niedrigeren erwarteten Preisniveau liegt sie weiter unten im (p, Y)-Diagramm.

In genau einem Punkt der kurzfristigen gesamtwirtschaftlichen Angebotskurve ist das erwartete Preisniveau gleich dem aktuellen. Wenn erwartetes und aktuelles Preisniveau übereinstimmen, dann stimmt auch der aktuelle gesamtwirtschaftliche Output mit dem natürlichen gesamtwirtschaftlichen Output überein. Läge der aktuelle Output in diesem Fall nämlich nicht auf dem natürlichen Niveau, sondern über oder unter dem Produktionspotenzial, dann käme es zu Über- bzw. zu Unterbeschäftigung. Über- oder Unterbeschäftigung würde aber zu Nominallohnveränderungen führen, was dann Änderungen des gesamtwirtschaftlichen Preisniveaus mit sich bringen würde, was nicht mit der Identität von aktuellem und erwartetem Preisniveau kompatibel ist. In diesem einen Punkt der AS_{kfr}-Kurve mit den Koordinatenwerten $p = p^{erw}$ und $Y = \overline{Y}^*$ liegt somit das langfristige gesamtwirtschaftliche Gleichgewicht mit dem natürlichen Niveau von gesamtwirtschaftlichem Output und Arbeitslosigkeit.

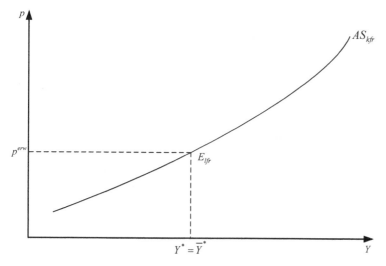

Abbildung 10.8:   Die kurzfristige gesamtwirtschaftliche Angebotskurve

Wenn das aktuelle Preisniveau höher ist als erwartet, so liegt der gesamtwirtschaftliche Output bzw. das Realeinkommen über seinem natürlichen Niveau. Ist das aktuelle Preisniveau niedriger als das erwartete, so ist liegt der gesamtwirtschaftliche Output bzw. das Realeinkommen unter dem natürlichen Niveau.

In Kapitel 7 hatten wir eine kurzfristige gesamtwirtschaftliche Angebotskurve hergeleitet, die auf der extremen Annahme völlig fixer Preise basierte und daher horizontal im (p, Y)-Diagramm verlief. Hier haben wir nun, ausgehend von in der kurzen Frist unvollkommenen Güter- und Faktormärkten, eine kurzfristige gesamtwirtschaftliche Angebotskurve hergeleitet, die im (p, Y)-Diagramm eine positive Steigung aufweist und damit ebenfalls, wie die horizontal verlaufende kurzfristige gesamtwirtschaftliche Angebotskurve, Abweichungen des Realeinkommens bzw. des gesamtwirtschaftlichen Outputs von seinem natürlichen oder langfristig gleichgewichtigen Niveau zulässt und somit konjunkturelle Schwankungen erklären kann.

10.4 Kurzfristiges Gleichgewicht, langfristiges Gleichgewicht und Anpassungsdynamik

Fügen wir nun die gesamtwirtschaftliche Nachfragekurve und die kurz- wie auch die langfristige gesamtwirtschaftliche Angebotskurve zusammen. Wie oben begründet, weist die gesamtwirtschaftliche Nachfragekurve im (p, Y)-Diagramm eine negative Steigung und die kurzfristige gesamtwirtschaftliche Angebotskurve eine positive Steigung auf, die langfristige gesamtwirtschaftliche Angebotskurve verläuft im (p, Y)-Diagramm vertikal.

Kurzfristiges gesamtwirtschaftliches Gleichgewicht herrscht dann, wenn der bei einem bestimmten Preisniveau nachgefragte gesamtwirtschaftliche Output gleich groß ist wie der bei diesem Preisniveau von den Unternehmen angebotene gesamtwirtschaftliche Output, also im Schnittpunkt der AD-Kurve mit der AS_{kfr}-Kurve, in der Abb. 10.9 für eine beliebige Periode $t = 0$ mit E_0 bezeichnet. Hier sind Güter- resp. Kapitalmarkt, Geldmarkt und Arbeitsmarkt in der betreffenden Periode „0" im Gleichgewicht. **Langfristiges gesamtwirtschaftliches Gleichgewicht** liegt dann vor, wenn in der betrachteten Volkswirtschaft das natürliche Niveau von Realeinkommen bzw. gesamtwirtschaftlichem Output realisiert wird; also dort, wo sich, grafisch gesprochen, die AD-Kurve und die AS_{lfr}-Kurve schneiden, hier mit E_{lfr} für die Periode „0" bezeichnet. Dabei kann es sehr wohl der Fall sein, dass in der kurzen Frist, also in der betrachteten aktuellen Periode, das tatsächliche Realeinkommen Y_0 von dem bei der natürlichen Arbeitslosenquote realisierten Niveau $\overline{Y}^*$ abweicht. Mit anderen Worten, dass das kurzfristige Gleichgewicht nicht mit dem langfristigen Gleichgewicht zusammenfällt. So ist in Abb. 10.9 der Fall eingetragen, dass in der aktuellen Periode „0" der tatsächliche gesamtwirtschaftliche Output höher ist als das natürliche Outputniveau.

10.4 Kurzfristiges Gleichgewicht, langfristiges Gleichgewicht und Anpassungsdynamik

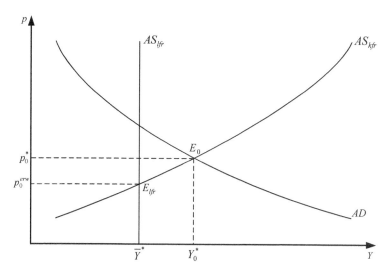

Abbildung 10.9: *Kurzfristiges und langfristiges gesamtwirtschaftliches Gleichgewicht*

Es stellt sich dann unmittelbar die Frage, ob es in diesem Modell endogene Mechanismen gibt, die dafür sorgen, dass im Zeitverlauf die betrachtete Volkswirtschaft wieder ihr langfristiges gesamtwirtschaftliches Gleichgewicht erreicht. Der Zusammenhang oder der link zwischen den einzelnen Perioden 0, 1, 2, ... ergibt sich in diesem Modell durch die konkrete Formulierung der kurzfristigen gesamtwirtschaftlichen Angebotskurve in Gl. (10.12), in der sich die Variable für das Preisniveau p auf die Gegenwart, also die aktuelle Periode, bezieht, die Variable für die Erwartungen bezüglich des Preisniveaus, p^{erw}, sich dagegen auf die nächste Periode, die Zukunft, bezieht.

Um diese zeitliche Komponente und damit die Grundlage für den **Anpassungsprozess in der Zeit** in dieses Modell aufzunehmen, ist zunächst eine Hypothese darüber aufzustellen, wie die Arbeitnehmer, die Erwartungen über das zukünftige Preisniveau haben, diese Erwartungen bilden. Eine plausible Annahme ist die, dass sie sich mit ihren Erwartungen für das Preisniveau an dem Preisniveau, das sie in den vorangegangenen Perioden gesehen haben, orientieren.[94] Wir unterstellen die einfachste Version, nämlich dass die Arbeitnehmer für die aktuelle Periode das Preisniveau erwarten, das in der Vorperiode geherrscht hat:

(10.13) $p_t^{erw} = p_{t-1}$

Die Erwartungen der Arbeitnehmer hinsichtlich des Preisniveaus in der aktuellen Periode sind also nicht konstant, sondern ändern sich. Ist das Preisniveau in der Vorperiode ein ande-

---

[94] Eine solche Bildung von Erwartungsgrößen auf der Basis von Vergangenheitswerten der betrachteten Größe nennt man auch adaptive Erwartungsbildung. Häufig wird diese Erwartungsbildung so modelliert, dass die Werte der jüngeren Vergangenheit mit größerem Gewicht in die Erwartungsbildung eingehen als weiter zurückliegende Vergangenheitswerte.

res gewesen, als es die Arbeitnehmer erwartet hatten, dann werden sie ihre Erwartungen für das Preisniveau der laufenden Periode entsprechend anpassen.

Berücksichtigen wir diese Erwartungsbildungshypothese in der Gl. (10.12)[95], so erhalten wir für die kurzfristige gesamtwirtschaftliche Angebotsfunktion:

(10.14) $p_t = p_{t-1} \cdot (1 + \mu) \cdot R(Y, z)$

Nehmen wir nun an, die betrachtete Volkswirtschaft befindet sich im kurzfristigen Gleichgewicht in einer Überbeschäftigungssituation oder Boomphase, wie sie oben mit dem kurzfristigen Gleichgewicht in Abb. 10.9 dargestellt ist (eine Unterbeschäftigungssituation wäre entsprechend zu behandeln, es würden sich nur die Richtungen der Anpassungen umkehren). In Abb. 10.10 ist diese Ausgangssituation mit E_0 bezeichnet. Das langfristige Gleichgewicht liegt im Punkt E_n.

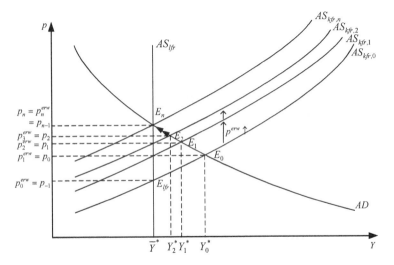

Abbildung 10.10: Anpassungsdynamik an das langfristige gesamtwirtschaftliche Gleichgewicht

Im Punkt E_0 ist aber das tatsächliche Preisniveau höher als das für diese Periode von den Arbeitnehmern erwartete: $p > p_0^{erw} = p_{-1}$. Daher werden die Arbeitnehmer in der Folgeperiode höhere Nominallöhne fordern und auch durchsetzen können. Die Unternehmen werden auf die gestiegenen Nominallöhne mit Preiserhöhungen reagieren. Es wird dann jede gesamtwirtschaftliche Outputmenge zu einem höheren Preisniveau verkauft, die kurzfristige gesamtwirtschaftliche Angebotskurve verschiebt sich nach oben. Formal ist die Verlagerung der AS_{kfr}-Kurve nach oben dadurch begründet, dass, wie oben ausgeführt, das erwartete Preisniveau Lageparameter der AS_{kfr}-Kurve ist. Da sich im kurzfristigen Gleichgewicht E_0

---

[95] Genau genommen müssten wir alle Variablen in diesem Modell, und nicht nur die Variable p, nun mit einem Zeitindex t versehen, worauf wir aber aus Gründen der Übersichtlichkeit verzichten. Alle unindizierten Variablen beziehen sich somit auf die Gegenwartsperiode.

10.4 Kurzfristiges Gleichgewicht, langfristiges Gleichgewicht und Anpassungsdynamik

die Preisniveauerwartungen der Arbeitnehmer nicht erfüllt haben, werden die Arbeitnehmer ihre Preisniveauerwartungen revidieren und für die nächste Periode das in der aktuellen Periode realisierte höhere Preisniveau erwarten; und bei einem höheren erwarteten Preisniveau liegt die AS_{kfr}-Kurve im (p, Y)-Diagramm weiter oben.

Die Verschiebung der AS_{kfr}-Kurve nach oben geht so weit, bis sie durch den Punkt auf der vertikalen AS_{lfr}-Kurve geht, bei dem die Horizontale in Höhe des tatsächlichen Preisniveaus der Vorperiode, hier also der Ausgangsperiode $t = 0$, geschnitten wird. In diesem Punkt gilt nämlich, dass das tatsächliche Preisniveau dem erwarteten und damit, bei der hier unterstellten Erwartungsbildungshypothese, dem der Vorperiode entspricht, und dies muss im Schnittpunkt der jeweils gültigen AS_{kfr}-Kurve mit der vertikalen AS_{lfr}-Kurve gelten. In der Folgeperiode $t = 1$ gilt die neue kurzfristige gesamtwirtschaftliche Angebotskurve $AS_{kfr,1}$.

In der Periode $t = 1$ wird das kurzfristige Gleichgewicht im Punkt E_1 realisiert, in dem sich die AD-Kurve und die $AS_{kfr,1}$-Kurve schneiden. Qualitativ liegt hier die gleiche Situation wie im kurzfristigen Gleichgewicht von E_0 vor. Nach wie vor ist der gesamtwirtschaftliche Output größer als das natürliche Outputniveau, und das tatsächliche Preisniveau übersteigt das für diese Periode erwartete Preisniveau. Daher wird es erneut zu Revisionen der Preisniveauerwartungen bei den Arbeitnehmern kommen, mit der Konsequenz steigender Nominallöhne und eines steigenden Preisniveaus. Die AS_{kfr}-Kurve wird sich von der Periode $t = 1$ zur Periode $t = 2$ erneut nach oben verschieben, und zwar so weit, bis sie den Punkt auf der AS_{lfr}-Kurve schneidet, bei dem $p_2 > p_2^{erw} = p_1$ gilt.

Für die Folgeperiode $t = 2$ gilt somit die Kurve $AS_{kfr,2}$ als kurzfristige gesamtwirtschaftliche Angebotskurve, und das kurzfristige gesamtwirtschaftliche Gleichgewicht für diese Periode ist in der Abb. 10.10 mit E_2 bezeichnet. Auch für dieses neue kurzfristige Gleichgewicht ist wieder zu prüfen, ob der gesamtwirtschaftliche Output seinem natürlichen Niveau entspricht und ob die Erwartungen bezüglich des Preisniveaus sich erfüllt haben oder Anpassungen erfolgen werden.

Die kurzfristigen Gleichgewichte bewegen sich von Periode zu Periode entlang der gesamtwirtschaftlichen Nachfragekurve. Die AD-Kurve selber wird sich in diesem Anpassungsprozess nicht verschieben. Die Bewegung entlang der AD-Kurve resultiert aus den Erhöhungen des Preisniveaus. Die Preisniveausteigerungen reduzieren das Angebot an Realkasse auf dem Geldmarkt. Die dadurch induzierten Zinssteigerungen führen zu einem Rückgang der gesamtwirtschaftlichen Nachfrage und des gesamtwirtschaftlichen Outputs in den neuen kurzfristigen Gleichgewichten.

Die Anpassungen werden so lange anhalten, bis der gesamtwirtschaftliche Output bzw. das Realeinkommen auf seinem natürlichen Niveau liegt und es nicht mehr zu Abweichungen des tatsächlichen Preisniveaus vom erwarteten kommt. Im langfristigen gesamtwirtschaftlichen Gleichgewicht E_n besteht also kein Anpassungsbedarf mehr. Befindet sich die Volkswirtschaft aber außerhalb des langfristigen Gleichgewichts, so existieren, wie gezeigt, endogene Mechanismen, es werden Anpassungsreaktionen ausgelöst, die dafür sorgen, dass sich die Volkswirtschaft zum langfristigen Gleichgewicht hin bewegt.

10.5 Nachfrageschocks und Angebotsschocks

Nachdem wir nun das Modell der gesamtwirtschaftlichen Nachfrage- und der gesamtwirtschaftlichen Angebotskurve aufgestellt haben, wollen wir auch in diesem Modell analysieren, wie verschiedene wirtschaftspolitische Maßnahmen wirken. Beginnen wollen wir wieder mit einer expansiven Fiskalpolitik in Form einer **Staatsausgabenerhöhung**. Die betrachtete Volkswirtschaft befinde sich in der Ausgangssituation im langfristigen Gleichgewicht. Grafisch gesprochen also im Schnittpunkt der langfristigen gesamtwirtschaftlichen Angebotskurve mit der gesamtwirtschaftlichen Nachfragekurve, und durch diesen Schnittpunkt geht auch eine kurzfristige gesamtwirtschaftliche Angebotskurve. In der Abb. 10.11 ist diese der Punkt E_0. Eine Ausweitung der Staatsausgaben führt, wie oben gesehen, zu einer Erhöhung der gesamtwirtschaftlichen Nachfrage und damit zu einer Rechtsverschiebung der AD-Kurve im (p, Y)-Diagramm. Der Impuls oder Nachfrageschock durch die Erhöhung der Staatsausgaben führt also zu einem neuen kurzfristigen Gleichgewicht, in der Grafik ist dies der Punkt E_1, mit gestiegenem gesamtwirtschaftlichem Output bzw. Realeinkommen und höherem gesamtwirtschaftlichem Preisniveau.

In diesem neuen kurzfristigen Gleichgewicht ist aber langfristiges Gleichgewicht nicht mehr gegeben: Der Output ist über seinem natürlichen Niveau, und das tatsächliche Preisniveau entspricht nicht dem für diese Periode erwarteten Preisniveau, sondern ist höher als dieses. Infolgedessen kommt es zu Anpassungsreaktionen. Die Arbeitnehmer werden auf der Basis des gestiegenen Preisniveaus ihre Preisniveauerwartungen neu bilden und mit diesen revidierten Preisniveauerwartungen ihre Nominallohnforderung formulieren. Die Unternehmen werden die gestiegenen Löhne in höhere Preise überwälzen, der Output wird zu höheren Preisen angeboten. In der Grafik schlägt sich dies in einer in die Position $AS_{kfr,1}$ nach oben verschobenen kurzfristigen gesamtwirtschaftlichen Angebotskurve nieder. In der Folgeperiode kommt es also zu einem weiteren neuen kurzfristigen gesamtwirtschaftlichen Gleichgewicht, in Abb. 10.11 der Punkt E_2. In diesem kurzfristigen Gleichgewicht ist der gesamtwirtschaftliche Output wieder etwas zurückgegangen, das Preisniveau ist weiter gestiegen. Aber auch in Punkt E_2 gilt, was bereits für E_1 festgestellt wurde: Der Output ist höher als der natürliche Output, und das Preisniveau ist höher als erwartet. Die Anpassungsreaktionen werden also erneut einsetzen. Und dies wird sich so lange fortsetzen, bis in der langen Frist mit dem Punkt E_n ein Gleichgewicht erreicht ist, das nicht nur kurzfristig, sondern auch langfristig gilt. Im langfristigen Gleichgewicht des Punktes E_n liegt der gesamtwirtschaftliche Output bzw. das Realeinkommen Y^* auf seinem natürlichen Niveau $\overline{Y}^*$ und das tatsächliche Preisniveau p_n entspricht dem für diese Periode erwarteten Preisniveau $p_n^{erw} = p_{n-1}$. Kurzfristig führt also die Ausweitung der Staatsausgaben zu einer Erhöhung des gesamtwirtschaftlichen Outputs bzw. des Realeinkommens in der betrachteten Volkswirtschaft, mittelfristig wird das Realeinkommen aber von diesem Überbeschäftigungsniveau zurückgehen, bis in der langen Frist wieder das natürliche Niveau des gesamtwirtschaftlichen Outputs und der Beschäftigung erreicht wird. Langfristig wird es lediglich zu nominalen Effekten in Form eines gestiegenen Preisniveaus, gestiegener (Nominal-)Zinssätze und gestiegener Nominallöhne kommen, die realen Größen gesamtwirtschaftlicher Output bzw. Realeinkommen und Beschäftigung befinden sich in der langen Frist wieder auf ihrem Ausgangsniveau.

Im oberen Teil der Abb. 10.11 ist abgetragen, was hinter der Verschiebung der AD-Kurve und der AS_{kfr}-Kurve steht. Der Impuls der expansiven Fiskalpolitik verschiebt, wie weiter oben gezeigt wurde, die IS-Kurve nach rechts. Bei konstantem Preisniveau läge das neue kurzfristige Gleichgewicht im Punkt $E_{1,H}$,[96] dem Schnittpunkt der neuen IS-Kurve, IS´, und der bei unverändertem Preisniveau p_0 geltenden LM-Kurve LM(p_0) – zur Verdeutlichung ist dieser Punkt auch im (p, Y)-Diagramm im unteren Teil der Abb. 10.12 abgetragen. Jedoch haben wir nun die Annahme eines konstanten Preisniveaus aufgegeben und über die oben formulierten Verhaltenshypothesen haben wir abgeleitet, dass es zu einem Anstieg des Preisniveaus kommen wird, wenn die gesamtwirtschaftliche Nachfrage ausgeweitet wird. Das Preisniveau beträgt im neuen Gleichgewicht p_1, was sich in der grafischen Analyse aus dem unteren Teil der Abb. 10.11 ergibt. Dieser Preisniveauanstieg impliziert einen Rückgang des Angebots an Realkasse und damit verlagert sich die LM-Kurve in die Position LM(p_1). Das neue kurzfristige Gleichgewicht liegt somit im Schnittpunkt der IS´-Kurve mit der LM(p_1)-Kurve. In diesem neuen Gleichgewicht E_1 ist das Realeinkommen wie auch der (Nominal-)Zinssatz gestiegen. Die in E_1 einsetzenden oben beschriebenen Anpassungsprozesse führen dazu, dass in der Folge das Preisniveau weiter ansteigen wird, und zwar bis das langfristige Gleichgewicht E_n erreicht wird. Mit jedem Preisniveauanstieg verlagert sich auch die LM-Kurve weiter nach oben bzw. links, bis sie sich letztendlich in der Position LM(p_n) befindet. Erst dann wird es zu keinem weiteren Anstieg des Preisniveaus mehr kommen, da nun keine Überraschungen mehr stattfinden und das realisierte Preisniveau dem für diese aktuelle Periode erwarteten entspricht.

---

[96] Das Suffix H steht für hypothetisch.

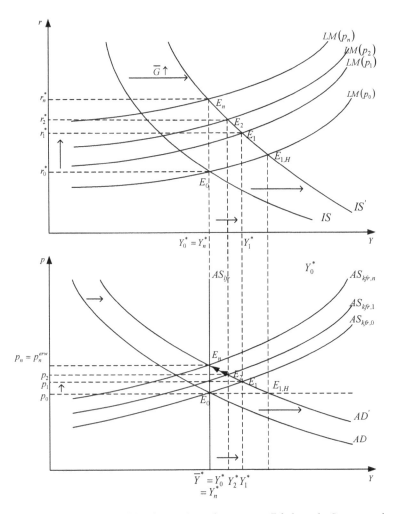

Abbildung 10.11: Kurz- und langfristige Auswirkungen einer Erhöhung der Staatsausgaben im Totalmodell

Betrachten wir ebenso eine expansive Geldpolitik in Form einer **Ausweitung der nominalen Geldangebotsmenge**. Ausgangssituation sei wieder ein langfristiges Gleichgewicht, der Punkt E_0 in Abb. 10.12. Kommt es nun zu einer Erhöhung der nominalen Geldmenge, so werden sich die LM-Kurve und die AD-Kurve nach rechts verlagern. Zu beachten ist auch hier, dass bei gegebenem Preisniveau ein neues kurzfristiges Gleichgewicht realisiert würde, das im Schnittpunkt der IS-Kurve mit der infolge der expansiven Geldpolitik nach außen in die Position $LM'(p_0)$ verlagerten LM-Kurve liegt und das in der Abb. 10.12 mit $E_{1,H}$ bezeichnet ist. Da aber im neuen kurzfristigen Gleichgewicht das Preisniveau gestiegen ist, wird der durch die Geldmengenerhöhung ausgelöste Anstieg der Realkasse teilweise kompensiert, so dass die neue LM-Kurve nach dem Impuls der Geldmengenerhöhung nicht die Position $LM'(p_0)$, sondern die Position $LM(p_1)$ aufweist. Das neue kurzfristige Gleichgewicht, in dem sich die betrachtete Volkswirtschaft nun befindet, liegt im Punkt E_1. Gegen-

10.5 Nachfrageschocks und Angebotsschocks

über der Ausgangssituation E_0 ist das Realeinkommen bzw. der gesamtwirtschaftliche Output gestiegen, ebenso das Preisniveau und der (Nominal-)Zinssatz. Da in diesem kurzfristigen Gleichgewicht das tatsächliche Preisniveau über dem erwarteten liegt, kommt es auch hier zu Anpassungsreaktionen. Die Anpassungsreaktionen sind die gleichen wie oben bei der expansiven Fiskalpolitik geschildert, da die Abweichung vom langfristigen Gleichgewicht qualitativ die gleiche ist: Im neuen kurzfristigen Gleichgewicht liegt der gesamtwirtschaftliche Output bzw. das Realeinkommen über seinem natürlichen Niveau und das tatsächliche Preisniveau liegt über dem erwarteten. Auch die expansive Geldpolitik wird langfristig nur zu einem Anstieg bei den nominalen Größen führen, die realen Größen wie Beschäftigung, gesamtwirtschaftlicher Output bzw. Realeinkommen und reale Geldangebotsmenge werden im langfristigen Gleichgewicht, in Abb. 10.12 der Punkt E_n, wieder auf ihrem Ausgangsniveau liegen.

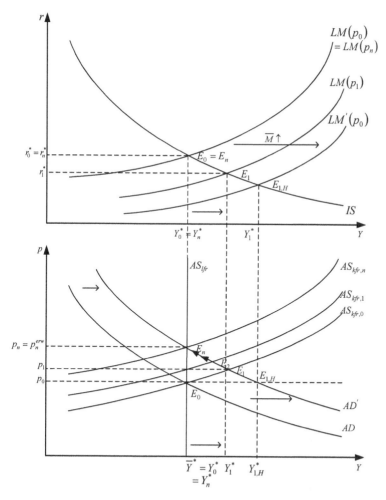

Abbildung 10.12: Kurz- und langfristige Auswirkungen einer Erhöhung der nominalen Geldmenge im Totalmodell

Abschließend wollen wir in diesem Modell noch die Auswirkungen eines **Angebotsschocks**, also eines exogenen Impulses auf der Angebotsseite der betrachteten Volkswirtschaft, analysieren. Das können bspw. Arbeitsmarktreformen sein, die sich in einer veränderten Höhe der Catch-all-Variablen z im kurzfristigen Arbeitsmarktmodell niederschlagen. Oder es können Einflüsse auf den Zuschlagsfaktor μ sein, wie ein Anstieg bei den Preisen sonstiger Produktionsfaktoren, die in diesem Modell nicht explizit aufgenommen sind.

Nehmen wir an, es kommt zu einer drastischen und dauerhaften Erhöhung der Rohstoffpreise. Wenn die Unternehmen ihre Gewinnspanne nach einem solchen Schock aufrechterhalten wollen, so müssen sie bei jedem Lohnsatz mit einem höheren Zuschlagsfaktor μ auf die Nominallöhne kalkulieren, damit der Zuschlag hoch genug ist, um neben der (unveränderten) Gewinnspanne die gestiegenen Rohstoffkosten abzudecken. Anders gewendet: Die bisherige Reallohnhöhe werden die Unternehmen angesichts der gestiegenen Preise für die sonstigen Produktionsfaktoren, die Rohstoffe, nicht mehr bereit sein zu zahlen. Der Reallohn, den die Unternehmen zu zahlen bereit sind, sinkt. Aufgrund der negativen Abhängigkeit des von den Arbeitnehmern geforderten Reallohns von der Höhe der Arbeitslosenquote sinkt der gleichgewichtige Reallohnsatz und die natürliche Arbeitslosenquote ALQ^* steigt. Die Abb. 10.13 zeigt die Auswirkungen eines solchen negativen Angebotsschocks auf die natürliche Arbeitslosenquote.

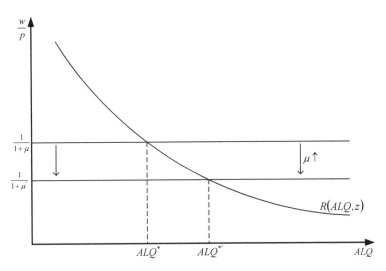

Abbildung 10.13: Auswirkungen eines Anstiegs des Zuschlagsfaktors auf die natürliche Arbeitslosenquote

Was geschieht infolge dieses negativen Angebotsschocks mit den drei Kurven im (p, Y)-Diagramm? Die gesamtwirtschaftliche Nachfragekurve ist durch den im höheren Niveau der Rohstoffpreise begründeten Anstieg des Zuschlagsfaktors nicht berührt. Aus dem Rohstoffpreisanstieg resultiert aber, wie gerade gesehen, eine höhere natürliche Arbeitslosenquote, zu der wiederum gemäß Gl. (10.9) ein niedrigeres natürliches Niveau des gesamtwirtschaftlichen Outputs bzw. Realeinkommens gehört. Dies impliziert aber eine Linksverlagerung der vertikalen langfristigen gesamtwirtschaftlichen Angebotskurve. Ebenso führt der höhere Zuschlagsfaktor gemäß Gl. (10.14) zu einer Verschiebung der kurzfristigen gesamtwirtschaftlichen Angebotskurve nach oben. Die AS_{kfr}-Kurve verschiebt sich infolge des höheren Zuschlagsfaktors in die Position AS_{kfr}', die dadurch gekennzeichnet ist, dass hier diese neue kurzfristige gesamtwirtschaftliche Angebotskurve durch den Punkt der neuen langfristigen gesamtwirtschaftlichen Angebotskurve geht, bei dem das erwartete Preisniveau dem tatsächlichen entspricht. Das nach dem Angebotsschock realisierte neue kurzfristige gesamtwirtschaftliche Gleichgewicht liegt also im Punkt E_1 mit Y_1^* und p_1^*. In der kurzen Frist führt also der Rohstoffpreisanstieg zu einem niedrigeren gesamtwirtschaftlichen Output bzw. Realeinkommen und einem höheren Preisniveau. Wenn die betrachtete Volkswirtschaft sich vor diesem Angebotsschock in Form eines Rohstoffpreisanstiegs in ihrem langfristigen Gleichgewicht befunden hat, also in Punkt E_0 der Abb. 10.14, so gilt dies nun, nach dem Angebotsschock nicht mehr.

Vielmehr ist in diesem neuen kurzfristigen Gleichgewicht der gesamtwirtschaftliche Output größer als das neue natürliche Outputniveau $\overline{Y}^{*'}$, und auch das tatsächliche Preisniveau entspricht nach dem Rohstoffpreisanstieg und dessen Überwälzung in die Absatzpreise nicht dem für diese Periode erwarteten, sondern ist höher als dieses. Diese Abweichung des tatsächlichen vom erwarteten Preisniveau löst die schon beschriebenen Anpassungsreaktionen auf dem Arbeitsmarkt aus, die dann auf die anderen Märkte ausstrahlen und letztendlich dazu führen, dass die betrachtete Volkswirtschaft nach Abschluss der Anpassungsreaktionen wieder ihr langfristiges Gleichgewicht mit dem natürlichen Niveau von gesamtwirtschaftlichem Output bzw. Realeinkommen erreicht. Da sich dieses im hier diskutierten Fall eines negativen Angebotsschocks in Form eines Rohstoffpreisanstiegs verringert hat, wird die betrachtete Volkswirtschaft im neuen langfristigen Gleichgewicht ein niedrigeres Niveau von gesamtwirtschaftlichem Output bzw. Realeinkommen und Beschäftigung bei einem gestiegenen gesamtwirtschaftlichen Preisniveau aufweisen.

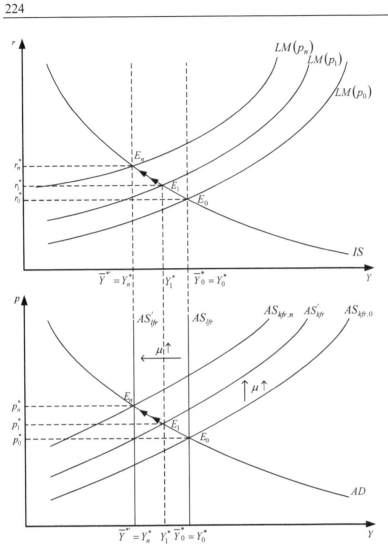

Abbildung 10.14: Auswirkungen eines Anstiegs des Zuschlagsfaktors auf gesamtwirtschaftliches Angebot und gesamtwirtschaftliche Nachfrage

11 Märkte für einzelne Güter

In diesem und den nun folgenden Kapiteln wird eine von den vorherigen Ausführungen völlig abweichende Perspektive eingenommen. Wurden zunächst und bis hierhin gesamtwirtschaftliche Zusammenhänge betrachtet, so stehen im Folgenden einzelwirtschaftliche oder mikroökonomische Aspekte im Mittelpunkt der Überlegungen. Dabei wird besonderes Augenmerk gelegt werden auf die Erklärung und Begründung des Verlaufs von Nachfragekurve und Angebotskurve für ein bestimmtes Gut wie auch auf die Analyse der Preisbildungsprozesse in verschiedenen Marktformen und der Weiterungen, die sich ergeben, wenn man bestimmte strenge Annahmen des Modellrahmens lockert.

In diesem ersten mikroökonomischen Kapitel wollen wir auf die grundlegenden Zusammenhänge und auf Marktformen eingehen und das Gleichgewicht auf Märkten genauer analysieren.

11.1 Zur Abgrenzung verschiedener Marktformen

Unter einem **Markt** versteht man üblicherweise den Ort, an dem potenzielle Käufer und potenzielle Verkäufer eines Gutes zueinander in Beziehung treten.[97] Auf einem Markt werden der Preis und die gehandelte Menge eines Gutes ermittelt. Die potenziellen Käufer machen dabei die Nachfrage nach diesem Gut aus, die potenziellen Verkäufer das Angebot an dem betreffenden Gut. Märkte können organisiert sein, wie beispielsweise Börsen, aber auch weniger organisiert und dezentral sein bis hin zu virtuellen Märkten, die sich von physischen Gegebenheiten weitestgehend gelöst haben. Entscheidend ist, dass mit dem Begriff Markt letztendlich das Zusammentreffen von Angebot und Nachfrage eines Gutes beschrieben wird, bei dem dann der Preis dieses Gutes und seine gehandelte Menge bestimmt werden.

Für die Preisbildungsprozesse und die sich als Ergebnis einstellenden Mengen, die gehandelt werden, ist es von ausschlaggebender Bedeutung, wodurch der Markt des betrachteten Gutes gekennzeichnet ist. Zur Systematisierung von **Marktformen** können zwei quantitative und zwei qualitative Kriterien herangezogen werden.

Die beiden quantitativen Kriterien sind die Anzahl der Marktteilnehmer auf jeder Marktseite und ihre relative Größe. Bei der **Anzahl der Marktteilnehmer** auf Angebots- und Nachfrageseite wird jeweils unterschieden zwischen einem, einigen und vielen Anbietern bzw. Nach-

---

[97] Wir sprechen hier und im Folgenden immer von Gütermärkten, dabei ist dieser Gutsbegriff aber weit gefasst, d.h. die hier angeführten Überlegungen gelten gleichermaßen auch für die Märkte für Faktorleistungen.

fragern. Für das Marktergebnis spielt es sehr wohl eine Rolle, ob ein bestimmtes Gut bspw. von einem Anbieter, von einigen oder von vielen Anbietern angeboten wird. Genauso ist es nicht unerheblich, ob ein Nachfrager für ein Gut am Markt auftritt, oder ob es einige Nachfrager sind oder viele. Das zweite quantitative Merkmal, das der **relativen Größe**, stellt darauf ab, ob die einzelnen Marktteilnehmer einer Marktseite jeweils gleich groß sind oder ob sie eine unterschiedliche Größe aufweisen. Es ist zu erwarten, dass es für das Marktergebnis einen Unterschied macht, ob fünf Anbieter eines Gutes jeweils einen Marktanteil von 20% haben oder ob ein Anbieter einen Marktanteil von 80% besitzt und die anderen vier jeweils einen Marktanteil von 5% haben. Und das Gleiche gilt für die relative Größe der Marktteilnehmer auf der Nachfrageseite. Unter der Annahme, dass alle Marktteilnehmer einer Marktseite die gleiche relative Größe aufweisen – man spricht auch von der sogenannten Symmetrieannahme –, lässt sich folgendes Marktformenschema aufstellen:

Anbieter: Nachfrager:	*Einer*	*Wenige*	*Viele*
Einer	Bilaterales Monopol	Beschränktes Monopson	Monopson (Nachfragemonopol)
Wenige	Beschränktes Monopol	Bilaterales Oligopol	Oligopson
Viele	Monopol	Oligopol	Polypol

Tabelle 11.1:   *Marktformenschema unter der Gültigkeit der Symmetrieannahme*

Bleibt noch zu klären, wo die Grenze zwischen einigen und vielen Marktteilnehmern auf der Angebotsseite bzw. Nachfrageseite verläuft. Festmachen kann man diese Grenze nicht an einer bestimmten Anzahl von Marktteilnehmern, vielmehr ist die Trennlinie qualitativ zu ziehen. Es macht einen Unterschied, ob ein einzelner Marktteilnehmer unabhängig von den anderen Teilnehmern auf seiner Marktseite agiert bzw. agieren kann oder ob er bei seinem Kalkül das Verhalten der anderen Marktteilnehmer berücksichtigt bzw. berücksichtigen muss. Ist die Anzahl der Marktteilnehmer so gering, dass der einzelne Marktteilnehmer mit Auswirkungen seines Handelns auf das Marktergebnis rechnen muss, mit anderen Worten, ist sein Marktanteil so groß, dass seine Aktionen das Marktergebnis beeinflussen und somit die anderen Marktteilnehmer auf sein Verhalten reagieren werden, dann ist die Situation gegeben, dass man von „einigen" Marktteilnehmern spricht. Es liegt dann sogenannte oligopolistische Interdependenz oder Reaktionsverbundenheit vor. Ist dagegen das Verhalten eines einzelnen Marktteilnehmers auf dem Markt nicht spürbar, so spricht man von „vielen" Teilnehmern auf der betrachteten Marktseite, die jeweils einen verschwindend kleinen Marktanteil aufweisen.

Die beiden qualitativen Kriterien betreffen die Homogenität eines Marktes und den Grad der Markttransparenz. Ein Markt wird als **homogener Markt** bezeichnet, wenn auf ihm keine sachlichen, keine persönlichen, keine räumlichen und keine zeitlichen Präferenzen und Differenzierungen vorliegen. Sachliche Differenzierungen liegen dann vor, wenn es von einem Gut mehrere Varianten gibt, die zwar alle im Grundsatz das gleiche Bedürfnis befriedigen oder die gleiche Funktion haben, sich jedoch im Detail oder bestimmten Ausprägungen unterscheiden. Bspw. befriedigen Autos das Bedürfnis nach Mobilität, gleichwohl gibt es unzählige Varianten von Pkws, und zwei genau identische Pkws zu finden wird sich als schwierig gestalten. Persönliche Präferenzen liegen dann vor, wenn ein Käufer zwischen den verschiedenen potenziellen Verkäufern Unterschiede macht und lieber das betrachtete Gut von einem bestimmten Verkäufer bezieht oder ein Verkäufer sein Gut lieber an einen bestimmten Käufer oder eine bestimmte Käufergruppe verkauft als an andere. Stammkunden oder Stammlieferanten gibt es in einem homogenen Markt also nicht. Zeitliche Differenzierungen liegen dann vor, wenn die Transaktionen nicht alle zum gleichen Zeitpunkt ausgeführt werden, bspw. wenn es zu unterschiedlichen Lieferfristen kommt. Räumliche Differenzierungen liegen dann vor, wenn sich die geografischen Distanzen zwischen den einzelnen Marktteilnehmern unterscheiden. Abwesenheit von räumlichen Differenzierungen liegt in letzter Konsequenz also nur in einem Punktmarkt vor oder in einem Markt, in dem sich die Teilnehmer einer Marktseite in den Ecken eines regelmäßigen Vielecks oder auf der Peripherie eines Kreises befinden mit der Marktgegenseite im Mittelpunkt dieser geometrischen Form. Der **Grad der Markttransparenz** als zweites qualitatives Kriterium bezeichnet den Umfang, in dem die Marktteilnehmer über die Marktgegebenheiten informiert sind. Vollständige Markttransparenz liegt vor, wenn die Anbieter und die Nachfrager über die zustande gekommenen Preise vollständig informiert sind. Ein Markt, auf dem bezüglich der beiden qualitativen Kriterien gilt, dass keine sachlichen, persönlichen, zeitlichen oder räumlichen Präferenzen oder Differenzierungen vorliegen und bei dem die Markttransparenz vollständig ist, wird als **vollkommener Markt** bezeichnet.[98] Dass die empirisch beobachtbaren Märkte, also die in der Realität vorkommenden Märkte, keine vollkommenen Märkte sind, liegt auf der Hand. Gleichwohl unterscheiden sie sich, wie man anhand dieser Kriterien leicht feststellen kann. Der Internet-Handel mit Aktien wird die angeführten Kriterien in einem anderen Umfang und Maß erfüllen als bspw. das Angebot und die Nachfrage auf dem Markt für Spitzengastronomie im Bereich von drei Michelin-Sternen. Und diese Unterschiede in der jeweiligen Marktform werden, wie wir später sehen werden, Konsequenzen für die Preisbildung und das Marktergebnis in den einzelnen Märkten haben. Der vollkommene Markt kann uns dabei als Referenzmarkt dienen, anhand dessen sich bestimmte Tendenzen herausarbeiten lassen.

Auf einem vollkommenen Markt gilt das **Gesetz von der Unterschiedslosigkeit der Preise**, law of one price. Das folgt unmittelbar aus den Eigenschaften eines vollkommenen Marktes. Sollte ein Anbieter für sein Gut einen höheren als den Marktpreis fordern, wird kein Nachfrager bereit sein, bei ihm zu kaufen. Das Gut, das dieser Anbieter verkaufen möchte, unterscheidet sich ja nicht von dem Gut, das andere Anbieter auf diesem Markt verkaufen möchten. Es gibt auch keine persönlichen Präferenzen eines Nachfragers oder einer Nachfragergruppe für diesen Anbieter, die es diesem möglich machen würden, einen höheren Preis als die Konkurrenten zu verlangen. Genauso wenig hat dieser Anbieter einen Standortvorteil

---

[98] Dabei ist die Bezeichnung „vollkommen" nicht als Werturteil zu verstehen.

gegenüber anderen Anbietern und auch keinen zeitlichen Vorteil, so dass die Nachfrager keinen Grund sehen, für das von diesem Anbieter angebotene Gut einen höheren Preis zu zahlen als bei den anderen Anbietern. Und da die Nachfrager über die Preise der anderen Anbieter vollständig informiert sind, wird kein einziger Käufer das Gut von dem Anbieter kaufen, der einen höheren Preis als den Marktpreis fordert. Wird dagegen ein einzelner Anbieter sein Gut zu einem niedrigeren als den Marktpreis verkaufen wollen, würden alle Nachfrager sofort von diesem Angebot erfahren, und da es keine Unterschiede in den von den verschiedenen Anbietern angebotenen Gütern gibt, werden alle bei diesem Anbieter kaufen, der den niedrigeren Preis fordert, und dieser niedrigere Preis ist dann der einheitliche Preis, zu dem alle Transaktionen durchgeführt werden. Wenn es auf einem vollkommenen Markt nur einen Anbieter gibt, so werden auch in diesem Fall alle Transaktionen zum gleichen Preis durchgeführt werden, da ja keine Präferenzen oder Differenzierungen irgendeiner Art seitens des Anbieters oder auch der Nachfrager bestehen können und alle über den geforderten Preis informiert sind. Entsprechend gilt, dass ein einzelner Nachfrager, der bereit ist, einen höheren Preis als den Marktpreis zu zahlen, sofort von allen Verkäufern beliefert werden würde, und Nachfrager, die nicht bereit sind, diesen höheren Preis zu zahlen, würden leer ausgehen. Und ein Nachfrager, der nur bereit wäre, einen niedrigeren Preis als den Marktpreis zu zahlen, würde keinen Verkäufer finden, der ihn beliefert. Im Umkehrschluss gilt, dass auf unvollkommenen Märkten, also auf Märkten, bei denen mindestens eines der beiden qualitativen Kriterien nicht vollständig erfüllt ist, unterschiedliche Preise für das betrachtete Gut zustande kommen können.

11.2 Angebot und Nachfrage auf einem Markt

11.2.1 Die Güterangebotsfunktion

Die **Güterangebotsfunktion** für ein bestimmtes Gut gibt den Zusammenhang zwischen dem Preis und der Menge dieses Gutes an, die die potenziellen Verkäufer am Markt anbieten, wobei alle sonstigen Faktoren, die die Angebotsmenge für dieses Gut beeinflussen, konstant bleiben. Bei unveränderten sonstigen Faktoren kann man davon ausgehen, dass mit zunehmendem Preis p die Angebotsmenge x^S eines Gutes steigt. Die Angebotsmenge ist also vom **Preis des Gutes** positiv abhängig.[99]

(11.1) $\quad x^S = x^S(p) \quad \text{mit} \quad \dfrac{\delta x^S}{\delta p} > 0$

Grafisch dargestellt ergibt sich also die Güterangebotsfunktion als Kurve mit positiver Steigung im Preis-Mengen-Diagramm (Abb. 11.1).

---

[99] Eine ausführliche, dezidierte Begründung der positiven Steigung der Güterangebotskurve wird in Kapitel 13 gegeben.

11.2 Angebot und Nachfrage auf einem Markt

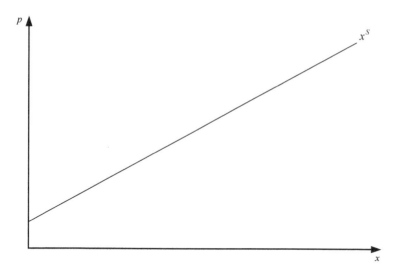

Abbildung 11.1:   Angebotskurve für ein bestimmtes Gut

Ein höherer Preis veranlasst also einen Unternehmer, mehr von seinem Produkt herzustellen und seine Angebotsmenge auszudehnen, und umgekehrt. Welche Faktoren stehen aber hinter der Angebotskurve und wie beeinflussen sie das Güterangebot?

Ein gewichtiger Aspekt sind die Produktionskosten, die wiederum von den Preisen für die eingesetzten Produktionsfaktoren und der verwendeten Technologie bestimmt werden. Höhere **Preise für die eingesetzten Produktionsfaktoren**, z.B. gestiegene Löhne oder höhere Sozialversicherungsabgaben beim Faktor Arbeit sowie höhere Preise für die eingesetzten Rohstoffe oder sonstigen Materialien, lassen bei unverändertem Preis des damit hergestellten Gutes die Angebotsmenge dieses Gutes zurückgehen, da es sich nicht mehr in gleichem Umfang wie vorher für das Unternehmen lohnt, dieses Gut herzustellen und zu verkaufen. Im (p, x)-Diagramm bedeuten höhere Faktorpreise eine Linksverschiebung der Angebotskurve (Abb. 11.2). Aber auch die verwendete **Produktionstechnologie** ist ein entscheidender Einflussfaktor auf die Lage der Güterangebotskurve. Technischer Fortschritt führt dazu, dass eine bestimmte Gütermenge mit geringerem Faktoreinsatz und damit zu geringeren Kosten hergestellt werden kann – bei gleichem Güterpreis ist es für das Unternehmen attraktiver, mehr von diesem Gut herzustellen und anzubieten. Die Güterangebotskurve verschiebt sich infolge technischen Fortschritts nach rechts.

Daneben haben weitere Faktoren wie die **Preise verwandter Güter** Einfluss auf die Lage der Güterangebotskurve. Steigen die Preise substitutiver Güter, so wird deren Angebot zunehmen, das des betrachteten Gutes aber zurückgehen. Werden dagegen Güter, die in einer komplementären Beziehung zum betrachteten Gut stehen, teurer und wird damit deren Angebot steigen, so ist damit zu rechnen dass auch das Angebot des betrachteten Gutes ausgeweitet werden wird. Hegt ein Unternehmer **Erwartungen** eines zukünftig höheren Preises für das von ihm hergestellte Gut, wird er möglicherweise die momentan produzierte Gütermenge nicht komplett am Markt anbieten, sondern zumindest teilweise auf Lager nehmen und erst später anbieten. Eine zurückgehende **Anzahl an Anbietern** des betrachteten Gutes führt ebenfalls dazu, dass sich die Güterangebotskurve nach links verschiebt. **Staatliche Politikmaßnahmen**, bspw. aus Umweltschutzgründen erlassene Vorschriften über die einzusetzende Technologie, eine Mindestlohngesetzgebung oder den Marktzugang regulierende Maßnahmen, besitzen ebenfalls Auswirkungen auf die Lage der Güterangebotskurve. Aber auch weitere Faktoren wie Witterungsbedingungen oder sonstige eher nichtökonomische Faktoren können die Lage der Angebotskurve für ein bestimmtes Gut beeinflussen.

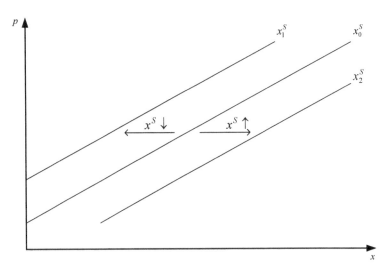

Abbildung 11.2: Verschiebungen der Angebotskurve

Die Angebotsmenge eines bestimmten Gutes hängt also von verschiedenen Faktoren ab: vom Preis dieses Gutes, von den Preisen substitutiver Güter, den Preisen der Inputfaktoren, der verwendeten Technologie und vielen anderen Einflussgrößen. Im Preis-Mengen-Diagramm wird die Beziehung zwischen Güterpreis und Angebotsmenge durch die Güterangebotskurve zum Ausdruck gebracht. Ändert sich der Preis des betrachteten Gutes, so findet eine Bewegung entlang der Angebotskurve statt. Ändert sich dagegen einer der anderen Einflussfaktoren auf das Güterangebot, so verschiebt sich die Kurve im (p, x)-Diagramm.

Die einzelnen Unternehmer, die ein bestimmtes Gut produzieren und anbieten, entscheiden jeweils über ihr individuelles Güterangebot. Das **Gesamtangebot am Markt** für das betrachtete Gut ergibt sich somit aus der Addition aller individuellen Güterangebotsmengen.

(11.2) $x^S = \sum_{i=1}^{n} x_i^S(p)$ mit n als Gesamtzahl der Anbieter

In der Grafik bedeutet die Addition aller individuellen Angebotsmengen eine horizontale Aggregation der individuellen Angebotskurven. Für den Fall von nur zwei Anbietern stellt die Abb. 11.3 die Aggregation der beiden individuellen Angebotskurven zur Marktangebotskurve dar. Dabei ist unterstellt, dass die beiden Anbieter unterschiedliche individuelle Angebotsfunktionen besitzen, wie es sich in den unterschiedlichen Achsenabschnitten und den

11.2 Angebot und Nachfrage auf einem Markt

unterschiedlichen Steigungen zeigt und bspw. in unterschiedlichen Produktionstechnologien begründet sein kann.

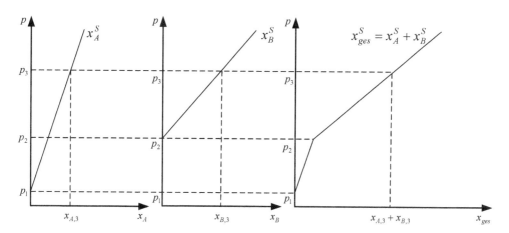

Abbildung 11.3: Marktangebot als Summe der individuellen Angebote

In diesem Zusammenhang wollen wir noch ein weiteres Instrument einführen, die sogenannte **Produzentenrente**. Wie man in der linken Grafik der Abb. 11.3 im (p, x)-Diagramm für den Anbieter A unmittelbar erkennen kann, ist dieser bereit, ab einem Preis von p_1 das betrachtete Gut X anzubieten. Ist der Preis höher als p_1, dann ist er bereit, entsprechend seiner Güterangebotskurve mehr von dem betrachteten Gut zu produzieren und zu verkaufen. Die Güterangebotskurve kann also als Ausdruck seiner Verkaufswilligkeit interpretiert werden. Das Gleiche gilt für alle anderen Anbieter dieses Gutes. Die Marktangebotskurve gibt also in der Summe die Verkaufsbereitschaft aller Produzenten des Gutes X an. Herrscht nun am Markt ein Preis $\overline{p}$, der bei einem vollkommenen Markt für alle Anbieter gleich ist und zu dem diese die von ihnen jeweils hergestellten Einheiten des betrachteten Gutes verkaufen, so gilt, dass nur für die letzte verkaufte Einheit der erzielte Preis gleich ist dem Preis, den der Produzent dieser letzten Einheit verlangt, um diese Einheit herzustellen. Für alle anderen verkauften Einheiten gilt, dass sie zu einem höheren Preis verkauft werden können, als es eigentlich nötig gewesen wäre, um die Produzenten zur Herstellung dieser Einheiten zu veranlassen. Diese positive Differenz zwischen dem von den Produzenten empfangenen Preis und dem Preis, der mindestens gefordert wird, um die Produzenten zur Herstellung dieser Gütereinheit zu veranlassen, ist die Produzentenrente[100]. Die Summe dieser positiven Differenzen zwischen dem mindestens geforderten Preis und dem tatsächlich erhaltenen Preis für alle Mengeneinheiten des Gutes, die letztendlich am Markt verkauft werden konnten, ist die Produzentenrente. In der Grafik ergibt die Gesamtheit aller dieser vertikalen Abstände zwischen Güterangebotskurve und Marktpreis die Fläche der Produzentenrente; die Produzen-

---

[100] Mit dem Begriff Rente wird generell in der Volkswirtschaftslehre ein leistungsloses Einkommen bezeichnet.

tenrente ist in der Grafik also die Fläche unterhalb der Preisgeraden und oberhalb der Angebotskurve (Abb. 11.4).

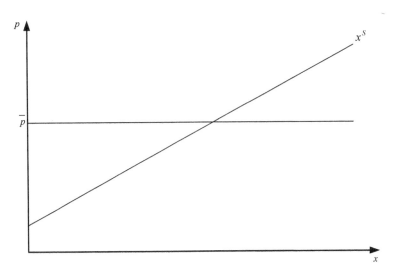

Abbildung 11.4: Angebotskurve und Produzentenrente

Man sieht unmittelbar, dass ein höherer Preis die Produzentenrente vergrößert. Steigt der Preis des betrachteten Gutes von p_1 auf p_2, so vergrößert sich die Produzentenrente - in der Abb. 11.5 um die Fläche $(A+B)$.

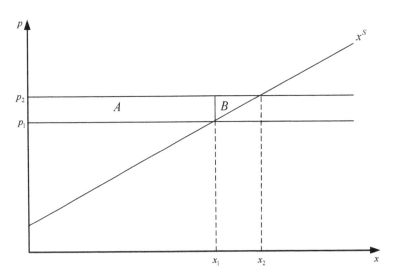

Abbildung 11.5: Auswirkungen eines Anstiegs des Güterpreises auf die Produzentenrente

Die Vergrößerung der Produzentenrente geht auf zwei Ursachen zurück. Zum einen erhalten alle bisher am Markt vertretenen Anbieter nun für die von ihnen abgesetzten Gütereinheiten einen höheren Preis (Rechteckfläche A). Zum anderen stellt der höhere Preis einen Anreiz dar, die Produktion auszudehnen und damit das Marktangebot von x_1 auf x_2 auszuweiten. Dies kann dadurch geschehen, dass neue Anbieter, die beim vorher geltenden, niedrigeren Preis nicht wettbewerbsfähig waren, in den Markt eintreten, oder es kann dadurch geschehen, dass die bisher schon am Markt vertretenen Anbieter ihre Angebotsmengen ausdehnen und aufgrund des nun höheren Preises den mit der Produktionsausweitung verbundenen Kostenanstieg, bspw. infolge nun zu zahlender Überstundenzuschläge oder höherer Abschreibungen, tragen können (Dreiecksfläche B).

11.2.2 Die Güternachfragefunktion

Die **Güternachfragefunktion** für ein bestimmtes Gut gibt die Beziehung an zwischen dem Preis und der Menge eines Gutes, die die potenziellen Käufer von diesem Gut erwerben wollen, wobei alle sonstigen Faktoren, die die Nachfragemenge dieses Gutes beeinflussen, konstant bleiben. Bei unveränderten sonstigen Faktoren kann man davon ausgehen, dass bei einem niedrigeren Preis p die Nachfragemenge x^D eines Gutes größer ist, die Nachfragemenge also vom Preis des Gutes negativ abhängig ist.[101]

(11.3) $\quad x^D = x^D(p) \quad \text{mit} \quad \dfrac{\delta x^D}{\delta p} < 0$

Im Preis-Mengen-Diagramm besitzt die Güternachfragekurve also eine negative Steigung.

---

[101] Die negative Abhängigkeit der Nachfragemenge eines Gutes von seinem Preis wird in Kap. 14 ausführlich und dezidiert begründet und analysiert werden.

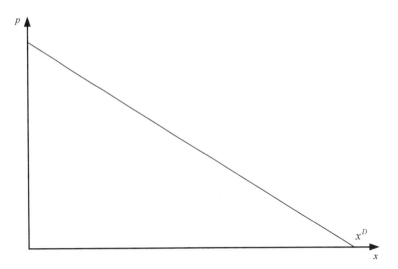

Abbildung 11.6: Nachfragekurve für ein bestimmtes Gut

Ein Haushalt wird also mehr von einem Gut nachfragen, wenn der Preis dieses Gutes sinkt, und umgekehrt. Zwei Effekte stehen dahinter. Zum einen bedeutet der niedrigere Preis des betrachteten Gutes, dass es attraktiver ist für den Konsumenten, dieses Gut anstelle anderer Güter zu erwerben. Andere Güter werden durch das betrachtete Gut, das nicht nur absolut, sondern auch relativ billiger geworden ist, ersetzt, und von dem betrachteten Gut wird mehr nachgefragt (Substitutionseffekt). Zum anderen bedeutet der Preisrückgang bei dem betrachteten Gut, dass der Konsument mit gleichem Nominaleinkommen nun mehr Güter erwerben kann. Sein Realeinkommen ist infolge des Preisrückgangs beim betrachteten Gut gestiegen; von allen Gütern, normalerweise also auch vom betrachteten Gut, kann er nun eine größere Menge kaufen (Einkommenseffekt).[102]

Welche Faktoren können neben dem **Preis des betrachteten Gutes** die Nachfrage nach diesem Gut ebenfalls beeinflussen? Dazu zählt sicher das **Einkommen** des Haushalts. Je höher sein Einkommen ist, umso größer ist die Gütermenge, die er erwerben kann. Im Normalfall wird auch seine Nachfrage nach dem betrachteten Gut steigen, die Güternachfragekurve verlagert sich dann nach rechts. Für manche Güter gilt dies jedoch nicht. Es tritt manchmal der Fall auf, dass die Nachfrage nach einem bestimmten Gut mit steigendem Einkommen zurückgeht, diese Güter werden als inferiore Güter bezeichnet. Bspw. reagieren viele Menschen auf einen Einkommensanstieg mit einem Rückgang der Nachfrage nach Busfahrkarten oder Mietwohnungen und leisten sich stattdessen ein Auto bzw. eine Eigentumswohnung oder ein Eigenheim. Ebenso haben die **Preise verwandter Güter** Einfluss auf die Nachfrage nach einem Gut X und damit auf die Lage der Güternachfragekurve. Stehen das betrachtete

---

[102] Den Einkommens- und den Substitutionseffekt einer Preisänderung hatten wir bereits in Kap. 4 bei der Vorstellung der neoklassischen Konsumfunktion in Zusammenhang mit den Auswirkungen einer Realzinsänderung auf die Höhe des Gegenwartskonsums auf makroökonomischer Ebene diskutiert. Ausführlich dargestellt wird die Zerlegung des Gesamteffekts einer Preisänderung auf die Nachfragemenge eines Gutes in Kap. 14.3.

Gut X und ein anderes Gut in einer Substitutionsbeziehung zueinander, so wird bei einem steigenden Preis dieses Gutes die Nachfrage nach Gut X zunehmen. Bspw. wird bei einem Preisanstieg von Butter die Nachfrage nach Margarine zunehmen. Stehen das Gut X und ein anderes Gut jedoch in einer komplementären Beziehung zueinander, so wird bei einem steigenden Preis des anderen Gutes auch die Nachfrage nach Gut X zurückgehen. Werden die Lift-Karten in einer Vielzahl von Wintersportgebieten teurer, so wird die Nachfrage nach Skiern sinken. Einen entscheidenden Einfluss auf die Güternachfrage haben natürlich auch subjektive Aspekte wie **Präferenzen und Geschmack** des Konsumenten. Die Präferenzen und der Geschmack von Haushalten werden als exogen gegeben angenommen, sie können in physiologischen oder psychologischen Bedürfnissen begründet sein, sind eventuell historisch gewachsen oder auch künstlich erzeugt. Änderungen von Präferenzen und Geschmack werden die Lage der Güternachfragekurve ebenfalls verändern.

Darüber hinaus sind noch weitere Faktoren auf die Lage der Güternachfragekurve auszumachen. **Erwartungen** eines Konsumenten in Hinblick auf ein zukünftig höheres Einkommen oder über einen Preisrückgang beim betrachteten Gut führen im Normalfall zu einer Rechtsverschiebung der Güternachfragekurve. Eine zunehmende **Anzahl an Konsumenten** impliziert, dass bei gegebenem Güterpreis die Nachfrage nach dem betrachteten Gut größer ist und die Nachfragekurve weiter rechts im (p, x)-Diagramm liegt. Auch **staatliche Politikmaßnahmen** wie spezielle Verbrauchsteuern oder Subventionen beeinflussen die Lage der Güternachfragekurve. Und weitere, spezielle Einflussfaktoren sind denkbar, je nachdem, welches Gut betrachtet wird.

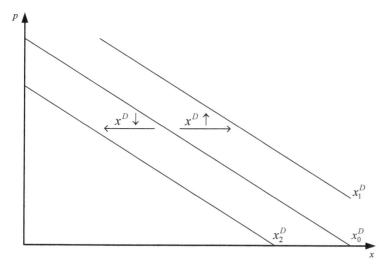

Abbildung 11.7: *Verschiebungen der Nachfragekurve*

Wie für die Güterangebotskurve gilt auch für die Güternachfragekurve, dass eine Vielzahl von Einflussfaktoren auf die Güternachfrage wirken. Änderungen des Güterpreises induzieren eine Bewegung entlang der Güternachfragekurve im Preis-Mengen-Diagramm; Änderungen der anderen, nicht an den Achsen abgetragenen Faktoren verändern die Position der Güternachfragekurve im (p, x)-Diagramm.

Der einzelne Haushalt entscheidet über seine individuelle Nachfrage nach einem bestimmten Gut. Die **Marktnachfrage** für dieses Gut wiederum ist die Summe aller einzelwirtschaftlichen Nachfragemengen.

(11.4) $x^D = \sum_{i=1}^{n} x_i^D(p)$ mit n als Gesamtzahl der Nachfrager

Grafisch ergibt sich die Marktnachfrage aus der horizontalen Aggregation aller individuellen Nachfragekurven für das betrachtete Gut, exemplarisch für zwei Nachfrager dargestellt in Abb. 11.8. Wie unmittelbar aus der Grafik ersichtlich ist, weisen die beiden Haushalte A und B unterschiedliche Prohibitivpreise $p_{i,max}$ und Sättigungsmengen $x_{i,max}$, $i =$ A, B, bezüglich des betrachteten Gutes auf, was bspw. auf unterschiedliche Präferenzen für dieses Gut zurückgeführt werden kann.

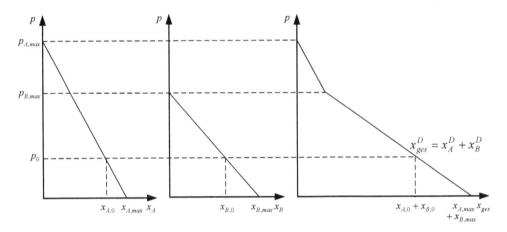

Abbildung 11.8: Marktnachfrage als Summe der individuellen Nachfragemengen

Die Güternachfragekurve lässt sich auch als Kurve der maximalen marginalen Zahlungswilligkeit eines Konsumenten interpretieren. Betrachten wir exemplarisch Haushalt A in Abb. 11.8. Für die erste Mengeneinheit des betrachteten Gutes ist seine marginale Zahlungsbereitschaft ausgesprochen hoch, er wäre bereit, für diese erste Mengeneinheit einen Preis in Höhe von bis zu $p_{A,max}$ zu zahlen. Für die zweite Mengeneinheit ist seine marginale Zahlungsbereitschaft schon geringer, und dies setzt sich so fort bis zu der letzten Mengeneinheit, die er bei einem Preis von knapp über null kaufen würde. Entsprechend lässt sich die Güternachfragekurve von Haushalt B und die aller anderen Haushalte als Ausdruck ihrer jeweiligen individuellen marginalen Zahlungsbereitschaft interpretieren, und die Marktnachfragekurve für Gut X kann als Ausdruck der marginalen Zahlungsbereitschaft aller Konsumenten dieses Gutes angesehen werden. Jeder Konsument bezahlt für die Mengeneinheiten, die er von dem betrachteten Gut konsumiert, den gleichen Preis, in der Abb. 11.8 bspw. den Preis p_0. Letztlich gilt aber, dass nur für die letzte Mengeneinheit, die am Markt gekauft wird, der von dem betreffenden Konsumenten bezahlte Preis seiner individuellen marginalen Zahlungsbereitschaft entspricht. Für alle anderen Mengeneinheiten wurde zwar auch dieser Preis p_0 entrichtet, die jeweiligen Konsumenten wären aber bereit gewesen, für diese Mengeneinheiten mehr zu zahlen. Der Wert der gekauften Mengeneinheiten des betrachteten Gutes ist für die Haushalte, die diese Mengeneinheiten erworben haben, also größer als der Preis, den sie hierfür zahlen mussten. Diese Differenz wird als **Konsumentenrente** bezeichnet. Im (p, x)-Diagramm ist die Konsumentenrente somit die Fläche unterhalb der Nachfragekurve und oberhalb der Preisgeraden.

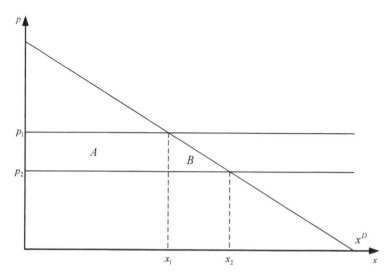

Abbildung 11.9: Nachfragekurve und Konsumentenrente

Ein niedriger Güterpreis vergrößert die Konsumentenrente. Sinkt in Abb. 11.9 der Güterpreis von p_1 auf p_2, so vergrößert sich die Konsumentenrente um die Fläche $(A+B)$. Wie bei der Preisänderung und ihren Auswirkungen auf die Produzentenrente, so gibt es auch bei der Konsumentenrente zwei Effekte einer Preisänderung: zum einen in Bezug auf die bereits am Markt befindlichen Konsumenten und zum anderen in Bezug auf neu in den Markt eintretende Konsumenten. Die ursprünglich am Markt befindlichen Haushalte können nach einer Preissenkung bei dem betrachteten Gut ihre bisherigen Konsummengen nun zu einem niedrigeren Preis erwerben, ihre Konsumentenrente steigt um den Betrag, um den ihre tatsächlich getätigten Ausgaben sinken, in der Abb. 11.9 um die Rechteckfläche A. Darüber hinaus ist der nun niedrigere Güterpreis ein Anreiz, mehr von diesem Gut zu kaufen. Diese zusätzliche Nachfrage kann von den bisher am Markt vertretenen Haushalten entfaltet werden, die nun weitere Mengeneinheiten dieses Gutes kaufen – auch wenn ihre marginale Zahlungsbereitschaft für zusätzliche Mengeneinheiten sinkt, ist bei dem nun niedrigeren Preis ihre marginale Zahlungsbereitschaft noch größer als der neue Preis. Oder die zusätzliche Nachfrage wird von Haushalten entfaltet, die bislang noch nicht das betrachtete Gut erworben haben, aber bei dem nun niedrigeren Preis bereit sind, dieses Gut zu kaufen (Dreiecksfläche B in Abb. 11.9).

11.3 Das Marktgleichgewicht

11.3.1 Existenz, Eindeutigkeit und Stabilität des Marktgleichgewichts

Ein **Marktgleichgewicht** liegt vor, wenn die Pläne der Anbieter mit den Plänen der Nachfrager konsistent sind, m.a.W.: wenn die Menge, die die potenziellen Verkäufer verkaufen wollen, mit der Menge, die die potenziellen Käufer erwerben wollen, übereinstimmt.

(11.5) $x^S = x^D$

Die Menge und der Preis, bei der dies gilt, sind die Gleichgewichtsmenge x^* und der Gleichgewichtspreis p^* für das betrachtete Gut. Bei typisch verlaufender Angebots- und Nachfragekurve schneiden sich die beiden Kurven in einem einzigen Punkt im (p, x)-Diagramm, dessen Koordinaten die gleichgewichtigen Werte repräsentieren.

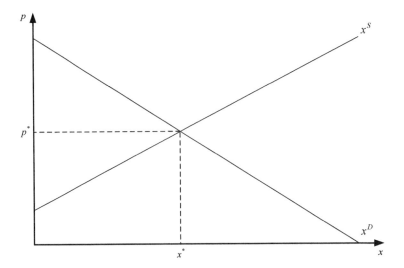

Abbildung 11.10: Gleichgewicht auf dem Markt für ein bestimmtes Gut

Wie anhand der Grafik leicht ersichtlich ist, ist die **Existenz** eines Marktgleichgewichts nicht unbedingt zwingend. Es lassen sich leicht Fälle vorstellen, bei denen es keinen Schnittpunkt von Angebots- und Nachfragekurve im ökonomisch relevanten Bereich des Koordinatensystems, dem positiven Quadranten, gibt. Die Übereinstimmung der Anzahl der unbekannten Variablen – die drei Größen Angebotsmenge x^S, Nachfragemenge x^D und Preis p – mit der Anzahl der Gleichungen – Funktion für das Marktangebot (11.2), Funktion für die Nachfrage am Markt (11.4) und Gleichgewichtsbedingung (11.5) – ist zwar notwendige, aber nicht hinreichende Bedingung für die Existenz eines Marktgleichgewichts.

11.3 Das Marktgleichgewicht

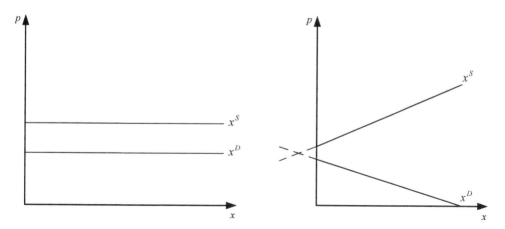

Abbildung 11.11: Nichtexistenz eines Marktgleichgewichts

Ebenso kann der Fall auftreten, dass ein Marktgleichgewicht zwar existiert, seine **Eindeutigkeit** aber nicht gegeben ist. Bei einer atypisch verlaufenden Angebotskurve, einer atypisch verlaufenden Nachfragekurve oder wenn beide atypisch verlaufen, kann es sein, dass es mehrere Schnittpunkte von Angebots- und Nachfragekurve gibt. Abb. 11.12 gibt zwei Beispiele, in denen eine der beiden Kurven jeweils nur in bestimmten Abschnitten typisch, d.h. mit der in den Gl. (11.1) bzw. Gl. (11.3) unterstellten Steigung verläuft, in anderen Bereichen aber einen atypischen Verlauf aufweist.

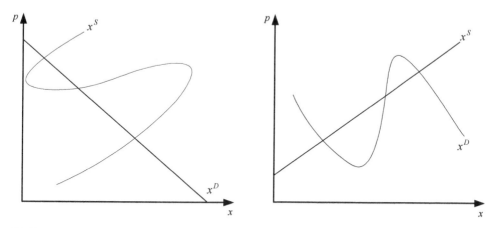

Abbildung 11.12: Nichteindeutiges Marktgleichgewicht bei atypischer Angebotskurve bzw. atypischer Nachfragekurve

Die Frage nach der **Stabilität** des Marktgleichgewichts zielt darauf ab, zu klären, was geschieht, wenn sich der Markt nicht im Gleichgewicht befindet. Ein Gleichgewicht ist stabil, wenn bei Situationen außerhalb des Gleichgewichts Kräfte wirken, die eine Anpassung an dieses Gleichgewicht auslösen. Entsprechend ist ein Gleichgewicht instabil, wenn bei einer ungleichgewichtigen Situation keine Kräfte wirken, die den Markt wieder zu diesem Gleichgewicht zurückfinden lassen. Es ist also eine Verhaltensannahme darüber zu treffen, wie sich die Variablen in der Zeit verhalten.[103] Zwei Verhaltensannahmen werden in diesem Zusammenhang häufig unterstellt, die eine geht auf Walras[104] zurück, die andere auf Marshall[105]. Beim walrasianischen tâtonnement wird angenommen, dass bei einem Angebotsüberschuss der Preis sinken und bei einem Nachfrageüberschuss der Preis steigen wird; man spricht dann auch von **Walras-Stabilität**. Hintergrund dieser Hypothese ist das Bild eines Auktionators, der auf einem Markt vergleichbar einer Versteigerung Preise ausruft, bis dann die Preishöhe getroffen wird, bei der Angebot und Nachfrage übereinstimmen. **Marshall-Stabilität** geht dagegen von der Preisseite aus und unterstellt eine Anpassungsreaktion bei den Mengen. Übersteigt bei einer bestimmten Menge der von den Nachfragern gebotene Preis den von den Anbietern geforderte Preis, so wird ein Marktgleichgewicht dann wieder erreicht, wenn als Reaktion auf diese Differenz zwischen den Plänen der Nachfrager und denen der Anbieter die Angebotsmenge steigen wird und entsprechend ein Übertreffen des von den Anbietern geforderten Preises über den von den Nachfragern gebotenen Preisen zu einer Reduktion der Angebotsmenge führt. Walras-Stabilität und Marshall-Stabilität sind nicht deckungsgleich, nicht jedes Walras-stabile Marktgleichgewicht ist auch Marshall-stabil und umgekehrt.

Betrachten wir genauer die Bedingung für Walras-Stabilität, dass also ein bei einem bestimmten Preis bestehender Angebotsüberschuss zu einer Preisreduktion, ein bei einem bestimmten Preis bestehender Nachfrageüberschuss zu einem Preisanstieg führt. Umgesetzt in die grafische Analyse des Preis-Mengen-Diagramms bedeutet dies, dass sich bei einer Bewegung in Richtung eines zunehmenden Preises die Angebots- und die Nachfragekurve unterhalb ihres Schnittpunktes immer weiter annähern, oberhalb des Schnittpunktes aber immer weiter voneinander entfernen. Weisen die Angebots- und die Nachfragekurve in der Umgebung ihres Schnittpunktes also einen typischen Verlauf auf, so liegt Walras-Stabilität vor (Abb. 11.13).

---

[103] Damit streifen wir wieder die dynamische Analyse, die wir in diesem einführenden Lehrbuch nicht vertiefen wollen, die uns aber in der Behandlung des Wachstums von Volkswirtschaften in Kap. 3.4 bereits begegnet ist.

[104] Leon Walras (1834-1910), französischer Ökonom, begründete mit dem Walras-Gesetz erstmals ein voll entwickeltes mikroökonomisches Totalmodell.

[105] Alfred Marshall (1842-1924), britischer Ökonom, hat sich um die mikroökonomische Partialanalyse verdient gemacht, prägte u.a. den Begriff der Produzenten- und Konsumentenrente.

11.3 Das Marktgleichgewicht

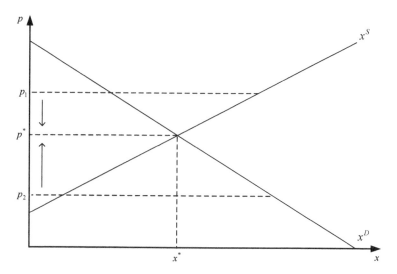

Abbildung 11.13: Stabilität des Marktgleichgewichts

Wenn eine der beiden Kurven dagegen in der Umgebung eines Gleichgewichtpunktes atypisch verläuft, kann es sein, dass dieses Marktgleichgewicht im Sinne von Walras instabil ist. Ist die Angebotskurve die atypisch verlaufende, so ist das Marktgleichgewicht instabil, wenn ihre Steigung absolut betrachtet kleiner ist als die der typisch verlaufenden Nachfragekurve (Abb. 11.14). In diesem Fall führt ein Angebotsüberschuss zu einem Preisrückgang, ein Nachfrageüberschuss zu einem Preisanstieg; der Markt wird sich noch weiter von seinem Gleichgewicht entfernen, das Marktgleichgewicht selber ist instabil, eine ungleichgewichtige Situation wird nicht durch endogene Kräfte wieder abgebaut. Ist dagegen die atypisch verlaufende Angebotskurve steiler als die typisch verlaufende Nachfragekurve, so ist das Gleichgewicht trotz des atypischen Verlaufs der Angebotskurve stabil.

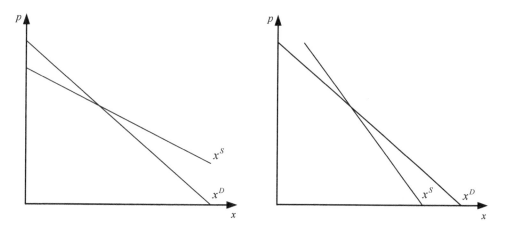

Abbildung 11.14: Instabilität und Stabilität bei atypischer Angebotsfunktion

Entsprechend gilt, dass bei atypischem Verlauf der Nachfragekurve das Marktgleichgewicht instabil ist, wenn die Nachfragekurve eine absolut betrachtet kleinere Steigung aufweist als die typisch verlaufende Angebotskurve, und Walras-Stabilität vorliegt, wenn die atypische Nachfragekurve steiler ist als die Angebotskurve (Abb. 11.15).

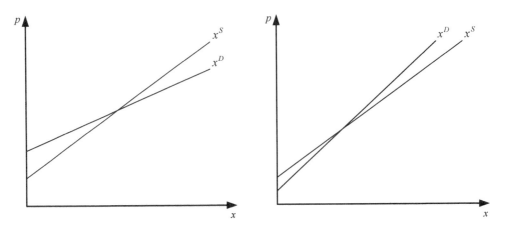

Abbildung 11.15: Instabilität und Stabilität bei atypischer Nachfragefunktion

Schneiden sich Angebots- und Nachfragekurve mehrmals, ist das Marktgleichgewicht also nicht eindeutig und es liegen mehrere Marktgleichgewichte vor. Ein Teil dieser Gleichgewichte ist stabil, ein Teil dagegen nicht. So repräsentieren die Punkte P_1 und P_3 in Abb 11.16 Walras-stabile Marktgleichgewichte, P_2 und P_4 dagegen Walras-instabile Gleichgewichte.

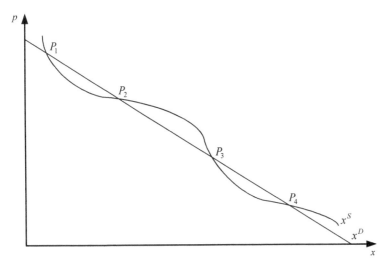

Abbildung 11.16: Stabile und instabile Marktgleichgewichte bei Nichteindeutigkeit des Gleichgewichts

11.3.2 Effizienz des Marktgleichgewichts

Nachdem wir die Angebotsfunktion, die Nachfragefunktion sowie das Marktgleichgewicht näher betrachtet haben, stellt sich die Frage, ob und inwieweit ein Marktgleichgewicht, zumal wenn es stabil ist und sich quasi automatisch einstellt, überhaupt wünschenswert ist. Zunächst ist daran zu erinnern, dass ein Marktgleichgewicht verschiedene Implikationen aufweist. Ein Marktgleichgewicht ist, wie oben dargestellt, dadurch gekennzeichnet, dass die Pläne der potenziellen Verkäufer und die Pläne der potenziellen Käufer übereinstimmen. Bei dem Gleichgewichtspreis werden alle Angebotsvorstellungen und alle Nachfragevorstellungen befriedigt. Es gibt weder einen Angebotsüberschuss noch einen Nachfrageüberschuss, der Markt für das betrachtete Gut ist geräumt. Es gibt auch keine Tendenzen, die zu einer Veränderung des Ergebnisses in einem stabilen Marktgleichgewicht führen. Wie ist aber dieses Ergebnis zu bewerten? Sind Preis und Menge des betrachteten Gutes im Marktgleichgewicht tatsächlich die, die aus bestimmten Überlegungen heraus als gut oder richtig zu qualifizieren sind, oder gibt es möglicherweise Preis-Mengen-Kombinationen für dieses Gut, die der des Marktergebnisses vorzuziehen wären? Mit diesen Fragestellungen bewegen wir uns im Bereich der normativen Ökonomik, also des Bereichs der Volkswirtschaftslehre, der sich mit Bewertungsfragen auseinandersetzt.[106] Es geht letztendlich darum, ob das Marktergebnis und die damit verbundene Allokation der Ressourcen für eine Gesellschaft wünschenswert ist oder nicht.

Ein in diesem Zusammenhang vielfach verwendetes Kriterium ist das sogenannte **Pareto-Kriterium**. Nach dem Pareto-Kriterium ist eine Allokation dann effizient, wenn es keine andere Allokation gibt, bei der eine Person besser gestellt wird, ohne eine andere schlechter zu stellen.[107]

Zu den grundlegenden Instrumenten der Wohlfahrtsökonomik zählen die oben eingeführten Größen Produzentenrente und Konsumentenrente, da erstgenannte die Wohlfahrt oder den Nutzen der Anbieter aus dem Verkauf, die zweitgenannte die Wohlfahrt oder den Nutzen der Nachfrager aus dem Kauf des betrachteten Gutes widerspiegelt. Einen Maßstab, um zu beurteilen, ob das Marktergebnis gesellschaftlich wünschenswert ist oder nicht, könnte man also darin sehen, die Gesamtrente als Summe aus Produzentenrente und Konsumentenrente zu betrachten.[108]

Gesamtrente	=	Produzentenrente + Konsumentenrente
	=	(empfangene Bezahlung − geforderte Bezahlung) + (Güterwert − geleistete Bezahlung)
	=	(Güterwert − geleistete Bezahlung) + (empfangene Bezahlung − geforderte Bezahlung)
	=	Güterwert − geforderte Bezahlung

---

[106] Das Gegenstück zur normativen Analyse ist die positive Analyse, die sich damit auseinandersetzt, wie etwas ist, nicht, wie etwas sein soll. Die in diesem Absatz nochmals aufgegriffenen Eigenschaften des Marktgleichgewichts sind bspw. positive Aussagen im Sinne der Beschreibung eines Ist-Zustands.

[107] Vilfredo Federico Pareto (1848-1923), italienischer Ingenieur, Ökonom und Soziologe. Gilt, neben anderen Ökonomen, als Begründer der Wohlfahrtsökonomie.

[108] Auch andere Maßstäbe als die Gesamtrente zur Messung der gesellschaftlichen Wohlfahrt sind denkbar, z.B. die Konsumentenrente alleine oder Maßstäbe völlig losgelöst vom Rentenkonzept. Die Auswahl des Beurteilungsmaßstabs an sich ist also schon ein Werturteil.

Somit ist also die Gesamtrente nichts anderes als die Differenz zwischen der subjektiven Bewertung der Güter durch die Konsumenten abzüglich der von den Produzenten geforderten Mindestbezahlung, hinter der letztendlich deren Aufwand und deren Kosten stehen.

Als wünschenswert ist eine bestimmte Preis-Mengen-Kombination zu klassifizieren, wenn es keine andere Preis-Mengen-Kombination gibt, die eine höhere Gesamtrente für die Gesellschaft mit sich bringt.[109] Eine solche Preis-Mengen-Kombination, die die Gesamtwohlfahrt einer Gesellschaft maximiert, und die damit verbundene Ressourcenallokation werden als **effizient** bezeichnet.

Betrachten wir nun das Marktergebnis und untersuchen es daraufhin, ob es und die damit verbundene Ressourcenallokation effizient sind. In Abb. 11.17 sind die Konsumenten- und die Produzentenrente im Marktgleichgewicht markiert. Es gilt die Frage zu klären, ob es andere Preis-Mengen-Kombinationen als (p^*, x^*) gibt, bei denen die Gesamtwohlfahrt der Gesellschaft größer ist.

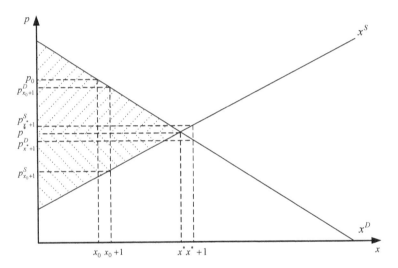

Abbildung 11.17: Effizienz des Marktgleichgewichts

Nehmen wir an, es würde eine Mengeneinheit des betrachteten Gutes mehr als x^* produziert und verkauft werden. Diese Mengeneinheit wäre ein Anbieter nur dann bereit herzustellen, wenn er dafür (mindestens) den Preis $p^S_{x^*+1}$ erzielen könnte. Ein Konsument würde diese Mengeneinheit aber nicht zu einem Preis von $p^S_{x^*+1}$ abnehmen wollen; vielmehr wäre er nur bereit, für diese zusätzliche Mengeneinheit einen Preis zu zahlen, der seiner (maximalen) Zahlungsbereitschaft für diese zusätzliche Mengeneinheit entspricht, und dies wäre der niedrigere Preis $p^D_{x^*+1}$. Entweder würde diese zusätzliche Mengeneinheit zu einem Preis von

---

[109] Genau genommen wird damit ein zweites Werturteil getroffen, auch wenn das Ziel der Maximierung naheliegend ist.

11.3 Das Marktgleichgewicht

p^S_{x*+1} verkauft werden – mit der Konsequenz, dass der Konsument, der diese zusätzliche Mengeneinheit erwirbt, dafür mehr zahlen müsste als es seiner marginalen Zahlungsbereitschaft entspricht und er daher eine Wohlfahrtsminderung hinnehmen müsste. Oder diese Mengeneinheit würde zu einem Preis von p^D_{x*+1} verkauft werden – dann würde zwar keine Schmälerung der Konsumentenrente eintreten, aber eine Reduktion der Produzentenrente: Der Produzent, der diese zusätzliche Mengeneinheit anbieten müsste, würde hierfür einen geringeren Preis erzielen, als er aufgrund seines Aufwands eigentlich (mindestens) fordern müsste; seine Rente wäre für diese zusätzliche Mengeneinheit also negativ und würde die Gesamt-Produzentenrente schmälern.[110]

Entsprechend ist die Argumentation zu führen für kleinere Mengen als die gleichgewichtige Menge x^*. Würde weniger als x^* produziert und verkauft werden, so würde die Gesamtwohlfahrt steigen, sobald man mindestens eine Mengeneinheit mehr produzieren würde. Wenn die aktuell hergestellte und verkaufte Menge bspw. bei x_0 ($< x^*$) liegen würde, so wären die Produzenten bereit, mehr als diese Menge x_0 zu produzieren und zu verkaufen, da sie – angesichts der (maximalen) Zahlungsbereitschaft für die zusätzliche Mengeneinheit x_0+1 – für diese zusätzliche Mengeneinheit mindestens den von ihnen geforderten Preis $p^S_{x_0+1}$ erzielen können. Sie würden also einen Zuwachs an Produzentenrente erfahren. Ebenso würden die Konsumenten einen Zuwachs an Konsumentenrente erfahren, wenn die Produzenten diese zusätzliche Mengeneinheit x_0+1 herstellen und für einen Preis niedriger als den, der ihrer maximalen marginalen Zahlungsbereitschaft, $p^D_{x_0+1}$ entspricht, verkaufen würden. Eine Ausdehnung der hergestellten und verkauften Menge würde sich also bis zum Marktgleichgewicht (p^*, x^*) insofern lohnen, als dadurch die Produzentenrente und die Konsumentenrente erhöht werden könnten.

Im Marktgleichgewicht (p^*, x^*) ist also die Gesamtrente und damit die Gesamtwohlfahrt maximal, andere Preis-Mengen-Kombinationen, die eine höhere Gesamtwohlfahrt mit sich bringen würden, sind nicht realisierbar.

Das Marktgleichgewicht und die damit verbundene Ressourcenallokation ist also effizient. Der Marktprozess und die freiwilligen Entscheidungen der Marktteilnehmer, bestimmte Mengeneinheiten des betrachteten Gutes zu produzieren und zu verkaufen bzw. zu kaufen, führen dazu, dass gerade die Menge hergestellt und verkauft wird, die bei dem sich einstellenden Preis die Gesamtwohlfahrt der Gesellschaft maximiert.

Darüber hinaus ist das Marktgleichgewicht noch in zwei weiteren Aspekten effizient. Wie eine Betrachtung von Konsumenten- und Produzentenrente in Abb. 11.17 unmittelbar zeigt, führt der Marktprozess dazu, dass zum einen gerade die Konsumenten die hergestellten Mengeneinheiten erhalten, deren Zahlungswilligkeit für das betrachtete Gut am höchsten ist, die also für dieses Gut die höchste Wertschätzung aufweisen. Und zum anderen produzieren gerade die Anbieter die verkauften Mengeneinheiten, die den niedrigsten Preis für diese Mengeneinheiten fordern, die also in der Lage sind, die gewünschte Gütermenge mit dem

---

[110] Natürlich sind auch Preise zwischen p^S_{x*+1} und p^D_{x*+1} denkbar; dies würde an der grundsätzlichen Aussage, dass es zu einem Verlust an Konsumenten- und Produzentenrente kommen würde, nichts ändern.

geringsten Aufwand und den geringsten Kosten und damit verbunden dem niedrigsten bewerteten Ressourceneinsatz herzustellen.

Wie oben betont, ist bereits die Auswahl des Kriteriums Effizienz zur Beurteilung des Marktgleichgewichts ein Werturteil. Akzeptiert man aber, das Marktgleichgewicht mit diesem Maßstab zu beurteilen, so kann man festhalten, dass das Marktgleichgewicht dieses Kriterium in bestmöglicher Weise erfüllt.[111]

11.3.3 Auswirkungen einer Verschiebung von Angebots- oder Nachfragekurve

Wir haben oben gesehen, dass es eine Vielzahl von Einflussfaktoren gibt, die die Lage der Angebotskurve oder der Nachfragekurve beeinflussen. Kommt es zu solchen Verschiebungen, so hat dies natürlich Konsequenzen für das Marktgleichgewicht – Gleichgewichtspreis und Gleichgewichtsmenge werden sich verändern. Möchte man die Auswirkungen eines bestimmten Ereignisses auf das Marktgleichgewicht für ein bestimmtes Gut analysieren, so ist es wichtig, zunächst zu entscheiden, ob das Ereignis das Angebot oder die Nachfrage des betrachteten Gutes oder gar beide betrifft. Danach ist zu klären, ob das Angebot bzw. die Nachfrage von diesem Ereignis positiv oder negativ betroffen ist, ob dieses Ereignis also eine Rechts- oder eine Linksverschiebung der Angebotskurve bzw. der Nachfragekurve auslöst. Das neue Gleichgewicht auf dem Markt für das betrachtete Gut ist dann leicht zu ermitteln.[112]

Betrachten wir bspw. den Markt für Holzpellets. In der Ausgangssituation herrsche Gleichgewicht. Bei dem am Markt vorliegenden Preis sind die Konsumenten bereit, die Menge an Holzpellets abzunehmen, die die Produzenten zu diesem Preis bereit sind herzustellen und zu verkaufen. Aufgrund eines Sturmschadens komme es nun zu einer großen Menge an Bruchholz und der Preis für Holz sinke. Was sind die Auswirkungen des Sturms auf den Markt für Holzpellets? Zunächst ist zu klären, ob hiervon die Marktnachfrage oder das Marktangebot oder beide betroffen sind. Offensichtlich ist von dem Sturmschaden die Nachfrage nach Holzpellets unbeeinflusst, der niedrigere Preis für Bruchholz wird die Haushalte nicht veranlassen, mehr oder weniger als zuvor zu heizen. Anders sieht es beim Angebot an Holzpellets aus. Der niedrigere Holzpreis senkt die Preise für einen entscheidenden Inputfaktor in der Produktion von Holzpellets. Die Produzenten von Pellets können diese nun günstiger herstellen und werden bei jedem Preis nun bereit sein, mehr Holzpellets herzustellen. Die Angebotskurve für Holzpellets x^S verschiebt sich im (p, x)-Diagramm nach rechts, z.B. in die Position $x^{S'}$. Der Sturmschaden ist also ein positiver Angebotsschock für den Holzpellets-Markt. Beim bisherigen Gleichgewichtspreis liegt nun ein Überschussangebot vor. Dadurch

---

[111] Neben der Effizienz können auch weitere Kriterien zur Beurteilung des Marktergebnisses herangezogen werden, so z.B. Gerechtigkeit und Fairness. Also ein Kriterium zur Beurteilung der Frage, wie die im Marktgleichgewicht hergestellte und verkaufte Menge des betrachteten Gutes verteilt wird. Dazu sind dann Maßstäbe zur Messung von Gerechtigkeit und Fairness heranzuziehen, was aber in dieser Einführung nicht geleistet werden soll.

[112] Wie schon in den Kapiteln zu den makroökonomischen Fragestellungen betreiben wir auch hier, indem wir zwei Gleichgewichtszustände miteinander vergleichen, eine komparativ-statische Analyse.

11.3 Das Marktgleichgewicht

sinkt der Preis für Holzpellets. Dies wiederum veranlasst die Haushalte, mehr Holzpellets zu kaufen, bspw. sind die Haushalte, die bisher schon mit Pellets geheizt haben, nun eher bereit, ihre Häuser und Wohnungen stärker zu heizen, und andere Haushalte werden veranlasst, verstärkt auf eine Pelletsheizung umzusteigen. Gleichzeitig ist der niedrigere Pelletspreis für die Produzenten Anreiz, ihre Produktionsmenge an Pellets einzuschränken; Anbieter, die beim alten Gleichgewichtspreis gerade noch konkurrenzfähig waren und beim alten Gleichgewichtspreis gerade noch bereit waren, Holzpellets zu produzieren, werden beim neuen, niedrigeren Preis nicht mehr anbieten. Der Preis für Holzpellets wird so lange zurückgehen, bis sich beim neuen Gleichgewichtspreis Angebots- und Nachfragemenge wieder entsprechen. Im (p, x)-Diagramm der Abb. 11.18 wandert der Gleichgewichtspunkt von E zu E' mit einem niedrigeren Gleichgewichtspreis p_1^* und einer größeren Gleichgewichtsmenge x_1^*.

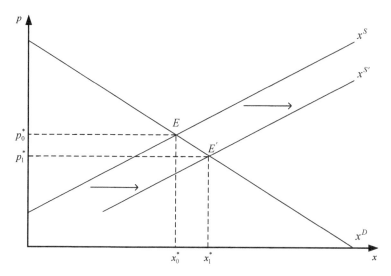

Abbildung 11.18: Auswirkungen eines positiven Angebotsschocks auf das Marktgleichgewicht

Wenn sich also die Größen ändern, die als Lageparameter die Position der Angebotskurve im (p, x)-Diagramm bestimmen, verschiebt sich die Angebotskurve. Positive Angebotsschocks, wie bspw. gerade diskutiert ein Rückgang der Inputpreise oder auch eine verbesserte Produktionstechnologie, eine steigende Anzahl an Anbietern u.Ä., verschieben die Angebotskurve nach rechts, und im neuen Gleichgewicht ist der Preis niedriger und die Menge ist größer als im alten Marktgleichgewicht. Negative Angebotsschocks verschieben die Angebotskurve nach links und im neuen Gleichgewicht sind der Preis höher und die Menge kleiner als im alten Gleichgewicht.

Genauso können wir auch Nachfrageschocks und ihre Auswirkungen auf das Marktgleichgewicht analysieren. Bleiben wir bei unserem Beispiel des Holzpellets-Markts und nehmen wir an, die Preise für Heizöl und Erdgas steigen. Beides sind insofern substitutive Güter zu Holzpellets, als dass sie ebenfalls zu Heizwecken eingesetzt werden. Wenn diese zu Holzpellets substitutiven Güter teurer werden, werden Pellets relativ betrachtet billiger. Bei gleichem

Preis für Pellets wird die Nachfrage nun größer sein als zuvor. Im (p, x)-Diagramm für den Holzpellets-Markt verschiebt sich die Nachfragekurve nach rechts – ein positiver Nachfrageschock. Im neuen Marktgleichgewicht ist der Preis für Pellets gestiegen, die Menge ebenfalls.

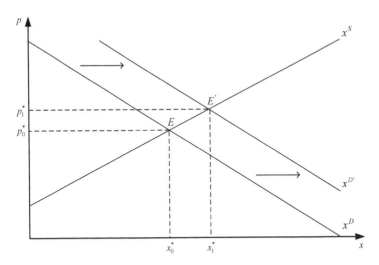

Abbildung 11.19: Auswirkungen eines positiven Nachfrageschocks auf das Marktgleichgewicht

Es wird zu Verschiebungen der Marktnachfragekurve kommen, wenn sich die Größen, die ihre Lage bestimmen, ändern. Es kommt zu einem positiven Nachfrageschock, wenn substitutive Güter, wie gerade betrachtet, teurer werden, das Einkommen der Konsumenten steigt oder auch wenn sich Präferenzen hin zu dem betrachteten Gut verschieben etc. Entgegengesetzte Änderungen der angeführten und weiterer Einflussgrößen auf die Nachfrage stellen entsprechend einen negativen Nachfrageschock dar und verschieben die Nachfragekurve nach links. Ein positiver Nachfrageschock führt zu einem Anstieg des gleichgewichtigen Preises und der gleichgewichtigen Menge, ein negativer Nachfrageschock führt zu einem Rückgang von Gleichgewichtspreis und Gleichgewichtsmenge, wie man sich im (p, x)-Diagramm schnell klarmachen kann.

Exkurs: Elastizitäten

Wenn man wie im vorherigen Abschnitt 11.3.3 die Auswirkungen von Angebots- und Nachfrageschocks auf das Marktgleichgewicht analysiert, so wird unmittelbar deutlich, dass das Ausmaß, in dem ein bestimmter Schock den Gleichgewichtspreis und die Gleichgewichtsmenge verändert, davon abhängt, wie Angebot und Nachfrage auf diese Schocks reagieren –

konkret für die grafische Analyse, welche Steigungen die Marktangebots- und die Marktnachfragekurve im (p, x)-Diagramm aufweisen.[113]

Ein positiver Angebotsschock wie in Abb. 11.18 führt zu einem umso geringeren Preisrückgang und einem umso größeren Mengenanstieg, je flacher die Marktnachfragekurve ist (Abb. 11.20).

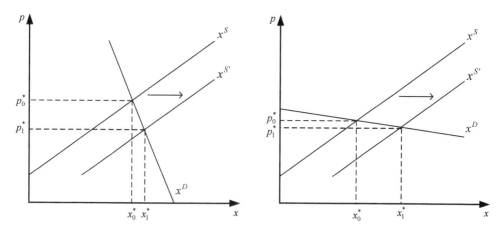

Abbildung 11.20: *Auswirkungen eines positiven Angebotsschocks bei relativ steiler und bei relativ flacher Nachfragekurve*

Ebenso gilt, dass die Auswirkungen eines Angebotsschocks auf Preis und Menge im Marktgleichgewicht umso kleiner sind, je flacher die Angebotskurve verläuft (Abb. 11.21).

---

[113] Diesen Punkt haben wir bereits in der Analyse der verschiedenen wirtschaftspolitischen Maßnahmen auf die makroökonomischen Größen erwähnt, haben ihn dort allerdings nicht näher beleuchtet, da eine ausführliche Betrachtung im mikroökonomischen Kontext u.E. anschaulicher ist.

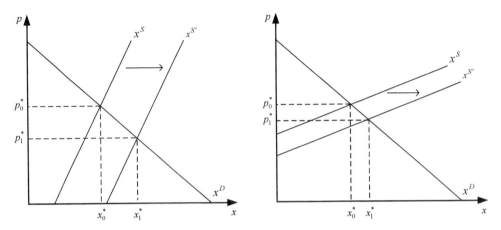

Abbildung 11.21: *Auswirkungen eines positiven Angebotsschocks bei relativ steiler und bei relativ flacher Angebotskurve*

Entsprechend lässt sich zeigen, dass der Effekt eines Nachfrageschocks wie in Abb. 11.19 auf den Gleichgewichtspreis umso größer und auf die Gleichgewichtsmenge umso kleiner ist, je größer die Steigung der Marktangebotskurve ist. Die Auswirkungen eines Nachfrageschocks auf Preis und Menge im Marktgleichgewicht sind wiederum eher gering, wenn die Nachfragekurve selbst eher flach verläuft.

Die Steilheit einer Kurve im (p, x)-Diagramm spiegelt wider, wie empfindlich die angebotene oder die nachgefragte Menge eines Gutes auf Änderungen des Preises für dieses Gut reagiert. Ein Maß für diese Reagibilität oder Empfindlichkeit ist die **Elastizität**. Allgemein ist die Elastizität η definiert als das Verhältnis der relativen Änderung einer abhängigen Größe zur relativen Änderung einer unabhängigen Größe, die die relative Änderung der abhängigen Größe ausgelöst hat.

(11.6) $\eta = \dfrac{\frac{\delta a}{a}}{\frac{\delta b}{b}}$ wobei a die abhängige Variable und b die unabhängige Variable ist.

Verdeutlichen wir uns den Begriff der Elastizität an der **direkten Preiselastizität der Nachfrage**. Bei der direkten Preiselastizität der Nachfrage ist die Nachfragemenge eines Gutes die abhängige Variable, der Preis dieses Gutes die unabhängige Variable. Die direkte Preiselastizität der Nachfrage ist also ein Maß dafür, wie stark die Nachfragemenge sich ändert, wenn der Preis des betrachteten Gutes sich ändert.

(11.7) $\eta = \dfrac{\frac{\delta x}{x}}{\frac{\delta p}{p}}$

Nehmen wir an, eine Tankstelle verkauft am Tag 100.000 l Benzin und der Preis für einen Liter Superbenzin liegt bei 1,40 €. Nun erhöht die Mineralölgesellschaft an dieser Tankstelle den Preis für einen Liter Superbenzin auf 1,47 € und der Tankstellenpächter stellt fest, dass seine verkaufte Menge an Benzin auf 99.800 l zurückgegangen ist. Die prozentuale Änderung der Nachfragemenge beträgt in unserem Beispiel:

$$\frac{x_1 - x_0}{x_0} = \frac{99.800 - 100.000}{100.000} = -0{,}2\%$$

Die relative Preisänderung, die die Änderung der Nachfragemenge ausgelöst hat, beträgt:

$$\frac{p_1 - p_0}{p_0} = \frac{1{,}47 - 1{,}40}{1{,}40} = 5\%$$

Als direkte Preiselastizität der Nachfrage nach Benzin ergibt sich in unserem Beispiel also:

$$\eta = \frac{\frac{x_1 - x_0}{x}}{\frac{p_1 - p_0}{p_0}} = \frac{-0{,}2\%}{5\%} = -0{,}04$$

Dieser Elastizitätswert von -0,04 ergab sich aus der Beobachtung, dass bei einem Anstieg des Benzinpreises um 5 %, von 1,40 €/l aus die Benzinnachfrage von zunächst 100.000 l um 0,2 % zurückging. Man könnte diese Aussage auch verallgemeinern und schlussfolgern: Steigt der Preis von Benzin um 1 %, so geht die Benzinnachfrage um 0,04 % zurück, sinkt der Preis von Benzin um 1 %, so steigt die Benzinnachfrage um 0,04 %. Der Tankstellenpächter bzw. die Mineralölgesellschaft könnte also auf der Basis dieser Beobachtung prognostizieren, wie sich die Nachfragemenge nach Benzin entwickeln wird, wenn bestimmte Preisänderungen bei Benzin veranlasst werden.

Zu beachten ist jedoch, dass die gerade berechnete Preiselastizität für eine bestimmte Konstellation von Preis und Nachfragemenge für Superbenzin gilt. Es ist durchaus denkbar, dass die Preiselastizität für Benzin bei anderen Konstellationen nicht -0,04 beträgt, sondern andere Werte aufweist. So ist nicht ausgeschlossen, dass die Autofahrer empfindlicher auf Benzinpreisänderungen reagieren, wenn der Benzinpreis deutlich höher liegen würde und von einem Niveau von 2,50 €/l aus um 1 % oder auch 5 % steigen würde. Genauso ist denkbar, dass sie weniger empfindlich auf Preisänderungen reagieren, wenn der Benzinpreis deutlich niedriger ist als 1,40 €/l, ein Preis, an die Autofahrer sich vielleicht schon länger gewöhnt haben.

In unserem Beispiel haben wir eine sogenannte **Bogenelastiziät** berechnet, da wir als Beobachtungswerte zwei konkrete Preis-Mengen-Kombinationen auf der Marktnachfragekurve hatten und aus diesen heraus den Elastizitätswert berechnet haben. Die die Mengenänderung auslösende Preisänderung betrug 5 %. Lässt man die Preisänderung unendlich, also infinitesimal, klein werden, so erhält man die direkte Preiselastizität der Nachfrage als sogenannte **Punktelastizität**. Sie gibt an, ebenfalls in relativen Änderungen, wie eine abhängige Größe, z.B. die nachgefragte Menge eines Gutes, reagiert, wenn sich die unabhängige Größe in unendlich kleinem Umfang ändert. In Gl. (11.7) wurde diese bereits angegeben, und eine kleine Äquivalenzumformung zeigt uns einen weiteren Aspekt:

$$(11.8) \quad \eta = \frac{\frac{\delta x}{x}}{\frac{\delta p}{p}} = \frac{\delta x}{\delta p} \cdot \frac{p}{x}$$

Die direkte Preiselastizität der Nachfrage lässt sich also auch ermitteln als Produkt aus dem Kehrwert der Steigung der Nachfragekurve und dem Verhältnis der Preiskoordinate und der Mengenkoordinate. Man sieht daraus unmittelbar, dass die Elastizität entlang einer Kurve, hier der Nachfragekurve, in der Regel nicht konstant ist, sondern sich von Punkt zu Punkt entlang der Kurve ändert. Ein bestimmter Wert für die Elastizität gilt also in der Regel immer nur für einen konkreten Punkt.

Für eine lineare Nachfragekurve gilt Folgendes:

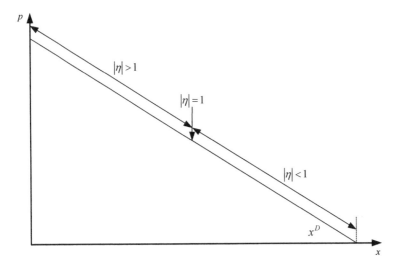

Abbildung 11.22: Elastizität entlang einer linearen Nachfragekurve

Die Nachfrage wird als elastisch bezeichnet, wenn der Absolutbetrag der direkten Preiselastizität größer als eins ist. Eine direkte Preiselastizität der Nachfrage absolut größer eins bedeutet grob gesprochen, dass eine Preisänderung von 1 % eine Mengenänderung von mehr als 1 % auslöst. Entsprechend gilt eine Marktnachfrage als unelastisch, wenn die Elastizität absolut betrachtet kleiner als eins ist; die Nachfrage reagiert dann auf Preisänderungen relativ schwach. Die Nachfrage ist vollkommen unelastisch, wenn die Preiselastizität gleich null ist; dies ist dann der Fall, wenn die Nachfrage auf Preisänderungen nicht im Geringsten reagiert, unabhängig vom Preis wird immer die gleiche Menge nachgefragt. Sie ist vollkommen elastisch, wenn der Wert der Preiselastizität gegen unendlich geht; bei einem bestimmten

Preis kaufen die Nachfrager dann jede angebotene Menge, bei einem Preis oberhalb dieses Preises kaufen sie überhaupt nichts, bei einem Preis unterhalb dieses Preises ist die Nachfrage dagegen unendlich groß.

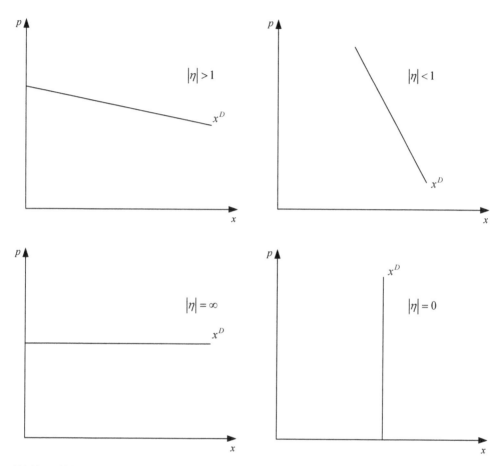

Abbildung 11.23: Elastische und unelastische sowie vollkommen elastische und vollkommen unelastische Marktnachfragefunktion

Die Steilheit der Nachfragekurve im (p, x)-Diagramm spiegelt also die direkte Preiselastizität wider, jedoch ist, wie Gl. (11.8) zeigt, die Elastizität nicht mit der Steigung der Kurve identisch, da die Koordinaten des Punktes, für den die Elastizität berechnet wurde, ebenfalls eine Rolle spielen. Liegt aber eine konkrete Marktnachfragefunktion vor, so lässt sich für jeden beliebigen Punkt dieser Kurve die Elastizität leicht berechnen. Als einfache Methode, um in einer Grafik die Elastizität einer Kurve in einem Punkt zu bestimmen, legt man eine Tangente an diesen Punkt. Die Elastizität in diesem Punkt ergibt sich durch das Verhältnis der Länge des Tangentenabschnitts unterhalb des Punktes zur Länge des Tangentenabschnitts oberhalb des Punktes. In Abb. 11.24 ergibt sich die Elastizität im Punkt P also aus

(11.9) $|\eta| = \dfrac{\overline{PB}}{\overline{AP}}$

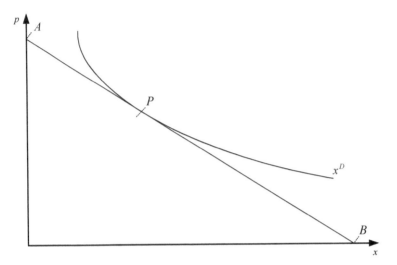

Abbildung 11.24: Eine einfache Regel zur grafischen Bestimmung der Elastizität

Neben der direkten Preiselastizität der Nachfrage sind vielfach noch weitere Elastizitäten von Bedeutung, für die grundsätzlich das Entsprechende gilt, wie es für die direkte Preiselastizität der Nachfrage ausführlich dargestellt wurde.

Die **indirekte Preiselastizität der Nachfrage** oder **Kreuzpreiselastizität der Nachfrage** misst, wie sich die Nachfragemenge eines Gutes i ändert, wenn sich der Preis eines anderen Gutes j ändert:

(11.10) $\eta = \dfrac{\dfrac{\delta x_i}{x_i}}{\dfrac{\delta p_j}{p_j}} = \dfrac{\delta x_i}{\delta p_j} \cdot \dfrac{p_j}{x_i}$

Die **Einkommenselastizität der Nachfrage** ist ein Maß für die Reagibilität oder Empfindlichkeit der Nachfrage nach einem Gut bezüglich des Einkommens der Konsumenten:

(11.11) $\eta = \dfrac{\dfrac{\delta x}{x}}{\dfrac{\delta y}{y}} = \dfrac{\delta x}{\delta y} \cdot \dfrac{y}{x}$

Genauso lassen sich auch Elastizitäten bezüglich des Marktangebots definieren und bestimmen. Die **Preiselastizität des Angebots** ist wohl hiervon die wichtigste und misst die Reagibilität der Angebotsmenge eines Gutes auf Änderungen des Preises dieses Gutes.

(11.12) $\eta = \dfrac{\dfrac{\delta x}{x}}{\dfrac{\delta p}{p}} = \dfrac{\delta x}{\delta p} \cdot \dfrac{p}{x}$

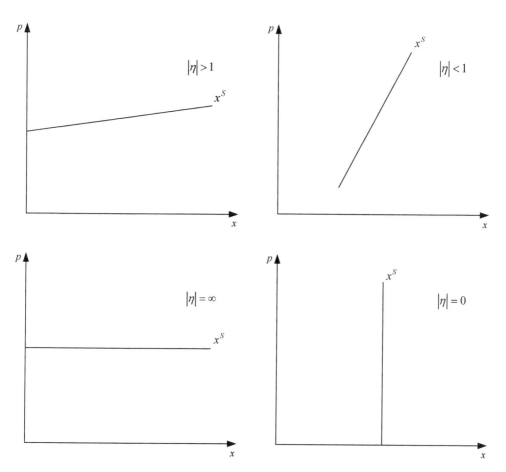

Abbildung 11.25: Elastische und unelastische sowie vollkommen elastische und vollkommen unelastische Marktangebotsfunktion

Ebenso gibt die **Kostenelastizität** an, wie empfindlich die Produktionskosten auf Mengenänderungen reagieren:

$$(11.13)\ \eta = \frac{\frac{\delta K}{K}}{\frac{\delta x}{x}} = \frac{\delta K}{\delta x} \cdot \frac{x}{K} = \frac{\delta K}{\delta x} \cdot \frac{1}{\frac{K}{x}}$$

In einem makroökonomischen Kontext sind insbesondere die **Zinselastizität der Investitionsgüternachfrage** und die **Zinselastizität der Geldnachfrage** von Bedeutung, die entsprechend der obigen allgemeinen Definition in Gl. (11.6) definiert sind als:

$$(11.14)\ \eta = \frac{\frac{\delta I}{I}}{\frac{\delta r}{r}} = \frac{\delta I}{\delta r} \cdot \frac{r}{I}$$

bzw.

$$(11.15)\ \eta = \frac{\frac{\delta L_R}{L_R}}{\frac{\delta i}{i}} = \frac{\delta L_R}{\delta i} \cdot \frac{i}{L_R}$$

12 Ausgewählte Anwendungen in der Preistheorie

Die Preisbildung auf den Märkten für die verschiedenen Güter oder auch Faktoren ist nicht unbeeinflusst von staatlichen Eingriffen. Vielfach greift der Staat in die Preisbildung ein, um bestimmte wirtschaftspolitische Ziele zu verfolgen, seien sie verteilungspolitischer Natur, seien es allokationsspezifische Ziele oder auch nur, um Einnahmen zu generieren.

12.1 Höchstpreise und Mindestpreise

Eine Motivation staatlicher Eingriffe in die Preisbildung liegt darin begründet, dass staatliche Instanzen die sich am Markt herausgebildeten Preise als nicht gerecht oder fair ansehen. Nach staatlichen Vorstellungen ist der Marktpreis für ein Gut zu hoch oder auch zu niedrig, und der Staat greift zum Instrument der Einführung eines Höchstpreises bzw. Mindestpreises, um den Preis für das betreffende Gut nach oben bzw. unten zu begrenzen.

Betrachten wir zunächst die **Einführung eines Höchstpreises**, wie er bspw. immer wieder im Sozialen Wohnungsbau diskutiert und auch mancherorts umgesetzt wurde, wie die „Mietpreisbremse", die jüngst in Deutschland eingeführt wurde, oder wie er von einigen bei einem drastischen Anstieg des Rohölpreises für den Benzinpreis vorgeschlagen wurde. In Abb. 12.1 ist das Gleichgewicht auf dem Markt für ein bestimmtes Gut mit (p^*, x^*) gekennzeichnet. Nun werde auf dem Markt für das hier betrachtete Gut ein Höchstpreis p_H eingeführt, wobei wir unterstellen, dass der Höchstpreis effektiv ist, also niedriger als der Gleichgewichtspreis p^* ist.[114] Die staatliche Vorgabe an die Unternehmen, für das hier betrachtete Gut keinen Preis höher als p_H zu fordern, wird dazu führen, dass zum einen die Unternehmen ihr Angebot von diesem Gut auf die Menge x^S_H zurückfahren werden, zum anderen, dass die Konsumenten nun wünschen, die Menge x^D_H nachzufragen. Die von den Unternehmen zum Preis von p_H geplante Angebotsmenge ist kleiner als die von den Haushalten zu diesem Preis geplante Nachfragemenge – es liegt ein Nachfragemengenüberschuss vor, der Markt ist nicht mehr im Gleichgewicht. Allerdings kann sich der Preis nun nicht mehr so anpassen, dass das Marktgleichgewicht realisiert wird. Durch die Höchstpreisvorschrift ist dies ausgeschlossen. Am Markt wird nur noch die Menge x^S_H angeboten werden und den Konsumenten zur Verfü-

---

[114] Wie unmittelbar aus Abb. 12.1 ersichtlich ist, wird die Einführung eines Höchstpreises höher als p^* keine Reaktionen der Anbieter und Nachfrager auslösen.

gung stehen. Die kurze Marktseite rationiert die lange Marktseite. Ein Teil der Haushalte, die das betrachtete Gut zum Preis von p_H erwerben wollen, kommt nicht zum Zuge. Infolge des Angebotsmengenüberschusses kommt es zu Zuteilungsmechanismen außerhalb des Preismechanismus: Die Angebotsmenge des betrachteten Gutes wird bspw. nach dem Windhundverfahren an die sich zuerst äußernden Konsumenten verkauft, es entstehen Warteschlangen, es bildet sich ein Schwarzmarkt für das betrachtete Gut heraus, die Zuteilung des Gutes erfolgt nach Kriterien wie Hautfarbe oder Geschlecht, es werden Bezugsscheine o.Ä. im Rahmen einer formellen Rationierung vom Staat an die Haushalte ausgegeben, um so die Zuteilung zu regeln, und andere Varianten nicht-preislicher Zuteilung.

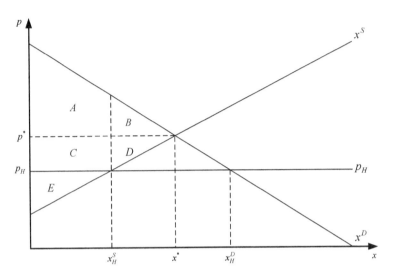

Abbildung 12.1: Auswirkungen einer Höchstpreiseinführung

Analysieren wir die Wohlfahrtswirkungen einer solchen Einführung eines Höchstpreises. Da nur noch die Menge x^S_H produziert und am Markt angeboten wird, verändern sich Konsumentenrente und Produzentenrente. Die Produzentenrente geht zurück. Einige der Produzenten, die beim Marktgleichgewicht (p^*, x^*) noch Einheiten des betrachteten Gutes angeboten haben, werden das Gut nicht mehr herstellen, da der nun erzielbare Preis niedriger ist als der Preis, den sie fordern, um ihre Aufwendungen und Kosten zu decken. Sie werden aus dem Markt ausscheiden, da sie keine positive Produzentenrente mehr erzielen können; der damit verbundene Wohlfahrtsverlust wird in Abb. 12.1 durch die Dreiecksfläche D dargestellt. Aber auch die am Markt verbleibenden Unternehmen erleiden einen Rückgang ihrer Produzentenrente, da sie nur noch einen niedrigeren Preis für die von ihnen verkauften Einheiten des betrachteten Gutes erzielen; Fläche C repräsentiert diesen Rückgang der Produzentenrente. Die Auswirkungen auf die Konsumentenrente sind dagegen nicht eindeutig. Da von dem Gut nun nur noch eine geringere Menge zum Verkauf angeboten wird, kommen weniger Haushalte als zuvor in die Lage, dieses Gut zu konsumieren. Der von diesen Haushalten erlittene Wohlfahrtsverlust wird repräsentiert durch die Fläche B in Abb. 12.1. Die Haushalte, die nach wie vor das Gut konsumieren können, erzielen einen Wohlfahrtsgewinn, da sie für jede

12.1 Höchstpreise und Mindestpreise

von ihnen erworbene Einheit dieses Gutes nun einen niedrigeren Preis entrichten müssen (Fläche C). Ob die Konsumenten insgesamt von der Höchstpreiseinführung profitieren, hängt also davon ab, ob der Wohlfahrtsverlust bei den Konsumenten, die nun nicht mehr zum Zuge kommen, überkompensiert wird durch den Wohlfahrtsgewinn bei den Haushalten, die nach wie vor das Gut erhalten, und dies zum niedrigeren Höchstpreis. Insofern kann es sein, dass der Staat die von ihm beabsichtigte Besserstellung der Haushalte erreichen kann, aber wenn, dann nur per Saldo – ein Teil der Konsumenten wird auf jeden Fall verlieren, da sie das von der Höchstpreiseinführung betroffene Gut aufgrund des Angebotsmengenrückgangs nicht mehr erwerben können. Die Gesellschaft insgesamt wird auf jeden Fall einen Wohlfahrtsverlust durch die Höchstpreiseinführung erleiden, denn neben den nun nicht mehr zum Zuge kommenden Konsumenten werden die Produzenten einen Rückgang der Produzentenrente hinnehmen müssen, wobei ein Teil dieses Rückgangs als Transfer an die Konsumenten geht (Fläche C), der andere Teil aber (Fläche D) der Gesellschaft als Ganzes verloren geht. Insgesamt verliert die Gesellschaft an Wohlfahrt durch die Einführung eines Höchstpreises, repräsentiert wird dieser Wohlfahrtsverlust in Abb. 12.1 durch die Fläche (B+D), sie kennzeichnet den Effizienzverlust, der mit der Höchstpreiseinführung verbunden ist.

	Marktgleichgewicht	*Höchstpreisregelung*	Δ
Konsumentenrente	A+B	A+C	-B, +C
Produzentenrente	C+D+E	E	-(C+D)
Gesamtwohlfahrt	A+B+C+D+E	A+C+E	-(B+D)

Tabelle 12.1:   Wohlfahrtswirkungen einer Höchstpreiseinführung

Auch die **Einführung eines Mindestpreises** geht mit einem Wohlfahrtsverlust für die Gesellschaft einher. Mindestpreise für bestimmte Güter werden bspw. von staatlichen Instanzen eingeführt, um den Produzenten dieser Güter hinreichend gute Einkommensperspektiven zu bieten, wie es z.B. bei Mindestpreisen für landwirtschaftliche Produkte immer wieder angeführt wird. Aber auch ein Mindestlohn ist ein Mindestpreis, eben für eine Arbeitsstunde.

Die Einführung eines Mindestpreises führt zu einem Angebotsmengenüberschuss: Ist der Mindestpreis effektiv und liegt oberhalb des Gleichgewichtspreises, so wird der Mindestpreis zu einer Ausweitung des Angebots des betrachteten Gutes führen, gleichzeitig wird die Nachfrage nach diesem Gut zurückgehen (Abb. 12.2). Beim vorgeschriebenen Mindestpreis ist die Nachfrage größer als das Angebot. Hier ist nun die Nachfrageseite die kürzere Marktseite, sie wird die Angebotsseite rationieren. Am Markt wird zum Mindestpreis p_M nur noch die Menge x^N_M ge- und verkauft werden. Auch hier wird es dann zu Zuteilungsmechanismen außerhalb des Preismechanismus kommen.

Der Wohlfahrtsverlust für die Gesellschaft und die Ineffizienz des Marktergebnisses bei Vorliegen eines effektiven Mindestpreises zeigen sich wieder bei der Analyse von Konsumenten- und Produzentenrente. Durch die Mindestpreiseinführung verlieren die Konsumenten, da zum einen beim Mindestpreis p_M nicht mehr alle Haushalte, die beim Gleichgewichtspreis p^* das Gut erworben haben, dieses Gut kaufen wollen (Fläche C), und zum anderen die Haushalte, die das Gut nach wie vor erwerben, dies nun zu einem höheren Preis tun müssen (Fläche *B*). Bei den Produzenten gewinnen die, die das Gut weiterhin verkaufen können, nun aber zu einem höheren Preis (Fläche *B*). Und diejenigen verlieren, die aufgrund des Nachfragerückgangs jetzt nicht mehr am Markt sind (Fläche *E*). Die Auswirkungen auf die Produzentenrente insgesamt hängen dann von der relativen Größe dieser beiden Wohlfahrtseffekte ab. Auch hier wird also nur ein Teil der Gruppe, die vom Staat durch die Mindestpreiseinführung begünstigt werden sollte, von dieser Maßnahme profitieren, und der Gesamteffekt auf die Wohlfahrt der Zielgruppe ist nicht eindeutig. Die Gesellschaft als Ganzes jedoch wird von der Einführung eines Mindestpreises eindeutig negativ betroffen sein und infolge der dadurch ausgelösten Ineffizienz einen Nettowohlfahrtsverlust hinnehmen müssen, in Abb. 12.2 repräsentiert durch die Fläche des Dreiecks (*C+E*).

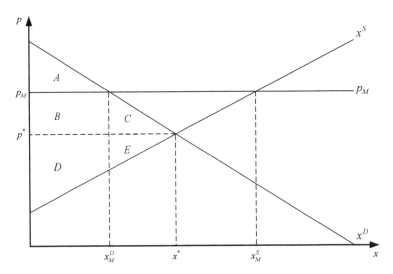

Abbildung 12.2: Auswirkungen einer Mindestpreiseinführung

	Marktgleichgewicht	Mindestpreisregelung	Δ
Konsumentenrente	A+B+C	A	-(B+C)
Produzentenrente	D+E	B+D	+B, -E
Gesamtwohlfahrt	A+B+C+D+E	A+B+D	-(C+E)

Tabelle 12.2: Wohlfahrtswirkungen einer Mindestpreiseinführung

12.2 Steuern

Der Staat belegt eine Vielzahl von Gütern mit einer **Steuer**. Eine Steuer kann bei den Konsumenten erhoben werden oder auch bei den Produzenten des jeweiligen Gutes. Zudem kann die Steuer als konstanter Geldbetrag auf den Kauf oder Verkauf einer Mengeneinheit des besteuerten Gutes oder als prozentualer Zuschlag zum Wert des besteuerten Gutes ausgestaltet werden. Im erstgenannten Fall spricht man von einer **Mengensteuer**, im letztgenannten von einer **Wertsteuer**. Eine Wertsteuer, die bei den Produzenten erhoben wird, erhöht den Verkaufspreis um den festen Steuerbetrag t, eine bei den Produzenten erhobene Wertsteuer erhöht den Verkaufspreis um den (prozentualen) Steuersatz t. Unabhängig davon, ob eine Steuer bei den Konsumenten oder Produzenten des betreffenden Gutes erhoben wird, und unabhängig davon, ob sie als Mengen- oder als Wertsteuer ausgestaltet ist, in jedem Fall wird die Besteuerung eines Gutes dazu führen, dass sich der Preis, den die Verkäufer des besteuerten Gutes erhalten, von dem Preis unterscheidet, den die Käufer dieses Gutes entrichten.

In der grafischen Analyse führt die Einführung einer Steuer, die bei den Konsumenten erhoben wird, zu einer Verlagerung der Nachfragekurve, und zwar nach links bzw. nach unten im (p, x)-Diagramm, da die Konsumenten nun bei jedem beliebigen Preis eine geringere Menge des betrachteten Gutes nachfragen. Die Steuerabführung, die die Konsumenten nun leisten müssen, macht den Kauf dieses Gutes weniger attraktiv für sie. M.a.W.: Um die Haushalte zum Kauf einer bestimmten Menge des betrachteten Gutes zu bewegen, muss der Preis, den die Verkäufer verlangen, um den Steuerbetrag niedriger sein als zuvor. Ist die Steuer eine Mengensteuer, kommt es zu einer Parallelverschiebung der Nachfragekurve nach links bzw. nach unten; ist sie eine Wertsteuer, wird sich die Nachfragekurve nach links bzw. nach unten drehen. Wird die Steuer dagegen bei den Produzenten erhoben, so ist davon die Angebotskurve betroffen. Sie wird sich um den Steuerbetrag nach oben bzw. nach links verschieben, da die Produzenten die Steuer als zusätzliche Kosten interpretieren werden und daher von den Nachfragern einen Preis verlangen werden, der um den Steuerbetrag höher ist als der Preis, den sie ansonsten verlangt hätten, um eine bestimmte Menge des betrachteten Gutes anzubieten. Oder anders formuliert: Bei einem bestimmten Preis, den die Produzenten erhalten, würden sie nach Steuererhebung eine geringere Menge anbieten, und zwar die Menge, die sie angeboten hätten, wenn der Preis um den Steuerbetrag niedriger wäre. Wiederum gilt: Ist die Steuer, die die Unternehmen abzuführen haben, eine Mengensteuer, kommt es zu einer Parallelverschiebung nach oben bzw. nach links; und ist sie eine Wertsteuer, wird sich die Angebotskurve entsprechend nach oben bzw. nach links drehen.

In Abb. 12.3 ist die **Einführung einer Steuer** dargestellt. Wie anhand der Grafik leicht nachzuvollziehen ist, ist es für die Analyse der Steuerwirkungen unerheblich, ob die Steuer die Form einer Wertsteuer oder einer Mengensteuer hat, ebenso ist es unerheblich, ob sie von den Konsumenten oder von den Produzenten erhoben wird. Die Steuereinführung führt in jedem Fall zu einem Auseinanderfallen des Preises, den die Konsumenten zu entrichten haben, p_t^K, und des Preises, den die Produzenten für das besteuerte Gut verlangen werden, p_t^P.[115]

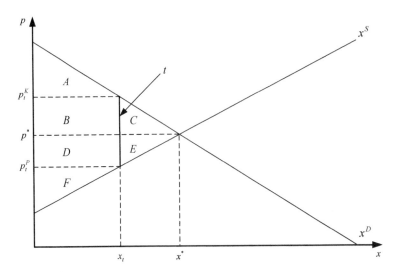

Abbildung 12.3: Einführung einer Steuer

Die Einführung einer Steuer auf den Verbrauch eines bestimmten Gutes reduziert die gleichgewichtige Menge von x^* auf x_t. Im neuen Gleichgewicht müssen die Konsumenten einen (Brutto-)Preis in Höhe von p_t^K entrichten, der höher ist als der ursprüngliche Gleichgewichtspreis p^* (aber nicht so hoch wie die Summe aus ursprünglichem Gleichgewichtspreis und Steuer). Die Produzenten erhalten je verkaufter Mengeneinheit des betrachteten Gutes nur den (Netto-)Preis p_t^P, der niedriger ist als der Gleichgewichtspreis vor Steuereinführung.

Die Einführung einer Steuer beeinflusst die Wohlfahrt der Marktteilnehmer. Die Konsumenten des besteuerten Gutes müssen nun einen höheren Preis bezahlen, zudem sinkt die am Markt umgesetzte Menge dieses Gutes. Beides führt zu einem Verlust an Konsumentenrente, in Abb. 12.3 um die Fläche ($B+C$). Auch die Produzentenrente sinkt infolge der Steuereinführung. Die Unternehmen erzielen für die von ihnen angebotene Menge jetzt nur noch einen niedrigeren Preis, wobei die abgesetzte Menge zudem kleiner ist als zuvor. Die Fläche ($D+E$) repräsentiert diesen Wohlfahrtsverlust. Nun gibt es aber noch einen dritten Spieler in diesem Kontext, dessen Wohlfahrt auch zur Gesamtwohlfahrt der Gesellschaft zu zählen ist, den Staat. Durch die Steuereinführung erzielt der Staat Einnahmen. Diese Einnahmen kommen aber auf verschiedenen Wegen den privaten Mitgliedern der Gesellschaft wieder zugute. Sei es durch die Herstellung und Bereitstellung von Gütern, die den Haushalten und Unternehmen ohne direkte oder ohne kostendeckende Bezahlung zur Verfügung gestellt werden (zu

---

[115] Der vertikale Abstand t zwischen Konsumenten- und Produzentenpreis kann aus einer Parallelverschiebung der Angebotskurve oder einer Drehung der Angebotskurve genauso entstanden sein wie aus einer Parallelverschiebung oder einer Drehung der Nachfragekurve.

12.2 Steuern

denken ist hier bspw. an die Verkehrsinfrastruktur, öffentliche Bildungseinrichtungen oder auch das Rechtssystem), sei es durch den Kauf von Gütern, die private Unternehmen an staatliche Einrichtungen verkaufen, oder auch in Form von Personalausgaben oder Transferleistungen, die bei privaten Haushalten Einkommen darstellen. Die Steuereinnahmen sind also wohlfahrtssteigernd und sind bei der Gesamtbetrachtung der Wohlfahrtswirkungen zu berücksichtigen.[116] Dieser Wohlfahrtsgewinn wird durch die Fläche ($B+D$) repräsentiert. Insgesamt verursacht aber die Einführung einer Steuer einen Nettowohlfahrtsverlust für die Gesellschaft insgesamt, ausgedrückt wird er in Abb. 12.3 durch die Fläche ($C+E$). Das Dreieck wird oft auch als Harberger-Dreieck[117], der Nettowohlfahrtsverlust selbst als excess burden oder deadweight loss einer Steuererhebung bezeichnet.

	Marktgleichgewicht	*Steuererhebung*	Δ
Konsumentenrente	A+B+C	A	-(B+C)
Produzentenrente	D+E+F	F	-(D+E)
Staat	0	B+D	+(B+D)
Gesamtwohlfahrt	A+B+C+D+E+F	A+B+D+F	-(C+E)

Tabelle 12.3: *Wohlfahrtswirkungen der Einführung einer Steuer*

In diesem Zusammenhang ist noch der Frage nachzugehen, wer die Steuer letztendlich trägt. Es geht dabei um die sogenannte **Steuerinzidenz**. Zwar kann der Gesetzgeber bestimmen, wer die Steuer zu entrichten, sie also an ihn als Fiskus abzuführen hat. Wer sie aber letztendlich trägt, hängt von den Marktgegebenheiten ab. Die Traglast einer Steuer, wer in welchem Umfang in seiner Wohlfahrtsposition betroffen ist, ist von der Zahllast der Steuer zu unterscheiden. Wie anhand von Abb. 12.3 unmittelbar zu erkennen ist, wird das Steueraufkommen ($B+D$) im Umfang B von den Konsumenten getragen, der andere Teil D wird von den Produzenten getragen. Dabei ist es hinsichtlich der Steuertraglast unerheblich, ob die Steuer von den Produzenten oder von den Konsumenten an den Staat zu zahlen ist.

Der mit der Einführung einer Steuer verbundene Nettowohlfahrtsverlust ebenso wie die Inzidenz einer Steuer werden entscheidend beeinflusst von der Elastizität von Angebot und Nachfrage. Je elastischer das Angebot ist, umso größer ist der Nettowohlfahrtsverlust infolge einer Steuereinführung und umso kleiner ist der Anteil der Steuer, der von den Produzenten getragen wird. Das Entsprechende gilt für die Nachfrage: Bei elastischerer Nachfrage ist der Nettowohlfahrtsverlust infolge einer Steuereinführung größer und der Anteil an der Steuer, den die Konsumenten tragen müssen, kleiner. Dies liegt daran, dass die Einführung einer

---

[116] Die Steuereinnahmen des Staates fließen nicht zwingend ohne weitere, zusätzliche Wohlfahrtswirkungen den Privaten zu. Wir wollen hier aber der Einfachheit unterstellen, dass dem so sei. Eine nicht weiter die Wohlfahrt beeinflussende Weitergabe der Steuereinnahmen an die Privaten ist bspw. deren Verwendung für sogenannte Lump-sum-Transfers, also für gleich hohe Transferzahlungen pro Kopf.

[117] Benannt nach Arnold Harberger (geb. 1924), US-Ökonom, Vertreter der sogenannten Chicagoer Schule.

Steuer das Verhalten der Anbieter und Nachfrager beeinflusst. Wie gesehen, werden nach einer Steuereinführung die Produzenten ihr Angebot einschränken und die Konsumenten werden weniger nachfragen. Die Elastizität von Angebot und Nachfrage drückt ja gerade aus, wie empfindlich Produzenten bzw. Konsumenten auf eine Preisänderung reagieren. Und bei einer hohen Angebotselastizität werden die Unternehmen ihre Produktionsmenge relativ stark einschränken, damit wird der Nettowohlfahrtsverlust infolge einer Steuereinführung entsprechend stark ausfallen; das Gleiche gilt für die Konsumenten bei einer relativ elastischen Nachfrage. Eine hohe Angebots- bzw. Nachfrageelastizität bedeutet aber auch, dass die Produzenten bzw. Konsumenten mit einer relativ kräftigen Mengenreduktion der Traglast ausweichen und damit nur einen relativ geringen Anteil an der Steuerlast tragen, wenn ihre Preiselastizität absolut betrachtet groß ist. In den Abb. 12.4 sind Nettowohlfahrtsverlust und Inzidenz einer Steuer für unterschiedlich steile Angebotskurven und in den Abb. 12.5 für unterschiedlich steile Nachfragekurven abgetragen.

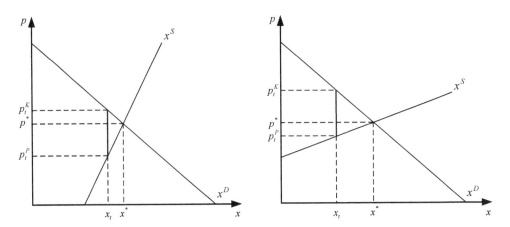

Abbildung 12.4: Einfluss der Angebotselastizität auf Nettowohlfahrtsverlust und Inzidenz einer Steuer

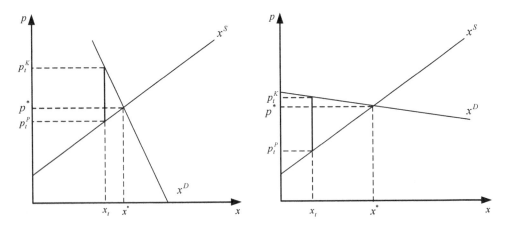

Abbildung 12.5: Einfluss der Nachfrageelastizität auf Nettowohlfahrtsverlust und Inzidenz einer Steuer

12.2 Steuern

Bleibt noch zu analysieren, wie sich Nettowohlfahrtsverlust und Steueraufkommen bei **Variation einer bereits bestehenden Steuer** verhalten. In der Ausgangssituation liege ein bestimmter Steuersatz t_1 vor.[118] Mit dieser Steuer geht ein entsprechender Nettowohlfahrtsverlust einher, der in Abb. 12.6a durch die Fläche NWV_1 repräsentiert wird, das zugehörige Steueraufkommen beträgt T_1. Nun werde der Steuersatz auf t_2 erhöht. Damit steigt der Nettowohlfahrtsverlust auf NWV_2 und das Steueraufkommen auf T_2 (Abb. 12.6b). Eine weitere Erhöhung des Steuersatzes führt zu einer weiteren Vergrößerung des Nettowohlfahrtsverlustes und des Steueraufkommens. Wie aber unschwer zu erkennen ist, wird das Steueraufkommen, anders als der Nettowohlfahrtsverlust, nicht mit jeder weiteren Erhöhung des Steuersatzes zunehmen. Ab einem bestimmten Steuersatz wird das Steueraufkommen sinken, da der höhere Steuersatz nunmehr auf eine geringe Steuerbasis angelegt wird, und der Rückgang der Menge überkompensiert den Anstieg des Steuersatzes. So ist in Abb. 12.6c die Situation gezeigt, in der der Steuersatz auf eine Höhe von t_3 angehoben wurde. Damit verbunden ist ein Nettowohlfahrtsverlust von NWV_3 und ein Steueraufkommen von T_3. Vergleicht man dies mit der Steuerhöhe t_2, so erkennt man unmittelbar, dass der Nettowohlfahrtsverlust erneut gestiegen ist, das Steueraufkommen T_3 aber kleiner ist als T_2.

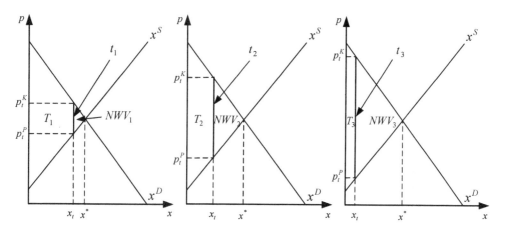

Abbildung 12.6a-c: *Nettowohlfahrtsverlust und Steueraufkommen bei variierendem Steuersatz I*

In Abb. 12.7 sind Nettowohlfahrtsverlust und Steueraufkommen gegenüber dem Steuersatz abgetragen, und die Grafiken zeigen das Ergebnis der obigen Überlegungen, nämlich dass der Nettowohlfahrtsverlust mit zunehmender Steuerhöhe überproportional zunimmt, das Steueraufkommen aber bis zu einem Maximum steigt und danach bei weiter steigendem Steuersatz wieder abnimmt.[119] Ist der Steuersatz sehr hoch, so ist der Preis, den die Anbieter

---

[118] Die Verwendung des Terminus Steuersatz soll beide mögliche Ausprägungen, Wertsteuer und Mengensteuer, hier abdecken, auch wenn Steuersatz meist eine Wertsteuer impliziert.

[119] Letzteres, also die Kurve in der rechten Graphik der Abb. 12.7, wird auch als Laffer-curve bezeichnet, nach dem amerikanischen Ökonomen Artur Laffer, der in den siebziger Jahren des 20. Jahrhunderts für die US-amerikanische Volkswirtschaft die Meinung vertrat, dass diese sich auf dem fallenden Ast dieser Kurve befände und daher Steuersenkungen nicht zu einem fallenden, sondern zu einem steigenden Steueraufkommen führen würden.

für ihr Gut erzielen, der Produzentenpreis p_t^P, so niedrig, dass sie nur noch ein sehr geringes Angebot an den Markt bringen. Gleichzeitig ist der Preis, den die Nachfrager entrichten müssen, der Konsumentenpreis p_t^K, so hoch, dass diese nur noch in geringem Umfang bereit sind, dieses Gut käuflich zu erwerben. Bei einem sehr hohen Steuersatz werden angebotene und nachgefragte Menge sogar auf null fallen, und damit wird dann bei diesem und noch höheren Steuersätzen auch das Steueraufkommen null betragen.

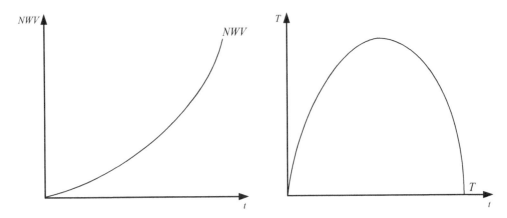

Abbildung 12.7: Nettowohlfahrtsverlust und Steueraufkommen bei variierendem Steuersatz II

12.3 Anpassungsprozesse an das Marktgleichgewicht: Das Spinngewebe-Theorem

In diesem Abschnitt wollen wir, anders als zuvor (und auch anders als in späteren Kapiteln), die Annahme treffen, dass die Produzenten mit einer bestimmten, festen Angebotsmenge an den Markt kommen und darauf angewiesen sind, diese Menge auch abzusetzen. Notwendig kann dies bspw. sein, weil es sich um ein leicht verderbliches Gut handelt. Hintergrund dieser Annahme ist, dass wir einen expliziten Anpassungsprozess an das Marktgleichgewicht formulieren und damit eine weitere in Ansätzen dynamische Analyse durchführen möchten.

Auf dem Markt für dieses Gut bilde sich der Preis so, dass bei diesem Preis die Konsumenten bereit sind, die von den Produzenten an den Markt gebrachte Menge gerade abzunehmen. Der Preis, zu dem die Transaktionen dann jeweils stattfinden, wird also von der Nachfrageseite determiniert. Für ihre Angebotsmenge in der Folgeperiode orientieren sich die Unternehmen an dem Preis, den sie in der aktuellen Periode beobachten und realisieren können. Ist dieser Preis höher, als sie für die aktuelle Periode erwartet haben, so werden sie in der Folgeperiode ihr Angebot ausdehnen, weil sie annehmen, dass der Preis auch künftig so hoch bleiben wird. Ist er niedriger als erwartet, so werden sie in der Erwartung eines auch künftig

12.3 Anpassungsprozesse an das Marktgleichgewicht: Das Spinngewebe-Theorem

niedrigeren Preises ihr Angebot für die Folgeperiode reduzieren.[120] Unterstellen wir der Einfachheit halber lineare Angebots- und Nachfragefunktionen, so lassen sich diese Verhaltensannahmen wie folgt formulieren:

(12.1) $x_t^D = x^D(p_t) = a_D \cdot p_t + b_D$ mit $a_D < 0$, $b_D > 0$

(12.2) $x_t^S = x^S(p_{t-1}) = a_S \cdot p_{t-1} + b_S$ mit $a_S, b_S > 0$

Da die in der Angebotsfunktion von Gl. (12.2) auftretenden ökonomischen Größen zwei verschiedenen Perioden zugeordnet werden, liegt damit eine Differenzengleichung vor, und zwar eine lineare Differenzengleichung 1. Ordnung. Die Bedingung für das Marktgleichgewicht ist in Gl. (12.3) angegeben.

(12.3) $x_t^S = x_t^D$

Dieses Gleichungssystem mit drei Gleichungen in den vier Variablen x_t^A, x_t^N, p_t und p_{t-1}, aufgelöst nach dem Gleichgewichtspreis einer Periode, ergibt:

(12.4) $p_t = \dfrac{a_S}{a_D} \cdot p_{t-1} + \dfrac{b_S - b_D}{a_D} = \alpha \cdot p_{t-1} + \beta$ mit $\alpha = \dfrac{a_S}{a_D}$ und $\beta = \dfrac{b_S - b_D}{a_D}$

Die Lösung dieser Differenzengleichung (12.4) ergibt:[121]

(12.5) $p_t = \alpha^t \cdot p_0 + \dfrac{1 - \alpha^t}{1 - \alpha} \cdot \beta$

Gleichgewicht herrscht dann, wenn Unternehmen und Haushalte keinen Anpassungs- oder Änderungsbedarf bei ihren Produktions- bzw. Konsumentscheidungen sehen, wenn sich also der Preis und damit die Angebots- und die Nachfragemenge am Markt nicht mehr ändern. Im Gleichgewicht muss also gelten:

(12.6) $p_t = p_{t-1} = p^*$

---

[120] Kritisch ist bei dieser Modellformulierung zu sehen, dass die Anbieter trotz aller Erfahrung, dass der jeweils erwartete Preis sich am Markt nicht einstellt, keine weiterreichenden Konsequenzen ziehen und ihr Verhalten nicht grundlegend ändern.

[121] Zur Lösung der Differenzengleichung (12.4) wählt man einen beliebigen Startwert p_0 und berechnet dann sukzessive die sich ergebenden Werte für p_1, p_2, p_3 etc. bis p_t:

$p_1 = \alpha \cdot p_0 + \beta$

$p_2 = \alpha \cdot p_1 + \beta = \alpha \cdot (\alpha \cdot p_0 + \beta) + \beta = \alpha^2 \cdot p_0 + \alpha \cdot \beta + \beta = \alpha^2 + (\alpha + 1) \cdot \beta$

$p_3 = \alpha \cdot p_2 + \beta = \alpha \cdot (\alpha^2 \cdot p_0 + \alpha\beta + \beta) + \beta = \alpha^3 \cdot p_0 + \alpha^2 \cdot \beta + \alpha\beta + \beta = \alpha^3 \cdot p_0 + (\alpha^2 + \alpha + 1) \cdot \beta$

...

$p_t = \alpha \cdot p_{t-1} + \beta = \alpha^t \cdot p_0 + (\alpha^{t-1} + \alpha^{t-2} + ... + \alpha + 1) \cdot \beta = \alpha^t \cdot p_0 + \dfrac{1 - \alpha^t}{1 - \alpha} \cdot \beta$

Dies eingesetzt in Gl. (12.4) führt zu:

(12.7) $\quad p^* = \alpha \cdot p^* + \beta = \dfrac{a_S}{a_D} \cdot p^* + \dfrac{b_S - b_D}{a_D}$

Aufgelöst nach p^* ergibt sich für den Gleichgewichtspreis:

(12.8) $\quad p^* = \dfrac{\beta}{1-\alpha} = \dfrac{b_S - b_D}{a_D - a_S}$

Damit betragen Angebots- und Nachfragemenge im Gleichgewicht:

(12.9) $\quad x^* = a_S \cdot p^* + b_S = a_D \cdot p^* + b_D = \dfrac{a_D \cdot b_S - a_S \cdot b_D}{a_D - a_S}$

Betrachten wir den Anpassungsprozess in der Zeit anhand der grafischen Darstellung dieses Modells. In Abb. 12.8 sind die Angebotskurve und die Nachfragekurve auf dem Markt für das hier betrachtete Gut dargestellt. Beide weisen einen typischen Verlauf auf. Nehmen wir als Ausgangspunkt an, die Unternehmen erwarten, für ihr Gut den Preis p^S_0 erzielen zu können (Punkt A). Dann werden sie in der Periode $t = 0$ die Menge x^S_0 an den Markt bringen. Diese Menge x^S_0 sind die Konsumenten aber nur bereit zu einem Preis von p_0 abzunehmen. Da die Anbieter darauf angewiesen sind, ihre Produktion in der laufenden Periode auch abzusetzen, werden sie diesen Preis akzeptieren. Bei diesem Preis ist dann der Markt in der aktuellen Periode geräumt. Für die Folgeperiode werden die Unternehmen nun davon ausgehen, dass sie für ihr Gut wieder nur den Preis p_0 erzielen werden. Sie werden daher in der Periode $t = 1$ die Menge x^S_1 anbieten. Für diese (geringe) Menge sind aber die Haushalte bereit, den Preis p_1 zu zahlen. In der Erwartung, in der Folgeperiode $t = 2$ ebenfalls den Preis p_1 erzielen zu können, werden die Unternehmen in $t = 2$ die Menge x^S_2 herstellen und anbieten. Diese Menge wiederum können sie aber nur zu einem Preis von p_2 absetzen. Anhand von Abb. 12.8 lässt sich leicht nachvollziehen, wie sich dieser Prozess von Periode zu Periode fortsetzt. In jeder Periode erleben die Unternehmen positive oder negative Überraschungen und werden ihre Produktions- und Angebotsmenge entsprechend anpassen. Letztendlich wird in der Periode $t = n$ das Marktgleichgewicht erreicht werden, indem keine Überraschungen mehr auftreten, da dann $p_t = p_{t-1}$ ist. In Abb. 12.8 konvergiert der Prozess also zum Gleichgewicht hin, das Gleichgewicht ist hier stabil. Aufgrund der Ähnlichkeit der Grafik, wie sie sich in dieser Abbildung darstellt, mit einem Spinnennetz, spricht man hier auch vom **Spinngewebe-** oder **Cobweb-Modell**.

12.3 Anpassungsprozesse an das Marktgleichgewicht: Das Spinngewebe-Theorem

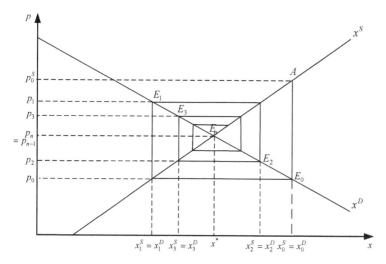

Abbildung 12.8: Stabilität im Cobweb-Modell

Die Stabilität des Marktgleichgewichts und die Konvergenz der ökonomischen Größen zu ihren gleichgewichtigen Werten hin zeigt sich auch, wenn man Preise und Mengen der einzelnen Perioden im Zeitverlauf betrachtet (Abb. 12.9).

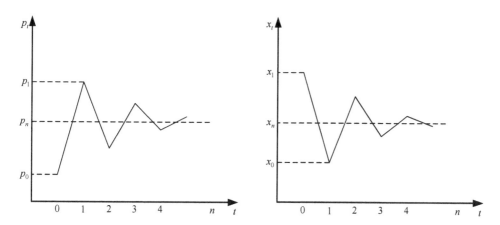

Abbildung 12.9: Entwicklung von Preis und Mengen im Zeitverlauf im Cobweb-Modell bei Stabilität

Allerdings muss der Anpassungsprozess im Cobweb-Modell nicht zwingend zum Marktgleichgewicht führen. In der grafischen Darstellung lässt sich unmittelbar erkennen, dass bei einer größeren Steigung (absolut betrachtet) von Angebots- oder Nachfragekurve im (p, x)-Diagramm der Anpassungsprozess möglicherweise nicht zum Schnittpunkt von Angebots- und Nachfragekurve konvergiert, sondern vielmehr sich Preis und Menge im Zeitverlauf von ihren gleichgewichtigen Werten entfernen und insofern Divergenz und damit Instabilität festzustellen sind (Abb. 12.10 und 12.11).

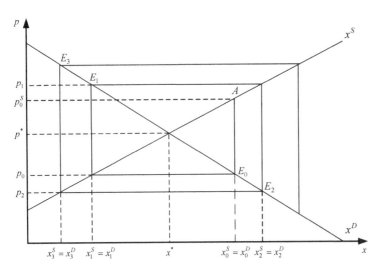

Abbildung 12.10: Instabilität im Cobweb-Modell

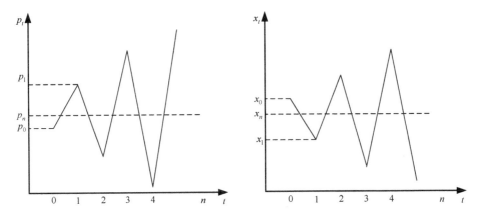

Abbildung 12.11: Entwicklung von Preis und Mengen im Zeitverlauf im Cobweb-Modell bei Instabilität

Entscheidend für die Stabilität des Marktgleichgewichts im Cobweb-Modell sind also die Steigungen der Angebots- und der Nachfragekurve. Wann es zu Konvergenz und wann es zu Divergenz im Cobweb-Modell kommt, lässt sich mithilfe von Gl. (12.5) bestimmen.

(12.5) $p_t = \alpha^t \cdot p_0 + \dfrac{1-\alpha^t}{1-\alpha} \cdot \beta$ mit $\alpha = \dfrac{a_S}{a_D}$ und $\beta = \dfrac{b_S - b_D}{a_D}$

Bei dem unterstellten typischen Verlauf von Angebots- und Nachfragekurve ist $a_S > 0$ und $a_D < 0$. Damit ist der Koeffizient a des ersten Summanden von Gl. (12.5) negativ. Im Zeitablauf, also mit zunehmendem Zeitindex t, wechselt dann der Faktor α^t von Periode zu Periode sein Vorzeichen; bei geraden Werten von t ist er positiv, bei ungeraden Werten von t negativ. Dadurch kommt es zu den Preissprüngen bei p_t, den Schwingungen oder Oszillationen in den

12.3 Anpassungsprozesse an das Marktgleichgewicht: Das Spinngewebe-Theorem

Abb. 12.9 und 12.11. Wenn $|\alpha| < 1$ ist, dann wird der Faktor α^t mit zunehmendem t immer kleiner, d.h. im Zeitablauf nehmen die Schwingungen bei p_t immer weiter ab. Der Preis und damit auch die Menge konvergieren zu ihren gleichgewichtigen Werten. Am Ende des Anpassungsprozesses, also für $t \to \infty$, und damit bei sehr großen Werten von t, ist der Faktor α^t sehr klein. Damit geht der Wert des ersten Summanden in Gl. (12.5) gegen null, und der Zähler im Bruch des zweiten Summanden von Gl. (12.5) geht gegen eins. Der Preis erreicht seinen gleichgewichtigen Wert, der oben berechnet und in Gl. (12.8) bereits angegeben wurde. Das Gleiche gilt für die Menge, die ihren in Gl. (12.9) angegebenen gleichgewichtigen Wert erreicht. Gilt dagegen $|\alpha| > 1$, so wird im Zeitablauf α^t und damit der erste Summand in Gl. (12.5) immer größer, der zweite Summand dagegen zunehmend kleiner. Im Zeitablauf wächst also der Einfluss des ersten Summanden auf den Preis p_t der jeweiligen Periode. Die Schwingungen nehmen immer weiter zu, und der Preis und ebenso die Menge entfernen sich immer weiter von ihren gleichgewichtigen Werten. Es kommt also auf den Koeffizienten α und damit auf das Verhältnis der Steigung von Angebots- und Nachfragekurve an, ob das Gleichgewicht im Cobweb-Modell stabil oder instabil ist. Ist die Steigung der Angebotskurve, a_S, absolut betrachtet kleiner als die der Nachfragekurve, a_D, so ist $|\alpha| < 1$ und die ökonomischen Größen konvergieren zu ihren Gleichgewichtswerten.[122] Ist dagegen die Steigung der Angebotskurve absolut betrachtet größer als die Steigung der Nachfragekurve, so ist das Cobweb-Modell instabil und Preis und Menge entfernen sich im Zeitablauf immer weiter von ihren Gleichgewichtswerten. Weisen Angebots- und Nachfragekurve absolut betrachtet die gleiche Steigung auf, so oszillieren Preis und Menge um ihre gleichgewichtigen Werte, die Kurven in den Abb. 12.9 bzw. Abb. 12.11 haben dann jeweils konstante Amplituden.

Eine der kritischen Annahme im Cobweb-Modell ist die, dass die Unternehmen die für eine Periode geplante und hergestellte Angebotsmenge auch in der betreffenden Periode absetzen müssen oder wollen. Lagerhaltung ist somit ausgeschlossen. Aber auch wenn Lagerhaltung zugelassen wird, ändert sich das Ergebnis qualitativ nicht entscheidend: Die Lagerhaltung wirkt zwar im Anpassungsprozess stabilisierend, aber auch bei Lagerhaltung können je nach Parameterkonstellation, wozu hier dann auch der Umfang des möglichen Lageraufbaus bzw. Lagerabbaus gehört, konvergierende oder divergierende Entwicklungen von Preis und Menge bezüglich ihrer Gleichgewichtswerte auftreten.

Das Cobweb-Modell ist eine mögliche Erklärung für den sogenannten Schweinezyklus. Damit wird das Verhalten auf einzelnen Märkten beschrieben, bei denen aus verschiedenen Gründen das Angebot mit einer zeitlichen Verzögerung auf Preissignale reagiert. Empirisch beobachtet und beschrieben, und daher auch die Namensgebung, wurde ein solcher Prozess bereits in den Jahren vor 1914 für den Markt für Schweinefleisch, da das Angebot an Mastschweinen mit einer zeitlichen Verzögerung von 14 bis 15 Monaten auf Änderungen des Verhältnisses zwischen Schweinefleisch- und Mastfutterpreis reagierte.

---

[122] Es ist zu beachten, dass die Steigungsparameter von Angebots- und Nachfragekurve, a_S und a_D, aus den Gleichungen (12.1) und (12.2) entnommen sind, in den wie üblich verwendeten Preis-Mengen-Diagrammen der Abb. 12.8 und 12.10 dagegen der Preis an der Abszisse und damit als abhängige Variable abgetragen ist. Die Steigung von Angebots- und Nachfragekurve im (p, x)-Diagramm ist somit $(1/a_S)$ bzw. $(1/a_D)$.

13 Theorie der Unternehmung

In den vorangegangenen beiden Kapiteln sind wir, aus Plausibilitätsgründen, davon ausgegangen, dass der Zusammenhang zwischen Marktangebot und Preis eines Gutes positiv ist, die Angebotskurve im Preis-Mengen-Diagramm also mit positiver Steigung verläuft. In diesem Kapitel wollen wir nun stringent zeigen, worin dieser positive Zusammenhang begründet ist. Dazu gehen wir von den Produktionsbedingungen, der Produktionstechnologie eines Unternehmens, aus und analysieren auf der Basis der bei der Produktion anfallenden Kosten die Entscheidungssituation des Unternehmens. Auf der Grundlage dieser Überlegungen lässt sich dann die Angebotskurve für das betrachtete Gut herleiten.

13.1 Die Produktionsfunktion

In Kapitel 3.1 haben wir bereits mit der gesamtwirtschaftlichen Produktionsfunktion neoklassischen Typs eine bestimmte Produktionsfunktion kennengelernt. Genauso wie diese gesamtwirtschaftliche Produktionsfunktion auf der makroökonomischen Ebene wollen wir auch für die einzelwirtschaftliche Ebene die Produktionsbedingungen eines Unternehmens mithilfe einer Produktionsfunktion darstellen.

Eine **Produktionsfunktion** gibt an, welche Produktionsmenge eines Gutes bei einem bestimmten Einsatz von verschiedenen Produktionsfaktoren oder Inputfaktoren maximal hergestellt werden kann. Es wird also technische Effizienz unterstellt, und die Produktionsfunktion gilt für einen bestimmten, gegebenen Stand der Produktionstechnologie und des technologischen Wissens. Bei der Produktion eines Gutes werden in der Regel Produktionsfaktoren eingesetzt, deren Einsatzmenge mit der Höhe der Ausbringungsmenge schwankt, und solche, deren Einsatzmenge unabhängig von der Höhe der Ausbringungsmenge ist. Man spricht in diesem Zusammenhang auch von **variablen** bzw. **fixen Produktionsfaktoren**. Ob ein konkreter Inputfaktor bei der Produktion eines bestimmten Gutes nun ein fixer oder ein variabler Produktionsfaktor ist, hängt von der Länge des Betrachtungszeitraums ab. Beispielsweise sind auf den Zeitraum von einem halben Jahr betrachtet Festplatten in der Produktion von Laptops ein variabler Produktionsfaktor, die Produktionshalle, in der die Montage erfolgt, ist dagegen ein fixer Produktionsfaktor. Auf die Frist von zehn Jahren betrachtet ist dagegen auch die Produktionshalle ein variabler Produktionsfaktor, da die entsprechende Halle in diesem Zeitraum verkauft, neu vermietet oder, da möglicherweise ökonomisch wertlos, auch abgerissen werden kann.

Für den Zwei-Faktoren Fall, den wir im Folgenden unterstellen wollen, gibt Gl. (13.1) eine Produktionsfunktion eines beliebigen Unternehmens an, bei der mit x die Ausbringungsmenge und mit v_1 und v_2 die jeweilige Einsatzmenge der beiden variablen Produktionsfaktoren bezeichnet wird; der gegebene Stand des technologischen Wissens und die verwendete Produktionstechnologie sowie der Einsatz fixer Produktionsfaktoren spiegelt sich in der konkreten Form der Funktion f wider.

(13.1) $x = f(v_1, v_2)$

Die erste (partielle) Ableitung dieser Funktion nach einem der beiden variablen Produktionsfaktoren gibt die **Grenzproduktivität** oder den **Grenzertrag** dieses Faktors $\delta x/\delta v_i$, $i = 1, 2$, an, gibt also an, wie stark die Ausbringungsmenge zunimmt, wenn die Einsatzmenge des betrachteten variablen Produktionsfaktors um eine infinitesimal kleine Einheit zunimmt, wobei die Einsatzmenge des anderen Produktionsfaktors unverändert bleibt. Das totale Differenzial der Produktionsfunktion dx gibt dagegen an, wie stark sich die Ausbringungsmenge ändert, wenn der Einsatz beider Faktoren variiert wird.

(13.2) $dx = \dfrac{\delta x}{\delta v_1} dv_1 + \dfrac{\delta x}{\delta v_2} dv_2$

Die gesamte Änderung der Produktionsmenge des betrachteten Gutes ergibt sich also aus der Summe der Änderung in der Faktoreinsatzmenge des einen Produktionsfaktors, multipliziert mit der Grenzproduktivität dieses Produktionsfaktors, und der Änderung in der Faktoreinsatzmenge des anderen Produktionsfaktors, multipliziert mit dessen Grenzproduktivität.

Bezieht man die Ausbringungsmenge auf die gesamte Einsatzmenge eines Produktionsfaktors, so ergibt sich der **Durchschnittsertrag** oder die **Durchschnittsproduktivität** x/v_i, $i = 1, 2$, dieses Faktors.

Es gibt naheliegenderweise eine Vielzahl von Produktionsfunktionen. Jedes einzelne Unternehmen wird mit großer Wahrscheinlichkeit eine Produktionstechnologie (einschließlich der eingesetzten fixen Produktionsfaktoren) verwenden, die sich von den Technologien anderer Unternehmen, auch wenn sie der gleichen Branche angehören und möglicherweise sogar das gleiche Gut herstellen, unterscheidet.

Grundsätzlich kann man jedoch verschiedene **Typen von Produktionsfunktionen** voneinander abgrenzen. Ein zentrales Kriterium zur Klassifikation von Produktionsfunktionen liegt darin, ob sich die verwendeten Produktionsfaktoren gegenseitig ersetzen lassen oder nicht. Vielfach findet man solche **substitutionalen** Beziehungen zwischen den Produktionsfaktoren vor: Ein Pkw kann mit sehr viel Handarbeit und wenig Maschineneinsatz produziert werden, genauso kann er aber auch im Zuge einer relativ weitgehenden Automatisierung mit relativ wenig Arbeitseinsatz, dafür aber mit einem größeren Einsatz an Maschinen hergestellt werden. Im Gegensatz dazu gibt es Produktionsprozesse, die dadurch gekennzeichnet sind, dass die Produktion nur dann in einer effizienten Art und Weise erfolgen kann, wenn die Produktionsfaktoren in einem bestimmten Einsatzverhältnis zueinander stehen, wenn zwischen ihnen also eine **komplementäre** Beziehung besteht. So gelten für pharmazeutische Erzeugnisse vielfach bestimmte Einsatzverhältnisse der einzelnen Ingredienzien. Von den substitutionalen Produktionsfunktionen sind somit die **limitationalen Produktionsfunktionen** zu unterscheiden.

13.1 Die Produktionsfunktion

Ein weiteres Unterscheidungskriterium ist die **Homogenität** von Produktionsfunktionen oder das Vorliegen von **Skalenerträgen** in der Produktion des betrachteten Gutes. Dabei geht es um die Auswirkungen einer Vervielfachung aller Inputfaktoren um einen beliebigen Faktor k auf die Ausbringungsmenge x. Wenn eine Produktionsfunktion homogen ist, gilt, dass eine gleichmäßige Vervielfachung aller Faktoreinsatzmengen zu einer proportionalen, unterproportionalen oder überproportionalen Vervielfachung der Ausbringungsmenge führt. Erhöht sich die Ausbringungsmenge relativ betrachtet gleich stark, wie alle Faktoreinsatzmengen erhöht wurden, so bezeichnet man eine solche Produktionsfunktion als linear-homogen oder homogen vom Grad eins. Man spricht auch davon, dass in der Produktion konstante Skalenerträge vorliegen. Eine Erhöhung aller Inputfaktoren um bspw. 5 % führt hier zu einem Anstieg der Outputmenge um ebenfalls 5 %. Steigt die Ausbringungsmenge bei einer gleichmäßigen Erhöhung aller Faktoreinsatzmengen dagegen nur unterproportional an, so liegen fallende Skalenerträge vor und der Homogenitätsgrad ist kleiner eins; und wenn die Ausbringungsmenge überproportional ansteigt, so spricht man von steigenden Skalenerträgen und der Homogenitätsgrad ist größer eins. Für eine homogene Produktionsfunktion f vom Grad r gilt also:

(13.3) $\quad k^r \cdot x = f(k \cdot v_1, k \cdot v_2) \quad$ mit $k, r > 0$

Im Folgenden sollen drei Typen von Produktionsfunktionen genauer betrachtet werden: Die Produktionsfunktion vom ertragsgesetzlichen Typ, die schon oben auf gesamtwirtschaftlicher Ebene eingeführte neoklassische Produktionsfunktion und die limitationale Produktionsfunktion.

Beginnen wir mit der **klassischen Produktionsfunktion** oder der **Produktionsfunktion vom ertragsgesetzlichen Typ**. Die klassische Produktionsfunktion geht von substituierbaren Produktionsfaktoren aus. Des Weiteren wird angenommen, dass die Ausweitung der Faktoreinsatzmenge eines Inputfaktors bei konstant gehaltenem Einsatz des anderen Faktors zunächst zu einem überproportionalen Anstieg der Ausbringungsmenge führt, der jedoch ab einem bestimmten Niveau der Faktoreinsatzmenge in einen unterproportionalen Anstieg der Ausbringungsmenge übergeht und, möglicherweise, bei fortgesetzter Ausdehnung der Faktoreinsatzmenge nach einem Überschreiten der maximalen Produktionsmenge in einen Rückgang der Ausbringungsmenge mündet. Man denke beispielsweise an die Faktoren Arbeit und Boden in der landwirtschaftlichen Produktion. Ein geringerer Bodeneinsatz oder eine schlechtere Bodenqualität kann durch vermehrten Arbeitseinsatz in bestimmtem Umfang wettgemacht werden. Und eine Erhöhung des Arbeitseinsatzes bei einem gegebenen Einsatz des Faktors Boden wird zunächst zu einem überproportionalen Anstieg des betrachteten landwirtschaftlichen Gutes führen; wird der Arbeitseinsatz aber weiter erhöht, so wird der Ertrag nur noch unterproportional zunehmen und ggf. bei einer weiteren Ausdehnung des Arbeitseinsatzes wird die Produktionsmenge wieder sinken infolge der Zerstörung der keimenden Saaten oder der Jungpflanzen durch eine zu intensive Bearbeitung und Beanspruchung des Bodens.

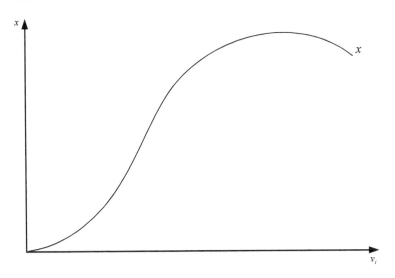

Abbildung 13.1: Ertragsgesetzliche Produktionsfunktion

Produktionsfunktionen vom ertragsgesetzlichen Typ sind Funktionen dritten Grades, z.B.

(13.4) $x = a \cdot v_1^2 v_2^2 - b \cdot v_1^3 v_2^3 + c$ mit $a, b, c > 0$

Ein weiterer Typ von Produktionsfunktionen, bei denen die Produktionsfaktoren ebenfalls gegenseitig substituierbar sind, ist die **neoklassische Produktionsfunktion**.[123] Anders als bei der ertragsgesetzlichen Produktionsfunktion nimmt der Output bei Zunahme eines Produktionsfaktors und Konstanz des anderen zwar immer zu, aber von Beginn an nur unterproportional. Die Grenzproduktivität eines Faktors ist also immer positiv, mit zunehmendem Faktoreinsatz aber abnehmend. Zudem ist sie umso höher, je mehr vom anderen Faktor eingesetzt wird.

---

[123] Eine neoklassische Produktionsfunktion haben wir in Kap. 3.1 zur Beschreibung und Analyse gesamtwirtschaftlicher Produktionszusammenhänge unterstellt.

13.1 Die Produktionsfunktion

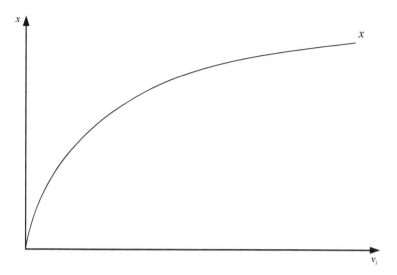

Abbildung 13.2: Neoklassische Produktionsfunktion

Eine Produktionsfunktion, die diese Eigenschaften aufweist und häufig verwendet wird, ist die **Cobb-Douglas-Produktionsfunktion**, die folgende funktionale Form hat:

(13.5) $x = a \cdot v_1^{\alpha} v_2^{\beta}$ mit $a > 0$ und $\alpha, \beta > 0$

Diese Produktionsfunktion ist zudem homogen, und – wie man leicht anhand der Definition in Gl. (13.3) überprüfen kann –, zwar vom Grad $\alpha+\beta$.[124]

Bei Produktionsbedingungen, die sich durch substitutionale Produktionsfunktionen abbilden lassen, kann eine bestimmte, beliebige Produktionsmenge des betrachteten Gutes durch verschiedene Kombinationen der Inputfaktoren hergestellt werden. Grafisch werden die Faktoreinsatzmengenkombinationen im Zwei-Faktoren-Fall durch die Punkte im positiven Quadranten eines (v_1, v_2)-Diagramms repräsentiert. Die Verbindungslinie aller Faktoreinsatzmengenkombinationen, mit denen die gleiche Menge des betrachteten Gutes produziert werden kann, wird als **Isoquante** bezeichnet. Für substitutionale Produktionsfunktionen verlaufen die Isoquanten im (v_1, v_2)-Diagramm mit negativer Steigung und sind konvex zum Ursprung gekrümmt.

---

[124] Als linear-homogene Produktionsfunktion mit $\alpha+\beta = 1$ haben wir sie in Kap. 3.1 verwendet.

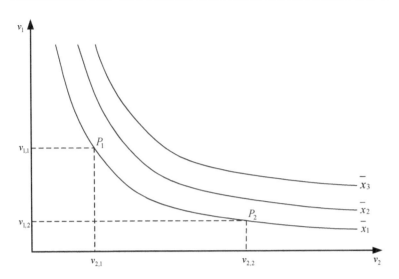

Abbildung 13.3: Isoquanten einer neoklassischen Produktionsfunktion

Warum Isoquanten bei substitutionalen Produktionsfunktionen typischerweise diesen Verlauf aufweisen, wird schnell nachvollziehbar. Produziert ein Unternehmen eine bestimmte Menge $\overline{x}_1$ des betrachteten Gutes mit einer bestimmten Faktoreinsatzmengenkombination, z.B. mit der Menge $v_{1,1}$ von Faktor 1 und $v_{2,1}$ von Faktor 2, repräsentiert durch den Punkt P_1, so wird es die gleiche Menge $\overline{x}_1$ ebenso mit einer geringeren Menge von Faktor 1 herstellen können, wenn es von Faktor 2 entsprechend mehr einsetzt. In der Abb. 13.3 gilt dies bspw. dann, wenn das Unternehmen die Menge $\overline{x}_1$ nicht mit der durch den Punkt P_1 repräsentierten Faktoreinsatzmengenkombination herstellt, sondern mit der durch den Punkt P_2 repräsentierten. Die Steigung der Isoquante ist also negativ. Dass die Isoquante typischerweise konvex zum Ursprung gekrümmt ist, lässt sich mit folgender Überlegung veranschaulichen: Das Unternehmen stelle die beliebige Menge $\overline{x}_1$ mit einem relativ hohen Einsatz von Faktor 1 und einem relativ geringen Einsatz von Faktor 2 her, z.B. mit der durch den Punkt P_1 repräsentierten Faktoreinsatzmengenkombination. Wenn nun von Faktor 1 eine Einheit weniger eingesetzt werden soll, benötigt man einen entsprechenden Mehreinsatz von Faktor 2, um die Ausbringungsmenge unverändert zu lassen. Es ist plausibel, dass dieser Mehreinsatz von Faktor 2 umso größer ist, je weniger bereits von Faktor 1 eingesetzt wird – bspw. der Übergang von Punkt P_3 zu Punkt P_4 in Abb. 13.3. Wenn ein Pkw mit dem Einsatz von Arbeit und Kapital (Maschinen) hergestellt wird, dann kann Arbeitszeit durch Maschinenlaufzeit ersetzt werden. Wenn aber nur noch wenig an Arbeit eingesetzt wird und dieser Arbeitseinsatz weiter reduziert werden soll, dann wird immer mehr Kapitaleinsatz, z.B. in Form immer weiter entwickelter Maschinen, notwendig sein, um die Ausbringungsmenge konstant zu halten.

Wir können uns die Bedingungen für eine negative Steigung und eine konvexe Krümmung der Isoquante einer substitutionalen Produktionsfunktion auch anhand algebraisch formulier-

13.1 Die Produktionsfunktion

ter Überlegungen verdeutlichen. Entlang einer Isoquante ist definitionsgemäß die Outputänderung gleich null. Es gilt also entlang einer Isoquante:

(13.6) $dx = \dfrac{\delta x}{\delta v_1} dv_1 + \dfrac{\delta x}{\delta v_2} dv_2 = 0$

Für die Steigung der Isoquante im (v_1, v_2)-Diagramm ergibt sich daraus:

(13.7) $\dfrac{dv_1}{dv_2} = -\dfrac{\delta x/\delta v_2}{\delta x/\delta v_1}$

Ist die Grenzproduktivität der beiden Produktionsfaktoren jeweils positiv, was für die neoklassische Produktionsfunktion gilt, so weisen die Isoquanten eine negative Steigung auf.

Eine Isoquante ist konvex zum Ursprung gekrümmt, wenn ihre Steigung, absolut betrachtet, immer kleiner wird, die Ableitung von dv_1/dv_2 nach v_2 also positiv ist. Die Anwendung von Quotienten- und Kettenregel auf Gl. (13.7) ergibt:

(13.8) $\dfrac{d^2 v_1}{dv_2^2} = \dfrac{\dfrac{\delta x}{\delta v_1} \cdot \left(\dfrac{\delta^2 x}{\delta v_2^2} + \dfrac{\delta^2 x}{\delta v_2 \delta v_1} \cdot \dfrac{dv_1}{dv_2} \right) - \dfrac{\delta x}{\delta v_2} \cdot \left(\dfrac{\delta^2 x}{\delta v_1 \delta v_2} + \dfrac{\delta^2 x}{\delta v_1^2} \cdot \dfrac{dv_1}{dv_2} \right)}{\left(\dfrac{\delta x}{\delta v_1} \right)^2}$

Dieser Ausdruck ist positiv, wenn der Zähler des Bruches positiv ist, da der Nenner auf jeden Fall größer null ist. Gilt $\delta^2 x/\delta v_1 \delta v_2 = \delta^2 x/\delta v_2 \delta v_1$, was für zweimal stetig differenzierbare Funktionen wie die Cobb-Douglas-Funktion in Gl. (13.5) erfüllt ist, so muss also

(13.9) $2 \cdot \dfrac{\delta^2 x}{\delta v_1 \delta v_2} \cdot \dfrac{\delta x}{\delta v_1} \cdot \dfrac{\delta x}{\delta v_2} > \left(\dfrac{\delta x}{\delta v_1} \right)^2 \cdot \dfrac{\delta^2 x}{\delta v_2^2} + \left(\dfrac{\delta x}{\delta v_2} \right)^2 \cdot \dfrac{\delta^2 x}{\delta v_1^2}$

gelten, damit der Zähler größer null ist. Sind die Grenzproduktivitäten $\delta x/\delta v_i$ positiv und die Kreuzableitungen $\delta^2 x/\delta v_i \delta v_j$, $i, j = 1, 2$ und $i \neq j$, nicht negativ – damit wäre die linke Seite von Gl. (13.9) streng positiv –, so ist es für eine konvexe Krümmung der Isoquante hinreichend, wenn die Grenzproduktivitäten für beide Faktoren abnehmen, also $\delta^2 x/\delta v_i^2 < 0$ gilt für $i = 1, 2$. Dies trifft für eine neoklassische Produktionsfunktion zu, somit ist der Ausdruck in Gl. (13.8) streng positiv.

Die Steigung und die Krümmung einer Isoquante spiegeln wider, inwieweit sich ein Produktionsfaktor durch den anderen in der Produktion einer gegebenen Produktionsmenge ersetzen lässt. Die Steigung einer Isoquante, im (v_1, v_2)-Diagramm also der Ausdruck dv_1/dv_2, wird daher auch als **Grenzrate der technischen Substitution** bezeichnet, da sie angibt, um wie viel Einheiten der Einsatz von Faktor 2 erhöht werden muss – Δv_2 bzw. für unendlich kleine Größenordnungen dv_2 –, wenn der Einsatz von Faktor 1 um Δv_1 bzw. für unendlich kleine Größenordnungen um dv_1 reduziert wird, und umgekehrt. Es ist offensichtlich, dass bei einer konvex zum Ursprung gekrümmten Isoquante die Grenzrate der technischen Substitution bei einer Bewegung entlang der Isoquante absolut betrachtet immer weiter abnimmt. Gemäß Gl. (13.7) gilt, dass die Grenzrate der technischen Substitution gleich ist dem (negativen) umgekehrten Verhältnis der Grenzproduktivitäten der beiden Faktoren. Bei konvexen Isoquanten ändert sich offensichtlich, da in jedem Punkt der Kurve die Steigung eine andere ist, die Grenzrate der technischen Substitution von Faktoreinsatzmengenkombination zu Faktoreinsatzmengenkombination entlang einer Isoquante.

Als letzten Typ von Produktionsfunktionen wollen wir **limitationale Produktionsfunktionen** betrachten. Limitationale Produktionsfunktionen sind dadurch gekennzeichnet, dass es nur ein einziges Faktoreinsatzmengenverhältnis gibt, mit dem eine beliebige gegebene Produktionsmenge hergestellt werden kann. M.a.W.: Um eine bestimmte Ausbringungsmenge des betrachteten Gutes herstellen zu können, benötigt man eine bestimmte Menge an Faktor 1 und eine bestimmte Menge an Faktor 2. Alle anderen, prinzipiell möglichen Faktoreinsatzverhältnisse sind technisch ineffizient. Dabei muss das technisch effiziente Faktoreinsatzmengenverhältnis nicht für alle Ausbringungsmengen gleich sein, es kann sich für größere oder kleinere Mengen sehr wohl unterscheiden. Ist jedoch das Faktoreinsatzmengenverhältnis für alle Ausbringungsmengen des betrachteten Gutes konstant, so ist diese limitationale Produktionsfunktion homogen vom Grad eins, man spricht dann auch von einer **linear-limitationalen Produktionsfunktion** oder **Leontief-Produktionsfunktion**[125]. Die linear-limitationale Produktionsfunktion lässt sich schreiben als:

(13.10) $\begin{array}{l} v_1 = a_1 \cdot x \\ v_2 = a_2 \cdot x \end{array}$ bzw. $v_1 = \dfrac{a_1}{a_2} \cdot v_2$ und $\dfrac{v_1}{v_2} = \dfrac{a_1}{a_2}$ mit $a_1, a_2 > 0$

a_1 und a_2 sind dabei die technisch vorgegebenen Inputkoeffizienten der beiden Produktionsfaktoren, die, wie ausgeführt, bei der linear-limitationalen Produktionsfunktion konstant sind.

Schreibt man die Produktionsfunktion in der üblichen Weise, nämlich dass die Ausbringungsmenge auf der linken Seite der Gleichung steht, und lässt zu, dass prinzipiell verschiedene Faktoreinsatzmengenkombinationen möglich sind, so lässt sich eine linear-limitationale Produktionsfunktion auch formulieren als:

(13.11) $x = min\left(\dfrac{1}{a_1} \cdot v_1, \dfrac{1}{a_2} \cdot v_2\right)$

Gl. (13.11) besagt, dass die Ausbringungsmenge des betrachteten Gutes bestimmt wird von dem kleineren der beiden Ausdrücke in der Klammer. Der Faktor, für den das Verhältnis aus Faktoreinsatzmenge zum technisch bedingten Inputkoeffizienten, also v_i/a_i, $i = 1, 2$, das kleinere ist, ist Engpassfaktor in der Produktion dieser Ausbringungsmenge, dagegen ist der andere Faktor bei der Produktion dieser konkreten Outputmenge im Überschuss vorhanden. Grafisch lässt sich dieser Zusammenhang folgendermaßen darstellen:

---

[125] Wassily Leontief verwendete linear-limitationale Produktionsfunktionen bei der von ihm entwickelten Input-Output-Analyse, deren Anwendung in den Volkswirtschaftlichen Gesamtrechnungen wir in Kap. 2.4 dargestellt haben; s. beispielhaft auch Leontief (1941).

13.1 Die Produktionsfunktion

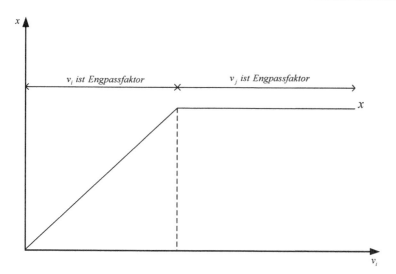

Abbildung 13.4: Linear-limitationale Produktionsfunktion

Die Isoquanten einer linear-limitationalen Produktionsfunktion verlaufen im (v_1, v_2)-Diagramm rechtwinklig.

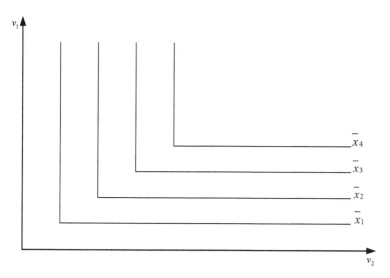

Abbildung 13.5: Isoquanten einer linear-limitationalen Produktionsfunktion

Nur die Eckpunkte der rechtwinkligen Kurvenzüge sind effiziente Faktoreinsatzmengenkombinationen. Alle anderen Punkte sind insofern technisch ineffizient, als dass von einem Faktor weniger eingesetzt werden könnte (das ist der Überschussfaktor), ohne dass die Ausbringungsmenge zurückgeht.

Die Krümmung der Isoquante zeigt also an, wie eng die Substitutionsbeziehung zwischen den beiden betrachteten Produktionsfaktoren ist. Sind beide zueinander komplementär, so sind die Isoquanten wie gerade gesehen rechtwinklig. Sind beide in bestimmten Grenzen gegeneinander substituierbar, so weisen die Isoquanten eine konvexe Krümmung zum Ursprung auf. Im Extremfall, wenn die Produktionsfaktoren perfekte Substitute sind, verlaufen die zugehörigen Isoquanten linear.

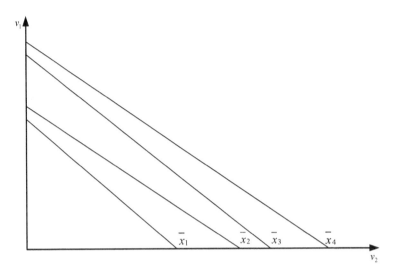

Abbildung 13.6: Isoquanten für eine Produktionsfunktion mit perfekt substituierbaren Produktionsfaktoren

Zum Ausdruck bringen kann man diesen Zusammenhang auch mithilfe der **Substitutionselastizität**. Die Substitutionselastizität ist das Verhältnis der relativen Änderung des Faktoreinsatzverhältnisses zur relativen Änderung der Grenzrate der technischen Substitution.

$$(13.12) \quad \sigma = \frac{\delta\left(\frac{v_1}{v_2}\right) / \frac{v_1}{v_2}}{\delta\left(\frac{dv_1}{dv_2}\right) / \frac{dv_1}{dv_2}}$$

Die Substitutionselastizität gibt also an, wie stark das Faktoreinsatzmengenverhältnis auf die Änderung der Grenzrate der technischen Substitution reagiert, wie sich, grafisch argumentiert, das Verhältnis der Faktoreinsatzmengen mit der Steigung der Isoquante ändert. Die Substitutionselastizität ist dann null, wenn die Isoquante parallel zu einer Achse des (v_1, v_2)-Diagramms verläuft; sie wird mit zunehmender Krümmung absolut betrachtet größer.

13.2 Von der Produktionsfunktion zur Kostenfunktion

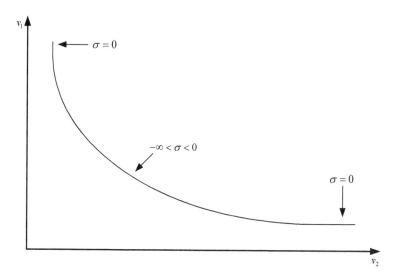

Abbildung 13.7: *Substitutionselastizitäten entlang einer beliebigen Isoquante*

Produktionsfunktionen, bei denen die Substitutionselastizität überall den gleichen konstanten Wert annimmt, werden als **CES-Produktionsfunktionen** (constant elasticity of substitution) bezeichnet. Zu den CES-Produktionsfunktionen gehören die Cobb-Douglas-Produktionsfunktion (hier ist die Substitutionselastizität entlang einer Isoquante gleich minus eins), die Leontief-Produktionsfunktion (hier gilt $\sigma = 0$) und die Produktionsfunktion mit perfekt substituierbaren Produktionsfaktoren ($\sigma = -\infty$). Die Bereiche der Substitutionselastizitätswerte entlang einer normal verlaufenden, also konvex zum Ursprung gekrümmten Isoquante, sind in Abb. 13.7 dargestellt.

13.2 Von der Produktionsfunktion zur Kostenfunktion

Ein Unternehmen wird seine Angebotsentscheidung nicht unmittelbar auf der Produktionstechnologie basieren, sondern vielmehr anhand der ökonomischen Größen Kosten, Erlös und Gewinn seine Produktions- und Angebotsentscheidung fällen. Wobei die Kosten aber maßgeblich bestimmt sind von der Produktionstechnologie und den Preisen für die Produktionsfaktoren.

So wie wir oben zwischen fixen und variablen Produktionsfaktoren unterschieden haben, so unterscheiden wir nun entsprechend zwischen **fixen** und **variablen** Kosten. Die fixen Kosten sind die Kosten für die fixen, also in ihrer Einsatzmenge von der Ausbringungsmenge unabhängigen Produktionsfaktoren, die variablen Kosten sind die Kosten für die variablen Produktionsfaktoren. Es ist also wiederum allein der Betrachtungszeitraum für die Abgrenzung zwischen fix und variabel ausschlaggebend. Im Zwei-Faktoren-Fall ergibt sich dann als Kostengleichung:

(13.13) $K = K_{fix} + q_1 \cdot v_1 + q_2 \cdot v_2$

Wobei K_{fix} für die fixen Kosten steht und q_i der Preis für den Faktor i ist. Wir wollen annehmen, dass der Preis eines Produktionsfaktors für das betrachtete Unternehmen gegeben ist.

Mit einer beliebigen, gegebenen Kostensumme $\overline{K}$ kann das Unternehmen viele verschiedene Faktoreinsatzmengen realisieren. Im (v_1, v_2)-Diagramm der Abb. 13.8 ist die Gerade abgetragen, die zu dieser Kostensumme gehört, sie wird als **Isokostengerade** bezeichnet. Ihre Funktion ergibt sich durch Auflösen der Gl. (13.13) nach dem Faktor v_1, der hier an der Ordinate abgetragen ist.

(13.14) $v_1 = \dfrac{\overline{K} - K_{fix}}{q_1} - \dfrac{q_2}{q_1} \cdot v_2$

Somit ist $(\overline{K} - K_{fix})/q_1$ der Achsenabschnitt auf der v_1-Achse und $-(q_2/q_1)$ die Steigung dieser Isokostengerade. Alle Faktoreinsatzmengen, die durch Punkte auf oder unterhalb dieser Geraden repräsentiert werden, lassen sich mit der Kostensumme $\overline{K}$ darstellen.

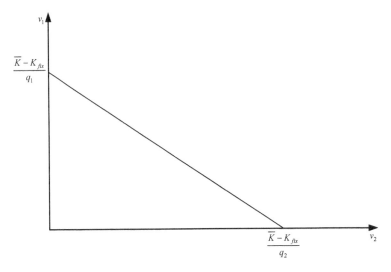

Abbildung 13.8: Isokostengerade

Aber welche der mit der Kostensumme $\overline{K}$ realisierbaren Faktoreinsatzmengenkombinationen wird das Unternehmen tatsächlich realisieren? Oder konkreter: Wie viele Mengeneinheiten von Faktor 1, also wie viele Arbeitsstunden beispielsweise, und wie viele Mengeneinheiten von Faktor 2, z.B. Maschinen eines bestimmten Typs, wird das betrachtete Unternehmen einsetzen wollen? Dies lässt sich so noch nicht beantworten. Zu klären ist nämlich auch, wie viele Stücke das Unternehmen von seinem Produkt überhaupt herstellen möchte, wie hoch also die Ausbringungsmenge sein soll. Nehmen wir an, das Unternehmen rechnet da-

13.2 Von der Produktionsfunktion zur Kostenfunktion

mit, im Planungszeitraum eine bestimmte Menge $\bar{x}$ seines Produkts verkaufen zu können, und beabsichtigt daher, diese Menge zu produzieren. Es gilt also die Frage zu beantworten, mit welcher Faktoreinsatzmengenkombination wird bei gegebener Technologie und gegebenen Faktorpreisen das Unternehmen eine bestimmte Menge, hier $\bar{x}$, produzieren, wenn ihm hierfür eine Kostensumme in Höhe von insgesamt $\bar{K}$ zur Verfügung steht.

Grafisch liegt die Antwort auf der Hand, wenn wir unser bis hierher erarbeitetes Instrumentarium anwenden. Sind die beiden Produktionsfaktoren begrenzt substituierbar, so lassen sich die Produktionsbedingungen durch konvex gekrümmte, typisch verlaufende Isoquanten darstellen. Die Isoquante für die Ausbringungsmenge $\bar{x}$ ist in Abb. 13.9 abgetragen. Diese Ausbringungsmenge kann mit vielen verschiedenen Faktoreinsatzmengenkombinationen (v_1, v_2) hergestellt werden. Je nach der konkreten Faktoreinsatzmengenkombination ist die Produktion der Menge $\bar{x}$ mit unterschiedlichen Kosten gemäß Gl. (13.13) verbunden, repräsentiert durch die Schar von Isokostengeraden in Abb. 13.9. Offensichtlich erfolgt die Produktion der Menge $\bar{x}$ dann mit den geringsten Kosten, wenn die Faktoreinsatzmengenkombination gewählt wird, die durch den Tangentialpunkt der Isoquante für $\bar{x}$ und einer Isokostengerade repräsentiert wird. Alle anderen Faktoreinsatzmengenkombinationen, mit denen die Menge $\bar{x}$ auch hergestellt werden könnte, sind mit höheren Gesamtkosten verbunden. Andere Faktoreinsatzmengenkombinationen, die zu niedrigeren Gesamtkosten führen, reichen nicht aus, um die gewünschte Menge $\bar{x}$ herstellen zu können.

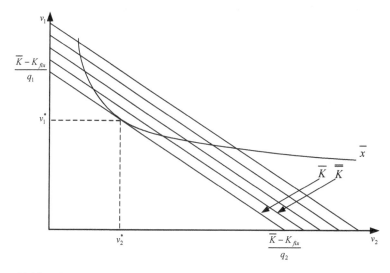

Abbildung 13.9: Minimalkostenkombination

Diese Faktoreinsatzmengenkombination der Produktionsfaktoren, mit der eine bestimmte gegebene Menge des betrachteten Gutes zu minimalen (Gesamt-)Kosten hergestellt werden kann, wird als **Minimalkostenkombination** bezeichnet.

Da die Minimalkostenkombination durch den Tangentialpunkt der Isoquante für die gegebene Produktionsmenge und einer Isokostenlinie repräsentiert wird, gilt offensichtlich in einer Minimalkostenkombination, dass die Steigung der Isoquante gleich ist der Steigung der Isokostenlinie. Die Steigung der Isoquante wiederum ist die Grenzrate der technischen Substitution und entspricht damit dem negativen umgekehrten Verhältnis der Grenzproduktivitäten der beiden Inputfaktoren, Gl. (13.7). Die Steigung der Isokostenlinie ist gemäß Gl. (13.14) gleich dem negativen Faktorpreisverhältnis. In der Minimalkostenkombination gilt also:

$$(13.15) \quad \frac{dv_1}{dv_2} = -\frac{\delta x/\delta v_2}{\delta x/\delta v_1} = -\frac{q_2}{q_1} \quad \text{bzw.} \quad \frac{\delta x/\delta v_2}{\delta x/\delta v_1} = \frac{q_2}{q_1} \Leftrightarrow \frac{\delta x/\delta v_2}{q_2} = \frac{\delta x/\delta v_1}{q_1}$$

In der Minimalkostenkombination ist also das Verhältnis der Grenzproduktivitäten gleich dem Faktorpreisverhältnis. Und: Der Quotient aus Grenzproduktivität und Faktorpreis, der sogenannte Grenzertrag des Geldes, ist für jeden Faktor gleich. Das heißt, die letzte für einen Produktionsfaktor ausgegebene Geldeinheit bringt, unabhängig davon, für welchen Faktor sie ausgegeben wird, jeweils den gleichen Zuwachs an Output des betrachteten Gutes. Solange diese Übereinstimmung der Grenzerträge des Geldes nicht realisiert ist, lohnt es sich für das Unternehmen, eine Substitution zwischen den Inputfaktoren vorzunehmen, bei der der Inputfaktor mit dem geringeren Grenzertrag des Geldes ersetzt wird durch den Faktor, der einen höheren Grenzertrag des Geldes aufweist

Analytisch lässt sich die Minimalkostenkombination mithilfe der sogenannten **Lagrange-Funktion** bestimmen.[126] Die zu optimierende Funktion ist bei der Minimalkostenkombination die Kostenfunktion – die Gesamtkosten sollen minimiert werden durch eine entsprechende Wahl des Faktoreinsatzes. Die Nebenbedingung ist, dass die gegebene Ausbringungsmenge mit diesem Faktoreinsatz hergestellt werden soll. Die Lagrange-Funktion wird gebildet, indem die nach null aufgelöste Nebenbedingung, multipliziert mit dem sog. Lagrange-Multiplikator, additiv mit der zu optimierenden Funktion zu einer neuen Funktion, der Lagrange-Funktion L, zusammengefügt wird und dann das Optimum dieser neuen Funktion bestimmt wird.

$$(13.16) \quad L = K_{fix} + q_1 \cdot v_1 + q_2 \cdot v_2 + \lambda \cdot \left(\overline{x} - x(v_1, v_2)\right) \to min.!$$

Dabei ist λ der Lagrange-Multiplikator. Die Differenziation der Gl. (13.16) nach den unabhängigen Variablen v_1, v_2 und λ führt zu:

$$(13.17a) \quad \frac{\delta L}{\delta v_1} = q_1 - \lambda \cdot \frac{\delta x}{\delta v_1} = 0$$

---

[126] Der Lagrange-Ansatz ist ein mathematisches Verfahren zur Lösung mathematischer Optimierungsprobleme unter Nebenbedingungen. Dabei wird aus der zu optimierenden Funktion mit Nebenbedingung(en) eine zu optimierende Funktion ohne Nebenbedingung(en) gebildet, deren Lösung dann auch Lösung der ursprünglich zu optimierenden Funktion unter Beachtung der Nebenbedingung(en) ist. Das Lösungsverfahren geht auf Joseph-Louis de Lagrange (1736-1813) zurück.

13.2 Von der Produktionsfunktion zur Kostenfunktion

(13.17b) $\dfrac{\delta L}{\delta v_2} = q_2 - \lambda \cdot \dfrac{\delta x}{\delta v_2} = 0$

(13.17c) $\dfrac{\delta L}{\delta \lambda} = \overline{x} - x(v_1, v_2) = 0$

Aus den ersten Ableitungen der Lagrange-Funktion nach v_1 und v_2 ergibt sich, entweder indem man Gl. (13.17a) und Gl. (13.17b) nach λ auflöst und dann gleichsetzt oder indem man diese beiden Gleichungen zunächst nach q_1 bzw. q_2 auflöst und dann Gl. (13.17a) durch Gl. (13.17b) dividiert,

(13.18) $\dfrac{q_1}{q_2} = \dfrac{\delta x/\delta v_1}{\delta x/\delta v_2}$

Die Gl. (13.18) ist eine Funktion in den Variablen v_1 und v_2, die sich aufgelöst nach einer Faktoreinsatzmenge schreiben lässt als:

(13.19) $v_i = f(v_j)$ mit $i, j = 1, 2$ und $i \neq j$

Diese Beziehung zwischen den beiden Faktoreinsatzmengen eingesetzt in Gl. (13.17c) ergibt dann die optimalen Faktoreinsatzmengen v_1^* und v_2^*.

Da wir einen zum Ursprung konvexen Verlauf der Isoquanten unterstellt haben, brauchen wir nicht mehr mithilfe der zweiten Ableitung zu überprüfen, ob es sich um ein Kostenminimum oder Kostenmaximum handelt. Bei dem Tangentialpunkt einer konvex verlaufenden Isoquante mit einer Isokostengerade kann es sich nur um ein Kostenminimum handeln.

Die Minimalkostenkombination gilt für eine beliebige, gegebene Ausbringungsmenge, oben bspw. für $\overline{x}_1$. Für andere Produktionsniveaus $\overline{x}_2$, $\overline{x}_3$ etc. ergeben sich andere kostenminimierende Faktoreinsatzmengenkombinationen. In Abb. 13.10 sind die Minimalkostenkombinationen für verschiedene Ausbringungsmengen abgetragen. Wird das Produktionsniveau kontinuierlich erhöht, so geht daraus eine kontinuierliche Abfolge von Minimalkostenkombinationen hervor, die auch als Expansionspfad bezeichnet wird. Algebraisch ist der Expansionspfad eine Funktion, wie sie Gl. (13.19) darstellt, allerdings für variierende Werte von x. Für homogene Produktionsfunktionen ist der Expansionspfad eine Gerade aus dem Ursprung des (v_1, v_2)-Diagramms.

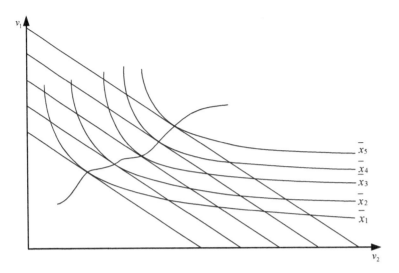

Abbildung 13.10: Expansionspfad

Da zu jeder Minimalkostenkombination eine bestimmte Isokostengerade gehört, die eine bestimmte Kostensumme repräsentiert, lässt sich aus dem Expansionspfad die Kostenfunktion $K(x)$ herleiten. Trägt man die jeweils durch eine Isoquante repräsentierten Ausbringungsmengen $\bar{x}_1$, $\bar{x}_2$, $\bar{x}_3$ etc. zusammen mit den damit verbundenen minimalen Gesamtkosten $\bar{K}_1$, $\bar{K}_2$, $\bar{K}_3$ etc. in einem entsprechenden Diagramm ab, erhält man als Kurvenzug die Kostenfunktion $K(x)$.

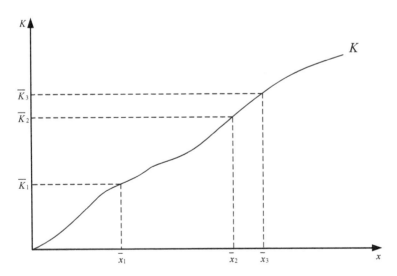

Abbildung 13.11: Eine beliebige Kostenfunktion K(x)

13.2 Von der Produktionsfunktion zur Kostenfunktion

Es ist offensichtlich, dass die konkrete Gestalt der Kostenfunktion $K(x)$ abhängt von der Produktionsfunktion, da die Kostenfunktion ja aus der Produktionsfunktion über die Minimalkostenkombination und den Expansionspfad abgeleitet werden kann. Algebraisch lässt sich dies belegen durch die **Dualität von Produktionsfunktion und Kostenfunktion**. Die Dualität von Produktionsfunktion und Kostenfunktion besagt, dass zu einer gegebenen Produktionsfunktion bei Wahl der jeweiligen Minimalkostenkombination bei gegebenen Faktorpreisen eine eindeutige Kostenfunktion gehört – und umgekehrt zu einer Kostenfunktion, die jeweils aus den Minimalkostenkombinationen abgeleitet wurde, eine eindeutige Produktionsfunktion gehört. Wie oben gesehen, hängen die kostenminimierenden Faktoreinsatzmengen v_1^* und v_2^* bei gegebener Produktionsfunktion $x = x(v_1, v_2)$ ab vom Faktorpreisverhältnis q_2/q_1 (der Steigung der Isokostenlinie) und von der zu produzierenden Ausbringungsmenge x (dem Niveau der Isoquante). Die Kostenfunktion in Gl. (13.13) lässt sich also unter Berücksichtigung dieser Abhängigkeiten für variable Ausbringungsmengen schreiben als:

(13.20) $\quad K = K_{fix} + q_1 \cdot v_1(q_2/q_1, x) + q_2 \cdot v_2(q_2/q_1, x) = K(x, q_1, q_2)$

Die Lösung dieses Kostenminimierungsproblems für eine gegebene Produktionsmenge $\overline{x}$ lieferte die optimalen Faktoreinsatzmengen v_1^* und v_2^* sowie die dazugehörige optimale Kostensumme K^*. Zu diesem (primalen) (Minimierungs-)Problem lässt sich ein duales (Maximierungs-)Problem formulieren: Bei gegebenen Faktorpreisen sind die Einsatzmengen für die beiden Produktionsfaktoren zu bestimmen, die bei gegebener Kostensumme K^* die Produktionsmenge x maximieren. In Tab. 13.1 sind Primal- und Dualproblem einander gegenübergestellt.

	Primalproblem	*Dualproblem*
Zu optimierende Größe	Kosten	Produktionsmenge
Optimierungsrichtung	minimieren	Maximieren
Zu optimierende Funktion	$K = K_{fix} + q_1 v_1 + q_2 v_2 \to \min.!$	$x = x(v_1, v_2) \to \max.!$
Nebenbedingung	$\overline{x} = x(v_1, v_2)$	$\overline{K} = K_{fix} + q_1 v_1 + q_2 v_2$
Lösung	v_1^*, v_2^*, K^*	v_1^*, v_2^*, x^*

Tabelle 13.1: *Primal- und Dualproblem bei der optimalen Produktionsentscheidung*

Die grafische Lösung des Kostenminimierungsproblems für eine gegebene Produktionsmenge und die des Produktionsmengenmaximierungsproblems für eine gegebene Kostensumme führen zu der gleichen optimalen Faktoreinsatzmengenkombination, wie sich anhand der Grafiken in Abb. 13.12 unmittelbar erkennen lässt. Da die Isokostengeraden in beiden Grafiken jeweils die gleiche Steigung besitzen, nämlich $-(q_2/q_1)$, sind für $x = \overline{x}$ bzw. $K = K^*$ die

Lösungen des Minimierungsproblems und die des Maximierungsproblems identisch, die Tangentialpunkte haben die gleichen Koordinaten (v_1^*, v_2^*).

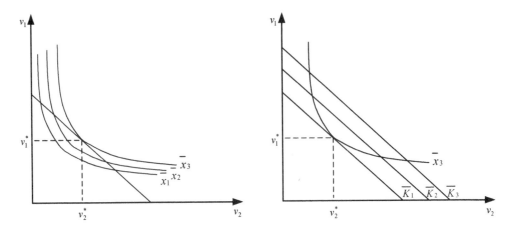

Abbildung 13.12: Dualität von Produktionsfunktion und Kostenfunktion

Die maximale Produktionsmenge lässt sich in Abhängigkeit von den gegebenen Faktorpreisen und den gegebenen (minimalen) Kosten daher schreiben als:

(13.21) $x = x(q_1, q_2, K)$

Löst man die Kostenfunktion in Gl. (13.20) nach der Produktionsmenge x auf, so ergibt sich eine Funktion der Form

(13.22) $x = K^{-1}(q_1, q_2, K)$

Da die Lösungen des Produktionsmengenmaximierungsproblems und des Kostenminimierungsproblems für $x = \bar{x}$ und $K = K^*$ identisch sind, kann man schreiben:

(13.23) $x = x(q_1, q_2, K) = K^{-1}(q_1, q_2, K)$

Es kann also von einer empirisch beobachteten oder einer auch nur unterstellten Kostenfunktion auf die Produktionsfunktion geschlossen werden und umgekehrt.

Die Differenziation der Kostenfunktion in Gl. (13.20) nach dem Preis eines Faktors i führt zu:

(13.24) $\dfrac{\delta K(q_1, q_2, x)}{\delta q_i} = v_i^*\left(\dfrac{q_2}{q_1}, x\right)$ mit $i = 1, 2$

Die in Gl. (13.24) zum Ausdruck gebrachte Beziehung wird auch als **Shephard´s Lemma**[127] bezeichnet und besagt, dass aus der Kostenfunktion sich die Faktornachfrage entsprechend der Minimalkostenkombination bestimmen lässt.

13.3 Herleitung der Güterangebotsfunktion

Im vorangegangenen Abschnitt wurden die Produktionsbedingungen und die Kostenseite eines Unternehmens näher analysiert und es wurden dabei die ausgesprochen engen Beziehungen zwischen der Produktionstechnologie und der Kostensituation aufgezeigt. Darauf aufbauend wollen wir nun die Angebotsfunktion eines Unternehmens herleiten.

Zunächst sind aber noch einige Termini einzuführen. Für eine gegebene Kostenfunktion $K(x)$ lassen sich folgende zugehörige Funktionen bestimmen:

(13.25) die Funktion der durchschnittlichen Fixkosten: $DF = \dfrac{K_{fix}}{x}$

(13.26) die Funktion der durchschnittlichen variablen Kosten: $DVK = \dfrac{K_{var}}{x} = \dfrac{K - K_{fix}}{x}$

(13.27) die Funktion der durchschnittlichen (totalen) Kosten: $DTK = \dfrac{K}{x} = \dfrac{K_{fix}}{x} + \dfrac{K_{var}}{x}$

(13.28) die Funktion der Grenzkosten: $GK = \dfrac{dK}{dx}$

Die inhaltliche Bedeutung der verschiedenen Arten von **Durchschnittskostenkurven** ist offensichtlich: Die jeweilige Kostenkategorie wird auf die Ausbringungsmenge verteilt, die jeweilige durchschnittliche Kostenfunktion gibt also die Fixkosten, die variablen Kosten bzw. die Gesamtkosten je Outputeinheit oder die entsprechende Kategorie der Stückkosten an. Die **Grenzkosten** sind die Kosten, die anfallen, wenn eine genau genommen unendlich kleine zusätzliche Einheit des betrachteten Gutes hergestellt wird. Ändert sich die Ausbringungsmenge um eine bestimmte Menge Δx, dann geben die Grenzkosten an, wie sich die Kosten aufgrund dieser Mengenänderung ändern. Die Grenzkosten messen also die Veränderungsrate $\Delta K/\Delta x$. Mathematisch ist die Grenzkostenfunktion die erste Ableitung der Kostenfunktion nach der Produktionsmenge, grafisch die Steigung der Kostenkurve in dem betrachteten Punkt.

Wir betrachten zunächst eine Kostenfunktion von ertragsgesetzlichem Verlauf, auch kurz als **typische Kostenfunktion** bezeichnet. Diese Kostenfunktion spiegelt wider, dass vielfach die Beziehung zwischen den fixen und den variablen Produktionsfaktoren dadurch gekennzeichnet ist, dass diese beiden Arten von Inputfaktoren bei geringen Ausbringungsmengen in ei-

---

[127] Ronald Shephard (1912-1982), amerikanischer Ökonom und Statistiker. Shephard (1953 bzw. 1981).

nem eher ungünstigen Verhältnis zueinander stehen und erst mit zunehmender Ausweitung der Produktionsmenge in ein eher günstiges Verhältnis hineinwachsen, um dann schlussendlich bei großen Ausbringungsmengen wiederum in einem eher ungünstigen Verhältnis eingesetzt zu werden. Die Gesamtkosten der Produktion nehmen in einem solchen, plausiblen Fall mit steigender Ausbringungsmenge daher anfangs unterproportional zu, später, bei höheren Ausbringungsmengen, dagegen überproportional.

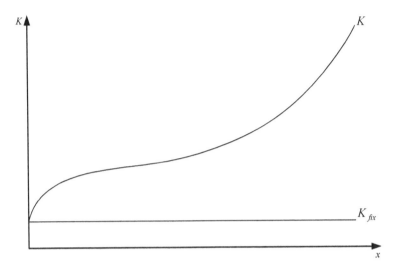

Abbildung 13.13: Typischer Kostenverlauf

Eine solche Kostenfunktion ergibt sich beispielsweise dann, wenn die Produktionsfunktion homogen ist und für steigende Ausbringungsmengen zunächst steigende und später dann fallende Skalenerträge aufweist. Der typische Kostenverlauf ergibt sich aber auch dann, wenn wir den einen Faktor als variabel, den anderen jedoch als fix ansehen. Wenn nun der variable Produktionsfaktor zunächst, bei geringen Ausbringungsmengen, eine steigende Grenzproduktivität aufweist, werden die Kosten für die zusätzliche Ausbringungsmenge, die Grenzkosten, zurückgehen. Wird die Ausbringungsmenge zunehmend erhöht, so werden, sobald die Grenzproduktivität des variablen Faktors nicht mehr zu-, sondern abnimmt, die Grenzkosten steigen.

Die Durchschnitts- und Grenzkostenkurvenverläufe einer typischen Kostenfunktion sind U-förmig. In Abb. 13.14 ist im oberen Teil der Grafik ein typischer Kostenverlauf eingezeichnet, im unteren Teil die dazu korrespondierenden Durchschnitts- und Grenzkostenkurvenverläufe. Die einzelnen Durchschnittskostenkurvenverläufe ergeben sich grafisch aus der Steigung des jeweiligen Fahrstrahls an den Punkt der Kostenkurve, der Grenzkostenkurvenverlauf aus der Steigung der Tangente an die Kostenkurve.

13.3 Herleitung der Güterangebotsfunktion

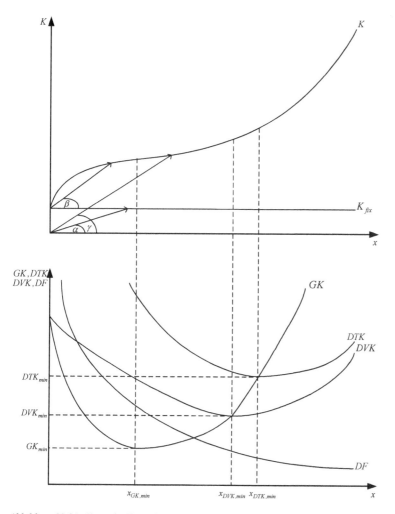

Abbildung 13.14: Typische Kostenkurve und zugehörige DTK-, DVK-, DF- und GK-Kurve

Es zeigt sich, dass die GK-Kurve die DVK-Kurve und die DTK-Kurve jeweils in deren Minimum von unten schneidet. Dieses sich in der Grafik aus der Identität der Steigung von Fahrstrahl und Tangente bei der jeweiligen Produktionsmenge x_{DVKmin} und x_{DTKmin} ergebende Resultat kann man sich auch inhaltlich sehr schnell klarmachen: In einem Bereich, in dem die durchschnittlichen variablen Kosten fallen, müssen die Grenzkosten als Kosten der letzten zusätzlichen Ausbringungsmengeneinheit kleiner sein als der jeweils bisherige Durchschnitt der variablen Kosten. Die GK-Kurve liegt hier also unterhalb der DVK-Kurve. Umgekehrt müssen in einem Bereich, in dem die DVK zunehmen, die Kosten der letzen hinzugekommenen Ausbringungseinheit höher sein als für die variablen Kosten der bis dahin hergestellten Ausbringungsmengeneinheiten – die Grenzkosten ziehen dann den Durchschnitt nach oben. Weist die DVK-Kurve also eine positive Steigung auf, so liegt die GK-Kurve oberhalb von ihr. Die gleiche Argumentation gilt natürlich auch für das Verhältnis von Grenzkosten und durchschnittlichen totalen Kosten.

Wir unterstellen, dass das von uns betrachtete Unternehmen mit einer Produktionstechnologie sein Produkt herstellt, die mit einer typischen Kostenkurve einhergeht. Nehmen wir weiter an, dass der Preis, zu dem dieses Unternehmen sein Produkt am Markt verkaufen kann, für das Unternehmen gegeben ist, das einzelne Unternehmen den Preis also nicht verändern kann. Darüber hinaus sei das Ziel dieses Unternehmens die Gewinnmaximierung. Welche Menge wird dieses Unternehmen nun von seinem Produkt herstellen und am Markt anbieten wollen? Mit anderen Worten: Welche Ausbringungsmenge führt zum **Gewinnmaximum** des betrachteten Unternehmens?

Der Gewinn G ist definiert als die Differenz zwischen dem Umsatz oder Erlös E und den Kosten K. Die Gewinnfunktion für das betrachtete Unternehmen lautet somit:

(13.29) $G(x) = E(x) - K(x)$

Das Maximum dieser Funktion liegt vor, wenn die erste Ableitung dieser Funktion gleich null und die zweite Ableitung kleiner null ist.

(13.30) $\dfrac{dG}{dx} = \dfrac{dE}{dx} - \dfrac{dK}{dx} = 0$ bzw. $\dfrac{dE}{dx} = \dfrac{dK}{dx}$

(13.31) $\dfrac{d^2G}{dx^2} = \dfrac{d^2E}{dx^2} - \dfrac{d^2K}{dx^2} < 0$ bzw. $\dfrac{d^2E}{dx^2} < \dfrac{d^2K}{dx^2}$

Gl. (13.30) besagt, dass im Gewinnmaximum der Grenzerlös gleich den Grenzkosten ist. Der Gewinn hat also bei derjenigen Ausbringungsmenge seinen optimalen Wert erreicht, bei der der durch die letzte verkaufte Einheit des Gutes erzielte Erlös gerade gleich ist den durch die Produktion dieser letzten zusätzlichen Einheit verursachten Kosten. Eine Produktion dieser Ausbringungsmenge führt dann, gemäß Gl. (13.29), zum maximalen Gewinn, wenn die Veränderung des Grenzerlöses kleiner ist als die Veränderung der Grenzkosten, die Grenzerlöskurve also eine kleinere Steigung aufweist als die Grenzkostenkurve.

Unter Berücksichtigung der Annahme eines für das einzelne Unternehmen gegebenen Absatzpreises, also mit

(13.32) $p = const. = \bar{p}$

ergibt sich für den Erlös und damit für den Grenzerlös

(13.33) $E = p \cdot x = \bar{p} \cdot x$ bzw.

(13.34) $\dfrac{dE}{dx} = \bar{p}$ und

13.3 Herleitung der Güterangebotsfunktion

(13.35) $\dfrac{d^2 E}{dx^2} = 0$

Die in den Gl. (13.29) bis (13.30) angestellten Überlegungen zum Gewinnmaximum werden unter Berücksichtigung der Annahme eines für das einzelne Unternehmen gegebenen Güterpreises zu:

(13.36) $G(x) = \overline{p} \cdot x - K(x)$

(13.37) $\dfrac{dG}{dx} = 0 \Rightarrow \overline{p} = \dfrac{dK}{dx}$

(13.38) $\dfrac{d^2 G}{dx^2} < 0 \Rightarrow \dfrac{d^2 K}{dx^2} > 0$

Ist also der Preis für das betrachtete Unternehmen gegeben, so ist die gewinnmaximale Produktions- und Absatzmenge dadurch gekennzeichnet, dass bei dieser Menge die Grenzkosten gerade gleich hoch sind wie der Absatzpreis und diese Menge im Bereich steigender Grenzkosten liegt. Grafisch lässt sich die gewinnmaximale Ausbringungsmenge folgendermaßen bestimmen:

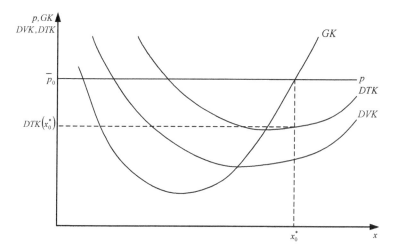

Abbildung 13.15: Gewinnmaximum eines einzelnen Unternehmens bei gegebenem Absatzpreis

Die gewinnmaximierende Menge ergibt sich aus dem Schnittpunkt der horizontalen Preisgeraden mit dem aufsteigenden Ast der GK-Kurve. Die einzelnen ökonomischen Größen lassen sich in Abb. 13.15 ebenfalls identifizieren. Der Erlös bei der gewinnmaximierenden Ausbringungsmenge x_0^* bei einem Preis von $\overline{p}_0$ wird repräsentiert durch die Rechteckfläche unterhalb der horizontalen Preisgeraden bis zu dieser gewinnmaximierenden Ausbringungsmenge. Die Kosten werden einerseits abgebildet durch die Fläche unterhalb der GK-Kurve bis zur gewinnmaximierenden Ausbringungsmenge[128], andererseits aber auch durch die gleich große Rechteckfläche, die durch die Höhe der durchschnittlichen totalen Kosten bei dieser Ausbringungsmenge und der Ausbringungsmenge selbst bestimmt wird[129]. Der Gewinn entspricht dann der Differenz zwischen der Erlösfläche und der Kostenfläche.

Ziehen wir die Abb. 13.16 heran, um die **Angebotskurve eines einzelnen Unternehmens** herzuleiten. Bei einem gegebenen Preis, bspw. in Höhe von $\overline{p}_1$, wird das betrachtete Unternehmen die Menge x_1^* anbieten. Entsprechend bei einem (niedrigeren) Preis $\overline{p}_2$ die (geringere) Menge x_2^* und so fort. Allerdings wird es fraglich sein, wenn der Preis auf ein Niveau unter $\overline{p}_3$ sinkt, ob das Unternehmen dann noch die jeweiligen gewinnmaximierenden Mengen anbieten wird. Betrachten wir die Entscheidungssituation bei einem Preis $\overline{p}_4$, der dadurch gekennzeichnet ist, dass er niedriger ist als die durchschnittlichen totalen Kosten bei Produktion der Menge x_3^*, die dadurch gekennzeichnet ist, dass die GK-Kurve die DTK-Kurve in deren Minimum schneidet, und höher als die durchschnittlichen variablen Kosten bei der Menge x_5^*, der Menge am Schnittpunkt von GK-Kurve und DVK-Kurve. Solange der Preis am Markt sich in diesem Bereich bewegt, lohnt es sich für das betrachtete Unternehmen, die Produktion kurzfristig aufrechtzuerhalten und die Menge x_4^* anzubieten. Bei dieser Menge sind bei einem Preis von $\overline{p}_4$ die variablen Produktionskosten vollständig und die fixen Kosten zumindest teilweise gedeckt; das Unternehmen macht zwar keinen Gewinn, aber der Verlust ist so minimiert. Langfristig[130] jedoch wird das Unternehmen die Produktion einstellen, da auf lange Sicht das Unternehmen die Verluste nicht hinnehmen wird. Liegt der Preis dagegen unter $\overline{p}_5$, so lohnt sich auch kurzfristig die Produktion nicht, da in diesem Fall noch nicht einmal die variablen Kosten der Produktion der dann optimalen Ausbringungsmenge gedeckt sind.

---

[128] Da die Grenzkosten die erste Ableitung der Kostenkurve sind, erhält man durch die Umkehrfunktion – die Umkehrfunktion zur Differenziation ist die Integralrechnung – wieder die Kostenfunktion. Bildet man also das Integral über die GK-Funktion in den Grenzen 0 und x^*, so erhält man die Gesamtkosten für diese Ausbringungsmenge x^*; und das Integral einer Funktion in einem Intervall wird repräsentiert durch die Fläche unterhalb der zu integrierenden Funktion.

[129] Es ist trivial, dass die Multiplikation der Stückkosten für eine bestimmte Ausbringungsmenge mit gerade dieser Ausbringungsmenge auf die Gesamtkosten führt.

[130] Zur Erinnerung: Die lange Frist ist dadurch charakterisiert, dass alle Produktionsfaktoren variabel sind.

13.3 Herleitung der Güterangebotsfunktion

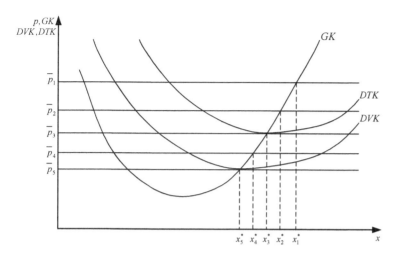

Abbildung 13.16: Herleitung der Angebotskurve eines einzelnen Unternehmens

Die Angebotskurve eines einzelnen Unternehmens ist also der aufsteigende Ast der GK-Kurve, und zwar kurzfristig ab dem Minimum der DVK-Kurve und langfristig ab dem Minimum der DTK-Kurve. Das Minimum der DVK-Kurve und damit der Schnittpunkte von DVK-Kurve und GK-Kurve wird daher als **Betriebsminimum** bezeichnet, der Schnittpunkt von DTK-Kurve und GK-Kurve und damit das Minimum der DTK-Kurve als **Betriebsoptimum** – die Gesamtstückkosten sind hier minimal und damit ist die Betriebsgröße optimal –, gleichzeitig ist dies die **Gewinnschwelle** des betrachteten Unternehmens bzw. sein **Breakeven-Point**.

Das **Gesamtangebot auf dem Markt** für das betrachtete Gut ergibt sich aus der Summe aller n individuellen Angebotsmengen der einzelnen Unternehmen:

(13.39) $\quad x^S = \sum_{i=1}^{n} x_i^S$

Für den Fall nur zweier Unternehmen wird in Abb. 13.17 die grafische Ermittlung der **Marktangebotskurve** mithilfe des Verfahrens der horizontalen Aggregation gezeigt. Dabei wird der Übersichtlichkeit halber auf die langfristige Angebotskurve abgestellt.

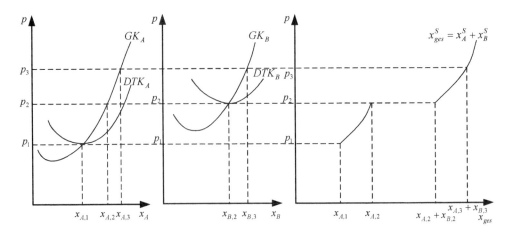

Abbildung 13.17: Marktangebotskurve durch horizontale Aggregation der individuellen Angebotskurven

Es liegt auf der Hand, dass bei großer Zahl der Unternehmen die in der rechten Grafik von Abb. 13.17 auftretenden Knickstellen nicht mehr ins Auge fallen.

Weist die Kostenfunktion einen ertragsgesetzlichen Verlauf auf, so sind die zugehörigen Durchschnitts- und Grenzkostenkurven, wie gesehen, U-förmig und die daraus resultierende einzelwirtschaftliche Angebotsfunktion wie auch die Marktangebotsfunktion haben eine positive Steigung im (p, x)-Diagramm.

Anders gelagert ist die Situation, wenn sich die Produktionsbedingungen eines Unternehmens durch eine linear-homogene Produktionsfunktion darstellen lassen. Bei einer linear-homogenen Produktionsfunktion, sei es die Cobb-Douglas-Produktionsfunktion mit einem Homogenitätsgrad von eins oder die Leontief-Produktionsfunktion, liegen (definitionsgemäß) konstante Skalenerträge vor. Eine proportionale Erhöhung der Einsatzmengen aller Inputfaktoren v_i, $i = 1,\ldots, n$, führt zu einem gleich großen Anstieg der Ausbringungsmenge x. Somit ergeben sich bei konstanten Skalenerträgen konstante durchschnittliche variable Kosten sowie konstante Grenzkosten, die zudem gleich hoch sind. Die durchschnittlichen totalen Kosten sind aufgrund der fallenden durchschnittlichen Fixkosten mit zunehmender Ausbringungsmenge fallend. Algebraisch führt die Bestimmung des Expansionspfades zusammen mit der Kostengleichung zu einer Kostenfunktion in Form einer Geradengleichung, also zu einer **linearen Kostenfunktion**.[131]

---

[131] Bei einer Cobb-Douglas-Produktionsfunktion wie in Gl. (13.5) mit $\alpha+\beta = 1$ ergibt sich die zugehörige Kostenfunktion zu:

$$K = K_{fix} + \left[\frac{1}{a} \cdot \left(\frac{q_1}{\alpha}\right)^\alpha \cdot \left(\frac{q_2}{\beta}\right)^\beta\right] \cdot x$$

Bei einer linear-limitationalen Produktionsfunktion wie in Gl. (13.10) lautet die zugehörige Kostenfunktion

$$K = K_{fix} + (q_1 \cdot a_1 + q_2 \cdot a_2) \cdot x$$

13.3 Herleitung der Güterangebotsfunktion

(13.40) $K = K_{fix} + k \cdot x$ mit $k = const. > 0$

Die zugehörigen Kosten-, Grenzkosten- und Durchschnittskostenkurven haben dann das in Abb. 13.18 gezeigte Aussehen.

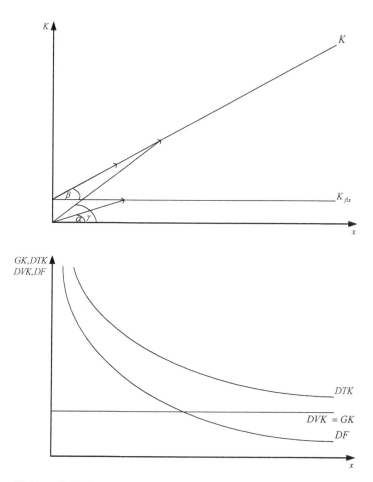

Abbildung 13.18: Lineare Kostenfunktion und zugehörige Durchschnitts- und Grenzkostenkurven

Setzt man Gl. (13.40) in die Gewinnfunktion Gl. (13.36) ein und versucht man, das Gewinnmaximum zu bestimmen, so ergibt sich unmittelbar, dass die notwendige Bedingung für ein Gewinnmaximum nur bei einem Preis von $p = k$ erfüllt ist und dass die hinreichende Bedingung überhaupt nicht erfüllbar ist.

Hilfsweise wollen wir an dieser Stelle annehmen, dass das betrachtete Unternehmen nicht jede beliebige Ausbringungsmenge herstellen kann, sondern dass seine Produktionsmenge durch eine Kapazitätsgrenze x_{max} limitiert ist. Aus der grafischen Analyse in Abb. 13.19

ergibt sich unmittelbar die optimale Produktionsmenge des betrachteten Unternehmens bei unterschiedlichen, für das einzelne Unternehmen gegebenen Marktpreisen.

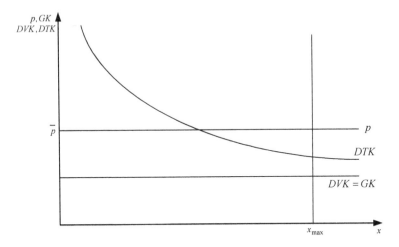

Abbildung 13.19: Gewinnmaximierende Ausbringungsmenge bei linearer Kostenfunktion

Liegt der Absatzpreis des Gutes oberhalb der Grenzkosten und der durchschnittlichen variablen Kosten, so ist es für das Unternehmen zumindest auf kurze Sicht gewinnmaximierend, die maximal mögliche Produktionsmenge, also x_{max}, herzustellen und zu verkaufen. Langfristig wird das Unternehmen jedoch nur dann das Gut anbieten, wenn der Marktpreis des Gutes oberhalb der durchschnittlichen totalen Kosten liegt. Da die durchschnittlichen totalen Kosten mit zunehmender Ausbringungsmenge fallen, wird das Unternehmen auch in langfristiger Betrachtung dann die maximal mögliche Menge x_{max} herstellen. Liegt der Preis dagegen unterhalb der Grenz- und durchschnittlichen variablen Kosten, so lohnt sich auch kurzfristig die Produktion nicht. Bei einem Preis in Höhe der Grenzkosten ist die gewinnmaximale Ausbringungsmenge unbestimmt. Die einzelwirtschaftliche Angebotskurve ist also völlig preisunelastisch und verläuft im (p, x)-Diagramm vertikal in Höhe der in der Kapazitätsgrenze begründeten maximalen Ausbringungsmenge x_{max}, und zwar kurzfristig ab den durchschnittlichen variablen Kosten und langfristig ab den durchschnittlichen totalen Kosten.

13.3 Herleitung der Güterangebotsfunktion

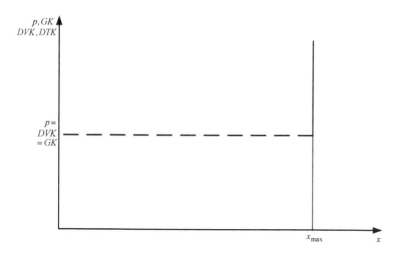

Abbildung 13.20: Einzelwirtschaftliche kurzfristige Angebotskurve bei linearer Kostenfunktion

Die Marktangebotskurve kann trotz linearer Kostenkurve der einzelnen Unternehmen mit positiver Steigung verlaufen und muss nicht vertikal sein. Dies ist der Fall, wenn die Unternehmen keine identischen Kostenfunktionen aufweisen. Dann gilt für jedes Unternehmen eine andere Preisuntergrenze, ab der es am Markt aktiv ist. Mit zunehmender Anzahl an Unternehmen werden die Sprünge in der aggregierten Angebotskurve immer weniger ins Gewicht fallen, so dass bei sehr vielen Unternehmen von einer positiv ansteigenden Marktangebotsfunktion ausgegangen werden kann.

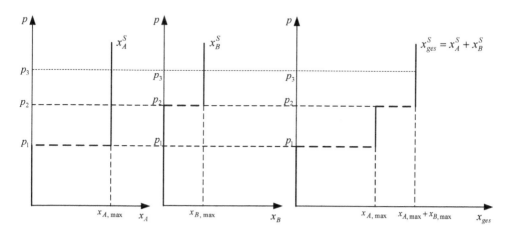

Abbildung 13.21: Aggregation der einzelwirtschaftlichen Angebotskurven bei linearer Kostenfunktion

14 Theorie des Haushalts

Nachdem im vorausgegangenen Kapitel die Marktangebotskurve hergeleitet wurde, soll in diesem Kapitel die Marktnachfragekurve hergeleitet werden. Dazu ist es notwendig, die einzelwirtschaftliche Entscheidung eines Haushalts bezüglich seiner Konsummengen näher zu analysieren, um hieraus dann Aussagen über den Zusammenhang zwischen dem Preis und der nachgefragten Menge eines Gutes zu gewinnen.

14.1 Budgetrestriktion, Präferenzen und Nutzenfunktion

Zwei Dinge bestimmen letztlich die Konsumentscheidung eines Haushalts: sein Einkommen oder Budget und seine Präferenzen. Um das Zusammenspiel dieser Einflussfaktoren genauer zu betrachten, gehen wir, vergleichbar dem Zwei-Faktoren-Fall in der Unternehmenstheorie, hier von einem Zwei-Güter-Fall aus. Diese Vereinfachung ist zulässig, denn das Entscheidungsproblem stellt sich dem Haushalt – unabhängig davon, ob er zwischen zwei Gütern oder einer sehr großen Anzahl an Konsumgütern entscheiden muss.

Im Zwei-Güter-Fall lautet die **Budgetrestriktion** des Haushalts, wenn wir mit p_i den Preis des Gutes i, $i = 1, 2$, und mit y das Einkommen des Haushalts bezeichnen:

(14.1) $p_1 \cdot x_1 + p_2 \cdot x_2 \leq y$

Die Ausgaben des Haushalts dürfen nicht größer sein als sein Einkommen.[132] Grafisch ausgedrückt kann der Haushalt also alle Gütermengenkombinationen realisieren, die im (x_1, x_2)-Diagramm der Abb. 14.1 auf oder unterhalb der Budgetgeraden

(14.2) $x_1 = \dfrac{y}{p_1} - \dfrac{p_2}{p_1} \cdot x_2$

liegen. Die Steigung der Budgetgeraden beträgt im (x_1, x_2)-Diagramm $-(p_2/p_1)$, der Ordinatenabschnitt ist y/p_1, der Abszissenabschnitt ist y/p_2.

---

[132] Der Einwand, der Haushalt könnte doch sparen bzw. aus Ersparnissen finanziert höhere Ausgaben als sein laufendes Einkommen tätigen, trifft hier nicht. Wir betrachten hier ein Ein-Perioden-Modell, in dem es – per definitionem – nicht möglich ist, Einkommensbestandteile in eine andere Periode zu übertragen. Gleichwohl wäre es kein Problem, das eine der beiden Güter als Gegenwartskonsum und das andere Gut als Zukunftskonsum zu interpretieren und somit eine intertemporale Entscheidungssituation zu modellieren.

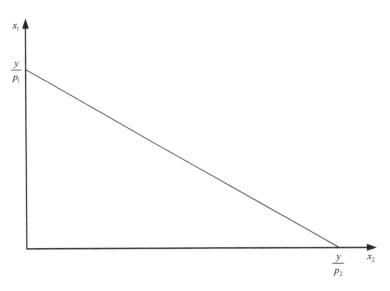

Abbildung 14.1: Budgetgerade

Die Achsenabschnitte geben an, wie viel der betrachtete Haushalt von Gut 1 bzw. Gut 2 konsumieren kann, wenn er sein Einkommen voll für das jeweilige Gut ausgibt. Die Steigung der Budgetgeraden misst die **Opportunitätskosten** des Konsums von Gut 2. Sie gibt an, wie viel der Haushalt von Gut 1 aufgeben muss, um mehr von Gut 2 konsumieren zu können.

Nehmen wir an, der Haushalt hat ein Budget von 400,- € für Kinokarten und Konzertkarten. Eine Kinokarte koste 10,- €, eine Konzertkarte 50,- €. Wenn er sein gesamtes Budget für Kinobesuche ausgibt, kann er vierzig Mal ins Kino gehen. Gibt er sein Budget vollständig für Konzertkarten aus, kann er acht Konzerte besuchen. Ein Konzertbesuch kostet ihn fünf Kinobesuche. Will er zweimal ins Konzert gehen, muss er auf zehn Kinobesuche verzichten; und bei drei Konzertbesuchen muss er fünfzehn Kinobesuche „hergeben". Umgekehrt muss er auf einen Konzertbesuch verzichten, wenn er fünfmal ins Kino gehen will, und auf zwei oder drei Konzertbesuche, wenn er zehnmal bzw. fünfzehnmal ins Kino gehen möchte.

14.1 Budgetrestriktion, Präferenzen und Nutzenfunktion

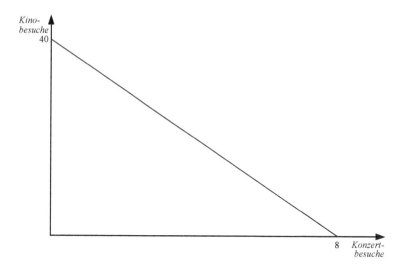

Abbildung 14.2: Budgetgerade für das Beispiel Kinobesuche und Konzertbesuche

Die Budgetrestriktion gibt die Gütermengenkombinationen an, die ein Haushalt prinzipiell mit seinem Einkommen bei den gegebenen Güterpreisen realisieren kann. Für welche dieser prinzipiell möglichen Gütermengenkombinationen er sich dann aber letztendlich entscheidet, hängt ab von seinen persönlichen **Präferenzen**. Der Haushalt bewertet verschiedene Güterbündel, vergleicht sie miteinander und kann eine Aussage darüber treffen, ob er ein Güterbündel $A = (x_{1,A}, x_{2,A})$ einem Güterbündel $B = (x_{1,B}, x_{2,B})$ vorzieht, beide gleich einschätzt, ihnen gegenüber also indifferent eingestellt ist, oder ob er B dem Bündel A vorzieht.

In der Haushaltstheorie werden üblicherweise drei grundsätzliche Annahmen über die Präferenzen eines Haushalts getroffen. Die erste Annahme betrifft die **Vollständigkeit**. Es wird davon ausgegangen, dass alle beliebigen Güterbündel miteinander verglichen werden können und eine Aussage über ihre relative Vorteilhaftigkeit getroffen werden kann. Die zweite ist die **Reflexivität**, die besagt, dass jedes Güterbündel mindestens so gut ist wie es selbst. Und die dritte Annahme ist die **Transitivität**: Wenn der Haushalt ein Güterbündel A einem Güterbündel B vorzieht und das Bündel B dem Güterbündel C, so zieht er auch A dem Bündel C vor.

Die grafische Darstellung von Präferenzen kann mithilfe sogenannter **Indifferenzkurven** im (x_1, x_2)-Diagramm erfolgen. Eine Indifferenzkurve ist dadurch gekennzeichnet, dass ihre Punkte Güterbündel repräsentieren, die der betrachtete Haushalt gleich einschätzt, denen gegenüber er also indifferent ist. Die Güterbündel, die durch die Punkte A und B der Indifferenzkurve in Abb. 14.3 repräsentiert werden, schätzt der betrachtete Haushalt also als gleichwertig ein. Zu beachten ist, dass Indifferenzkurven, da sie die subjektiven Einschätzungen und Bewertungen eines Haushalts abbilden, mit allergrößter Wahrscheinlichkeit für jeden Haushalt anders aussehen. Güterbündel, die auf einer Indifferenzkurve liegen, die im (x_1, x_2)-Diagramm weiter außen liegt, werden gegenüber solchen, die auf einer sich näher zum Ursprung befindlichen Indifferenzkurve liegen, bevorzugt. Darüber hinaus können Indifferenzkurven sich nicht schneiden. Man kann dies unmittelbar sehen, indem man vom Gegenteil, also sich schneidenden Indifferenzkurven, ausgeht und die Güterbündel auf zwei sich schneidenden Indifferenzkurven miteinander vergleicht. Sich schneidende Indifferenzkurven verletzen die Annahme der Transitivität.

In Abb. 14.3 ist eine Indifferenzkurve mit **normalem Verlauf** eingezeichnet. Man spricht von einem normalen Verlauf einer Indifferenzkurve, wenn die Kurve im Diagramm der Gütermengen eine negative Steigung aufweist und konvex zum Ursprung gekrümmt ist.

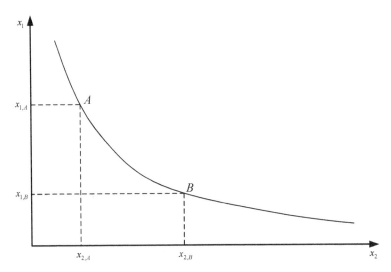

Abbildung 14.3: Indifferenzkurve mit normalem Verlauf

Ein solcher Verlauf folgt aus zwei weiteren speziellen Annahmen bezüglich der Präferenzen. Die negative Steigung der Indifferenzkurve ergibt sich, wenn für die Präferenzen **Monotonie** unterstellt wird. Die Präferenzen eines Haushalts sind monoton, wenn bei zwei Güterbündeln A und B der Haushalt das Güterbündel B dann als besser bewertet, wenn B von beiden Gütern mindestens so viele Mengeneinheiten von beiden Gütern enthält zuzüglich einer Mengeneinheit eines der beiden Güter als Bündel A. Dies wird auch als Nicht-Sättigung bezeichnet. Bewegt man sich in Abb. 14.3 von einem beliebigen Punkt A nach rechts oben, gelangt man zu Punkten, die bei monotonen Präferenzen Güterbündel repräsentieren, die vom betrachteten Haushalt als besser eingeschätzt werden. Bewegt man sich entsprechend nach links unten, so gelangt man zu Güterbündeln, die gegenüber Güterbündel A als schlechter bewertet werden. Güterbündel, die vom betrachteten Haushalt als gleich gut eingeschätzt werden, müssen also links oben oder rechts unten von Punkt A liegen – die Indifferenzkurve ist also negativ geneigt.

Die zweite Annahme ist die, dass die Präferenzen **konvex** sind. Bei konvexen Präferenzen wird der Konsum von Güterbündeln, also der gemeinsame Konsum beider Güter, gegenüber dem isolierten Konsum nur eines Gutes bevorzugt. Dem Haushalt ist es lieber, von beiden Gütern zumindest etwas zu haben als von einem Gut sehr viel und von dem anderen ziemlich

14.1 Budgetrestriktion, Präferenzen und Nutzenfunktion

wenig. Der Haushalt bevorzugt also das Durchschnittsbündel, z.B. das Güterbündel C in Abb. 14.4, gegenüber den beiden Extrembündeln A und B. Grafisch bedeutet dies, dass die Verbindungslinie zweier beliebiger Punkte einer Indifferenzkurve oberhalb dieser Kurve liegt.[133]

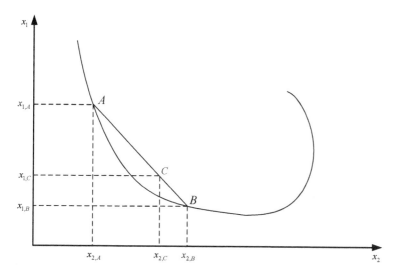

Abbildung 14.4: Konvexe Präferenzen

Die Steigung der Indifferenzkurve ist die **Grenzrate der Substitution**. Die Grenzrate der Substitution in einem Punkt der Indifferenzkurve gibt die Rate an, zu der der betrachtete Haushalt bereit ist, das eine Gut durch das andere zu ersetzen. Bei normalem Verlauf der Indifferenzkurve ist die Grenzrate der Substitution negativ und absolut betrachtet abnehmend (Abb. 14.5).

---

[133] (Punkt-)Mengen, für die dies gilt, werden in der Mathematik als konvexe Mengen bezeichnet.

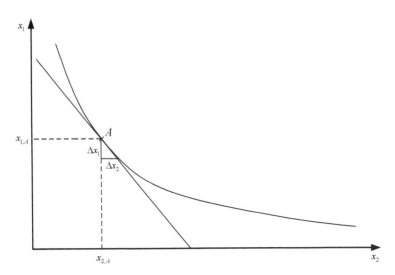

Abbildung 14.5: Grenzrate der Substitution

Nehmen wir wieder unser Beispiel der beiden Güter Kinobesuche und Konzertbesuche und nehmen wir an, der betrachtete Haushalt habe monotone und konvexe Präferenzen. Er gehe regelmäßig in einem Jahr zwanzigmal ins Kino und viermal in ein Konzert. Die Grenzrate der Substitution gibt nun für dieses Güterbündel des betrachteten Haushalts an, wie viele Konzertkarten der Haushalt mehr erhalten muss, wenn er auf einen Kinobesuch verzichtet und er das veränderte Güterbündel trotzdem gleich gut bewerten wird wie das ursprüngliche Güterbündel. Dass diese Rate negativ ist, folgt aus der Monotonie der Präferenzen: Wenn er auf Kinobesuche verzichtet, dann muss er vom anderen Gut Konzertbesuche mehr erhalten, damit er gleich gut gestellt ist wie zuvor (Nicht-Sättigung). Und dass diese Rate absolut betrachtet abnehmend ist, ergibt sich aus der Konvexität der Präferenzen und folgt daraus, dass der Haushalt, je weniger er von dem Gut, das er aufgeben muss, noch hat, eine umso größere substituierende Menge des anderen Gutes in sein Güterbündel nehmen muss, damit er es gleich gut einschätzt wie das ursprüngliche Güterbündel. Gibt der Haushalt bei nur noch zehn Kinobesuchen im Jahr einen weiteren auf, so muss die kompensierende Menge an Konzertbesuchen größer sein, als wenn er von den ursprünglich zwanzig Kinobesuchen auf einen verzichten muss, damit der betrachtete Haushalt die jeweiligen Güterbündel gleich bewertet (Abb. 14.6).

14.1 Budgetrestriktion, Präferenzen und Nutzenfunktion

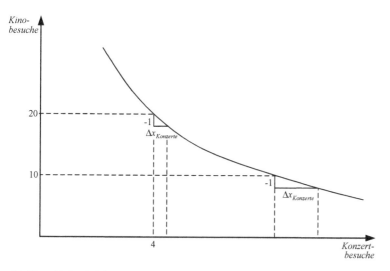

Abbildung 14.6: *Indifferenzkurve für das Beispiel Kinobesuche und Konzertbesuche*

Nachdem wir den normalen Verlauf von Indifferenzkurven beschrieben haben, wollen wir nun einige Sonderfälle von Präferenzen betrachten. So kann es beispielsweise im Extremfall vorkommen, dass ein Haushalt zwei Güter als völlig gleichwertig einschätzt. Die beiden Güter sind dann, zumindest in den Augen dieses betrachteten Haushalts, **vollkommene** oder **perfekte Substitute**. In diesem Fall ist der Haushalt bereit, die Güter in einem festen Mengenverhältnis zu substituieren. Die Indifferenzkurven sind dann Geraden mit einer konstanten negativen Steigung, die Grenzrate der Substitution ist konstant. Beispiele hierfür zu finden ist nicht leicht, aber man kann an Stifte denken, bei deren Gebrauch es für den Benutzer in der Regel gleich ist, ob er mit einem schwarzen oder blauen Stift schreibt. Ein anderes Extrem ist der Fall strikter oder perfekter **Komplemente**. Von Komplementärgütern spricht man, wenn die Güter immer in einem konstanten Verhältnis miteinander konsumiert werden. Man kann hier an den rechten und den linken Schuh denken oder an ein Paar Skier und Skibindungen. Die Indifferenzkurven sind in einem solchen Fall rechtwinklig. Nur eine gleichzeitige Erhöhung beider Güter wird vom betrachteten Haushalt als Verbesserung angesehen, von nur einem Gut mehr in seinem Güterbündel zu haben wird von ihm nicht besser bewertet.

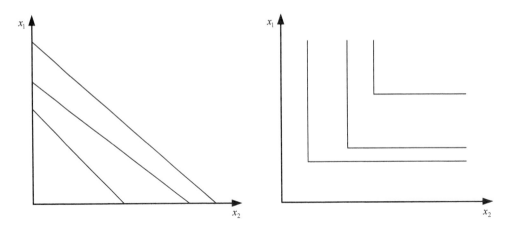

Abbildung 14.7: Indifferenzkurven von perfekten Substituten und von perfekten Komplementen

Ein Haushalt kann auch gegenüber einem Gut neutral eingestellt sein oder es überhaupt nicht mögen, es sogar verabscheuen. Bei **neutralen Gütern** verlaufen die Indifferenzkurven parallel zu der Achse im (x_1, x_2)-Diagramm, an der das neutrale Gut abgetragen ist. Unabhängig davon, wie viele Mengeneinheiten ein Güterbündel vom neutralen Gut enthält, der betrachtete Haushalt bewertet die Güterbündel nur danach, wie viel sie vom anderen Gut aufweisen. Wenn einem Haushalt ein Gut zuwider ist, so spricht man auch von einem **Ungut**. Wenn ein Güterbündel von diesem Ungut mehr enthält als ein anderes Güterbündel, dann muss vom anderen, normalen Gut mehr in diesem zweiten Güterbündel vorhanden sein, damit der betrachtete Haushalt beide Güterbündel als gleichwertig ansieht. Der betrachtete Haushalt hat in diesem Fall dann nach rechts oben verlaufende, also positiv steigende Indifferenzkurven.

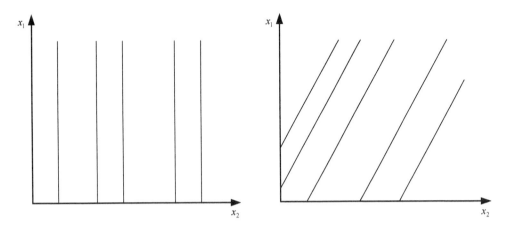

Abbildung 14.8: Indifferenzkurven bei einem neutralen Gut und bei einem Ungut

14.1 Budgetrestriktion, Präferenzen und Nutzenfunktion

Präferenzen lassen sich mithilfe von **Nutzenfunktionen** beschreiben. Nutzenfunktionen ordnen jedem Güterbündel ein bestimmtes Nutzenniveau zu, wobei es ausreicht, dass man **ordinale Messbarkeit** des Nutzens unterstellt. Bei ordinalem Nutzen kann ein Haushalt verschiedene Güterbündel hinsichtlich ihrer Wertigkeit anordnen, also zum Ausdruck bringen, ob das einem Güterbündel A zugewiesene Nutzenniveau U_1 für ihn größer, gleich oder kleiner ist als das von ihm einem anderen Güterbündel B zugewiesene Nutzenniveau U_2.[134] Unterschiedliche Präferenzen lassen sich durch entsprechende Nutzenfunktionen darstellen. Zumindest wenn die Präferenzen monoton sind, lassen sich die Präferenzen eines Haushalts durch eine zugehörige Nutzenfunktion abbilden. Die Indifferenzlinien als grafische Umsetzung der Präferenzen eines Haushalts werden von einer beliebigen Ursprungsgerade dann genau einmal geschnitten. Jedes Güterbündel in einem Schnittpunkt erhält eine Kennzahl, und die Güterbündel auf höheren Indifferenzkurven erhalten größere Kennzahlen. Somit ist eine Rangfolge für die Güterbündel festgelegt, und jedem Güterbündel wird eine Kennzahl zugeordnet. Auf die konkrete Form der Nutzenfunktion kommt es dabei gar nicht an, denn jede Funktion, die eine beliebige positive monotone Transformation einer Nutzenfunktion ist, die bestimmte Präferenzen darstellt, ist ebenfalls eine Nutzenfunktion, die dieselben Präferenzen darstellt.

Im Zwei-Güter-Fall lautet die Nutzenfunktion:

(14.3) $U = U(x_1, x_2)$

Die erste Ableitung der Nutzenfunktion $\delta U/\delta x_i$ nach einem Gut i, $i = 1, 2$, wird als **Grenznutzen** des Gutes i bezeichnet. Entlang einer Indifferenzkurve ist das Nutzenniveau U konstant und die Steigung der Indifferenzkurve entspricht dem negativen umgekehrten Grenznutzenverhältnis

(14.4) $\dfrac{dx_1}{dx_2} = -\dfrac{\delta U/\delta x_2}{\delta U/\delta x_1}$

was sich aus dem totalen Differenzial der Nutzenfunktion und der Eigenschaft der Indifferenzkurve, $dU = 0$, ergibt.[135]

Normal verlaufende Indifferenzkurven korrespondieren zu Nutzenfunktionen, deren Grenznuten positiv

(14.5) $\dfrac{\delta U}{\delta x_i} > 0$ für $i = 1, 2$

und abnehmend ist[136]

---

[134] Bei kardinaler Messbarkeit des Nutzens muss man darüber hinaus annehmen, dass die Nutzendifferenz zwischen U_1 und U_2 sinnvoll interpretierbar ist. Ordinal messbar ist beispielsweise die Leistung in einer Klausur (besser – schlechter), kardinal messbar beispielsweise die Körpergröße (anderthalb mal so groß wie).

[135] Das mathematische Vorgehen ist das gleiche wie bei der Bestimmung der Steigung einer Isoquante, vgl. daher hierzu die Gl. (13.6) und (13.7).

(14.6) $\dfrac{\delta^2 U}{\delta x_i^2} < 0$ für $i = 1, 2$

Die konvexe Krümmung normal verlaufender Indifferenzkurven drückt sich algebraisch aus in der positiven Ableitung der Grenzrate der Substitution zwischen den beiden Gütern:

(14.7) $\dfrac{\delta^2 x_i}{\delta x_j^2} > 0$ für $i, j = 1, 2$ und $i \neq j$

Aus der Gl. (14.4) folgt zusammen mit den in den Gl. (14.5) und (14.7) formulierten Annahmen der negative und zum Ursprung konvexe Verlauf der Indifferenzkurven. Gl. (14.5) besagt, dass der Nutzen eines Haushalts aus dem Konsum eines Gutes mit steigender Menge zunimmt (Annahme der Nicht-Sättigung), der Nutzenzuwachs wird gemäß Gl. (14.6) jedoch mit steigender Menge immer kleiner. Gl. (14.7) bringt zum Ausdruck, dass bei abnehmendem Konsum von Gut 1 der Minderkonsum von einer Einheit dieses Gutes nur durch immer größer werdende Mengen von Gut 2 ersetzt werden kann – die Steigung der Indifferenzkurve und damit die Grenzrate der Substitution von Gut 1 durch Gut 2 wird mit kleiner werdendem x_1 absolut betrachtet immer kleiner.

Normal verlaufende Indifferenzkurven korrespondieren beispielsweise mit einer Nutzenfunktion der Form:

(14.8) $U = x_1 \cdot x_2$

Für konstante Nutzenniveaus $\overline{U}$ ergeben sich unmittelbar Indifferenzlinien mit negativer Steigung und konvexer Krümmung. Aber auch (positiv) monotone Transformationen der Nutzenfunktion aus Gl. (14.8), wie z.B.

(14.9) $V = U^2 = x_1^2 \cdot x_2^2$

stellen Nutzenfunktionen dar, deren Indifferenzkurven nicht nur normalen Verlauf besitzen, sondern auch die gleichen Präferenzen wie Gl. (14.8) beschreiben, lediglich sind die Indifferenzkurven mit anderen Labels oder Rangziffern der Nutzenniveaus versehen.

Häufig verwendet zur Beschreibung der Präferenzen eines Haushalts bezüglich zweier substituierbarer Güter wird die **Cobb-Douglas-Nutzenfunktion**

(14.10) $U = a \cdot x_1^\alpha \cdot x_2^\beta$ mit $a > 0$ und $\alpha, \beta > 0$

---

[136] Die Annahme eines positiven, aber abnehmenden Grenznutzens wurde von Hermann Heinrich Gossen (1810-1858) in seinem Werk „Entwicklung der Gesetze des menschlichen Verkehrs und der daraus fließenden Regeln für menschliches Handeln", veröffentlicht 1854, aufgestellt und wird als 1. Gossen'sches Gesetz bezeichnet. Die Annahme einer uneingeschränkten Gültigkeit dieser Eigenschaft von Nutzenfunktionen ist für viele Aussagen der Haushaltstheorie aber nicht erforderlich.

Bei beliebigen Exponenten α und β kann man durch Potenzieren der Gl. (14.10) mit $1/(\alpha+\beta)$ eine monotone Transformation dieser Gleichung durchführen, die die gleichen Präferenzen abbildet mithilfe einer linear-homogenen Cobb-Douglas-Nutzenfunktion[137]

(14.11) $U = x_1^\gamma \cdot x_2^{1-\gamma}$ mit $0 < \gamma < 1$

Perfekte Substitute lassen sich durch eine Nutzenfunktion der Form

(14.12) $U = a \cdot x_1 + b \cdot x_2$ mit $a, b > 0$

darstellen, wobei die Steigung der Indifferenzkurven im (x_1, x_2)-Diagramm durch $-b/a$ gegeben ist.

Die Nutzenfunktion für perfekte Komplemente hat die Form

(14.13) $U = min(a \cdot x_1, b \cdot x_2)$ mit $a, b > 0$

und a und b geben das Verhältnis an, in dem die Güter konsumiert werden.

14.2 Die optimale Konsumentscheidung

Nachdem wir die Elemente, die die Konsumentscheidung eines Haushalts beeinflussen, näher betrachtet haben, wollen wir uns nun der Entscheidung des Konsumenten selbst zuwenden. Es geht um die Frage, welches Güterbündel ein Haushalt wählen wird, wenn sein Einkommen und auch die Güterpreise für ihn gegeben sind und er das Güterbündel auswählt, das seinen Präferenzen bestmöglich entspricht.

Bei normalem Verlauf der Indifferenzkurven wird er das Güterbündel wählen, bei dem sich die Budgetgerade und eine Indifferenzkurve gerade tangieren.

---

[137] Aus $V = U^{1/(\alpha+\beta)} = [x_1^\alpha x_2^\beta]^{1/(\alpha+\beta)} = x_1^{\alpha/(\alpha+\beta)} x_2^{\beta/(\alpha+\beta)}$ wird mit $\gamma = \alpha/(\alpha+\beta)$ die linear-homogene Funktion $V = x_1^\gamma x_2^{1-\gamma}$.

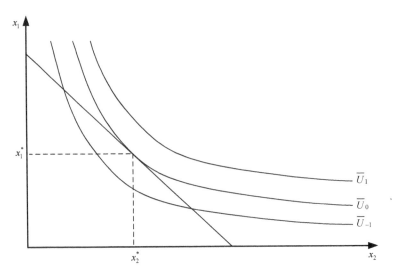

Abbildung 14.9: Haushaltsoptimum

Die Wahl des Güterbündels (x_1^*, x_2^*) ist für den betrachteten Haushalt eine optimale Entscheidung: Güterbündel, die durch auf weiter außen liegenden Indifferenzkurven repräsentiert werden, kann er sich bei den gegebenen Preisen und dem gegebenen Einkommen nicht leisten – sie übersteigen seine durch die Budgetgeraden begrenzten Konsummöglichkeiten. Güterbündel, die für ihn ebenfalls realisierbar wären, bewertet er weniger gut als das Güterbündel (x_1^*, x_2^*) – sie liegen auf Indifferenzkurven, deren Punkte Güterbündel repräsentieren, die er als weniger gut als die auf der Indifferenzkurve $\overline{U}_0$ liegenden Güterbündel bewertet.

Damit haben wir eine wichtige Eigenschaft des optimalen Verbrauchsplans eines Haushalts ermittelt. Da im Tangentialpunkt zweier Kurven diese Kurven die gleiche Steigung aufweisen müssen, gilt im Haushaltsoptimum, dass die Steigung der Indifferenzkurve und damit die Grenzrate der Substitution gleich sein muss der Steigung der Budgetgeraden, dem Güterpreisverhältnis. Zugespitzt formuliert: Im Haushaltsoptimum entspricht die Bewertung der beiden Güter durch den betrachteten einzelnen Haushalt, wie sie sich in der Grenzrate der Substitution widerspiegelt, der Bewertung durch den Markt, wie sie sich im Güterpreisverhältnis niederschlägt.

(14.14) $\textit{Grenzrate der Substitution} = \dfrac{dx_1}{dx_2} = -\dfrac{p_2}{p_1}$

Dass das Haushaltsoptimum tatsächlich der optimale Verbrauchsplan des betrachteten Haushalts ist, kann man sich folgendermaßen klarmachen: Wenn der Haushalt eine Einheit von Gut 1 aufgibt, schätzt er ein anderes Güterbündel nur dann als gleich gut ein, wenn dieses neue Güterbündel vom anderen Gut 2 mehr als im ursprünglichen Güterbündel enthält. Und wie groß dieses Mehr an Gut 2 sein muss, damit der betrachtete Haushalt die beiden Güterbündel als gleich gut ansieht, drückt die Grenzrate der Substitution aus. Wenn er auf eine Einheit von Gut 1 verzichtet, so kann er statt dieser einen Mengeneinheit von Gut 1 am

14.2 Die optimale Konsumentscheidung

Markt p_1/p_2 Einheiten von Gut 2 kaufen. Wenn die Grenzrate der Substitution und das Güterpreisverhältnis also einander entsprechen, lohnt es sich für den Haushalt nicht, ein anderes Güterbündel zu wählen. Umgekehrt ist es ebenso offensichtlich, dass es sich für einen Haushalt dann lohnt, die Zusammensetzung des von ihm konsumierten Güterbündels zu ändern, wenn die Grenzrate der Substitution und das Güterpreisverhältnis nicht miteinander übereinstimmen. Dann wäre es für den Haushalt möglich, sich besser zu stellen, indem er sein Güterbündel ändert.

Nimmt man die Nutzenfunktion als Abbild der Präferenzen noch hinzu und die dabei sich ergebende Interpretation der Grenzrate der Substitution als Verhältnis der Grenznutzen, so ergibt sich:

(14.15) $\dfrac{dx_1}{dx_2} = -\dfrac{\delta U/\delta x_2}{\delta U/\delta x_1} = -\dfrac{p_2}{p_1}$ bzw. $\dfrac{\delta U/\delta x_2}{\delta U/\delta x_1} = \dfrac{p_2}{p_1} \Leftrightarrow \dfrac{\delta U/\delta x_2}{p_2} = \dfrac{\delta U/\delta x_1}{p_1}$

Der erste Teil der Gl. (14.15) bringt das schon oben Gesagte zum Ausdruck: Der Haushalt wählt die Konsummengen der beiden Güter so, dass die Grenzrate der Substitution und damit das Verhältnis der Grenznutzen dem Preisverhältnis dieser beiden Güter entspricht, mithin spiegeln die relativen Preise der Güter ihre Bewertung durch die Konsumenten wider. Der letzte Teil der Gl. (14.15) wird auch als **2. Gossen'sches Gesetz** oder als **Gesetz vom Ausgleich der Grenznutzen des Geldes** bezeichnet. Der Quotient aus dem Grenznutzen eines Gutes und dessen Preis gibt den zusätzlichen Nutzen an, den der betrachtete Haushalt aus der letzten für dieses Gut verausgabten Geldeinheit zieht. Im Haushaltsoptimum ist dieser Grenznutzen des Geldes für alle Güter gleich hoch. Wäre dem nicht so, könnte der Haushalt seinen Nutzen insgesamt erhöhen, indem er von dem Gut, das für ihn einen höheren Grenznutzen des Geldes besitzt, mehr und von dem anderen Gut, bei dem für ihn der Grenznutzen des Geldes geringer ist, weniger kaufen und konsumieren würde.

Die Bedingung für das Haushaltsoptimum in Gl. (14.14) bzw. (14.15) und die optimalen Verbrauchsmengen der beiden Konsumgüter im Haushaltsoptimum ergeben sich algebraisch, indem wir mithilfe der Nutzenfunktion als Abbild der Präferenzen eines Haushalts eine Lagrange-Funktion[138] aufstellen, bei der die zu optimierende Funktion die Nutzenfunktion und die zu beachtende Nebenbedingung die Budgetrestriktion ist.

(14.16) $L = U(x_1, x_2) + \lambda \cdot (y - p_1 \cdot x_1 - p_2 \cdot x_2) \to max.!$

Die Differenziation der Gl. (14.16) nach den unabhängigen Variablen x_1, x_2 und λ führt zu:

(14.17a) $\dfrac{\delta L}{\delta x_1} = \dfrac{\delta U}{\delta x_1} - \lambda \cdot p_1 = 0$

(14.17b) $\dfrac{\delta L}{\delta x_2} = \dfrac{\delta U}{\delta x_2} - \lambda \cdot p_2 = 0$

---

[138] Zur Lagrange-Funktion siehe auch die Anmerkungen und die Vorgehensweise in Kap. 13.2.

(14.17c) $\frac{\delta L}{\delta \lambda} = y - p_1 \cdot x_1 - p_2 \cdot x_2 = 0$

Die Bedingung für das Haushaltsoptimum ergibt sich aus den ersten Ableitungen der Lagrange-Funktion nach x_1 und x_2 in den Gl. (14.17a) und (14.17b):

(14.18) $\frac{p_1}{p_2} = \frac{\delta U/\delta x_1}{\delta U/\delta x_2}$

Die Gl. (14.18) ist eine Funktion in den Variablen x_1 und x_2, die sich aufgelöst nach der Konsummenge eines der beiden Güter schreiben lässt als:

(14.19) $x_1 = f(x_2)$ bzw. $x_2 = f(x_1)$

Diese Beziehung zwischen den beiden Konsumgütermengen eingesetzt in Gl. (14.17c) ergibt dann die Mengen des optimalen Konsumgüterbündels x_1^* und x_2^*.

14.3 Einkommensänderungen, Preisänderungen und die Güternachfragefunktion

Einkommensänderungen und Preisänderungen berühren Lage und Steigung der Budgetgeraden, sie werden daher unmittelbar die optimalen, von einem Haushalt nachgefragten Konsummengen beeinflussen. Die Nachfragemenge eines Gutes hängt also von dem Einkommen und den Güterpreisen ab, im Zwei-Güter-Fall lautet die (allgemeine) Nachfragefunktion für ein Gut i also:

(14.20) $x_i = x_i(p_i, p_j, y)$ mit $i, j = 1,2$ und $i \neq j$

Analysieren wir zunächst die Auswirkungen von **Einkommensänderungen** auf die nachgefragten Gütermengen, und zwar die Auswirkungen einer Einkommenserhöhung. Auswirkungen von Einkommensrückgängen lassen sich entsprechend behandeln. An Gl. (14.2) kann man ablesen, dass die Budgetgerade nach einem Einkommensanstieg größere Achsenabschnitte an der Ordinate und der Abszisse aufweist, die Steigung der Budgetgeraden davon aber nicht betroffen wird. Eine Erhöhung des Haushaltseinkommens führt somit im (x_1, x_2)-Diagramm zu einer Parallelverschiebung der Budgetgeraden nach außen. Die Präferenzen und damit das Indifferenzkurvensystem des betrachteten Haushalts sind von der Einkommensänderung nicht berührt, bleiben also unverändert. Es wird nun, bei höherem Haushaltseinkommen, ein anderes Güterbündel für den betrachteten Haushalt optimal sein. In Abb. 14.10 ist es der Punkt A_1, nachdem zuvor der Punkt A_0 das optimale Güterbündel des betrachteten Haushalts repräsentierte.

14.3 Einkommensänderungen, Preisänderungen und die Güternachfragefunktion

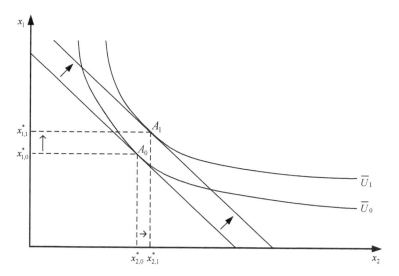

Abbildung 14.10: Auswirkungen eines höheren Haushaltseinkommens auf das Haushaltsoptimum bei normalen Gütern

Typischerweise führt ein Anstieg des Haushaltseinkommens zu einer höheren Nachfrage nach einem Gut. In Abb. 14.10 steigen nach dem Einkommensanstieg die nachgefragten Mengen beider Güter im optimalen Verbrauchsplan des betrachteten Haushalts. Dies muss aber nicht so sein. In Abb. 14.11 ist das Indifferenzkurvensystem eines anderen Haushalts abgetragen; und die Präferenzen dieses Haushalts sind so, dass der Anstieg des Haushaltseinkommens zu einem Rückgang der Menge des Gutes 2 im neuen Haushaltsoptimum führt. Güter, bei denen ein Anstieg des Haushaltseinkommens zu einem Rückgang der nachgefragten Menge und umgekehrt eine Reduktion des Haushaltseinkommens zu einem Anstieg der Verbrauchsmenge führt, werden als **inferiore** Güter in Abgrenzung zu **normalen** oder **superioren** Gütern bezeichnet. Häufig weisen Güter minderer Qualität die Eigenschaft auf, inferiores Gut zu sein. Mit steigendem Einkommen wird von diesen Gütern weniger konsumiert und vom Einkommen wird mehr für andere Güter ausgegeben.[139]

---

[139] Geht mit steigendem Einkommen der Anteil der Ausgaben für ein Gut zurück, spricht man auch von relativ inferioren Gütern; gehen die Ausgaben absolut zurück, spricht man entsprechend von absolut inferioren Gütern.

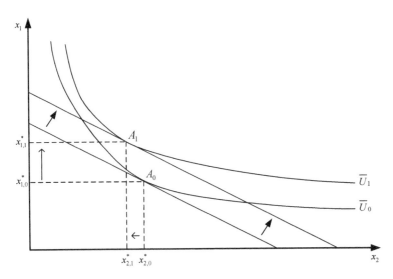

Abbildung 14.11: Auswirkungen eines höheren Haushaltseinkommens auf das Haushaltsoptimum bei einem inferioren Gut 2

Lässt man für das Haushaltseinkommen verschiedene Niveaus zu und verbindet die sich jeweils ergebenden Haushaltsoptima miteinander, erhält man die **Einkommens-Konsum-Kurve**. Den Zusammenhang zwischen nachgefragter Menge eines Gutes und dem Haushaltseinkommen wird als **Einkommens-Nachfrage-Kurve** oder **Engel-Kurve** bezeichnet.[140]

---

[140] Ernst Engel (dt. Statistiker, 1821-1896) untersuchte Mitte des 19. Jahrhunderts den Zusammenhang zwischen Einkommen und der Nachfrage nach Nahrungsmitteln und stellte fest, dass mit steigendem Einkommen die Ausgaben für Nahrungsmittel zwar zunahmen, aber unterproportional. Hermann Schwabe (dt. Statistiker, 1830-1874) stellte wenig später für Mietausgaben das Gleiche fest. Nahrungsmittel und Mietausgaben sind also nach diesen Befunden relativ inferiore Güter. Dieser unterproportionale Anstieg von Nahrungsmitteln und Mietausgaben bei steigenden Einkommen ist auch als Engel-Schwabe'sches Gesetz bekannt.

14.3 Einkommensänderungen, Preisänderungen und die Güternachfragefunktion

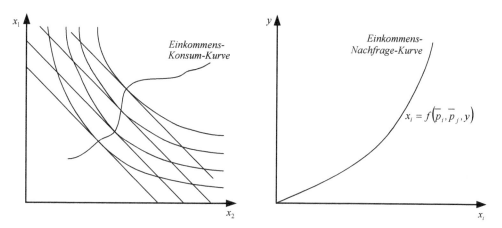

Abbildung 14.12: Einkommens-Konsum-Kurve und Einkommens-Nachfrage-Kurve

Betrachten wir nun **Preisänderungen**. Wir wollen exemplarisch annehmen, dass der Preis von Gut 1 sinkt. Eine Preissenkung bei Gut 1 führt gemäß Gl. (14.2) zu einem größeren Achsenabschnitt der Budgetgeraden auf der x_1-Achse, y/p_1 wird größer, und zu einer steileren Budgetgeraden, das Preisverhältnis p_2/p_1 wird absolut betrachtet größer. Im (x_1, x_2)-Diagramm dreht sich die Budgetgerade nach außen. Das Haushaltsoptimum bei dem neuen Preis von Gut 1 liegt nun im Punkt A_1, nachdem es bei dem alten Preis durch den Punkt A_0 repräsentiert wurde.

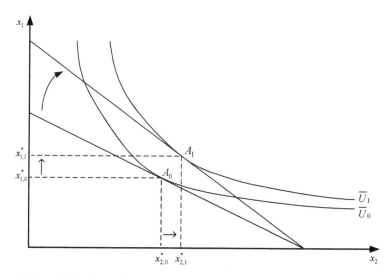

Abbildung 14.13: Auswirkungen eines Rückgangs des Preises von Gut 1 auf das Haushaltsoptimum bei normalen Gütern

In dem in Abb. 14.13 dargestellten Fall nimmt infolge der Preissenkung die Nachfrage nach beiden Gütern zu, was aber nicht immer zutreffen muss. Wie unmittelbar nachvollziehbar, entscheiden die konkrete Form der Indifferenzlinien und damit die konkreten Präferenzen des betrachteten Haushalts darüber, wie viel von dem Gut 1 und wie viel von Gut 2 nach einer Preisänderung nachgefragt werden.

Wenn wir weitere Preisrückgänge bei Gut 1 zulassen, wird sich die Budgetgerade entsprechend weiter nach außen drehen und es kommt zu einer Abfolge von Haushaltsoptima, deren Verbindungslinie als **Preis-Konsum-Kurve** bezeichnet wird. Der Zusammenhang zwischen dem Preis von Gut 1 und der Nachfragemenge nach diesem Gut drückt sich in der **(direkten) Nachfragefunktion** der Gl. (14.21) aus.

(14.21) $x_1 = x_1(p_1, \overline{p_2}, \overline{y}) = x_1(p_1)$

Der Zusammenhang zwischen dem Preis von Gut 1 und der Nachfragemenge nach Gut 2 wird auch als **Kreuznachfragefunktion** bezeichnet. Preis-Konsum-Kurve, (direkte) Nachfragefunktion und Kreuznachfragefunktion in Abhängigkeit vom Preis des Gutes 1 sind in der Abb. 14.14 dargestellt.

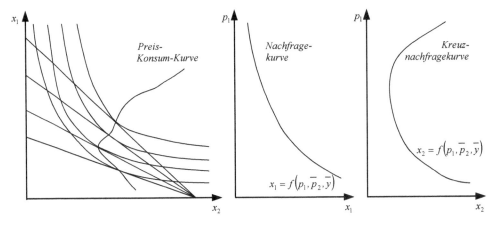

Abbildung 14.14: Preis-Konsum-Kurve, Nachfragekurve und Kreuznachfragekurve

Wir wollen die Auswirkungen einer Preisänderung auf die Nachfrage des betreffenden Gutes näher analysieren. Dazu greifen wir den in Abb. 14.13 dargestellten Gesamteffekt nochmals auf und zerlegen ihn in einen **Einkommenseffekt** und einen **Substitutionseffekt**. Der Preisrückgang bei Gut 1 bedeutet, dass der betrachtete Haushalt sich nun eine größere Gütermenge, und zwar prinzipiell von beiden Gütern, leisten kann. Sein Realeinkommen, die von ihm mit dem gegebenen Nominaleinkommen erwerbbare Gütermenge, ist gestiegen. Dies ist der Einkommenseffekt. Gleichzeitig ist das Gut 1 absolut und, was wichtiger ist, relativ zu Gut 2 billiger geworden. Umgekehrt ist das Gut 2 relativ zu Gut 1 teurer geworden. Dies stellt einen Anreiz für den betrachteten Haushalt dar, das Gut 1 durch das Gut 2 zu ersetzen. Dies ist der Substitutionseffekt. Der Substitutionseffekt ist immer eindeutig in dem Sinn, dass der

14.3 Einkommensänderungen, Preisänderungen und die Güternachfragefunktion

Haushalt das relativ teurer gewordene Gut durch das relativ billiger gewordene Gut ersetzt. Dagegen ist der Einkommenseffekt nicht eindeutig: Bei einem superioren oder normalen Gut wird bei steigendem Realeinkommen die Nachfrage zunehmen, bei einem inferioren Gut jedoch abnehmen, und umgekehrt. Der Gesamteffekt einer Preisänderung auf die Nachfrage nach einem Gut resultiert aus der Summe beider Effekte.

Dies wollen wir uns mithilfe der Abb. 14.15 klarmachen. Dazu wird an die Indifferenzkurve, auf der das ursprüngliche Haushaltsoptimum A_0 liegt, eine Budgetgerade gezeichnet, deren Steigung durch das neue Preisverhältnis determiniert ist und die diese Indifferenzkurve ebenfalls tangiert. Diesen Tangentialpunkt wollen wir H nennen, da er ein nur hypothetisches Haushaltsoptimum repräsentiert, nämlich dasjenige, das sich einstellen würde, wenn der Haushalt beim neuen Preisverhältnis ein Güterbündel erwerben würde, das er gleich gut bewertet wie das ursprüngliche Güterbündel A_0, oder – in Nutzenkategorien gesprochen – mit dem er das gleiche Nutzenniveau wie beim ursprünglichen Preisverhältnis realisiert. Der Substitutionseffekt ist die Bewegung entlang der Indifferenzkurve von A_0 nach H, allein bestimmt durch die Aufgabe des relativ teurer gewordenen Gutes und die Kompensation durch das relativ billiger gewordene Gut. Die Bewegung von H nach A_1 ist der Einkommenseffekt, der mit dem Preisrückgang bei Gut 1 verbundene Anstieg des Realeinkommens ermöglicht es dem Haushalt, eine weiter außen gelegene Indifferenzkurve zu erreichen, also Güterbündel zu erwerben, die er höher bewertet als das ursprüngliche Güterbündel.

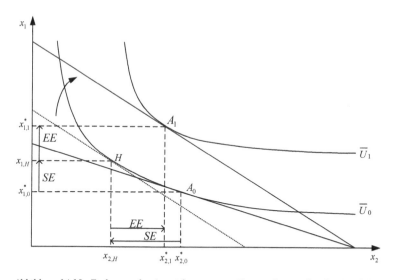

Abbildung 14.15: Zerlegung der Auswirkungen eines Preisrückgangs bei Gut 1 auf die Güternachfrage in Einkommens- und Substitutionseffekt

Aufgrund der Eindeutigkeit des Substitutionseffekts wird bei einem Rückgang des Preises von Gut 1 die Bewegung vom ursprünglichen Haushaltsoptimum A_0 zum hypothetischen Optimum H im (x_1, x_2)-Diagramm immer nach links oben entlang der Indifferenzkurve sein. Die den Einkommenseffekt repräsentierende Bewegung vom hypothetischen Optimum H

zum neuen Haushaltsoptimum A_1 wird, wenn das Gut 1 ein normales Gut ist, nach rechts oben gehen, wenn Gut 1 jedoch ein inferiores Gut ist, wird diese Bewegung nach rechts unten gerichtet sein. Bei einem Preisrückgang bei Gut 1 wirkt also der Substitutionseffekt auf einen Mehrverbrauch von Gut 1 hin, der Einkommenseffekt, sofern Gut 1 ein normales Gut ist, ebenfalls. Ist Gut 1 jedoch ein inferiores Gut, führt der Einkommenseffekt eines Preisrückgangs zu einem Minderverbrauch von Gut 1 und wirkt dem Substitutionseffekt entgegen. Im Extremfall kann es sogar sein, dass der Einkommenseffekt den Substitutionseffekt überkompensiert und ein Rückgang des Preises von Gut 1 zu einer geringeren Konsummenge von diesem Gut im neuen Haushaltsoptimum führt. Man spricht in diesem Fall von einem **Giffen-Gut** oder, aufgrund dieser atypischen Reaktion der Nachfrage nach einem Gut auf Änderungen des Güterpreises, vom **Giffen-Paradoxon**.[141]

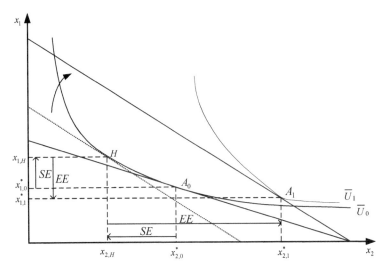

Abbildung 14.16: Preisrückgang bei einem Giffen-Gut

Zusammenfassend lässt sich also feststellen, dass sich die in Gl. (14.21) formulierte (direkte) Nachfragefunktion eines Haushalts, also der Zusammenhang zwischen dem Preis eines Gutes und der von diesem Haushalt nachgefragten Menge dieses Gutes, ableiten lässt aus der Wahl des optimalen Güterbündels des betrachteten Haushalts. Im Normalfall ist dieser Zusammenhang negativ, es gilt also

(14.22) $\quad x^D = x^D(p) \quad \text{mit} \quad \frac{\delta x^D}{\delta p} < 0$

und die Nachfragekurve weist im (p, x)-Diagramm eine negative Steigung auf.

---

[141] Sir Robert Giffen (1837-1910), britischer Statistiker und Ökonom, hat die Beobachtung beschrieben, dass Haushalte, die am Existenzminimum leben, auf steigende Brotpreise mit einer steigenden Nachfrage nach Brot reagierten.

Nur im Sonderfall des Giffen-Gutes, also bei einem inferioren Gut, bei dem der Einkommenseffekt den Substitutionseffekt dominiert, ist die Beziehung zwischen Nachfragemenge und Preis und damit die Steigung der Nachfragekurve positiv.

Die **Marktnachfrage** für ein Gut ergibt sich aus der Aggregation der einzelwirtschaftlichen Nachfragekurven zu:

(14.23) $\quad x^D = \sum_{i=1}^{n} x_i^D$

Grafisch lässt sich die Marktnachfragekurve, wie bereits die Marktangebotskurve, mittels der horizontalen Aggregation der einzelwirtschaftlichen Nachfragekurven der verschiedenen Haushalte bestimmen.

15.1 Kurzfristiges Gleichgewicht bei vollständiger Konkurrenz

(15.4) $\dfrac{d^2 K}{dx^2} > 0$

Bei dieser Menge wird der maximale Gewinn erzielt.[143] Hier ist das Unternehmensgleichgewicht in der kurzen Frist – das Unternehmen sieht bei Realisierung dieser Produktions- und Angebotsmenge keinen Grund, eine Veränderung seiner Entscheidung vorzunehmen.

Die Eigenschaften dieses Gewinnmaximums, dieses kurzfristigen Gleichgewichts, wollen wir etwas genauer analysieren, indem wir in die Gewinnfunktion anstelle der Produktionsmenge x die dahinterstehenden Faktoreinsatzmengen v_1 und v_2 aufnehmen

(15.5) $G = p \cdot x(v_1, v_2) - (K_{fix} + q_1 \cdot v_1 + q_2 \cdot v_2) \to max.!$

Die Differenziation der Gl. (15.5) nach den Faktoreinsatzmengen führt unter Beachtung der Gl. (15.1) zu folgenden Bedingungen für den optimalen Faktoreinsatz:[144]

(15.6a) $\dfrac{\delta G}{\delta v_1} = \overline{p} \cdot \dfrac{\delta x}{\delta v_1} - q_1 = 0$

(15.6b) $\dfrac{\delta G}{\delta v_2} = \overline{p} \cdot \dfrac{\delta x}{\delta v_2} - q_2 = 0$

Damit ergeben sich als **Eigenschaften des optimalen Produktionsplans**:

(15.7) $\overline{p} \cdot \dfrac{\delta x}{\delta v_i} = q_i \Leftrightarrow \dfrac{\delta x}{\delta v_i} = \dfrac{q_i}{\overline{p}} \Leftrightarrow \overline{p} = \dfrac{q_i}{\delta x / \delta v_i}$ mit $i = 1, 2$

Der erste Ausdruck in Gl. (15.7) besagt, dass im Gewinnmaximum eines Unternehmens bei vollständiger Konkurrenz das Wertgrenzprodukt eines Faktors i, also die mit dem (gegebenen) Absatzpreis des Gutes bewertete Grenzproduktivität des Faktors, gleich ist dem Preis für diesen Faktor. Die Äquivalenzumformung im mittleren Teil bringt die Übereinstimmung von Grenzproduktivität und Realentlohnung eines Produktionsfaktors im Gewinnmaximum zum Ausdruck. Der dritte Ausdruck spiegelt die Bedingung für eine Minimalkostenkombination, wie sie in Gl. (13.15) formuliert wurde, wider. Darüber hinaus sagt dieser Ausdruck aus, dass sich im Gewinnmaximum die Faktorgrenzkosten nicht nur ausgleichen, sondern darüber hinaus gleich sind dem (gegebenen) Güterpreis und damit, unter Beachtung von Gl. (15.3), auch den Grenzkosten.[145]

---

[143] Siehe die Gl. (13.29) bis (13.38) und die dazugehörenden Ausführungen.

[144] Auf die zweiten Ableitungen als hinreichende Bedingung für ein Maximum soll hier verzichtet werden, da diese als erfüllt angesehen werden können.

[145] In Kap. 3.2 haben wir, wenn auch im gesamtwirtschaftlichen Kontext, diese Bedingungen an einem Zahlenbeispiel für ein repräsentatives Unternehmen und für den Produktionsfaktor Arbeit exemplarisch ermittelt.

15.2 Langfristiges Gleichgewicht bei vollständiger Konkurrenz

Die Unterscheidung zwischen kurzer und langer Frist haben wir oben daran fest gemacht, ob ein Teil der Produktionsfaktoren fix ist, also unabhängig von der Outputmenge, oder nicht. In der langen Frist sind alle Faktoren variabel. In der langen Frist kann sich also auch die Betriebsgröße eines Unternehmens ändern, im Extremfall kann das Unternehmen seine Betriebsgröße auf null zurückfahren oder von null auf eine Güterangebotsmenge von strikt größer als null kommen. Mit anderen Worten: Es kann aus dem Markt austreten oder in den Markt eintreten. Bei der Betrachtung von Märkten in der langen Frist ist also **Markteintritt** und **Marktaustritt** möglich, bei der Betrachtung von Märkten in der kurzen Frist liegt dagegen eine konstante Anzahl von Marktteilnehmern vor.

Ein Unternehmen wird dann in den Markt antreten, also eine strikt positive Menge des von ihm herstellbaren Gutes produzieren und anbieten, wenn damit ein Gewinn G für das Unternehmen verbunden ist, also

(15.8) $G = E - K > 0$ bzw. $E > K$

gilt. Entsprechend wird ein Unternehmen aus dem Markt ausscheiden, wenn mit der Produktion und dem Angebot des Gutes ein Verlust verbunden ist, in Gl. (15.8) also das umgekehrte Relationszeichen gelten würde. Dividiert man Gl. (15.8) durch die Ausbringungsmenge x, so erhält man den Stück- oder Durchschnittsgewinn DG als Differenz zwischen dem Stück- oder Durchschnittserlös DE, der wiederum nichts anderes als der Preis des Gutes ist, und den totalen Stück- oder Durchschnittskosten DTK. Als Bedingung für den Markteintritt ergibt sich dann:

(15.9) $DG = p - DTK > 0$ bzw. $p > DTK$

Der zweite Teil in Gl. (15.9) deckt sich mit der bei der Herleitung der Angebotskurve in Kap. 13.3 angestellten Überlegung, dass ein Unternehmen dann langfristig am Markt ist, wenn der Preis die bei dieser Produktionsmenge (oder: Betriebsgröße) anfallenden durchschnittlichen totalen Kosten mindestens vergütet. Die langfristige Angebotskurve, so das dort ermittelte Ergebnis, ist die Grenzkostenkurve, beginnend im Betriebsoptimum als Minimum der durchschnittlichen totalen Kosten.

In der kurzen Frist kann das Gleichgewicht des Unternehmens, sein optimaler Produktionsplan, gekennzeichnet sein durch Gewinn oder Verlust (Abb. 15.2).

15.2 Langfristiges Gleichgewicht bei vollständiger Konkurrenz

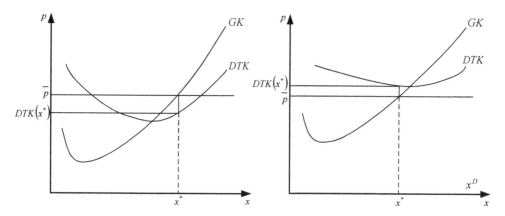

Abbildung 15.2: Gewinn und Verlust eines einzelnen Unternehmens im kurzfristigen Gleichgewicht

Die Rechteckfläche als Repräsentant für einen Gewinn oder Verlust ergibt sich in der Grafik als Differenz der Erlösfläche

$$E(x^*) = \overline{p} \cdot x^* = DE \cdot x^*$$

und der Kostenfläche

$$K(x^*) = DTK(x^*) \cdot x^* \quad \text{oder, gleichwertig,} \quad K(x^*) = \int_0^{x^*} GK(x) \cdot dx$$

Langfristig wird aber weder die in der linken Grafik der Abb. 15.2 dargestellte Situation eines streng positiven Gewinns noch die in der rechten Grafik der Abb. 15.2 dargestellte Verlustsituation Bestand haben. Sobald auch nur ein Unternehmen im kurzfristigen Gleichgewicht mit Gewinn produziert, wird dies ein Anreiz für andere Unternehmen sein, ebenfalls in diesen Markt einzutreten und dieses Gut herzustellen und anzubieten. Damit vergrößert sich die Gesamtangebotsmenge am Markt, im (p, x)-Diagramm verschiebt sich die Marktangebotskurve nach rechts und verläuft flacher, und im neuen Marktgleichgewicht wird der Marktpreis (bei unveränderter Marktnachfrage) niedriger sein.

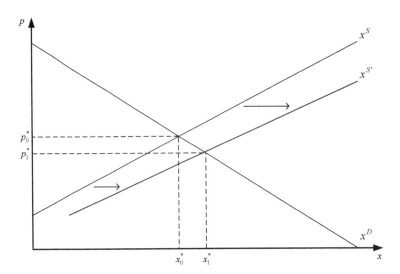

Abbildung 15.3: Vergrößerung des Marktangebots durch neu in den Markt eintretende Unternehmen

Mit sinkendem Marktpreis reduziert sich der Gewinn der bisher am Markt aktiven Anbieter. Unternehmen, die bei dem ursprünglichen Marktpreis einen Gewinn von null gemacht haben und ihre Kosten gerade noch decken konnten, sogenannte **Marginal-** oder **Grenzanbieter**, werden nun einen Verlust aufweisen. Verluste, wie sie entsprechend der rechten Grafik der Abb. 15.2 im kurzfristigen Gleichgewicht auftreten können, sind auf lange Sicht aber nicht tragbar. Langfristig werden Unternehmen, die Verluste machen, aus dem Markt ausscheiden. Ein Gleichgewicht, ein stabiler Zustand, ist dann erreicht, wenn es keine Markteintritte und Marktaustritte mehr gibt. Im **langfristigen Gleichgewicht** werden bei vollständiger Konkurrenz also nur Unternehmen am Markt sein, die einen **Gewinn von null** machen.

15.2 Langfristiges Gleichgewicht bei vollständiger Konkurrenz

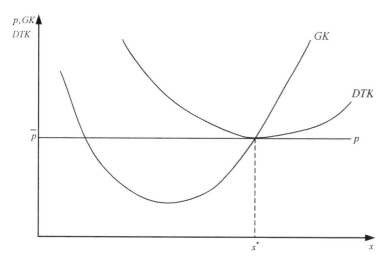

Abbildung 15.4: Langfristiges Gleichgewicht bei vollständiger Konkurrenz

Auf den ersten Blick mag diese Aussage, dass die Unternehmen im langfristigen Gleichgewicht keinen streng positiven Gewinn machen, irritieren. Es ist aber daran zu erinnern, dass der in der Volkswirtschaft verwendete Kostenbegriff die Kosten aller Produktionsfaktoren umfasst, also auch die Kosten für den Einsatz von Kapital im weitesten Sinn, den unternehmerischen Einsatz und die Übernahme von Risiko. Der Kostenbegriff in der Buchhaltung berücksichtigt dagegen nur die expliziten Kosten, die mit Zahlungsströmen aus dem Unternehmen verbunden sind, nicht die Opportunitätskosten der Produktion. Der Gewinn, so wie er in der Volkswirtschaftslehre verstanden wird, ist also nicht deckungsgleich mit dem buchhalterischen Gewinnbegriff. Ein Gewinn von null und damit ein Erlös, der alle Kosten, die mit der Produktion eines Gutes verbunden sind, einschließlich der Opportunitätskosten abdeckt, kann daher sehr wohl mit einem Gewinn im buchhalterischen Sinn einhergehen.

Das langfristige Gleichgewicht bei vollständiger Konkurrenz weist zwei wichtige Charakteristika auf. Zum einen produzieren die Unternehmen die Menge, bei der die Identität **Preis gleich Grenzkosten** gilt. Die letzte zusätzlich produzierte Mengeneinheit verursacht gerade so viel an zusätzlichen Kosten, wie durch den Preis gedeckt wird, der für diese Mengeneinheit am Markt erzielt werden kann. Zum anderen produzieren alle Unternehmen **in ihrem Betriebsoptimum**, im Minimum ihrer durchschnittlichen totalen Kosten. Die von jedem Unternehmen hergestellte Produktionsmenge wird jeweils zu den geringstmöglichen Stückkosten hergestellt. Im langfristigen Gleichgewicht bei vollständiger Konkurrenz arbeiten also alle Unternehmen bei ihrer effizienten Betriebsgröße.

15.3 Die langfristige Marktangebotskurve bei vollständiger Konkurrenz

Aus den gerade angestellten Überlegungen folgt, dass die langfristige Marktangebotskurve horizontal im Preis-Mengen-Diagramm verläuft. Da bei freiem Markteintritt und -austritt nur ein einziger Preis, nämlich der in Höhe des Minimums der durchschnittlichen totalen Kosten, mit der Null-Gewinn-Situation und damit dem langfristigen Gleichgewicht vereinbar ist, verläuft die langfristige Marktangebotskurve waagrecht in Höhe dieses Preises. Jeder Preis darüber würde wie gesehen zu Gewinnen und damit zu Markteintritten, jeder Preis darunter zu Marktaustritten führen. Die Anzahl der Anbieter wird sich schließlich so einpendeln, dass der Preis mit dem Minimum der durchschnittlichen totalen Kosten übereinstimmt und zu diesem Preis jede beliebige Nachfrage befriedigt wird.

Abbildung 15.5: Langfristige Marktangebotskurve bei vollständiger Konkurrenz

Eine horizontal verlaufende **langfristige Marktangebotskurve** entspricht genau der (langfristigen) Angebotskurve, die ein Unternehmen aufweist, das eine linear-homogene Produktionsfunktion und damit eine lineare Kostenfunktion hat. Eine linear-homogene Produktionsfunktion besitzt konstante Skalenerträge, und dies bedeutet, dass eine Verdopplung des Faktoreinsatzes eine Verdopplung des Outputs mit sich bringt. Konstante Skalenerträge sind keine unplausible Annahme, dahinter steht die Überlegung, dass ein Unternehmen immer das kopieren könnte, was es bisher schon machte. Aber auch ein anderes Unternehmen könnte das kopieren, was bislang ein bestimmtes Unternehmen gemacht hat. Ob sich nun die Angebotsmenge verdoppelt, weil ein bisher am Markt aktives Unternehmen seine bisherige Produktion dupliziert, oder ob dies ein anderes Unternehmen, ein neu in den Markt eintretendes Unternehmen, tut, spielt für das Marktangebot keine Rolle. Insofern ist es einsichtig, dass die langfristige Marktangebotskurve den gleichen Verlauf hat wie die langfristige Angebotskurve eines Unternehmens, das mit einer Produktionstechnologie mit konstanten Skalenerträgen operiert.

Trotzdem sind Bedingungen denkbar, die dazu führen, dass die langfristige Marktangebotskurve eine positive Steigung aufweist. Betrachten wir ein Gut, in dessen Produktion ein spezieller Faktor eingesetzt wird, der knapp ist, bspw. in der Tourismusbranche Immobilien am Strand oder fruchtbarer Boden für landwirtschaftliche Produkte. Eine gestiegene Nachfrage nach einem solchen Gut kann dann keinen Anstieg des Marktangebots bewirken, wenn nicht auch der Preis dieses Gutes steigt. Bei der Erhöhung der Angebotsmenge werden die Unternehmen dann immer weniger von dem knappen speziellen Faktor und mehr von den anderen, aber weniger gut zur Produktion geeigneten Faktoren einsetzen. Bei abnehmenden Grenzproduktivitäten der Faktoren steigen dann die langfristigen Grenzkosten in der Produktion des betrachteten Gutes, da die größere Angebotsmenge dieses Gutes nun mit weniger geeigneten Produktionsfaktoren hergestellt wird, und die langfristige Marktangebotskurve weist somit eine positive Steigung auf. Ein zweiter Grund für eine positive Steigung der Marktangebotskurve liegt in der Möglichkeit unterschiedlicher Produktions- und Kostenbedingungen der Anbieter. Wenn einige Unternehmen niedrigere Kosten als andere aufweisen, werden erstgenannte eher in den Markt eintreten, und dies bei jedem beliebigen Preis. Um unter diesen Umständen die Gesamtangebotsmenge zu steigern und neue Anbieter zum Markteintritt zu bewegen, muss diesen ein höherer Preis geboten werden. Auch aus diesem Grund kann die langfristige Marktangebotskurve eine positive Steigung aufweisen, auch bei freiem Marktzugang.

Abschließend wollen wir noch die **kurz- und langfristigen Anpassungsreaktionen** in einem Markt bei vollständiger Konkurrenz auf eine Nachfrageänderung analysieren. Nehmen wir an, auf dem Markt für ein bestimmtes Gut liege in der Ausgangssituation ein langfristiges und damit auch ein kurzfristiges Gleichgewicht vor. In Abb. 15.6 ist im rechten Teil der Grafik das Marktdiagramm abgetragen, im linken Teil das (p, x)-Diagramm für ein einzelnes Unternehmen i, das auf diesem Markt aktiv ist. Die Marktnachfrage in der Ausgangssituation wird durch die Nachfragekurve x^D repräsentiert, das Marktangebot durch x^S, das Marktgleichgewicht liegt in E_0, und der Preis im Marktgleichgewicht ist p_0, die Menge x_0. Für das hier betrachtete einzelne Unternehmen i ist die Menge $x_{i,0}$ gewinnmaximierend, und diese Menge wird das Unternehmen i auch herstellen und anbieten. Nun erhöhe sich infolge eines exogenen Schocks die Nachfrage nach dem betrachteten Gut auf $x^{D'}$. Das neue kurzfristige Marktgleichgewicht liegt in E_1. Im neuen (kurzfristigen) Gleichgewicht ist der Preis auf p_1, die Menge auf x_1 gestiegen. Für das Unternehmen i beträgt nun die gewinnmaximale Angebotsmenge $x_{i,1}$. Das bereits am Markt vertretene Unternehmen i wird also eine größere Menge als zuvor am Markt anbieten. Bei dieser größeren Angebotsmenge macht das Unternehmen i aber anders als zuvor einen Gewinn von größer null, denn der Preis p_1 liegt über den durchschnittlichen totalen Kosten bei der Menge $x_{i,1}$. Dieser streng positive Gewinn stellt einen Anreiz für andere Unternehmen dar, neu in diesen Markt einzutreten und das betrachtete Gut ebenfalls herzustellen und anzubieten. Da sowohl die etablierten Unternehmen ihre Angebotsmenge ausgedehnt haben als auch neue Unternehmen in diesen Markt eingetreten sind, verschiebt sich die Marktangebotskurve nach rechts und wird flacher. Dieser Prozess hält so lange an, wie es streng positive Gewinne bei den einzelnen am Markt vertretenen Unternehmen gibt. Letztendlich verschiebt sich die Marktangebotskurve bis in die Position

x^S_n. Im neuen langfristigen Gleichgewicht E_n ist der Preis wieder auf dem ursprünglichen Niveau in Höhe des Minimums der durchschnittlichen totalen Kosten, die einzelnen Unternehmen befinden sich wieder in der Null-Gewinn-Situation und produzieren in ihrem Betriebsoptimum; am Markt ist jetzt jedoch eine größere Anzahl an Unternehmen vertreten (deswegen verläuft x^S_n etwas flacher als die ursprüngliche Marktangebotskurve x^S) und die Angebotsmenge ist auf das höhere Niveau gestiegen, das zur Befriedigung der vergrößerten Nachfrage erforderlich ist.

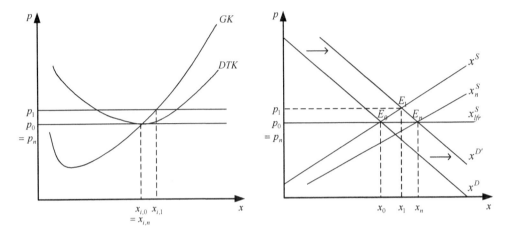

Abbildung 15.6: Auswirkungen einer dauerhaften Nachfragesteigerung auf das langfristige Gleichgewicht

16 Monopol

Das **Angebotsmonopol**, das wir in diesem Kapitel analysieren wollen, ist dadurch gekennzeichnet, dass es nur einen Marktteilnehmer auf der Angebotsseite, dagegen aber (unendlich) viele Teilnehmer auf der Nachfrageseite gibt. Der Monopolist hat per definitionem einen Marktanteil von 100 %, wogegen die Nachfrager auf der Marktgegenseite einen jeweils (unendlich) kleinen Marktanteil besitzen. Präferenzen und Differenzierungen sachlicher, persönlicher, räumlicher oder zeitlicher Art kann es bei nur einem einzigen Anbieter seitens der Nachfrager nicht geben. Seitens des Monopolisten unterstellen wir zunächst, dass es ebenfalls keine Präferenzen oder Differenzierungen irgendwelcher Art im Hinblick auf die Nachfrager bzw. auf das von ihm angebotene Gut gibt. Der Markt ist also wie in Kapitel 15 zunächst ein vollkommener Markt, so dass hier nur ein Preis im Marktgleichgewicht zustande kommen wird. Mit der Betrachtung der monopolistischen Preisdifferenzierung in Abschnitt 16.3 werden wir die Annahme der Abwesenheit von Präferenzen oder Differenzierungen jedweder Art jedoch aufgeben und analysieren, wie sich die Preisbildungsprozesse dann darstellen. Die Markttransparenz ist jeweils vollständig insofern, als dass der Angebotsmonopolist die Nachfrage für das von ihm angebotene Gut kennt und die Nachfrager vollständige Preisinformation besitzen.

16.1 Gleichgewicht beim Angebotsmonopol

Anders als bei der vollständigen Konkurrenz kann der einzelne (und einzige) Anbieter beim Monopol den Güterpreis beeinflussen, er ist **Preissetzer**. Seine Preis-Absatz-Funktion resultiert aus der Marktnachfragefunktion, die der Monopolist ja annahmegemäß kennt, und hat daher die Form

(16.1a) $x = x(p)$ mit $\dfrac{dx}{dp} < 0$

bzw., aufgelöst nach dem Preis, als inverse Nachfragefunktion:

(16.1b) $p = p(x)$ mit $\dfrac{dp}{dx} < 0$

und ist eine Kurve mit negativer Steigung im (p, x)-Diagramm. Die Preis-Absatz-Funktion in Gl. (16.1) gibt dem Monopolisten an, zu welchem Preis er welche Menge absetzen kann bzw. welchen Preis er fordern muss, um eine bestimmte Menge abzusetzen. Der Monopolist kann also nicht Preis und Menge unabhängig voneinander wählen, vielmehr legt er, indem er eine Größe festlegt, die andere ebenfalls fest.

Wir unterstellen wieder für den Anbieter gewinnmaximierendes Verhalten. Nach den Überlegungen in Zusammenhang mit den Gleichungen

(13.27) $G(x) = E(x) - K(x)$

(13.28) $\dfrac{dG}{dx} = \dfrac{dE}{dx} - \dfrac{dK}{dx} = 0$ bzw. $\dfrac{dE}{dx} = \dfrac{dK}{dx}$ und

(13.29) $\dfrac{d^2G}{dx^2} = \dfrac{d^2E}{dx^2} - \dfrac{d^2K}{dx^2} < 0$ bzw. $\dfrac{d^2E}{dx^2} < \dfrac{d^2K}{dx^2}$

realisiert der Angebotsmonopolist seinen maximalen Gewinn bei der Menge, bei der der Grenzerlös gerade den Grenzkosten entspricht und die Grenzerlöskurve eine kleinere Steigung aufweist als die Grenzkostenkurve.

Das so bestimmte Gewinnmaximum ist das Gewinnmaximum eines bzw. des Anbieters beim Angebotsmonopol sowohl in der kurzen als auch in der langen Frist: Käme es zu einem Marktaustritt, wäre dies gleichbedeutend damit, dass der einzige Anbieter den Markt verlässt, und damit wäre der Markt selbst nicht mehr existent; käme es zu einem Markteintritt, so wäre neben dem Monopolisten dann ein zweiter Anbieter an diesem Markt aktiv, und es wäre kein Monopolmarkt mehr.

Der Einfachheit halber unterstellen wir für die grafische Bestimmung des Gewinnmaximums eine lineare Preis-Absatz-Funktion des Monopolisten:

(16.2) $p = a - b \cdot x$ mit $a, b > 0$

Die Erlösfunktion lautet dann

(16.3) $E = p(x) \cdot x = a \cdot x - b \cdot x^2$

und die Grenzerlösfunktion

(16.4) $GE = \dfrac{dE}{dx} = a - 2 \cdot b \cdot x$

Im (p, x)-Diagramm weist die Grenzerlöskurve somit den gleichen Ordinatenabschnitt und die absolut betrachtet doppelt so große Steigung auf wie die lineare Preis-Absatz-Funktion. Die gewinnmaximale Angebotsmenge x^* eines Monopolisten ergibt sich in der Grafik der Abb. 16.1 aus dem Schnittpunkt der Grenzerlöskurve mit der Grenzkostenkurve, von der wir unterstellen, dass sie aus einer typischen Kostenfunktion resultiert. Der gewinnmaximierende Preis, zu dem der Monopolist genau diese Menge absetzen kann, lässt sich dann mithilfe der Preis-Absatz-Funktion der Gl. (16.1), aufgelöst nach dem Preis p, bestimmen. In der Grafik ergibt er sich somit, indem man vom Schnittpunkt der GE-Kurve mit der GK-Kurve senkrecht nach oben bis zur Preis-Absatz-Funktion geht und von dort aus zur Preis-Achse. Er ist

16.1 Gleichgewicht beim Angebotsmonopol

also beim Angebotsmonopol höher als die Grenzkosten bei der gewinnmaximalen Menge. Die gewinnmaximierende Preis-Mengen-Kombination (p^*, x^*) wird auch **Cournot'scher Punkt** genannt.[146] Der Gewinn selbst ist in der Abb. 16.1 repräsentiert durch die Rechteckfläche mit den Seiten $[p^*-DTK(x^*)]$ und x^*.

Dabei ist dies das Gewinnmaximum eines Monopolisten sowohl in der kurzen als auch in der langen Frist. Käme es aus einem kurzfristigen Gleichgewicht heraus zu einem Marktaustritt des Monopolisten, so wäre der Markt als solcher nicht mehr existent. Käme es aus einem kurzfristigen Gleichgewicht heraus zu einem Markteintritt auch nur eines weiteren Anbieters, so läge kein Monopolmarkt mehr vor.

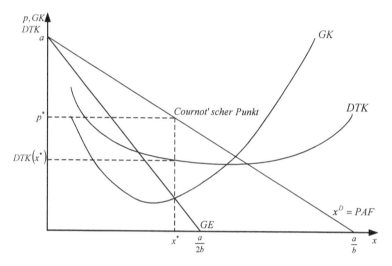

Abbildung 16.1: Gewinnmaximum eines Monopolisten

Das Gewinnmaximum eines Monopolisten liegt immer im elastischen Teil der Marktnachfragefunktion bzw. der Preis-Absatz-Funktion. Man kann dies sehen, wenn man von der allgemeinen Erlösfunktion

(16.5) $E = p(x) \cdot x$

ausgehend die zugehörige Grenzerlösfunktion

(16.6) $\dfrac{dE}{dx} = \dfrac{dp}{dx} \cdot x + p(x)$

---

[146] Augustin Cournot (1801-1877), französischer Mathematiker und Wirtschaftstheoretiker, Mitbegründer der mathematischen Wirtschaftstheorie durch die im Jahre 1838 veröffentlichten „Recherches sur les principes mathématiques de la théorie des richesses".

ableitet[147]. Durch Ausklammern des Preises auf der rechten Seite dieser Gleichung und mit der Definition der direkten Preiselastizität der Nachfrage aus Gl. (11.7) lässt sich Gl. (16.6) umformen in:

$$(16.7) \quad \frac{dE}{dx} = p(x) \cdot \left(\frac{dp}{dx} \cdot \frac{x}{p} + 1 \right) = p(x) \cdot \left(\frac{1}{\eta} + 1 \right)$$

Dieser in Gl. (16.7) formulierte Zusammenhang zwischen Grenzerlös, Preis eines Gutes und direkter Preiselastizität der Nachfrage nach diesem Gut wird auch als **Amoroso-Robinson-Relation** bezeichnet.[148] Bei positiven Grenzkosten muss gemäß Gl. (13.28) im Gewinnmaximum der Grenzerlös ebenfalls positiv sein. Wenn aber der Grenzerlös und damit die linke Seite von Gl. (16.7) positiv ist, ist bei einem ebenfalls positiven Preis p die direkte Preiselastizität der Nachfrage η, die bei typischem Verlauf der Nachfragekurve negativ ist, kleiner minus eins und damit absolut betrachtet größer eins. Mithin liegt der Cournot'sche Punkt im elastischen Teil der Preis-Absatz-Funktion.

Aus den vorstehenden Überlegungen folgt, dass ein Monopolist beim Angebot seiner gewinnmaximierenden Menge immer einen Aufschlag zu seinen Grenzkosten verlangt. Die Amoroso-Robinson-Relation aus Gl. (16.7) in die Gewinnmaximierungsbedingung Gl. (13.30) eingesetzt, führt zu:

$$(16.8) \quad \frac{dK}{dx} = p(x) \cdot \left(\frac{1}{\eta} + 1 \right)$$

Die Umformung und die Berücksichtigung, dass die direkte Preiselastizität der Nachfrage üblicherweise negativ ist und es deswegen sinnvoll ist, mit dem Absolutbetrag der Elastizität zu argumentieren, ergeben:

$$(16.9) \quad p(x) = \frac{dK/dx}{1 - 1/|\eta|}$$

Aus Gl. (16.9) wird unmittelbar ersichtlich, dass der gewinnmaximierende Monopolist immer einen Preis setzen wird, der höher ist als seine Grenzkosten. Er wird also immer einen Zuschlag zu seinen Grenzkosten verlangen, wobei dieser Zuschlag gemäß Gl. (16.9) $1/(1-1/|\eta|)$ beträgt. Bei einer Nachfragekurve mit konstanter Elastizität wird dieser Aufschlag eine Konstante sein, ansonsten wird er mit der Elastizität variieren.

Die Diskrepanz zwischen Preis und Grenzkosten auf einem Monopolmarkt kann auch verwendet werden, um ein Maß für die Marktmacht eines Monopolisten zu finden. Der **Monopolgrad nach Lerner** ist definiert als:[149]

---

[147] Gl. (16.6) ergibt sich aus Gl. (16.5.) durch Anwendung der Produktregel der Differenziation.

[148] Benannt nach dem italienischen Mathematiker und Wirtschaftswissenschaftler Luigi Amoroso (1886-1965) und der britischen Ökonomin Joan Violet Robinson (1903-1983).

[149] Abba P. Lerner (1903-1982), US-amerikanischer Ökonom, geboren in Russland.

$$(16.10) \quad \mu = \frac{p^* - GK(x^*)}{p^*}$$

Unter Verwendung der Gl. (13.28) und (16.7) lässt sich Gl. (16.10) umformen zu:

$$(16.11) \quad \mu = -\frac{1}{\eta}$$

Der Monopolgrad ist also gleich dem negativen Kehrwert der direkten Preiselastizität des Monopolisten in dessen Gewinnmaximum und liegt zwischen null und eins. Bei vollständiger Konkurrenz, bei der wie im vorhergehenden Kapitel 15 gesehen die Preis-Absatz-Funktion horizontal im (p, x)-Diagramm verläuft, die Preiselastizität dementsprechend gegen minus unendlich geht und im Gewinnmaximum $p = GK$ gilt, ist der Lerner'sche Monopolgrad infolgedessen gleich null.

16.2 Wohlfahrtsökonomische Beurteilung des Monopols

Wir haben gesehen, dass ein Monopolist anders als ein Anbieter bei vollständiger Konkurrenz seinen Angebotspreis setzen kann und dass er im Gewinnmaximum einen Preis fordert, der die bei dieser Menge anfallenden Grenzkosten übersteigt. Im Gleichgewicht auf einem Monopolmarkt ist der Preis höher, die Menge niedriger als bei vollständiger Konkurrenz. Was bedeutet dies für die gesamtwirtschaftliche Wohlfahrt in einem Monopolmarkt? Die Konsumenten sind auf jeden Fall schlechter gestellt im Vergleich zu einer Situation mit vollständiger Konkurrenz, da sie einen höheren Preis für das betreffende Gut zahlen müssen und zudem dieses Gut nur in einer geringeren Menge angeboten wird. Allerdings sind die Produzenten, oder genauer gesagt der Produzent, in entsprechendem Umfang besser gestellt, denn er erzielt einen höheren Preis und wird weniger produzieren. Daraus lässt sich aber nicht folgern, dass die Gesamtwohlfahrt von der Marktform unberührt sei. Im Gegenteil, man kann sehr leicht mit unserem bereits erarbeiteten Instrumentarium zeigen, dass ein Monopol mit Wohlfahrtseinbußen einhergeht.

Vergleichen wir das Marktgleichgewicht eines Monopolmarktes mit dem bei vollständiger Konkurrenz. In Abb. 16.2 ist zum einen das Monopolgleichgewicht eingezeichnet und zum anderen das Gleichgewicht, das sich einstellen würde, wenn man den Monopolisten zwingen könnte, sich wie ein gewinnmaximierender Anbieter bei vollständiger Konkurrenz zu verhalten. Bei Realisierung des Cournot'schen Punktes würde die Menge x^*_M hergestellt und zu einem Preis von p^*_M verkauft werden. Verhielte sich der Monopolist dagegen wie ein gewinnmaximierender Anbieter bei vollständiger Konkurrenz und würde den Marktpreis als gegeben ansehen, so würde er die Menge x^*_K herstellen und zu einem Preis von p^*_K verkaufen.

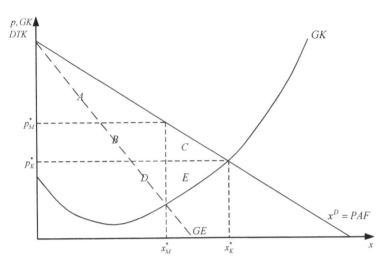

Abbildung 16.2: Nettowohlfahrtsverlust durch ein Monopol

	Vollständige Konkurrenz	Monopol	Δ
Konsumentenrente	A+B+C	A	-(B+C)
Produzentenrente	D+E	B+D	+B, -E
Gesamtwohlfahrt	A+B+C+D+E	A+B+D	-(C+E)

Tabelle 16.1: Wohlfahrtswirkungen eines Monopols

Das Marktgleichgewicht im Monopolfall, (p^*_M, x^*_M), ist offensichtlich ineffizient und damit dem Gleichgewicht bei vollständiger Konkurrenz, (p^*_K, x^*_K), unterlegen. Nach dem bereits an anderer Stelle verwendeten Pareto-Kriterium ist eine Situation dann effizient, wenn es keine Möglichkeit gibt, jemanden besser zu stellen ohne jemanden anderen schlechter zu stellen. Vom Monopolgleichgewicht aus ist es jedoch leicht möglich, jemanden besser zu stellen, ohne einen anderen schlechter zu stellen: Würde der Produzent eine Einheit des betrachteten Gutes mehr herstellen, also die Mengeneinheit x^*_M+1 zusätzlich produzieren, so gibt es (mindestens) einen Konsumenten, der bereit wäre, diese zusätzliche Mengeneinheit zu einem Preis von p_{+1} zu kaufen, wobei $p^*_M > p_{+1} > GK(x^*_M+1)$. Da er diese zusätzliche Mengeneinheit zu einem Preis verkaufen könnte, der über den ihm bei der Produktion dieser Mengeneinheit entstehenden Kosten liegt, würde er durch die Herstellung dieser Mengeneinheit sich nicht schlechter stellen als zuvor. Im Gleichgewicht bei vollständiger Konkurrenz dagegen entspricht die Zahlungsbereitschaft für eine zusätzliche Mengeneinheit gerade den Kosten dieser zusätzlichen Einheit, hier ist also Pareto-Effizienz erreicht.[150]

---

[150] Siehe hierzu auch die Überlegungen zur Effizienz des Marktgleichgewichts in Kap. 11.3.2.

Zur Analyse der (negativen) Wohlfahrtswirkungen eines Monopols wollen wir wieder auf das Rentenkonzept zurückgreifen. Im Marktgleichgewicht bei vollständiger Konkurrenz wird die Konsumentenrente durch die Fläche ($A+B+C$) repräsentiert, die Produzentenrente durch die Fläche ($D+E$). Im Monopolgleichgewicht beträgt die Konsumentenrente nur noch A, die Produzentenrente macht die Fläche ($B+D$) aus. Der Produzent gewinnt aufgrund des höheren Preises für das betrachtete Gut eine Rente im Umfang der Fläche B hinzu, die die Konsumenten entsprechend verlieren. Aufgrund der geringeren Menge beim Monopol verlieren beide, die Konsumenten die Fläche C, die Produzenten die Fläche E. Insgesamt verliert die Gesellschaft durch das Monopol also an Wohlfahrt, der Wohlfahrtsverlust wird repräsentiert durch die Fläche ($C+E$). Dieser Wohlfahrtsverlust durch das Monopol entsteht durch den mit dem Monopol verbundenen Effizienzverlust auf gesamtgesellschaftlicher Ebene.

16.3 Monopolistische Preisdifferenzierung

Von monopolistischer Preisdifferenzierung wird gesprochen, wenn ein Monopolist das von ihm hergestellte Gut zu unterschiedlichen Preisen an die Nachfrager verkauft. Dabei sind grundsätzlich drei verschiedene Möglichkeiten der Preisdifferenzierung denkbar, die wir im Folgenden beschreiben wollen. Voraussetzung für monopolistische Preisdifferenzierung ist die Aufspaltung des Gesamtmarktes in einzelne Teilmärkte, zwischen denen keine Arbitragegeschäfte[151] möglich sind. Damit liegt dann auch kein vollkommener Markt mehr vor.

Die Preisdifferenzierung ersten Grades oder auch **vollkommene** oder **perfekte Preisdifferenzierung** ist dadurch gekennzeichnet, dass der Monopolist jede Mengeneinheit des von ihm hergestellten Gutes zu einem unterschiedlichen Preis verkauft, und zwar dergestalt, dass er jede Mengeneinheit an die Person verkauft, die sie am höchsten schätzt und die damit die jeweils höchste marginale Zahlungsbereitschaft aufweist. Ein Beispiel für eine perfekte Preisdifferenzierung ist folgendes Gedankenexperiment: Ein Kioskbetreiber in einem Freibad öffne seinen Getränkekiosk erst fünf Stunden nach Öffnung des Freibades und biete seine Getränkedosen an, indem er einen relativ hohen Preis ausruft und die einzelne Dose an den Schwimmbadbesucher verkauft, der bereit ist, diesen Preis zu zahlen. Bei jeder weiteren Getränkedose wird er dann den Preis etwas absenken, um so die einzelne Dose an den Schwimmbadbesucher zu verkaufen, der jeweils den höchsten Preis dafür zu zahlen bereit ist.

---

[151] Arbitragegeschäfte sind Geschäfte, bei denen Preisdifferenzen zwischen einzelnen Märkten ausgenutzt werden, indem Käufer das Gut auf dem Teilmarkt mit dem niedrigeren Preis erwerben und dann auf dem Markt mit dem höheren Preis wieder verkaufen.

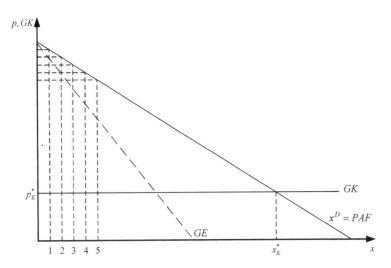

Abbildung 16.3: Monopolistische Preisdifferenzierung ersten Grades

Im Hinblick auf das Marktergebnis sind bei der monopolistischen Preisdifferenzierung ersten Grades mehrere, auf den ersten Blick vielleicht überraschende Feststellungen zu machen. Im Gleichgewicht wird der gewinnmaximierende Monopolist, wenn er perfekte Preisdifferenzierung betreiben kann, die gleiche Menge anbieten wie bei vollständiger Konkurrenz angeboten werden würde. Die Produktion und der Verkauf des betrachteten Gutes ist für ihn so lange gewinnsteigernd, wie der erzielbare Preis der zuletzt verkauften Mengeneinheit mindestens so hoch ist wie die Grenzkosten dieser Einheit; insofern wird er seine Produktionsmenge ausdehnen bis zu der Mengeneinheit, für die $p = GK$ gilt. Das Marktergebnis ist also Pareto-effizient. Die Gesamtwohlfahrt der Gesellschaft wird, trotz Monopol, maximiert. Wie aus Abb. 16.3, in der der Übersichtlichkeit halber konstante Grenzkosten unterstellt sind, unmittelbar ersichtlich ist, ist der Monopolist durch die perfekte Preisdifferenzierung aber in der Lage, die Konsumentenrente vollständig abzuschöpfen. Im Marktgleichgewicht ist also die Gesamtwohlfahrt maximal, sie fließt aber ausschließlich dem Produzenten zu.

Bei der **Preisdifferenzierung zweiten Grades** ist der Preis unterschiedlich in Abhängigkeit davon, wie viel von dem betrachteten Gut erworben wird. Konsumenten, die die gleiche Menge kaufen, zahlen auch den gleichen Preis. Diese Art der Preisdifferenzierung wird auch als **nicht-lineare Preissetzung** bezeichnet.

Um die Preisdifferenzierung zweiten Grades näher zu analysieren, gehen wir nochmals zur Preisdifferenzierung ersten Grades zurück. Wir haben dort argumentiert, dass jede einzelne Mengeneinheit des betrachteten Gutes zu einem unterschiedlichen Preis an den Konsumenten verkauft wird, der bereit ist, für diese Mengeneinheit den höchsten Preis zu zahlen. Wir können dies auch als eine Alles-oder-nichts-Entscheidung interpretieren in dem Sinn, dass ein Konsument bereit ist, eine konstante Menge zu einem bestimmten Preis abzunehmen. Konsument 1 wäre bereit, die Menge $\overline{x}_A$ zu einem Preis abzunehmen, der seiner Konsumen-

16.3 Monopolistische Preisdifferenzierung

tenrente A entspricht, Konsument 2 würde entsprechend eine Menge $\bar{x}_B$ zu einem Preis B abnehmen (Abb. 16.4).

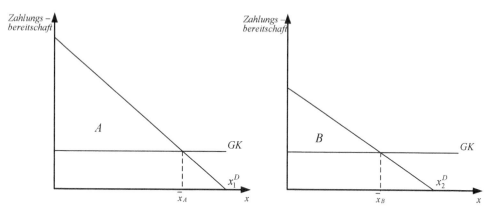

Abbildung 16.4: Alles-oder-nichts-Preis

Bei der Preisdifferenzierung zweiten Grades bietet der Monopolist unterschiedliche Mengen des Gutes zu unterschiedlichen Preisen an, er bildet also verschiedene Preis-Mengen-Kombinationen, die er den Nachfragern anbietet. In einer der in Abb. 16.4 dargestellten vergleichbaren Situation würde er dem Konsumenten 1, dem Konsumenten mit der hohen Nachfrage, eine Kombination mit der Menge $\bar{x}_A$ und dem relativ hohen Preis A, dem Konsumenten 2, dem mit der niedrigeren Nachfrage, die Kombination aus $\bar{x}_B$ und B anbieten, wobei wiederum konstante Grenzkosten unterstellt sind. Der Monopolist ist also bestrebt, solche Kombinationen zu bilden, die die Konsumenten dazu veranlassen, die für sie bestimmte Kombination zu wählen; man spricht in diesem Zusammenhang auch von **Selbstselektion**.

Um das Gewinnmaximum des Monopolisten bei Preisdifferenzierung zweiten Grades zu bestimmen, betrachten wir zunächst Abb. 16.5, in der die Nachfragekurven der beiden Konsumenten 1 und 2 übereinandergelegt worden sind und der Übersichtlichkeit halber von Grenzkosten von null ausgegangen wird.

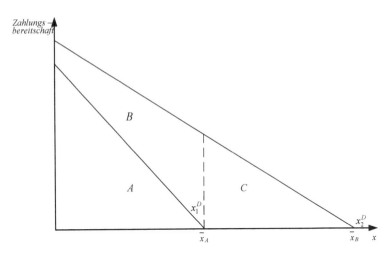

Abbildung 16.5: *Preisdifferenzierung zweiten Grades, Ausgangssituation*

Der Monopolist möchte Konsument 1 die Menge $\bar{x}_A$ zu einem Preis A und Konsument 2 die Menge $\bar{x}_B$ zu einem Preis $(A+B+C)$ anbieten. Wenn die Konsumenten jeweils die für sie vorgesehenen Preis-Mengen-Kombinationen akzeptieren würden, würde der Monopolist die gesamte Rente für sich abschöpfen können und seinen Gewinn maximieren. Allerdings führt die Selbstselektion seitens der Konsumenten nicht zu diesem vom Monopolisten gewünschten Ergebnis. Konsument 2, der mit der hohen Nachfrage, wird es vorziehen, auch nur die Menge $\bar{x}_A$ zu konsumieren und dafür den Preis A zu zahlen. Damit stünde er sich besser als mit der ihm zugedachten Kombination $\bar{x}_B$ und $(A+B+C)$, da er so noch eine Rente im Umfang der Fläche B erzielen könnte im Vergleich zu einer Rente von null bei der ihm zugedachten Preis-Mengen-Kombination.

Der Monopolist könnte sich überlegen, Konsument 2 die Menge $\bar{x}_B$ zu einem Preis von $(A+C)$ anzubieten. Der Konsument 2 wird diese Preis-Mengen-Kombination akzeptieren, da er wie bei $\bar{x}_A$ und A eine Rente erzielt, die durch die Fläche B repräsentiert wird. Der Monopolist wird durch diese Strategie in der Regel einen höheren Gewinn erzielen, als wenn er nur die Preis-Mengen-Kombination $\bar{x}_A$ und A alleine anbieten würde.

Für den Monopolisten bietet sich noch eine zusätzliche Möglichkeit, den Gewinn weiter zu erhöhen. Wenn er dem Konsumenten 1, dem mit der niedrigeren Nachfrage, eine geringfügig kleinere Menge zu einem etwas niedrigeren Preis als zuvor anbieten würde, würde dies zwar seinen Gewinn bei Konsument 1 verringern, im linken Teil der Abb. 16.6 um die Dreiecksfläche a. Damit würde aber die Kombination aus $\bar{x}_A$ und A für den Konsumenten 2 unattraktiver und der Monopolist könnte von Konsument 2 einen höheren Preis für die Menge $\bar{x}_B$ verlangen. In der linken Grafik der Abb. 16.6 vergrößert sich damit die Fläche C um die Flächen a und c. Insgesamt betrachtet steigt durch diese Absatzpolitik der Gewinn des Monopolisten, und zwar um die Fläche c.

16.3 Monopolistische Preisdifferenzierung

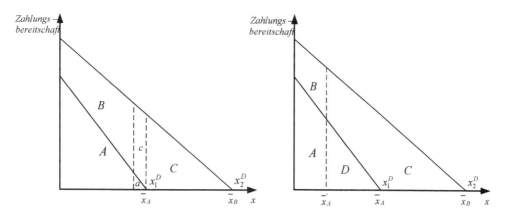

Abbildung 16.6:   Preisdifferenzierung zweiten Grades, Gewinnsteigerung und Gewinnmaximum

Diese Absatzpolitik der Mengenreduktion bei dem Konsumenten mit der niedrigen Nachfrage lohnt sich für den Monopolisten so lange, bis der durch die Mengenreduktion bei Konsument 1 verringerte Gewinn gleich ist dem Gewinnzuwachs beim Verkauf an Konsument 2. Das Gewinnmaximum für den Monopolisten, der Preisdifferenzierung zweiten Grades betreibt bzw. betreiben kann, ist im rechten Teil der Abb. 16.6 dargestellt: Der Konsument 1, der mit der geringen Nachfrage, wählt die Menge $\bar{x}'_A$ und zahlt dafür den Preis A; Konsument 2, der mit der hohen Nachfrage, wählt $\bar{x}_B$ und zahlt den Preis ($A+C+D$). Konsument 1 erzielt nach wie vor keine Rente, Konsument 2 erzielt eine Rente im Umfang von B und stellt sich somit genau so, als wenn er sich für die Menge $\bar{x}'_A$ entschieden hätte.

Bleibt noch die **Preisdifferenzierung dritten Grades** zu betrachten. Bei der Preisdifferenzierung dritten Grades verlangt der Monopolist für eine Einheit des von ihm angebotenen Gutes einen unterschiedlichen Preis in Abhängigkeit davon, welche Person oder welche Personengruppe das Gut erwirbt. Beispiele hierfür finden sich zahlreich, zu denken ist beispielsweise an Studententarife im Kino oder auch der Verkauf eines Gutes zu unterschiedlichen Preisen zwischen Inland und Ausland oder zwischen Online-Verkauf und anderen Absatzwegen.[152]

Nehmen wir an, ein Monopolist kann seinen Gesamtmarkt in zwei Teilmärkte aufspalten. Auf dem Teilmarkt 1 gelte die inverse Nachfragefunktion $p_1(x_1)$, auf dem Teilmarkt 2 die inverse Nachfragefunktion $p_2(x_2)$. Sein Erlös ergibt sich als Summe der Erlöse auf den beiden Teilmärkten, seine Kosten resultieren aus der Herstellung der Gesamtmenge. Mithin lautet seine Gewinnfunktion:

---

[152] Hier wird die anfangs angeführte Voraussetzung, dass die Teilmärkte tatsächlich voneinander trennbar sind, unmittelbar einsichtig. Beim Verkauf einer Kinokarte wird der Kinobetreiber als Voraussetzung für den Erwerb zu einem niedrigeren Preis als normal üblicherweise das Vorlegen des Studentenausweises verlangen. Dagegen ist es möglicherweise nicht so einfach, Inlands- und Auslandsmärkte voneinander zu trennen, wie bspw. der für Pkw vielfach betriebene Re-Import zeigt.

(16.12) $G = E_1(x_1) + E_2(x_2) - K(x)$ mit $x = x_1 + x_2$

Um die gewinnmaximierende Produktionsmenge und ihre Aufteilung auf beide Märkte zu ermitteln, müssen die notwendigen Bedingungen für ein Gewinnmaximum erfüllt sein:

(16.13a) $\dfrac{\delta G}{\delta x_1} = \dfrac{\delta E_1}{\delta x_1} - \dfrac{\delta K}{\delta x} \cdot \dfrac{\delta x}{\delta x_1} = 0$

(16.13b) $\dfrac{\delta G}{\delta x_2} = \dfrac{\delta E_2}{\delta x_2} - \dfrac{\delta K}{\delta x} \cdot \dfrac{\delta x}{\delta x_2} = 0$

Da $\delta x/\delta x_i = 1$ für $i = 1, 2$ gilt, realisiert der Monopolist bei Preisdifferenzierung dritten Grades dann den maximalen Gewinn, wenn er auf jedem Teilmarkt diejenige Menge seines Gutes anbietet, bei der der Grenzerlös gleich ist den Grenzkosten der Gesamtproduktionsmenge. Bei zwei Teilmärkten lautet die notwendige Bedingung für ein Gewinnmaximum also:

(16.14) $\dfrac{\delta E_1}{\delta x_1} = \dfrac{\delta E_2}{\delta x_2} = \dfrac{\delta K}{\delta x}$

Würde der Monopolist beim Verkauf einer zusätzlichen Mengeneinheit auf dem Teilmarkt 1 beispielsweise einen niedrigeren Grenzerlös erzielen, als wenn er diese zusätzliche Mengeneinheit auf dem Teilmarkt 2 verkaufen würde, so würde es sich für ihn lohnen, diese Einheit nicht auf dem Teilmarkt 1, sondern auf dem Teilmarkt 2 zu verkaufen. Er könnte seinen Gewinn also steigern, ohne dass seine Kosten zunehmen würden. Bei zur Vereinfachung angenommenen konstanten Grenzkosten ist die grafische Ermittlung der gewinnmaximalen Produktionsmenge und deren Aufteilung auf die beiden Teilmärkte in Abb. 16.7 dargestellt.

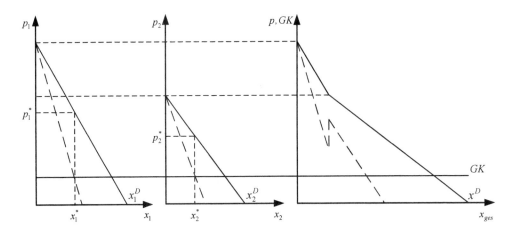

Abbildung 16.7: Preisdifferenzierung dritten Grades, Gewinnmaximum bei konstanten Grenzkosten

Unter Berücksichtigung der Amoroso-Robinson-Relation, Gl. (16.7), lässt sich Gl. (16.14) umformen zu:

$$(16.15) \quad p_1(x_1) \cdot \left(\frac{1}{\eta_1} + 1 \right) = p_2(x_2) \cdot \left(\frac{1}{\eta_2} + 1 \right)$$

Daraus folgt, dass der Monopolist im Gewinnmaximum auf dem Teilmarkt den höheren Preis fordert, auf dem die direkte Preiselastizität der Nachfrage absolut betrachtet niedriger ist: Der Cournot'sche Punkt, das Gewinnmaximum eines Monopolisten, liegt, wie oben gezeigt, immer im elastischen Bereich der Nachfragekurve, mithin ist also η_1 wie auch η_2 absolut betrachtet größer als eins. Die beiden Brüche in den Klammern der Gl. (16.15) liegen also zwischen minus eins und plus eins. Da die direkte Preiselastizität der Nachfrage im Normalfall negativ ist, liegen die Werte der beiden Brüche in den Klammern der Gl. (16.15) zwischen null und minus eins, der Klammerausdruck selbst ist dann jeweils positiv. Ist nun die Nachfrageelastizität auf dem Teilmarkt 1 absolut betrachtet größer als die auf dem Teilmarkt 2, so ist der Klammerausdruck auf der linken Seite der Gl. (16.15) größer als der Klammerausdruck auf der rechten Seite. Damit der Grenzerlös auf beiden Teilmärkten aber gleich groß ist, mithin die Identität in Gl. (16.15) erfüllt ist, muss der Preis auf dem Teilmarkt 1 niedriger sein als auf dem Teilmarkt 2. Dass, angewendet auf das Beispiel des Kinobetreibers, für Studenten die Kinokarte günstiger ist als für andere Kinobesucher, hat also nicht zwingend etwas mit der positiven Einstellung des Kinobetreibers gegenüber Studenten zu tun, sondern resultiert auch aus seiner Gewinnerzielungsabsicht. Es steigert den Gewinn, bei den Personengruppen einen niedrigeren Preis zu fordern, die Preise genau wahrnehmen und auf Preisänderungen sensibel reagieren, deren Preiselastizität der Nachfrage absolut betrachtet also niedrig ist, und von Personen oder Personengruppen, die weniger preissensitiv sind, einen höheren Preis für das gleiche Gut zu verlangen.

16.4 Das natürliche Monopol

Ein Monopol wird als natürlich bezeichnet, wenn sich die Marktform des Monopols quasi von alleine, im Wettbewerbsprozess, ergibt, also keine Marktzutrittsschranken oder Ähnliches vorliegen müssen, damit das Monopol entsteht. Dies ist dann der Fall, wenn die Produktionsbedingungen und damit auch die Kostensituation für das betreffende Gut so sind, dass ein einzelnes Unternehmen die am Markt absetzbare Menge zu niedrigeren Kosten produzieren kann, als wenn diese Menge von zwei oder mehr Unternehmen hergestellt würde. Dies wird auch als Subadditivität der Kosten bezeichnet, die beim natürlichen Monopol zumindest im relevanten Bereich der Nachfrage vorliegen muss. Hinreichend, wenn auch nicht notwendig hierfür sind sinkende durchschnittliche totale Kosten, entweder über den gesamten Produktionsbereich (Abb. 16.8) oder, bei U-förmigem Verlauf der durchschnittlichen totalen Kostenkurve, im relevanten Bereich, das heißt, dass die Preis-Absatz-Funktion des Monopolisten die DTK-Kurve in deren fallendem Ast schneidet (Abb. 16.9).

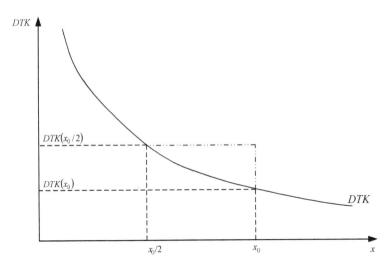

Abbildung 16.8: Permanent fallende Stückkosten implizieren Kostenvorteile bei monopolistischem Angebot

Man sieht in Abb. 16.8 unmittelbar, dass eine beliebige Menge eines solchen Gutes, bei dem über den gesamten Produktionsbereich sinkende durchschnittliche Kosten vorliegen, von einem einzigen Unternehmen günstiger hergestellt werden kann als wenn zwei (oder mehr) Unternehmen diese Menge herstellen: Die Rechteckfläche $DTK(x_0) \cdot x_0$ ist deutlich kleiner als die Rechteckfläche $DTK(x_0/2) \cdot (x_0/2) \cdot 2$.

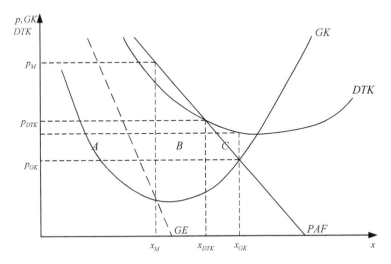

Abbildung 16.9: Gewinnmaximum beim natürlichen Monopol

Über den gesamten Produktionsbereich stetig fallende durchschnittliche totale Kosten treten auf, wie oben gesehen, bei steigenden Skalenerträgen (economies of scale) in der Produktion.

16.4 Das natürliche Monopol

Bei konstanten Skalenerträgen in der Produktion kann es aber auch zu stetig fallenden durchschnittlichen Kosten kommen, nämlich dann, wenn gleichzeitig hohe Fixkosten vorliegen – ein Phänomen, das man in verschiedenen, oft netzgebundenen Bereichen findet wie der Infrastruktur, der Telekommunikation oder bei Energieversorgungs-, Leitungswasser- und Abwassernetzen. Die Errichtung des Telefonnetzes, des Schienennetzes oder auch des Straßennetzes ist mit hohen Kosten verbunden, die Nutzung oder die Produktion und der Verkauf einer einzelnen Gütereinheit, beispielsweise einer einzelnen Telefonminute oder einer einzelnen Kilowattstunde Strom, ist dagegen mit relativ geringen Kosten verbunden. Ebenso kommt es zu stetig fallenden durchschnittlichen Kosten beim Vorliegen von Verbundvorteilen in der Produktion zweier oder mehrerer Güter, sog. economies of scope. In diesem Fall ist es günstiger, zwei oder mehr Güter gleichzeitig zu produzieren, als sie beide unabhängig voneinander herzustellen. Zu denken ist hier beispielsweise an den Brieftransport, einmal zwischen Ballungsgebieten und zum anderen in der Fläche.

Liegen über den gesamten (relevanten) Bereich stetig fallende durchschnittliche Kosten vor, so kann ein Unternehmen, das auch nur einen geringen Produktionsvorsprung hat und eine geringfügig größere Menge als sein Konkurrent oder seine Konkurrenten herstellt, durch den hiermit erzielten Kostenvorteil durch Preissenkungen seine(n) Konkurrenten aus dem Markt drängen. Langfristig wird es als einziger Anbieter am Markt vertreten sein.

Wie ist bei einem solchen Gut, dessen Produktion mit fallenden durchschnittlichen totalen Kosten verbunden ist, zu verfahren, wenn aus wirtschaftspolitischen Überlegungen heraus die mit dem Monopol verbundenen Wohlfahrtsverluste vermieden werden sollen? Effizient wäre die Angebotsmenge, bei der der Preis den Grenzkosten entspricht. So könnte eine staatliche Regulierungs- oder Aufsichtsbehörde einem natürlichen Monopolisten eine Preisvorgabe in Höhe der Grenzkosten machen, also – in den Kategorien von Abb. 16.8 – den Preis p_{GK} vorschreiben. Bei einer Preisvorschrift von p_{GK} würde der Monopolist mit dem Angebot der Menge x_{GK} jedoch einen Verlust machen, in Abb. 16.8 gekennzeichnet durch die Rechteckfläche $(A+B+C)$. Diesen Verlust müsste dann der Staat durch Subventionen in dieser Höhe decken, ansonsten wäre der Monopolist nicht bereit, die Menge x_{GK} zum Preis p_{GK} herzustellen. Möchte man die Subventionierung des betrachteten Gutes vermeiden, so könnte man dem Monopolisten erlauben, einen Preis in Höhe seiner durchschnittlichen totalen Kosten, p_{DTK}, zu verlangen. Mit der Angebotsmenge von x_{DTK} wird der Monopolist zwar nicht die effiziente Menge produzieren, aber die von ihm angebotene Menge ist dann immerhin größer als im Monopolgleichgewicht (p_M, x_M). Beide Preisvorgaben, die an den Grenzkosten orientierte genauso wie die an den Durchschnittskosten orientierte, weisen aber den Nachteil auf, dass die staatliche Regulierungs- oder Aufsichtsbehörde die tatsächlichen Kosten des Monopolisten kennen muss und dass bei jeder dieser beiden Preissetzungsregime der Monopolist keinen Anreiz mehr hat, nach Kostensenkungspotenzialen zu suchen. Eine Alternative für den Umgang mit natürlichen Monopolen ist die Produktion der jeweiligen Güter in staatlichen Unternehmen. Aber dies verschleiert die grundsätzliche Problematik nur. Eine Bereitstellung der effizienten Menge könnte zwar gewährleistet werden, aber auch hier wäre die Folge eine notwendige Subventionierung mit Staatseinnahmen aus anderen Bereichen. Und, unabhängig von der Preissetzung, würden die Probleme der Information über die tatsächlichen Kosten und der fehlenden Anreize zur Kostensenkung hier genauso, vielleicht sogar noch stärker, da nun die Kontrolle intern erfolgt, bestehen.

17 Monopolistische Konkurrenz

Die **monopolistische Konkurrenz** wird auch als **unvollständige Konkurrenz** oder **Polypol auf dem unvollkommenen Markt** bezeichnet. Der letztgenannte Begriff beschreibt diese Marktform am genauesten. Zum einen gibt es auf einem solchen Markt sehr viele Anbieter mit einem jeweils verschwindend kleinen Marktanteil. In der Konsequenz sind die preispolitischen Aktionen eines einzelnen Anbieters am Markt nicht spürbar und rufen keine Reaktionen der Konkurrenten hervor. Entsprechendes gilt für die Nachfrageseite. Zum anderen ist der Markt dadurch gekennzeichnet, dass sachliche, persönliche, räumliche oder zeitliche Präferenzen und Differenzierungen vorliegen, und zwar im Fall der hier zu analysierenden monopolistischen Angebotskonkurrenz vonseiten der Nachfrager gegenüber den Anbietern. Markttransparenz besteht insofern, als dass ein Anbieter die Nachfrage für das von ihm angebotene Gut bzw. die von ihm angebotene Variante des Gutes kennt und die Nachfrager entweder vollständige Preisinformation über alle auf dem Markt zustande gekommenen Preise haben oder zumindest über einen Teil der zustande gekommenen Preise informiert sind.

17.1 Kurzfristiges Gleichgewicht bei monopolistischer Konkurrenz

Bei dieser Marktform ist aufgrund der Unvollkommenheit des Marktes der Preis für den einzelnen Anbieter nicht gegeben, sondern er kann, zumindest in einem gewissen Umfang, Preispolitik betreiben. Ebenso kann er versuchen, bspw. durch Einsatz verschiedener absatzpolitischer Instrumente, persönliche, räumliche, zeitliche oder auch sachliche Präferenzen der Nachfrager für sein Gut, seine Produktvariante, zu schaffen oder zu verstärken. Infolge der bei monopolistischer Konkurrenz bestehenden Präferenzen und Differenzierungen hat der einzelne Anbieter innerhalb eines gewissen Preisbandes Preissetzungsspielräume, die denen eines Monopolisten gleichen. Unterhalb einer bestimmten Preisobergrenze, p_{OG} in Abb. 17.1, kann er den Preis für sein Gut erhöhen, ohne dass er sämtliche Nachfrager verliert; oberhalb einer bestimmten Preisuntergrenze, p_{UG} in Abb. 17.1, kann er den Preis senken, ohne dass alle Nachfrager nun zu ihm kommen. Die Preis-Absatz-Funktion eines einzelnen Anbieters bei unvollständiger Konkurrenz ist also keine Horizontale, sondern sie kann als doppelt-geknickte Kurve dargestellt werden[153].

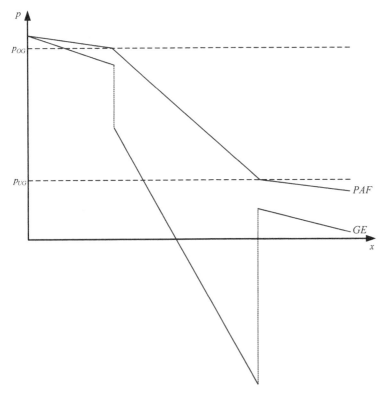

Abbildung 17.1: Nachfragekurve aus Sicht eines einzelnen Anbieters bei monopolistischer Konkurrenz und zugehörige Grenzerlöskurve

Der einzelne gewinnmaximierende Anbieter produziert und bietet die Menge an, bei der der Grenzerlös gleich den Grenzkosten ist. Wie beim Monopol kann er im monopolistischen Bereich der doppelt-geknickten Preis-Absatz-Funktion den Preis so setzen, dass die gewinnmaximierende Menge auch abgesetzt wird. Im kurzfristigen Gleichgewicht kann es sein, dass der einzelne Anbieter bei dieser Menge einen streng positiven Gewinn erzielt; es kann aber auch sein, dass er bei dieser Menge einen Verlust, eben den minimalen Verlust, realisiert.

---

[153] Der Erklärungsansatz über eine doppelt-geknickte Preis-Absatz-Funktion geht auf Erich Gutenberg (1897-1984) zurück. Dabei ist der Begriff „Knick" nicht eng zu verstehen, die Übergänge können auch eher fließend als abrupt sein.

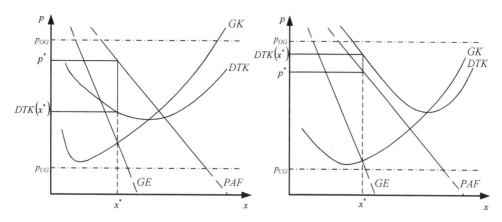

Abbildung 17.2: Kurzfristiges Gleichgewicht bei monopolistischer Konkurrenz, einmal mit streng positivem Gewinn und einmal mit Verlust des einzelnen Anbieters

17.2 Langfristiges Gleichgewicht bei monopolistischer Konkurrenz

In der langen Frist, so haben wir es oben definiert, sind alle Produktionsfaktoren variabel. Die Zahl der Marktteilnehmer ist nicht konstant, denn es kommt zu Markteintritten und Marktaustritten. Die in Abb. 17.2 dargestellten Situationen werden bei freiem Marktzutritt nicht dauerhaft bestehen bleiben. Gibt es in dem betrachteten Markt Anbieter, die einen streng positiven Gewinn erzielen (linke Grafik in Abb. 17.2), so wird dies andere Unternehmen bewegen, in diesen Markt einzutreten. Unternehmen, die dagegen einen Verlust machen (rechte Grafik in Abb. 17.2), werden auf mittlere bis lange Sicht vom Markt verschwinden.

Kommt es zu Markteintritten, so verbleibt von der Marktnachfrage für den einzelnen Anbieter nur ein geringerer Teil. Die Preis-Absatz-Funktion eines etablierten einzelnen Anbieters verschiebt sich nach links und sein Gewinn wird kleiner, wie sich leicht an Abb. 17.2 nachvollziehen lässt. Marktaustritte bringen eine Rechtsverschiebung der Preis-Absatz-Funktionen der verbliebenen Marktteilnehmer mit sich und erhöhen somit deren Absatzmöglichkeiten. Die verbliebenen Anbieter können dadurch ihren Gewinn weiter steigern bzw. können ihren Verlust, den sie im kurzfristigen Gleichgewicht verzeichneten, verringern (Abb. 17.3).

Das langfristige Gleichgewicht ist dadurch gekennzeichnet, dass dieser Prozess von Markteintritten und -austritten zum Erliegen gekommen ist. Im langfristigen Gleichgewicht werden nur noch Anbieter am Markt vertreten sein, die einen Gewinn von null erzielen.

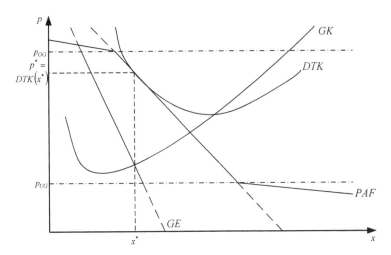

Abbildung 17.3: Langfristiges Gleichgewicht bei monopolistischer Konkurrenz

Das langfristige Gleichgewicht bei monopolistischer Konkurrenz ist also dadurch gekennzeichnet, dass der einzelne Anbieter genau die Menge anbietet, bei der nicht nur der Grenzerlös gleich den Grenzkosten ist. Gleichzeitig gilt auch, dass der Preis des von ihm hergestellten Gutes, oder genauer: der von ihm hergestellten Produktvariante eines Gutes, den durchschnittlichen totalen Kosten entspricht. Denn nur bei dieser Menge ist der Gewinn gerade gleich null. Der Preis, den das Unternehmen dabei erzielt, liegt über den Grenzkosten. Diese Menge, die er im langfristigen Gleichgewicht produziert, ist jedoch kleiner als die, bei denen seine Stückkosten minimal sind. Er produziert also nicht im Betriebsoptimum.

Vergleicht man dieses Ergebnis mit Charakteristika des langfristigen Gleichgewichts bei vollständiger Konkurrenz und dem des Monopolgleichgewichts, so stellt man zwei Dinge fest. Zum einen ist das langfristige Gleichgewicht bei monopolistischer Konkurrenz wie das langfristige Gleichgewicht bei vollständiger Konkurrenz durch eine **Null-Gewinn-Situation** für den einzelnen Anbieter gekennzeichnet, jedoch nicht durch eine Produktion im Betriebsoptimum. Und zum anderen ist das langfristige Gleichgewicht wie das Monopolgleichgewicht dadurch gekennzeichnet, dass der **Preis höher ist als die Grenzkosten** der Gleichgewichtsmenge. Insofern weist das langfristige Gleichgewicht bei monopolistischer Konkurrenz Eigenschaften auf, die zum einen einzelnen Eigenschaften des Gleichgewichts bei vollständiger Konkurrenz entsprechen, zum anderen aber auch einzelnen Charakteristika des Monopolgleichgewichts.

18 Oligopol auf dem vollkommenen Markt

Nach den beiden Extremfällen sehr vieler Marktteilnehmer oder nur einem Marktteilnehmer auf der Angebotsseite, wenden wir uns nun dem **Oligopol** zu. Oligopolmärkte sind Märkte, bei denen es auf der Anbieterseite eine geringe Anzahl von Unternehmen gibt, die jeweils einen nicht unbedeutenden Anteil am Gesamtmarkt aufweisen. Auf der Nachfrageseite gebe es weiterhin eine große Zahl von Marktteilnehmern mit einem jeweils verschwindend kleinen Marktanteil. Des Weiteren gehen wir in diesem Kapitel von einem vollkommenen Markt aus, wir unterstellen also, dass weder Präferenzen noch Differenzierungen sachlicher, persönlicher, zeitlicher oder räumlicher Art vorliegen. Für die Markttransparenz gilt, dass ein einzelner Anbieter nicht nur seine eigenen Nachfragemöglichkeiten kennt, sondern auch über die absatzpolitischen Parameter seiner Konkurrenten informiert ist und dass die Nachfrager vollständige Preisinformation besitzen.

18.1 Oligopolistische Interdependenz

Auf Oligopolmärkten ist der Gewinn eines einzelnen Anbieters von den Handlungen der anderen Anbieter spürbar abhängig. Dies wird als **oligopolistische Interdependenz** bezeichnet. Man spricht auch von **oligopolistischer Reaktionsverbundenheit**, da die Aktionen des einen Anbieters Reaktionen des oder der anderen Anbieter hervorrufen werden. Den Oligopolisten stehen ähnlich einem Monopolisten verschiedene Parameter zur Maximierung ihres Gewinns zur Verfügung, insbesondere können sie die Menge, aber auch den Preis als Aktionsparameter einsetzen, also **Mengenfestsetzung** oder **Preisfestsetzung** betreiben. Ein Oligopolist kann aber auch die oligopolistische Interdependenz negieren – man spricht dann von **autonomem Verhalten** – und die von den anderen Oligopolisten gesetzten Größen als konstant und unabhängig von seinen eigenen Handlungen betrachten. Eher ist aber davon auszugehen, dass ein Oligopolist bei seinen Aktionen die erwarteten Reaktionen der Konkurrenten in sein Kalkül einfließen lässt, was als **heteronomes** oder **konjekturales Verhalten** bezeichnet wird. Letzteres macht aus der Gewinnmaximierungsentscheidung eine **strategische Entscheidung** im Sinne der Spieltheorie.

18.2 Einführendes Beispiel

Wir beginnen die Analyse des Oligopols mit einem einführenden Beispiel, bei dem es auf dem betrachteten Markt nur zwei Anbieter gibt, also ein **Duopol** vorliegt. Dieses Beispiel wird uns schon einige grundlegende Einsichten in das Verhalten von Oligopolisten vermitteln, die wir dann später theoretisch aufarbeiten werden.

Nehmen wir an, der Markt für ein bestimmtes Gut, z.B. Mineralwasser, wird von zwei Unternehmen, Unternehmen A und Unternehmen B, beliefert. Die Grenzkosten der Produktion von einem Liter Mineralwasser seien konstant und betragen bei beiden Anbietern 1,- €. Von Fixkosten soll der Einfachheit halber abgesehen werden, für sie wird ein Wert von null angenommen. Die Nachfrage nach Mineralwasser ist in der nachstehenden Tabelle angegeben, ebenso der Gesamterlös, die Gesamtkosten und der Gesamtgewinn bei den jeweiligen Preisen am Mineralwassermarkt:

Preis des Mineralwassers (Euro/Liter)	Nachgefragte Menge (Liter)	Gesamterlös (Euro)	Gesamtkosten (Euro)	Gesamtgewinn (Euro)
5,-	0	0,-	0,-	0,-
4,50	20	90,-	20,-	70,-
4,-	40	160,-	40,-	120,-
3,50	60	210,-	60,-	150,-
3,-	80	240,-	80,-	160,-
2,50	100	250,-	100,-	150,-
2,-	120	240,-	120,-	120,-
1,50	140	210,-	140,-	70,-
1,-	160	160,-	160,-	0,-
0,50	180	90,-	180,-	-90,-

Für die Duopolisten bestehen nun verschiedene Handlungsoptionen. Jeder der beiden Anbieter könnte beispielsweise versuchen, durch Preisunterbietungen seinen einzelwirtschaftlichen Gewinn zu maximieren. Er betreibt also Preisfixierung, wobei er in sein individuelles Kalkül den Preis, den der andere Anbieter setzt, einbezieht und von einem gegebenen Preis des Konkurrenten ausgeht. Man bezeichnet dieses Verhalten auch als **simultane Preisfestsetzung**. Nehmen wir an, beide Unternehmen verkaufen ihr Mineralwasser zu einem Preis von beispielsweise 4,- €/l. Wenn nun Unternehmen A seinen Preis um einen kleinen Betrag senkt und Unternehmen B seinen Preis bei 4,- €/l belässt, so würden alle Nachfrager bei Unternehmen A ihr Mineralwasser kaufen. Für Unternehmen B gilt aber die gleiche Überlegung. Auch Unternehmen B könnte, wenn es erwartet, dass Unternehmen A seinen Preis bei 4,- €/l

18.2 Einführendes Beispiel

unverändert bestehen lässt, durch eine nur geringfügige Preissenkung die gesamte Marktnachfrage auf sich ziehen und damit seinen Gewinn steigern. Solange ein Unternehmen der Ansicht ist, dass das andere Unternehmen einen Preis für das Mineralwasser fordern wird, der über den Grenzkosten liegt, besteht für dieses Unternehmen ein Anreiz, seinen Gewinn durch eine Preissetzung unterhalb des Preises des anderen Unternehmens zu steigern. Im Ergebnis wird sich ein Gleichgewicht einstellen, bei dem der Preis den Grenzkosten entspricht, und dieses Verhalten der Oligopolisten würde das Ergebnis, wie es sich bei vollständiger Konkurrenz einstellen würde, realisieren. In unserem Beispiel würde dies bedeuten, dass am Markt eine Menge von 160 l Mineralwasser angeboten werden wird und der Preis im Gleichgewicht bei 1,- €/l läge. Die beiden Unternehmen würden ihre Kosten decken können, erzielten jedoch einen Gewinn von null.

Die Duopolisten könnten sich aber auch zu einem **Kartell** zusammenschließen und gemeinsam über Angebotsmenge und Preis entscheiden. Dieses Kartell würde wie ein gewinnmaximierender Monopolist agieren. Am Markt würden dann 80 l Mineralwasser zu einem Preis von 3,- €/l angeboten werden, denn bei dieser Preis-Mengen-Kombination ist der Gesamtgewinn am größten. Unter Wohlfahrtsgesichtspunkten ist diese Lösung aus gesamtwirtschaftlicher Sicht, wie auch schon im Kapitel zum Monopolmarkt gesehen, ineffizient, da der Preis über den Grenzkosten liegt.

Für die beiden Unternehmen stellt sich dann jedoch die Frage, wie die Gesamtproduktion von 80 l Mineralwasser und damit der Gesamtgewinn von 160,- € zwischen ihnen aufgeteilt wird. Eine denkbare Lösung wäre, dass beide Unternehmen sich den Markt hälftig teilen: Unternehmen A produziert 40 l Mineralwasser und verkauft sie zu einem Preis von 3,- €/l, Unternehmen B ebenfalls, und beide Unternehmen erzielen jeweils einen Gewinn von 80,- €. Diese Situation, oder eine andere Aufteilung von Produktionsmenge und Gewinn im Kartell, stellt aber nur dann ein Gleichgewicht im Sinne einer stabilen Lösung dar, wenn die Absprache zu dieser Aufteilungsregel bindend ist und eingehalten wird. Anders sieht es aus, wenn für die Kartelllösung keine bindende Absprache vorliegt oder eine solche nicht eingehalten wird.[154] Beide Unternehmen haben einen Anreiz, aus der Kartelllösung auszuscheiden und durch **nicht-kooperatives Verhalten** ihren Gewinn zu steigern.

Unterstellen wir als Ausgangslage die hälftige Aufteilung von Produktion und Gewinn in der Kartelllösung. Unternehmen A könnte sich nun überlegen, durch eine Ausweitung seiner bisherigen Produktionsmenge von 40 l auf beispielsweise 60 l Mineralwasser seinen Gewinn zu steigern. Wenn Unternehmen B nach wie vor 40 l produziert und anbietet, beliefe sich das Gesamtangebot auf 100 l, die zu einem Preis von 2,50 €/l abgesetzt werden können. Das Unternehmen A erzielte dann einen Erlös von 150,- €, abzüglich der Kosten von 60,- € ergäbe sich ein Gewinn von 90,- € gegenüber zuvor 80,- €; das andere Unternehmen, Unternehmen B, würde aufgrund des gesunkenen Marktpreises einen Gewinnrückgang auf 60,- € verzeichnen. Der Gesamtgewinn wäre dann zwar niedriger, Unternehmen A hätte aber seinen einzelwirtschaftlichen Gewinn steigern können.

---

[154] Nicht zu vergessen der Umstand, dass in vielen Ländern das Bilden von Kartellen untersagt oder mit starken Einschränkungen versehen ist.

Die gleiche Überlegung könnte allerdings auch Unternehmen B anstellen, insbesondere auch deswegen, um nicht durch einen Verzicht auf eine Angebotsausweitung bei gleichzeitiger Angebotsausweitung seitens des Unternehmens A ins Hintertreffen zu geraten. Wenn beide Duopolisten nun so überlegen und handeln, würde jeder anstelle von zunächst 40 l Mineralwasser nun 60 l anbieten: Das Marktangebot stiege auf insgesamt 120 l. Diese Menge könnte aber nur zu einem Preis von 2,- € abgesetzt werden. Hätte jedes Unternehmen nach wie vor einen Marktanteil von 50 %, so würde jedes Unternehmen dann nur noch einen Gewinn von 60,- € erzielen.

Auch in dieser Situation könnte eines der beiden Unternehmen, sagen wir wiederum Unternehmen A, versuchen, seinen Gewinn durch eine Produktionsausweitung zu steigern. Weitete Unternehmen A seine Angebotsmenge von 60 l Mineralwasser auf 80 l aus und bliebe Unternehmen B bei einer Angebotsmenge von 60 l, so betrüge die Gesamtangebotsmenge an Mineralwasser 140 l, die zu einem Preis von 1,50 €/l am Markt abgesetzt werden könnten. Unternehmen A erzielte dann einen Erlös von 120,- €, was bei Kosten von 80,- € zu einem Gewinn von 40,- € führen würde. Eine weitere Produktionsausweitung würde sich also nicht lohnen, und Unternehmen A würde die Produktionsmenge von 60 l Mineralwasser beibehalten. Da Unternehmen B die gleiche Überlegung anstellen und zum gleichen Ergebnis gelangen würde, lohnt sich für keines der beiden Unternehmen eine Produktionsausweitung über die Menge von 60 l hinaus. Die Situation, bei der beide Unternehmen jeweils 60 l Mineralwasser herstellen und am Markt zu einem Preis von 2,- € anbieten, ist also eine stabile Situation, ein Gleichgewicht. In der Terminologie der Spieltheorie wird ein solches Gleichgewicht als **Nash-Gleichgewicht** bezeichnet.[155] Man kann ein Nash-Gleichgewicht als eine Situation beschreiben, in der miteinander verbundene, aber nicht-kooperierende, sondern ihren eigenen Vorteil suchende Akteure („Spieler", hier die beiden Duopolisten) ihre optimale, hier die gewinnmaximierende, Strategie mit Blick auf die Strategie des oder der anderen gewählt haben. Für keinen der beteiligten Akteure besteht in einer solchen Situation dann ein Anreiz, seine Strategie und damit die realisierte Situation zu ändern. Insofern ist eine solche Situation stabil und kann als Gleichgewicht bezeichnet werden.

Es lässt sich festhalten, dass die beiden Unternehmen sich besser stellen würden, wenn sie gemeinsam Gewinnmaximierung betreiben, also kooperieren würden. Jedoch ist die Kooperations- oder Kartelllösung dadurch gekennzeichnet, dass für jeden einzelnen der Duopolisten ein Anreiz besteht, durch Ausscheiden aus dem Kartell seinen eigenen, individuellen Gewinn zu erhöhen. Geben die Duopolisten ihrem Eigeninteresse nach, so wird sich eine Situation einstellen, bei der die Gesamtmenge so groß und der Preis so niedrig ist, dass jeder einzelne Duopolist einen niedrigeren einzelwirtschaftlichen Gewinn erzielen wird, als wenn der maximale Gesamtgewinn hälftig aufgeteilt worden wäre. Auch wenn in dem Nash-Gleichgewicht bei den beschriebenen Verhaltensweisen die Gesamtmenge größer und der Preis niedriger als in der Kartelllösung ist, werden nicht die Angebotsmenge und der Preis des Marktergebnisses bei vollständiger Konkurrenz erreicht werden. Auch im Nash-Gleichgewicht ist der Preis höher als die Grenzkosten und insofern ist diese Lösung gesamtwirtschaftlich betrachtet ineffizient.

---

[155] John Nash (1928-2015), amerikanischer Mathematiker, einer der Begründer der Spieltheorie; Nash (1950).

18.3 Verschiedene Lösungsansätze für die Preisbildung beim Oligopol

Wie die Überschrift schon andeutet, gibt es eine Vielzahl von Lösungsansätzen zur Erklärung der Preisbildung auf Oligopolmärkten. In Abhängigkeit von den Verhaltensweisen der Oligopolisten laufen die Prozesse auf Oligopolmärkten unterschiedlich ab und das Marktergebnis fällt völlig unterschiedlich aus. Im Folgenden sollen daher nur wenige ausgewählte (und einfache) Ansätze dargestellt werden, um so ein Gespür dafür zu wecken, welche Vielfalt an Aktionen und Reaktionen der Marktteilnehmer denkbar sind und wie die oligopolistische Interdependenz wirkt.[156]

Darstellen wollen wir zunächst ein Modell, das unter der Bezeichnung **Bertrand-Modell** in die Literatur eingegangen ist.[157] Bertrand geht davon aus, dass die beiden Anbieter in einem Duopol – das Modell lässt sich aber leicht auf beliebig viele Anbieter erweitern – Preisstrategie betreiben, also durch die Festlegung ihres Angebotspreises ihren Gewinn maximieren. Die Preisfixierung erfolgt dabei gleichzeitig, also simultan. Beide Anbieter verhalten sich autonom, d.h. der einzelne Anbieter sieht den von dem anderen Unternehmen gesetzten Preis als gegeben an und bestimmt unter dieser Voraussetzung seinen gewinnmaximierenden Preis. Die Grenzkosten seien konstant und für beide Anbieter gleich hoch, Fixkosten liegen keine vor. Der Markt selbst ist ein vollkommener Markt, d.h. es liegen keine Präferenzen oder Differenzierungen sachlicher, persönlicher, räumlicher oder zeitlicher Art vor. Da es in einem vollkommenen Markt nur einen einheitlichen Preis geben kann, ist die Annahme, dass jedes Unternehmen davon ausgeht, dass das andere Unternehmen bei seinem einmal gewählten Preis bleibt, in diesem Kontext allerdings problematisch. Implizit wird in dem Bertrand-Modell angenommen, dass die Unternehmen ihre Kapazitäten und damit ihre Angebotsmengen sehr schnell anpassen können.[158]

In diesem Modellrahmen besteht für den einzelnen Oligopolisten i der Anreiz, seinen Preis geringfügig zu senken, um so die gesamte Nachfrage auf sich zu ziehen. Zwar geht sein Stückgewinn infolge der Preissenkung dann etwas zurück, seine Absatzmenge steigt aber außerordentlich stark, da er nun die gesamte Marktnachfrage auf sich zieht, so dass er seinen Gewinn hierdurch insgesamt stark ausweiten kann. Da dieser Anreiz für jeden Oligopolisten besteht, kommt es zu einer Preisunterbietungsspirale, die zu einem Gleichgewicht führt, in dem der Preis den Grenzkosten entspricht:

(18.1) $p_i^* = GK$

---

[156] Verzichtet wird hier völlig auf die Darstellung von Oligopolen auf heterogenen Märkten, also auf Märkten, bei denen Präferenzen oder Differenzierungen sachlicher, persönlicher, räumlicher oder zeitlicher Art vorliegen.

[157] Joseph Louis François Bertrand (1822-1900), französischer Mathematiker und Pädagoge, der diese Lösung des Oligopols in einer Antwort auf die Lösung der von Cournot vorgeschlagenen Lösung, s.u., entwickelt hat; Bertrand (1883).

[158] Es ist leicht zu erkennen, dass wir genau diese Verhaltensannahmen des Bertrand-Modells in unserem Beispiel des vorigen Abschnitts 18.2 anfangs unterstellt und dort als simultane Preissetzung bezeichnet haben.

Diese Situation ist ein Nash-Gleichgewicht. Kein Anbieter kann sich verbessern. Wenn ein Anbieter den Preis weiter senken würde, würde er zwar erneut die gesamte Marktnachfrage auf sich ziehen, aber, da dann die Grenzkosten höher wären als sein Preis, würde er immense Verluste machen. Ebensowenig würde er sich durch eine Preiserhöhung verbessern können, denn dann würde er nichts mehr absetzen. Im Nash-Bertrand-Gleichgewicht machen die Unternehmen einen Gewinn von null.

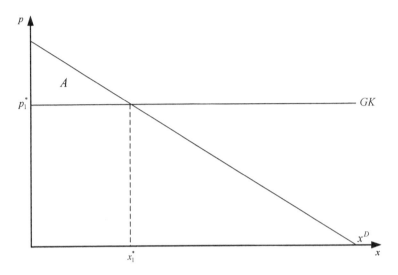

Abbildung 18.1: Nash-Bertrand-Gleichgewicht

Dieses Gleichgewicht ist eindeutig. Seine Existenz hängt aber entscheidend von der Annahme ab, dass die Grenzkosten konstant und für alle Oligopolisten gleich hoch sind und dass keine Fixkosten auftreten. Bei streng positiven Fixkosten und ansonsten unveränderten Modellannahmen hätten wir die Situation des natürlichen Monopols vorliegen.

Bei unterschiedlich hohen Grenzkosten (und Fixkosten von null) sind zwei Fälle zu unterscheiden. Gehen wir zunächst davon aus, dass die Unterschiede in den Grenzkosten relativ groß sind. Bei einem relativ großen Unterschied in den Grenzkosten kann der Oligopolist mit der günstigsten Kostensituation, der Kosten- oder Technologieführer (Unternehmen 1 in Abb. 18.2), die gesamte Nachfrage auf sich ziehen und die Monopollösung realisieren. Dies ist dann möglich, wenn sein Angebotspreis im Monopolgleichgewicht unter den Grenzkosten des oder der anderen Anbieter(s) liegt. Das oder die andere(n) Unternehmen können mit ihrer Produktionstechnologie das betrachtete Gut nicht kostendeckend produzieren.

18.3 Verschiedene Lösungsansätze für die Preisbildung beim Oligopol

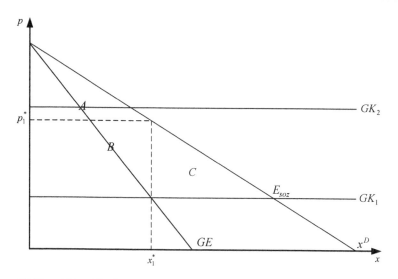

Abbildung 18.2: Gleichgewicht bei Preisstrategie und großen Grenzkostenunterschieden

Etwas anders ist die Situation, wenn der Grenzkostenunterschied nicht so drastisch ist wie gerade unterstellt. Falls der Monopolpreis des Technologieführers über den Grenzkosten der anderen Anbieter liegt, kann der Technologieführer nicht den Monopolpreis setzen. Allerdings kann er von einer Situation der Preissetzung auf Höhe der Grenzkosten des oder der Konkurrenten aus sich verbessern und seinen Gewinn erhöhen, indem er einen Preis knapp unterhalb der Grenzkosten des oder der Konkurrenten, aber oberhalb seiner eigenen Grenzkosten setzt (Abb. 18.3). Dieses Verhalten wird auch als **limit pricing** bezeichnet.

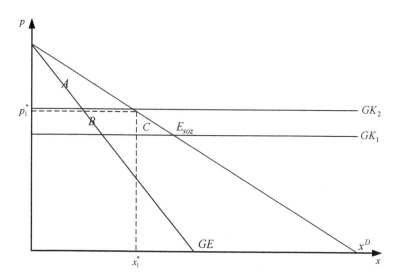

Abbildung 18.3: Gleichgewicht bei Preisstrategie und kleinen Grenzkostenunterschieden

Das Nash-Gleichgewicht bei limit pricing entspricht fast dem bei konstanten und gleichen Grenzkosten. Ein Vergleich der in den Abb. 18.1 und 18.3 grafisch dargestellten Ergebnisse der beiden Modellvarianten zeigt, dass Preis und Menge im jeweiligen Gleichgewicht annähernd gleich sind. Anders als in der ursprünglichen Modellvariante mit gleicher Kostensituation für alle Oligopolisten wird bei (relativ kleinen) Unterschieden in den Grenzkosten die Marktnachfrage nicht von mehreren Unternehmen, mit jeweils einem Gewinn von null, sondern von einem einzigen Anbieter abgedeckt, der einen streng positiven Monopolgewinn erzielt.

Im Bertrand-Nash-Gleichgewicht bei konstanten und gleichen Grenzkosten sowie der Abwesenheit von Fixkosten wird mit dem Gleichgewicht, in dem wie gesehen $p = GK$ gilt, die gesamtgesellschaftliche Wohlfahrt maximiert. Repräsentiert wird die gesamtgesellschaftliche Wohlfahrt in Abb. 18.1 durch die Fläche A. Sie besteht allein aus der Konsumentenrente. Sind dagegen die Grenzkosten der Oligopolisten nicht identisch und wird im Gleichgewicht eine der in den Abb. 18.2 und 18.3 dargestellten Situationen realisiert, so ist die damit verbundene gesamtgesellschaftliche Wohlfahrt nicht die in diesem Kontext maximal mögliche.

Betrachten wir zunächst den Fall eines relativ großen Grenzkostenunterschieds zwischen dem Technologieführer und dem oder den anderen Anbietern. In Abb. 18.2 wird die im Nash-Gleichgewicht realisierte Konsumentenrente repräsentiert durch die Dreiecksfläche A, die Produzentenrente durch die Rechteckfläche B; die Summe aus A und B ist die Gesamtwohlfahrt im Nash-Gleichgewicht dieser Modellkonstellation. Gesamtwirtschaftlich optimal wäre allerdings die Preis-Mengen-Kombination, bei der $p = GK$ gilt, die sich also aus dem Schnittpunkt von Marktnachfragekurve bzw. Preis-Absatz-Funktion und unterer Grenzkostenkurve ergibt, in der Abb. 18.2 der Punkt E_{soz}. Die damit verbundene maximal mögliche Gesamtwohlfahrt $A+B+C$ ist größer als die im Nash-Gleichgewicht realisierte; es tritt im Nash-Gleichgewicht bei großem Grenzkostenunterschied ein Wohlfahrtsverlust auf.

Ebenso entspricht die gesamtgesellschaftliche Wohlfahrt, die im Nash-Gleichgewicht bei einem relativ kleinen Grenzkostenunterschied realisiert wird, nicht der maximal möglichen. Zwar ist beim limit pricing die Konsumentenrente, Fläche A in Abb. 18.3, annähernd so groß wie im Bertrand-Nash-Gleichgewicht bei identischen Grenzkosten. Hinzu kommt noch die Produzentenrente, Fläche B in Abb. 18.3. Allerdings ist auch hier die Gesamtwohlfahrt als Summe dieser Konsumenten- und Produzentenrente kleiner als die maximal mögliche Gesamtwohlfahrt ($A+B+C$). Das gesamtgesellschaftliche Optimum, Punkt E_{soz} in Abb. 18.3, ist mit einer deutlich größeren Gesamtwohlfahrt verbunden, wie sich aus Abb. 18.3 unmittelbar ablesen lässt.

Damit sind aber nur die statischen Wohlfahrtseffekte identifiziert. In dynamischer Betrachtung ist dieser statische Wohlfahrtsverlust zu relativieren. Nehmen wir an, dass die Oligopolisten in der Ausgangssituation alle die gleiche Technologie und damit die gleichen Grenzkosten besitzen. Es würde sich dann ein Bertrand-Nash-Gleichgewicht, wie es in Abb. 18.1 dargestellt ist, einstellen. Nun führe einer der Anbieter eine Prozessinnovation durch und wird zum Technologieführer. Es wird sich dann, nach entsprechenden Wettbewerbsprozessen, ein Nash-Gleichgewicht entsprechend dem der Abb. 18.2 oder dem der Abb. 18.3 einstellen. Der unmittelbare Vergleich der Gesamtwohlfahrtsflächen von Abb. 18.2 bzw. Abb. 18.3 mit Abb. 18.1 zeigt, dass trotz der, bezogen auf die Gesamtwohlfahrt, Suboptima-

18.3 Verschiedene Lösungsansätze für die Preisbildung beim Oligopol

lität des Nash-Gleichgewichts in den Abb. 18.2 und 18.3 die Gesamtwohlfahrt nach der Prozessinnovation nun größer ist als vorher.

Bislang hatten wir konstante Grenzkosten in unseren Überlegungen unterstellt. Geben wir diese Annahme auf und gehen von steigenden Grenzkosten aus, so lassen sich Nash-Gleichgewichte bei Preisstrategien der Oligopolisten nicht mehr so leicht identifizieren. Es kann gezeigt werden, dass im Fall steigender Grenzkosten nicht unbedingt ein Nash-Gleichgewicht im Sinne eines stationären Zustandes existiert. Die Details des Marktes, wie Zahl der Anbieter, die genaue Form ihrer Kostenfunktionen, die genaue Form der Marktnachfragefunktion u.Ä., bestimmen dann entscheidend die jeweiligen Nash-Gleichgewichte.

Ein anderer Ansatz, der ebenfalls davon ausgeht, dass die Oligopolisten Preisstrategie betreiben, ist der der **geknickten Preis-Absatz-Kurve**[159]. Anders als im Bertrand-Modell wird hier heteronomes Verhalten unterstellt, d.h. der einzelne Oligopolist bezieht in die Überlegungen zu seiner Preissetzung die möglichen Reaktionen seiner Konkurrenten mit ein. Der einzelne Anbieter geht also nicht von einem gegebenen Preis seiner Mit-Anbieter aus. Vielmehr nimmt er an, dass Preisveränderungen seinerseits Reaktionen der Konkurrenten nach sich ziehen, und zwar in einer asymmetrischen Art und Weise: Er geht davon aus, dass, wenn er seinen Preis heraufsetzt, seine Konkurrenten nicht nachziehen werden und er infolgedessen einen hohen Nachfragerückgang erleiden wird. Würde er dagegen seinen Preis senken, so erwartet er, dass seine Konkurrenten, da sie ihrerseits Marktanteilsverluste befürchten, nachziehen; eine Preissenkung würde also keine merkliche Erhöhung seiner Absatzmenge mit sich bringen. Ausgehend von einer aktuell realisierten Preis-Mengen-Kombination wie in Punkt A in Abb. 18.4 verläuft die Preis-Absatz-Funktion des betrachteten Oligopolisten links davon relativ flach, rechts davon dagegen relativ steil.

---

[159] Zurück geht dieser Ansatz auf Arbeiten von Hall/Hitch (1939) und Sweezy (1939). Hall/Hitch und Sweezy begründen den Knick in der Preis-Absatz-Funktion mit Präferenzen der Nachfrager für die von den einzelnen Oligopolisten angebotenen Güter bzw. Gütervarianten. Dies ist aber nicht unbedingt für diesen Ansatz erforderlich, so dass wir hier weiterhin von einem vollkommenen Markt ausgehen wollen.

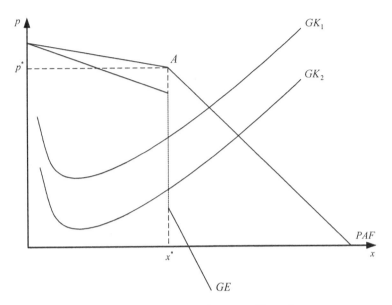

Abbildung 18.4: Geknickte Preis-Absatz-Funktion eines Oligopolisten

Der Knick in der Preis-Absatz-Funktion hat eine Unstetigkeitsstelle in Form einer Sprungstelle in der Grenzerlösfunktion des Oligopolisten zur Folge, markiert durch die punktierte Linie in Abb. 18.4. Jede Grenzkostenkurve, die durch diese Sprungstelle verläuft, z.B. die Grenzkostenkurve GK_1, aber auch die Grenzkostenkurve GK_2, erfüllt die Gewinnmaximierungsbedingung $GE = GK$. Das betrachtete Unternehmen betrachtet also den Preis p^* und die Menge x^* in der unterstellten Ausgangssituation als optimal. Ändern sich nun seine Kosten, führt bspw. eine Prozessinnovation zu einer Kostenreduktion, so dass anstelle von GK_1 nun GK_2 gilt, oder verlagert sich aufgrund von Kostensteigerungen bei den Inputfaktoren die Grenzkostenkurve von GK_2 nach GK_1, so wird der Oligopolist seinen Preis, aufgrund seiner gerade beschriebenen Erwartungen über das Verhalten der Konkurrenten, nicht ändern. Erst eine sehr große Änderung der Kosten, die zu einer Grenzkostenkurve führen würde, die durch das obere oder untere Segment der Grenzerlöskurve läuft, würde den Oligopolisten zu einer Änderung seines Preises und damit zu einer Änderung seiner Angebotsmenge veranlassen. Auch eine Änderung der Nachfrage führt nicht zwingend dazu, dass der Oligopolist einen anderen Preis setzt. Solange der Schnittpunkt von Grenzkostenkurve und Grenzerlöskurve in dem Segment der Sprungstelle in der Grenzerlöskurve verbleibt, wird der Oligopolist auch bei einer Nachfrageänderung lediglich seine Angebotsmenge anpassen, den Preis jedoch unverändert lassen.[160]

---

[160] Dies gilt deswegen, weil wir von einer bestimmten Preis-Mengen-Kombination, Punkt A in Abb. 18.4, ausgegangen sind und wir unterstellen, dass die veränderte Preis-Absatz-Funktion ihren Knick auch nach der Nachfrageänderung in dieser unterstellten Ausgangssituation hat.

18.3 Verschiedene Lösungsansätze für die Preisbildung beim Oligopol

Der Ansatz der geknickten Preis-Absatz-Funktion kann somit erklären, warum in Oligopolen seltener Preiskämpfe zu beobachten sind und auf Oligopolmärkten eine relative Preisstarrheit auftritt.

Betrachtet haben wir in Abb. 18.4 den Fall, dass ein einzelner Oligopolist sich einer Änderung der Grenzkosten gegenübersieht. Trifft eine Grenzkostenänderung jedoch alle Oligopolisten auf diesem Markt gleichermaßen, so ist das hier unterstellte Verhalten des einzelnen Oligopolisten weniger plausibel. Nehmen wir an, es kommt infolge einer Prozessinnovation, die allen Oligopolisten auf diesem Markt zugänglich ist, zu einer Verschiebung der Grenzkostenkurve bei allen Unternehmen dieser Branche. In einem solchen Fall wird ein einzelner Anbieter eine Preissenkung eines seiner Konkurrenten lediglich als dessen Anpassung an die gesunkenen Grenzkosten interpretieren und nicht als dessen Versuch, einen größeren Marktanteil zu erzielen. Insofern weist die Preis-Absatz-Funktion des betrachteten Anbieters nicht mehr einen Knick in der bisher realisierten Preis-Mengen-Kombination auf und die oben abgeleitete relative Preisstarrheit würde nicht mehr zutreffen. Vielmehr ist in einem solchen Fall einer generellen Grenzkostenveränderung mit einer Anpassung der Preise und der Angebotsmengen der Oligopolisten zu rechnen.

Bislang haben wir unterstellt, dass die Oligopolisten ihren Angebotspreis setzen. Genauso könnten sie aber auch ihre Menge als Aktionsparameter wählen, um den Gewinn zu maximieren. Genau dies wird im ältesten Modell zur Oligopolpreisbildung, dem **Cournot-Modell**, unterstellt. Cournot analysiert ein Duopol, in dem die Anbieter mit der Zielsetzung der einzelwirtschaftlichen Gewinnmaximierung simultan Mengenfixierung betreiben und dabei autonomes Verhalten zeigen, sprich, der einzelne Anbieter betrachtet die Angebotsmenge des Konkurrenten als gegeben;[161] eine Erweiterung dieses Ansatzes auf eine beliebig große, konstante Anzahl von Oligopolisten ist leicht möglich. Die Unternehmen weisen die gleiche Kostenfunktion auf, die mit steigenden oder auch konstanten Grenzkosten einhergeht. Die gemeinsame Preis-Absatz-Funktion ist wie üblich fallend, und da ein homogenes Gut unterstellt wird, ist der Preis für alle am Markt aktiven Anbieter der gleiche. In das Gewinnmaximierungskalkül des einzelnen Oligopolisten geht aber ein, dass der erzielbare Preis nicht nur von der eigenen Menge abhängt, sondern auch von der Menge des oder der Konkurrenten.[162]

Die Gewinnfunktion eines einzelnen Anbieters im Duopol bei Mengenfixierung und autonomem Verhalten lautet daher:

(18.2) $G_i = p(x_i + x_j^{erw}) \cdot x_i - K(x_i)$ mit $i, j = 1, 2$ und $i \neq j$

Für jede vom Anbieter i gehegte Erwartung über die Angebotsmenge des Konkurrenten, x_j^{erw}, gibt es dann eine, in der Regel andere, Angebotsmenge, die den Gewinn des Anbieters i maximiert. Jeder Oligopolist muss die Mengensetzung seines oder im Fall mehrerer Oligopolisten seiner Konkurrenten bei seiner Entscheidung über die von ihm angebotene Menge antizi-

---

[161] Cournot, Augustin (1838), Kap. 7.
[162] In unserem Beispiel des Abschnitts 18.2 ist dies der Rahmen an Verhaltensannahmen, die im weiteren Verlauf des Beispiels unterstellt werden.

pieren und wird sie berücksichtigen. Von der Gesamtangebotsmenge hängt der Marktpreis ab, und dessen Höhe beeinflusst die vom einzelnen Oligopolisten zu wählende gewinnmaximale Menge. Dies ist aus der Gewinnmaximierungsbedingung für den einzelnen Oligopolisten

(18.3) $GE_i = GK_i$ bzw. $p + \frac{\delta p}{\delta x_i} \cdot x_i = \frac{\delta K_i}{\delta x_i}$

unmittelbar ersichtlich. Die von dem oder den Konkurrenten gewählte Angebotsmenge beeinflusst die gewinnmaximale Menge des einzelnen Oligopolisten, denn die Grenzerlösfunktion des einzelnen Anbieters ist von der Angebotsmenge der Konkurrenten über den Marktpreis abhängig. Eine größere Angebotsmenge des oder der Konkurrenten führt dazu, dass der Marktpreis sinkt und der betrachtete Oligopolist bei jeder beliebigen individuellen Angebotsmenge einen niedrigeren Grenzerlös erzielt. Die Grenzerlösfunktion des Oligopolisten liegt bei einer größeren Angebotsmenge der Konkurrenz weiter links im Diagramm der Abb. 18.5. Die gewinnmaximierende Menge des betrachteten Oligopolisten fällt dann niedriger aus.

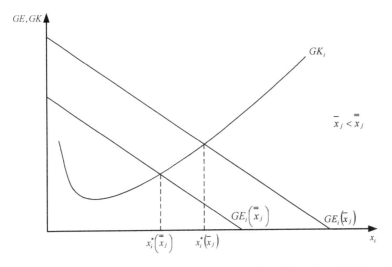

Abbildung 18.5: Gewinnmaximierende Menge eines einzelnen Oligopolisten bei Mengenfestsetzung

Der Zusammenhang zwischen der gewinnmaximierenden Angebotsmenge eines Oligopolisten und der Angebotsmenge(n) seines oder seiner Konkurrenten wird als **Reaktionskurve** bezeichnet, da sie die Reaktion des betrachteten Oligopolisten auf die Aktionen des oder der anderen Anbieter wiedergibt. Die Reaktionskurve ist also die Funktion zwischen der gewinnmaximierenden Angebotsmenge eines Oligopolisten und der (erwarteten) Angebotsmenge seines oder seiner Konkurrenten. Im Duopol lautet sie:

(18.4) $x_i = f_i(x_j^{erw})$ mit $i, j = 1, 2$ und $i \neq j$

18.3 Verschiedene Lösungsansätze für die Preisbildung beim Oligopol

Die Reaktionsfunktionen besitzen im (x_i, x_j)-Diagramm eine negative Steigung (Abb. 18.6). Darin spiegelt sich der in Abb. 18.5 gezeigte Umstand wider, dass es für einen Oligopolisten gewinnmaximierend ist, seine Angebotsmenge zu reduzieren, wenn der (oder die) andere(n) Anbieter eine größere Menge an den Markt bringt.

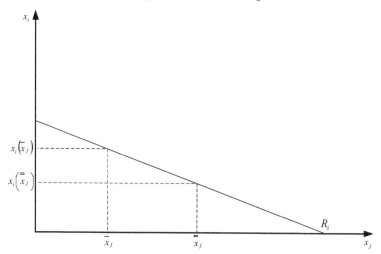

Abbildung 18.6:   Reaktionskurve im Cournot-Modell

Der einzelne Oligopolist muss, wie an der Gewinnmaximierungsbedingung der Gl. (18.3) gesehen, für die Bestimmung seiner gewinnmaximalen Menge den Preis im Marktgleichgewicht kennen. Für die Kenntnis des Marktpreises ist es aber erforderlich, dass er neben der Marktnachfragekurve auch die Marktangebotskurve kennt. Er muss also die gewinnmaximierenden Angebotsmengen seines (oder aller seiner) Konkurrenten antizipieren. Mit anderen Worten, er muss dessen (oder deren) Reaktionskurve kennen. Auf dieser Basis kann er dann seine eigene gewinnmaximierende Menge bestimmen. Im Marktgleichgewicht bieten also alle Oligopolisten ihre gewinnmaximalen Mengen an. Das Marktgleichgewicht ist somit der Schnittpunkt der beiden (bzw. aller) Reaktionskurven.

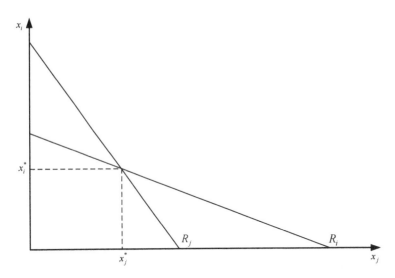

Abbildung 18.7: *Nash-Cournot-Gleichgewicht im Duopol*

Im Schnittpunkt der Reaktionskurven sind die von den Oligopolisten gesetzten Mengen die wechselseitig optimalen Antworten auf die Aktionen des (oder der) Konkurrenten. In diesem Punkt produziert jeder Oligopolist seine gewinnmaximierende Angebotsmenge für die gegebene Outputmenge des (oder der) anderen Oligopolisten. Keiner der Oligopolisten kann sich durch eine Änderung seiner Angebotsmenge verbessern. Der Schnittpunkt der Reaktionskurven repräsentiert also das Nash-Gleichgewicht im Cournot-Modell. Wäre nur ein Oligopolist nicht auf seiner Reaktionskurve, so könnte er sich durch eine Mengenänderung besser stellen und würde dadurch alle anderen Anbieter von ihren Reaktionskurven und damit aus ihren Gewinnmaxima werfen.

Für ein Duopol wollen wir noch auf algebraischem Weg Preis und Menge der Anbieter im Marktgleichgewicht bestimmen, wobei wir der Einfachheit halber von einer linearen inversen Marktnachfragefunktion

(18.5) $\quad p = a - b \cdot (x_1 + x_2) \quad$ mit $a, b > 0$

und identischen, linearen Kostenfunktionen der beiden Oligopolisten

(18.6) $\quad K_i = K_{fix} + c \cdot x_i \quad$ mit $c > 0$ und $i = 1, 2$

ausgehen. Mit dieser Marktnachfragefunktion wird dann die Gewinnfunktion der Gl. (18.2) zu folgenden Gewinnfunktionen für die beiden Duopolisten:

(18.7a) $\quad G_1(x_1, x_2) = a \cdot x_1 - b \cdot x_1^2 - b \cdot x_1 \cdot x_2 - K_{fix} - c \cdot x_1$

(18.7b) $\quad G_2(x_1, x_2) = a \cdot x_2 - b \cdot x_2^2 - b \cdot x_1 \cdot x_2 - K_{fix} - c \cdot x_2$

18.3 Verschiedene Lösungsansätze für die Preisbildung beim Oligopol

Jeder der beiden Duopolisten ermittelt nun, welche Angebotsmenge für ihn bei gegebener Menge des Konkurrenten seinen eigenen Gewinn maximiert, mit anderen Worten, er ermittelt zunächst seine eigene Reaktionsfunktion. Diese ergibt sich aus der partiellen Differenziation seiner Gewinnfunktion nach seiner Angebotsmenge. Für Duopolist 1 ergibt sich aus Gl. (18.7a) die notwendige Bedingung für ein Gewinnmaximum:[163]

(18.8a) $\dfrac{\delta G_1}{\delta x_1} = a - 2b \cdot x_1 - b \cdot x_2 - c = 0$

Gl. (18.8a) aufgelöst nach x_1 ergibt:

(18.9a) $x_1 = \dfrac{1}{2} \cdot \left(\dfrac{a-c}{b} - x_2 \right)$

Auf dem gleichen Weg lässt sich die Reaktionskurve von Duopolist 2 aus Gl. (18.7b) ermitteln zu

(18.9b) $x_2 = \dfrac{1}{2} \cdot \left(\dfrac{a-c}{b} - x_1 \right)$ bzw. $x_1 = \dfrac{a-c}{b} - 2 \cdot x_2$

nach Auflösung nach x_1, wenn man die beiden Reaktionskurven in ein (x_1, x_2)-Diagramm vergleichbar der Abb. (18.6) einzeichnen möchte.

Das Nash-Gleichgewicht als Schnittpunkt der beiden Reaktionskurven ergibt sich durch Ineinandereinsetzen oder auch Gleichsetzen der beiden Gl. (18.9a) und (18.9b) sowie dem anschließenden Bestimmen der gewinnmaximierenden Angebotsmengen der beiden Oligopolisten. Aus

(18.10) $\dfrac{1}{2} \cdot \left(\dfrac{a-c}{b} - x_2 \right) = \dfrac{a-c}{b} - 2 \cdot x_2$

ergibt sich die gewinnmaximierende Menge des Dupolisten 2:

(18.11) $x_2^* = \dfrac{1}{3} \cdot \dfrac{a-c}{b}$

Anschließendes Einsetzen dieser optimalen Menge in die Reaktionsfunktion von Duopolist 1, Gl. (18.9a), ergibt dessen gewinnmaximierende Menge:

(18.12) $x_1^* = \dfrac{1}{3} \cdot \dfrac{a-c}{b}$

Die Gesamtangebotsmenge im Cournot-Nash-Gleichgewicht beträgt also:

---

[163] Die hinreichende Bedingung für ein Gewinnmaximum, $\delta^2 G_1/\delta x_1^2 < 0$, ist erfüllt, da sich aus Gl. (18.8a) unmittelbar $\delta^2 G_1/\delta x_1^2 = -2b < 0$ ergibt.

(18.13) $x^* = x_1^* + x_2^* = \dfrac{2}{3} \cdot \dfrac{a-c}{b}$

Der Gleichgewichtspreis ergibt sich durch Einsetzen dieser gleichgewichtigen Menge in die Marktnachfragefunktion, Gl. (18.5), zu:

(18.14) $p^* = a - b \cdot \left(\dfrac{2}{3} \cdot \dfrac{a-c}{b} \right) = a - \dfrac{2}{3} \cdot (a-c) = c + \dfrac{1}{3} \cdot (a-c)$

und liegt damit, wie schon bei den anderen Marktformen, ausgenommen die vollständige Konkurrenz, oberhalb der Grenzkosten. Damit wird deutlich, dass auch auf oligopolistischen Märkten mit Mengenfestsetzung die (statische) Effizienz geringer ist als bei vollständiger Konkurrenz.

Abschließend zum Cournot-Modell wollen wir noch kurz eine Weiterung auf eine beliebige, aber konstante Anzahl n von Oligopolisten vornehmen und überlegen, wie die Anzahl der Oligopolisten das Marktergebnis bestimmt. Die Gewinnmaximierungsbedingung eines einzelnen Oligopolisten gemäß Gl. (18.3) lässt sich, indem man den zweiten Summanden auf der linken Seite von Gl. (18.3) mit x/x erweitert und p ausklammert, umformen zu:

(18.15) $p \cdot \left(1 + \dfrac{\delta p}{\delta x_i} \cdot \dfrac{x_i}{x} \cdot \dfrac{x}{p} \right) = \dfrac{\delta K}{\delta x_i}$

Diese Gleichung lässt sich, unter Beachtung der Annahme, dass für die Oligopolisten eine gemeinsame Preis-Absatz-Funktion und mithin

(18.16) $\dfrac{\delta p}{\delta x_i} = \dfrac{\delta p}{\delta x}$

gilt, sowie unter Verwendung der Definition der direkten Nachfrageelastizität η gemäß Gl. (11.7) bzw. (11.8) schreiben als

(18.17) $p \cdot \left(1 + \dfrac{1}{\eta} \cdot m_i \right) = \dfrac{\delta K}{\delta x_i}$ mit $m_i = \dfrac{x_i}{x}$

wobei m_i der Marktanteil des Oligopolisten i ist. Da im Oligopol der Marktanteil eines einzelnen Anbieters definitionsgemäß kleiner eins ist, ergibt sich aus Gl. (18.17), dass der Aufschlag eines Oligopolisten auf seine Grenzkosten immer kleiner ist als der Aufschlag, den ein Monopolist bei ansonsten gleichen Bedingungen auf seine Grenzkosten machen würde.

Beim Monopol hatten wir mit Gl. (16.10) den Monopolgrad nach Lerner kennengelernt als den relativen Aufschlag des Preises auf die Grenzkosten, bezogen auf den Angebotspreis, und haben mit Gl. (16.11) gesehen, dass der Monopolgrad μ zur Messung der Monopolmacht gerade gleich ist dem negativen Kehrwert der direkten Preiselastizität der Nachfrage. Angewendet auf Gl. (18.17) würde sich der Index μ ergeben zu:

18.3 Verschiedene Lösungsansätze für die Preisbildung beim Oligopol

(18.18) $\mu = \dfrac{p - GK}{p} = -\dfrac{m_i}{\eta}$

Der Oligopolist hat, gemessen am Monopolgrad nach Lerner, also immer eine kleinere Marktmacht als ein Monopolist, bei dem m_i gleich eins ist.

Der Ausdruck η/m_i kann als Elastizität der Nachfragekurve interpretiert werden, der sich der einzelne Oligopolist gegenübersieht: Je kleiner sein Marktanteil ist, umso elastischer ist die Nachfrage, die auf ihn entfällt. Vergleicht man die Form der Gewinnmaximierungsbedingung eines Oligopolisten, wie sie in Gl. (18.17) formuliert ist, mit den notwendigen Bedingungen für ein Gewinnmaximum bei vollständiger Konkurrenz und beim Monopol, so stellt man fest, dass die beiden anderen genannten Marktformen als Extremfälle angesehen werden können. Bei einem Monopolisten wird Gl. (18.17) zur schon bekannten Gewinnmaximierungsbedingung im Monopol aus Gl. (16.8). Der Marktanteil eines Anbieters auf einem Markt mit vollständiger Konkurrenz ist dagegen sehr klein. Mit sehr klein werdendem Marktanteil geht der zweite Summand in der Klammer von Gl. (18.17) gegen null und Gl. (18.17) wird zur $p = GK$-Regel, wie sie als Gewinnmaximierungsbedingung bei vollständiger Konkurrenz mit Gl. (15.3) hergeleitet wurde. Je größer die Anbieterzahl in einem Oligopol also ist (und je kleiner damit der Marktanteil des einzelnen Anbieters), umso mehr ähnelt der Oligopolmarkt einem Konkurrenzmarkt und der Preis nähert sich immer weiter der Grenzkostenhöhe an. Damit steigt die Outputmenge mit steigender Anbieterzahl und nähert sich dem gesamtwirtschaftlich effizienten Niveau an.

Abschließend wollen wir die bislang gemachte Annahme der simultanen Entscheidung der Oligopolisten aufgeben. Wir unterstellen im Folgenden, dass die Oligopolisten wie im Cournot-Modell Mengenfixierung betreiben, allerdings treffen sie ihre Entscheidungen nicht gleichzeitig, sondern wir unterstellen, dass einer der Oligopolisten seine Menge festlegt und bereits die von dem oder den anderen Oligopolisten getroffene Entscheidung kennt. Man spricht in diesem Zusammenhang auch von **Mengenführer-Verhalten**[164], ein Ansatz, der auch unter dem Begriff **Stackelberg-Modell**[165] bekannt ist. Von Stackelberg unterstellt in Abgrenzung von Cournot für einen der beiden Anbieter im Duopol heteronomes Verhalten, d.h. dieser Oligopolist berücksichtigt bei seiner Mengenfestsetzung die erwarteten Reaktionen des anderen Oligopolisten und nimmt nicht dessen Angebotsmenge weiterhin als gegeben an. Dieser Oligopolist ist der Mengenführer. Für den oder die anderen Oligopolisten wird nach wie vor autonomes Verhalten unterstellt, er ist oder sie sind damit Mengenfolger, und auch ansonsten ist der Modellrahmen identisch mit dem Cournot-Modell. Aufgrund der unterschiedlichen Verhaltensannahmen bezüglich des Verhaltens der beiden Duopolisten wird der Ansatz auch als asymmetrisches Duopol bezeichnet.

Für die Mengenfolger gilt, so wie es im Cournot-Modell hergeleitet wurde, dass sie sich entsprechend ihrer Reaktionsfunktion an die Menge des Mengenführers anpassen. Der Men-

---

[164] Genauso ist auch der Fall von Preisführerschaft denkbar, dieser soll aber hier nicht weiter vertieft werden.

[165] Heinrich von Stackelberg (1905-1946), deutscher Ökonom, der sich vielfach mit Marktformen und Gleichgewichten beschäftigt hat.

genführer dagegen betrachtet die Mengen der Mengenfolger nicht als gegeben, vielmehr berücksichtigt er, dass seine Handlungen die Mengenentscheidungen der Mengenfolger beeinflussen und diese ihre Angebotsmenge reduzieren, wenn er seine Menge ausweitet. Der Mengenführer bezieht also bei seiner Gewinnmaximierungsentscheidung das zu erwartende Verhalten der Mengenfolger und deren Reaktionen auf seine Handlungen ein. Im Gegensatz zu den Mengenfolgern hat er keine Reaktionsfunktion, sondern ist, da Mengenführer, in der sogenannten **Unabhängigkeitsposition**. Er sucht sich auf der Reaktionsfunktion des (oder der) Mengenfolger(s) den Punkt, bei dem er seinen Gewinn maximiert. Dieser Punkt ist auch das Nash-Gleichgewicht und damit das Marktgleichgewicht.

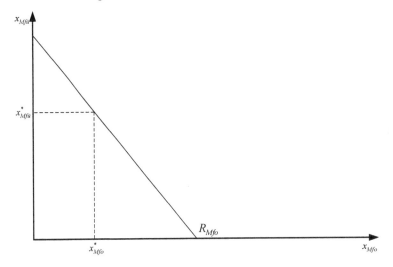

Abbildung 18.8: Nash-Gleichgewicht im Von-Stackelberg-Modell

Im Vergleich zu den Angebotsmengen im Cournot-Modell wird die gewinnmaximierende Angebotsmenge des Mengenführers bei sonst gleichen Bedingungen größer sein als die Angebotsmenge eines Oligopolisten mit autonomem Verhalten, da der Mengenführer die Mengeneinschränkungen des (oder der) Mengenfolger(s) bei einer größeren eigenen Angebotsmenge berücksichtigt (Abb. 18.9). Der Mengenführer wird, da er die Festlegung seiner Angebotsmenge vor dem (oder den) anderen Oligopolisten trifft, die Menge wählen, bei der sein Grenzerlös gleich seinen Grenzkosten ist. Der (oder die) Mengenfolger werden dann die Entscheidung über ihre gewinnmaximierende Menge auf der Basis der für ihn (sie) noch verbleibenden Residualnachfrage treffen.

18.3 Verschiedene Lösungsansätze für die Preisbildung beim Oligopol   373

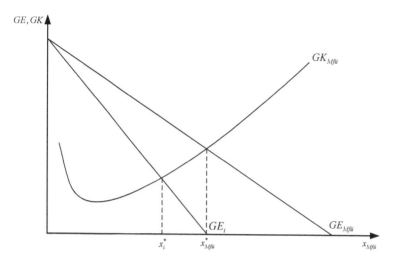

Abbildung 18.9: Gewinnmaximierende Angebotsmenge eines Mengenführers im Vergleich zur Angebotsmenge eines Oligopolisten im Cournot-Modell

Betrachten wir in der algebraischen Analyse der Einfachheit halber wieder ein Duopol; Duopolist 1 sei der Mengenführer, Duopolist 2 der Mengenfolger. Wie im Cournot-Modell unterstellen wir auch hier wieder eine lineare Marktnachfragefunktion der Form (18.5) und identische lineare Kostenfunktionen gemäß Gl. (18.6). Werfen wir zunächst einen Blick auf das Gewinnmaximierungsproblem des Mengenfolgers, der seine Angebotsmenge zwar später, nachdem der Mengenführer seine Angebotsmenge festgelegt hat, fixiert, aber dessen Verhalten annahmegemäß in die Entscheidung des Mengenführers eingeht. Wie wir oben hergeleitet haben, hängt die gewinnmaximierende Menge eines Oligopolisten, der sich autonom verhält, von der gewinnmaximierenden Menge der oder des Konkurrenten ab. Ausgedrückt wird dies durch die Reaktionsfunktion, für die wir in dieser Annahmenkonstellation dann für Duopolist 2 die oben bestimmte Form

(18.9b) $\quad x_2 = \dfrac{1}{2} \cdot \left(\dfrac{a-c}{b} - x_1 \right) \quad$ bzw. $\quad x_1 = \dfrac{a-c}{b} - 2 \cdot x_2$

ermittelt haben. Diese Reaktionsfunktion bezieht Duopolist 1 als Mengenführer in seine Gewinnmaximierungsüberlegungen ein:

(18.19) $\quad G_1 = \left[a - b \cdot \left(x_1 + \dfrac{1}{2} \cdot \left(\dfrac{a-c}{b} - x_1 \right) \right) \right] \cdot x_1 - K_{fix} - c_1 \cdot x_1$

$\qquad G_1 = a \cdot x_1 - b \cdot x_1^2 - b \cdot x_1 \cdot \left(\dfrac{1}{2} \cdot \left(\dfrac{a-c}{b} - x_1 \right) \right) - K_{fix} - c \cdot x_1$

$\qquad G_1 = a \cdot x_1 - b \cdot x_1^2 - b \cdot x_1 \cdot \dfrac{1}{2} \cdot \dfrac{a-c}{b} + \dfrac{1}{2} \cdot b \cdot x_1^2 - K_{fix} - c \cdot x_1$

Die Gl. (18.19) differenziert nach x_1, gleich null gesetzt und nach x_1 aufgelöst, ergibt die gewinnmaximierende Angebotsmenge des Mengenführers:[166]

(18.20) $x_1^* = \dfrac{a-c}{2b}$

Duopolist 2 als Mengenfolger nimmt diese Menge des Konkurrenten als gegeben an. Seine gewinnmaximierende Angebotsmenge ergibt sich durch das Einsetzen dieser Menge aus Gl. (18.20) in seine Reaktionsfunktion aus Gl. (18.9b) zu:

(18.21) $x_2^* = \dfrac{a-c}{4b}$

Damit beträgt die gesamte Angebotsmenge

(18.22) $x^* = \dfrac{3}{4} \cdot \dfrac{a-c}{b}$

und der Preis liegt im Marktgleichgewicht bei

(18.23) $p^* = c + \dfrac{1}{4} \cdot (a-c)$

Duopolist 1 als Mengenführer setzt also eine doppelt so große Menge des betrachteten Gutes ab wie der Mengenfolger Duopolist 2. Damit erzielt er auch einen höheren Gewinn. Es lohnt sich also für einen Oligopolisten, den „ersten Zug zu machen" und den (oder die) anderen Anbieter in die Abhängigkeitsposition zu zwingen. Man spricht auch vom **first mover´s advantage**. Wenn beide Duopolisten versuchen, die Mengenführerposition zu erlangen, und beide mit der Menge $(a-c)/2b$ an den Markt gehen, das Gesamtangebot dann also $(a-c)/b$ beträgt, so wird im Marktgleichgewicht eine Preis-Mengen-Kombination realisiert, die dem Gleichgewicht bei vollständiger Konkurrenz entspricht. Dies wird auch als **Bowley´sche Lösung** bezeichnet.[167]

Der Preis im Gleichgewicht liegt bei Mengenführerschaft eines Oligopolisten über den Grenzkosten. Also liegt auch im Oligopol bei Mengenführerschaft statische Ineffizienz vor. Vergleicht man aber das Gleichgewicht im Von-Stackelberg-Modell mit dem Monopolergebnis, so ist hier im Oligopol die Menge größer als im Monopolgleichgewicht, der Preis niedriger. Insofern ist der Wohlfahrtsverlust beim Gleichgewicht mit Mengenführerschaft im Oligopol gegenüber dem Gleichgewicht bei vollständiger Konkurrenz nicht so groß wie beim Monopol.

---

[166] Ein Vergleich von Gl. (18.20) mit Gl. (16.4), $GE = a - 2bx$, zusammen mit der Gewinnmaximierungsbedingung aus Gl. (13.30), $GE = GK$, unter Berücksichtigung der linearen Kostenkurve in Gl. (18.6) zeigt, dass die vom Mengenführer vorgegebene Menge die Menge ist, die ein gewinnmaximierender Monopolist an den Markt bringen würde.

[167] Arthur L. Bowley (1869-1957), englischer Statistiker und Ökonom.

18.3 Verschiedene Lösungsansätze für die Preisbildung beim Oligopol

Heteronomes Verhalten eines Oligopolisten ist auch bei Preissetzung denkbar. In diesem Fall muss entsprechend der Mengenführerschaft nun der **Preisführer** antizipieren, wie sich der oder die Preisfolger verhalten werden. Analysieren wir diese Verhaltensannahmen wieder für ein Duopol. Duopolist 1 sei der Preisführer und setzt einen Preis p. Duopolist 2 als Preisfolger wird diesen Preis als gegeben annehmen und sich daran anpassen. Dies ist das gleiche Verhalten, wie wir es von einem einzelnen Anbieter bei vollständiger Konkurrenz kennen. Duopolist 2 wird also die Menge anbieten, bei der die Grenzkosten der von ihm angebotenen Menge gleich sind dem von dem Preisführer gesetzten Preis:

(18.24) $\quad p = \dfrac{\delta K_2}{\delta x_2}$

Die Angebotskurve des Preisfolgers entspricht also dem aufsteigenden Ast seiner Grenzkostenkurve. Der Preisführer, Duopolist 1, antizipiert das Verhalten des Preisfolgers und weiß daher, welche Menge der Preisfolger bei dem von ihm gesetzten Preis anbieten wird. Daraus folgt, dass die Menge, die Duopolist 1 anbietet, die Residualnachfrage abdeckt, also die Marktnachfrage abzüglich der vom Duopolisten 2 angebotenen Menge:

(18.25) $\quad x_1^S(p) = x^D(p) - x_2^S(p)$

Bei wiederum als konstant unterstellten Grenzkosten in Höhe von c lautet die Gewinnfunktion des Duopolisten 1 somit:

(18.26) $\quad G_1(p) = p \cdot x_1^S(p) - K\!\left(x_1^S\right) = p \cdot \left(x^D(p) - x_2^S(p)\right) - K_{fix} - c \cdot \left(x^D(p) - x_2^S(p)\right)$

Der gewinnmaximierende Preis des Duopolisten 1 ist dort, wo sein Grenzerlös gleich seinen Grenzkosten ist. Allerdings ist der hier in Rede stehende Grenzerlös, wie aus Gl. (18.26) ersichtlich, der Grenzerlös bezogen auf die Residualnachfrage. Aus dem Schnittpunkt der auf die Residualnachfrage bezogenen Grenzerlöskurve und der Grenzkostenkurve ergibt sich die gewinnmaximierende Menge des Preisführers, des Duopolisten 1. Der gleichgewichtige Preis folgt aus der Preis-Absatz-Kurve des Duopolisten 1, der Residualnachfragekurve. Aus der Marktnachfragekurve ergibt sich die bei diesem Preis insgesamt angebotene Menge, die sich aus der Angebotsmenge des Preisführers und der Angebotsmenge des Preisfolgers zusammensetzt (Abb. 18.10).

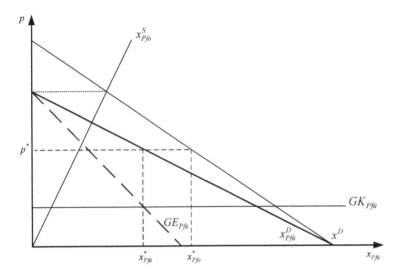

Abbildung 18.10: Gewinnmaximum des Preisführers

Es überrascht nicht, dass auch dieses Gleichgewicht keine statische Effizienz aufweist, da auch bei Preisführerschaft im Oligopol der Gleichgewichtspreis über den Grenzkosten liegt.

19 Zu verschiedenen Formen des Marktversagens

Bislang haben wir bei der Betrachtung von Vorgängen am Markt implizit unterstellt, dass aller Nutzen aus dem Konsum eines Gutes nur den jeweiligen Konsumenten zufließt, die dieses Gut auch nachfragen, und alle Kosten der Produktion eines Gutes von den Unternehmen getragen werden müssen, denen auch die Erlöse aus dem Verkauf dieses Gutes zufließen. Ebenso haben wir implizit unterstellt, dass die Eigenschaften der betrachteten Güter so beschaffen sind, dass hierfür tatsächlich auch Märkte existieren. Und wir haben des Weiteren angenommen, dass die Informationen über das betrachtete Gut allen Marktteilnehmern in gleicher Weise zur Verfügung stehen. All dies muss nicht gewährleistet sein. In den folgenden Abschnitten wollen wir analysieren, welche Auswirkungen es hat, wenn jeweils eine dieser Annahmen nicht erfüllt ist. Wir werden sehen, dass bei Nichterfüllen schon einer der angeführten bislang unterstellten Annahmen der Marktmechanismus nicht zu einer effizienten Lösung führt. Das Eingreifen des Staates kann dann unter bestimmten Bedingungen zu einer Effizienzsteigerung und Vergrößerung der gesamtwirtschaftlichen Wohlfahrt führen. Aber an dieser Stelle sei nur darauf hingewiesen, ohne es im Folgenden weiter zu vertiefen, dass es neben einem Marktversagen auch ein Staatsversagen geben kann. Vor zu großem Vertrauen in das staatliche Handeln sei also gewarnt. Letztlich bleibt im Einzelfall zu klären, ob ein Marktversagen hinzunehmen oder ob staatliches Handeln notwendig ist.

19.1 Externalitäten

Von **Externalitäten** oder **externen Effekten** spricht man, wenn das wirtschaftliche Handeln Einzelner die Wohlfahrt unbeteiligter Dritter beeinflusst. Externalitäten sind also Auswirkungen ökonomischer Aktivitäten, seien es Konsumaktivitäten oder Produktionsaktivitäten, auf den Nutzen oder den Gewinn von Haushalten bzw. Unternehmen, die an der ökonomischen Aktivität selbst nicht beteiligt sind.[168] Externalitäten können den Nutzen oder den Gewinn der unbeteiligten Dritten positiv oder negativ beeinflussen, können also in Form negativer externer Effekte (externe Kosten) oder positiver externer Effekte (externe Erträge oder exter-

---

[168] Die hier beschriebenen externen Effekte werden auch als technologische externe Effekte in Abgrenzung zu den sogenannten pekuniären externen Effekten bezeichnet. Pekuniäre externe Effekte dagegen werden über den Preismechanismus an unbeteiligte Dritte weitergegeben, sind insofern keine externen Effekte i.e.S., da bei ihnen keine direkten Auswirkungen auf unbeteiligte Haushalte oder Unternehmen erfolgen.

ne Nutzen) auftreten. Dabei können externe Effekte zwischen Unternehmen, zwischen Haushalten sowie zwischen Haushalten und Unternehmen auftreten. Beispiele für die verschiedenen Arten von Externalitäten lassen sich leicht finden. Ein negativer externer Effekt zwischen Unternehmen tritt auf, wenn eine chemische Reinigung ihr Abwasser in einen nahe gelegenen Fluss ableitet, wodurch ein flussabwärts gelegener Fischzuchtbetrieb geschädigt wird. Ein positiver externer Effekt tritt auf, wenn in einem Unternehmen eine Erfindung gemacht wird, von der auch andere Unternehmen profitieren. Zwischen Haushalten kann es zu einem negativen Effekt kommen, wenn der Hund des Nachbarn ständig bellt; die Impfung gegen eine ansteckende Krankheit ist dagegen mit einem positiven externen Effekt zwischen Haushalten verbunden. Und das klassische Beispiel für einen negativen externen Effekt zwischen Unternehmen und Haushalten ist die Umweltverschmutzung, die mit der Produktion eines bestimmten Gutes verbunden ist, beispielsweise wenn Abgase ungefiltert an die Umwelt abgegeben werden. Treten Externalitäten in der Produktion oder im Konsum auf, so stimmen privatwirtschaftliches und gesamtwirtschaftliches Optimum nicht mehr miteinander überein.

Beginnen wir mit der ausführlichen Analyse eines **negativen externen Effekts in der Produktion**. Wir wollen ein Gut betrachten, dessen Produktion mit Umweltverschmutzung in größerem Umfang einhergeht. Es kommt zu Schädigungen unbeteiligter Dritter, die von den Unternehmen, die das betrachtete Gut herstellen, nicht in ihrem Kalkül zur Bestimmung der gewinnmaximierenden Produktionsmenge berücksichtigt werden. Die gesamtgesellschaftlichen Kosten und damit auch die gesamtgesellschaftlichen Grenzkosten GK_{soz} sind höher als die privatwirtschaftlichen Kosten resp. Grenzkosten GK_{priv}; die Differenz sind die externen Kosten. Die grafische Darstellung der Abb. 19.1 bringt dies durch eine weiter oben liegende Kurve der gesamtgesellschaftlichen Grenzkosten zum Ausdruck.[169] Bei vollständiger Konkurrenz wird, wenn die Ökonomie sich selbst überlassen wird, im Marktgleichgewicht die Preis-Mengen-Kombination (p_{priv}, x_{priv}) realisiert werden. Aus gesamtgesellschaftlicher Sicht, also unter Berücksichtigung aller anfallenden Kosten, ist jedoch die Preis-Mengen-Kombination (p_{soz}, x_{soz}) optimal. Eine allein die von den Unternehmen getragenen Kosten berücksichtigende Optimierung führt dazu, dass von dem betrachteten Gut zu viel hergestellt wird und der Preis im Gleichgewicht zu niedrig ist.

---

[169] Hier wird in Abb. 19.1 unterstellt, dass die Umweltschäden proportional zur Produktionsmenge sind, deshalb ist die GK_{priv}-Kurve noch oben zu drehen. Käme es bei der Produktion des betrachteten Gutes zu einem negativen Effekt, der mit über die Produktionsmenge konstanten zusätzlichen Kosten verbunden ist, so wäre die GK_{priv}-Kurve entsprechend nach oben parallel zu verschieben.

19.1 Externalitäten

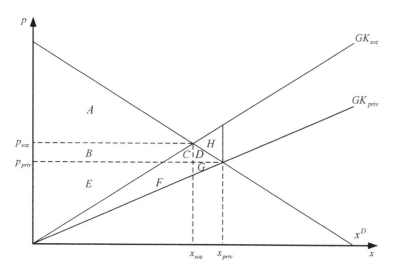

Abbildung 19.1:   Auswirkungen eines negativen externen Effekts in der Produktion

Diese zu große Produktion des betrachteten Gutes, gemessen an der effizienten Produktionsmenge, wird deutlich, wenn wir das private Optimum mit dem gesamtgesellschaftlichen Optimum vergleichen. Die die Konsumentenrente und die Produzentenrente in Abb. 19.1 repräsentierenden Flächen sind in Tab. 19.1 angeführt. Darüber hinaus ist zu berücksichtigen, dass die Externalität ebenfalls Wohlfahrtswirkungen besitzt – wie beschrieben auf unbeteiligte Dritte, deren Vorstellungen und Überlegungen nicht in der Angebotskurve und der Nachfragekurve des betrachteten Marktes abgebildet sind. Gleichwohl lassen sich diese Wohlfahrtswirkungen im (p, x)-Diagramm der Abb. 19.1 ablesen. Im Marktgleichgewicht, ohne irgendwelche Maßnahmen, mit dem negativen externen Effekt umzugehen, wird von dem betrachteten Gut die Menge x_{priv} hergestellt. Die dabei die von den Unternehmen getragenen privaten Grenzkosten übersteigenden Kosten, die dann von den unbeteiligten Dritten getragen werden, werden in der Abb. 19.1 durch die Fläche $(C+D+F+G+H)$ repräsentiert und stellen das Ausmaß des negativen externen Effekts dar.

	Privatwirtschaftliches Optimum	Gesamtgesellschaftliches Optimum	Δ
Konsumentenrente	A+B+C+D	A	-(B+C+D)
Produzentenrente	E+F+G	B+C+E+F	+(B+C), -G
Externalität	-(C+D+F+G+H)	-(C+F)	+(D+G+H)
Gesamtwohlfahrt	A+B+E-H	A+B+E	+H

Tabelle 19.1:   Wohlfahrtswirkungen eines negativen externen Effekts

Das Maximum der Gesamtwohlfahrt wird im gesamtgesellschaftlichen Optimum (p_{soz}, x_{soz}) realisiert. In diesem ist die Wohlfahrt um die Fläche H größer als im privatwirtschaftlichen Optimum und Gleichgewicht. Gelänge also eine **Internalisierung des externen Effekts**, so würde die Gesamtwohlfahrt steigen.[170]

Das gesamtgesellschaftliche Optimum ist dadurch gekennzeichnet, dass hier die aggregierte maximale marginale Zahlungsbereitschaft, wie sie sich ja in der Marktnachfragekurve widerspiegelt, den gesamtgesellschaftlichen Grenzkosten entspricht. Beim Vorliegen eines negativen externen Effekts sind die gesamtgesellschaftlichen Kosten aber nicht identisch den von den Unternehmen getragenen privaten Kosten der Produktion, sondern sind um die mit dem negativen externen Effekt verbundenen Schadenskosten SK höher als die privaten Kosten. Die Schadenskosten wiederum hängen, im hier untersuchten Fall der Umweltverschmutzung, ab von der Emissionsmenge e. Die Menge der Emissionen schädlicher Stoffe wiederum hängt ab von der Produktionsmenge x des betrachteten Gutes.

Im gesamtgesellschaftlichen Optimum muss also gelten:

$$(19.1) \quad p = GK_{soz} = \frac{\delta K_{soz}}{\delta x} \quad \text{bzw.} \quad p = \frac{\delta K_{priv}}{\delta x} + \frac{\delta SK}{\delta e} \cdot \frac{\delta e}{\delta x}$$

Die Produktionsmenge des betrachteten Gutes ist dann also aus gesamtgesellschaftlicher Sicht optimal, wenn die sozialen (oder: gesamtgesellschaftlichen) Grenzkosten dem Güterpreis entsprechen. Die Optimalitätsbedingung ist also die gleiche wie bisher, nur dass in den bisherigen Kapiteln private und soziale (oder: gesamtgesellschaftliche) Kosten aufgrund der Abwesenheit von Externalitäten übereinstimmten.

Übertragen wir die marginalen Schadenskosten $(\delta SK/\delta e) \cdot (\delta e/\delta x)$ – in der Grafik der Abb. 19.1 ist dies der vertikale Abstand zwischen der GK_{soz}-Kurve und der GK_{priv}-Kurve – in ein Diagramm mit der Emissionsmenge an der Abszisse und tragen wir im gleichen Diagramm die marginalen **Vermeidungskosten** $-(\delta K_{priv}/\delta x)$ bzw. $(\delta VK/\delta e) \odot (\delta e/\delta x)$ (der marginale Wohlfahrtsverlust, der sich aus einer Verringerung der Versorgung mit dem betrachteten Gut ergibt) ab, die sich aus der vertikalen Differenz zwischen der Nachfragekurve als Kurve der maximalen marginalen Zahlungsbereitschaft und den privaten Grenzkosten ergeben, so können wir die obigen Überlegungen noch um eine weitere Facette ergänzen. Dabei wollen wir im Folgenden unterstellen, dass die Emissionsmenge proportional zur Ausbringungsmenge ist, wobei die Skalierung der Produktionsmenge und der Emissionsmenge der Übersichtlichkeit halber so vorgenommen werden soll, dass die Ableitung $\delta e/\delta x$ gerade gleich eins ist.

---

[170] Auf die verschiedenen Möglichkeiten zur Internalisierung externer Effekte werden wir weiter unten ausführlich eingehen.

19.1 Externalitäten

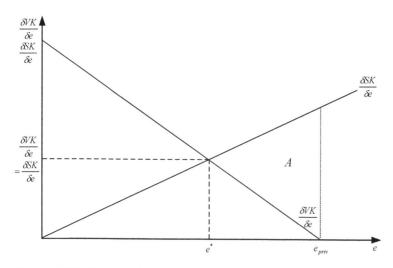

Abbildung 19.2: Die optimale Emissionsmenge

Dort, wo die marginalen Vermeidungskosten und die marginalen Schadenskosten gleich hoch sind, ist die gesamtgesellschaftlich optimale Emissionsmenge e^*. Solange für die Umweltverschmutzung kein Preis zu zahlen ist, der Preis für die Umweltnutzung also gleich null ist, ist es aus privatwirtschaftlicher Sicht optimal, die Emissionsmenge e_{priv} an die Umwelt abzugeben: Mit der Produktion des betrachteten Gutes wird Umweltverschmutzung verursacht bis zu dem Punkt, an dem die Kosten einer zusätzlichen Verschmutzung null sind. Aus gesamtgesellschaftlicher Sicht sind jedoch die Schadenskosten, die an anderer Stelle anfallen und nicht von den das betrachtete Gut produzierenden Unternehmen zu tragen sind, mit zu berücksichtigen. Eine Verringerung der Emissionsmenge auf das effiziente Niveau e^* bedeutet eine Reduktion der gesamtgesellschaftlichen Kosten um die Fläche A und damit eine Erhöhung der Gesamtwohlfahrt um diesen Betrag.

Analysieren wir einen negativen externen Effekt in der Produktion noch algebraisch. Wir betrachten den Fall, bei dem die Produktionsmenge des einen Unternehmens den Gewinn eines anderen Unternehmens negativ beeinflusst – also einen negativen externen Effekt zwischen zwei Unternehmen.[171] Man kann hier an das oben erwähnte Beispiel einer chemischen Reinigung, die ihr Abwasser ungefiltert in einen nahe gelegenen Fluss ableitet, und einen flussabwärts gelegenen Fischzuchtbetrieb denken. Die Gewinnfunktion der chemischen Reinigung lautet:[172]

---

[171] In der grafischen Analyse, die wir gerade durchgeführt haben, war die Betrachtungsweise allgemeiner, da wir die von der Externalität betroffenen unbeteiligten Dritten nicht näher eingegrenzt haben. Hier, in der algebraischen Betrachtung, wollen wir den Analyserahmen enger fassen, um eine gewisse Übersichtlichkeit zu behalten.

[172] Das Suffix C steht naheliegenderweise für den Bezug der entsprechenden Variablen auf die chemische Reinigung.

(19.2) $G_C = p_C \cdot x_C - K_C(x_C, e)$

Die Gl. (19.2) bringt zum Ausdruck, dass die bei der chemischen Reinigung in der Produktion anfallenden Kosten nicht nur von der Menge des von ihr produzierten Gutes, der Menge x_C an gereinigten Textilien u.Ä., abhängen, sondern auch von der mit der Produktion verbundenen Umweltverschmutzung, der Emissionsmenge e an verschmutztem Abwasser. Wir unterstellen, dass zwischen den Kosten des Unternehmens und der Emissionsmenge ein negativer Zusammenhang besteht, da die Vermeidung der Verunreinigungen im Abwasser für das Unternehmen mit höheren Kosten verbunden ist:

(19.3) $\dfrac{\delta K_C}{\delta e} < 0$

Als notwendige Bedingungen für ein Gewinnmaximum[173] ergeben sich aus der ersten Ableitung der Gl. (19.2) nach den beiden Entscheidungsgrößen der chemischen Reinigung

(19.4a) $\dfrac{\delta G_C}{\delta x_C} = 0 \Rightarrow p_C = \dfrac{\delta K_C}{\delta x_C}$ und

(19.4b) $\dfrac{\delta G_C}{\delta e} = 0 \Rightarrow 0 = \dfrac{\delta K_C}{\delta e}$

Die Gewinnfunktion des Fischzuchtbetriebs lautet:[174]

(19.5) $G_F = p_F \cdot x_F - K_F(x_F, e)$

Der Gewinn des Fischzuchtbetriebs ist nicht nur von dessen Produktionsmenge abhängig, sondern auch von der Emissionsmenge e der chemischen Reinigung, auf die der Fischzuchtbetrieb aber keinen Einfluss hat. Jedoch beeinträchtigt diese Emissionsmenge seinen Gewinn, denn je stärker das Abwasser der chemischen Reinigung verschmutzt ist, umso höhere Kosten fallen bei ihm an, da er das von ihm verwendete Flusswasser dann umso aufwändiger aufbereiten muss. Es gilt also:

(19.6) $\dfrac{\delta K_F}{\delta e} > 0$

Im Gewinnmaximum des Fischzuchtbetriebs muss daher gelten:

(19.7) $\dfrac{\delta G_F}{\delta x_F} = 0 \Rightarrow p_F = \dfrac{\delta K_F}{\delta x_F}$

Im privatwirtschaftlichen Gleichgewicht sind die Bedingungen der Gl. (19.4) und (19.7) erfüllt. Die chemische Reinigung wird die Menge an gereinigten Textilien u.Ä. anbieten, bei der die bei ihr anfallenden Grenzkosten der Reinigung gerade dem am Markt erzielbaren

---

[173] Die hinreichenden Bedingungen sehen wir als erfüllt an.

[174] Das Suffix F steht für den Bezug der entsprechenden Variablen auf den Fischzuchtbetrieb.

Preis einer Reinigungsleistung entsprechen, und sie wird so lange Verunreinigungen des Abwassers „produzieren", bis die Grenzkosten der Verunreinigung gerade gleich null sind. Der Fischzuchtbetrieb wird die Menge an Fischen anbieten, bei der seine Grenzkosten dem am Markt erzielbaren Preis eines Fisches entsprechen, wobei seine Kosten auch von der Emissionsmenge abhängen, die aber von der chemischen Reinigung bestimmt wird. Dies berücksichtigt die chemische Reinigung in ihrem Gewinnmaximierungskalkül jedoch nicht.

Um zu ermitteln, wie hoch die Produktionsmengen an Reinigungsleistungen und Fisch im gesamtgesellschaftlichen Optimum sind, fassen wir die beiden Unternehmen zusammen und bestimmen die gewinnmaximierenden Produktionsmengen beider Güter (und die mit dem Erbringen chemischer Reinigungsleistungen verbundenen Abwasserverunreinigungen) von diesem fusionierten Unternehmen. Bei diesem fusionierten Unternehmen können per definitionem keine Externalitäten zwischen chemischer Reinigung und Fischzuchtbetrieb mehr auftreten – der negative externe Effekt wäre internalisiert. Die Gewinnfunktion des fusionierten Unternehmens lautet:

(19.8) $G = p_C \cdot x_C + p_F \cdot x_F - K_C(x_C, e) - K_F(x_F, e)$

Im Gewinnmaximum muss gelten:

(19.9a) $\dfrac{\delta G}{\delta x_C} = 0 \Rightarrow p_C = \dfrac{\delta K_C}{\delta x_C}$ und

(19.9b) $\dfrac{\delta G}{\delta x_F} = 0 \Rightarrow p_F = \dfrac{\delta K_F}{\delta x_F}$

(19.9c) $\dfrac{\delta G}{\delta e} = 0 \Rightarrow 0 = \dfrac{\delta K_C}{\delta e} + \dfrac{\delta K_F}{\delta e}$

Anders als im Fall der beiden jeweils für sich allein entscheidenden Unternehmen wird das fusionierte Unternehmen die Auswirkungen der Verschmutzung durch den Betrieb der chemischen Reinigung auf den Fischzuchtbetrieb in seinem Gewinnmaximierungskalkül berücksichtigen, wie der zweite Summand in Gl. (19.9c) widerspiegelt. Die optimale Emissionsmenge ist, wie der Vergleich von Gl. (19.4b) mit (19.9c) zeigt, nicht identisch der Emissionsmenge bei zwei einzeln agierenden Unternehmen. Das fusionierte Unternehmen wird so viel Verunreinigung des Abwassers „produzieren", bis seine gesamten und damit in unserem Zwei-Unternehmen-Beispiel die gesamtgesellschaftlichen Grenzkosten der Verschmutzung gerade gleich null sind. Die gesamtgesellschaftlich optimale Emissionsmenge liegt also vor, wenn gemäß Gl. (19.9c) gilt:

(19.10) $-\dfrac{\delta K_C}{\delta e} = \dfrac{\delta K_F}{\delta e}$

Da gemäß Gl. (19.6) eine zusätzliche Verschmutzung des Abwassers der chemischen Reinigung die Kosten des Fischzuchtbetriebs erhöht, somit die rechte Seite von Gl. (19.10) positiv ist, wird das fusionierte Unternehmen dort produzieren, wo $\delta K_C/\delta e$ negativ ist. Gemäß Gl. (19.3) sind die Grenzkosten der chemischen Reinigung mit zunehmender Emissionsmenge fallend, so dass im gesamtgesellschaftlichen Optimum die chemische Reinigung eine geringere Emissionsmenge wählen wird. Da die Emissionsmenge mit der Menge an Reinigungsleistungen positiv verbunden ist, wird im gesamtgesellschaftlichen Optimum dann auch eine geringere Menge an gereinigten Textilien u.Ä. angeboten werden. Damit ist das Ergebnis der grafischen Analyse in Abb. 19.1 bestätigt.

Der Ausdruck $-(\delta K_C/\delta e)$ auf der rechten Seite von Gl. (19.10) stellt die Grenzkosten der chemischen Reinigung für die Verursachung einer zusätzlichen Verunreinigung ihres Abwassers dar, sind also die marginalen Vermeidungskosten der Verschmutzung $\delta VK/\delta e$. Im Optimum des fusionierten Unternehmens und damit im gesamtgesellschaftlichen Optimum sind diese Grenzkosten gerade gleich den Grenzkosten, die dem Fischzuchtbetrieb entstehen. Das fusionierte Unternehmen wägt in seinem Gewinnmaximierungskalkül die zusätzlichen (Vermeidungs-)Kostenreduktion durch weitere Verschmutzung seitens des chemischen Reinigungsbetriebs gegen die zusätzlichen Kosten, die dem Fischzuchtbetrieb dadurch entstehen würden, ab und wählt die Verschmutzung und Emissionsmenge, bei der diese beiden Effekte sich gerade aufheben, da dann keine weitere Gewinnsteigerung mehr möglich ist. Dies ist genau das, was wir in der grafischen Analyse der Abb. 19.2 zum Ausdruck gebracht haben.

Entsprechend sind **positive externe Effekte in der Produktion** zu behandeln. Beim Vorliegen positiver externer Effekte sind die gesamtgesellschaftlichen Kosten niedriger als die privatwirtschaftlichen. Die grafische Analyse in Abb. 19.3 zeigt, dass in einem solchen Fall von dem betreffenden Gut zu wenig hergestellt und der Preis für dieses Gut am Markt zu hoch ist. Im privatwirtschaftlichen Gleichgewicht ist die Gesamtwohlfahrt suboptimal, eine Internalisierung der positiven Externalität würde zu einer Wohlfahrtssteigerung führen.

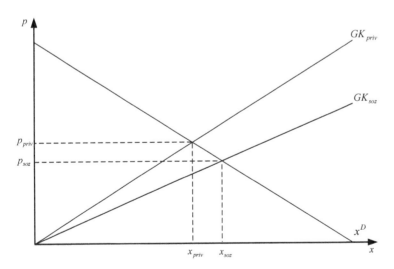

Abbildung 19.3: Auswirkungen eines positiven externen Effekts in der Produktion

Ebenfalls führen Externalitäten im Konsum zu suboptimalen Gleichgewichten. Bei **negativen externen Effekten im Konsum** ist die gesamtgesellschaftliche marginale Zahlungsbereitschaft geringer als die einzelwirtschaftliche marginale Zahlungsbereitschaft des den negativen externen Effekt verursachenden Haushalts. Im Fall eines negativen externen Effekts im Konsum berücksichtigt ein Haushalt nicht, dass sein Nachfrageverhalten unbeteiligte Dritte schädigt. Beispiele hierfür sind der oben erwähnte bellende Hund des Nachbarn, der rauchende Gast am Nachbartisch im Restaurant u.Ä. Beim Vorliegen negativer externer Effekte fragt der den negativen externen Effekt verursachende Haushalt von dem betreffenden Gut zu viel nach und der Preis ist im Gleichgewicht höher als im gesamtgesellschaftlichen Optimum. Bei **positiven externen Effekten im Konsum** ist es gerade umgekehrt: Von dem betreffenden Gut wird, verglichen mit dem gesamtgesellschaftlichen Optimum, zu wenig nachgefragt und der Preis ist im Marktgleichgewicht zu hoch. Begründet liegt dies darin, dass die aggregierte einzelwirtschaftliche marginale maximale Zahlungsbereitschaft der Haushalte für das betreffende Gut niedriger ist als die gesamtgesellschaftliche marginale maximale Zahlungsbereitschaft. Der einzelne das betreffende Gut nachfragende Haushalt berücksichtigt in seinem Nutzenmaximierungskalkül nicht, dass von seinem Konsum dieses Gutes auch andere, unbeteiligte Dritte profitieren und deren Nutzen steigt. Verwiesen sei auf das eingangs angeführte Impfbeispiel, ebenso kann die Internetnutzung, z.B. durch soziale Netzwerke, erwähnt werden. In Abb. 19.4 und Abb. 19.5 sind ein negativer bzw. ein positiver externer Effekt im Konsum grafisch dargestellt.

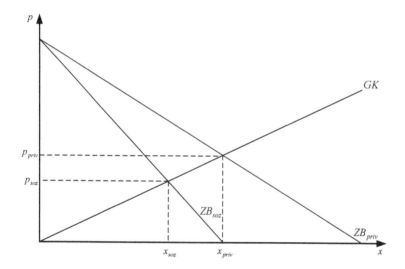

Abbildung 19.4: Auswirkungen eines negativen externen Effekts im Konsum

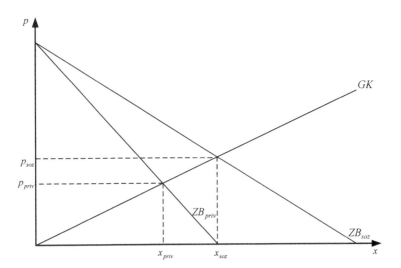

Abbildung 19.5: Auswirkungen eines positiven externen Effekts im Konsum

Beim Vorliegen externer Effekte, gleich welcher Art, führt die Allokation durch den Markt, wie gesehen, zu einer suboptimalen Lösung. Die Gesamtwohlfahrt der Gesellschaft wäre größer, wenn die Externalitäten nicht aufträten, wenn sie internalisiert, also in das Entscheidungskalkül der Handelnden eingingen. Denkbar sind für die Internalisierung der externen Effekte prinzipiell zwei Wege: Es kommt zu einer privaten Lösung der Internalisierung, oder durch staatliche Maßnahmen wird eine Internalisierung erzielt.

Beginnen wir mit der **Internalisierung durch privates Handeln**. Es gibt Phänomene im menschlichen Zusammenleben, die sich mit einem rein ökonomischen Kalkül schwer erklären lassen. So spenden viele Menschen für verschiedene soziale, karitative oder sonstige gemeinwohlorientierte Zwecke oder engagieren sich in unterschiedlichen Gruppen für Kultur, Bildung oder Umweltschutz, ohne eine direkte Gegenleistung zu empfangen. Und viele Menschen tun manche Dinge oder unterlassen andere aus dem Befolgen des Kant'schen Imperativs oder anderer, ähnlich formulierter Grundregeln für das menschliche Zusammenleben.[175] Daher unterbleibt manches Verhalten, was unbeteiligten Dritten schaden würde, und manches für unbeteiligte Dritte Positive wird durchgeführt. Verhaltensregeln können also zu einer Internalisierung von Externalitäten beitragen.

Der Markt selbst liefert aber auch einen Anreiz, dass ein externer Effekt internalisiert wird. Durch eine Internalisierung des externen Effekts steigt, wie oben gesehen, die gesamtgesellschaftliche Wohlfahrt. Insofern könnten sich alle, die Handelnden und die ursprünglich unbeteiligten Dritten, besser stellen, wenn es zu einer Internalisierung käme. Ein gemeinsames Agieren aller, sei es im Wege einer losen Kooperation und Koordination oder auch im Wege

---

[175] Der Kant'sche Imperativ lautet in der wohl am bekanntesten Formulierung „Handle nur nach derjenigen Maxime, durch die du zugleich wollen kannst, dass sie ein allgemeines Gesetz werde." (Grundlegung der Metaphysik der Sitten, BA 52 (Akademie-Ausgabe Kant Werke IV, S. 421, 18-20)).

eines Zusammenschlusses, würde zur Internalisierung des externen Effekts führen. Im oben betrachteten Beispiel von chemischer Reinigung und Fischzuchtbetrieb haben wir gesehen, dass die Fusion der beiden Unternehmen und die dadurch ausgelöste gemeinsame Gewinnmaximierung letztlich zum gesellschaftlichen Optimum führt. Dass eine solche Fusion oder auch eine abgeschwächte Form nicht immer zum Tragen kommt, kann an vielen Dingen liegen. Vielfach sind zu hohe Transaktionskosten der Grund dafür, dass Vereinbarungen nicht entstehen. Gerade am Beispiel der Umweltverschmutzung kann man sich klarmachen, dass viele Akteure, aktive wie passive, in eine gemeinsame Lösung einzubeziehen wären, was das Zustandekommen einer gemeinsamen Lösung aber ungemein erschwert. Gleichwohl ist bei nicht allzu hohen Transaktionskosten die Internalisierung externer Effekte auch ein Grund dafür, dass viele Unternehmen in verschiedenen Geschäftsfeldern tätig sind.

Die Internalisierung von Externalitäten durch privates Handeln kann des Weiteren dadurch erfolgen, dass Märkte entstehen, auf denen die externen Effekte gehandelt werden. Dies ist häufig dann der Fall, wenn es lediglich um die Koordination der Marktteilnehmer nur einer Marktseite geht. Ein Beispiel hierfür ist die Publikation von Tests bestimmter Güter. Letztlich erfolgt hier eine Koordination vieler Nachfrager. Die einzelnen Nachfrager würden sich wahrscheinlich nicht die Mühe machen, Waschmaschinen, TV-Geräte, Pkw oder andere Güter ausgiebig zu testen und zu vergleichen. Aber durch die Vorfinanzierung der Tests durch die Herausgeber der Test-Zeitschriften und die Umlage der Kosten auf die Käufer der Zeitschriften lohnt es sich, solche Tests durchzuführen, und die positiven externen Effekte der Informationsgewinnung werden internalisiert. Das Geschäftsmodell von Versicherungsberatern, Anlageberatern und anderen „Händlern" von Informationen funktioniert im Grunde ähnlich, und der Gewinn resultiert aus der damit verbundenen Internalisierung externer Effekte.

Nicht immer können Externalitäten durch privates Handeln und den Markt internalisiert werden. Dies kann an der Höhe der Transaktionskosten, die bei der Koordination anfallen, begründet sein, kann an dem Zeitaufwand für das Finden einer Koordinationslösung liegen oder darin, dass nicht nur ein Koordinationsproblem, sondern auch ein Verteilungsproblem mit der Externalität verbunden ist. Im oben ausführlich diskutierten Fall der Umweltverschmutzung durch die chemische Reinigung wird die den negativen externen Effekt verursachende chemische Reinigung nicht freiwillig bereit sein, eine Kooperationslösung mit dem Fischzuchtbetrieb anzustreben; und eine Fusion setzt die Einwilligung des Fischzuchtunternehmens voraus.

Eine Möglichkeit, hier Abhilfe zu schaffen, liegt darin, den Urhebern der Externalität oder den (bis dahin) unbeteiligten Dritten weitere **Eigentumsrechte** zuzuweisen. Nach Coase[176] würden die Wirtschaftssubjekte dann in Verhandlungen über die Externalität eintreten und, keine Kosten der Verhandlungen, also keine Transaktionskosten unterstellt, im Gleichge-

---

[176] Ronald H. Coase, geb. 1910, britischer Wirtschaftswissenschaftler, hat mit der Theorie der Transaktionskosten die Grundlage für die sog. Neue Institutionenökonomik gelegt und in seinem 1960 veröffentlichten Aufsatz „The Problem of Social Costs" aufgezeigt, dass nicht nur staatliche Lösungen zur Internalisierung von Externalitäten führen können.

wicht würde die Externalität internalisiert sein. Diese Aussage wird in der Literatur auch als **Coase-Theorem** bezeichnet.

In unserem Beispiel der chemischen Reinigung und des Fischzuchtbetriebes hieße das, entweder der chemischen Reinigung das Recht auf die Verschmutzung des Wassers oder dem Fischzuchtbetrieb das Recht auf sauberes Wasser zuzuordnen. Nehmen wir an, die chemische Reinigung habe, wie bislang implizit unterstellt, ein Recht, das Wasser zu verschmutzen. Ohne Verhandlungen würde sie die Emissionsmenge e_{priv} an Abwasser in den Fluss leiten, wie in Abb. 19.6, basierend auf Abb. 19.2, dargestellt.

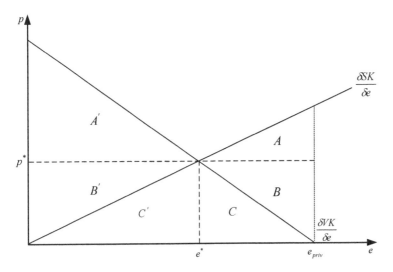

Abbildung 19.6: Optimale vertragliche Emissionsmenge nach Coase

Bei e_{priv} fallen für die chemische Reinigung (marginale) Vermeidungskosten von null an; würde sie weniger Abwasser an die Umwelt abgeben, müsste sie Vermeidungskosten tragen. Die gesamtgesellschaftlich optimale Emissionsmenge ist jedoch die geringere Menge e^*, da durch das Einleiten des Abwassers bei dem weiter unten am Fluss gelegenen Fischzuchtbetrieb Schäden entstehen, die durch die marginale Schadenskostenfunktion $\delta SK/\delta e$ in Abb. 19.6 ausgedrückt werden. Wird die Emissionsmenge von e_{priv} auf e^* reduziert, so sind für jede vermiedene Emissionseinheit die vermiedenen Schadenskosten beim Fischzuchtbetrieb größer als die Vermeidungskosten der chemischen Reinigung: $\delta SK/\delta e$ liegt hier über $\delta VK/\delta e$; der Fischzuchtbetrieb spart hier höhere Kosten ein als der chemischen Reinigung durch eine Reduktion der Abwassermenge an Vermeidungskosten entstehen. Hier könnten nun Verhandlungen ansetzen. Der Fischzuchtbetrieb könnte der chemischen Reinigung anbieten, ihr deren Recht auf Einleitung des Abwassers in den Fluss abzukaufen. Seine maximale marginale Zahlungsbereitschaft für saubereres Wasser wird durch seine marginale Schadenskostenfunktion angegeben. Die chemische Reinigung wird im Gegenzug mindestens die Höhe der marginalen Vermeidungskosten als Entschädigung für den Verzicht auf das Recht der Abwassereinleitung fordern. Im Gleichgewicht wird die Emissionsmenge e^* reali-

19.1 Externalitäten

siert werden, bei der sich die beiden Kurven schneiden, der Preis für die Emissionsvermeidung beträgt je Einheit p^*. Hier ist der Verhandlungsgewinn maximal. Beide Verhandlungspartner erzielen eine Rente und stehen sich besser als zuvor. Die chemische Reinigung hat zwar Vermeidungskosten in Höhe des Dreiecks C, sie erhält aber Zahlungen im Umfang der Rechteckfläche $(B+C)$, so dass sie einen Wohlfahrtsgewinn, repräsentiert durch die Dreiecksfläche B, erzielt. Der Fischzuchtbetrieb leistet zwar die Zahlungen, repräsentiert durch die Rechteckfläche $(B+C)$, seine vermiedenen Schäden $(A+B+C)$ sind aber größer als diese von ihm geleisteten Zahlungen an die chemische Reinigung, so dass er sich um die Fläche A besser stellt.

Ebenso könnte man dem Fischzuchtbetrieb ein Recht auf sauberes Wasser zubilligen. Damit wird die chemische Reinigung dazu gezwungen, entweder ihre Produktion einzustellen oder ihre Abwässer vollständig zu reinigen. Beides bedeutet hohe Kosten, entweder in Form entgangener Gewinne oder direkt durch die Reinigung der Abwässer. Ihre maximale marginale Zahlungsbereitschaft zur Vermeidung dieser Kosten wird durch die $\delta VK/\delta e$-Kurve wiedergegeben. Der Fischzuchtbetrieb wiederum wird mindestens eine Entschädigung in Höhe von $\delta SK/\delta e$ fordern, wenn die chemische Reinigung Emissionen an das Flusswasser abgibt. Im Bereich null bis e^* ist für jede Emissionsmenge, die zugelassen wird, der Betrag der Kosteneinsparung bei der chemischen Reinigung größer als der Gewinnrückgang beim Fischzuchtbetrieb. Insofern könnten beide ihre jeweilige Situation durch Verhandlungen verbessern. Über e^* hinaus ist eine weitere Verbesserung nicht möglich. Bei der Emissionsmenge e^* ist also auch bei dieser anfänglichen Zuordnung der Eigentumsrechte das gesamtgesellschaftliche Optimum. Gegenüber der Null-Emissionssituation erhöht die chemische Reinigung ihren Gewinn um einen Betrag, der durch die Fläche A' repräsentiert wird. Der Fischzuchtbetrieb steigert seinen Gewinn, durch den Verkauf des Rechts auf sauberes Wasser, per Saldo um die Fläche B'; zwar fällt bei ihm, wenn die chemische Reinigung die Emissionsmenge e^* an die Umwelt abgibt, ein Schaden in Höhe der Fläche C' an, er erhält dafür aber eine Kompensationszahlung von der chemischen Reinigung in Höhe von $(B'+C')$.

Private Verhandlungen führen also unter den gemachten Annahmen, insbesondere bei Transaktionskosten von null, zu einer perfekten Internalisierung externer Effekte. Im Ergebnis wird, im Fall negativer externer Effekte wie bei dem behandelten Beispiel der Umweltverschmutzung, die Emissionsmenge an die Umwelt abgegeben werden, bei der die marginalen Vermeidungskosten gerade gleich sind den marginalen Schadenskosten. Entscheidend ist die Zuordnung von Eigentumsrechten, die dann dazu führen, dass Verhandlungen möglich werden. Dabei ist es für das Erreichen des effizienten Ergebnisses unerheblich, ob den Verursachern der Externalität, in unserem Beispiel der chemischen Reinigung als dem Schädiger, oder den bis dahin unbeteiligten Dritten, hier dem Fischzuchtbetrieb als dem Geschädigten, die Eigentumsrechte zugeordnet werden.

Allerdings ist die Zuordnung von Eigentumsrechten auch eine Verteilungsfrage. Mit dem Einführen der Eigentumsrechte entsteht ein wirtschaftlicher Wert, von dem diejenigen profitieren, denen sie anfänglich zugewiesen werden. Erhält in unserem Beispiel die chemische Reinigung das Recht, das Abwasser ungereinigt in den Fluss einzuleiten, so erzielt sie als Ergebnis der Verhandlungen mit dem Fischzuchtbetrieb einen Erlös aus dem Verkauf des Verschmutzungsrechts an den Fischzuchtbetrieb, in Abb. 19.6 im Umfang der Rechteckfläche ($B+C$). Der Fischzuchtbetrieb erleidet eine Gewinneinbuße, die durch die Kompensationszahlung der chemischen Reinigung lediglich reduziert wird. Er stellt sich im gesellschaftlichen Optimum zwar besser als im Vergleich zu der Situation ohne Verhandlungen, e_{priv}, aber bei sonst gleichen Umständen stellt sich im gesellschaftlichen Optimum dann der Emittent, die chemische Reinigung, besser als der Geschädigte, der Fischzuchtbetrieb. Umgekehrt verhält es sich, wenn der Fischzuchtbetrieb das Eigentumsrecht anfänglich zugeordnet bekommt. Da in der Ausgangssituation der Fluss dann nicht verschmutzt werden darf, erzielt er durch die Einführung von Eigentumsrechten einen zusätzlichen Gewinn, da er sein Recht in dem oben bestimmten Umfang an die chemische Reinigung verkauft. Die chemische Reinigung wiederum kann ihren Gewinnrückgang infolge des Verzichts auf die Produktion bzw. infolge der Reinigung der Abwässer durch die Verhandlungen nur reduzieren, ihr Gewinn ist gleichwohl niedriger im Vergleich zur Gewinnhöhe vor Einführung der Eigentumsrechte.

Nicht immer ist die Internalisierung externer Effekte durch Verhandlungen möglich. Insbesondere können die bei den Verhandlungen anfallenden Transaktionskosten zu hoch sein, so dass der Staat mit weitergehenden Maßnahmen als der Zuweisung von Eigentumsrechten eingreifen muss. Die **Internalisierung von Externalitäten durch staatliche Maßnahmen** kann grundsätzlich auf drei Arten erfolgen: durch Auflagen (Ge- und Verbote), durch Pigou-Steuern und -Subventionen sowie durch die Ausgabe von Zertifikaten. Um die Ausgestaltung und Auswirkungen dieser drei Möglichkeiten zu verdeutlichen, gehen wir wieder auf das Beispiel der Umweltverschmutzung und die Abb. 19.1 und 19.2 ein. Gesamtgesellschaftlich optimal wäre die Produktionsmenge x_{soz} mit dem Preis p_{soz}, einhergehen würde die Produktion des betrachteten Gutes in dieser Menge mit einer Schadstoffmenge e^*.

Auflagenpolitik bedeutet, dass der Staat durch **Ge- und Verbote** das Produktionsniveau x_{soz} oder die Emissionsmenge e^* festlegt und für jedes der Unternehmen, die das betrachtete und mit dem negativen externen Effekt verbundene Gut herstellen, eine bestimmte (Höchst-) Menge vorschreibt. In der Wirtschaftspolitik häufig vorkommende Formen sind Grenzwerte für bestimmte Emissionen, die Vorgabe von Produktstandards bis hin zu absoluten Verwendungsverboten für bestimmte Stoffe. Der Vorteil der Mengenvorgaben liegt in ihrer Treffsicherheit. Nachteilig ist jedoch, dass durch die Mengenvorgaben keine oder nur geringe Anreize gesetzt werden, die Vermeidungstechnologien zu verbessern. Ist die Mengenvorgabe erfüllt, so besteht für die Verursacher der Umweltverschmutzung kein Anreiz, nach besseren Technologien zur Vermeidung der Umweltverschmutzung zu suchen. Zudem ist diese Politik möglicherweise ineffizient: Weisen die Unternehmen unterschiedliche Verläufe bei ihren marginalen Vermeidungskosten auf, so führt die Vorgabe gleicher Mengen zu unterschiedlichen Grenzkosten der Vermeidung und damit zu einer suboptimalen Situation: Wenn in zwei Unternehmen bei der Produktion des jeweiligen Gutes in großem Umfang bspw. CO_2 entsteht, das eine Unternehmen aber bereits Filter einsetzt, das andere, ansonsten identische Unternehmen aber nicht, so führt eine staatliche Auflage an die Unternehmen, den CO_2-Ausstoß um eine bestimmte Menge zu reduzieren, zu im Vergleich höheren Grenzvermeidungskosten bei dem bereits Filter verwendenden Unternehmen. Die Gesamtmenge an CO_2-Reduktion hätte zu niedrigeren Gesamtkosten erzielt werden können, wenn das Unternehmen ohne Filtertechnologie eine strengere Mengenvorgabe auferlegt bekommen hätte als das Unternehmen, das bereits relativ umweltschonend produziert.

19.1 Externalitäten

Das gesamtgesellschaftliche Optimum (p_{soz}, x_{soz}) kann aber auch durch die Einführung einer Steuer auf das betrachtete Gut erreicht werden; in der Abb. 19.1 müsste sie in Höhe der vertikalen Strecke zwischen der GK_{priv}- und der GK_{soz}-Kurve bei der Menge x_{soz}, also in Höhe der marginalen externen Kosten bei der Menge x_{soz}, auferlegt werden. Eine solche Steuer zur Internalisierung negativer externer Effekte wird **Pigou-Steuer** genannt.[177] Diese Steuer ist von den Verursachern der Umweltverschmutzung, den Emittenten, zu tragen und soll diese dazu veranlassen, weniger Emissionen an die Umwelt abzugeben. Sie ist quasi eine Gebühr oder ein Preis für das Recht, die Umwelt zu verschmutzen. Der einzelne Emittent bezieht den Steuersatz in sein Entscheidungskalkül ein und wird ihn mit seinen Grenzvermeidungskosten vergleichen. Solange diese niedriger sind als der marginale Steuersatz, wird er umweltschützende Maßnahmen ergreifen. Da die einzelnen Emittenten sich an den gleichen Steuersatz gewinnmaximierend anpassen, realisieren sie im Gleichgewicht alle die gleichen marginalen Vermeidungskosten. Die Vermeidungskosten insgesamt werden somit für die gegebene Emissionsmenge minimiert, und die Aufteilung der Gesamt-Emissionsmenge auf die emittierenden Unternehmen ist gesamtgesellschaftlich betrachtet optimal. Das Recht, die Umwelt zu verschmutzen, wird durch den Preismechanismus den Unternehmen zugeteilt, die für dieses Recht die höchste marginale Zahlungsbereitschaft aufweisen. An der Gesamt-Emissionsmenge haben die Unternehmen einen relativ größeren Anteil, die über eine effiziente Vermeidungstechnologie verfügen, die Unternehmen mit einer relativ ineffizienten Technologie haben nur einen relativ geringen Anteil an der Gesamt-Emissionsmenge. Damit sind Pigou-Steuern hinsichtlich der statischen Effizienz den Mengenvorgaben deutlich überlegen. Auch wirken Pigou-Steuern auf die statische Effizienz diametral entgegengesetzt wie die in Abschnitt 12.2 behandelten traditionellen Steuern: Im Gegensatz zu diesen erhöhen sie, durch die Internalisierung einer Externalität, die Effizienz und bringen die Gesellschaft näher zum gesamtgesellschaftlichen Optimum. Über diese statische Effizienz hinaus besitzen Pigou-Steuern gegenüber einer Mengenvorgabe den Vorzug, dass bei ihnen für die Emittenten ein Anreiz besteht, nach Technologien zu suchen, die mit geringerer Umweltnutzung einhergehen.

Betrachten wir die Pigou-Steuer noch algebraisch. Die Pigou-Steuer soll die einzelnen Verursacher der Emissionen proportional zu der von ihnen abgegebenen Emissionsmenge belasten:

(19.11) $T = t \cdot e$ mit $t > 0$

mit T als dem Steueraufkommen und t als dem Steuersatz. Wir unterstellen wie oben, dass die Emissionsmenge proportional zur Produktionsmenge des einzelnen Unternehmens ist:

(19.12) $e = a \cdot x$

mit $a > 0$ als Proportionalitätsfaktor. Der Gewinn des einzelnen Unternehmens, nach Steuern, beträgt:

---

[177] Arthur C. Pigou (1877-1959), englischer Ökonom, machte bereits Anfang des 20. Jahrhunderts einen entsprechenden Vorschlag, Pigou (1912/1960).

(19.13) $G^{netto} = p \cdot x - K(x) - t \cdot a \cdot x$

Als einziger Aktionsparameter zur (Netto-)Gewinnmaximierung steht dem Unternehmen nur die Produktionsmenge zur Verfügung, andere Maßnahmen zur Verringerung der Emissionen und damit zur Verringerung der Steuerlast gibt es nicht. Die erste Ableitung der Nettogewinnfunktion in Gl. (19.13) führt zur Bedingung für das Nettogewinnmaximum:[178]

(19.14) $\dfrac{\delta G^{netto}}{\delta x} = p - \dfrac{\delta K}{\delta x} - t \cdot a = 0$ bzw. $p - \dfrac{\delta K}{\delta x} = t \cdot a$

Das Unternehmen realisiert also dann seinen maximalen Nettogewinn, wenn die Verringerung des Bruttogewinns infolge einer Produktionseinschränkung mit der Steuerersparnis infolge dieser Produktionseinschränkung übereinstimmt. Solange die Bruttogewinneinbuße kleiner ist als die Steuerersparnis, lohnt sich die Produktionseinschränkung. Bezogen auf die zur Produktionsmenge proportionalen Emissionsmenge ergibt sich:[179]

(19.15) $\dfrac{\delta G}{\delta e} = t$

Die aus der Emissionsverminderung resultierende Einbuße an Bruttogewinn muss im Nettogewinnmaximum also gleich dem marginalen Steuersatz der Pigou-Steuer sein.

Wenn der Steuersatz der Pigou-Steuer gleich den marginalen externen Kosten bei der gesamtgesellschaftlich optimalen Produktionsmenge des mit der Externalität verbundenen Gutes ist, werden die Unternehmen aus Eigeninteresse die gesamtgesellschaftlich optimale Produktionsmenge herstellen. Die Pigou-Steuer setzt allerdings voraus, dass die externen Kosten quantifiziert und bewertet, den einzelnen Verursachern zugerechnet und die effiziente Reduktion des negativen externen Effekts bestimmt werden können. Da dies häufig nicht möglich ist, wird in der Wirtschaftspolitik als Alternative zur Pigou-Steuer der auf Baumol und Oates zurückgehende Standard-Preis-Ansatz[180] angewendet. Dieser Ansatz ist der Pigou-Steuer verwandt, setzt aber nicht die Monetarisierung der externen Kosten voraus. Beim Standard-Preis-Ansatz wird von der Wirtschaftspolitik ein bestimmtes, gewünschtes Niveau der Externalität vorgegeben, in Kategorien der Abb. 19.7 beispielsweise das Emissionsniveau e_{pol}. Um dieses Niveau zu erreichen, fallen entsprechende Vermeidungskosten an. Die Vermeidungskosten selber sind nun leichter zu ermitteln oder zumindest zu schätzen als die externen Kosten. Der Steuersatz zur Internalisierung der negativen Externalität ist dann in Höhe t anzusetzen, die den diesem Emissionsniveau entsprechenden marginalen Vermeidungskosten entspricht.

---

[178] Auf die Überprüfung der zweiten Ableitung der Nettogewinnfunktion verzichten wir an dieser Stelle.

[179] Um Gl. (19.15) zu erhalten, müssen in Gl. (19.13) lediglich Gl. (19.12) und der unterstellte Zusammenhang $e = f(x)$ beachtet werden, so dass aus Gl. (19.13) dann $G^{netto} = px(e) - K(x(e)) - te$ wird.

[180] Baumol/Oates (1971).

19.1 Externalitäten

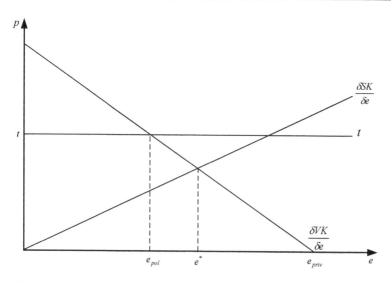

Abbildung 19.7: Standard-Preis-Ansatz

Die schon angesprochene Überlegenheit einer Pigou-Steuer gegenüber einer Mengenvorgabe lässt sich auch anhand einer an Abb. 19.2 bzw. 19.6 anknüpfenden grafischen Analyse zeigen. In Abb. 19.8 ist für die beiden Unternehmen A und B die von der Wirtschaftspolitik festgelegte höchstzulässige Emissionsmenge e_{pol} abgetragen, ebenso die Funktionen der marginalen Vermeidungskosten beider Unternehmen, $\delta VK_A/\delta e_A$ und $\delta VK_B/\delta e_B$. Die Einführung einer Pigou-Steuer mit dem Steuersatz t würde zur Realisierung des gesamtgesellschaftlichen Optimums führen. Unternehmen A würde die Emissionsmenge $e_A^* (= e^*)$ an die Umwelt abgeben, Unternehmen B die Menge $e_B^* (= e_{pol} - e^*)$. Würde dagegen den beiden Unternehmen eine Mengenvorgabe gemacht, indem jeder Unternehmung das Recht eingeräumt oder die Vorgabe gemacht werden würde, maximal die Emissionsmenge $e_{pol}/2$ an die Umwelt abzugeben, so würde die Gesamtwohlfahrt um die Dreiecksfläche $(A+B)$ niedriger ausfallen als im gesellschaftlichen Optimum:

Würde man, von $e_{pol}/2$ ausgehend, Unternehmen A zugestehen, eine Einheit des Schadstoffes mehr zu emittieren, und im Gegenzug Unternehmen B verpflichten, eine Einheit des Schadstoffes weniger an die Umwelt abzugeben, so würde bei Unternehmen A ein größerer Betrag an Vermeidungskosten entfallen als bei Unternehmen B zusätzlich anfallen würde. Die Reduktion des insgesamt emittierten Schadstoffes auf das Niveau e_{pol} würde also zu geringeren Kosten erreicht werden. Dies gilt so lange, bis die Gesamtemissionsmenge e_{pol} gemäß $e_A^* = e^*$ und $e_B^* = e_{pol} - e^*$ auf die beiden Unternehmen aufgeteilt ist.

Die Reduktion der Emissionsmenge wird mit einer Pigou-Steuer zu niedrigeren Kosten als mit einer Mengenvorgabe erreicht.

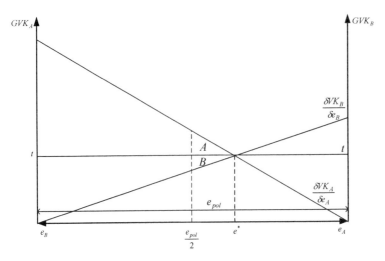

Abbildung 19.8: Vergleich zwischen Mengenvorgabe und Pigou-Steuer

Als dritte Möglichkeit für die Wirtschaftspolitik, Externalitäten zu internalisieren, wurde oben die **Zertifikatelösung** genannt. In unserem Beispiel der Umweltverschmutzung durch Emissionen bedeutet dies, dass der Staat die politisch gewünschte (Höchst-)Emissionsmenge festlegt, diese Gesamtmenge in kleinere Einheiten aufteilt und für diese Teilmengen Zertifikate ausgibt, die den Inhabern dieser Umweltzertifikate das Recht gibt, die im Zertifikat definierte Menge an Emissionen an die Umwelt abzugeben. Die Umweltzertifikate selbst sind handelbar. Solche Umweltzertifikate gibt es bspw. seit dem Jahr 1995 in den USA zur Begrenzung von Schwefeldioxid-Emissionen und seit 2005 in der Europäischen Union zur Begrenzung von CO_2-Emissionen.

Der Staat kann die Umweltzertifikate durch eine Versteigerung an die Interessierten abgeben. In der Abb. 19.9 ist dargelegt, wie die Versteigerung der Umweltzertifikate dazu führt, dass die Emittenten mit relativ hohen Vermeidungskosten, die daher bereit sind, relativ viel für die Verschmutzungsrechte zu zahlen, relativ viele Verschmutzungsrechte erwerben werden, wogegen Unternehmen mit relativ niedrigen Vermeidungskosten nur wenige Umweltzertifikate kaufen werden: Der Staat legt zunächst die maximale Gesamtmenge an Emissionen e_{pol} fest und verbrieft das Recht, Teilmengen dieser Emissionsmenge an die Umwelt abzugeben, in entsprechend gestückelten Zertifikaten. Diese Zertifikate versteigert er dann an die Unternehmen. Im Beispiel der Abb. 19.9 sind es nur zwei: Das Unternehmen A mit relativ niedrigen Vermeidungskosten, die Funktion seiner marginalen Vermeidungskosten und damit seine Nachfragefunktion nach Emissionsrechten ist die Kurve $\delta VK_A/\delta e_A$, und das Unternehmen B mit der Funktion der marginalen Vermeidungskosten $\delta VK_B/\delta e_B$. Im Ergebnis wird der Staat die Umweltzertifikate zu einem Preis von p an die beiden Unternehmen verkaufen, wobei Unternehmen A die Menge an Umweltzertifikaten und damit die Emissionsmenge e_A und Unternehmen B die Menge e_B nachfragen bzw. an die Umwelt abgeben wird.

19.1 Externalitäten

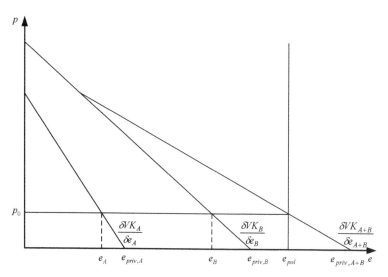

Abbildung 19.9: *Versteigerung von Umweltzertifikaten*

Genauso könnte der Staat die Umweltzertifikate, anstelle sie zu versteigern, auch an die Unternehmen kostenfrei abgeben, beispielsweise indem er jedem der n Emittenten eine Höchstmenge an Verschmutzung, e_{pol}/n, zugesteht. Diese Menge wird als Nutzungsrecht zertifiziert, wobei ein Handel mit diesen Umweltzertifikaten ermöglicht wird. Unternehmen, die relativ geringe Vermeidungskosten haben, werden die ihnen zugewiesenen Emissionsrechte verkaufen, Unternehmen, die relativ hohe Vermeidungskosten haben, sind an weiteren Emissionsrechten interessiert und werden am Markt für Umweltzertifikate als Nachfrager auftreten.

Betrachten wir wieder zwei Unternehmen A und B mit unterschiedlich hohen (marginalen) Vermeidungskosten, so wird das Unternehmen A, mit annahmegemäß niedrigeren Vermeidungskosten, am Markt als Anbieter von Umweltzertifikaten auftreten, Unternehmen B, annahmegemäß mit höheren Vermeidungskosten, als Nachfrager. In der ursprünglichen Situation geben die beiden Unternehmen die Emissionsmengen $e_{priv,A}$ und $e_{priv,B}$ an die Umwelt ab. Vom Staat werde nun die Gesamtemissionsmenge $e_{pol} < e_{priv,A} + e_{priv,B}$ vorgegeben und in Form von Umweltzertifikaten auf die beiden Anbieter gleichmäßig verteilt.[181] Unternehmen B kann seinen Schadstoffausstoß nur zu sehr hohen Kosten reduzieren und wird versuchen, weitere Umweltzertifikate zu erwerben. Unternehmen A mit seinen relativ geringen Vermeidungskosten ist dagegen bereit, gegen einen entsprechenden Preis Umweltzertifikate abzugeben. Jedes Unternehmen wird also den Preis eines Umweltzertifikates immer mit seinen marginalen Vermeidungskosten vergleichen, um so seine Gesamtkosten zu minimieren. Der gleichgewichtige Preis für ein einzelnes Umweltzertifikat wird sich in unserem Beispiel mit

---

[181] Ebenso hätte der Staat auch eine andere Aufteilung vornehmen können, beispielsweise als Bruchteil der bisherigen Emissionsmengen $e_{priv,A}$ und $e_{priv,B}$.

nur zwei Unternehmen dort einstellen, wo das Angebot an Zertifikaten seitens des Unternehmens A gleich ist der Nachfrage von Unternehmen B.

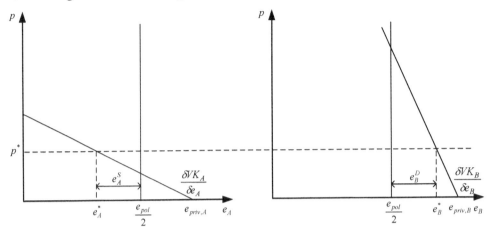

Abbildung 19.10: Gleichgewicht am Markt für Umweltzertifikate

Am Markt für diese Umweltzertifikate wird sich im Gleichgewicht ein Preis einstellen, der dem Preis, wie er sich bei einer Versteigerung der gleichen Gesamt-Emissionsmenge ergeben würde, entspricht. Der Gleichgewichtspreis für ein Zertifikat und damit für das Recht der Umweltnutzung ist in beiden Fällen der gleiche. Auch bezüglich der Allokation im Gleichgewicht ist es unerheblich, auf welchem Weg die Umweltzertifikate an die Emittenten gehen – in beiden Fällen werden im Gleichgewicht das gesamtgesellschaftliche Optimum (sofern der Staat die gesamtgesellschaftlich optimale Emissionsmenge zugrunde gelegt hat) und eine effiziente Allokation erreicht. Allerdings fließen dem Staat durch die Versteigerung Mittel für die Umweltnutzung zu, bei der kostenlosen Ausgabe der Zertifikate an die Unternehmen dagegen fließen die Mittel für die Zertifikate an die verkaufenden Unternehmen. Dahinter steht letztlich die jeweils vorgenommene Zuordnung der Eigentumsrechte. Im Fall der Versteigerung kann man den Staat als Sachwalter der durch die Umweltverschmutzung geschädigten Bürger sehen, denen ein Recht auf saubere Umwelt zugestanden wird. Im Fall der kostenlosen Abgabe an die Emittenten dagegen wird diesen, möglicherweise aus historischen Gründen, ein Recht auf Umweltnutzung (und damit auch Umweltverschmutzung) zugestanden, das sie gegebenenfalls an die verkaufen können, die an Umweltnutzung interessiert sind oder durch Erwerb der Emissionsrechte die Emission der entsprechenden Menge an anderer Stelle verhindern möchten.

Gemeinsam ist der Internalisierung mithilfe der Pigou-Steuer und der Internalisierung über Zertifikate, dass sie beide, anders als ein staatliches Vorgehen über Ge- und Verbote, zu einer effizienten Lösung des Internalisierungsproblems kommen. Grund hierfür ist, dass sowohl die Pigou-Steuer als auch die Zertifikatelösung auf den Preismechanismus als Mittel zur Lösung des Internalisierungsproblems zurückgreifen, weswegen sie auch als marktorientierte oder marktbasierte Lösungen bezeichnet werden. Beide internalisieren die externen Kosten der Umweltverschmutzung dadurch, dass sie Preise für die Umweltnutzung setzen. Möglich

19.1 Externalitäten

wird dies durch die Zuordnung von Eigentumsrechten. Bei der Pigou-Steuer kann man, wie bei der Zertifikatelösung mit der anfänglichen Versteigerung der Zertifikate durch den Staat, diesen als Sachwalter der Bürger sehen, der für diese das Interesse an einer sauberen Umwelt durchsetzt und dem quasi das Eigentum an der Umwelt zugewiesen wird, was er dann an die Emittenten verkaufen kann. Im Fall der zu Beginn kostenlosen Abgabe von Umweltzertifikaten an die bisherigen Emittenten wird diesen ein Eigentumsrecht an der Umwelt zugewiesen. Dass beide Möglichkeiten der Internalisierung gleichwertig sind im Hinblick auf das Erreichen eines bestimmten Reduktionsziels, wie die Emissionsmenge e^* anstelle von e_{priv}, wird mit Abb. 19.11 deutlich. Die Kurve e^D sei die Nachfragekurve nach Verschmutzungsrechten. Sie hat eine negative Steigung, wie sie normalerweise Nachfragekurven aufweisen, denn je niedriger der Preis für die Umweltverschmutzung ist, umso eher werden sich die Emittenten für eine Umweltverschmutzung und gegen deren Vermeidung entscheiden. Die Erhebung einer Pigou-Steuer ist in der linken Grafik der Abb. 19.11 dargestellt: In diesem Fall ist die Angebotskurve für Verschmutzungsrechte vollkommen elastisch – bei Entrichtung der Steuer dürfen die Emittenten so viele Emissionen an die Umwelt abgeben, wie sie möchten. Die Lage der Nachfrage nach Verschmutzungsrechten bestimmt dann die Menge der Emissionen, im Gleichgewicht wird die Schadstoffmenge e^* emittiert. In der rechten Grafik der Abb. 19.11 ist die Zertifikatelösung dargestellt. Die Emissionsmenge e^* wird vorgegeben. Damit ist die Angebotsmenge an Verschmutzungsrechten völlig unelastisch. Die Lage der Nachfragekurve bestimmt nun den Preis für die Umweltverschmutzung. Jeder Punkt der Nachfragekurve nach Umweltverschmutzung ist also durch eine Pigou-Steuer wie auch durch eine Zertifikatelösung gleichermaßen realisierbar.

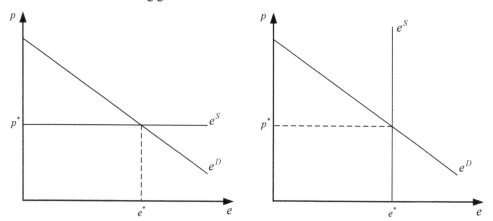

Abbildung 19.11: Pigou-Steuer und Zertifikatelösung im Vergleich

Gegenüber der Pigou-Steuer hat die Zertifikatelösung allerdings den Vorteil, dass sie treffsicherer ist. Mit der Definition der Gesamt-Emissionsmenge kann der Staat die gewünschte Emissionsmenge tatsächlich und unmittelbar vorgeben. Bei der Pigou-Steuer dagegen kann, da die Reaktionen der Wirtschaftssubjekte auf die Einführung der Steuer nicht genau vorhersehbar sind, möglicherweise das Reduktionsziel verfehlt werden. Insofern kombiniert die

Zertifikatelösung die Treffsicherheit der Mengenvorgabe über Ge- und Verbote mit der Kosteneffizienz und der Anreizeffizienz der Pigou-Steuer.

19.2 Öffentliche Güter

Ein Gut wird als **öffentliches Gut** bezeichnet, wenn es zwei Eigenschaften aufweist: Die **Nicht-Anwendbarkeit des Ausschlussprinzips** und **Nicht-Rivalität im Konsum** dieses Gutes. Bislang haben wir unterstellt, dass die betrachteten Güter durch gerade entgegengesetzte Eigenschaften gekennzeichnet waren. Es war das Ausschlussprinzip anwendbar in dem Sinn, dass Menschen, die für das betrachtete Gut nicht bezahlen, dieses Gut auch nicht erhalten. Und die Güter wiesen Rivalität im Konsum auf – die Mengeneinheiten des betrachteten Gutes, die ein Haushalt konsumierte, standen für andere Haushalte nicht zur Verfügung. Solche Güter werden in Abgrenzung zu den öffentlichen Gütern auch als **private Güter** bezeichnet. Öffentliche Güter sind beispielsweise das Rechtssystem sowie die innere und die äußere Sicherheit eines Landes oder auch der Hochwasserschutz. Kein Bürger eines Staates kann an der Nutzung dieser Güter gehindert oder von ihrer Nutzung ausgeschlossen werden, und wenn ein Bürger aus der Bereitstellung dieser Güter einen Nutzen zieht, können trotzdem andere Haushalte diese Güter ebenfalls nutzen. Dass öffentliche Güter vielfach durch die öffentliche Hand finanziert und bereitgestellt werden, macht die Güter nicht zu öffentlichen Gütern. Die Kausalität verläuft gerade anders herum: Da manche Güter die genannten Öffentliches-Gut-Eigenschaften aufweisen, macht es unter noch zu klärenden Bedingungen notwendig, dass die öffentliche Hand diese Güter bereitstellt. Aber auch die Umwelt weist in gewissem Maße die Eigenschaften der Nicht-Anwendbarkeit des Ausschlussprinzips und der Nicht-Rivalität im Konsum auf, wobei Letztere bei zunehmend intensiverer Umweltnutzung angesichts der Endlichkeit natürlicher Ressourcen und der begrenzten Regenerationsfähigkeit der Natur immer weiter verloren geht.

Mit den beiden Kriterien Anwendbarkeit des Ausschlussprinzips und Rivalität im Konsum lassen sich weitere Arten von Gütern voneinander abgrenzen. Bei manchen Gütern ist zwar das Ausschlussprinzip anwendbar, sie weisen aber keine Rivalität im Konsum auf. Beispiele hierfür sind Pay-TV, Sportvereine oder auch mautpflichtige Straßen (Letztere bis zu einem gewissen Grad der Inanspruchnahme). Nur wer für diese Güter zahlt, kann sie nutzen; die Nutzung für den einzelnen Haushalt ist aber unabhängig davon, ob und wie viele andere Haushalte diese Güter nutzen. Man spricht hier auch von **Club-Gütern**, es besteht hier auch eine gewisse Parallelität zum natürlichen Monopol. Ebenso gibt es Güter, bei denen Rivalität im Konsum vorliegt, bei denen das Ausschlussprinzip aber nicht anwendbar ist, sogenannte **Allemendegüter** oder **Common-Pool-Ressourcen** (oder: gesellschaftliche Ressourcen). Der Zugang zu den Allemendegütern ist für jeden, der dieses Gut nutzen will, frei; allerdings schließt der Konsum eines solchen Gutes durch einen Haushalt die Nutzung durch andere Haushalte aus. Viele natürliche Güter zählen zu den Allmendegütern, beispielsweise das Fischvorkommen in einem Binnensee oder auch im Meer, Wildbestände etc.

Öffentliche Güter können auch als eine spezielle Art eines positiven externen Effekts im Konsum gesehen werden. Allerdings mit dem Unterschied, dass jeder Haushalt die gleiche

19.2 Öffentliche Güter

Menge dieses Gutes konsumieren muss. Die oben diskutierten Möglichkeiten zur Internalisierung von Externalitäten sind hier also nicht anwendbar. Insbesondere ist auch die Frage zu klären, in welcher Menge das öffentliche Gut, wenn es denn überhaupt bereitgestellt werden soll, angeboten werden muss, damit das gesamtgesellschaftliche Optimum realisiert wird.

Bei öffentlichen Gütern ist eine privatwirtschaftliche Bereitstellung sehr unwahrscheinlich. Begründet liegt dies im **Trittbrettfahrerverhalten**, mit dem bei öffentlichen Gütern regelmäßig zu rechnen ist. Aus der Nicht-Anwendbarkeit des Ausschlussprinzips und der Nicht-Rivalität im Konsum folgt unmittelbar, dass kein nutzenmaximierender Haushalt bereit sein wird, für dieses Gut einen Preis zu bezahlen. Wird das Gut aus irgendwelchen Gründen bereitgestellt, wird er ja davon profitieren, ohne dass andere Haushalte, die möglicherweise einen Preis für die Nutzung des Gutes zahlen, eine Nutzeneinbuße hätten. Wenn aber alle Haushalte auf diese Weise ihren individuellen Nutzen maximieren, kommt kein privatwirtschaftliches Angebot von dem betrachteten Gut zustande, da potenzielle Anbieter nicht mit einem kostendeckenden Erlös rechnen können. Gleichwohl wäre möglicherweise eine streng positive Angebotsmenge dieses Gutes gesamtgesellschaftlich wünschenswert.

Betrachten wir zwei Haushalte, die private Güter sowie ein öffentliches Gut konsumieren können. Sowohl die Bündel privater Güter, x_1 für Haushalt 1 und x_2 für Haushalt 2, als auch das öffentliche Gut $\bar{o}$ stiften den einzelnen Haushalten Nutzen.

(19.16) $U_i = U_i(x_i, \bar{o})$ für $i = 1, 2$

Die Menge des öffentlichen Gutes, die ein einzelner Haushalt konsumiert, ist – aufgrund der Nicht-Rivalität im Konsum – für beide Haushalte gleich, wir gehen von einer beliebigen Menge $\bar{o}$ aus. Jeder Haushalt verfüge über ein Haushaltseinkommen y_i, $i = 1, 2$, das er für Ausgaben für ein Bündel privater Güter oder das er zur Finanzierung des öffentlichen Gutes verwenden kann. Normieren wir die Preise der Bündel privater Güter auf eins und bezeichnen wir den Beitrag, den ein Haushalt zur Finanzierung der gegebenen Menge $\bar{o}$ des öffentlichen Gutes leistet, mit g_i, $i = 1, 2$, so ergeben sich die Budgetrestriktionen der Haushalte zu:

(19.17) $x_i + g_i = y_i$ für $i = 1, 2$

Das öffentliche Gut wird bereitgestellt werden, wenn die Summe der Finanzierungsbeiträge die Kosten c der Herstellung des öffentlichen Gutes mit der Menge $\bar{o}$ zumindest deckt:

(19.18) $g_1 + g_2 \geq c$

Es ist allerdings zu fragen, ob die Bereitstellung des öffentlichen Gutes in der Menge $\bar{o}$ überhaupt gesellschaftlich wünschenswert ist. Nach dem oben schon mehrfach verwendeten Pareto-Kriterium ist eine Allokation dann effizient und damit gesamtgesellschaftlich wünschenswert, wenn es keine andere Allokation gibt, bei der ein Wirtschaftssubjekt besser gestellt wird, ohne ein anderes schlechter zu stellen.

In unserem Zusammenhang gibt es prinzipiell zwei mögliche Allokationen: Die, bei der das öffentliche Gut nicht bereitgestellt wird und bei der die Haushalte ihr gesamtes Einkommen für den Konsum der privaten Güter verwenden, $(y_1, y_2, 0)$, und jene, bei der das öffentliche

Gut im Umfang $\bar{o}$ zur Verfügung steht und die beiden Haushalte nur den nach der Finanzierung des öffentlichen Guts verbleibenden Restbetrag ihres Einkommens für den Kauf der privaten Güter verwenden können, $(x_1, x_2, \bar{o})$.

Typischerweise werden die beiden Haushalte die zur Verfügung stehende Menge des öffentlichen Gutes unterschiedlich bewerten. Um diesen Wert, den ein einzelner Haushalt der Menge $\bar{o}$ des öffentlichen Gutes zumisst, auszudrücken, können wir den Begriff des Vorbehaltspreises verwenden. Der sogenannte Vorbehaltspreis p_V eines Haushalts ist der Betrag, den dieser Haushalt maximal zu zahlen bereit ist, um eine bestimmte Menge eines Gutes zu erhalten. Es ist also der Preis, bei dem der Haushalt gerade indifferent ist zwischen dem Erwerb dieses Gutes und dem Nicht-Erwerb. Wenn Haushalt i, $i = 1, 2$, den Vorbehaltspreis $p_{V,i}$ als Finanzierungsbeitrag für die Bereitstellung des öffentlichen Gutes zahlt und somit das öffentliche Gut im Umfang $\bar{o}$ ihm zur Verfügung steht, so bleibt ihm $y_i - p_{V,i}$ zum Kauf der privaten Güter. Wenn Haushalt 1 dagegen das öffentliche Gut nicht konsumiert, kann er das komplette Einkommen y_i zum Kauf der privaten Güter verwenden. Beim Vorbehaltspreis gilt also:

(19.19) $U_i(y_i - p_{V,i}, \bar{o}) = U_i(y_i, 0)$

Es hängt von den Vorbehaltspreisen und den individuellen Finanzierungsbeiträgen der Haushalte ab, ob die Bereitstellung des öffentlichen Gutes im Umfang $\bar{o}$ eine Pareto-Verbesserung darstellt oder nicht. Die Bereitstellung des öffentlichen Gutes im Umfang $\bar{o}$ ist dann vorteilhaft, wenn zumindest ein Haushalt mit der Bereitstellung des öffentlichen Gutes ein höheres Nutzenniveau realisiert als ohne dieses öffentliche Gut:

(19.20a) $U_1(y_1, 0) < U_1(x_1, \bar{o})$

(19.20b) $U_2(y_2, 0) < U_2(x_2, \bar{o})$

Unter Verwendung der Definition der Vorbehaltspreise und der Budgetrestriktionen in Gl. (19.17) ergibt sich:

(19.21a) $U_1(y_1, 0) = U_1(y_1 - p_{v,1}, \bar{o}) < U_1(x_1, \bar{o}) = U_1(y_1 - g_1, \bar{o})$

(19.21b) $U_2(y_2, 0) = U_2(y_2 - p_{v,2}, \bar{o}) < U_2(x_2, \bar{o}) = U_2(y_2 - g_2, \bar{o})$

Daraus folgt:

(19.22a) $y_1 - p_{v,1} < y_1 - g_1$

(19.22b) $y_2 - p_{v,2} < y_2 - g_2$

Und somit:

19.2 Öffentliche Güter

(19.23a) $p_{v,1} > g_1$

(19.23b) $p_{v,2} > g_2$

Gl. (19.23) liefert die notwendige Bedingung dafür, dass die Bereitstellung des öffentlichen Gutes im Umfang $\bar{o}$ pareto-effizient ist: Die Bereitstellung des öffentlichen Gutes im Umfang $\bar{o}$ ist dann eine Verbesserung der gesamtgesellschaftlichen Wohlfahrt, wenn für zumindest einen Haushalt dessen Finanzierungsbeitrag niedriger ist als seine maximale Zahlungsbereitschaft, ausgedrückt im Vorbehaltspreis dieses Haushalts für diese Menge des öffentlichen Gutes.

Hinreichende Bedingung für eine Erhöhung der gesamtgesellschaftlichen Wohlfahrt durch die Bereitstellung des öffentlichen Gutes im Umfang $\bar{o}$ ist, dass die Summe der Zahlungsbereitschaften die Kosten der Herstellung der Menge $\bar{o}$ des öffentlichen Gutes übersteigt:

(19.24) $p_{V,1} + p_{V,2} > g_1 + g_2 = c$

Ist die in Gl. (19.24) ausgedrückte Bedingung erfüllt, wird es immer ein Finanzierungsschema geben, das auch die notwendige Bedingung in Gl. (19.23) für eine Pareto-Verbesserung erfüllt. Zu beachten ist in diesem Zusammenhang, dass die Vorbehaltspreise und damit die Zahlungsbereitschaften der Haushalte die entscheidende Rolle hinsichtlich der Pareto-Effizienz spielen und nicht allein die Finanzierungsbeiträge in Relation zu den Kosten der Bereitstellung der Menge $\bar{o}$ des öffentlichen Gutes, wie wir sie bereits in Gl. (19.18) zum Ausdruck gebracht hatten. Darüber hinaus ist auch auf die Bedeutung der (Einkommens-) Verteilung hinzuweisen, da die Einkommen die Höhe der Vorbehaltspreise der einzelnen Haushalte maßgeblich beeinflussen.

Damit haben wir die Bedingungen herausgearbeitet, die gelten müssen, damit die Bereitstellung eines öffentlichen Gutes im Umfang der Menge $\bar{o}$ die Gesamtwohlfahrt erhöht. Zu klären ist aber auch, welche Menge des öffentlichen Gutes effizient im Sinne der Maximierung der gesamtgesellschaftlichen Wohlfahrt ist.

Betrachten wir wieder zwei Haushalte, die jeweils ein Bündel privater Güter und ein öffentliches Gut in einer nun beliebigen Menge konsumieren können. Eine pareto-effiziente Allokation liegt dann vor, wenn der Haushalt 1 für ein gegebenes Nutzenniveau von Haushalt 2 so gut wie möglich gestellt ist und nicht mehr besser gestellt werden kann. Es gilt also, das Nutzenmaximum des Haushalts 1 bei einem gegebenem Nutzenniveau von Haushalt 2 zu bestimmen. Als zweite Nebenbedingung dieses Optimierungsproblems ist die Budgetrestriktion für diese aus den beiden Haushalten bestehende Volkswirtschaft zu beachten:[182]

(19.25) $x_1 + x_2 + c = y_1 + y_2$

---

[182] Wie oben normieren wir die Preise der Bündel der privaten Güter wieder auf eins.

Als Lagrange-Funktion ergibt sich somit:[183]

(19.26) $L = U_1(x_1, ö) + \lambda \cdot [\overline{U}_2 - U_2(x_2, ö)] + \mu \cdot [y_1 + y_2 - x_1 - x_2 - c] \to max.!$

Die Differenziation nach x_1, x_2 und $ö$ führt zu:

(19.27a) $\dfrac{\delta L}{\delta x_1} = \dfrac{\delta U_1}{\delta x_1} - \mu = 0$

(19.27b) $\dfrac{\delta L}{\delta x_2} = -\lambda \cdot \dfrac{\delta U_2}{\delta x_2} - \mu = 0$

(19.27c) $\dfrac{\delta L}{\delta ö} = \dfrac{\delta U_1}{\delta ö} - \lambda \cdot \dfrac{\delta U_2}{\delta ö} - \mu \cdot \dfrac{\delta c}{\delta ö} = 0$

Aus Gl. (19.27a) folgt:

(19.28.a) $\mu = \dfrac{\delta U_1}{\delta x_1}$

Gl. (19.27b) nach μ/λ aufgelöst, ergibt:

(19.28.b) $\dfrac{\mu}{\lambda} = -\dfrac{\delta U_2}{\delta x_2}$

Gl. (19.27c) dividiert durch μ und umgeformt, ergibt:

(19.28c) $\dfrac{1}{\mu} \cdot \dfrac{\delta U_1}{\delta ö} - \dfrac{\lambda}{\mu} \cdot \dfrac{\delta U_2}{\delta ö} = \dfrac{\delta c}{\delta ö}$

Gl. (19.28a) und Gl. (19.28b) in Gl. (19.28c) eingesetzt, führt zu:

(19.29) $\dfrac{\delta U_1/\delta ö}{\delta U_1/\delta x_1} + \dfrac{\delta U_2/\delta ö}{\delta U_2/\delta x_2} = \dfrac{\delta c}{\delta ö}$

Die Summanden der linken Seite der Gl. (19.29) sind jeweils das Verhältnis aus dem Grenznutzen des Konsums des Bündels der privaten Güter und dem Grenznutzen des öffentlichen Gutes, mithin also die Absolutwerte der Grenzraten der Substitution der beiden Haushalte zwischen den privaten Gütern und dem öffentlichen Gut. Die Grenzrate der Substitution eines Gutes kann, wie in Kap. 11 dargelegt, als marginale Zahlungsbereitschaft dieses Haushalts für eine zusätzliche Einheit dieses Gutes, hier des öffentlichen Gutes, interpretiert werden. Insofern besagt Gl. (19.29) nichts anderes, als dass die Summe der marginalen Zahlungsbereitschaften der Haushalte für das öffentliche Gut den Grenzkosten des öffentlichen

---

[183] Da hier zwei Nebenbedingungen zu beachten sind, ist ein zweiter Lagrange-Multiplikator, μ, einzuführen. Zur Lagrange-Funktion siehe auch die Anmerkungen in Kap. 13.2.

Gutes im gesamtgesellschaftlichen Optimum entsprechen muss. Ist die Bedingung in Gl. (19.29) erfüllt, so wird die pareto-effiziente Menge des öffentlichen Gutes bereitgestellt.

Grafisch bringt das Abb. 19.12 zum Ausdruck, wobei hier der Übersichtlichkeit halber konstante Grenzkosten in der Produktion des öffentlichen Gutes unterstellt sind. Da es sich bei dem betrachteten Gut um ein öffentliches Gut handelt, sind bei der Konstruktion der Gesamtnachfragekurve die individuellen Nachfragekurven der Haushalte, die ja deren maximalen marginalen Zahlungsbereitschaften repräsentieren, nicht horizontal, sondern vertikal zu aggregieren.

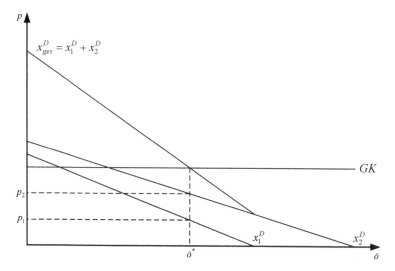

Abbildung 19.12: Effiziente Menge eines öffentlichen Gutes bei Lindahl-Steuern

Es gibt allerdings nur ein Finanzierungsschema, das bei nutzenmaximierendem Verhalten der Haushalte zur pareto-effizienten Bereitstellungsmenge des öffentlichen Gutes führt: Jeder Haushalt wird gemäß seiner marginalen Zahlungsbereitschaft, die sich in seiner individuellen Nachfragekurve x^D_i nach dem öffentlichen Gut widerspiegelt, zur Finanzierung des öffentlichen Gutes herangezogen. In den Kategorien der Abb. 19.12 hieße das, dass Haushalt 1 den Betrag p_1 zur Finanzierung des öffentlichen Gutes entrichtet, Haushalt 2 den Betrag p_2. Solche Steuern, deren Höhe sich an der individuellen marginalen Zahlungsbereitschaft der Haushalte für das öffentliche Gut orientiert, werden **Lindahl-Steuern** genannt.[184] Allerdings sind Lindahl-Steuern nicht praktikabel. Nutzenmaximierende Haushalte werden ihre wahre marginale Zahlungsbereitschaft für ein öffentliches Gut nicht offenbaren, wenn sie damit rechnen müssen, in Höhe ihrer geoffenbarten Zahlungsbereitschaft zur Finanzierung der Bereitstellung dieses öffentlichen Gutes herangezogen zu werden. Das oben angesprochene

---

[184] Erik Robert Lindahl (1891-1960), schwedischer Ökonom, hat gezeig, dass diese Finanzierungsregel, Steuererhebung nach den individuellen marginalen Zahlungsbereitschaften der Haushalte, die einzige Regel ist, die zur pareto-effizienten Bereitstellungsmenge eines öffentlichen Gutes führt. Lindahl (1919/1958).

Trittbrettfahrer-Verhalten liegt dann viel näher. Üblicherweise werden daher öffentliche Güter, wenn sie denn vom Staat bereitgestellt werden, durch Steuern finanziert, mit denen alle Haushalte gleichmäßig belastet werden. In unserem Beispiel zweier Haushalte hieße das, dass jeder Haushalt die Hälfte der Grenzkosten trägt. Bei dieser Finanzierungsregel ist aber die oben als pareto-effiziente Menge identifizierte Menge $ö^*$ nicht mehr gemäß dem Pareto-Kriterium effizient (Abb. 19.13).

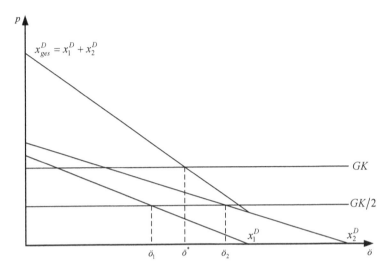

Abbildung 19.13: Effiziente Menge eines öffentlichen Gutes bei einheitlichen Steuern

Überlegt sich der Staat, von der Situation der Nicht-Bereitstellung des betrachteten öffentlichen Gutes aus, ob sich die gesamtgesellschaftliche Wohlfahrt vergrößern würde, wenn mehr von diesem öffentlichen Gut bereitgestellt würde, so wäre bei einer Finanzierung der Bereitstellung des öffentlichen Gutes durch einheitliche Steuern in Höhe der auf die Haushalte gleichmäßig verteilten Kosten die Menge pareto-effizient, bei der die Grenzkosten gerade gleich sind der marginalen Zahlungsbereitschaft des Haushalts, der das öffentliche Gut am wenigsten schätzt. In Abb. 19.13 ist dies die Menge $ö_1^*$. Jede zusätzliche Mengeneinheit des öffentlichen Gutes würde zusätzliche Kosten verursachen, die höher sind als die marginale Zahlungsbereitschaft des Haushalts 1. Insofern würde eine Ausdehnung der Bereitstellungsmenge des öffentlichen Gutes über $ö_1^*$ hinaus Haushalt 1 schlechter stellen und ist nach dem Pareto-Kriterium ineffizient, auch wenn Haushalt 2, der das betrachtete öffentliche Gut mehr schätzt, als es Haushalt 1 tut, und dessen marginale Zahlungsbereitschaft für dieses öffentliche Gut daher größer ist, besser gestellt würde als zuvor.

Allerdings zeigt Abb. 19.13 unmittelbar, dass die Verbesserung, die Haushalt 2 durch eine Ausdehnung der Bereitstellungsmenge über $ö_1^*$ hinaus erfährt, größer ist als die Verschlechterung bei Haushalt 1: Der Gewinn an Konsumentenrente bei Haushalt 2 durch eine zusätzliche Mengeneinheit des öffentlichen Gutes ist größer als der dadurch ausgelöste Verlust an Konsumentenrente bei Haushalt 1, was sich durch den Vergleich der vertikalen Abstände zwischen der GK/2-Kurve, die ja den Finanzierungsbeitrag des einzelnen Haushalts darstellt, und den individuellen Nachfragekurven der beiden Haushalte zeigt. Bis zur Menge $ö^*$ ist die Verbesserung bei Haushalt 2 größer als die Verschlechterung bei Haushalt 1. Haushalt 2 könnte also bis zu dieser Menge den Wohlfahrtsverlust bei Haushalt 1 kompensieren, beispielsweise durch entsprechend hohe Zahlungen, und würde sich trotzdem noch besser stellen als bei geringeren Bereitstellungsmengen des öffentlichen Gutes. Erst bei Mengen, die größer sind als $ö^*$, würde der Wohlfahrtsgewinn, den Haushalt 2 infolge einer Mengenausweitung erfährt, nicht mehr ausreichen, um den Wohlfahrtsverlust bei Haushalt 1 auszugleichen. Löst man das strenge Pareto-Kriterium also in der Weise auf, dass man eine Kompensation der Verlierer einer Reallokation durch die Gewinner aus der Reallokation zulässt, so ist auch bei der Finanzierung eines öffentlichen Gutes durch eine einheitliche Steuer die oben identifizierte Menge $ö^*$ effizient. Dieses um eine potenzielle Kompensation erweiterte Pareto-Kriterium wird auch **Kaldor-Hicks-Kriterium** genannt.[185] Zu beachten ist aber, dass die Kompensation nicht faktisch auch erfolgen muss – nach dem Kaldor-Hicks-Kriterium ist eine Allokation (bereits) dann einer anderen Allokation überlegen, wenn die Wirtschaftssubjekte, die sich bei der neuen Allokation besser stellen als zuvor, die Verlierer der Reallokation kompensieren könnten und dann immer noch besser gestellt wären als vorher.

19.3 Asymmetrische Information

Bisher haben wir immer unterstellt, dass beide Marktseiten den gleichen vollständigen Informationsstand haben. Dies muss aber nicht der Fall sein. Bestehen hinsichtlich des Informationsstandes zwischen den Marktseiten Unterschiede, so spricht man von einer **asymmetrischen Informationsverteilung**.

Beispiele lassen sich hierfür leicht finden. Auf dem Gebrauchtwagenmarkt weiß der Anbieter in der Regel über die Qualität des von ihm angebotenen gebrauchten Pkws besser Bescheid als der potenzielle Käufer.[186] Der Arbeitsmarkt ist ein weiteres Beispiel: Arbeit ist nicht homogen, die Arbeitsanbieter kennen ihre Fähigkeiten genauer als die Nachfrager von Arbeit. Und auch am Versicherungsmarkt liegt vielfach Informationsasymmetrie vor, da der Nachfrager beispielsweise einer Krankenversicherung seinen Gesundheitszustand und auch seine Lebensführung besser kennt als das die Versicherungsleistung anbietende Versicherungsunternehmen.

Eine asymmetrische Informationsverteilung ist so lange kein Problem, wie die Beschaffung der Informationen nicht mit Kosten verbunden ist. Insbesondere wenn die Kosten der Infor-

---

[185] Nicholas Kaldor (1908-1986), ungarischer Ökonom, hat an der London School of Economics gearbeitet und ist eher der keynesianischen Schule zuzuordnen. John Richard Hicks (1904-1989), britischer Ökonom, ebenfalls Keynesianer. Hicks (1939), Kaldor (1939).

[186] Die grundlegende Arbeit in der wirtschaftswissenschaftlichen Behandlung asymmetrischer Information ist die von George Akerlof (1970), der die Problematik asymmetrischer Information am Gebrauchtwagenmarkt exemplarisch aufgearbeitet hat.

mationsbeschaffung hoch sind, kann dies die Funktionsfähigkeit von Märkten merklich beeinflussen.

Die Problematik asymmetrischer Informationsverteilung kann im Rahmen der **Prinzipal-Agent-Ansätze** analysiert werden. Als Prinzipal wird derjenige bezeichnet, der aus der Handlung eines anderen einen Nutzen oder Gewinn zieht und dafür einen Preis bezahlt. Die Handlung selbst kann der Prinzipal nicht beobachten und ist insofern dem Agenten ausgeliefert. Der Agent ist derjenige, der die Handlung ausführt und hierfür vom Prinzipal eine Vergütung erhält. Er kennt handlungsrelevante Sachverhalte, die der Prinzipal nicht kennt. Das Handlungsergebnis wird zudem beeinflusst von Zufallseinflüssen, so dass alleine aus dem Ergebnis der Handlung des Agenten nicht eindeutig auf die Handlung selbst geschlossen werden kann.

Bei den Ausprägungen asymmetrischer Information ist zu unterscheiden zwischen Situationen, bei denen die eine Marktseite die Qualität der Güter auf der anderen Marktseite nicht (genau) kennt – man spricht dann von Hidden Information –, und Situationen, bei denen eine Marktseite die Handlungen der anderen Marktseite nicht beobachten kann – diese Konstellation wird als Hidden Action bezeichnet. Je nachdem, welche Situation vorliegt, ist mit anderen Konsequenzen für das Marktergebnis zu rechnen.

Analysieren wir zunächst den Fall der **Hidden Information** und betrachten das klassische Beispiel des Gebrauchtwagenmarkts. Nehmen wir an, es gibt an diesem Markt zwei Qualitäten gebrauchter Pkw: Pkws guter Qualität und Pkws schlechter Qualität. Die Wahrscheinlichkeit, dass ein gebrauchter Pkw eine gute Qualität besitzt, betrage 40 %; die dafür, dass ein Gebrauchtwagen eine schlechte Qualität aufweist, betrage dementsprechend 60 %. Die Anbieter der Gebrauchtwagen kennen deren Qualität, sind also in der Position des Agenten; die Nachfrager, die Prinzipals, kennen die Qualität nicht. Die Anbieter von Wagen schlechter Qualität werden einen Preis von mindestens 3000,- € verlangen; die, die einen guten Gebrauchtwagen abgeben wollen, werden hierfür mindestens 6000,- € verlangen. Die potenziellen Käufer sind bereit, für einen guten Gebrauchtwagen bis zu 7000,- € zu zahlen, für einen minderer Qualität maximal 3500,- €. Wenn die Qualität eines Gebraucht-Pkws sich leicht feststellen ließe und somit nur geringe Kosten der Informationsbeschaffung bei den Nachfragern anfallen würden, würde es am Gebrauchtwagenmarkt keine Probleme geben und der Preis für einen gebrauchten Pkw guter Qualität würde zwischen 6000,- und 7000,- € und der für einen schlechter Qualität zwischen 3000,- und 3500,- € liegen. Dem ist aber nicht so. Die potenziellen Käufer müssen abschätzen, ob der ihnen angebotene Gebraucht-Pkw eine gute oder schlechte Qualität aufweist. Er kennt nicht die Qualität des ihm konkret angebotenen Wagens und wird deshalb von einer durchschnittlichen Qualität ausgehen. Daher wird er auch nur bereit sein, den Preis für einen Gebraucht-Pkw durchschnittlicher Qualität zu zahlen, der in unserem Zahlenbeispiel bei $0{,}4 \cdot 7000{,}- € + 0{,}6 \cdot 3500{,}- € = 4900{,}- €$ liegt. Zu diesem Preis wird aber kein Besitzer eines Pkws guter Qualität diesen zum Verkauf anbieten. Somit werden zu diesem Preis nur gebrauchte Pkw minderer Qualität angeboten werden. Wenn der potenzielle Käufer sich aber sicher sein kann, dass nur Gebraucht-Pkw mit schlechter Qualität angeboten werden, wird er auch nicht mehr bereit sein, für einen gebrauchten Pkw 4900,- € zu zahlen. Es wird sich am Gebrauchtwagenmarkt ein Gleichgewichtspreis von 3000,- bis 3500,- € einstellen und es werden nur noch Gebrauchtwagen der schlechten Qualität gehandelt werden. Obwohl die potenziellen Käufer eines Pkws mit guter Qualität bereit sind, mehr für einen guten Gebraucht-Pkw zu zahlen, als die potenziellen Verkäufer fordern, wird kein einziger gebrauchter Pkw guter Qualität am Gebrauchtwagenmarkt gehandelt werden. Aufgrund des Ergebnisses, dass im Marktgleichgewicht nur Gebraucht-Pkw schlechter Qualität gehandelt werden, spricht man auch von **Adverse Selection** als Konsequenz einer Situation mit Hidden Information. Für die Gebraucht-Pkw guter Qualität gibt es keinen Markt, und nur die von schlechter Qualität werden am Gebrauchtwagenmarkt gehandelt.

Hidden Information und Adverse Selection können wir uns auch für den Versicherungsmarkt klarmachen. Auf dem Versicherungsmarkt ist die Anbieterseite die mit den geringeren Informationen, die Nachfrager nach Versicherungsleistungen sind in der Regel besser über das Risiko und damit die Wahrscheinlichkeit des Schadenseintritts informiert. Kalkuliert eine Versicherungsgesellschaft mit durchschnittlichen Eintrittswahrscheinlichkeiten, so wird sie sehr bald Verluste machen und langfristig aus dem Markt ausscheiden. Bei einer auf Durchschnittswerten kalkulierten Versicherungsprämie werden sich insbesondere jene Personen versichern wollen, die ein relativ hohes Risiko aufweisen, dass der Schadensfall eintritt und damit die Versicherungsleistung erbracht werden muss. Umgekehrt werden Personen mit einem niedrigen Risiko sich zu der durchschnittlichen Prämie nicht versichern wollen. Es kommt also auch hier zu einer negativen Auslese dergestalt, dass nur die sogenannten schlechten Risiken Versicherungsschutz nachfragen.

Das Phänomen der **Hidden Action** tritt bei Informationsasymmetrien auf, die für die Zeit nach einem Vertragsabschluss bestehen. Der Prinzipal kann die Handlungen des Agenten nicht unmittelbar beobachten, sondern nur das, möglicherweise durch Zufallseinflüsse beeinflusste, Ergebnis der Handlung. Nach Abschluss des Arbeitsvertrages kann der Arbeitnehmer möglicherweise ein anderes Arbeitsverhalten an den Tag legen, als er vorher angekündigt hat. Und nach Abschluss eines Versicherungsvertrags hat der Prinzipal, die Versicherungsgesellschaft, keinen Einfluss auf den Eintritt des Schadensfalls; der Agent, der Versicherungsnehmer, kann dagegen durch sein Handeln das Eintreten oder Nicht-Eintreten des Schadensfalls beeinflussen. Hat jemand einen umfassenden Versicherungsschutz im Krankheitsfall, so wird er bestimmte riskante Aktivitäten eher durchführen, als wenn er eine Krankenversicherung hat, die Krankheitskosten infolge von Unfällen bei bestimmten Risikosportarten nicht abdeckt. Oder nehmen wir eine Rechtsschutzversicherung: Personen, die eine solche haben, werden ein geringeres Interesse haben, juristischen Auseinandersetzungen und den damit verbundenen Kosten aus dem Weg zu gehen, als Personen, die keine solche Versicherung haben. Hierin ist beispielsweise auch ein maßgeblicher Grund dafür zu sehen, warum es kein (bezahlbares) Angebot privater Versicherungsgesellschaften von Versicherungen gegen Arbeitslosigkeit mit nennenswerten Leistungen im Schadensfall gibt: Der Schadensfall wäre leicht und ohne Gefahr für Leib und Leben des Versicherten von diesem sehr schnell herbeiführbar. Im Extremfall einer umfassenden und vollständigen Versicherung bestimmter Schadensereignisse wird der Agent die notwendige Sorgfalt, den Schadensfall zu vermeiden, nicht aufbringen. Dies wird als moralisches Risiko oder **Moral Hazard** bezeichnet. Wenn der Prinzipal, in unserem Beispiel die Versicherungsgesellschaft, die vom Agenten, hier dem Versicherungsnehmer, die an den Tag gelegte Sorgfalt, also die Handlungen, die sich auf die Wahrscheinlichkeit eines Ereignisses auswirken, kennen und überprüfen könnte, dann würde die Versicherungsgesellschaft auch bereit sein, vollständigen und umfassenden Versicherungsschutz zu gewähren. Solange die Versicherungsgesellschaft aber hier unvollständige Informationen besitzt, da sie nicht alle relevanten Handlungen des Versicherungsnehmers beobachten kann, wird sie dies aufgrund des moralischen Risikos beim Versicherungsnehmer nicht tun. Liegt also Moral Hazard vor, hat das Marktgleichgewicht die Eigenschaft, dass die Nachfrager mehr von dem Gut, beispielsweise Versicherungsschutz, erwerben möchten und die Anbieter auch gern mehr von diesem Gut bereitstellen würden, aber dieser Tausch in diesem Umfang nicht zustande kommt.

Bei Vorliegen von Informationsasymmetrien kommt es also wie gesehen auch zu einer Form von Marktversagen. Dieses Marktversagen resultiert aus dem Informationsdefizit beim Prinzipal und kann vermieden oder zumindest gemindert werden durch geeignete Formen der Vertragsbeziehungen zwischen den Marktseiten. Dem Prinzipal entsteht durch das Informationsdefizit ein Verlust, der als **Agency-Verlust** oder auch **Agency-Kosten** bezeichnet wird und die Differenz zwischen dem Nutzen oder Gewinn des Prinzipals bei vollständiger Information und seinem Nutzen oder Gewinn bei asymmetrischer Information darstellt. Durch eine geeignete Form der Entlohnung des Agenten können die Anreize für ihn so gesetzt werden, dass der Anreiz zu Moral Hazard verringert wird. Auf Versicherungsmärkten sind vielfach Tarife mit Selbstbehalt des Versicherungsnehmers, was tendenziell dessen Sorgfalt erhöhen wird, oder Tarife für unterschiedliche Risikogruppen zu finden. Adverse Selection kann auch verringert werden, indem Gutachten seitens der Nachfrager bestellt oder Garantien seitens der Anbieter über die Qualität des betreffenden Gutes wie einen Gebraucht-Pkw gegeben werden. Geeignete **Entlohnungsfunktionen** und **Signale** können also dazu beitragen, Probleme, die aus Informationsasymmetrien entstehen, zu reduzieren.

In diesem Kapitel haben wir gesehen, dass es wohldefinierte Situationen gibt, in denen es sinnvoll ist, dass der Staat in den Marktprozess eingreift. Gleichzeitig haben wir auch gesehen, dass es gute Gründe dafür gibt, dass dieses Eingreifen des Staates in einer Art und Weise erfolgt, die das Wirksamwerden des Marktmechanismus verbessert und sich auf das Setzen von Rahmenbedingungen beschränkt.

Literaturverzeichnis

Abel, A.B./Bernanke, B.S./Croushore, Dean (2013), Macroeconomics. Global ed. of the 8th revised ed., Essex: Pearson Education.

Acemoglu, Daron (2008), Introduction to Modern Economic Growth. Princeton University Press.

Akerlof, George (1970), The Market for Lemons: Quality, Uncertainty, and the Market Mechanism. In: The Quarterly Journal of Economics, Vol. 84, pp. 488-500.

Baßeler, Ulrich/Heinrich, Jürgen/Utrecht, Burkhard (2010), Grundlagen und Probleme der Volkswirtschaft. 19. überarb. Aufl., Stuttgart: Schäffer-Poeschel.

Baumol, William J./Oates, Wallace E. (1971), The Use of Standards and Prices for Protection of the Environment. In: Swedish Journal of Economics, Vol. 73, pp. 42-54.

Bertrand, Joseph (1883), „Théorie Mathématique de la Richesse Sociale". In: Journal des Savants.

Blanchard, Olivier (2013), Macroeconomics. 6th international ed., Essex: Pearson Education.

Bofinger, Peter (2015), Grundzüge der Volkswirtschaftslehre. Eine Einführung in die Wissenschaft von Märkten. 4., aktualis. Aufl., München: Pearson Deutschland.

Cansier, Dieter/Bayer, Stefan (2003), Einführung in die Finanzwissenschaft. Grundfunktionen des Fiskus. München, Wien: Oldenbourg.

Coase, Ronald H. (1937), The Nature of the Firm. In: Economica, Vol. 4, pp. 386-405.

Coase, Ronald H. (1960), The Problem of Social Costs: In: The Journal of Law and Economics, Vol. 3, pp. 1-44.

Cobb, Charles W., Douglas, Paul H. (1928), A Theory of Production. In: American Economic Review, Papers and Proceedings, Vol. 18, Issue 1, pp. 139-165.

Cournot, Augustin (1838), Recherches sur les principes mathématiques de la théorie des richesses. Paris. Deutsch: Untersuchungen über die mathematischen Grundlagen der Theorie des Reichtums, Jena 1924.

Deutsche Bundesbank (2000), Macro-Econometric Multi-Country Model: MEMMOD. Frankfurt/Main.

Deutsche Bundesbank (2014a), Änderungen in der Systematik der Zahlungsbilanz und des Auslandsvermögensstatus, Monatsbericht Juni 2014, S. 59-70. Frankfurt/Main.

Deutsche Bundesbank (2014b), Methodische Änderungen in der gesamtwirtschaftlichen Finanzierungsrechnung – Motivation, Konzeption und ausgewählte Ergebnisse, Monatsbericht Oktober 2014, S. 13-27. Frankfurt/Main.

Deutsche Bundesbank (2015a), Zahlungsbilanzstatistik Juni 2015. Statistisches Beiheft 3 zum Monatsbericht. Frankfurt/Main.

Deutsche Bundesbank (2015b), Ergebnisse der gesamtwirtschaftlichen Finanzierungsrechnung für Deutschland – 2009 bis 2014. Statistische Sonderveröffentlichung 4, Mai 2015. Frankfurt/Main.

Erke, Burkhard (2001), Grundlagen der modernen Makroökonomik. Bestimmungsgründe gesamtwirtschaftlicher Größen. Berlin: Cornelsen.

Europäische Gemeinschaft (1996), Verordnung (EG) 2223/96 des Rates vom 25. Juni 1996, verfügbar unter http://eur-lex.europa.eu

Europäische Union (2012), Verordnung (EU) Nr. 555/2012 der Kommission vom 22. Juni 2012, verfügbar unter http://eur-lex.europa.eu

Europäische Union (2013), Verordnung (EU) Nr. 549/2013 des Europäischen Parlaments und des Rates vom 21. Mai 2013, verfügbar unter http://eur-lex.europa.eu.

Europäische Zentralbank (2004), Die Geldpolitik der EZB. Frankfurt/Main.

Europäische Zentralbank (2015), Wirtschaftsbericht Ausgabe 4/2015 (Juni). Frankfurt/Main.

Felderer, Bernhard/Homburg, Stefan (2005), Makroökonomik und neue Makroökonomik. 9., verb. Aufl., Berlin, Heidelberg, New York: Springer.

Fleming, J. Marcus (1962), Domestic Financial Policies under Fixed and under Floating Exchange Rates, IMF Staff Papers 9, pp. 362-379.

Gerdesmeier, Dieter (2011), Geldtheorie und Geldpolitik. Eine praxisorientierte Einführung. 4., aktualis. Aufl., Frankfurt School Verlag: Frankfurt/M.

Görgens, Egon/Ruckriegel, Karlheinz/Seitz, Franz (2013), Europäische Geldpolitik: Theorie, Empirie, Praxis. 6., überarb. Aufl., Stuttgart: Lucius & Lucius.

Grossman, Gene M./Helpman, Elhanan (1991), Innovation and Growth in the Global Economy. Cambridge/ Mass. und London: MIT Press.

Hall, Robert L./Hitch, Charles J. (1939), Price Theory and Business Behaviour. In: Oxford Economic Papers, Vol. 2, pp. 12-45.

Hicks, John R. (1937), Mr. Keynes and the Classics: A Suggested Interpretation. In: Econometrica, Vol. 5, pp. 147-159.

Hicks, J.R. (1939), The Foundations of Welfare Economics. In: Economic Journal, Vol. 49, pp. 696-712.

International Monetary Fund (2009), Balance of Payments and International Investment Position Manual, Sixth Edition (BPM6). Washington D.C.: IMF Publication Services, verfügbar unter: http://www.imf.org/external/pubs/ft/bop/2007/pdf/bpm6.pdf

Kaldor, Nicholas (1939), Welfare Propositions in Economics an Interpersonal Comparisons of Utility. In: Economic Journal, Vol. 49, pp. 549-552.

Keynes, John Maynard (1936), The General Theory of Employment, Interest and Money. New York: Macmillan.

Krugman, Paul/Obstfeld, Maurice/Melitz, Marc (2012), Internationale Wirtschaft. Theorie und Politik der Außenwirtschaft. 9., aktualis. Aufl., München: Pearson Deutschland.

Krugman, Paul/Wells, Robin (2010), Volkswirtschaftslehre. Stuttgart: Schäffer-Poeschel.

Layard, Richard/Nickell, Stephen/Jackman, Richard (1991, 2. Aufl. 2005), Unemployment: Macroeconomic Performance and the Labour Market. Oxford/New York: Oxford University Press.

Leontief, Wassily (1936), Quantitative Input and Output Relations in the Economic System of the United States. In: Review of Economics and Statistics, Vol. 18, pp. 105-125.

Leontief, Wassily (1941), The Structure of American Economy, 1919-1929: An Emprical Applicatrion of Equilibrium Analysis. Cambridge/Mass.: Harvard University Press.

Lindahl, E. (1919/1958), Die Gerechtigkeit der Besteuerung. Eine Analyse der Steuerprinzipien auf der Grundlage der Grenznutzentheorie, Håkan Ohlssons Buchdruckerei, Lund. Teilweise übersetzt als "Just Taxation: A Positive Solution", in: R. A. Musgrave and A. T. Peacock (1958), Classics in the Theory of Public Finance, New York: St. Martin's Press, pp. 168-176.

Lucas, Robert E. jr. (1988), On the Mechanics of Economic Development. In: Journal of Monetary Economics, Vol.. 22, pp. 3-42.

Mankiw, N. Gregory (2011), Makroökonomik: Mit vielen Fallstudien. 6., überarb. und erweiterte Aufl., Stuttgart: Schäffer-Poeschel.

Mankiw, N. Gregory/Taylor, Mark P. (2012), Grundzüge der Volkswirtschaftslehre. 5. Aufl., Stuttgart: Schäffer-Poeschel.

Mundell, Robert A. (1968), Capital mobility an stabilization policy under fixed and flexible exchange rates. In: Canadian Journal of Economics and Political Science, Vol. 29, pp. 475-485.

Nash, John F. (1950), Non-cooperative Games. Dissertation, Princeton University 1950.

Okun, Arthur M. (1962/1983), Potential GNP: Its Measurement and Significance. In: Proceedings of the Business and Statistics Section, American Statistical Association, wiederabgedruckt in: Artur M. Okun (1983), Economics for Policymaking. Cambridge/Mass., pp. 145-158.

Pigou, Arthur C. (1912/1960), The Economics of Welfare. London: Macmillan. (Neuauflage von Wealth and Welfare (1912)).

Räth, Norbert/Braakmann, Albert et al. (2014), Generalrevision der Volkswirtschaftlichen Gesamtrechnungen 2014 für den Zeitrum 1991 bis 2014. In: Statistisches Bundesamt (Hrsg.), Wirtschaft und Statistik, September 2014, S. 502-543.

Ricardo, David (1817), On the Principles of Political Economy and Taxation. London: John Murray.

Romer, Paul M. (1986), Increasing Returns and Long-Run Growth. In: Journal of Political Economy, Vol. 94, pp. 1002-1037.

Romer, Paul M. (1990), Endogenous Technological Change. In: Journal of Political Economy, Vol. 98, pp. 71-102.

Rose, Klaus/Sauernheimer, Karlhans (2006), Theorie der Außenwirtschaft. 14. Aufl., München: Vahlen.

Sachs, Jeffrey D./Larrain, Felipe B. (2001), Macroeconomics in the Global Economy. Precentice Hall.

Sachverständigenrat zur Begutachtung der gesamtwirtschaftlichen Entwicklung (2001), Jahresgutachten 2001/02: Für Stetigkeit – gegen Aktionismus. Stuttgart: Metzler-Poeschel.

Sachverständigenrat zur Begutachtung der gesamtwirtschaftlichen Entwicklung (2007), Jahresgutachten 2007/08: Das Erreichte nicht verspielen. Stuttgart: Metzler-Poeschel.

Sachverständigenrat zur Begutachtung der gesamtwirtschaftlichen Entwicklung (2014), Jahresgutachten 2014/15: Mehr Vertrauen in Marktprozesse. Stuttgart: Metzler-Poeschel.

Samuelson, Paul A./Nordhaus, William D. (2007), Volkswirtschaftslehre. 4., aktualis. Aufl., mi-Wirtschaftsbuch: Landsberg am Lech.

Shephard, Ronald W. (1953/1981), Cost and production functions. Berlin, Heidelberg, New York: Springer (Nachdruck der. Ausgabe: Princeton, N.J. 1953).

Schumann, Jochen/Meyer, Ulrich/Ströbele, Wolfgang (2007), Grundzüge der mikroökonomischen Theorie. 8. überarb. Aufl., Berlin, Heidelberg, New York: Springer.

Smith, Adam (1776), An Inquiry into the Nature and Causes of the Wealth of Nations. London.

Solow, Robert M. (1956), A Contribution to the Theory of Economic Growth. In: Quarterly Journal of Economics. Vol. 70, pp. 65-94.

Spahn, Peter (2012), Geldpolitik: Finanzmärkte, neue Makroökonomie und zinspolitische Strategien. 3., überarb. Auflage. München: Vahlen.

Starbatty, Joachim (Hrsg.) (1989/2008), Klassiker des ökonomischen Denkens. Von Platon bis John Maynard Keynes. München: C.H. Beck´sche Verlagsbuchhandlung (Lizenzausgabe für die Nikol Verlagsgesellschaft).

Statistisches Bundesamt (2007), Volkswirtschaftliche Gesamtrechnungen. Inlandsprodukt nach ESVG 1995. Methoden und Grundlagen. Fachserie 18 Reihe S. 22. Verfügbar unter: https://www.destatis.de

Statistisches Bundesamt (2014), Volkswirtschaftliche Gesamtrechnungen. Konzeptionelle Unterschiede zwischen ESVG 2010 und ESVG 1995. Verfügbar unter: https://www.destatis.de

Statistisches Bundesamt (2015a), Volkswirtschaftliche Gesamtrechnungen. Wichtige Zusammenhänge im Überblick 2014. Verfügbar unter: https://www.destatis.de

Statistisches Bundesamt (2015b), Volkswirtschaftliche Gesamtrechnungen. Inlandsproduktsberechnung. Detaillierte Jahresergebnisse 2014. Fachserie 18, Reihe 1.4. Verfügbar unter: https://www.destatis.de

Statistisches Bundesamt (2015c), GENESIS-Online Datenbank. https://www-genesis.destatis.de/genesis/online (letzter Zugriff am 21.07.2015).

United Nations (2009), System of National Accounts 2008. New York, verfügbar unter: http://unstats.un.org/unsd/nationalaccount/docs/SNA2008.pdf

Sweezy, Paul M. (1939), Demand Under Conditions of Oligopoly. In: The Journal of Political Economy, Vol. 4, pp. 568-573.

Varian, Hal R. (2011), Grundzüge der Mikroökonomik. 8. Aufl., München: Oldenbourg Wissenschaftsverlag.

Wagner, Adolf (2009), Mikroökonomik. Volkswirtschaftliche Strukturen I. 5. Aufl., Marburg: Metropolis.

Wagner, Adolf (2009), Makroökonomik. Volkswirtschaftliche Strukturen II. 3. Aufl., Marburg: Metropolis.

Woeckener, Bernd (2006), Einführung in die Mikroökonomik. Gütermärkte, Faktormärkte und die Rolle des Staates. Berlin, Heidelberg, New York: Springer.